माखनलाल चतुर्वेदी रचनावली

वाणी प्रकाशन

2

माखनलाल चतुर्वेदी रचनावली

सम्पादक :

श्रीकान्त जोशी

परामर्श :

स० ही० वात्स्यायन 'अज्ञेय'
धर्मवीर भारती
शिवमंगल सिंह सुमन
जगदीश गुप्त

वाणी प्रकाशन

4695, 21-ए, दरियागंज, नयी दिल्ली 110 002

फ़ोन : +91 11 23273167 फ़ैक्स : +91 11 23275710

शाखाएँ

अशोक राजपथ, पटना 800 004, बिहार

कॉफ़ी हाउस कैम्पस, महात्मा गांधी मार्ग, इलाहाबाद 211 001, उत्तर प्रदेश

महात्मा गांधी अन्तरराष्ट्रीय हिन्दी विश्वविद्यालय, वर्धा 442 001, महाराष्ट्र

सुल्तानिया रोड, मोतिया पार्क, भोपाल 462 001, मध्य प्रदेश

www.vaniprakashan.com
marketing@vaniprakashan.in
sales@vaniprakashan.in

MAKHANLAL CHATURVEDI RACHANAWALI-2
Edited by Shrikant Joshi

ISBN : 978-93-5000-849-2
Rachanawali

प्रथम संस्करण 1995
द्वितीय संस्करण 2003
आवृत्ति 2011

मूल्य : सम्पूर्ण सेट (दस खण्डों में) : ₹ 9000

सिटी प्रेस, दिल्ली-110 095 में मुद्रित

वाणी प्रकाशन का लोगो मक़बूल फ़िदा हुसेन की कूची से

प्राक्कथन

रचनावली का द्वितीय खण्ड पं० माखनलाल चतुर्वेदी के 'प्रातिभ' निबन्धों से आरंभ होता है। इस तरह के निबन्धों का उनका प्रथम संकलन 'साहित्य देवता' शीर्षक से 1943 में प्रकाशित हुआ था, अपने प्रकाशन के साथ इस कृति ने सम्पूर्ण हिन्दी विश्व में एक तहलका मचा दिया था। समीक्षकों ने इन्हें भावात्मक निबन्धों की संज्ञा दी है। 'साहित्य देवता' में कुछ गद्य-काव्य भी थे, और इनकी अपनी परंपरा थी, किन्तु यह परंपरा भी माखनलालजी की ही थी। खण्डवा से प्रकाशित होने वाली 'प्रभा' मासिक पत्रिका में उन्होंने अगणित 'गद्य-काव्य' प्रकाशित किये थे, और वे भी अलग-अलग नामों से, 'प्रभा' 1913 में प्रकाशित हुए थे, याने ये गद्य-काव्य 1913 से भी काफी पूर्व से लिखे जा रहे थे। इनमें एक भावुक सौन्दर्य-क्षण, प्रार्थनाक्षण, एक उदात्त समर्पण का क्षण बँधा होता और अपनी सरस सांकेतिक अभिव्यक्ति और आलंबन की अमूर्तता एवं रहस्यमयता की वजह से इनका आस्वादन 'सुजानों' को वश में कर लेता। इस खण्ड में चतुर्वेदीजी के ऐसे गद्यांश भी दिए गए हैं। किन्तु 'साहित्य देवता' के 'निबन्ध' उस बिन्दु से प्रारंभ होते हैं जहाँ विचार अनुभूति में और प्रज्ञा संवेदना में रूपान्तरित हो उठती है। जीवन की प्रगाढ़ संपृक्ति से ही वह ऊर्ध्वावस्था प्राप्त हो पाती है जहाँ दृश्य के आगे के जीवन को हम अनुभूत करने लगते हैं जहाँ भाव, विचार, कल्पना, और अभिव्यक्ति को अलग-अलग करने की कोशिश कोई अर्थ नहीं रखती। विश्लेषण की जगह संश्लेषण का सामर्थ्य प्राप्त करके ही ऐसे निबन्धों की थाह ली जा सकती है। ये निबन्ध उस मनोदशा को व्यक्त करते हैं जहाँ अनुभूति ही अभिव्यक्ति बन उठती है। लेकिन जैसा कि मैंने पहले कहा है इस ऊँचाई तक पहुँचने की सीढ़ी उस प्रगाढ़ संपृक्ति में है जो जीवन की गहराइयों में निरन्तर धंसते रहने पर ही हासिल हो सकती है। माखनलालजी की जीवन-संपृक्ति बेहद गहन, बेहद प्रगाढ़ थी। वे परम आस्तिक थे। अथाह गरीबी, मृत्यु की साँसों की आवाज सुनाई देती रहे, ऐसी अस्वस्थता अन्तहीन दारुण जीवन-संघर्ष, ब्रिटिश साम्राज्यवाद से निरन्तर लोहा लेते रहने के संकल्पों की परिणति और एकाकी जीवन की यातनाएँ भी उन्हें आस्था की धुरी से डिगा न सकीं। 'साहित्य-देवता' जीवन की इस अडिग आस्था की साहित्य, कला, काव्य, आलोचना, जनता, समाज, राजनीति, रूप-आसक्ति, स्त्री, आध्यात्मिक तृष्णा, पुरुषार्थ, समर्पण और भक्ति जैसे

अनेक विषयों के माध्यम से होने वाली अस्खलित अभिव्यक्ति है।

'साहित्य-देवता' मनोराज्य पर आसीन होता है, उसकी वजह से ही तो मनुष्य का 'मनुष्य' जीवित रह पाता है अन्यथा "मनोराज्य के मस्तक पर फहराता हुआ विजय-ध्वज जिस दिन धूलि-धूसरित होने लगे उस दिन मनुष्यत्व दूरबीन से भी ढूँढ़े कहाँ मिलेगा ? उस दिन ज्वालामुखी फट पड़ा होगा, वज्र टूट पड़ा होगा।" शिव प्रलय के देवता हैं पर माखनलालजी के लिए वे साहित्य के देवता हैं क्योंकि "शिव संहार करते हैं—कौन जाने ? किन्तु मेरे सखा, तुम जरूर महलों के संहारक हो। झोंपड़ियों से ही तुम्हारा दिव्य गान उठता है।" (साहित्य देवता) देवता सखा कैसे है ? सखाभाव की उपासना की वजह से, माखनलालजी के सम्पूर्ण साहित्य में यही सखाभाव है, वहाँ देवत्व मानवत्व पर न्यौछावर है।

'कलाकार' पर लिखते हुए 'ऐसी ही आस्था' को रेखांकित करते हुए अपनी सूत्र शैली में चतुर्वेदीजी यह स्मरणीय पंक्ति कह उठते हैं—"...कलाकार राहगीर का समय काटने की वस्तु-मात्र नहीं होता, वह समय का पथ-प्रदर्शक राहगीर होता है।" (अँगुलियों की गिनती की पीढ़ी)

जीवन से फूटते रहने वाले चिन्तन-क्षण ही सूत्रों को जन्म देते हैं। 'साहित्य देवता' इन सूत्रों का खजाना है।

1. कलाकार का जीवन द्वैत में अद्वैत और अद्वैत में द्वैत की अनुभूति होता है।
2. राहू तो पूर्णचन्द्र पर आक्रमण करता है, बालचन्द्र पर नहीं। (महत्त्वाकांक्षा की राख)
3. विधाता के निर्माण में यही तो कमी है कि सीमाबद्धता से अस्तित्व बनता है, सीमा तोड़कर वह ज्यों का त्यों रह जाता है। (बिन्दु सिन्धुत्व का दावेदार)
4. तरुणाई और कविता ये दो वस्तुएँ नहीं, एक ही वस्तु के दो नाम हैं।"
(जब रसवन्ती बोल उठे)

'साहित्य देवता' एक अनूठा अद्वितीय सृजन है, उसे मात्र भावना-ग्रन्थ मानते रहना अपने अज्ञान का अक्षम्य परिचय देना है। जो लोग शोरोगुल और वादों-विवादों की किताबी भाषा साहित्य में स्वार्थान्ध राजनीति की सुरक्षा के लिए बोलते रहते हैं वे इन पंक्तियों को पढ़ सकते हैं—

"भूख का भान और भीख की भाषा रखकर न कवियों का दिलदार कहीं आया करता है, न कवि कहीं जाया करते हैं। हाँ, भूखों की वेदना जिस दिन उनके हृदय से चढ़कर आँखों पर आती और आँखों से भुजा पर उतरती है उस दिन वह ज्वाला ऐसा भूकम्प करती है जो बड़ी और छोटी, कीमती और बेकीमती महत्ता को

धूल में मिला देती है और सोने और चाँदी के खाद वाली उस जमीन पर वह तरुणायी युद्ध-क्षेत्र और हवाई जहाज बोया करती है।"

(जब रसवन्ती बोल उठे)

'साहित्य देवता' के निबन्ध माखनलालजी की इस कसौटी पर खरे उतरते हैं, "जबान से उतरना ही वह चाहिए जिसे यदि युग कागज पर उतार दे तो वह अमर हो उठे।"

(जब रसवन्ती बोल उठे)

'साहित्य देवता' का प्रकाशन तो 1943 में हुआ किन्तु यह जान कर आश्चर्य होता है कि ये निबन्ध अधिकांशतः वर्ष 1921-22 में बिलासपुर जेल में लिखे गये थे जहाँ राजद्रोह के अपराध में ब्रिटिश शासन ने उन्हें कैद कर रखा था।

अनुक्रमणिका

गद्य-काव्य

प्रतीक्य निबन्ध

निबन्ध–1

शैली में चुहुल है, जवानी है, और सबसे बढ़कर सजे-सजाये रूपकों में बोलने की लाचारी है, और कभी तो ऐसी चोट है शैली में कि हमें न जाने कितनी गहरी बातें सोचने को मजबूर कर देती है। "यदि इरादों पर पहुँचने में रेल के टिकिट काम आ जाया करते तो कला के स्वर्ग को हम पत्थरों और कागजों से छू सकते थे।" गूढ़ से गूढ़ बात को तीखी से तीखी शैली में कह देने का ढंग तो माखनलालजी ही जानते हैं। हिन्दी भाषा की शताब्दियों पुरानी परम्परा के पुंजीभूत रस और आवेश का परिपाक उनकी शैली में हुआ है।

—डा० धर्मवीर भारती

माखनलाल चतुर्वेदी की काव्य-भाषा उनके मानस जगत को स्पष्ट रूप से हमारे सामने रखती है। इस सन्दर्भ में हम उनकी पूरी सौन्दर्य-चेतना का परिचय भी पा सकते हैं। उनकी सौन्दर्य-चेतना के आरम्भिक बिन्दु छायावादी काव्य रचनाओं में हैं, जो कलावादी प्रवृत्ति से प्रभावित है। राष्ट्रीय धारा द्वारा प्रभावित काव्य-रचनाओं में वह पुनः प्रयोजनवादी, मानवतावादी, सौन्दर्य-अध्येता जान पड़ते हैं। किन्तु समसामयिक काव्य-रचनाओं में हमें उनके नितान्त नये रूप के दर्शन होते हैं। यहाँ उनकी सौन्दर्य-चेतना प्रभाववादी न होकर रचनात्मक अधिक है। इसलिए भी कि उनकी काव्य-भाषा का शब्द-विधान जीवन सापेक्ष है। काव्य-भाषा के आधार पर उनकी सौन्दर्य-चेतना निरन्तर गतिशील और सक्षम जान पड़ती है।

—डा० गंगाप्रसाद विमल

'प्रभा' वर्ष 1913–'15 व '23 से कुछ टिप्पणी, कुछ लेख

धर्म तत्त्व[1] : विविध विचार

धर्म तत्त्व / ईश्वर का नाम

एक समय वह था जब हमें नियमितता, स्वास्थ्य सुधार, गुणज्ञता, रहन-सहन तथा आचरणशीलता आदि सब गुण सद्धर्म-सेवन से प्राप्त थे, किन्तु आज वैसा नहीं है।

अब हम स्वार्थी होकर न्यायी बनने का, आलसी होकर सुधारक बनने का, विश्वासहीन होकर सत्यवादी बनने का तथा नीचे, विकारवर्द्धक, पुराने तथा मलिन विचारों में अधिक रहकर पूज्य बनने का ढकोसला गढ़कर धर्म का असली तत्त्व भूल जाते हैं।

यदि हमारा सबसे पहिला आज कोई ईश्वर-प्राप्ति-सूचक धर्म है तो वह सदाचरण है, जिसकी नींव ब्रह्मचर्य है। किन्तु उसकी दशा हमारे यहाँ कैसी है, उसे कौन नहीं जानता ? सदाचरणशील ही आस्तिक तथा ईश्वरभक्त है। जगदात्मा के दिखाऊ भक्त आज भारतवर्ष के प्रत्येक गृह की शोभा बढ़ा रहे हैं। वे धर्म के शत्रु हैं।

हाँ, क्या हमारे कर्तव्यनिष्ठ, दृढ़प्रतिज्ञ, श्रद्धालु, धीर एवं वीर पूज्य पूर्वजों को यह स्वप्न में भी स्मरण था कि हम किसी समय आचार्य, उपाध्याय, माननीय, अग्रगण्य आदि कई उपाधियों को धारण करके, अनेक शास्त्रों के ज्ञाता तथा निरीक्षक होकर, तथा जगद्गुरु बनने के अभिलाषी होकर भी 'ईश्वर' को केवल अक्षर-विशेषों से बना हुआ नीरस शब्दमात्र समझेंगे ?

1. 'प्रभा' में धर्म-सम्बन्धी अनेक टिप्पणियों को श्री माखनलालजी चतुर्वेदी ने अपनी 24 वर्ष की अवस्था में लिखा था। इन्हीं टिप्पणियों की आधार-शिलाओं पर 1913 से उनका काव्य हिन्दी में सर्वप्रथम छायावादी स्वरूप ग्रहण ही नहीं करने लगा था, व्यापक स्तर पर वह हिन्दी में छायावाद का अग्रतम प्रकाशमान लक्ष्य-स्तम्भ भी था, जिसने अन्य शीर्षस्थ कवियों को छायावादी बनने के लिए खुला निमन्त्रण देना प्रारम्भ कर दिया था। केवल चार टिप्पणियाँ हम यहाँ उद्धृत कर रहे हैं। (संपादक)

ईश्वर का नाम आजकल के भोजनभट्ट मूर्खानन्द को विज्ञापन का काम देता है। हमारा अधिकांश भोला समाज इन सुबुद्धि के शत्रुओं तथा धर्मघातकों को महात्मा समझता है। इन्हीं जगद्‌गुरु बनने के लोभी नर-दानवों द्वारा चोरी आदि बुरे कर्मों का प्रचार हो रहा है। क्या हमारा समाज कृपापूर्वक इस ओर लक्ष देवेगा ?

—'नवनीत'

[भाग 1, चैत्र शुक्ल 1, सं० 1970; 7 अप्रैल; 1913, संख्या 1]

धर्म तत्त्व / कृपा नहीं शक्ति

निःशक्त, साधारण बातों में दृढ़प्रतिज्ञ नहीं होंगे, तो कठिन 'धर्म' के मार्ग में क्योंकर दृढ़प्रतिज्ञ हो सकते हैं ? पूज्यता का सिक्का नहीं, वह मूर्खता का परदा है, जो हम छोटे मस्तिष्क पर डालकर अपने को बड़े प्रमाणित करने का नीच प्रयत्न करते हैं। भारतीय ही क्यों, संसार-भर के धर्म के तत्त्वों में वीरता, साहस और दया, जागृति, आन्दोलन और शान्ति की विश्व-विजयकारिणी शक्ति भरी है। संसार में जो कुछ करता है धर्म करता है। जब वह पूजनीय वस्तु हमारा 'धर्म' कही जा सकती थी, जो इस परिवर्तनशील संसार से ईश्वर के सिंहासन के निकट पहुँचने में समर्थ थी, तब की दशा सोचिए। आज हमने अपना क्या धर्म मान रक्खा है ? आज भारतवासियों को वेद, राम, महावीर, मुहम्मद, ईसा, बुद्ध आदि माननेवाले कहना, मानो उन महापुरुषों की आत्माओं को कलंकी बताने की चेष्टा करना है।

स्वामी, तुम्हारी आज्ञाओं को पालने के समय नाश होने तक भी, हमारी ओर कृपा-सूर्य की एक भी किरण भेजने की दया न करो। हमें सहायक नहीं चाहिए, हमें खरीदी हुई धार्मिकता और माँगी हुई नपुंसक पवित्रता नहीं चाहिए। हम चाहते हैं, कि दिन-भर आपके सामने बैठे न रहें, प्रत्युत कर्म करते हुए आपकी आज्ञा का पालन करते हुए आपका स्मरण बनाये रहें। तेजरूप, आजानुबाहु, हमें सहायता न दीजिए, हमें सहारा न दीजिए, हम पर कृपा भी न कीजिए, हमें 'धर्म' के पालन की केवल शक्ति दीजिए।

—श्रीयुत 'कुछ नहीं'

[भाग 1, मार्गशीर्ष शुक्ल 1, सं० 1970; 29 नवम्बर 1913, संख्या 9]

धर्म तत्त्व / उस दिन

मैं तुझे चाहता हूँ। तुझ पर प्यार करता हूँ। परन्तु मेरे प्यार में, ध्यान रख, हलाहल भरा है। यदि तू भूलकर मेरी ओर आ गया, तो बचने का प्रयत्न करने पर भी, काला हुए बिना नहीं रहेगा। मैं—ज्ञानरूपी जो आजकल का ज्ञान

है और यथार्थ में अज्ञान है, आग से जला हुआ हूँ, अभी भी जल रहा हूँ, और न जाने कब तक जलूँगा। ये स्तोत्र और संहिताएँ, ये नेचर और प्रार्थनाएँ, ये पूजन और अर्चनाएँ, मुझे भार रूप हो गयी हैं। यह शास्त्रार्थ और विवाद लीला, यह आस्तिक और नास्तिकपन, यह तर्कशास्त्र, इतिहास और ब्रह्मज्ञान—मैं सच कहता हूँ, मुझे नरक की ओर ले जा रहा है। भाई, मेरी ओर मत आ। मेरे मन में ऊँचे बनने और प्रशंसित होने की हवस है, मेरे वचनों में साधुता के उपदेश हैं और मेरे कार्यों में कायरता और कपट भरा हुआ है। तू इसे नहीं जानता, मैं जानता हूँ। इसलिए कहता हूँ कि तू मेरे पास मत आ।

तू मेरी भक्ति क्यों करता है ? मेरी अभ्यर्थना क्यों करता है ? मेरे सुखों की चिन्ता क्यों करता है ? मेरे सन्मुख अपनी नम्रता क्यों प्रकट करता है ? सब कुछ देकर भी मेरे पापी शरीर की क्यों रक्षा करता है ? सोच तो, यह तू बुरा कर रहा है। साँप को दूध पिला रहा है, सिंह को अपना मांस खिला रहा है। तुझे नहीं ज्ञात कि तू क्या कर रहा है ! पर जब तू, मेरी भक्ति करते-करते 'मैं' बन जायगा, पढ़ा-लिखा पशु हो जायगा, तब पछतायगा, और अपने इस अलौकिक आनन्द के लिए ललचायगा। पर, वह आनन्द कहाँ पायगा ? नहीं-नहीं। जब तक तू 'तू' न बन जायगा, आनन्द न पायेगा। इसीलिए, मैं हाथ जोड़कर कहता हूँ कि तू 'तू' बना रह। 'मैं' बनने की लालसा मत कर। मुझे पूजने का अपेक्षा, पत्थर मारकर निकाल दे, और मेरी अर्चना करने की अपेक्षा मेरे मार्ग में, तीखे-तीखे काँटे बिछा दे। ऐ अमृत, तू जहर मत हो ! ऐ बर्फ, तू आग मत हो ! हे हृदय, तू पत्थर मत हो ! तू 'तू' ही रह, 'मैं' मत बन, बस ठहर, इधर न आ।

देख, मैं 'तू' बना चाहता हूँ। जब तक मैं ऐसा न कर लूँगा, इसी आग में जलता रहूँगा। जिस समय काँधे पर हल होगा, सिर पर पगड़ी होगी, और पीठ पर खदे का पिछौड़ा होगा, उस दिन, सच मान, मैं इन्द्र की गद्दी की ओर उतनी ही घृणा से देखूँगा जितनी घृणा से मैं आज अपने जीवन को देख रहा हूँ। पर उतनी ही देर में तू 'मैं' मत बन। मेरे आदर्श, मेरे सामने रह। मैं तुझ पर अपने आँसुओं के फूल चढ़ाऊँगा, और तुझे अपने इस पत्थर के हृदय में बैठाऊँगा। और, यदि बीच ही में, 'तू' मैं न बन गया तो, मैं 'तू' होकर, हे जगत् की आत्मा ! तू हो जाऊँगा। तेरे चरणों में लिपट जाऊँगा। मेरी बात मान और ठहर। तू मेरा ईश्वर है।

—'कुछ नहीं'

[भाग 2, आषाढ़, सं० 1972; 1915, संख्या 4]

धर्म तत्त्व / वह

वह खड़ा था, मैं उसकी ओर देख रहा था। वह चलने लगा, मैं भी उसके साथ-साथ चला। वह जा रहा है, और उसकी चिन्ताशील मुद्रा से यह भी दीखता था कि वह किसी स्थान को जाने का निश्चय कर चुका है। मेरा तब भी कोई निश्चय नहीं था, और न अब भी है। हम चलते रहे। वह मेरी ओर एक बार भी न देखता था। मैं उसकी ओर छुपी हुई आँखों से देख लेता था। वह प्रत्येक दिशा की ओर बड़ी सावधानी से देखता था। जब बायीं ओर देखता था, तब मार्ग, झाड़, पत्थर, खेत और सुदूर तक विस्तीर्ण आकाश के साथ उसे मैं भी दीख पड़ जाता था। पर मैं उसके सिवाय किसी भी दिशा को न देख रहा था। वह वन में मानो अपनी रक्खी हुई वस्तुओं को सँभालता जाता था। नीचे, ऊपर हर तरफ उसकी प्यारी दृष्टि फिरती थी। मैं ठोकर लगने पर नीचे देखता था और काँटा लगने पर पाँव सँभालता था। मुझे ज्ञात नहीं, मैं क्यों उसके साथ हो गया था और क्यों उसे देखना मुझे अधिक प्यारा लगता था।

वह झाड़ों से लिपट जाता था और 'प्यारे पिता' कहकर जोर से रो देता था। मैं उसे देखकर कभी चिढ़ जाता था और कभी हँस देता था। वह हरी-हरी घास पर लेट जाता था और 'माँ-माँ' कहकर पागल-सा हो जाता था। मैं उससे डरने लगता था और उसके मस्तिष्क पर विश्वास नहीं करता था। उसे पागल समझता था। वह छोटे-छोटे पौधों को चूमता था और उनके आस-पास अपना कपड़ा लपेट देता था, और कहता था, 'भाई, मैंने इसे बहुत दिन घसीटा, अब तुम पहिनो।' मैं सोचता था, यह चैतन्य नहीं, जड़ है, जो जड़ को चैतन्य मान रहा है। वह जोर-जोर से गाता था, गाता क्या था, किलकारियाँ मारकर बकता था। मैं स्तब्ध था। वह जोर से रो उठता था। मैं चौंक पडता था। वह खिल-खिलाकर हँस पड़ता था। मैं भी उस समय मुसकरा उठता था।

वह फिर चल पड़ा। मैं भी चला। एक गम्भीर गर्जना सुन पड़ी। उसकी त्योरी चढ़ी, वह घूरकर इधर-उधर देखने लगा। मैं बहुत डर गया। कुछ गाय-बैलों का समूह भागता था। वह उसी ओर चला। वह एक नाले के इस किनारे था। एक गाय का बछड़ा नाले के उस किनारे से भागता निकला, पैर फिसल गया, बछड़ा जोर से गिरा। वह तुरन्त गहरे पानी में उतर गया। बछड़े को सँभाला, वह पाँव फटटफाने लगा, उसने उसका पाँव निकाला। बाहर खड़ा किया। वह खड़ा हो सकता था। उसने उसे कन्धे पर रखा। बछड़े की माँ रुक गयी थी। वह मारने झपटी। उसने उसे पुचकारा। थोड़ी ही देर में वह भयंकर आवाज निकट सुनाई दी, मैं एक वृक्ष पर चढ़ गया। वह बछड़े सहित घूमता रहा। बछड़े की माँ साथ थी। व्याघ्र निकट आ गया। मेरा हृदय थर-थर काँपकर वृक्ष पर रोने लगा। व्याघ्र गाय पर झपटा, मैं सुध भूलने लगा था। पर यह

क्या ? वह व्याघ्र के पास जाने लगा। मेरी जबान बन्द थी। पर मैं सोचता था, यह मृत्यु के मुँह में जाता है। व्याघ्र की ओर उसने तीखी दृष्टि से देखना प्रारम्भ किया। वह निकट आकर खड़ा हो गया। यह वैसा ही देखता रहा। व्याघ्र खड़ा रहा। उसने व्याघ्र की ओर हाथ फैलाया। वह आकर बछड़े को चाटने लगा। गाय इधर खड़ी थी। सुहावना तपोवन सम्मुख था। इसके बाद क्या हुआ, मुझे ज्ञात नहीं।

—श्री 'कुछ नहीं'

[भाग 2, आश्विन, सं० 1972; 1915, संख्या 7]

श्री माखनलाल चतुर्वेदी के कैशोरकालीन सामाजिक विचार[1]

समाज-समीक्षा / स्त्री-जाति

समाज के विचारों को पूर्णता से पालन के हेतु, समाज के श्रेष्ठांश स्त्री जाति के सुधार का प्रयत्न शीघ्र ही होना चाहिए। कर्मवीरों एवं कर्मवीराओं के हेतु यह कार्य कठिन है। अब शीघ्र ही कार्य में लगकर दिखाना चाहिए कि हम जीवित जातियों में गिने जाने योग्य हैं।

स्त्री जाति, स्वतन्त्र विचार क्यों नहीं कर सकती ? पुरुष जाति की नीचता एवं अन्याय के कारण। यहाँ पुरुष जाति अपने स्वार्थ की सीमा का उल्लंघन कर चुकी है। अब हमारे भाइयों को जरा चेतना चाहिए तथा अपनी माताओं, बहिनों एवं गृह-लक्ष्मियों को स्वतन्त्र सम्मति देने योग्य विद्या देने का एवं अपनी स्वार्थ-भरी आवश्यकताओं को कम करने का प्रयत्न करना चाहिए।

यह देखते हृदय व्याकुल हो जाता है कि अभी हम कुरीति-समर्थन एवं कुरीति-वृद्धि-सहायता नामक भयानक दोषों से छुटकारा नहीं पा सके। उस ओर न हमारा पूर्ण प्रयत्न ही है, न इन दोषों के द्वारा नाश हुए हमारे समाज की दशा पर हमें दया है। हमारे संकीर्ण हृदयों की दशा का चित्र खींचने के हेतु भारती शब्द दिया नहीं चाहती।

स्वर्गवासी महात्मा स्टेड को कठोर कारावास का दण्ड भोगना पड़ा था। नीच, दुराग्रही, विलासी एवं आलसियों की नीचता से व्याकुल होकर उन्होंने बालिकाओं की वेश्यावृत्ति पर विकट आन्दोलन किया था। बड़े-बड़े धनी, मानियों तथा इज्जतदारों को स्टेड के आन्दोलन के कारण मानहानि का दण्ड

1. 'प्रभा' के स्थायी स्तम्भ 'समाज-समीक्षा' और 'समाज-सुधार' के अन्तर्गत निम्न टिप्पणियाँ लिखी गयी थीं।

भोगना पड़ा था। उसने बड़े-बड़े घरों की दृढ़तापूर्वक जाँच कर उनके हाल ज्यों-के-त्यों प्रकाशित कर दिए थे। आंग्ल समाज में वह समय एक महत्त्व का समय माना जाता है। इसी दृढ़ता एवं सत्यप्रियता से उसे जेल जाना पड़ा था।

क्या हमारे समाज में भी कोई ऐसे सपूत हैं, जो कुरीतियों के रोकने में, प्राण न्योछावर करने का बीड़ा उठाकर, बाल-विवाह प्रथा के रोकने में, जीवन समर्पण करते हुए, भारत को शक्तिहीन, गुणहीन तथा गौरवहीन होने से बचावें?

प्यारे भारतीय बन्धुओ, तुम्हारे प्रेम, सहायता, दया, सहानुभूति आन्दोलन एवं कर्मवीरता की वर्तमान समाज आवश्यकता दिखाकर मानो मन ही मन व्याकुल हो रहा है। उस पर दया करो। समाज के प्रत्येक अंग में रोग लग गया है। समाज को जीवित रखने के अनुभवी प्रेमियो, उत्तम औषधोपचार का शीघ्र ही प्रबन्ध कर समाज को मरने से बचाओ।

हमारे कुछ भाई अनुकूल समय को सोचकर कार्य कर रहे हैं, हमें उनका प्रेमपूर्वक साथ देना चाहिए। समाज के पुराने सम्बन्धों को तोड़कर नये बनाना चाहिए। कूप-मंडूक बनने से क्या होगा? जातीय जीवन में ठोकरें खाकर सर्वनाश। यह बीसवीं शताब्दी है, आओ, इसकी आवश्यकता की पूर्ति पर एक बार विचार करें। पुराने झगड़े छोड़ो। उन्हें क्यों लिये बैठे हो। घृणा के बीजों को जला दो। कार्य-सिद्धि में बाधक पहाड़ी को नेपोलियन के समान चूर-चूर कर डालो। उठो, कार्य करने का समय अपनी दुर्दशा देखकर हमें सर्वनाश का श्राप देने हेतु उद्यत हो रहा है।

सुधार विचार / सुधार का अर्थ

भारत को 'सुधारवादियों' की आवश्यकता है, जिन लोगों में कुछ विवेक-बुद्धि है, वे इस बात को स्वीकार करने में संकोच नहीं करेंगे। संसार के इतिहास पर विचार करने वाले इस बात को निःसंकोच स्वीकार करते हैं। हमारे यहाँ की कुछ संस्थाएँ, जो अपने को सुधार-साकारिणी दिखाने का प्रयत्न करती रहती हैं, जो कुछ कर रही हैं, वह कुछ नहीं के बराबर ही कहना चाहिए। क्योंकि व्यक्ति-संगठन कार्य, बृहद् रूप में ही शोभा देता है। सूक्ष्म रूप में नहीं।

सुधार का अर्थ प्राचीनता को एकदम त्याग देना ही नहीं है। सुधार का अर्थ है बिगड़ी हुई प्रथाओं को ठीक करना, जो मार्ग पर आ सकती हों, जो कार्य के योग्य हों, उन्हें संसार में चिर-जीवित रखने के उपाय करना, तथा जो व्यर्थ हैं, भ्रम से एवं दुराग्रह से चलाई गयी हैं या चलाई जा रही हैं, उनका निर्भयता से प्रतिकार करना तथा उनके नाश का निरन्तर प्रयत्न करना।

जिस प्रकार रोग-ग्रस्त की बात और हठ पर ध्यान न दे, रोग नाशनार्थ

औषधि देना ही अभीष्ट है उसी प्रकार समाज के कुछ पागल अंश के व्यर्थ पुकारने पर ध्यान न दे हम अपना कार्य, धीरता एवं वीरता से करते ही जाना श्रेयस्कर है।

प्राचीन समय और था, यह समय और है। उस समय की आवश्यकता हमारे पूर्वजों ने पूरी की, इस समय की आवश्यकता हमें पूर्ण करनी चाहिए। इस प्रकार साहसी बनना चाहिए। यह कितनी बुरी बात है कि पिता जब तक जीवित रहे तब तक भी कुटुम्ब पोषण करे और जब मर जाय तब पुत्रों के लिए ऐसी सम्पत्ति छोड़ जाय, जिससे उन्हें कुछ न करना पड़े, वे केवल अपने पिता के रक्खे हुए कोष में से खर्च करते रहें। हतवीर्य पुरुष ऐसे पक्ष का समर्थन भले ही करें, कर्मवीर तो कभी न करेंगे। क्या हम कुछ नहीं कर सकते? नहीं, हमारी कठिनाइयों पर हमें ही विजय प्राप्त करने का प्रयत्न करना चाहिए।

सुधारकर्ताओं को यह बात प्रतिक्षण ध्यान में रखनी चाहिए कि हम कोई भी कार्य प्रशंसा के हेतु नहीं, केवल समाजोद्धार के हेतु करते हैं, इसमें हमें जितने कष्ट, जितनी यातनाएँ, जितना अपमान, जितना दण्ड एवं जितनी कठिनाइयाँ भोगनी पड़ें, उन्हें हम धीरतापूर्वक सहेंगे। तभी वे विजयी हो सकेंगे, अन्यथा नहीं।

सुधार-विचार / घर्षण चाहिए

उन वीरों के रुधिर में विद्युत् की महान् शक्ति विद्यमान है, जो इस समय नवयुवक दशा में हैं। उनकी ओर हम बड़ी आशा-भरी आँखों से देख रहे हैं। हमारे यहाँ नवयुवक पद बड़ी कठिनाई से 30 वर्ष तक की अवस्था वाले व्यक्ति को मिल सकता है, परन्तु अपने को उच्चता के शिखर पर मानने वाले देशों में प्राय: 50 वर्ष तक की अवस्था के व्यक्ति भी नवयुवक पद के अधिकारी बने रहते हैं। नवयुवक क्या नहीं कर सकते? देश की अन्तर्नलिकाएँ नवयुवक के गुण गाने में अपनी शक्ति खर्च किया करती हैं। समाज के सब अङ्ग अपने में नवयुवकों को देखकर प्रस्फुरण हुआ करते हैं। सम्पूर्ण विचार शक्ति उन्हें अपने सर्वस्व का उच्च अधिकारी बनाने की चिन्ता किया करती है, परन्तु शोक! जब कि यह देखा जाता है कि अमुक नवयुवक के हृदय में सुधार-विचारों का अभाव है। वह 'सुधार' के सिद्धान्तों को न मानने वाला है, सुधार सुललित वाटिका का पोषक विज्ञ माली न होकर मूर्ख माली है। तब सबके सब उस पुरुष को, नवयुवक होते हुए भी, नपुंसक मानने लगते हैं।

पाखण्डी पण्डितों की हमें परवाह नहीं और न भट्टाचार्य का हमें भय है। निस्सत्त्व क्षत्रियों की जो आज भी बन्धु विरोधी होकर समाज का सर्वनाश कर रहे हों, हमें आवश्यकता नहीं है। दुराचारी तथा पाखण्डी, स्वार्थी एवं मूर्ख महाजनों

से भी हमारा कार्य नहीं चल सकता। सेवा धर्म के तत्त्वों की मूल चर्मसेवी शूद्रों के भी हम न रहने के दिन देखने की ही प्रतीक्षा कर रहे हैं, हमें केवल कर्मवीर चाहिए, वह चाहे किसी भी जाति का हो। यदि उसमें सुधार-विचारों का महासागर लहरा रहा है तो अवश्य ही वह आदर्श नररत्न है।

बन्धुओ ! अपने को नीच मानकर, भारत रत्नगर्भा को उचित वस्तुओं के पाने का अनधिकारी न समझो। जो जलवायु उच्चों ने सेवन किया है, वही उच्च बनने वालों ने किया है। जिस भारत माता की गोदी में तुम खेले हो उसी में वे भी खेले हैं। यदि तुममें गुणों तथा विद्याओं का अभाव है, तो वह केवल तद्विषयों के चिरवियोग तथा अनभ्यास से है। अभ्यास करो, अवश्य ही विजयी होओगे। तुम गुणी, विद्वान्, कला-कुशल, सब कुछ होओगे। प्रयत्न करने से क्या नहीं होता ? क्या महाकवि महात्मा तुलसीदास जी का यह कथन कभी भी अन्यथा हो सकता है ?

अतिशय रगड़ करै जो कोई।
अनल प्रगट चन्दन ते होई॥

बस, उठो, तुम भी हमारे ही समान हो, हमारे ही हो, हम भी तुम्हारे हैं। बस, प्रयत्न की देर है, घर्षण चाहिए, इस कमी को पूर्ण करो कि—

'त्वमेवाहं न संशयः'

—'सुधार प्रिय'

सुधार-विचार / विवाह-बाल-विवाह

विवाह की उच्च प्रथा प्रायः नीच रूप धारण कर चुकी है। विवाह माता-पिताओं की रुचि-पूर्ति के हेतु किया जाता है। बालकों का उससे क्या सम्बन्ध है, यह कभी नहीं सोचा। शोक ! जिस स्त्री के साथ जिस पुरुष का विवाह होगा, उसे गौण नहीं सम्पूर्ण अंशों में अनधिकारी बनाकर, अपने मन की मौज के अनुसार, सन्तानों का विवाह कर डालना, मूर्खता और विवाह का पाखण्ड नहीं तो क्या है ?

लड़का विवाह के समय कुछ भी नहीं समझा जाता, उसे नियमों के मूर्खता से बनाये हुए नियमों के कड़े बन्धन में कस कर, प्रायः मौन कर देते हैं अथवा उसका विवाह ऐसी अवस्था में कर देते हैं जब वह बिल्कुल बालक रहता है। विवाह में विद्या, गुण और स्वरूप आदि उच्च बातों की प्रधानता न मिलकर केवल अविचारियों की रुचि-पूर्ति को ही प्रधानता मिलती है।

विवाह निश्चित करने का अधिकार पिता को और उसके साथियों को है, रूप और गुणों को पसन्द करने का अधिकार पिता को है, वधू विद्या पढ़ी हुई है या नहीं, इस बात पर विचार करने का अधिकार पिता को है, कन्या के पिता के साथ,

आनंदपूर्वक ठहरावादि करने का अधिकार पिता को है, विवाह का निश्चित रखना या तोड़ देना और विवाह होने देना या प्रथम ही उन विचारों को चूर-चूर कर देने का अधिकार भी पिता ही को है। ऐसी दशा सोचकर दुःख के साथ कहना पड़ता है, कि उस 'वधू' के साथ विवाह करने का भी अधिकार पिता ही को है, वही अपनी इच्छाओं की तृप्ति कर ले।

गुड़ियों के विवाह के समान, विवाह करने के पक्षपातियों से देश भरा पड़ा है। बेचारा 'वर' उस अवस्था में, जब कि उसका विवाह किया जाता है, यह जानता ही नहीं कि यह सब पाखण्ड क्यों हो रहा है। वह तो उस दशा में अजान बालक होने के कारण, माता-पिता की इच्छा के अनुकूल ही—चाहे वह इच्छा पापों से परिपूर्ण, गन्दे विचारों से भरी हुई, और नीचता का शुद्ध स्वरूप ही क्यों न हो—चलनेवाला रहता है। उस बालक को यह स्मरण ही नहीं रहता, कि 'प्रेम', 'विवाह', 'वर', 'वधू', 'पिता', 'माता', 'श्वसुर', 'सासु', 'हितकारी', 'अहितकारी', 'पोषक', 'नाशक', 'अनुकूल', 'प्रतिकूल', 'जीवन', 'मरण', और 'उद्धार', सर्वनाश' का अर्थ क्या है। जैसे बकरे-बकरियाँ निर्दयता से कसाई के हाथों बेच दिये जाते हैं, वैसे ही बालक-बालिका माता-पिताओं के द्वारा मूर्खता रूपी मौत के हाथों बेचे जा रहे हैं।

यह बीसवीं शताब्दी है, अब तो जरा सँभलकर उठ बैठना चाहिए। पिताओं को सोचना चाहिए, कि उन्हें बालक और बालिकाओं की दुर्दशा करने का कोई अधिकार नहीं, नरक की कठिन यातना उन्हीं को भोगनी पड़ेगी, जो अपनी सन्तानों के जीवन को यों दुःखमय बनावेंगे। अब कुप्रथाओं को त्याग देना चाहिए और अपनी विषमय और मूर्खता प्रसूत लालसाओं को पूरी करने की चेष्टा नहीं करनी चाहिए। हे परमपिता परमात्मा, आप अपनी कृपा का वह प्रकाश, जो दुःख, दुर्गुण, दुरिच्छा और दुर्बलता का नाश कर देता है, हमारे समाज के मैले और अन्धकारपूर्ण हृदय में शीघ्र पहुँचाइए।

हमारे कहने का यह अर्थ नहीं है, कि सम्पूर्ण बालक-बालिकाएँ माता-पिता के विरुद्ध हो जायें और मनमाना करने लगें, परन्तु हम यह स्पष्टता से कहते हैं, कि जो माता-पिता बुद्धि और विद्या से शून्य हों, जो बाल-विवाह के पक्षपाती हों, जो समय की गति से अनभिज्ञ हों, जो वृद्ध होकर भी अपनी इच्छाओं को पूरी करने में बालकों से गये-बीते हो रहे हों, जो 'प्रेम' शब्द को, उसकी महत्ता और उसकी अवहेलना से होने वाले भयंकर परिणामों को न सोच सकते हों, जो पैसे के दास होकर बालक-बालिकाओं को भेड़-बकरियों की तरह बेचकर उस नीच धन से धनवान हुआ चाहते हों, जो सूखा बड़प्पन पाकर सम्पूर्ण गुणों पर पानी फेर देना चाहते हों और जिनको समय के परिवर्तन का बिलकुल ज्ञान न हो, उन्हें बालक-बालिकाओं का विवाह करके उनकी दुर्दशा करने का कोई अधि-

कार नहीं ;

तो फिर ब्याह कैसे होंगे ? क्या 'सुधारक' संसार के ब्याह कर देने का ठीका लेते हैं ? नहीं, माता-पिताओं को अपनी सन्तान के विवाह सम्बन्ध के समय शिक्षा, वय, गुण, रूप, शील, व्यवहार, प्रेम और रुचि में 'वधू' और 'वर' की परीक्षा कर लेनी चाहिए। तभी गार्हस्थ्य जीवन का सच्चा सुख मिल सकेगा। बुद्धिमान् पुरुषों से सम्मति लेकर और खूब सोच-समझकर विवाह सम्बन्ध करना चाहिये। यह कभी भी न भूल जाना चाहिये, कि विवाह सम्बन्ध की यथार्थता 'वर' और 'वधू' के आपसी प्रेम पर अवलम्बित है।

समाज-समीक्षा / प्रवासी भाई

सामाजिक जीवन की दुर्दशा कर, भारतवर्ष को मूर्खता के गढ़े में डालने वालों ने दिखाऊ धर्म की निकम्मी जंजीर से समाज को बाँध डाला है। कदाचित् वे इसी को धर्मप्राणता का स्वरूप समझते हों। परन्तु अब यह बन्धन टूट रहा है। शीघ्र ही आवश्यकतानुकूल सामाजिक बन्धनों को रखने वाले नवयुवकों का दल सामयिकता का साथ देने के लिए, सामाजिक रंगमंच पर उपस्थित होगा। इस नकली धर्मप्राणता की बीमारी की अवधि अब बिलकुल थोड़ी रही है।

इसके पृष्ठपोषकों को अब भी सँभल जाना चाहिए। संसार सामयिकता के सम्मुख उनकी कुछ भी परवाह नहीं करेगा। देश की आवश्यकता के प्रवाह-स्वरूप नवयुवक अब उनके इस बालुका के नकली किले को नष्टभ्रष्ट किया ही चाहते हैं।

समाज की व्यवस्था का अधिकार आजकल समाज के मूर्ख अंश के हाथों में रहता है, तभी विचित्र घटनाएँ देखने का अवसर आता रहता है। देश की आवश्यकताओं पर विचार करना प्राय दुस्साध्य हो रहा है। यह हमारे सामाजिक जीवन का ही प्रताप है कि, हंटरों की मार खाकर प्राण देने वाले अफ्रीका प्रवासी बन्धुओं को कुछ न देकर, मूर्खों और मुफ्तखोरों को दान दिया जा रहा रहा है। वे नीच, धर्म के दलाल कहाँ हैं, जो अपने 'पौ बारह' करते समय, हजारों तरह के भय दिखा, समाज का सर्वनाश कर डालते हैं। आज उन्हें यह दिखाना चाहिए, कि भारतवर्ष के लूटे हुए धन का कितना भाग प्रवासी भाइयों की सेवा के हेतु रख छोड़ा गया है, या उनके 'निर्मल' उपदेशों को पाकर कितने भारत सन्तान अपने भाइयों की सहायता पर कटिबद्ध हुए हैं।

हमारे प्राणप्यारे भाइयों के प्रवासी भारतवासियों के कष्ट का केन्द्र-स्थल दक्षिण अफ्रीका है। पर यह भी स्मरण रखना चाहिए कि हमारी कीर्ति का केन्द्र-स्थल भी वही होगा, क्योंकि आज हमारे कर्तव्य का केन्द्र-स्थल भी वही है। क्या समाज को यह विदित है, कि कष्ट, कर्तव्य और कीर्ति के केन्द्र-स्थल अलग

नहीं हुआ करते। सबका स्थान एक ही होता है। यह भी स्मरण रखना चाहिए, कि समाज की योग्य आन्दोलनकारिणी शक्ति कम होते ही, वहीं, कष्ट से कर्तव्य पर दृढ़ रहकर बनाया हुआ कीर्ति का किला क्षण-भर में नष्टभ्रष्ट हो जाता है। शक्तिहीन समाज को हरएक समाज लातों से कुचल डालता है और उसके जीवन-कार्य में दासत्व और भीरुता ही रह जाते हैं। परन्तु शक्तिवान्, उद्योगी और पवित्र समाज को संसार के सब समाज मस्तक झुकाते हैं। उस समाज का मस्तक अन्याय के प्रतिकूल आन्दोलन की शक्तियों से भरा रहता है। 'गांधी' इसी बात के आदर्श हैं।

समाज को चाहिए कि वह सद्विचारों और अनुकूल आदर्शों की पूर्ति का सहायक बना रहे, मर न जावे। यह समय बड़ा ही विचित्र है। उसे इस समय, दूर देशों में पड़े रहने वाले अपने अंगों पर से क्षण-भर भी अपनी दृष्टि न हटानी चाहिए। समाज के प्रत्येक व्यक्ति को यह प्रश्न यों हल करना चाहिए, कि यदि दक्षिण अफ्रीका में मैं होता तथा यदि मैं श्रीयुत् गांधी के कष्टों को देखता हुआ, वहाँ कष्टों को भोगता होता, तो मेरे हृदय में भारतवर्ष से सहायता पाने की कैसी इच्छा जागृत होती? जब मैं विदेश में रहकर कष्ट भोगता रहता, तब मेरा विशाल देश क्या मुझे इस प्रकार भूल जाता, जिस प्रकार कि मैं गांधी और प्रवासी दुःखी भारतवासियों के दुःखों को भूल रहा हूँ। और क्या सहायता के समय मेरा समाज इस प्रकार संकीर्णतापूर्वक मौन होकर बैठ जाता, जिस प्रकार कि मैं बैठा हुआ हूँ? नहीं, मुझ पर समाज प्राण दे देता। वह आकाश-पाताल एक कर डालता। मेरे लिए, गोखले भीख माँगता, समाचार-पत्रों का दल मेरे कष्टों के गायन गाकर अपने को पवित्र करता। कर्मवीर वृद्ध ही नहीं, किन्तु युवक और बालक तक भी कष्ट से कमाई हुई रोटी में से दरिद्र होते हुए भी, मेरे हेतु आधी रोटी भेजता। जो समाज मुझ पर इस प्रकार कृपा कर सकता, क्या मैं उसके हेतु कुछ कर रहा हूँ?

यह ठीक है, कि सम्पत्ति फेंकने के हेतु नहीं है। उसे लुटाओ मत, परन्तु दान का सुसमय पाकर छिपाओ भी मत। यह वह समय है, जब हम अपने द्रव्य का सदुपयोग कर सकते हैं। आज भक्तिपूर्वक, गांधी सहित, कई लाख भारत-वासी देवताओं पर, जो कष्ट की ज्वाला में जल रहे हैं, कुछ चढ़ाओ। यह सोचो, कि उन्हें क्या चाहिए और वे क्या चाहते हैं?

यदि तुम दरिद्र हो, तो दान देना गुरुकुल के बालकों से सीखो, जिन्होंने अपना दूध और घी छोड़कर, शीघ्र ही सहस्रों रुपये एकत्र कर लिये। यदि तुम साधारण दशा के व्यक्ति हो, तो अपनी कम-से-कम दो दिन की आय, मरते हुए बन्धुओं के हेतु, अफ्रीका भेजना स्वीकार करो और यदि तुम धनाढ्य हो, तो यही समय है, कि जब तुम समाज की सच्ची सेवा कर सकते हो। संकीर्णता न

कर, कर्मवीर गांधी का योग्य रीति से पूजन करो।

वह तीसरे दर्जे का दानी है, जो धन का दान कर समाज की सेवा करता है। उसे दूसरी कक्षा का दानी समझो, जो समाज के हेतु अपना मन दान कर चुका हो। उसे प्रथम कक्षा का दानी कहना चाहिए, जो निस्संकोच अपना तन दान में दे रहा हो। परन्तु उसे दानवीर कहना चाहिए, जो अपना तन, मन और धन दान में दे चुका हो। वह समाज का भूषण है अथवा वह मनुष्यों में देवता ही है, जिसने अपना तन, मन और धन समाज के लिए अर्पण कर दिया हो। क्या समाज दान की प्रथा में अपने को योग्य बताकर, अपने देवता को पहिचान सकेगी?

यह प्रश्न हिन्दू और मुसलमानों का तथा पारसी और ईसाइयों आदि का नहीं है। यह प्रेम, बन्धुत्व और भारतवर्ष का प्रश्न है। इसे संकीर्णता से नहीं, उदारता से हल करना पड़ेगा। और इसे हल करने में हमीं भारतवासी ही अधिकारी हैं। आओ, गले मिलें और प्रेम से कहें, कि अपना गांधी, अपने लाखों भाई और अपनी बहिन श्रीमती गांधी तथा अपनी बहिन बीबी शेखमहताब सहायता चाहती हैं। चलो उठो, इन्हें भरपूर सहायता दें। हमारा गौरव, हमारी जातीयता और हमारा सच्चा अभिमान इसी में है। क्या हम इतना भी भूल गये, कि यह जीवन-मरण का प्रश्न है।

क्या तुमने भारतवासियों के बारे में, अपने लार्ड के उन शब्दों को सुना है, जो उन्होंने मद्रास में कहे हैं। सामाजिक दृष्टि से उनपर विचार करो। देखो, वे शब्द यही हैं:

"हाल में आपके भारतवासियों के अफ्रीका प्रवासी भाई इस विषय में स्वतः भिड़ गये हैं, और जिन नियमों को वे अनुचित और द्वेषपूर्ण समझते हैं, उनका 'निष्क्रिय प्रतिरोध' करने लगे हैं। इस विषय में हम अवश्य उनसे सहमत हैं। उन्होंने नियम भंग करने के दण्ड को अच्छी तरह जानते हुए भी, उन दण्डों को सहने के लिए पूर्ण साहस और धैर्य से नियमों को भंग किया है, और वे भंग करने की इच्छा रखते हैं। इन सब विषयों में उनसे भारत की गम्भीर जाज्वल्य सहानुभूति है। और केवल भारत ही की नहीं, किन्तु उन लोगों की भी, जो मेरे जैसे भारतीय न होने पर भी, यहाँ के लोगों से सहानुभूति रखते हैं।"

क्या तुम उस व्यक्ति को जानते हो, जो मद्रास का लार्ड बिशप है। उसने इस सम्बन्ध में क्या कहा है, क्या तुमने वह सुना है? यदि न सुना हो, तो इसे पढ़ो:

"मैं ऐसा कुछ भी नहीं कहना चाहता, जिससे जरा भी मालूम हो, कि मैं लोगों को, कानून न मानने के लिए, भड़का रहा हूँ। पर बिलकुल साफ-साफ और खुल्लमखुल्ला यह कहना मैं जरूरी समझता हूँ, कि दक्षिण अफ्रीका में

हिन्दुस्तानी आइन कानून नहीं, बल्कि जुलूस रोक रहे हैं। अब तक तो उन्होंने बड़े धीरज से काम लिया है। बीस वर्षों या इससे भी अधिक समय से ये न्याय के लिए प्रार्थना कर रहे हैं तथा भयंकर अन्यायों के दूर करने के लिए और जो-जो उपाय हो सकते हैं वह सब कर चुकने पर ही उन्होंने अन्त में अन्यायपूर्ण, नियमों का 'निष्क्रिय प्रतिरोध' करने को कमर बाँधी है।"

बस, एक मूर्ति का स्मरण तुम और करो, जिसने अपनी जीवन सम्पत्ति को गोखले के चरणों पर रख, अपने सच्चे स्वरूप का दिग्दर्शन कराया। क्या उस योग्य व्यक्ति को तुम जानते हो? उसका नाम है सी० एफ० एण्ड्रूज। यह महात्मा, तुम्हारे भाइयों की देखभाल करने के हेतु अफ्रीका जाकर कष्ट भोगना स्वीकृत कर चुका है।

ये उदार व्यक्ति ब्रिटिश समाज के चमकते हुए नक्षत्र हैं। इनकी उदारता का स्मरण करो। वह देश धन्य है, जहाँ ये पैदा हुए। उन माताओं को धन्य है, जिन्होंने इन्हें पैदा किया। ये अत्यन्त धन्य हैं।

हमारे समाज को, चाहे वह किसी भी जाति का क्यों न हो, इस अवसर पर अपना अपनी असलियत का परिचय देना चाहिए।

—'एक भारतीय'

[भाग 1, सं० 7, 1913]

सुधार-विस्तार / उठो कुरीतियों के खिलाफ

यह शिथिलता क्यों है? क्या किसी रोग से व्यथित हो? यदि हो, तो उसे छोटा न गिनकर उसके हटाने का दृढ़ संकल्प कर प्रयत्न प्रारम्भ कर दो। विचार से देखने पर मालूम होता है कि तुम्हें संकीर्ण विचारों ने दबा रक्खा है। तुम कुछ भी नहीं किया चाहते। जो समय तुम्हारे सामने उपस्थित है, उसी से सन्तुष्ट रहना चाहते हो, परन्तु इससे बढ़कर कायरता नहीं है।

क्या किसी अन्याय को न्याय और दुष्कर्म को सत्कर्म तुम इसलिए कहने की चेष्टा कर रहे हो, कि जिससे तुम्हें लोग बुरा न कहें चाहे इस बुरी दशा में सब कुछ बिगड़ जाय, पर तुम उस पर ध्यान नहीं देना चाहते। क्या तुम्हारी धारणा हो गयी है, कि भाग्यवादियों का अस्तित्व भी संसार को मानना चाहिए। यदि ऐसा है, तो बहुत बुरी बात है।

उठो, कुरीतियों के तथा बिगड़ी हुई रीतियों के सुधार की प्रतिज्ञा कर कार्य करें। कर्त्तव्य-मार्ग में प्राण दिये बिना न बनेगा। कायरों की तरह जी चुराना और बिगड़ी हुई प्रथाओं को चुपचाप स्वीकृत कर लेना, क्या कोई ऐसा-वैसा अपराध है, क्या तुम्हें यह विदित नहीं कि इस अपराध के करने ही से भारतवासी अत्याचार और कुरीतियों की उस भयंकर साँकल में जकड़कर बाँध दिये गये हैं,

जिससे कि देश का प्राय: सर्वनाश ही हो रहा है।

कुरीतियों का दमन करना ही चाहिए। चाहे वे फिर सभ्यों की चलाई हुई हों, चाहे असभ्यों की। चाहे उनका समर्थन करनेवाले बिगड़े हुए बाबू हों, चाहे नीच वृत्ति के भट्टाचार्य।

कुरीति के समर्थकों की कीमत कुरीति से भी बहुत थोड़ी है। यदि कुरीतियों हेतु हम काँटे हों तो उनके समर्थकों के हेतु हमें भयंकर शूल हो जाना चाहिए। बस, इसी में कल्याण है।

एक सुनने लायक सन्देशा है, सुनिए। कहते हैं, श्रीमान् लार्ड कारमाइकेल के साथ कूच बिहार की नई महारानी श्रीमती देवी इन्दिरा नाचीं। पश्चिमीय लोगों में ऐसे नृत्य-कौतूहल अकसर हुआ करते हैं। अन्य महारानियाँ नाचना नहीं जानतीं, इसे क्या कहना चाहिए, दुर्भाग्य या सौभाग्य ?

—'सुधार प्रिय'

समाज-समीक्षा / कुरीति

कुरीतियों को दमन करने का कार्य कल के लिए न छोड़ो। यह पक्का स्मरण रक्खो कि समयरूपी दूध पीकर इन भयंकर साँपों का विष बढ़ रहा है। इनमें नाशक प्रकृति की मात्रा भी बढ़ रही है। समाज के इन सच्चे शत्रु आत्माओं को नाश करने में प्राणपण से भिड़ जाओ। उठो, समय व्यर्थ मत खोओ। यह संसार तुम्हारी ओर घृणा और अपमान की दृष्टि से देख रहा है।

जब तुम किसी कुरीति को समाज से हटाना चाहते हो तब उसके द्वारा होने वाले दुदृश्यों के प्रमाण एकत्र कर लो। और फिर उसकी निरुपयोगिता की मीमांसा कर डालो। समाज में, ऐसे मिले रहो, जैसे दूध में पानी। समाज के सच्चे हृदयों पर यह बात जमा दो कि तुम उसके अनन्य हितचिन्तक हो और उसके लिए, सब कुछ त्याग देने के लिए प्रस्तुत रहते आये हो। तुम समाज के सच्चे साथी बनो और कुरीति के गढ़े में गिरते समय इसे चेता दो। पर उद्दण्डता और विवादपूर्णता से नहीं, शालीनता और नम्रता से। यदि समाज से इस कार्य में तुम्हें अपमान या अर्थहानि ही हो, तो इसे तुम लाभ ही समझो। तुम अपनी आय का साधन किसी अन्य उपयोगी स्थान को बनाओ और व्यय का साधन समाज को। इस रीति से प्रत्येक कुरीति के पैर उखाड़ना कठिन नहीं है।

—'एक भारतीय'

[1914, वर्ष 2, संख्या 1 1914]

सुधार-विचार / केवल कहने से नहीं

सुधार करने का पाखण्ड करना बिलकुल सरल बात है; परन्तु यथार्थ सुधार

करना बहुत कठिन कार्य है। उसके लिए शरीर में पूरी सहनशक्ति और अनर्थों के प्रतिवाद की उत्कट भावना होनी चाहिए। इसके बिना कार्य नहीं चल सकता। यों सूखे सुधारवादी बन जाने से संसार को कोई कुछ भी लाभ नहीं पहुँचा सकता। प्रत्येक आदमी अपने को सुधारक समझ बैठता है, परन्तु क्या उसे यह बात मालूम है कि सुधार के सिद्धान्तों का प्रचार करना और तलवार की धार पर खेलना एक समान है।

हम एक ऐसे व्यक्ति को जानते हैं जो सुधारवादी है। परन्तु शिक्षा के सिद्धान्तों पर उसे बिलकुल ध्यान देते नहीं देखते। वह कदाचित् यह नहीं जानता अथवा यह जानकर भी नहीं मानता, कि देश के विधाताओं बालक-बालिकाओं के सुसंस्कारों पर ध्यान देना सुधार का एक भारी अंग है। जब बालक-बालिकाओं का जीवन बिगड़ गया तब उन पर न्योछावर किया हुआ करोड़ों मन स्वर्ण भी, श्मशान की चिता की भस्म से अधिक मूल्य का नहीं समझा जा सकता।

'सुधार' विचारों को कार्य रूप में परिणत करनेवालों को शास्त्री, भट्टाचार्य और साहित्याचार्य होने की आवश्यकता नहीं है; और न उन्हें पदवीधर, सभ्य और ग्रेजुएट होने की जरूरत है। उन्हें समाजप्रिय, दूरदर्शी, सहनशील, दृढ़ संकल्प, दुःखभोगी और समय की गति के ज्ञाता होने की आवश्यकता है।

केवल कहने ही से सुधार नहीं हो जाता। मन के लड्डुओं से भूख नहीं भागती। कार्यकारी ही कुछ सुधार कर सकते हैं। उन्हीं ने समय समय पर सुधार भी किया है। सुधारवादियों के सच्चे आदर्श हैं भगवान् श्रीकृष्ण। समय और देश की आत्मा जानती है कि भगवान् श्रीकृष्णचन्द्र ने सुधार मार्ग में क्या-क्या किया। यदि कोई अकारण अशांति या अपवित्रता ले, तो यह उसकी भूल है। सुधारकारियों में उच्छृङ्खलता होना उनका लड़कपन प्रकट करता है कि निन्दा की वृत्ति यह सूचित करती है कि सुधारकर्ता स्वयं निन्दा के योग्य है। उसकी घृणा यह बताती है कि यह बुराइयों के सम्मुख लड़ने में असमर्थ है। अशान्ति से सुधारक की मानसिक दुर्बलता प्रकट होती है कि अपवित्रता से यह स्पष्ट ज्ञात होता है कि यह सुधारक नहीं, आलसी और नपुंसक है। जो संसार की उन्नति-स्वरूप कुरीतियों की सीढ़ियों को भी, उन पर चढ़ने में निर्बल होकर, तोड़कर या तुड़वाकर, संसार को आपत्तियों में डालने का पाप अपने शिर पर लिया चाहता है, वह सुधारवादी 'महामूर्ख' नहीं तो कौन है।

—'सुधार प्रिय'

समाज-समीक्षा / सामाजिक जहाज

हमारा सामाजिक जहाज आजकल बड़ी भयंकर अवस्था में है। उसे देखकर हम कठिनाई से भावी कार्यों का निश्चय कर सकते हैं। और वह निश्चय भी

हमारी सफलता के समीपवर्ती अंशों तक ठीक ठहरेगा, यह कहा नहीं जा सकता। हमारे गति और परिवर्तन का क्षेत्र बहुत ही संकीर्ण है, बिलकुल छोटा है। उस परिमित अवस्था में उस समाज के कुछ कटीले और अंगनाशक नियमों की जंजीर में रहकर, भारतीयों को बड़ी कठिनाइयों का सामना करना पड़ता है। यद्यपि सब नियम बुरे ही नहीं हैं, उनका प्रभाव समाज पर बुरी तरह पड़ चुका है। उन नियमों की कर्कशता में समाज के तत्त्व का मानो नाश हो रहा है।

विदेशीय सामाजिकता के अन्ध अनुकरण का समय भी यही है। निर्णय-कारिणी बुद्धि का ह्रास होते ही हमारे समाज का जोशीला किन्तु अज्ञानी दल पश्चिमीय सभ्यता की ठीक नकल उतारने की कोशिश में लगा है। क्यों न हो, मौलिकता का सर्वनाश कर देनेवालों को नकल ही एक आधार है। वही उनका जीवन, प्राण और सर्वस्व है। आज जिधर आँख उठाकर देखिए उधर ही, समाज एक नये रंग से रँगा जा रहा है। इस 'नारद मोह' की सूरता पर ही हमारा देश फूला फिरता है। वह आर्ष सिद्धान्त पर हरताल फेरने की चिन्ता में है। कदाचित् उसका यही विश्वास है कि पश्चिमीय देशों की सभ्यता की भागीरथी ही हमारे पूर्वजों का उद्धार करने में पूर्णरूप से समर्थ हो सकेगी। जब, एक सभ्यता के शिखर पर चढ़ी हुई जाति के, सम्पूर्ण बर्ताव, नक्शे की तरह सामने लटक रहे हैं, 'तब व्यर्थ परिश्रम कर सामाजिक नियमों की छानबीन कौन करे, नकल कर लेना ही अच्छा है। परन्तु यह अविचार है विचार नहीं। जो जाति अपनी स्वतः की कोई सभ्यता नहीं रखती वह जाति ही नहीं। हाँ, हम यह मानते हैं कि आर्ष युग की सम्पूर्ण बातें सामयिकता का साथ न देंगी परन्तु स्मरण रखिए, आपको भारतीय ही बनना होगा, पूर्व पूर्व ही रहेगा, वह पश्चिम न हो सकेगा। उसको पश्चिम बनाने की चेष्टा करना निरी मूर्खता करना है।

हाँ, माना। आपको पश्चिम का राजनीति विज्ञान और सामाजिक विज्ञान बहुत बढ़ा-चढ़ा मालूम होता है, और वह बढ़ा है भी। परन्तु प्रथम 'विज्ञान' शब्द की आन्तरिकता को सोचिए। आप विज्ञान के तत्त्वों को ले सकते हैं, जो एक ईश्वरीय सम्पत्ति है, परन्तु किसी देश की चाल-ढाल और रीति-रिवाज चुरा लेने के आप अपने समाज सिंह को, थोड़े दिनों में आज से भी गई बीती दशा में प्रतिकूलता के कठोर पिंजड़े में बन्द पावेंगे। बाह्य प्रकृति पर दृष्टि डालिए, वह क्या सिखाती है। यह ठीक है कि वर्षा सब देशों में होती है, परन्तु आषाढ़ से आश्विन तक नहीं, बसन्त सब दूर होता है, परन्तु एक ही समय में सब दूर न हुआ है, न होता है और न प्रयत्न करने पर हो ही सकता है।

हमारे सिद्धान्त हमारे ही हों, हाँ, परिवर्तन की देश को आवश्यकता है, वह अवश्य किया जाय। उसमें ज्ञान का ढकोसला मढ़नेवालों की पुकार को आप भले ही न सुनें, पर यह न भूल जाइए कि आप जितना श्रम, जितना प्रयत्न और

जितना परिवर्तन कर रहे हैं, वह भारतीय समाज की सभ्यता के विचार से।

सबसे प्रथम, समाज के उन बन्धनों को तोड़िए, जो मध्यकालीन मूर्खता या आपत्ति के समय उसने बना डाले हैं। ऐसा करने के लिए आप कर्कशता से कार्य न लीजिए। समाज बिलकुल निर्बल दशा में है। उससे प्रेमपूर्वक कार्य लीजिए। समाज में सन्निपात का रोग न फैलने दीजिए। होशियारी से कार्य करना प्रारम्भ कीजिए। समाज के नवयुवकों पर दृष्टि रखिए। उनके हृदय में आनेवाले विचार ही समाज के सच्चे नियम हैं। ऐसा न कभी आप समझिए और न उन्हें समझने दीजिए। प्रथम नवयुवकों को एवं कार्यकारियों को समाज की आन्तरिक दशा का अनुभव कराइए, फिर कार्य करने दीजिए। समाज संस्कार का कार्य अधीरता और उच्छृङ्खलता से न होगा, वह साहस और गम्भीरता से होगा। यह भी न भूल जाइए कि "समाज सुधार के कार्य में नवयुवक वह कार्य करेंगे जिसे देखकर संसार चकित हो जायेगा।" परन्तु उसके हेतु समाज के हितचिन्तकों को प्रथम भारी प्रयत्न करना होगा।

—'भारतीय'

[वर्ष 2, संख्या 2, 1914]

सुधार-विचार / एक वर्ष हो गया

एक वर्ष व्यतीत हो गया। दूसरे का प्रारम्भ हो गया। ऋतुराज वसन्त अपनी नवीन छटा दिखाने लगा। शीत का वह दुःखदायी दृश्य, रात्रि की वह मदोन्मत्तता और अन्धकार की वह उच्च बनने की हविस अब कहाँ है। वह देखिए, वृक्षों ने अपने प्राचीन भार को छोड़ नये वस्त्र पहिन डाले हैं। वे हरे-भरे और मनोहर दीखते हैं, इससे उनके शरीर की सुन्दरता, वे फूले-फले दीखते हैं, इससे उनके मन की सुन्दरता तथा वे सुगन्धी एवं रसीले लगते हैं। इससे उनकी आत्मा की विशेषता बोधित होती है। यों मनोहरा वृक्षराजि, ललित लतिकाओं को लपेटे हुए, फूली हुई झूल रही है, संसार में मानो अनोखापन आ गया है।

क्या भारत भूमि की भी यही दशा है? क्या भारत हृदय वाटिकाएँ भी इसी प्रकार फूल और फल से लदी हुई हैं। क्या सचमुच शीत का दुःखदायी दृश्य हट गया। रात्रि का विस्तार घट गया और अन्धकार का अत्याचार कम हो गया। सोचिए, मानसिक विचारों में गहरे उतर जाइए। जरा खोज कीजिए। क्या यथार्थ ही हमारा हृदय वसन्त हो गया।

यह कुछ भी नहीं हुआ। इस वर्ष केवल भार ढोना ही हाथ रहा। सुधार के स्वाधीन विचार देश के मस्तिष्क में पैदा नहीं हुए। मरे हुए भारतीय मर्दों में तेजस्विता नहीं आयी। पुराने और नीच विचारों का प्रवाह अब भी वैतरणी की भाँति बहकर भारतवासियों को अपने गर्भ में रखे हुए है। सभा समाजों में

लोगों ने अपने गले फाड़ डाले और टेबल तोड़ डाले। परन्तु भारत के कठोर हृदयों पर उसका परिणाम विशेषता के समेत अनुकूल नहीं हुआ ? 'हाय-हाय' की पुकार से आज भी देश का कोना-कोना दहल रहा है। दुखी हृदयों की अपरिमित राशि अभी परिमित भी नहीं हो सकी। जहाँ दृष्टि डालते हैं, वहाँ कुरीतियों की आपत्तियों के बादलों को निर्भयता से गरजते और समाज मयूर समूह पर निर्दयता से बरसते पाते हैं। हाहाकार की पुकार अब भी कानों के परदे फाड़ना चाहती है, कि गत 1970 के विक्रमीय वर्ष में हम कुछ दृढ़ता से कर सके।

वह देखिए, बाल विवाह अभी हमारा सर्वनाश कर ही रहा है। गुड़ियों की शादी की जा रही है, सत्य के सिद्धान्तों का नाश किया जा रहा है। दूसरी ओर वृद्ध विवाह भी बन्द नहीं है। वृद्ध बधिकों द्वारा रुपयों से खरीदी हुई गौ स्वरूपिणी कन्याएँ, अब भी, अपने निर्दय पिताओं के अत्याचार से अकुलाती हुई बुरी तरह रो रही हैं। एक तरफ कच्चे वीर्य के लड़के और बुड्ढों के मर जाने से हमारी विधवा बहिनों का अनुकूल दल खड़ा आँसू बहा रहा है। और वह भी चुपचाप नहीं है। समाज को सर्वनाश का दुश्राप-सा दे रहा है। यदि हम अपनी गिनती भेड़-बकरियों की तरह दूसरों से न कराकर खुद करते, तो हमें हमारी विधवा बहिनों की बढ़ी हुई और व्याकुलकारिणी विशेष संख्या का सहज ही पता लग सकता।

और भी, आज दहेज बन्द नहीं है। समझदार लड़के जामाता बनकर लोगों के दरवाजों पर बिकने में संकोच नहीं करते। बालिकाएँ इस कुप्रथा के भय से पिताओं द्वारा निर्दयतापूर्वक जन्मते ही मारी जा रही हैं। कई प्राण त्याग रही हैं और कई कठोर काम के कराल पुष्प बाणों का लक्ष्य बनकर, कोई प्रकट और कोई गुप्त रूप से, वेश्या बन रही हैं।

शिक्षा का क्षेत्र संकीर्ण ही है। हमारे यहाँ की स्त्री लेखिकाओं और सम्पादिकाओं का हाल प्रायः बुद्धिमान और अनुभवी लोगों से छिपा नहीं है। स्त्रियाँ पुरुषों से लेख लिखाकर सम्पादिका और लेखिका बनने में अपना गौरव समझ रही हैं। तिसपर भी उनकी संख्या गिनी-चुनी है।

नैतिक भूलें भी अभी हमसे हो रही हैं। हम, सामयिकता के सोचने में, असावधान बनकर भारी मूर्खता कर रहे हैं। नैतिक क्षेत्र में हमारा बर्ताव निन्दनीय हो रहा है। हम गहरा सोचना नहीं जानते। हम अपने गौरव को आप पहिचानना भी नहीं जानते। जातीयता से हम दूर हैं। भारतीयता हममें नाम मात्र को ही है।

और ब्रह्मचर्य, इसकी आशा तो बहुत ही बुरी है। हाय, भारतवर्ष का रुधिर यों ही फेंका जा रहा है। उसका कोई उपयोग नहीं। आचरणशीलता हमारे बालकों

से कोसों दूर बसती है। वे यह जानते ही नहीं कि वीर्यरक्षा कहते किसे हैं। कालेज के उच्च शिक्षितों से लगाकर साधारण पाठशालाओं तक भारतीय सपूतों की दशा एक-सी ही है। ऐसी दशा में कैसे कहा जा सकता है कि हमारी उन्नति हुई, हमारा सुधार हुआ।

यह सब ठीक है। अवश्य ही कठिनाइयों के कठोर किलों को हम फोड़ नहीं सके। फूट के भयानक फन्दों को हम तोड़ नहीं सके। कूटनीति के हेतु 'विष से विष उतरता है', इस रीति का हम अभी अवलम्बन नहीं कर सके। बुराइयाँ, यथार्थ ही अपनी-अपनी दूकान लगाये एवं दलालों को साथ लिये भारत विश्व बाजार में अब भी दुर्गुणों और दुर्व्यवहारों का विष तथा दुर्वृत्तियों की मदिरा निर्भयता से बेच रही हैं।

यह सब कुछ हो रहा है, तो भी यह कोई नहीं कह सकता कि हमने कुछ नहीं किया। सुधार मार्ग में हमारा नम्बर शून्य नहीं रहा। हममें से दस हजार में एक ने अपनी दशा पर विचार करने का यत्न किया और उनमें से सौ में एक ने प्रायः अपने विचारों को कार्य रूप में परिणत करने की चेष्टा भी की। यद्यपि हमने अपना कार्य निर्बलता से बढ़ाया, परन्तु बढ़ाया अवश्य। सुधार के मार्ग में हमने एक पैर आगे रखा, यह बिलकुल सत्य है। इस वर्ष, हम, कम-से-कम, सुधार प्रासाद की अगणित सीढ़ियों में से, एक सीढ़ी अवश्य चढ़े।

इतना कम चढ़ना हमारे हेतु अच्छा नहीं हुआ। हमें स्मरण रखना होगा कि हम साढ़े इकतीस करोड़ हैं। और इसी विचार से आगे बढ़ना होगा। उठिए, प्राणदान की—आत्मदान की प्रतिज्ञा कर सुधार के धवल गिरि पर चढ़ने की दृढ़ता, निर्भयता एवं नियमता से चेष्टा करें। आइए, आचार और व्यवहार के रूप में, सुधार का दूसरा कठिन पाठ पढ़ने की चेष्टा में प्राण समर्पण करें। इसी में सार है। यही श्रेष्ठ सिद्धान्त है। इसी ने कई जातियों को उन्नति के शिखर पर चढ़ाकर अग्रगण्य बना डाला है। संसार का इतिहास इस बात का साक्षी है। उठिए, सुधार कीजिए, अब विलम्ब करना और मरना समान है।

—'सुधार-प्रिय'

नीति-तत्त्व / प्रहार सह

स्पष्ट बातें सुन लेने का जमाना गया। अब नवीन युग का प्रारम्भ हो गया है। युग के साथ नीति भी बदल गयी है। शब्दों की व्याख्या और मन्त्रों के अर्थ ही नहीं, जीवन की व्याख्या और आदमियों के अर्थ तक बदल गये हैं। भला और बुरा सदा रहा है, और कदाचित् सदा रहेगा किन्तु, आज का अद्भुत परिवर्तन कर्म पथ पर अँधेरा डालता है। माना कोई किसी का मित्र नहीं, और न शत्रु ही है। व्यवहार ही मित्र और शत्रु की सृष्टि किया करता है। परन्तु इस सृष्टि को

बिलकुल खिलौना बना डालने की भी तो आवश्यकता नहीं है।

दो मनुष्य आपस में एक दूसरे से मिलते हैं, मिलते ही, दोनों ओर से विचार उठते हैं 'किस तरफ से झपट करें'। यदि उस झपट की भूल को समझकर एक हृदय को दुःख हुआ, उसने वैसा करना उचित न समझा, किन्तु यह उचित समझा कि मैं, उस भूल या पाप के करने से अपने भाई को भी रोकूं, और उसने स्पष्ट कह दिया कि "ऐसा न करो। अपने बीच में घात के विचार अच्छे नहीं। संसार के नियम, हृदय और मन इससे विचलित हो जाएँगे। यदि तुम ऐसा करना नहीं छोड़ना चाहते तो लो, मैं तुम्हें ऐसा करने से रोकने की चेष्टा करता हूँ।" बस, सारा खेल बिगड़ गया। हृदय का भेद मिल जाने पर, दूने बल से अत्याचार बढ़ने लगा। प्रथम कुछ बातें प्रकट हो जाती थीं, अब सब छुपे-छुपे होने लगीं। ऊपर से दिखाया जाता प्रेम, पर भीतर जलती वैर की ज्वाला। बर्ताव में मीठापन आ गया, किन्तु, उस मीठेपन में विष मिलाया गया। लोग कहने लगे, अजी यह बड़ा खराब है, इसे चीनी खाते बुखार चढ़ता है।

दूसरे भाई ने भी यही सोचा। 'विष की औषधि विष है' यह पंक्ति कानों में गूंज उठी। उसने इस कार्य में तैयारी प्रारम्भ की। प्रेम और सहानुभूति का स्थान वैर और द्वेष ने ले लिया। बन्धुत्व ने, विश्व से जुदाई लेनी प्रारम्भ की। संसार में चमक-दमक अवश्य बढ़ी, पर साथ ही व्याकुलता भी।

यह सच्चे हृदय अपनी दृढ़ता न छोड़ें, वे अपने भाई को चिताते और अनुचित करने पर उसका हाथ पकड़ते रहें तो विश्व का भला हो। परन्तु इससे भी अधिक पवित्रता और प्रेम का संचार तब हो, जब अपने भाई के प्रहार के सम्मुख धीरता से दूसरा भाई खड़ा रहे। उसे बुरा करने दे, पर उसी के सम्मुख वह भला करता चला जाय। उसके उपायों में किसी का नाश न लिखा हो। वज्रों को आने दे, दृढ़ रहे। वज्रों का कार्य लगना है, और उसका कार्य है उन प्रहारों को सहते हुए भी शान्ति से अपने पवित्र पथ में आगे बढ़ना। मार्ग कठिन और प्राणनाशक-सा दीखता है, परन्तु उच्च और विद्वेषरहित है। विश्व के विरोधी से विरोधी हृदयों को मिला देने वाला है।

भगवान् बल दें, हम लोग इसी प्रकार विश्व-बन्धुत्व की स्थापना करने में कृतकार्य हों।

—'नीति प्रेमी'

प्रभा : संपादकीय से चयन[1]

भारत की लिपि

सुनते हैं, विलायत में यह प्रश्न छिड़ गया है कि भारत में कौन-सी लिपि प्रचलित हो। यही नहीं, यहाँ तक सुना गया है कि रोमन लिपि इसके उपयुक्त मान् भी ली गयी है। विदित नहीं होता कि इस कार्य से कौन-सा लाभ सोचा गया है। ग्रियर्सन साहब की, हाँ-में-हाँ मिलाने की बात सुन, हमें आश्चर्य नहीं। ग्रियर्सन बिचारे यहाँ के कुलियों, किसानों तथा व्यापारियों का हाल क्या जानें ? स्मरण रहे, इस कार्य की गड़बड़ से समाज को दुख होगा। भारत की यदि कोई एक लिपि हो सकती है तो यह नागरी लिपि ही हो सकती है। हम सरस्वती सम्पादक के नोट से सहमत होते हुए यह स्पष्ट कहे देते हैं कि इस प्रकार का प्रयत्न अनीति तथा अल्पज्ञता का उदाहरण होगा।

कई पश्चिमीय विद्वानों की, जिन्होंने इस बात का अनुभव लिया होगा, यदि वे पक्षपात न करेंगे, तो हमारी सम्मति स्वीकृत न करने का कोई अन्य कारण न होगा।

राष्ट्रभाषा

राष्ट्रभाषा के गौरव की रक्षा के हेतु अब हमें बैठे मुँह न देखना चाहिए। व्यर्थ के झगड़ों से हानि के सिवाय लाभ नहीं है। अतएव उन्हें छोड़कर यह सोचना चाहिए कि इस सम्बन्ध में वर्ष में कितना कार्य होता है। हम साहित्य सम्मेलन से प्रार्थना करते हैं कि वह एक ऐसी रिपोर्ट प्रति वर्ष पेश करे कि अमुक प्रदेश ने राष्ट्रभाषा की आवश्यकता को इतने ग्रन्थों द्वारा पूर्ण किया, तथा भारत में अमुक विषय पर ग्रन्थ प्रकाशित करने का अमुक प्रदेश का ही पहिला प्रयत्न रहा। इस प्रकार कार्य होने से प्रति वर्ष यह तो विदित हो जायगा कि राष्ट्रभाषा के कर्मवीर पुत्र कौन हैं तथा अकर्मण्य कौन ?

मध्यप्रदेश और राष्ट्रभाषा

मध्यप्रदेश साहित्य संसार में अवनति की अन्तिम सीढ़ी पर है। अन्य प्रदेश उसे ऊपर चढ़ाने की सत्कामना से प्रयत्न कर रहे हैं। किन्तु मध्यप्रदेश की कुम्भकर्णी छूटने का समय अभी निकट विदित नहीं होता। मध्यप्रदेश के शुभ-चिन्तकों को इस ओर ध्यान देना चाहिए, नहीं तो, कुछ दिनों के पश्चात् पछताने के सिवाय कुछ भी हाथ न रहेगा।

[भाग 1, चैत्र शुक्ल 1, 1970; 7 अप्रैल 1913, संख्या 1]

---

1. ये लेख उन्होंने अपनी 25 वर्ष की आयु में लिखे थे।

कूटनीति / कपट

कूटनीति, एक भयंकर विष है, जिससे सारे संसार के सद्गुण केवल दिखाने मात्र को रह जाते हैं। उनका प्राण निकल जाता है, केवल शरीर रह जाता है, वे गुण मुर्दा हो जाते हैं। कूटनीति बड़ी सुन्दरता से प्रेम का नाश कर देती है। कूटनीति, बनावटी गुणवान बनने का, एक भारी साधन है। कूटनीति का दूसरा नाम 'कपट' भी हो सकता है। सरलता की भक्षक कूटनीति ही है। उस मनुष्य, समाज, जाति, देश एवं राष्ट्र को दुःखदायी ही समझना श्रेयस्कर होगा, जो कूटनीति का सहारा लेकर कार्य करता है।

आज हमारे यहाँ भी इसकी वृद्धि हो रही है। इस गुण के धुरन्धर आज यहाँ भी दिखाई दे रहे हैं। उनकी चालाकी की चाल से चाहे सारे संसार को दुःख हो, परन्तु उनके दुष्ट हृदयों में करुणा कहाँ? नम्रता के नीरस शब्दों का आडम्बर करते हुए उन्हें भय भी नहीं मालूम होता। संसार के सद्गुरु बनने का एकमात्र साधन मानो वे इसी कपट चतुराई को ही समझते हैं। उनकी बनावटी हृदय से निकले हुए आडम्बरीय गुण गर्भित, किन्तु यथार्थ में, विषमय उद्गारों का मूल, साधारण मनुष्यों की समझ में नहीं आता। सरलहृदय व्यक्ति उन्हें महापुरुष मानकर श्रद्धा एवं भक्ति दिखाते हैं, किन्तु वे यह नहीं जानते कि इन भयंकर सर्पों के देश में फिर उद्धार नहीं। उन अद्भुत विज्ञों को सभ्यता एवं कार्य साधकता, इसी छल-नैपुण्य में दिखाई देती है। शोक तो यह है कि, इन मनुष्य समाज के दिखाऊ हितकारियों ने कुछ भोले समाज को अपने मायाजाल में डालकर बड़ी दुर्दशा करने का निश्चय कर लिया है। इनके बनावटी हृदय, सरलता, सत्यता एवं श्रेष्ठता के मूल तत्त्वों की ओर जाना ही नहीं चाहते। सम्पादक, सुधारक एवं नेताओं के द्वारा यह दुर्गुण, हमारे प्रेमपूर्ण संसार को बड़ी निर्दयतापूर्वक, अपनी विचित्र लीला दिखा रहा है। इन महात्माओं का यह शस्त्र बड़ा दुःखदायी हो रहा है। इनकी कार्यदक्षता पर ध्यान देकर ज्यों ही मनुष्य इन्हें आदर्श मानकर सरलहृदयता से संसार क्षेत्र में आगे बढ़ने को तैयार हो जाते हैं, त्यों ही इनका यह भयानक शस्त्र, उन प्रेमी प्रारम्भक कर्मवीरों के हृदयों पर लगता है। वे यह देखकर व्याकुल होने लगते हैं कि जिसे हम आदर्श मानते हैं, वह सरलता, नम्रता एवं प्रेम दिखाने मात्र को रहता है और धोखे-बाजी को ही कार्य-साधकता समझता है। वह प्रेमी नहीं, भयानक शत्रु है; वह मानव नहीं, मानव रूप में दानव है; तब वे पछताते हैं, घबराते हैं और अपनी शीघ्र कार्यकारिणी बुद्धि की निन्दा करने लगते हैं।

यूरप इस भयानक दुर्गुण का जन्मस्थल है। वहाँ अब इन दुर्गुण ने यौवन प्राप्त कर लिया है। राष्ट्रों तक पर अब इसने अपना पूरा अधिकार कर लिया है। एक-दूसरे को अपना मित्र एवं प्रेमी कर दिखाऊ सन्धि का नीच प्रस्ताव

अपने बीच में रखकर बड़ी निर्दयता से, विश्वासघात की चरम सीमा दिखाते हुए यूरप-निवासी एक-दूसरे के नाश पर तैयार हो रहे हैं।

क्या उन भारतीय विद्वान् हृदयों की सेवा में यह प्रार्थना स्वीकृत होगी जिन्हें इस दुःखदायी अस्त्र के प्रयोग का नैपुण्य प्राप्त हो चुका है। हम अत्यन्त नम्र होकर उनके चरणों में प्रार्थना करते हैं। वे समाज पर दया करें।

सम्पादकों की अनबन

सम्पादक, देश जीवन के उत्थान मार्ग को, स्पष्टता से दिखलाने वाले हैं। उनके द्वारा समाज बहुत कुछ कर चुका है और बहुत कुछ करेगा। प्रजा के प्रतिनिधि एवं राजा के मन्त्री बनकर सम्पादक यथार्थ ही में हमारे भाग्यों का उचित निर्णय करके अपनी योग्य योग्यता का परिचय देते हैं। जब उनकी लेखनी किसी कुप्रथा के नाश के हेतु उठती है, तब अत्याचारियों में खलबली मच जाती है, कुरीति समर्थकों की आशा पर तुषार पड़ जाता है एवं उन्नतिप्रिय लोगों में कार्य करने का विचित्र विद्युत्प्रवाह संचारित होने लगता है। सभ्य देशों के वे प्राण हैं। सभ्य बनने के अभिलाषी देशों के जीवन जहाज को चातुर्य से चलानेवाले कप्तान हैं। अनेक विद्वान् एकांगीयता से अपने विषय तथा कार्य के पूर्णकर्ता और दक्ष समझे जाते हैं, परन्तु सम्पादक संसार भर के विकट से विकट कार्यों एवं विषयों की बाजुओं को बड़ी गम्भीरता, नीतिज्ञता एवं बुद्धिमत्ता के साथ देखता है। वैद्य या डाक्टर एक ही औषधि का एक ही समय में कई मनुष्यों पर प्रयोग कर नहीं सकते। 'भिन्न प्रकृति' का रोग उनके मार्ग का बाधक बन बैठता है। वे ऐसे समय में सोच भी नहीं सकते कि हम इस आयी हुई विपत्ति का सामना कैसे करें। इसके सिवाय वे (वैद्य या डाक्टर, अपनी कृति पर विश्वास नहीं रखते और न सर्वथैव प्रयत्नपूर्ण ही होते हैं; परन्तु एक सम्पादक के सामने जब यही घटना आकर उपस्थित हो जाती है, तब, वह समाज पर बड़ी विचित्रतापूर्ण दृष्टि डालकर समाज के रोगों के मर्म को समझता है और सम्पूर्ण समाज के हेतु असंख्य मनुष्य समूह के हेतु एक ही उचित औषधि निर्धारित करता है। उसका औषधोपचार सरल नहीं होता, समाज की संक्रामक एवं भयानक बीमारियों में भी वह सर्वदा की भाँति दृढ़ता से प्रयत्न करता रहता है। कठिन समस्या देखकर वैद्य घबड़ाता है और सम्पादक प्रसन्न होता है; वैद्य समझता है कि इसकी प्रकृति पर अब मेरी औषधियाँ असर नहीं पहुँचा सकतीं, परन्तु सम्पादक को अपनी औषधियों पर कभी अविश्वास नहीं होता। उसकी (सम्पादक की) औषधियाँ सदैव सारगर्भित एवं कार्यकारिणी बनी रहती हैं, वह बड़ा विचित्र कार्यकर्ता है। उसकी अद्भुत कार्यशक्ति को रोकनेवाले विघ्नों के पहाड़ भी युक्तियों की कठिन ठोकरों से चूर-चूर हो जाते हैं। वह वीर कठिन आपदाओं में भी न डरता है, न घबड़ाता है और न सहायकों की

परवाह करता है। करोड़ों जनसमूह से भरा हुआ समाज, एक तरफ विरोधी बनकर खड़ा रहने पर भी वह, दूसरी तरफ अकेला ही, बड़ी दृढ़ता, उत्सुकता, आत्म-परीक्षकता तथा कार्य-साधकता से, बिना भयभीत हुए, दया, नम्रता एवं प्रेम पर अपने उद्देश्य को अवलम्बित कर, अड़ा रहता है। अन्त में, वह शुभ दिन अवश्य ही आता है, जिस दिन से, 'सफलता' कर्तव्य शूर हृदय में जयमाला डालकर कृतज्ञता की मौन प्रार्थना करती हुई, सहयोगिनी होकर, उसे कार्य करने में दूना उत्साही बना देती है।

समय-समय पर सम्पादकों के अद्भुत कार्यों ने हम लोगों को अपना भक्त तथा कृतज्ञता-प्रकाशक बना लिया है। किन्तु शोक, जब हम यह देखते हैं, कि कोई-कोई सम्पादक कहलानेवाले महानुभाव अपने आप पर ही विजय प्राप्त नहीं कर सकते, वे मानसिक विकारों के प्रवाहों में बहकर समाज पर बुरी तरह टूट पड़ते हैं, वे समय-समय पर विद्वेष के फफोले फोड़ने ही में अपने कर्तव्य की इति समझते हैं, वे अपने उच्च पद को घमण्डी बनकर कलंकित करते हैं, उनके वाक्यों एवं आचरणों में अन्तर रहता है, वे विद्वद्वरिष्ठ कहलाने के प्रयत्न में पड़कर अपना समय एवं शक्ति यों ही खर्च करते हैं, वे अपने प्रतिपक्षी पर नीचता से धावा करते हैं, वे अपने कलम-कुठार से करोड़ों सच्चे सहृदय एवं विद्वान् भाइयों के हृदय दुखाने में कुछ पाप नहीं समझते, वे समय की अनुकूलता तथा अपने पद के गौरव की रक्षा नहीं कर सकते, वे कार्य यथार्थता दर्शित करने के हेतु नहीं मरते, किन्तु केवल अपने पक्ष के मनुष्य-समूह को रिझाने के हेतु, उसमें प्रशंसा पाने के हेतु तथा मनुष्य समाज पर अपना सिक्का जमाने के हेतु करते हैं; उनकी बुद्धि पक्षपात, जातीय द्वेष, समानता-द्वेष, परोदय में डाह आदि साधारण दुर्गुणो का शिकार हो जाती है, उनका हृदय हर्षित होने के हेतु, कार्य-सफलता का मार्ग-प्रतीक्षक न होकर, आत्मप्रशंसा ही में सन्तोष मानता है, वे अपने हृदय में मनुष्य भाइयों के प्रति निश्छल होकर बन्धुत्व नहीं रखते, उनके विचारों पर संकीर्णता का साम्राज्य रहता है तब, हम साधारण मनुष्यों को बड़ा दुःख होता है। सौ दुर्गुणों के द्वारा होनेवाली, उनकी दुर्दशा से नहीं; वरन्, उनके द्वारा की जाने वाली समाज की भावी दुर्दशा के भय से।

परन्तु वश क्या है ? हमारे सम्पादकाचार्य महोदयगण किसी की सुननेवाले हैं ? समाज के सर्वनाश होने तक विद्वेष दानव उन्हें कैसे छोड़ सकता है ? तब उनमें आशा ही क्या, एवं उन्हें जीवित मानने का व्यर्थ आडम्बर ही क्यों ? अतएव अभी 'जो जो बीते; वह भोगना' इस शब्द-समूह को ही समाज अपना सहायक समझे कब तक ? जब तक ईश्वर उसे योग्य सम्पादक नहीं देता, तब तक। यथार्थ ही उस समाज को हतभागी कहना चाहिए जिसे भाग्यों का उचित फैसला करके अनुकूल कार्य दिखानेवाले सम्पादक नहीं मिले। राष्ट्रभाषा हिन्दी के कुछ सम्पादक

श्रेष्ठता में अद्भुत अवश्य हैं, परन्तु उनकी कृतियाँ सन्तोष के योग्य कहाँ ?

सम्पादकों के पारस्परिक बर्ताव के मानचित्र, उनके 'पत्रों' द्वारा हमारे सामने प्रतिदिन, प्रतिसप्ताह तथा प्रतिमास लटकते हैं; उस समय जो-जो दुर्दृश्य हम देखते हैं उनसे हमारी कठिनाइयों का अन्त निकट नहीं दिखाई देता। यद्यपि वे अपनी बातें बड़ी पालिसी से लिखते हैं, तो भी प्रकारान्तर से वे शीघ्र ही प्रत्यक्ष रूप से विदित होकर समाज में दुर्गुणों तथा दुर्बलताओं का बीज बोती हैं।

अधिकार पर बलिदान होने वाली आंग्ल स्त्रियाँ / आदर्श देवियाँ

यह बात समाचार-पत्रों में सब लोग पढ़ चुके हैं कि आंग्ल स्त्रियाँ अधिकार हेतु क्या-क्या कर रही हैं। बड़े-बड़े महापुरुषों को, मंत्रियों को, तथा उनके पक्ष के विरोधियों को मार रही हैं; निर्भय होकर अपने पक्ष के व्याख्यानों से देश को दहला रही हैं; राज-प्रासादों को तथा विरोधियों के भव्य प्रासादों को बड़ी निर्दयता से जला रही हैं। ग्रीष्म, शीत, वर्षा ये तीनों ऋतुएँ मानो इनके लिए संसार में हैं ही नहीं। कहाँ तक कहें, प्राण तक देने में भी ये आगा-पीछा नहीं सोचतीं। सारा यूरप इन महिलाओं की अद्भुत कार्य-कृति को बड़ी विचित्रता एवं विचारपूर्णता से देख रहा है। आज सारा इंग्लैण्ड एक ओर है और दूसरी ओर 'वे'। यद्यपि यह कहा नहीं जा सकता कि इन महिलाओं के परिश्रम के उपहार में ईश्वर ने भावी के गर्भ में कौनसे सुखदायी पदार्थ छुपाकर रखे हैं, तो भी यह कहा जा सकता है कि संसार के आन्दोलनकारियों की ये आदर्श देवियाँ हैं। कठिन आन्दोलन कर संसार के छक्के छुटाकर, प्राण तक देने पर उतारू रहना इन महिलाओं के हाथ का खिलौना हो रहा है। किसे विदित था कि ये कोमल कमल के फूल वज्र की चोटों को सहकर संसार को विश्वास का पाठ पढ़ाने में गुरु बनेंगे। सच है—

'वज्रादपि कठोराणि मृदूनि कुसुमादपि।
लोकोत्तराणां चेतांसि को नु विज्ञातुमर्हसि॥'

भारत की विधवाएँ

इस नोट को लिखने के समय जब हम यह सोचते हैं कि, दूसरे देश हमारी दशा पर क्या कहेंगे, तब हमारी आँखें नीची हो जाती हैं। परन्तु जब हमारा ध्यान उच्चता के मार्ग के वास्तविक तत्त्वों पर जाता है, तब हम व्यर्थ प्रशंसा का आडम्बरपूर्ण ढोल नहीं पीटना चाहते।

भारत की विधवा बालिकाओं की जो संख्या प्रकाशित हुई है, उसे देखकर सच्चे भारतीय भाइयों का कलेजा जल रहा होगा। परन्तु इस दुर्गुण समर्थन की

बीमारी ने हमारी दशा बहुत बुरी कर दी है। यहाँ सुनता कौन है? सब अपनी-अपनी तान में मस्त हैं। इन हमारी कई लाख बहिनों की क्या दुर्दशा होगी, इसका किसी को ध्यान नहीं। जब ये यौवन दशा में दुराचरण द्वारा हमारी कीर्ति-पताका फहरावेंगी तब सारा संसार तालियाँ पीटेगा। परन्तु हम तो उच्च आस्तिक ठहरे, ऐसे गन्दे विषय पर कैसे ध्यान दे सकते हैं? चाहे बहिनें कुलटा भले ही हो जायँ, धन्य है हमारे शील को। कहाँ हैं वे वीर जो इन प्रथाओं को रोकने के हेतु कमर कसकर खड़े हैं? उनकी ओर ये कई लाख विधवा दुःखिनी बहिनें बड़ी करुण दृष्टि से देख रही हैं। वे उठें, इन भारत माता की दुःखिनी बालिकाओं का उद्धार करें।

नेताओं को उन्नति की पुकार मचाने दो, गुरु बनने की बीमारीवालों को गुरु बनने दो, आस्तिकों को शुद्ध आस्तिक बने रहने दो, निर्दयों को निर्दयता करने दो, आलसियों को सोने दो एवं निन्दकों को पुकारने दो। उत्साही वीरो, उठो, अपने मूर्ख भाइयों में मिल जाओ। उन्हें शिक्षा के तत्त्व सरलता और बारीकी के साथ शीघ्र समझाओ। बालिकाओं की व्यवस्था की यथार्थ सूचना उन भोले भाइयों को दो। यदि ऐसा न करोगे तो तुम्हारी 'भारतीयता' नाम ही भर को शेष रह जायगी। तुम्हारे आस्तिक बन्धु तो इस ओर ध्यान न देंगे, हाँ, दस वर्ष के बाद यह संख्या दूनी अवश्य कर देंगे, जिससे कन्याएँ और तुम, उनकी दया पर, यावज्जीवन रोते रहोगे। बस, वे अपनी कर्तव्यवीरता इसी प्रकार दिखावेंगे।

कर्मवीरो, बस, तुम्हीं अपने जीवन-वारिधि से एक ठण्डी लहर उठाकर दुखी हृदयों को शीतल करो। उनका दुःख दूर करो। तुम्हारे प्रयत्नों के विजयी होने का सुखदायी समय आ चुका है। विधवा बहिनों के शिक्षिता होने का तथा उनके दुःखी जीवन को शान्ति मिलने का उद्योग करो। स्मरण रखो: "सच्चे कार्य साधक एवं उत्साही वीरों के परिश्रम के पुरस्कार ही के हेतु ईश्वर ने 'विजय' को पैदा किया है।"

एक मुसलमान बन्धु का संस्कृत-प्रेम

हमें यह जानकर बहुत हर्ष हुआ कि हमारे एक मुसलमान भाई ने एम० ए० तक संस्कृत पढ़कर एक छात्रवृत्ति पायी है। छात्रवृत्ति 400 रुपये महीने की है। आप जर्मनी में संस्कृत के 'साहित्याचार्य' होने के हेतु जावेंगे। आपका नाम है 'मुहम्मदशाहु विदुल्ला' एम० ए०। आपने बी० ए० पास होने के समय, विश्व-विद्यालय से 'सम्मान योग्य' विद्यार्थी कहलाने का सौभाग्य प्राप्त किया है। इस अनुकूल परिश्रम पर हम आपको बधाई देते हैं। आप इस विषय में प्रायः पहिले ही मुसलमान सज्जन हैं। आशा है, इस प्रकार, संस्कृत साहित्य का प्रचार होने पर अपनी आपसी महत्ता को, हिन्दू और मुसलमान ये दोनों जातियाँ, समझेंगी।

मुसलमान और ईसाई बालकों को जो छल-छिद्र त्यागकर 'देश-हितैषी' बनना चाहते हों, जो यथार्थ ही भारतीय कहलाना चाहते हों, तो मिस्टर मुहम्मदशाह विंदुल्ला को आदर्श मानना चाहिए। मि० मुहम्मदशाह से भारतवर्ष बहुत कुछ आशा रखता है। यदि वे भारत पर ही अपनी मुसलमानीयत स्थिर रख सके हों, तो उन्हें हमारी इस प्रार्थना पर ध्यान देना चाहिए।

[मास 1, वैशाख शुक्ल 1, 1970; 7 मई, 1913, संख्या 2]

मौलिक और अनुवाद / जीवित विचार और छाया

यह विवादग्रस्त, किन्तु आवश्यक, विषय गत कुछ महीनों में अपने पैर राष्ट्र-भाषा-सेवियों में फैला चुका है। 'सरस्वती' में, किसी व्याज से 'मर्यादा' में और 'सद्धर्म प्रचारक' में, हम इस विषय में समयानुसार कुछ पढ़ चुके हैं। हम तो इसी को 'सौभाग्य की बात' समझते हैं, जो यहाँ राष्ट्रभाषा-भाषियों में, मौलिक और अनुवाद के प्रश्न को हल करने का अवसर तो आया।

राजनीति के स्वत्वों का जटिल प्रश्न जिस प्रकार राजनीतिकों के प्राणों मे विद्युत् देश का संचार कर देता है, समाज के कुरीति केन्द्र स्थल बन जाने पर जिस प्रकार सुधारवादियों को सुधार पर प्राण देने की सूझती है, पूजा और अर्चना के तत्त्वों के प्रचार द्वारा खगोल, भूगोल, प्राणी एवं वनस्पति-शास्त्र के कार्यों में, गड़बड़ पड़ने का डर मानकर, वैज्ञानिकों को जैसे पाखण्डी विचारों के नाश का कार्य करने का प्रण करना पड़ता है, नैतिक नैर्बल्य की शरण लेकर अविश्वास, अश्रद्धा, मूर्खता, विचार लाघवता एवं विकार बाहुल्य के समय जब उच्चता की दृष्टि से, यथार्थ में धार्मिक की, "परमपिता पर विश्वास के तत्त्वों को, करोड़ों दुःख झेलकर भी, जैसे प्रचार करना पड़ता तथा अपना ही आदर्श संसार के सम्मुख रखकर संसार को एक भयंकर भूल से बचाना पड़ता है बस, ठीक उसी प्रकार साहित्य-सेवियों को मौलिक और अनुवाद की उत्तमता के प्रश्न पर विचार करना, मेरी समझ में आवश्यक होगा।

प्रतिभाशील मस्तकों की जहाँ कमी नहीं रहती वहाँ पर प्रश्न आप ही हल हो जाता है, कि मौलिक उत्तम है या अनुवाद; परन्तु ऐसे समाज में, जहाँ प्रतिभा-शील मस्तकों की प्रायः कमी है या अभाव-सा ही है वहाँ किसी प्रकार अनुभव की महत्ता मिल जाना बिलकुल सरल है। यथार्थ में मौलिकता जीवित विचार है और अनुवाद उसकी छाया। बहुत गहरे न जाकर, केवल इतने ही से संतोष मानना यहाँ श्रेयस्कर होगा कि संसार के सब विचार, जो आज तक विश्वरूपी कोश के पत्रों की शोभा बढ़ा रहे हैं, मौलिक ही थे। उन्हीं का आज हम कई रूपों में उपयोग कर रहे हैं। उन्हें अब हम अपने हृदयों में अनुवादित कर रहे हैं। इस गुण-प्राप्ति में हमें हमारा गौरव मानना चाहिए, जिसके कि वे विचार हैं,

जिसकी प्रतिभाशक्ति ने विद्वत्ता के गहरे महासागर में से उन विचार-रत्नों को ढूँढ़ निकाला है। निस्सन्देह वे ही पुरुष-पुंगव, जिनमें गहरे से गहरे विषयों की विचारमाला स्वतन्त्र निकल सकती है, समाज के मान्य और साहित्य के जीवन-धन हैं। हमारे इस कहने का उद्देश्य यह नहीं है कि अनुवाद कोई वस्तु ही नहीं। जिन महानुभावों ने बहुत से ग्रन्थ अनुवादित कर संसार की सेवा की है, उनके साथ कृतघ्नता नहीं की जा सकती और न सत्य का इस प्रकार संहार ही किया जा सकता है। सच तो यह है कि जिस जाति की साहित्यज्ञता उन्नत, किन्तु बाल्यावस्था में रहती है उस जाति के पास गम्भीर एवं स्वतन्त्र विचार पृथक बहुत ही थोड़े रहते हैं, वह जाति दृढ़तापूर्वक सब विषयों में अधिकार नहीं रखती। बाल्यावस्था को प्राप्त हुए बालक के समान उसे अन्य जातियों से विचार लेकर अपनी त्रुटि की पूर्ति करनी पड़ती है। प्रत्येक विषय पहिले सीखना पड़ता है, सो भी केवल एक को नहीं, वरन् समाज के कई मनुष्यों को। फिर पीछे उनमें उस विषय का एक प्रतिभाशाली पण्डित पैदा होता है। जब तक गणित-शास्त्र के तत्त्वों का खूब प्रचार न हो जाय तब तक समाज में स्वतन्त्र गणितज्ञों का प्राय: अभाव ही रहेगा; परन्तु गणित-शास्त्र के तत्त्व लोगों के हृदय में आते ही, गणित-शास्त्र के परमाणुओं का पिण्ड स्वरूप, एक ऐसा महात्मा पैदा होगा, कि जिसके गणित-शास्त्र के सच्चे एवं स्वतन्त्र विचारों का संसार यावज्जीवन ऋणी बना रहेगा।

जब तक ऐसा नहीं किया जायगा तब तक समय की आवश्यकता की पूर्ति के आने-जाने का रास्ता, इस प्रकार, अनुवाद द्वारा साफ न किया जायगा तब तक मेरी साधारण समझ में स्वतन्त्र विचार वाला मौलिक लेखक प्राय: पैदा न होगा। पहिले किसी प्रकार के विचारों को समाज में दूसरे राष्ट्रों से लेकर ही फैलाना चाहिए। इस प्रकार समाज समुद्र की गम्भीरता एवं जड़ता को होमकर, सारे समुद्र को हिला डालनेवाला, उसमें तरंगों का प्रचार कर, उसकी महत्ता का सिक्का संसार में जमानेवाला, किसी स्वतन्त्रविचारी पूर्णचन्द्र का शीघ्र ही उदय होगा।

इस मेरे कहने का यह मतलब है कि जिस विषय के मौलिक लेखक की समाज को आवश्यकता है, उस विषय के विचारों को समाज में फैलाइए। समाज के हृदयों में उसकी उपयोगिता जमा दीजिए बस, मौलिक लेखक पैदा ही होगा। यद्यपि अनुवादकर्ता लेखक को कम कष्ट उठाना पड़ता है, तो भी उसे उस नये विषय के प्रचार का कार्य बड़ी सावधानी से करना पड़ता है। विषय की पूर्णता, अनुकूलता, सरलता और सर्वप्रियता पर ध्यान देना पड़ता है। यथार्थ ही इस महा परिश्रम के हेतु अनुवादक प्रशंसा का पात्र है, उसके परिश्रम को हम व्यर्थ नहीं कह सकते। यद्यपि उन विचारों की उन्नति के लिए धन्यवाद के अधिकांश का

अधिकारी उसका मूल लेखक ही रहेगा, तो भी समाज पर अनुकूल एवं अद्भुत दया करने का अधिकारी अनुवादक है। वह उस विषय में अपने समाज का एक बड़ा भारी हितकारी है।

सारांश यह, कि मौलिक लेखक के पीछे अनुवादक ही का आसन दूसरा नम्बर पावेगा और शब्द-शास्त्र के धन्यवाद शब्दों का अधिकारी होगा; परन्तु केवल वही अनुवादक, जिसने कि सबसे प्रथम अपने साहित्य समाज को ऐसे ग्रन्थ-रत्नों के विचारों से परिचित कराया है, कि जिनकी उपयोगिता है और महत्ता को समाज की आत्मा मान्य करती है। वे अनुवादक छिछोरे हैं, जो समय को न सोचकर रात-दिन अनुवाद ही में अपना जीवन सड़ाकर, साहित्य में कूड़ा-करकट भरते रहते हैं, ऐसे अनुवादकों के अच्छे ग्रन्थों को भी घृणा की दृष्टि से देखना उच्च साहित्य-सेवियों को उचित ही नहीं, वरन् अवश्य करणीय है। जिस प्रकार के साहित्य या विषय से हमारा समाज परिचित हो चुका, उस विषय का अनुवाद केवल अनुवाद की मानसिक निर्बलता एवं रुचि-पूर्ति का ही परिचायक है। साहित्य समाज को अपने सच्चे 'अनुवादक' के परिश्रम की महत्ता स्वीकार करना चाहिए और उसी विषय का मौलिक लेखक मिलने के लिए साहित्य समाज तथा 'अनुवादक' दोनों को जगदीश्वर से प्रार्थना करनी चाहिए। संसार की अनिवार्य उन्नति पर दृष्टि रखनेवाले महानुभाव इस विषय को सरलता से समझ सकेंगे।

मैं कह नहीं सकता कि इस विषय में कितने विद्वान् सहमत हैं। हाँ, यह कहा जा सकता है कि मैं इस विषय की ठीक-ठीक मीमांसा नहीं कर सका।

[भाग 1, श्रावण शुक्ल, 1970; 3 अगस्त 1913, संख्या 5]

कर्मवीर गांधी

जो लोग भारतवर्ष में रहते हैं उन्हें कर्मवीर गांधी का परिचय देने की कुछ आवश्यकता नहीं है। वे देश के माननीय पुरुषों में से एक हैं। अफ्रीका में भारतवासियों पर क्या-क्या बीत रही है, यह आप लोग सब सुन ही चुके हैं। रोमांचकारी उन समाचारों को (जिनमें भारतवासियों को, आफ्रिकन लोगों द्वारा, हंटरों से पीटने, जेलों में ठूँसे जाकर भूखे मरने, 45 रुपये टैक्स देने पर नाना प्रकार की विपत्तियाँ सहने, खानों को जेल बनाकर उनमें भारतवासियों को भर देने, गांधी के अपार कष्ट भोगने और भारतवासियों के असहाय रूप से रहने, भूखे मरने और 'त्राहि-त्राहि' पुकारने के समाचार भरे हुए हैं) दुहराने की आवश्यकता प्रतीत नहीं होती। यदि हमारी सीमा से बाहर की राजनीतिक दशा पर हम दृष्टि न डालें, तो भी सामाजिक दृष्टि से कहना पड़ेगा, कि हमारा समाज बहुत ही बुरी दशा में है। हमारे देशभक्त गांधी वहाँ के डेढ़ लाख भारतीयों के

अगुआ हैं। वे दक्षिण अफ्रीका में अपार कष्ट भोग रहे हैं। उनकी आत्मा बड़ी बलवान् है। वे धीर और वीर हैं। हमारा अनुरोध है कि देशवासी अपने इस देशबन्धु के जीवन-वृत्तान्त को पढ़ें और अपने बन्धुओं के कष्टों का अनुमान करें। हिन्दी भाषा में अभ्युदय प्रेस से, गांधी का जीवन-चरित मिल सकता है। उसका मूल्य केवल आठ आना है। पुस्तक का नाम है 'कर्मवीर गांधी'।

हम कर्मवीर गांधी का एक चित्र इस प्रभा के पाठकों को भेंट करते हैं।

जातीय झगड़ों का उत्तरदातृत्व

किसी भी देश की दशा तब तक ठीक रहती है जब तक कि उनकी देखभाल कर दर्दों की ओषधि करने का अधिकारी बननेवाला चुप होकर न बैठ जाय। एक का इस प्रकार बैठ जाना ही यह सिद्ध करता है कि वह अन्तःकरण से चाहता है कि जातियों में द्वेष की आग भड़के और असन्तोष की आँधी अपना कार्य परिपूर्णता पर पहुँचा दे। वह भी एक दिन होगा कि जिस दिन झगड़ों का परिणाम भयंकर होगा और उन चिड़ीमारों को ही इस प्रकार के अपराधों की सम्पूर्णता के उत्तरदाता बनना पड़ेगा। क्या वह जाति अपने को बहुत गुण-गौरवपूर्ण समझती है जो मूर्खता से द्वेष की आग में कुछ नीति और मूर्खता की फूंकें मारकर, उसे प्रज्वलित कर रही है? उसे स्मरण रखना होगा कि दूसरी जाति भी पत्थर की इमारत को जलाने के समय अग्नि की भयंकर ज्वालों को सँभालने में समर्थ है और उसे अपने कपूर से बने हुए शुद्ध, पवित्र, उजले और सुगन्धित वस्त्र को बहुत सावधानी से बचाना चाहिए, जिसमें सदैव, सबसे प्रथम आग लग जाने की शंका है और प्रायः सदैव उसी में प्रथम आग लगती रही है। जिसका साक्षी संसार की गत शताब्दियों का इतिहास है। हाँ, माना जा सकता है, कि पत्थर के मन्दिरों में बैठी रहनेवाली जाति पत्थर हो चुकी हों, परन्तु नहीं, जो किया जा रहा है, और इसे कौन कह सकता है, कि वह जाति, अपनी सम्पूर्ण आत्मशक्ति और उच्चता खोकर, निरी पत्थर हो चुकी होगी।

यह भी सोच लेना चाहिए, कि हम (भारतवासी) धर्मप्राणता दिखाते समय कितने दर्जे का पागलपन करने लगते हैं और इस पागलपन से लाभ उठानेवाली श्रेणी इस समय, हमारे मध्य में पड़कर, कैसे-कैसे सुन्दर सन्देशे हमारे हेतु भेज रही है। हम उस समय अपनी मूर्खता की चरम सीमा दिखाने लगते हैं। हमारा वह विचार, कि "पवित्र ईश्वर के सामने हम सब जातियाँ समान हैं", न जाने कहाँ चला जाता है।

यूरप को धर्म के विषय में भारतवासियों के उपाध्याय बनने की आवश्यकता नहीं। वह धर्म के विषय में अभी निरा नादान बालक है और उसकी धार्मिक मूर्खता कभी-कभी भारतवासियों के जले हृदयों पर नमक का काम कर जाती है।

भारतवासी अब प्रतिदिन, धर्म की ओट से अधर्म करने के लिए कसर कर रहे हैं। उनके छोटे-छोटे कार्यों से प्रतिवर्ष धार्मिक मूर्खता का पता लगता है। वे धर्म को जानते हैं; पर तो भी अधर्म करने लगते हैं। भारतीय झगड़ों में हमें तीन बातें विशेषता से देखने को मिलती हैं—

1. जाति की जड़ प्रकृति और सहनशीलता के रूप में हतवीर्यता।

2. जाति की मूर्खता और अपना झूठा सिक्का जमाने की चेष्टा, अपनी मूर्खता का द्वार खुला पाकर उनमें बिना विचारे घुस जाना।

3. जाति का अनुचित हस्तक्षेप, झगड़ालू जाति के मूर्खता के दरवाजों को खोल देना और उसके द्वेष के मैदान को विस्तृत कर अपने अधिकार का दुरुपयोग करना।

कुछ मनुष्यों का समूह, चिन्ता और विचार में सम्पूर्ण समय बिताकर अन्त में जातियों की मुठभेड़ का दुर्दृश्य अपनी आँखों से देखने का अवसर आने देता है और अवसर आने पर अपने पक्षवालों में मूर्खतापूर्वक दहाड़ने लगता है।

एक और भी चिन्तित कार्यकारी समूह है, जिसकी अभी चलती नहीं। उस समय के व्यक्ति सोचा करते हैं, कि यह, भाइयों का नाश कर, जाति को रसातल में पहुँचा देनेवाला, कुकृत्य किस प्रकार बन्द हो और लड़ते समय वाह-वाह कहनेवालों का दल कैसे नाश हो।

(भाग 1, आश्विन शुक्ल 7, 1970; 1 अक्टूबर, 1913, संख्या 7)

प्रताप/कठिन मार्ग का पथिक

कानपुर में भी अब जातीय जीवन का संचार हुआ। यद्यपि वहाँ साहित्य-सेवियों और विद्वानों की कमी नहीं है, तो भी, हमें विदित नहीं कि, वहाँ के साहित्य-सेवी जातीय जीवन फूंकने के हेतु सामयिक साहित्य द्वारा कुछ अनुकूल प्रयत्न कर रहे हैं। 'प्रताप' नामक साप्ताहिक पत्र अब यहीं से प्रकाशित होने लगा है। इसके सम्पादक हैं श्रीयुत गणेशशंकर विद्यार्थी। यही महाशय गत वर्ष, कुछ दिन, 'अभ्युदय' का सम्पादन-भार भी सँभाल चुके हैं!

'प्रताप' की सम्पादन शैली अच्छी, बहुत कुछ अनुकूल है। हम इस सहयोगी की उन्नति हृदय से चाहते हैं। जिस निष्पक्षपात और निर्भय नीति से 'प्रताप' अपने संकटाकीर्ण एवं कठिन मार्ग में चल रहा है, उसे देखकर उसके सम्पादक की प्रशंसा करनी पड़ती है। 'प्रताप' मानो मृत 'हिन्दी केसरी' और 'कर्मयोगी' का सगा भाई है। परन्तु अनुकूलता और समय की गति पर इस पत्र की दृष्टि और अत्यधिक रखने की प्रार्थना है कि संसार कर्मयोगी मण्डल है। 'प्रताप' अपना उद्देश्य एक छन्द द्वारा यों व्यक्त करता है—

'जिसको न निज गौरव तथा निज देश का अभिमान है।
वह नर नहीं, नर पशु निरा है, और मृतक समान है ॥'

[भाग 1, मार्गशीर्ष शुक्ल 1, 1970; 23 नवम्बर, 1913, संख्या 9]

धार्मिक विचार-विभिन्नता / एक बीमारी

भारतवर्ष धर्म-प्राण देश है। यहाँ छोटी-छोटी बातों में भी धर्म बाधाकारी होता है। भारतवर्ष में प्रायः अब धर्म के प्रयोगों का विपरीत अर्थ होने लगा है। धर्म की आड़ लेकर या धर्मकी दुहाई मचाकर हम संसार में होने वाले अनेक उपयोगी कार्यों को रोक देते हैं। धर्म को अपने स्वार्थ एवं दुर्विचारों की ऐसी सामग्री बना डालते हैं, कि जिसका कुछ ठिकाना नहीं। जरा-जरा-सी बातों में बिना परिणाम समझे, धर्म का नगारा बजने लगता है। भारतवर्ष में शत्रुता का बीज बोने का तो मानो धर्म ने ठीका ले लिया है। कोई कलें और कारखाने इसलिए नहीं बनवाता, कि उससे पृथ्वी में रहनेवाले छोटे-छोटे अनेक प्राणी जो भूखों मर जाते हैं। उनकी रक्षा करना अपना धर्म समझता हो। किसी से अपना जीवन राष्ट्र-निर्माण के कार्य से जुदा इसलिए रक्खा है कि धार्मिक होने के कारण उसे समय नहीं मिलता। कोई किसी जाति के साथ इसलिए सम्बन्ध नहीं रखता, कि वह जाति अपवित्र और म्लेच्छ है और वह अपनी जाति को परम पवित्र समझता है। एक जाति गो-वध और ऐसे ही कुकृत्य, नीचतापूर्वक संसार के मनुष्यों का दिल दुखाने को, इसलिए करती है, कि ऐसा करना उसका धर्म है। यदि वह ऐसा न करेगी तो धर्म से गिर जायेगी। किसी जाति ने ठान लिया है, कि दूसरे धर्मवालों से प्रेम से भाषण नहीं करना चाहिए, क्योंकि ऐसा करना अपने धर्म को नाश करना है। एक वह भी समय था कि जब बलिदान करना एक भारी मनुष्य-समूह अपना धर्म समझता था। आज अधिकतर उसका भारी अंश ऐसा नहीं करता। इन धार्मिक उलझनों में, अविचार-पूर्णता से रहनेवालों में कहाँ तक उत्तमता है, सो कहा नहीं जा सकता; परन्तु बना डाली गयी एक संसार का नाश करनेवाली वस्तु। भारतवर्ष में धर्म ने एक बीमारी का रूप धारण कर लिया है। प्रत्येक मनुष्य उस रोग से रोगी देखा जाता है। ऐसे बहुत ही थोड़े व्यक्ति हैं, जो धर्म के तत्त्वों को समझते हों। परन्तु ऐसों की कमी नहीं है जो धर्म के नाम पर अन्याय, अधर्म, अनीति, अत्याचार और मूर्खता के सहायक हैं। जो अपने धर्म के झूठे ढकोसले से उद्धार के मार्गों को कठिन और प्रेम के प्रश्नों को जटिल बना डालते हैं। यद्यपि उनके सब शस्त्र छिन चुके हैं। बाहरी और दिखाऊ शस्त्र तक भी उनके पास नहीं छोड़े गये, तथापि वे अपने असली धर्म के शस्त्र को जिससे विजय प्राप्त हो सकती है, मूर्खता से अविचार की गहरी खाई में डुबोकर कुटिल काल की दी हुई

ढकोसलेबाजी की जादू की तलवार को ही धर्मशास्त्र समझते हैं। जब उसका उपयोग किया जाता है तब परिणाम सदैव दुःखदायक ही होता है। एकता का नाश हो जाता है। स्वाधीनता का मार्ग जटिल हो जाता है। विद्वेष की आग बुरी तरह सब जातियों को जलाने लगती है। कहाँ तक कहें, भारत की सबसे जबरदस्त अनर्थकारी वस्तुओं में से एक वस्तु धर्म भी हो गया है।

इस धर्म ने साधारण समाज ही पर अपना हाथ साफ नहीं किया; प्रत्युत पढ़े-लिखे समाज को भी अपना दास बना रक्खा है। इस नकली किले में बैठ कर हम अपने असली किलों को भूल ही गये। यदि निरक्षर दशा में धर्म, खान-पान और रहन-सहन में बुराई के बीज बो रहा है, तो कुछ पढ़ी हुई दशा में वह हमें निरा विवादी और पाखण्डी बताकर हमारे समय एवं शक्ति का भक्षक बन रहा है। तिस पर भी यदि कुछ और विद्वत्ता आ गयी तो हमें इतने गहरे अन्धकार में ले जाता है कि हमें मारकाट मचानेवाले और कट्टर खण्डनकर्ता बनाकर ही छोड़ता है। उस समय हमारे धर्म के विचारों का समूह दूसरे धर्मवालों से वैर का बदला चुका लेने के हेतु हमें उत्तेजित करता है।

वह समय प्रायः दूर गया, जब धर्म के उपदेशक शिक्षाएँ देकर धार्मिक बनाये हुए थे। आज उन उपदेशकों का नाम ही बाकी रह गया है। उनके उपदेश के द्वार भी 'जे आचरहिं ते नर न घनेरे' वाली उक्ति को अपने पर चरितार्थ करनेवाले, मनुष्यों ने बन्द कर दिये हैं। आज संसार पर उपदेश की पवित्र किरणें पहुँचाने के हेतु साधुओं को कोई सुसाध्य मार्ग नहीं। कर्तव्याकर्तव्य तथा शिक्षा का आवश्यक ज्ञान कराने वाले स्वाधीनचेता तथा आत्म-बलिदान करने वाले उन महात्माओं का दिखाई देना अब कठिन हो गया है, जिन्हें पक्षपात, जातीय द्वेष, निन्दा आदि दुर्गुणों से घृणा थी और जिनका सिद्धान्त विश्व को कर्तव्य-मार्ग में दृढ़ बनाना था।

आज उपदेश का हिस्सा जो थोड़ा बहुत बचा है, उसका कुछ भाग सम्पादकों के हिस्से में भी है। वे प्रजा के प्रतिनिधि एवं राजा के मन्त्री बने हैं। वे प्रजा को हितकारी सन्देश देते रहे हैं। उनका ध्यान विश्व की उन्नति पर अटल भाव से लगा रहता है। उन्होंने विश्व-सेवा का भार उठाने का निश्चय किया है। वे जाति की जीवन-नौका के सँभालने वाले मल्लाह हैं। वे प्रजा के संशोधक बन-कर उसके अंग-प्रत्यंग के दुःखों को निकालने का विचार करते रहते हैं। उनका इसलिए जन्म ही हुआ है कि संसार की आपत्तियों को हटाने में प्राण समर्पण कर दें। उन्हें उनकी भव्य और न्यायपूर्ण दृष्टि से सब ही ईश्वर की सत्ता के द्योतक तथा ईश्वरीय आज्ञाओं के पालनकर्ता दीखते हैं। उनका सिद्धान्त रहता है— आत्मबलिदान। परन्तु, क्या हमारा देश, समाज, जाति और राष्ट्र सम्पादकों में इतनी कर्तव्यता देख रहा है? क्या उसे यह निश्चय है कि हमारे समाज के

सम्पादक न्याय में पूर्ण कुशल हैं। क्या वह सोच चुका है कि हमारे वर्तमान सम्पादकों से ही हमारा उद्धार हो जायेगा ? इस नोट के लेखक को इस बात में सन्देह है। वह तो यह सोच चुका है, कि सम्पादक धार्मिक झगड़ों के पक्षपाती बन जाते हैं। वे उपदेशक हों : परन्तु पवित्र उपदेशदाता उपदेशक नहीं। यह आत्म-निन्दा के विचार से नहीं कहा जा रहा है। दूसरे देशों के सम्पादकों पर भी ये ही दोष मढ़े जा सकते हैं; परन्तु आज भारतवर्ष के विशेषकर हिन्दी भाषा के पत्र सम्पादकों पर ही विचार करना, इस अल्पज्ञ लेखक ने सोचा है। वर्तमान सम्पादकीय जीवन बहुत संकीर्ण है। यदि ऐसा न होता, तो समाज की दशा में विशेषता से परिवर्तन देखने को मिलता।

जहाँ अनेक विषयों में हमारे साहित्य के सम्पादकों का यह हाल है, वहाँ धार्मिक विभिन्नता नामक दोष से भी वे बचे नहीं हैं। वे धर्मों के न्यायाधीश बनते समय बुरी तरह धर्म की मीमांसा किया करते हैं। सम्पादकों की भव्य दृष्टि से समानता के तत्त्व का नाश कभी नहीं होना चाहिए, परन्तु उसमें समानता बड़ी कठिनाई से देखने पर, कभी-कभी, मिलती है। यह दुःख की बात है। उनके जी में जो आता है वे बकने लगते हैं। सब बातों की यहाँ चर्चा नहीं की जाती; केवल धर्म-विषय पर ही कहना है। सम्पादकों की धार्मिक विभिन्नता का दिग्दर्शन जहाँ चाहे वहाँ देखने को मिल सकता है। शोक के साथ कहना पड़ता है कि सम्पादक महाशय एकतरफा फैसला करने में कुशलता दिखाकर धर्म के झगड़ों का विषहरा प्रवाह बहाने में योग देते हैं। वे अपनी मानसिक दुर्बलता को आलोचना कहा करते हैं, और धर्म का अवसर पाकर बुरी तरह उसका प्रयोग करते हैं। "हाँ, यह कहा जा सकता है, कि सम्पादक अनुकूल धर्म को मानें। परन्तु यह कहाँ का न्याय है, कि यदि दूसरे धर्म का व्यक्ति उससे कुछ पूछताछ करता है, सम्मति लेता है या न्याय चाहता है, तो वह अपने धर्म को उस धर्म की तुलना में रखकर बिना विचारे उलटी-सीधी कहने लगें या उन धार्मिक सिद्धान्तों के सोचने में उच्छृङ्खलता दिखलावें। संसार एक बहुत बड़ी वस्तु है। जब उसकी किसी वस्तु को ईश्वर एक-सी नहीं रहने देता, तब यह कब सम्भव हो सकता है कि हर एक धर्म एक-सा हो। जिन विचारों को एक मनुष्य-समूह अच्छा मानता है, उन्हीं को दूसरा मनुष्य-समुदाय बुरा। जब इसके निर्णय में तुम्हें एकांगीयता से काम लेना ही पड़ता है, तो तुम उसके निर्णय की जवाबदारी ही अपने पर न लो। यह कहाँ की सभ्यता और उत्तमता है, कि तुम उस पर बिना सोचे टूट पड़ो।

धर्म के मैदान में प्रेम के बीज बोना सम्पादक-समूह के हाथ में है। भारतवर्ष में इस कार्य के करने की बहुत आवश्यकता है। समाज के सब अंग धार्मिक विचार विभिन्नता से अस्त व्यस्त हो रहे हैं। क्या हमारे साहित्य का सम्पादक-समूह कम-से-कम धार्मिक विचार-विभिन्नता के उद्‌गारों को बार-बार प्रकाशित

न कर, समाज को आपत्तियों से बचाने का प्रयत्न करने की दया करेगा ?

[भाग 1, पौष शुक्ल 1, 1970; 20 दिसम्बर, 1913, संख्या 20]

भारतवर्ष की वर्तमान उच्च शिक्षा

देश की शिक्षा का क्षेत्र, बहुत ही संकीर्ण रक्खा गया है, अनुकूल शिक्षा पर अभी विचार ही नहीं किया जा जाता। वे भाव, जो उच्च शिक्षा से पैदा होने चाहिए, प्राय: भारतवासियों के हृदय में पूर्ण रूप से पैदा करने का भरपूर अवसर ही नहीं मिलता। जिनके मस्तक देश की शिक्षा की वर्तमान अवस्था को सरलता से समझ सकते हैं उनसे यह बात छिपी नहीं है कि वर्तमान शिक्षा-प्रणाली क्या कर रही है और उसे यथार्थ में क्या करना चाहिए। हाँ, सम्भव है, एकांगीयता के कार्य करने से भलाई सोची गयी हो, परन्तु प्रथम तो ऐसा करना नैतिक दृष्टि से अनुचित है। इसके सिवाय उस समय, जब देश के कार्यकारी युवकों को अपनी आवश्यकता सोचते-सोचते, शिक्षा की प्रतिकूलता का ज्ञान हो गया हो, शिक्षा विभाग को चाहिए कि यदि वह पूर्ण रूप से देश के अनुकूल शिक्षा देने में संकीर्णता दिखाना ही चाहता है तो कम-से-कम, जो शिक्षा-विभाग के गूढ़ स्वार्थ की साधारण रक्षा कर, शिक्षा स्वातन्त्र्य के विचार जीवित जातियों की दृष्टि में कार्यकारी समझे जाते हैं, भारतवासियों में भी पहुँचा दे। और आत्म-सम्मान, सरल सहायता तथा नैतिक हानि के विचार से एतद्देशीय भाषाओं द्वारा उच्च शिक्षा देना स्वीकार करे। साथ ही नैतिक विचारों की शिक्षा को उस कक्षा में पहुँचा दे, कि जिससे भारतीय ग्रेजुएटों का चरित्र-संगठन ठीक रीति पर हो। आजकल की उच्च शिक्षा में चरित्र-गठन कोई आवश्यक विषय नहीं है। नैतिक शिक्षा कोई आवश्यकीय शिक्षा नहीं है। और ऊँचे उद्देश्यों वाले होना ग्रेजुएटों का कोई आवश्यक लक्षण नहीं माना गया है। भारतीय ग्रेजुएटों की बुद्धि पर जो बोझा लादा गया है उसको वे कई रीति पर ढोने की चेष्टा तो करते हैं, परन्तु वह उनके उपयोग का बहुत कम रहता है। नैतिक शिक्षा का अभाव उन्हें योग्य ग्रेजुएट नहीं बनने देता। यही कारण है, कि आजकल के ग्रेजुएटों से, देश, जाति और साहित्य की भलाई की आशा करना तो दूर की बात है, स्वयं ग्रेजुएट भी विमल चरित्र हैं या नहीं, यह भी विचारणीय है।

अभी हाल की ताजी घटना है। पूने में एक वकील हैं। आप उच्च शिक्षा प्राप्त हैं। बी० ए० एल-एल० बी० हैं। अभी, आपको सेंध मारने और विश्वास-घात करने के कारण डेढ़ वर्ष के लिए जेल जाना पड़ा है। साथ ही 500 रुपया जुर्माना भी हुआ है।

सहयोगी 'सद्धर्म प्रचारक' कहता है कि "शिक्षित (उच्च शिक्षित) मनुष्य को ऐसे निन्दनीय अपराध में सजा मिलना सचमुच बड़ी लज्जा की बात है। इसी

से हम बार-बार कहते हैं कि धार्मिक शिक्षा में फेरफार करने की आवश्यकता है। बिना नैतिक और धार्मिक शिक्षण का योग हुए ये खराबियाँ कभी नहीं निकल सकतीं।

इसमें सन्देह नहीं। धार्मिक शिक्षण पर तो हमें विशेष कहना नहीं है, पर नैतिक शिक्षण शिक्षा का एक भारी और आवश्यक अंग है। जिन्होंने अध्यवसाय कर अपने को देश के अनुकूल और उपयोगी बनाया है, उन्हीं में से कुछ ग्रेजुएट कार्यकारी हो सकते हैं, अन्य नहीं। हम कई साधारण पढ़े-लिखे मनुष्यों को ग्रेजुएटों से अधिक उच्च विचारशील पाते हैं। हमारे विचार से तो वर्तमान शिक्षा-प्रणाली में बहुत परिवर्तन करने की आवश्यकता है।

[भाग 1, माघ शुक्ल 1, 1970; 27 जनवरी, 1914, संख्या 11]

मध्यप्रदेश सबसे पीछे क्यों है ?

विश्व की अनेक जातियों को अवनति में पड़ा देख, यह अनुमानस हज ही हो सकता है कि मानव समाज में अभी उन्नति की कितनी आवश्यकता है। एक शहर का यदि एक मोहल्ला भी मैला-कुचैला रहे तो शहर में एक भयानक संक्रामक रोग फैल जाता है, जिससे हजारों प्राणी मर जाते हैं और जिसका दुष्फल शहर भर को भोगना पड़ता है। जापान में एक भारतीय छोकड़ा कोई पुस्तक चुरा लाया। फल यह हुआ कि उस विद्यालय में भारत के विद्यार्थियों को पुस्तक न देखने का नियम बन गया और इस प्रकार एक व्यक्ति की मूर्खता का फल समूचे देश को भोगना पड़ा। एक परिवार में एक बच्चा रोगी हुआ। उसके मरने से पिता का जीवन चिन्तामय हो गया और घर-भर में उदासी छा गयी। बस, ठीक इसी तरह देश की औसत उन्नति का हिसाब प्रत्येक प्रदेश को नहीं, प्रत्युत प्रत्येक नगर और गाँव को देखकर लगाना पड़ेगा। और जब तक एक भी गाँव किसी वजनदार नीचता का दास रहेगा, तब तक हम नहीं कह सकते कि देश की स्थायी उन्नति हो रही है।

हमारे देश की उन्नति का विचार करते समय, वे लोग जो प्रत्येक प्रदेश की कार्य-प्रणाली को आलोचक दृष्टि से देख रहे हैं, कह सकेंगे कि भारत की वास्तविक उन्नति होने में अनुन्नत कितने भारी अंशों में कारणभूत हुए हैं। अकेले बंगाल के उन्नत होने से देश उन्नत नहीं कहा जा सकता। चाहे उसकी गोदी में देवेन्द्र जैसे ऋषि, रामकृष्ण जैसे महात्मा, विवेकानन्द जैसे साधु, सुरेन्द्र जैसे वक्ता, जगदीशचन्द्र जैसे वैज्ञानिक, रमेशचन्द्र जैसे राजनीतिक और रवीन्द्र जैसे कवि ही क्यों न खेल चुके, या खेल रहे हों। अकेले महाराष्ट्र प्रान्त के बढ़ जाने से भी भारत बढ़ा हुआ नहीं कहा जा सकता। फिर चाहे उसने रामदास जैसे समर्थ, शिवाजी जैसे वीर, रानाडे जैसे महामति, तिलक और गोखले जैसे नेता, चन्द्रा-

वरकर और भण्डारकर जैसे न्यायमूर्ति, और रवि वर्मा और म्हातेरे जैसे कला-कुशल ही क्यों न पैदा कर लिए हों ? इसी प्रकार अकेले गुजरात, पंजाब, मद्रास और मध्यभारत आदि के बढ़ जाने मात्र से ही भारतवर्ष को उन्नत नहीं कहा जा सकता। भारत की उन्नति होने के लिए उसकी औसत उन्नति होने की बहुत बड़ी जरूरत है। केवल हिन्दू, मुसलमान और क्रिस्तानों की उन्नति ही उन्नति न कही जायगी। भारत को उन्नत कहने के लिए गोंड, भील और कोलों को भी उन्नत करना पड़ेगा। ऊँचे धर्मों को माननेवाले होने के कारण ही कोई तब तक भारत की उन्नति का दम नहीं भर सकता जब तक देश के कोनों में चोरी, जुआखोरी, अत्याचार, पाप और पशुता करनेवालों का दल देश में अपना व्यवसाय आनन्दित चला रहा है।

ठीक इन्हीं आँखों को कोई देश के प्रदेशों को देखने के लिए ले जाय तो वह देखेगा कि भारत के प्रान्तों से मध्यप्रदेश का आसन कितना नीचा है कि जिसे देखकर यहाँ के रहनेवालों को वर्तमान भारत की सन्तान कहने वाला अपनी जीभ को दबाकर रह जाता है। राजनीतिक क्षेत्र में इस प्रदेश का कोई भी नेता ऐसा नहीं है जिसे कौंसिल में देखकर हमारा हृदय कुछ धीरज धरे। दु:ख की बात है कि उन ऊँचे पुरुषों में से, जिन्हें देखकर भारत अपने में जीवन समझता रहा है और अब भी अपने में जीवन समझता है, एक भी मध्यप्रदेश का पैदा किया हुआ रत्न नहीं है। क्या मध्यप्रदेशीय छाती पर हाथ रखकर कह सकते हैं, कि उनके यहाँ वर्तमान युग पर काम करनेवाला एक भी ऐसा मनुष्य है जिसकी भारत की जातीयता से वैसा ही सम्बन्ध है, जैसा तिलक, गोखले, गांधी, सुरेन्द्र, लाजपत-राय, मदनमोहन मालवीय आदि का ? क्या भारत की धार्मिकता पर काम करने के लिए मध्यप्रदेश ने देवेन्द्रनाथ, राममोहन राय, रामतीर्थ, रामदास, विवेका-नन्द और गुरु गोविन्दसिंह जैसा एक-आध सपूत पैदा किया है ? भारत के साहित्य-क्षेत्र में अंगुलियों पर गिने जाने के लिए क्या मध्यप्रदेश ने तुलसीदास, सूरदास, रानाडे, इच्छाराम, सूर्यराम देसाई, भारतेन्दु हरिश्चन्द्र, चिपलूणकर, रवीन्द्रनाथ और रमेशचन्द्र जैसा वीर पैदा करने का यश प्राप्त किया है ?

हम नहीं सोच सकते कि मध्यप्रदेश का जलवायु इतना हतवीर्य क्यों है ? पीछे रहकर मध्य प्रदेश अपने लिए हानि नहीं कर रहा है, प्रत्युत भारतवर्ष को सदा से एक गहरे गड्ढे की ओर खींचे हुए है। उसका अपराध प्रान्तीय नहीं, प्रत्युत सर्वदेशीय अपराध है। जिस देश की वायु में महात्मा, वीर और अज्ञानी पैदा करने की ताकत है, हम नहीं जानते कि उस देश का कोई हिस्सा ऐसी विभूतियों के पैदा करने में क्यों मुर्दा पड़ा है ?

हमारी प्रार्थना है कि आज इतने ही से सन्तोष मानकर देशवासी इस प्रश्न पर अपने विचार निश्चित करें। यह प्रश्न प्रान्तीयता पैदा करने के लिए नहीं,

प्रत्युत राष्ट्रीयता के एक आवश्यक अंश पर प्रकाश पहुँचाने की इच्छा से देश के सम्मुख रक्खा जाता है।

धर्म-तत्त्व / हठीले हरि

दुःख है, परम दुःख है। जिस तरफ दृष्टि डालते हैं, दुःख ही दुःख दीखता है। सोचते हैं, सुनते हैं, समझते हैं परन्तु निश्चय नहीं बँधता। विदित नहीं होता कि यह करुणा क्रन्दन किसे सुनावें? जिस तरफ दृष्टि डालते हैं, संसार की निस्सारता, शून्यता और भयंकरता के सिवाय कुछ भी नहीं दीखता। प्रभो! अहा, जिसे देखकर ध्यानियों को ध्यानस्थ रहते-रहते ज्ञानियों को विश्व विजय करने की शक्ति प्राप्त थी, वह प्रकाश हमसे दूर क्यों रक्खा गया है। हमें जड़-बुद्धि यह मानने के हेतु बाध्य कर रही है कि तुम भी अपना जीवन मशीन के समान बना डालो। क्या इसका कहना मान लें? जगदात्मन! हमारा स्वभाव उच्छृंखल, अविश्वासी, अकर्मण्य, विषयी, छली और नपुंसक हो गया है, हमारा स्वभाव मानवीय रचना के बिलकुल विपरीत हो गया है, हम यह नहीं कहते कि हमारा उद्धार करो, हमें बचाओ, हमारे पापों को क्षमा कर दो, हमारी हीनता पर परदा डालकर उसे उच्चता के रूप में परिणत कर दो, हम नहीं चाहते कि हमारे सिर पर आप संसार की विजय का सेहरा बाँध दो, हमारे गौरव के नगाड़े देशान्तरों में बजवा दो, हमें दानव से देव बना दो, नहीं, हम कहते हैं, हम अनुरोध करते हैं, कि हम पर कष्टों-आपत्तियों-दुःखों की वर्षा करो और उनके सम्हालने की भरपूर शक्ति दो। प्यारे सुवर्णकार! हमें खूब तपा लो, ठोक लो और पीट लो, परन्तु देखना, हमें दृढ़ता दिये बिना न रहना। उसे पाकर हम आपके आनन्द-दायी उपहारों का ठीक-ठीक उपयोग ले सकेंगे—कठिनाइयों को सहने का यत्न कर सकेंगे।

हमें हमारी शक्ति एवं कर्त्तव्य-क्रम-सूझ के अनुसार जो चाहो देते चले जाओ, कायरता किस कक्षा का अपराध है? आचरणहीनता की गणना किन पापों में की जाती है? कठोरता के प्रतिफल में क्या देना चाहिए? अन्य नियमों पर चलने वाले को क्या मिलना चाहिए? कर्त्तव्य की हत्या करने वालों को कौन-सा फल मिलता है? धन्धे के झूठे दलाल बनने से कौन-सा सौभाग्य प्राप्त होता है? कपट की कराल कृपाण से अपने कृपाकारियों तक का वध कर डालना किसे पाने की चेष्टा करना कहलाता है? जीवन की बूंदों का नाश करना किस यातना का अधिकारी होना है? बस दीजिए, वे ही सब आपत्तियाँ हमें दीजिए जो हमारे अपराधों का ईश्वरीय दण्ड हों। हमारा यह हृदय चाहे घबड़ावे, चाहे सौगन्धें खावे और चाहे नाश हो जावे, परन्तु हम माँगेंगे एक बार अवश्य। माँगेंगे और अनुरोधपूर्वक माँगेंगे—केवल अपने अपराधों का दण्ड।

और वह देना पड़ेगा। संसार से नीचता हटा देने के लिए, कायरों से विस्तृत विश्व को खाली कर देने के लिए, पाखण्ड की पोल खोल देने के लिए, नपुंसकों का अस्तित्व शून्य कर देने के लिए, और पत्थरों को घर्षण का सच्चा रत्न तथा सुवर्ण को तपाकर सच्चा स्वर्ण बना देने के लिए अवश्य देना पड़ेगा। यह हमारी वस्तु है। हमारा पहला कर्त्तव्य हमारा प्रारम्भीय धर्म—उस प्यारी वस्तु को प्राप्त करना है। दीजिए, अवश्य दीजिए, हमारे अपराधों का दण्ड हमें दीजिए।

दूर हो, बहुत दूर हो, न जाने कितनी दूर हो। तभी तो हमारा यह चपल और मलिन मन बहककर कहता है कि—"किसे मालूम, हो या नहीं हो।" हम कहाँ ढूँढ़ें, कहाँ जावें। किससे कहें, कौन सुनता है? बस जानते हैं, और दया-सागर कहलाने वाले प्रभु! यदि किसी अपराध लगने का भय हो, तो मान भी लेते हैं, कि तुम हो परन्तु "कहाँ हो?" देव! सत्य मानिए, हम यह नहीं जानते।

शीघ्र ही कहो, कहाँ हो?

बहकी हुई बुद्धि और भी बहका चाहती है। दयानिधे! शीघ्र बताओ। यदि दूर हो तो पास आकर बताओ। अच्छा, वहीं से सही, जहाँ हो वहीं से सही, परन्तु बताओ, शीघ्र बताओ।

तुम चुप हो तुमने मौन धारण कर लिया है। क्या न बताओगे? क्या हमें संसार की पथरीली चट्टानों से यों ही टकराना पड़ेगा? हानि नहीं, हम चट्टानों के सामने खड़े रहेंगे। मरते दम तक अड़े रहेंगे, पर बताओ, शीघ्र बताओ—तुम कहाँ हो?

सुनते हैं, वेद तो नेति-नेति कहते हैं—परन्तु, इससे क्या। हम नेति-नेति कह दें। 'वेद' के शोध की गहरी बुद्धि का ही तो हमारे पास अभाव है। पुराणों में एक ही समुद्र हिलोरें ले रहा है। वहाँ बड़ा बाजार लगा है। वह भी हमारे सामर्थ्य से बाहर का ही कार्य दीखता है। ईसा को एक ज्योति के रूप में दिखाई दिये थे—मुहम्मद ने भी प्रकारान्तर में उसी रूप में देखा। यों प्रत्येक जगह ज्योतियों का बोलबाला है। महात्मा बुद्ध ने आपको अपने भीतर ही देखा वहाँ भी कुछ ज्योति ही होगी। परन्तु हम कहाँ जावें? किससे कहें? क्या करें? दयानिधे! कहो, केवल एक ही बार कह दो कि तुम कहाँ हो? और कितनी दूर हो? क्या निकट हो ही नहीं? बिल्कुल दूर ही हो? तुम फिर न बोले—हाय! सुना न होगा? दयानिधे! तुम हमसे बहुत दूर हो क्या? अनुमान से, ज्ञान से, विचार से, सबसे ही दूर हो क्या?

मिल जाओ! केवल एक बार मिल जाओ। देखो, सूर्य और चन्द्र एक बार मिलते हैं। अग्नि और पानी का भी संयोग हो जाता है। शीत और ऊष्ण भी आपस में मिलकर बसन्त बना डालते हैं। सब आपस में मिलते हैं। अपने

विरोधी स्वभाव को सब छोड़ देते हैं। दयानिधे ! आपका स्वभाव तो विरोधी नहीं है। प्यारे निर्दय ! नहीं, कठोर दयालु ! यह कौन जान सकता है कि आपका स्वभाव क्या और कैसा है ! कैसा भी हो, पर एक बार मिल जाओ। हठीले हरि ! एक बार, केवल एक ही बार, मिल जाओ ! दयासागर ! मैं तुम्हें एक आशीर्वाद दूंगा, नहीं-नहीं, क्षमा करो मैं प्रणाम करूँगा, और फिर बड़े प्रयत्न से, प्रथम, अपने कर्त्तव्य-हीनता के भयंकर पाप को तुम पर चढ़ाकर, फिर एक बार नेत्र भरकर तुम्हें देखूंगा, और फिर अपने आपको भी तुम पर—तुम्हारे साढ़े इकतीस करोड़ अंशों में बँटे हुए, विराट् स्वरूप के एक अंग पर चढ़ा दूंगा।

—'कुछ नहीं'

[वैशाख, 1972; 1915, प्रभा]

भाषा की नहीं देश की दुर्दशा

भाषा देश की आवाज है, परदेश की नहीं। पंजाब के किसी नगर में आग लगी कि 'दौड़ो, बचाओ, पानी लाओ' की आवाज बंगाली में नहीं, और उड़िया में नहीं, पंजाबी में सुनाई देने लगी। दक्षिण के इगतपुरी या पूना नगर में रोगी बीमार हुआ, अशक्तता बढ़ी, व्याकुल हो गया और उसने 'अरे राम रे' कहकर कराहना शुरू किया; पर वह मराठी में, फ्रेंच या जर्मन में नहीं। गुजरात में अकाल पड़ गया, वहाँ के लोग मारे-मारे फिरने लगे, और अपनी दशा के चित्र गुजराती गीतों में गा-गाकर सुनाने लगे। मध्य भारत के किसी कोने में ओले गिरे, कृषि का नाश हो गया, सब किसान अपना रोना अपने राजा के सम्मुख रोने गये, और उन्होंने, अपनी भाषा में अपनी राम कहानी अपने राजा से कह सुनाई। बस, इस तरह, देश के जिस कोने से सच्ची आवाज आयी, वह उसी कोने की बोली से आयी, और जिस नर दानव समूह ने उस आवाज के सुनने और समझने में उपेक्षा दिखाई, हम सच कहते हैं, उसने देश के व्याकुल हृदयों से निकली हुई सच्ची आवाज न सुन पायी।

सुनने ही के लिए क्यों, कहने के लिए, देश के अंगों से कुछ कहने के लिए भी, देश के उसी अंग की आवाज की जरूरत है। यदि तुम चाहते हो कि तुम्हारी बातें, गुलामी के उम्मीदवारों का कुछ समूह नहीं, पर उसे देश समझे, तो लिख लो, "संसार में ऐसा देश नहीं जो अपनी भाषा में आये हुए सन्देश को समझने में विलम्ब करे, और दूसरी आवाज में आये हुए सन्देश को भरपूर समझ सके।"

पर, भारत के लिए बरसों से इसके प्रतिकूल हो रहा है। जिसे लोग ऊँची शिक्षा कहते हैं, उसे हमारे देश के बच्चों को, दूसरी भाषा, राजभाषा, अँगरेजी में पढ़नी पड़ती है। बेटा पढ़ता है, पर बाप पढ़ा-लिखा चतुर और विचारशील होने पर भी नहीं जानता कि हमारा सपूत क्या पढ़ता है ? अरे भाई, वह उस

जबलपुर की प्रसिद्धता घोख रहा है, जिसे तुमने और तुम्हारे बेटे ने बीसों बार देखा है। वह इस सबक को परसों से याद कर रहा है, पर दुःख है, 'एक्चुएल-वर्ड्स' याद नहीं रहते। बस, इसी तरह सब विषयों का हाल है। विज्ञान पढ़ो तो अंगरेजी में, गणित पढ़ो तो अंगरेजी में, इतिहास पढ़ो तो अंगरेजी में। फिर अंगरेजी भी कैसी ? वैसी ही, जैसी खानसामों के मुँह से निकला करती है। कुँवर साहब अंगरेजी की क्लास में पढ़ते हैं, एक-दो नहीं पूरे सात वर्ष अंगरेजी पढ़ने में बीते हैं। पर, 'सोशियालिज्म', 'मनोपली' और 'एन्थोजियोस्टिक' के हिन्दी माने तथा, सज्जनता, उथल-पथल और मातृत्व के अंगरेजी माने याद नहीं। बस, गिने-गिनाये थोड़े से शब्द रट रखे हैं। यह बाहर की बात नहीं, घर की है, आँखों देखी है। और याद भी कैसे हो ? साइन्स पढ़ना है। पढ़ना प्रारम्भ किया। आज दो पेज के माने छाँट् डाले। कल उन्हें याद किये। परसों अर्थ जमाया ही था कि बस, दूसरे, सबक का दिन आ गया। शब्द चूल्हे में गये, अर्थ भट्ठी में गया, रटना हाथ रहा, सिर में थोड़ा बहुत खून रहा तो रट लिया, नहीं तो "जय जगदीश की।" न अंगरेजी सुधरी, और न विषय ही याद रहा। क्लास में बैल जैसे जाकर खड़े रहे और "मास्टर साहब" जो जी में आया बक चले। बीच में कहीं एकाध बार पूछा, समझे ? तो क्लास की क्लास ने उत्तर दे डाला, "यश सर", मानो सब बृहस्पति के नाना पढ़ने आये हैं। जहाँ कोई पूछ बैठा कि औरंगजेब का शासन वर्णन करो, तो बस, बक चले शक्कर का शासन। दुनिया जिसे रात कहे, आप उसी को दिन कह चले। समझे तो कुछ थे नहीं, रट डाला था। जो याद था, उगल दिया। फिर चाहे वह स्याह हो, चाहे सुफेद। यह है भारत की उच्च शिक्षा की दशा। किसका कलेजा पत्थर का है, जिसे इस हालत पर तरस न आवे ? सरकार रुपया खर्च करती है, प्रोफेसर और मास्टर सारा ज्ञान औंधा डालते हैं, लड़के रटते-रटते जनाने और दीवाने हो जाते हैं पर हाथ में कुछ भी नहीं रहता।

सारा संसार पुकारता कि किसी भी देश को शिक्षा दो तो उसी देश की भाषा में दो। देश के ऊँचे मस्तिष्कों की यही सम्मति है। अन्य लोगों की भी यही सम्मति है। भला ऐसा कौन मूर्ख होगा, जिसकी यह सम्मति न हो। कुछ दिन हुए तब भारत के वाइसराय श्रीमान् लार्ड हार्डिंग्ज से म० मुंशीराम जी मिले थे। आपने बातों-बातों में पूछा कि भारत की शिक्षा किस भाषा के द्वारा होनी चाहिए ? आपने कहा कि वाइसराय की हैसियत से नहीं, एक साधारण मनुष्य की किसी हैसियत से तो मेरी सम्मति है कि किसी भी देश की शिक्षा वहीं की भाषाओं के द्वारा दी जानी चाहिए। इसे पढ़ें वे सठियाई हुई मति के बकवादी बूढ़े, जिन्हें तुर्किस्तान में जापानी पढ़ाने का फतवा देते संकोच नहीं होता।

अभी कुछ दिन हुए भारत की 'कौंसिल' में भी यह बात पहुँची थी। मद्रास के राय निंकर महाशय ने सरकार से स्वीकार कराना चाहा था कि भारत की शिक्षा देशी भाषाओं के द्वारा हो। रहस्य तो हमें ज्ञात नहीं। पर, सरकार की ओर से कोई विरोध नहीं हुआ। सरकार के शिक्षा सदस्य सर हारकोर्ट बटलर ने इस सिद्धांत की उपयोगिता स्वीकार की थी। पर भारत में औंधी अकल के 'लीडर' कहलाने वालों का अभाव नहीं है। हर कोई ने जोर-शोर का विरोध किया। बंगाल के 'हमारे विजय घोषक वक्ता' सुरेन्द्र ने विरोध किया और नागपुर के मि० दादाभाई ने भी, जिन्हें कौंसिल में पहुँचाने के लिए मध्यप्रदेश के लोगों ने श्रद्धा से वोट दिए थे, इस प्रस्ताव का विरोध किया। और भी कितने ही कठपुतलों ने विरोध किया। प्रजा की भलाई का और सरकार के यश तथा सौभाग्य का दिन कुछ कम सोचने वाले सलाहकारों की कृपा से उग सका।

अब देश के करोड़ों बालकों को अपने नेताओं को शुभाशीर्वाद देना चाहिए। और फिर सब विषयों को अंगरेजी ही में घोंटना चाहिए चाहे फिर वे याद हों, चाहे नहीं, चाहे एक बरस के कान में पाँच बरस तक मिट्टी पलीद हो।

भारत के सपूत कौंसिलरों ने, देश के बालकों का गला घोंटकर जो अपराध किया है, उसका प्रायश्चित क्या होना चाहिए, सो कहना कठिन है। पर देश के विधाताओं को इसे एक उपयोगी प्रस्ताव समझना चाहिए। कहते हैं, प्रान्तीय सरकारें इस विषय पर कुछ सोचेंगी। आँखें उस ओर लगी हैं। देखें, क्या होता है। यदि वहाँ भी देश के बालकों पर यों ही वज्रपात हुआ तो बस 'हरि इच्छा।'

'सरस्वती' कहती है : "धनवान् चाहें तो एक हाई स्कूल खोलकर सारी शिक्षा अपनी ही भाषा में देने का प्रबन्ध कर सकते हैं। उनका दिखाया हुआ इस तरह का नमूना विपक्षियों की दलीलों का प्रभावशाली उत्तर होगा। "पर उसे इस बात का विश्वास नहीं। धनवानों का समूह भारत में बिचारवान् नहीं। इसीलिए उसने अन्त में धनवानों से निराश होकर कह दिया है कि "न नौ मन तेल होगा, न राधा नाचेंगी।" देखते हैं कि देश में कोई जीवित धनवान् है क्या, जो इस निराशा को आशा में परिणत करे। पर आशा में परिणत होने पर भी जब हाथी के पाँव, चार की जगह दो ही कहे जायेंगे तब विरोधियों का सामना करने के लिए क्या किया जायेगा? क्या देश में ऐसी घटनाएं नहीं घटीं।

इस प्रस्ताव का विरोध करने वालों ने देश की भाषाओं की ही दुर्दशा नहीं की है, प्रत्युत देश के कई करोड़ बालकों के जीवन पर वज्र गिराकर, देश की दुर्दशा की है। यह बात देश के प्रत्येक व्यक्ति को अपने हृदय पर लिख लेना चाहिए। 'मार्डन रिव्यू' की दलीलें इस विषय में ध्यान देने लायक हैं पर यदि

कोई भला आदमी कृपा करके, उन्हें देखना पसन्द करे ।

[भाग 2, वैशाख शुक्ल, संवत् 1972; अप्रैल 1915, संख्या 2]

मासिक साहित्य / खुलकर लिखो

इसमें सन्देह नहीं कि हिन्दी भाषा का मासिक साहित्य एक बेढंगे और गये-बीते जमाने की चाल चल रहा है। उस लेखक का कहना बहुत सच है जो लिखता है कि यहाँ बरसाती कीड़ों के समान पत्र पैदा होते हैं। फिर, यह सन्देह कि वे शीघ्र ही क्यों मर जाते हैं ? यूरप में हर एक पत्र अपनी एक निश्चित नीति रखता है। हिन्दी वालों को इस मार्ग में नीति की गन्ध भी नहीं लगी। यहाँ वाले जी में आते ही, हमारे समाज पत्र निकाल बैठने वाले हुआ करते हैं। उनका न कोई आदर्श और उद्देश्य होता है, और न ये अपना कोई दायित्व सोचते हैं। यहाँ के कई मासिक पत्र अपने को समय का दुश्मन बनाये रहते हैं, और कोई अपने को साहित्य-संसार का विधाता मानकर न जाने क्या-क्या किया करते हैं ? इसी कारण से उसके बनाये मार्ग को उनके पीछे आने वाले ढूँढ़ा ही करते हैं। परन्तु, जब वे कोई मार्ग बतावें तब तो मिले, नहीं तो मिले कहाँ से ? जिसे साहित्य संसार की नाक में अपनी नकेल पहिनाने की मनहूसी सूझती है, बस वही सम्पादक और प्रकाशक बनकर अपनी हविस पूरी किया, और साहित्य संसार को, अपने 'पवित्र चरणों का नम्र सेवक' बनवा लिया चाहता है। कुछ लोगों को, इस रास्ते में नादिरशाही सूझ जाती है, और वे अपने को शाही घराने के शाह समझकर, जो जी में आता है, करने लगते हैं। ऐसे लोग अनुभव नहीं करते कि सर्वसाधारण इनके इस पवित्र प्रकाश से काला हुआ जाता है। एक लेखक ने, एक पत्र में, डरते-डरते 'हमारे मासिक पत्र और उनके सम्पादक' महाशयों से कुछ कहा है। परन्तु हम कहेंगे, लेखक से क़हते नहीं बना। किसी लेखक और सम्पादक के मूल्य में तब तक कोई अन्तर नहीं, जब तक समय की छाती पर किसी सम्पादक ने अपनी कार्य-प्रणाली को पत्थर की लकीर न बना दिया हो। और इसलिए हम उन लेखकों को, जो हिन्दी मासिक साहित्य की तीखी आलोचना होने के पक्ष में हों, और जिनका हृदय किसी दुमदार सितारे या साहित्याचार्य से डर जाने वाला न हो। यह सूचना दिया चाहते हैं कि अपने समाज के मानसिक पेट में यदि कूड़ा-करकट नहीं भरना चाहते हैं, कि अपने तो इन समाज के शत्रुओं की तीखी आलोचना करने से कभी न चूको। हाँ, इस बात का ध्यान रक्खो, कि कहीं वह आलोचना ही कूड़ा-करकट का रूप न हो जाय, जैसी बहुधा आजकल हो जाया करती है। लोकमत का काम है कि वह प्रतिवाद के डण्डों से उचित मार्ग में अपने नेता, सुधारक और सम्पादकों के सिर झुकवा ले। जो स्वतन्त्रता और स्वत्व-रक्षा

की ऐसी घटनाओं को नहीं सोचना चाहते, कि या उन पर कुछ कार्य नहीं किया चाहते, उन्हें हमारे विचार से, राजनीतिक स्वाधीनता का सपना देखना भी पाप है। हमारा अनुरोध है कि तुम अन्यायों, अत्याचारों और भूलों के सम्बन्ध में जो कुछ लिखना हो, वह दबकर नहीं, खुलकर लिखो। तुम्हारे पत्रों के सम्पादकों का विद्वत्ता का ज्वर तभी शायद उतरेगा। क्या वे अपनी मूर्खता की ओषधि उसी दिन प्रारम्भ करेंगे ?

इतिहास-लेखक में गुण

इतिहास-लेखक में विशेषत: कौन-कौन से गुण होने चाहिए ?

देश के दुर्भाग्य से, जाति की पतित दशा के कारण और जाति के जीवन-मार्ग में अगणित रुकावटें होने के कारण, हमारे देश में सच्चे इतिहास लेखकों का प्राय: पता नहीं दीखता। और जो है भी, उसकी ऐतिहासिक छानबीन का, समूचे देश पर प्रभाव नहीं पड़ता। इसी से इस बात की जरूरत है कि देश के पढ़े-लिखों में यह विचार फैलाया जाय कि इतिहास-लेखक में विशेषत: कौन-कौन-से गुण होने चाहिए ?

फारसी के एक इतिहास-लेखक की सम्मति इस विषय में अधिक मूल्य की है। वह कहता है—"धार्मिक विषयों में इतिहासकार की राय खुली हुई और उदार होनी चाहिए। वह किसी धर्म का विरोधी न हो, यह उसमें पहला गुण होना चाहिए। वह पुराणमताभिमानी—अपने प्राचीन जातीय महत्त्वों का अभिमान करने वाला (of orthodox sect) होना चाहिए। परन्तु वह पाखण्डवादी न हो। पाखण्डवादी, अर्थ का अनर्थ कर, कई जगह बहुत सर्वनाश कर चुके हैं।

"इतिहासकार में दूसरा गुण यह होना चाहिए कि वह अपने विषय की, अरुद्ध और विरुद्ध, दोनों बाजुएँ, कारण समेत, संसार के सम्मुख रख दे। ऐसा कहना मानो, अपने मत के विषय में शंका को देश-निकाला दे देना होगा। उसे यदि किसी मनुष्य की महत्ता, न्याय-प्रियता, उदारता, लोकोपकार आदि उत्तम गुणों के वर्णन करने की आवश्यकता हो, तो यह उसका प्रथम कर्त्तव्य होना चाहिए कि वह उसके गुणों के मखमली जामे में, दोषों की जर्रीन मगजी लगा दे। चाहे वह दोषों का वर्णन कर्कशता से करे या नम्रता से, स्पष्ट रीति से करे या अस्पष्ट रीति से, पर करे अवश्य। यह उसका धर्म है। ऐसा न करना, अपराध करना है।

"तीसरा गुण इतिहासकार में यह होना चाहिए कि वह किसी व्यक्ति के गुणों का वर्णन करते हुए, अपनी लच्छेदार भाषा, सनकती हुई बुद्धि या अस्थायी तथा अनुचित भक्ति या बैर के आवेश में अतिशयोक्ति न कर डाले। उसे मध्य

का — गुण-दोषों के समान विवेचन का—राज-मार्ग छोड़कर, इधर-उधर के मार्ग से जाना ही नहीं चाहिए। इतिहासकार का काम होने वाली घटना को, ठीक-ठीक, फिर चाहे वह कितने ही संक्षिप्त रूप में क्यों न हो—कह देना मात्र है। और उसे अपने इस पवित्र ध्येय पर सदैव दृष्टि रखनी चाहिए। यह उसके इतिहासकार होने का प्रमाण-पत्र होगा।

" चौथा गुण इतिहासकार में यह होना चाहिए कि वह अपने दायित्व में अनुभव करे कि उसकी कलम केवल एक ईश्वरीय आज्ञा को मानने के लिए उठी है। और, इसलिए, किसी भी बात के वर्णन में, सत्य के दरवाजे पर, 'विस्तार' और 'संक्षेप' को जबर्दस्ती ले जाना, या भूल से भी ले जाना, एक क्षमा न करने योग्य अपराध है। उसे अपना वृत्त, ज्यों का त्यों, कहना चाहिए। नहीं तो, एक भारतीय ईश्वरीय आज्ञा पर मानवीय लातों का प्रहार पड़ेगा। साथ ही उसकी भाषा सरल, मुहावरे सादे, और प्रवाह जोरदार होना चाहिए। उसमें अलंकारों की रेल-पेल मचा देने की जरूरत नहीं, वह सुशिक्षित और अशिक्षित सबकी समझ में समान रूप से आनी चाहिए। और, उससे मनोरंजन होना चाहिए। परन्तु, वह मुर्दा न होनी चाहिए। यद्यपि लेखकों के लिए, यह व्यापक नियम है, परन्तु इतिहासकार का तो यह नियम, प्राण होना चाहिए।

" पाँचवाँ गुण इतिहासकार में यह होना चाहिए कि सत्यता और सज्जनता के लिए, देश में उसके आचरण का लोहा माना जाता हो। क्योंकि, हजारों पुस्तकों में लोग अपने विचार लिख चुके हैं, और लिख रहे हैं, परन्तु उनके विषयों पर हो जाने वाली झपट, इस बात का प्रमाण है, कि उनके लेखकों का आचरण गया-बीता है। इसलिए, इतिहास-लेखक का व्यवहार शीघ्रता और प्रामाणिकता के लिए, उदाहरणीय होना चाहिए। ऐसा होने से, उसका लिखा हुआ इतिहास, देश की नसों में, सदियों तक लहरें मारता रहेगा, और उसका अस्तित्व एक स्थायी पदार्थ के समान हो जायेगा।"

जिन्हें 'किसी कारणवश' इतिहास लिखने की सनक सवार हो गयी है, और जो भारत के बालकों के हेतु इतिहास लिखने के लिए, उधार खाये बैठे रहते हैं, उन्हें दया करके ऊपर लिखे विचारों को पढ़ लेना चाहिए। साथ ही, देश के पढ़े-लिखों को इन विचारों का मूल्य समझना चाहिए। ये विचार ईसा की चौदहवीं शताब्दी में पैदा होने वाले 'रौजतुस्सफा' नाम के इतिहास-ग्रन्थ के लेखक, फारसी के प्रसिद्ध विद्वान मुहम्मद खाबिन्दशाह उपनाम मीरखुद के हैं। उन्होंने अपनी ग्रन्थ की भूमिका में दिये हैं।

[अप्रैल 1915, प्रभा]

विचारों के नाश का प्रयत्न

जन-समूह यदि वह अपनी प्रारम्भीय दशा को पार करता जा रहा है, तो अनेक हल की बातें सोचना उसका एक स्वभाव-सा हो जाया करता है। कर्मज्ञों के ऐसे उदाहरण सदैव देखने में आया करते हैं, और कहना नहीं होगा कि उनकी इस अल्पज्ञता का असर समाज के कार्यकारी अंग पर बुरी तरह पड़ता है। बहुत से लोगों की उचित, परन्तु स्वाधीन विचार-शृंखला, ऐसे लोगों के कुत्सित दबाव ने अस्तव्यस्त कर दी है, और यह देखा जाता है कि दबाव में पड़कर स्वाधीन विचार के मनुष्य असत्यता के बीजों पर सत्यता का झूठा पालिश कर उसे, जन-समूह की नीच इच्छा पूरी करने के लिए, समाज में, कुछ आगे-पीछे न सोचकर, बो देते हैं। इसका जो परिणाम होता है, उसे देखकर कहना पड़ता है कि "जिस देश के सामाजिक, आर्थिक, नैतिक एवं धार्मिक विचारों में स्वाधीनता नहीं, वह राजनीतिक स्वाधीनता का अर्थ ही क्या जाने ? और जिस देश के स्वाधीन विचारों का मानचित्र इतना भद्दा है वह स्वतन्त्रता और स्वाधीनना का बार-बार नाम लेकर अपनी राय क्या प्रकट करता है ?" पैदा होने वाले छोटे-से बच्चे को भी नियमों की निकम्मी साँकल में जकड़कर देश के बल के नाश का, मूर्खता से जो भयानक प्रयत्न किया जाता है, उसकी ओर किसका ध्यान है ? गुणों, धर्मों, अपराधों, कार्यों एवं प्रयत्नों में विचारों का कुछ भी अधिकार न मान, शरीर के सिर पर सारा कलंक मढ़ दिया जाता है। इतना ही नहीं, वरन विचारों के दल डालने की ऐसी घृणास्पद चेष्टा की जा रही है कि देखकर कलेजा काँप उठता है।

हाँ, यह सत्य है कि स्वतन्त्र विचारों का प्रवाह कभी-कभी ईश्वरीय नियमों के सुदृढ़ मार्ग को भी तोड़ डालता है। परन्तु उसका अर्थ यह नहीं है कि तुम स्वतन्त्र विचार के पुरुष पर उन्मत्त होकर टूट पड़ो। तुम्हें धैर्य से सत्सिद्धान्तों की सच्ची किरणों को उस व्यक्ति तक पहुँचाना चाहिए, और उस दिन को लाने के लिए, जी-तोड़ परिश्रम करना चाहिए जिस दिन वह तुम्हारा सच्चा और योग्य सहयोगी बने। परन्तु साथ ही अपने सिद्धान्तों पर भी समालोचक दृष्टि डालते जाना चाहिए। ऐसा न हो कि, जो भूलें दिखाता हो, जो उपदेशक बनना चाहता हो और जिसे अपनी महत्ता का मान हो, वही भूल पर हो। अस्तु।

भूलें सबसे होती हैं और अवश्य होती हैं। साथ ही सबको स्वाधीन विचार करने का अधिकार है, चाहे वे किसी भी दशा के व्यक्ति हों। हाँ, यह दूसरी बात है कि, उनकी महत्ता का ढकोसला बनावटी या भूल से भरा हुआ हो। यदि ऐसा हो तो, उस विषय के सच्चे ज्ञाता को आगे आना चाहिए, और आपस में किसी को विरोधी न समझ बन्धुत्वपूर्वक, उस कठिन प्रश्न को, जिसमें एक

स्वाधीन विचारक ने भूलें की हैं—हल करने का यत्न करना चाहिए। 'कालिदास की निरंकुशता' लिख देने से या 'तुलसीदास के जीवन' की तीक्ष्ण आलोचना कर देने से ही कोई अपराधी नहीं हो जाता, जैसा कि कुछ गये गुजरे दिलों के महात्माओं का सिद्धान्त है। यदि आपको ईश्वर ने विद्या और बुद्धि दी है, तो आप भी उसी क्षेत्र में आइए और गम्भीरतापूर्वक विचार कीजिए। परन्तु उस समय, स्मरण रखिए, आपको कहीं सन्निपात न हो जाये (जैसा कि आजकल हिन्दी संसार के धुरन्धर कहलाने वाले लेखकों को हो जाता है) जिससे आप जो जी में आवे बक चलें, और जब तक स्वाधीन विचारक की खूब दुर्दशा करने का प्रबन्ध न कर लें, चुप न रह सकें।

ऐसा करना एक भयानक सामाजिक पाप है। आपका ऐसा करना यह सूचित करता है कि भारती के पवित्र मंदिर में एक मानसिक शक्तिहीन धृष्ट ने प्रवेश करने का साहस कर, वाग्देवी के पवित्र स्थान को कलंकित किया है, अथवा अन्धभक्ति के एक सच्चे पुतले ने, अन्धभक्ति की जड़ उखड़ती देख, समाज में श्वान-रोदन प्रारम्भ किया है। इसके सिवाय और कहा ही क्या जा सकता है ?

स्वतन्त्र या स्वाधीन विचारों से चिढ़ने वालों को कुछ दिनों, गम्भीरता के दास बनकर रहना चाहिए। वह युग गया, वह समय अब नहीं रहा जब स्वाधीन विचारों को दल डालना एक हँसी-खेल था, अब नवीनता अपने अनूठेपन से संसार के साथ भारतवर्ष को भी मिला रही है। उसे इस कार्य से रोक लेने वाले पापाचार्यों को अब जरा अपनी ओर भी देखना चाहिए। भारतवर्ष अब अन्धभक्त भारतवर्ष में नहीं रहना चाहता। अब वह स्वाधीन विचारों वाला और फिर स्वतन्त्र विचारों वाला बनना चाहता है। और वह इसका प्रारम्भ समाज और साहित्य से ही कर चुका है। उसके महत्कार्य की दीवालों से सिर टकराकर प्राण देने वाले उसे रोकना तो दूर की बात है, उस पर प्राण देकर उसे अपराधी भी न बना सकेंगे। इसी से, अब हमें सँभल जाना चाहिए और साहित्य तथा समाज में स्वाधीनता के पैर पड़ते ही पुकार न उठना चाहिए।

परन्तु इस कथन का यह अर्थ कभी नहीं है कि जिसे जो जी में आवे बक लेने देना चाहिए। नहीं, उसे मार्ग सुझाना चाहिए। और यदि हम सच्चे हों तो, हमें दिखा देना चाहिए कि अमुक व्यक्ति के विचारों में इतनी भूल है तथा सत्य मार्ग यह है, जो निष्पक्ष रूप से सोचने पर संसार के सब मनुष्यों को मान्य हो सकता है।

परन्तु ऐसा करने के लिए, मानसिक पवित्रता, परिवर्तन की भावना, गम्भीर दृष्टि तथा ऊँचे आचार-बल की जरूरत है। साथ ही, इन कमजोर

आँखों में उस ज्योति की जरूरत है, जिसे देखकर, संसार मनमाना बकने वाले विक्षिप्त नहीं—सत्य को तौलने में प्राण लगा देने वाले कर्मिष्ठ कहे। परन्तु, ईश्वर जानें, ऐसा कब होगा। आज की पत्र-पत्रिकाओं को देखने से तो ऐसा प्रतीत नहीं होता।

—'जनमेजय'

[ज्येष्ठ 1972; मई 1815, प्रभा]

युद्ध और मद्यपान

झगड़े से आज तक कभी किसी का भला नहीं हुआ। झगड़े में दोनों पक्षों को थोड़ी बहुत हानि पहुँचती ही है। घर छोटा-सा झगड़ा भी यदि बुरा है तो फिर जिसमें लाखों लोग अपने शीश हथेली पर लिए हुए हों, ऐसे एक-दूसरे का प्राण लेने के लिए अपना सब सामर्थ्य, अपनी सब सामग्री और अपना सब बल खर्च करके लड़ने वाले राष्ट्रों की यादवी के विषय में तो कुछ कहने की आवश्यकता ही नहीं। इससे भविष्य में किस-किसका क्या-क्या नुकसान होगा यह विचार तो दूर का है, परन्तु हाल में जो कुछ नुकसान हुआ है, उसी को अगर देखा जाय तो भी उससे हर किसी का हृदय काँप उठेगा। परन्तु कभी बुरे से भी भला होता है ऐसी एक कहावत है, और आजकल के लड़ने वाले राष्ट्रों ने मादक पदार्थों पर जो चढ़ाई की है, उसकी ओर देखने से इस कहावत की सत्यता प्रतीत होती है। वे युयुत्सु परस्पर शारीरिक विजय कैसे संपादन करेंगे सो तो आगे मालूम होगा, परन्तु हाल में उन्होंने अपने स्वतः पर बड़ी भारी नैतिक जीत संपादन की है, इसमें सन्देह नहीं। युद्ध के शौर्य के लिए जिनके नाम चिरस्थायी होने वाले होंगे, वे आगे होंगे परन्तु मद्य के समान घातक दुर्गुण शत्रु पर जय प्राप्त करने से यूरोपियन राष्ट्रों का नाम इतिहास में चमकता रहेगा, इसमें संशय नहीं है। मद्य के घातकी परिणामों से आज तक इस संसार में जो प्रत्यक्ष वा परोक्ष नुकसान हुआ है उसका यदि विचार किया जाय, और इस व्यसन भगवान को जिनका बलिदान मिला है, उन लोगों की सख्या देखी जाय तो ऐसा मालूम होता है कि उसके सामने आजकल के युद्ध में होनेवाली खराबी तथा खून की बहने वाली नदियाँ कुछ भी नहीं हैं। इस व्यसन का नाश करने के लिए यह जो मूल्य दिया गया, सो कुछ बहुत नहीं है ऐसा ही कहना पड़ता है। मद्य पर प्राप्त की हुई यह जय यदि चिर-स्थायी हो जाय, तो इस युद्ध से जो नुकसान हुआ है उसकी अधिक परवाह करने की कम से कम यूरोप को आवश्यकता नहीं है।

युद्ध के आरम्भ होते ही रशिया ने व्हाडका नामक मद्य बनाने की तथा उसका विक्रय करनें की बन्दी की जर्मनों के कैंसर ने मद्यपान करने वालों के

लिए बड़े कड़े शासन का परवाना छोड़ा, फ्रान्स ने अबसिथ नामक मद्य बेचने की मनाही की और लार्ड किचनर ने अपनी सेना को मद्य से दूर रहने का सन्देश दिया।

'लोरिव्हयू सोशिअालिस्ट' पत्र में ई० विललेंट कहते हैं, "समस्त मानवीय आपत्तियों का दोष यद्यपि मद्य के मत्थे नहीं मढ़ा जा सकता, तो भी उनमें से अधिकांश की उत्पत्ति प्रत्यक्ष अथवा परोक्ष रूप से मद्य से ही होती है, इसमें बिलकुल सन्देह नहीं। यदि सरकार और कानून बनाने वाले मादक पदार्थों की भयानक घातक शक्ति को ध्यान में लावें तो सब एकमत से केवल अबसिथ नामक शराब का ही नहीं, किन्तु प्रत्येक मादक पदार्थ का बड़ी ही तीव्रता से निषेध करेंगे। मजदूरों में भी मद्यपान निषेधक आन्दोलन के अगुओं की संख्या बढ़ रही है। मद्य के समान भयंकर शत्रु के साधारण लोगों की रक्षा करने के लिए अन्य राष्ट्र कानून बना रहे हैं। इस विषय में नार्वे, स्वीडन, डेनमार्क, आइसलैंड, इंग्लैंड, स्विट्जरलेंड, कनाडा, युनाटेडस्टेट्स, हंगेरी और रशिया, ये देश आगे बढ़े हुए हैं। मद्य प्रचार से होनेवाली आय से यद्यपि राष्ट्रों की तिजोरियाँ भर गयी हैं तो भी उससे राष्ट्र के आधाररस्तंभ (अर्थात् लोग) बेकाम और निःशक्त हो जाते हैं, इस बात के विचार करने का समय अब आ पहुँचा है। गरीब लोगों के नीचे वर्गों के अत्यन्त कल्याण के लिए जो मुक्त कंठ से लड़ते हैं उनको विश्वास हो चुका है कि मादक पदार्थों के प्रचार पर ही लोगों के अस्तित्व तथा नाश का प्रश्न अवलंबित है।

वर्तमान भयानक युद्ध में इंग्लैंड चाहे जितने सिपाही तैयार कर सकता है, किन्तु युद्ध-सामग्री की तैयारी चाहिए। आजकल का युद्ध मनुष्यों का नहीं है, किन्तु सामग्री का है। इस युद्ध में मनुष्य का महत्त्व नहीं है, युद्ध के उपकरणों का है। इस विषय पर बंगोर में वक्तृता देते हुए इंग्लैंड के चान्सलर मि० लाइड जार्ज बोले कि "यदि आवश्यकता के अनुकूल सामग्री हो तो इस युद्ध में हम टिक सकते हैं, शत्रु की सेना से दुगुनी सेना हम युद्ध-क्षेत्र में खड़ी कर सकते हैं। बस, सामग्री चाहिए, इसलिए इस समय राष्ट्र के सब लोगों को एक दिल से चाह कार्य करने के लिए तैयार हो जाना चाहिए। कारखाने वालों में और मजदूरों में बखेड़ा नहीं होना चाहिये। अन्य देशों की तुलना में अपने मजदूर कम सामान तैयार करते हैं। इसका क्या कारण है? आजकल कारणों के बताने का ढंग अच्छा नहीं है। कभी कोई कुछ कारण बताता है, और कभी कोई कुछ। परन्तु हमें सच्चा कारण स्पष्टता से कह देना चाहिए। (मेरी समझ में) मद्यपान का व्यसन ही इसका मुख्य कारण है। (सुनो, सुनो) मजदूर लोग पूरे समय तक काम करने से इनकार करते हैं। और (दूसरे रोज) जब वे काम पर आते हैं उस समय अवकाश के समय में किये हुए बर्ताव से, उनकी कूबत

तथा काम करने का कौशल्य कम होना पाया जाता है। जर्मनी के सब अन्तर्जल जहाजों से हमारा जितना नुकसान नहीं होता, उतना इस अकेले मद्यपान के व्यसन से हो रहा है। देखो, इस विषय में रशिया ने क्या किया है। रशिया ने मद्यपान बन्द कर दिया है। रशिया के अर्थ-सचिव मि० बार्क ने मुझे लिखा है कि मजदूरों के काम का प्रमाण सैकड़ा 30 से 50 तक बढ़ गया है (तालियाँ) मैंने कहा, उनसे इतना काम कैसे बनता है? उन्होंने उत्तर दिया, "कैसे बनता है?" इस मद्य की मनाही से हमाही वार्षिक आमदनी में 6½ करोड़ का घाटा हो गया है और इतना बड़ा नुकसान हम नहीं सह सकते। परन्तु यदि मैं आज फिर से मद्य का प्रचार करने का विचार करूँ तो रूस में अवश्य बलवा हो जायेगा। यह सब जार महाराज के परिश्रम से हुआ है। ऐसा भी मि० बार्क बोले। सचमुच इस युद्ध में वह कृत्य अत्यन्त शौर्य का है, इसमें सन्देह नहीं (तालियाँ) फ्रान्स ने एक बैठक में सैकड़ों में 90 अनुकूल मतों से अबसिंथ नामक शराब को हटा दी (तालियाँ) इस प्रकार से ये बड़े राष्ट्र अपने कर्त्तव्य को पूरा कर रहे हैं। हमें ऐसे कड़े नियम नहीं बनाना है। हम लोग पहले से ही 'नरम' हैं (हँसी)। परन्तु राष्ट्र की रक्षा के लिए हमारे पास बड़ी भारी सत्ता है। हमें इस प्रश्न का सामाजिक दृष्टि से विचार नहीं करना है, किन्तु इस कार्य के विषय में सोचना है। मद्य को निर्मूल करने के लिए हमें बहुत बड़ा अधिकार प्राप्त है और उसे उपयोग में लाने का हमारा निश्चय है। (तालियाँ) और इस समय इस राष्ट्रीय आपत्ति के समय सब राष्ट्र हमें सहायता करेंगे, इसमें मुझे जरा भी सन्देह नहीं है।

टेढ़ तब समझ में आती है जब खुद पर बीतती है। खुद को तब ही आँखें खुल जाती हैं। स्वतः को ठोकर लगने से मनुष्य होशियार हो जाता है। मद्य से प्रत्येक मादक पदार्थ से शरीर तथा भेजे पर बड़ा घातकी परिणाम होता है यह कुछ नयी खोज नहीं है। मादक पदार्थों से शरीर की तथा द्रव्य की खराबी होती है, बुद्धि मन्द हो जाती है, शरीर उत्साहहीन बन जाता है, विचार भ्रष्ट हो जाते हैं, स्वतः का तथा साथ में रहने वाले मनुष्यों का थोड़ा हो या बहुत तो भी नाश अवश्य ही होता है। यह सब आज कुछ नया नहीं है। हिन्दुओं तथा मुसलमानों के धर्म में मद्य की जो ऐसी निन्दा की गयी है उसका भी यही कारण है। मद्य यदि ऐसा घातकी पदार्थ है तो फिर प्रजा की उससे रक्षा करना यह (प्रत्येक) राष्ट्रों के संचालकों का आद्य कर्तव्य है। प्रजा की धार्मिक, नैतिक, शारीरिक तथा औद्योगिक शिक्षा की जवाबदारी राष्ट्र पर है। प्रजा ही राष्ट्र का आधार-स्तम्भ है। इसलिए उसकी शिक्षा की राष्ट्र को अवश्य खबरदारी लेनी चाहिए। राज्य-कार्य चलाने वाली 105 व्यक्ति ही राष्ट्र नहीं है। सम्पूर्ण प्रजा ही राष्ट्र है। तिस पर भी आजकल सुधार के शिखर पर पहुँचे हुए सुधार-

वादी राष्ट्रों का लक्ष्य मादक पदार्थों के दुष्परिणामों की ओर अभी खिंचा ही है। तो भी, देर से ही क्यों न हो, पश्चिमीय राष्ट्रों की ऐसी सद्बुद्धि हुई है यह बड़े सौभाग्य की बात है, और इसके लिए उनकी प्रशंसा करना औचित्य की सीमा से बाहर होना नहीं है।

वर्ष-छः महीने चलनेवाली एकाध (लड़ाई में) यदि मद्यपान करने वाले (सिपाही का) लड़ने का काम मजदूरों से, (सामग्री का काम) ठीक-ठीक नहीं हो सकता तो फिर आजन्म चलने वालों की क्या दशा होती होगी? मादक पदार्थ अच्छे हैं या बुरे इस विषय में आज तक बहुत कुछ 'भवति न भवति' हो चुकी है। कट्टर मद्यपी को भी 'यह व्यसन बुरा है' ऐसा सना कहना पड़ता है। आबकारी की आमदनी के लालच से राष्ट्र के संचालक आज तक इस व्यसन की ओर ध्यान नहीं देते थे, इतना ही नहीं किन्तु इस व्यसन का प्रतिकार करने वालों के आड़े भी आते थे! और उलटा, थके-थकाए मनुष्यों में नया दम आने के लिए काम करने वालों को जोश आने के लिए, मद्य की आवश्यकता है; मद्य पीना या न पीना यह हर किसी की खुशी पर है उसमें दखल देना सरकार का काम नहीं है। मद्य से नीति भ्रष्ट होती है यह कहना फिजूल है है किसी के आचरण-स्वातन्त्र्य को प्रतिबन्ध करना, यह सरकार का उद्देश्य नहीं है इस प्रकार के निरर्थ व पोले कारण दिखलाए जाते थे। परन्तु अब जहाँ-तहाँ इसके विरुद्ध आन्दोलन आरम्भ हो गया है। अब सबों ने मद्य पर शस्त्र उठाया है। मद्य को आद्य की ठहराया है। मद्य से काम करने का दम नहीं रहता बुद्धि भ्रष्ट होती है। शरीर क्षीण तथा निर्बल होता है इत्यादि।

खुशी के व चैन के आड़े आने में राष्ट्र हिचकिचाते थे वे ही राष्ट्र अब आमदनी के लालच को छोड़कर कानून बनाकर व दण्ड कहकर मद्य को दुनिया के बाहर निकाल देना अपना कर्त्तव्य समझने लगे हैं। तात्पर्य मद्य से होने वाली हानि के विषय में अब एकवाक्यता हो चली है। देर से क्यों न हो परन्तु निदान में सत्य चमकने लगा है और उसकी जय हो रही है यह देखकर प्रत्येक मनुष्य कहलाने वाले को हर्ष ही होगा।

जगत का कल्याण देखकर ही यदि हम सन्तुष्ट हो जायें तो उसी से कुछ हमारा कल्याण न हो जायेगा। उसके लिए हमारा भी जगत की बराबरी में बैठना आवश्यक है। यूरोप में से यदि मद्य हकाल कर बाहर भी किया गया तो भी उससे कुछ हिन्दुस्थान का कल्याण नहीं होगा। भारतवासियों की नीति सुधारों और उनकी उन्नति होने के लिए यहाँ पर भी मद्य तथा अन्य मादक द्रव्यों को अर्मचन्द्र मिलना चाहिए और वह सरकार को देना चाहिए। जिस तरह इंग्लैंड की प्रजा महाराजा जार्ज की है उसी प्रकार भारत की प्रजा भी है, इसलिए भारत में भी मादक पदार्थों को निर्मूल करने के हेतु हमारे सम्राट को

चाहिए कि वे भारत सरकार को आज्ञा करें ऐसी हमारी प्रार्थना है। मद्य के गुण धर्म किसी भी देश में एक ही से रहेंगे। वे इंग्लैंड में विष समान व भारत में अमृत तुल्य हों यह तो कभी होगा ही नहीं। इंग्लैंड के और भारत के लोगों के शरीरों की रचना भी एक ही सी है। यदि इंग्लैंड में लोगों की नीति पर, मति पर, और शक्ति पर मद्य का परिणाम घातक होता है तो भारत में भी वह वैसा ही होता है। मद्य घातकी है, इसमें अब सन्देह नहीं क्योंकि स्वयं महाराज जार्ज ने मद्य का त्याग कर अपने घर के किसी भी मनुष्य को मद्य के स्पर्श भी न करने देने का निश्चय किया है और साथ ही उनके सरदारों ने उनका अनुकरण भी किया है। इसलिए अब यह सिद्ध हो चुका है कि मद्य महान घातकी पदार्थ है और यदि ऐसा है तो फिर इंग्लैंड के समान भारत से भी उसका उच्चाटन होना चाहिए। भारत सरकार को चाहिए कि वह अपने महाराज का अनुकरण कर मद्य को देश से नेस्तनाबूद कर दे।

[भाग 2, ज्येष्ठ 1972; मई 1915, प्रभा, संख्या 3, पृ० 166-170]

कुलियों का भेजा जाना

गर्मी के दिनों में, भारत के कई प्रान्तों में मई और जून महीने की छुट्टियाँ रहती हैं। ये छुट्टियाँ स्कूलों और कालेजों की रहती हैं, और दीवानी कचहरियों को भी। अन्य प्रदेशों या नगरों के लोगों के समान, पूने के निवासी इस छुट्टी के समय को व्यर्थ नहीं जाने देते। उन्होंने कुछ वर्षों से, इन छुट्टियों के दिनों में व्याख्यानों का प्रबन्ध कर लिया है। कई विद्वान् वक्ता, अपने-अपने विषयों पर, वहाँ आकर व्याख्यान दिया करते हैं। और नगर के लोग उन्हें सुनकर अपना ज्ञान बढ़ाया करते हैं। इन व्याख्यानों के क्रम का नाम है, वसन्त व्याख्यान माला। व्याख्यान नैतिक, राजनीतिक, सामाजिक, धार्मिक आदि सभी विषयों पर होते हैं।

इसी वसन्त व्याख्यानमाला में तारीख 15 मई को, आसाम की गुलामी पर धूलिया के वकील श्रीयुत् जावड़ेकर महाशय का भाषण हुआ। आपका कथन है कि 'आसाम को मध्यप्रदेश से बहुत मजदूर जाते हैं। जिस रिपोर्ट में से मैं यह संख्या दे रहा हूँ, उसमें यह नहीं बताया गया कि इन गये हुए मजदूरों में से कितने वापस आते हैं।' इसके बाद आपने आसाम जाने वाले मजदूरों को क्या-क्या कष्ट होते हैं, यह दिखलाया। आपका भाषण समाप्त होने पर एक महाशय ने, 'फीजी द्वीप में मेरे 21 वर्ष' नामक हिन्दी पुस्तक का एक भाग पढ़कर सुनाया।

हम यह लिखकर मध्यप्रदेश की दशा पर उसके सपूतों का ध्यान खींचते हैं। क्योंकि अधिकतर 'कुली' मध्यप्रदेश ही से भेजे जाते हैं? अन्य प्रान्तों में

तो इन कुलियों की रक्षा करने के लिए लोगों की ओर से कुछ प्रयत्न भी हो रहा है, परन्तु मध्यप्रदेश में कुछ नहीं। इसके सिवाय भारत में इस मार्ग में कार्य करने वालों को यह एक नया पता मिल गया। उन्हें भी इस ओर मुँह फेरना चाहिए।

देश की रक्षा के लिए दौड़ने वालों से हम पूछते हैं कि प्रथम यह तो बताओ कि आपत्तियों की झपट से देश को नहीं, केवल अपने समाज को बचाने के लिए यहाँ क्या यत्न किया जा रहा है? एक धनवान या विद्वान्, अपनी आराम-कुरसी पर पड़े-पड़े एक बार यह विचार अपने चित्त में लावे कि 'यदि मैं कुली बनाकर बेचा गया होता तो'? इस प्रश्न का उत्तर उनके हृदय पर कुली प्रथा के परिणामों का चित्र खींच सकेगा, और वे इस कुली प्रथा का अनुभव कर सकेंगे।

[भाग 2, ज्येष्ठ संवत् 1972, संख्या 3]

हिन्दी संसार रोगी के समान है

किसी भी देश या समाज की दशा का वर्तमान इतिहास जानना हो, तो वहाँ के किसी सामयिक पत्र को उठाकर पढ़ लीजिये, वह आपसे स्पष्ट कह देगा। राष्ट्र के संगठन के कार्य में, पत्र जो कार्य करते हैं, वह किसी उपकरण से होना कठिन है; यही कारण है कि इंगलैण्ड में डब्ल्यू० टी० स्टेड और जर्मनी में आगस्टशर्ल पूजे जाते हैं। उन्होंने इंगलैण्ड और जर्मनी को जीवन दिया है। और अपनी आत्मा में आये हुए जगदीश्वर के पवित्र सन्देश को अपनी जाति की आत्मा में भर दिया है। साहित्य की उन्नति, समाज का सुधार, तत्त्वों की चर्चा, विज्ञान और आविष्कारों की बढ़ती, नैतिक दाँवपेच और कर्तव्य और अधिकारों की गहरी छानबीन, जो पत्रों द्वारा होती है, वह किसी दूसरे उपकरण से होना कठिन है। पत्र प्रजा के प्रतिनिधि हैं और राजा के मन्त्री। वे धनवानों के सलाहकार हैं और गरीबों के मददगार। वे सुखियों को सावधानता देने वाले हैं, और दुखियों का बल। वे बलवानों को विद्या देने वाले हैं, और विद्वानों को बल। पत्र लोकमत की आत्मा हैं, और गवर्नमेंट के कार्य-पथ का नकशा। वे विद्वान् बनकर उपदेश देने वाले हैं, न्यायाधीश बनकर न्याय करने वाले हैं, साधु बनकर धर्म पर बढ़ने वाले हैं, वकील बनकर लड़ने वाले हैं, दूत बनकर सन्देशा पहुँचाने वाले हैं और सेवक बनकर सेवा करने वाले हैं। ऐसी दशा में कहना पड़ेगा कि पत्र ही, फिर चाहे वे दैनिक हों, साप्ताहिक हों या मासिक, देश की जोरदार आवाज हैं। और उसे न सुनना, उस आवाज को रोकना, या उस आवाज की उपेक्षा करना, देश के मुँह पर पत्थर रखना है, और उन्नति के पैरों में बेड़ियाँ पहिनाना है।

भारतवर्ष में पत्रों की संख्या कम नहीं है। बंगाल से पत्रों की खासी संख्या प्रकाशित हो रही है, और वहाँ पत्रों ने क्या किया है, इसे देखने के लिए, बंगला साहित्य की उत्तमता पर एक बार सरसरी दृष्टि डाल देने की जरूरत है। मराठी साहित्य-संसार भी अपने कदम अच्छी गति से आगे बढ़ा रहा है, और गुजराती जगत भी। अंग्रेजी के पत्रों का समूह भी खासी उन्नति कर रहा है। उर्दू के पत्रों को अपने सहायकों से जो सहायता मिलती है, वह किसे ज्ञात नहीं ? पर हिन्दी संसार की ऐसी दशा नहीं है। हिन्दी संसार में जितने बड़ी-बड़ी बातें मारने वाले हैं, और अपने को महत्ता का अवतार समझने वाले हैं, उतने काम करने वाले नहीं। यही कारण है कि हिन्दी संसार एक रोगी के समान हो रहा है।

लोग कहते हैं कि हिन्दी के बोलने वाले बारह करोड़ हैं, और उसके समझने वाले साढ़े इक्कीस करोड़। पर इस गिनती के गिना देने मात्र से क्या होगा ? यह गिनती गिनाना तो वैसा ही है जैसा यह कहना कि किसी महल में कई करोड़ पत्थर हैं।

हिन्दी जगत् में कार्य करने वालों का टोटा है। यही कारण है कि आज हम कई काम करने वाले पत्रों के बन्द होने का दुःखमय संवाद सुनाते हैं। 'सधर्म प्रचारक' बन्द हो गया, 'प्रभात' बन्द हो गया, 'उषा' बन्द हो गयी, दैनिक 'अभ्युदय' बन्द हो गया। (और कितने ही पत्र बन्द हो गये) और इन सबकी हत्या का पाप उस हिन्दी संसार की गोदी की शोभा बढ़ा रहा है, जिसकी संख्या, भारत की पूरी संख्या का तीसरा भाग है। जिसकी भाषा भारत की राष्ट्रभाषा है। जिसकी गोद सूर, तुलसी और हरिश्चन्द्र से सुशोभित हो चुकी है।

पर, इस दोष के दोषी वे लोग ही नहीं हैं जो पत्र खरीदकर नहीं पढ़ते, अधिक अंशों में वे लोग भी हैं जो पत्र सम्पादित करते हैं, और प्रकाशित करते हैं। उनमें अपने लोकमत की आत्मा में पहुँचने की सामर्थ्य नहीं। वे अपनी परिस्थितियाँ को इतनी गन्दी और निकम्मी बनाये रहते हैं जिससे उनके आदर करने वालों का समूह नहीं बढ़ता।

साहित्य का महँगापन, हमारे साहित्य का पहला दोष है। बंगला भाषा में "प्रवासी' तीन रुपये छः आने में मिलता है। जिसमें हमारे यहाँ के बड़े-बड़े मासिक पत्रों से ड्योढ़े, दूने या इससे भी अधिक पन्ने होते हैं। साथ ही, चित्रों की संख्या, अनुकूलता और सामयिकता को साथ लिये हुए बहुत होती है। एक-दो रंगीन चित्र भी रहते हैं। यदि कोई कहे कि अन्य भाषाओं के पत्रों को उतनी सुविधा है, पर हमें नहीं, तो यह बेहूदा दलील है। क्यों नहीं उतनी ही सुविधाएँ प्राप्त करने के लिए यत्न किया जाता ? मराठी में अभी

अभी एक 'सन्देश' नाम का दैनिक पत्र प्रकाशित हुआ। बस, बात की बात में उसके ग्राहकों की संख्या हजारों पहुँच गयी। क्यों? क्योंकि उसमें हिन्दी के दैनिकों से, बिलकुल छोटे टाइप में छपने के कारण दूना और किसी-किसी से तिगुना तथा चौगुना सामान पढ़ने के लिए पहुँचता है, तिस पर भी उसका वार्षिक मूल्य 9 रुपये है। साथ ही उसमें जो कुछ लिखा जाता है, वह ऊँचे मस्तिष्क से निकला हुआ रहता है, और हृदय की आवश्यकताओं को पूरा करने वाला रहता है। यही हाल सब पत्रों का है।

दूसरा दुर्गुण हमारे यहाँ मनमाना बकने का है। हमारे यहाँ पत्रों का न कोई आदर्श है, न कोई उद्देश्य। जिनका कुछ आदर्श और उद्देश्य है भी, उनकी संख्या गिनायी जाने के योग्य नहीं। यहाँ फागुन में कजलियाँ गाना और सावन में फाग उड़ाना एक साधारण बात है। पत्र निकाल बैठने वाले ही यहाँ दीमक की तरह बढ़ रहे हैं, पर अपने दायित्व को समझने और पूरा करने वाले नहीं। हमारे यहाँ के पत्र लेख की उत्तमता के विचार से लेख प्रकाशित नहीं करते, वे लेखक की उत्तमता को देखा करते हैं। वे सामयिक बातों की परवाह नहीं करते, नामधारी लेखकों की प्रतीक्षा किया करते हैं। और उन्होंने जो कुछ सफेद पर स्याह किया उसी को छाप देते हैं। विषय की उपयोगिता पर वे विचार ही नहीं करते। यह सब जानते हैं कि व्यापार, कृषि और शिक्षा पर आज आंदोलन की जरूरत है। पर हमारे पत्र इस जरूरत को कुछ नहीं समझते। उन्हें न जाने क्या-क्या सूझता है। यहाँ नकल का बाजार बड़ा गर्म है। एक पत्र यदि ऊँचे दर्जे के साहित्यिक लेख प्रकाशित कर रहा है तो लगे सब उसी चाल से चलने। मानो भारत का जन-समूह, व्यास और बाल्मीकि आदि से भरा है। साधारण विषयों से उन्हें घृणा-सी है। क्योंकि ऐसा करने से उनके पत्र की इज्जत घटती है। पर इन समय के शत्रुओं को यह ज्ञात नहीं कि विषय वही अच्छा है, जिससे देश के पैरों में बल पहुँचे, और पाठकों के हृदय में कर्तव्य की स्फूर्ति आवे। फिर चाहे वह कितना ही साधारण क्यों न हो, ऊँचे विषयों का ढेर लगाने की जरूरत नहीं है, जितनी समय के अनुकूल विषयों के लिखने की। इसके सिवाय प्रत्येक विषय ऊँचा हो सकता है। केवल मस्तिष्क चाहिए। दूसरों के ऊँचे विषय चुरा लेने या नकल कर लेने की जरूरत नहीं। यही कारण है कि लोगों की समझ में इनका बेढंगा राग नहीं आता, और इनका सब प्रयत्न मिट्टी हो जाता है। ऐसी और कई बातें हैं, जिनपर फिर कभी लिखना ठीक होगा।

पर इतने ही से यह समझना ठीक नहीं है कि सब दोष पत्रों का ही है। हम पत्रों का महत्त्व ऊपर कह चुके हैं। जिन पढ़े-लिखे लोगों में, अपनी भाषा के पत्रों को खरीदने का दोष है, वे देश की दशा के विगाड़ने के अपराधी हैं।

विचारने की बात है कि प्रत्येक गृहस्थ का बहुत-सा धन फिजूलखर्ची में चला जाता है। नशा और अनाचार में भारतवर्ष करोड़ों फूंक देता है। वस्त्रों की चटक-मटक और शौकीनी में बहुत-सा धन व्यय होता है। जिस देश में 7 रुपये का जूता पहिनने वाले और चार या छः रुपये पाखानों का टैक्स देने वाले रहते हैं, वहीं के लोगों में दो-चार रुपया खर्च करके जीवन को सुधारने का और अपना, अपनी सन्तति का, अपनी स्त्रियों का, अपनी खेती का, अपने व्यापार का, अपनी भाषा का, अपने देश का भला करने वाले, पत्रों को खरीद-कर पढ़ने वाले नहीं रहते। हमारे विचार से तो प्रत्येक गरीब से गरीब आदमी को अपना पेट काटकर कम से कम, एक साप्ताहिक या मासिक पत्र मँगाकर पढ़ना चाहिए। कुछ दिनों बाद वह देखेगा कि पत्र के उपदेशों ने उसे कितना पापों से बचाया, कर्ज न करने दिया, बुद्धि बढ़ायी, हिकमतें बतलायीं, दुःख हटाया। और कई जरूरी बातें समय-समय पर समझायीं और जो पढ़े न हों, उन्हें पढ़ना, सीखना या पढ़वाकर सुनना चाहिए। दो-चार पत्रों का पढ़ना किसी साधारण गृहस्थ के लिए कठिन नहीं है। यह सत्य मानिए कि यदि हिन्दी के जीवित पत्रों की आप इसी प्रकार एक-एक करके हत्या होने देंगे, और अपने उद्धार के मार्ग में आगे न बढ़ेंगे, तो आप थोड़े दिनों के बाद समय की गति के शून्य, बेचे जाने योग्य गुलाम रह जायेंगे, और फिर अपनी दशा पर फूट-फूटकर पछतायेंगे।

यदि हमारी इन कड़वी बातों से आप कार्य करने के लिए तैयार हों तो आज ही एक कार्ड उस दैनिक, साप्ताहिक या मासिक पत्र को खरीदने के लिए लिखिये जिसे आप कार्य करने वाला समझकर हृदय से चाहते हों! और एक-एक कार्ड बन्द होने वाले पत्रों को लिखकर, फिर से प्रकाशित होने के लिए उत्साह दीजिये। देश की भलाई की आशा से कई आत्माएँ पत्रों के चलाने में जीवन लड़ा रही हैं। यदि आपका हृदय 'मनुष्य' का हृदय है तो उनकी सहायता और अपना भला दोनों एक साथ कीजिये, देश की आत्मा करुणा से कह रही है कि पत्रों को बन्द करके मेरे मुँह पर पत्थर रखकर यह क्या कर रहे हो।

[भाग 2, आषाढ़, संवत् 1972, संख्या 4]

हिन्दी का विरोध

'मनोरंजन' मराठी भाषा का एक प्रसिद्ध और प्राचीन मासिक पत्र है। उसके जून के अंक में उसके सम्पादक ने, हिन्दी का विरोध किया है। और वह इसलिए कि 'महाराष्ट्र साहित्य सम्मेलन' ने हिन्दी राष्ट्रभाषा स्वीकार की। हमें, यह देखकर उसके सम्पादक के अध्ययन और अनुभव की संकीर्णता पर

दया आ गयी।

मनोरंजन के संपादक महाशय के विचार से—

(1) महाराष्ट्र साहित्य सम्मेलन, को कुछ राष्ट्रभाषा पर विचार करने की जगह न थी।

(2) जब दो भाषाएँ (मराठी और अंग्रेजी) बालक पढ़ते हैं तब उन पर तीसरी भाषा का बोझा लादना उचित नहीं।

(3) हिन्दुस्तान के लिए एक राष्ट्रभाषा होने का समय अभी नहीं आया।

(4) हिन्दुस्तान के लोगों को अंग्रेजी अवश्य सिखाना चाहिए, पर कोई देशी भाषा की उतनी आवश्यकता नहीं।

(5) हम, कम पढ़े-लिखे लोगों के लिए एक कामचलाऊ देशी भाषा होनी चाहिए, परन्तु गयी-बीती हिन्दी भाषा से कैसे काम चल सकता है?

(6) मलयाली प्रदेश में, और कानड़ी मुल्क में हिन्दी समझी नहीं जा सकती।

(7) सिन्ध प्रान्त और पंजाब के मुसलमानों को हिन्दी भाषा दुर्बोध (महा-कठिन) है।

(8) हिन्दी भाषा में संस्कृत शब्दों की भरमार होने से यह साधारण तथा मुसलमान और पारसी लोगों की समझ में आने योग्य नहीं है।

(9) मुसलमान लोगों का उर्दू के प्रचार के लिए बड़े जोर के साथ प्रयत्न चल रहा है और आजकल के हिन्दी लेखक तो फारसी और अरबी शब्दों का बहिष्कार करने के लिए सदैव सिद्धहस्त रहते हैं।

(10) एक बहुत ध्यान में रखने लायक (!!!) बात यह भी है, कि आज की तिथि तक हिन्दी भाषा में ऊँचा साहित्य अस्तित्व में नहीं आया, (याने ऊँचे साहित्य पर हिन्दी भाषा में आज तक एक लकीर तक नहीं लिखी गयी।

(11) ऐसे साहित्य के शोक से उस भाषा के पढ़ने की रुचि विशेष प्रमाण से होने की आशा नहीं।

(12) ऐसी अवस्था में हिन्दुस्तान की भावी राष्ट्रीय भाषा समझकर, हिन्दी का अभ्यास मराठी शालाओं में प्रारम्भ करने की सूचना स्वीकार करने योग्य नहीं।

(13) राष्ट्रीय भाषा के प्रश्न के हल करने की शीघ्रता करने में कुछ लाभ नहीं।

बस, यही आपके उद्गार हैं और इन उद्गारों पर हमारा क्रमपूर्वक यह उत्तर है—

(1) 'भाषा' के विषय पर किसी 'भाषा सम्मेलन' ही में विचार किया जाता है, किसी भाजी-बाजार में नहीं।

(2) भारत में बालकों पर अंग्रेजी शिक्षा में जो बोझा डाला गया है, वह पहिले से दूना हो गया है, उस पर आपने क्या किया? और यदि और भी आज बढ़ा दिया जाय तो आप क्या करें? साथ ही आपस में बात-चीत करने और समझने योग्य भाषा जानने के लिए, कुछ बड़े-बड़े ग्रन्थों का अध्ययन नहीं करना पड़ता। हिन्दी को पढ़ने और समझने के लिए, किसी अपर प्रायमरी स्कूल के मराठी विद्यार्थी को छः महीने से अधिक नहीं लग सकते। इतने शीघ्र भारत की किसी दूसरी भाषा का अभ्यास भी नहीं हो सकता, किन्तु हिन्दी का अच्छी तरह अभ्यास हो सकता है।

(3) दुःख है! फिर, राष्ट्रभाषा का समय कब आवेगा! बिना राष्ट्रभाषा के राष्ट्र की कल्पना कैसी? संसार का एक ही उदाहरण दीजिये जहाँ एक भाषा के बिना एक राष्ट्र की स्थापना हुई हो। इस उद्गार से विदित होता है कि आप 'राष्ट्र' और उसके हित पर कितना तेज कुठार लिए रहते हैं।

(4) क्या आप अंग्रेजी ही को राष्ट्रभाषा बना लिया चाहते हैं। अंग्रेजी पढ़िये और पढ़ाइये या भारत को एक सूत्र में बाँधने के लिए, अंग्रेजी को कभी भी सफलता न होगी। यह ठीक है कि पश्चिमीय रीति-रिवाजों की चटक-मटक से आपको टुकड़े मिल रहे हैं पर उसकी इतनी दलाली करने की जरूरत नहीं है।

(5) क्या कम पढ़े-लिखे लोगों के लिए और अधिक पढ़े-लिखे लोगों के लिए अलग-अलग भाषाओं की योजना समुचित होगी? फिर कम पढ़े देशी भाषा बोलेंगे और अधिक पढ़े-लिखे (आप जैसे सुसभ्य!) अंग्रेजी? धन्य, धन्य आपका स्वदेश-प्रेम!

(6) मलयाली और कानड़ी प्रदेशों के लिए हिन्दी लैटिन नहीं बन जायेगी। आपको ध्यान रहे, कि मलयाली और कानड़ी लोग, जब सहस्रों की संख्या में तीर्थयात्रा के लिए उत्तर भारत में जाते हैं तब भूखों नहीं मरते और न कष्ट ही पाते हैं। हिन्दी के बोलने वालों की संख्या देश में 10 करोड़ से अधिक है और उसको समझ लेने वालों की 21.5 करोड़ के लगभग।

(7) यह शुद्ध भूल है। आपने सिन्ध और पंजाब का कुछ भी हाल नहीं जाना! पंजाब के मुसलमान हिन्दी को सरलता से समझते हैं और सिन्ध में भी हिन्दी समझ ली जाती है। गत वर्ष एक प्रसिद्ध ब्रह्मचर्याश्रम

का डेपुटेशन सिन्ध प्रान्त में गया था। जिसके व्याख्यान हिन्दी में होते थे। श्रोताओं का भरपूर समूह रहता था। वह डेपुटेशन वहाँ से कृत-कार्य होकर लौटा। पंजाब में नागरी प्रचारिणी सभाएँ स्थापित हैं और इस वर्ष 'निखिल भारतवर्षीय हिन्दी साहित्य सम्मेलन' की बैठक भी पंजाब राजधानी लाहौर ही में होने वाली है। आप यदि पंजाब में मुसलमान भाइयों की किसी सभा में यह कह दें कि 'आप लोग हिन्दी नहीं समझते, यह बड़ी ही कठिन भाषा है।' तो वे लोग आपसे क्या कहेंगे, सो हम, आदरवश आपसे कहा नहीं चाहते।

(8) आपने हिन्दी भाषा का कोई ग्रन्थ देखा है? महाराज, उर्दू, हिन्दी ही का एक खास हिस्सा है। हिन्दी में संस्कृत शब्द उतने ही रहते हैं जितने मराठी में। साथ ही, उर्दू शब्दों की एक अनुकूल राशि हिन्दी में रहती है। यह तो आपने गुस्से में लिख डाला है, यदि विवेक से काम लेते तो अनेक बातों के साथ आप इस बात को स्वीकार करते।

(9) यह कहना कि 'हिन्दी में ऊँचा साहित्य नहीं' एक बड़ी हलकी बात है। कृपया यह तो फरमाइए, 'आप हिन्दी से किस विषय की पुस्तकें तलब किया चाहते हैं'। हाँ, हिन्दी की मासिक पत्रिकाएँ, आपके समान निकम्मी गप्पें झाड़कर, गम्भीर और गवेषणापूर्ण विषयों के मार्ग में लोगों के मगज खराब और बुद्धि मोटी कर देने वाली नहीं हैं। यही शायद उच्च साहित्य की अस्तित्वहीनता हो। आपने महाराष्ट्र को एक बेढंगे रूप में रँगना शुरू किया है और गप्पों का बाजार गरम कर दिया है, जिसका मराठी साहित्य के उत्कर्ष को चाहने वाले प्रत्येक मनस्वी को खेद है। आप मानिए, साहित्य को उन्नत करने के लिए नकल की हुई व बनायी 'कादम्य-या' ही बस नहीं है!

इसके सिवाय आप ऊँचा साहित्य कहते किसे हैं? यदि शास्त्रीय विषयों से आपका मतलब है तो आप ही कहिये, पूजनीय संस्कृत साहित्य को छोड़ 'बँगला के सिवाय आपके देश में, ऊँचा साहित्य है ही किस भाषा में?'

एक बात और भी है कि जो राष्ट्रभाषा मानी गयी है वह इसलिए नहीं मानी गयी है कि "ओः! उसका साहित्य कितना ऊँचा है" वरन् इसलिए कि जिसके द्वारा देश के करोड़ों हृदय, सरलतापूर्वक अपने भाइयों से बातचीत कर सकते हैं। वे अपने विचार जाहिर कर सकते हैं और दूसरों के विचार समझ सकते हैं। यदि साहित्य की उच्चता के विचार से राष्ट्र भाषा बनानी हो तो जिस बंगाल की कहानियाँ, और पुस्तकों की नकल आप खूब करते हैं उसी को पढ़ाने के लिए देश में

'मार्शल-ला' जारी करने के लिए, सरकार के चरणों में प्रार्थना-पत्र लिख भेजिए, राष्ट्रभाषा राष्ट्र की समझ में आने वाली भाषा हो सकती है, इतना तो न भूलिए। मध्यदेश (18 जिले) संयुक्त प्रदेश, बिहार, मध्य भारत और पंजाब में हिन्दी बोली जाती है। कलकत्ता यूनिवर्सिटी में बी०ए० क्लास में हिन्दी परीक्षा होने की व्यवस्था है और पंजाब यूनिवर्सिटी में भी हिन्दी की खास परीक्षाएँ नियत हैं। पंजाब का डी० ए० वी० कालेज हिन्दी को मुख्य भाषा मानकर शिक्षा देता है, और भी वहाँ कई ऐसी ही बातें हैं। कलकत्ते से हिन्दी पत्रों की एक अनुकूल राशि प्रकाशित होती है, और बम्बई से भी। पूने का हिन्दी चित्रमय जगत् शायद आपने भी देखा होगा। इन सब बातों से आपको पता रहना चाहिए कि देश का भारी भाग हिन्दी की सीमा में है।

(10) उर्दू का प्रयत्न कितना जोरदार रहेगा, यह आपसे कुछ ही वर्षों का भविष्यत् कहेगा।

(11) हिन्दी का इतिहास आपको ज्ञात नहीं। उसकी वृद्धि से आप परिचित नहीं। हिन्दी की उन्नति हो रही है, जिसके कहने की श्लाघा करने की जरूरत नहीं दीखती।

(12) हिन्दी की उपयुक्तता करने से यदि आपको कष्ट होता है तो हम आप पर जोर नहीं देते और न हिन्दी को 'मातृभाषा' मानने वालों ने ही दिया है। पर सत्य दबाया नहीं जा सकता। आपसे विरोधियों के रहते भी देश के हृदय मिलेंगे और फिर मिलेंगे आप प्रान्तीयता के बीज बोते चलिये महाराष्ट्र प्रान्त में ऐसे वीर भी हैं जो 'राष्ट्रोत्थान' की भावना के साथ राष्ट्रभाषा के उत्थान का स्मरण रखते हैं।

(13) जिन्हें राष्ट्र के उत्थान में शीघ्रता की आवश्यकता नहीं, उन्हें राष्ट्रभाषा के प्रश्न को सोचने की भी जरूरत नहीं, पर देश भर आपकी बात का विश्वास नहीं करेगा।

यही हमारा निवेदन है। जो लोग देश में एक राष्ट्रभाषा चाहते हैं, वे प्रान्तों की मातृभाषाओं का नाश नहीं चाहते। केवल विचार समझने और समझाने के लिए राष्ट्रभाषा का अध्ययन होगा, बाकी सब काम मातृभाषा में होंगे। ऐसे दुरात्माओं की देश को जरूरत नहीं जो मातृभाषाओं को छोड़ दें। पर ऐसा हृदय भी घातकी है, जो देश के मिलते हुए हृदयों को देखकर गड़बड़ मचावे। हम स्वयं एक राष्ट्रभाषा के पक्षपाती हैं, परन्तु श्री महाराष्ट्र कविवर्य मोरोपन्त के हम दासानुदास हैं और अपने बालकों को मोरोपन्त की आर्यामणियों की तथा श्रीरामदास के काव्य-रत्नों की माला पहिनाने में गौरव समझते हैं। यदि 'मनोरंजन' के सम्पादक काशीनाथ रघुनाथ मित्र श्री प्रातःस्मरणीय

कविवर्य मोरोपन्त द्वारा की हुई श्री महाकवि तुलसीदास की वन्दना पढ़ते तो उनका हृदय मोम के समान कोमल हो जाता और वे कभी भी हिन्दी के विरोधी न बनते।

राष्ट्रभाषा पर उसे कुछ लिखना चाहिए जो 'राष्ट्र' शब्द के मर्म का अनुभव करे। व्यर्थ ही विरोध के बीज बोने से कुछ लाभ नहीं।

साथ ही हम यह भी नहीं कहते कि राष्ट्रभाषा हो जाने के बाद भी हिन्दी का यही स्वरूप रहेगा। नहीं, उसमें थोड़ा परिवर्तन होगा और समयानुसार उसमें सब भाषाओं के समान मराठी भाषा के शब्दों की भी अनुकूल राशि और भी सम्मिलित होगी। मध्यप्रदेश के हिन्दी भाषी हिन्दी बोलते समय मराठी के किसी-किसी शब्द का, बिहारी, बंगाली शब्दों का, गुजराती गुजराती शब्दों का, और पंजाबी उर्दू शब्दों का उपयोग करते हैं।

हम आशा करते हैं कि मनोरंजन के संपादक महाशय, अब विरोध के कार्य में अपनी शक्ति खर्च न करेंगे। साथ ही, हम आपके मातृभाषा-प्रेम की प्रशंसा करते और देश में एक राष्ट्रभाषा चाहने वालों को बलपूर्वक कर्म करने की सूचना देते हुए, अपने टूटे-फूटे शब्दों का प्रवाह रोकते हैं।

—'जनमेजय'

[भाद्रपक्ष 1972, अगस्त 1915]

भारत की स्त्री जाति

भारतवासियों के सन्मुख अभी ऐसे भारी-भारी प्रश्न उपस्थित हैं जिनका हल करना दुस्साध्य हो रहा है। भारतीय जाति—हिन्दुस्तानी जाति का वर्तमान बहुत शोचनीय अवस्था में है। यद्यपि प्रत्येक पुरानी व्यर्थ की प्रथा को तोड़ने के विचारों के अंकुर हमारे हृदयों पर दृढ़ता से जम रहे हैं, मानसिक स्वातन्त्र्य की मात्रा बढ़ती जा रही है, विकासवाद—समुद्र—अपनी विशालपूर्णता की लहरें हमारी ओर भेजने लगा है, समय परिवर्तित हो रहा है; जाति में, फिर से—जिसे हम नया और पहिला ही कहेंगे,—जीवन आ रहा है। हिन्दू-हिन्दुस्तानी जाति के मन में उमंगें—चाहे वे केवल हजार में एक ही व्यक्ति के कारण हृदय में क्यों न हों,—उठने लगी हैं, इन्हें शुभ चिह्न, नहीं, महान शुभ-चिह्न कहना चाहिए। यद्यपि हमारी सब व्यवस्थाएँ उत्तम और संसार की दृष्टि में स्वीकृत की जाने योग्य नहीं हैं, तो भी विलायत की आन्दोलनकारिणी रमणियों के समान, यह विश्वास है कि हमारा साहस, प्रेम, प्रयत्न और आत्मविश्वास हमें वह कार्य पूर्ण कर लेने देगा, जिसके करने पर हमने कमर कस ली है। संसार के इतिहास का मानचित्र, मार्ग-पथिकों को मिले हुए छाया-वृक्षों के समान, हमें यह सिखाता है कि कौन-कौन जाति किस प्रकार उन्नत हुई, किस वेग से दौड़ी, कहाँ-कहाँ ठहरी, कहाँ भोजन

लिया और कौन-सा भोजन लिया। यदि हमारा मानसिक साहस बढ़ गया तो 'हम गिरेंगे' इसका भय कई हजार वर्षों तक के लिए हमारी जाति के पास न फटकेगा। यद्यपि हमारी जाति नीचता की पृथ्वी के गुरुत्वाकर्षण के पतन-मार्ग में वेग से जा रही है, जिसके कि भावी विचारों को सम्मुख रखते ही हमें यह प्रतीत होने लगता है कि यदि हमारी कुछ शताब्दियाँ और इसी प्रकार बीत गयी होतीं, तो हमारा नाम या तो रहता ही नहीं और यदि रहता तो असाहसियों में हमारा वह साहित्य, जिसे हम उच्च मानने का घमण्ड करते हैं, कूड़ा-करकट, गपोड़बाजी और नपुंसकों के उद्गार समझा जाकर या तो समुद्र के गर्भ में फेंक दिया जाता या सर्वनाशक अग्नि में भस्म कर दिया जाता। परन्तु परमात्मा की यह इच्छा नहीं थी, इसी का हम आज शुभ लक्षण देख रहे हैं। समाज के कुछ अंश में, उत्तम कार्यों का प्रभाव—चाहे वह स्थायी न होकर मदिरा के मतवालेपन के समान थोड़ी देर के लिए क्यों न हो—आने लगा है। हिन्दू जाति का जीवन-मार्ग प्रशस्त हो रहा है। इसमें सन्देह नहीं कि हमारा साहित्य श्रेष्ठ होगा, हमारी विज्ञान-लालसा पूर्ण होगी, कलाकौशल का पुनरुद्धार और विस्तार होगा। ऐसे समय में ऐसे परिश्रम की अवस्था में यह सन्देह करना कि हिन्दू जाति कुछ भूल रही है, प्राय: व्यर्थ होगा। जिस जाति में नया जीवन आ रहा है, जिस जाति के सामने संसार की उन्नत और अस्तप्राय अनेक जातियों का इतिहास है, जिस जाति का प्रवीन साहित्य किसी समय (हिन्दू जाति से अभिप्राय भारत निवासिनी, भारतवर्ष को अपना चिर-वास-स्थान समझनेवाली जाति से है।— लेखक)—चाहे आज न हो—'मान्य' पद पा चुका है, जिस जाति को प्राण-समर्पण करना प्राय: आ गया, उस जाति के पुरुष-पुंगव जाति की पतन-गति को अपनी आकर्षण-शक्ति से ठहरा लेने में कुछ भूल गये हैं, यह कहना प्रलाप ही में शामिल होना चाहिए।

परन्तु नहीं, ऐसा नहीं है। यदि चतुर फ्रेंच जाति राजलोलुपता से अपने सम्राट के नाश की भयंकर देखाभाली में फँस चुकी है, यदि रशियन जाति घमण्ड और अन्याय के उन्मेष को भूलकर अपने सम्मान और शक्ति का नाश अपने हाथों कर चुकी है, यदि पोर्चगीज जाति अपने अविचार को ठीक विचार समझ, व्यर्थ की मुठभेड़ को भूल कर अपनी शक्ति को सदैव घटी हुई बना चुकी है, यदि अमेरिकन जाति और ग्रेट-ब्रिटेन की जातियाँ, दुर्बल-दमन में ही समयानुसार सन्तोष मनाने की भूल कर चुकी हैं और संपूर्ण पश्चिमीय जातियाँ यदि अपने में 'कूटनीति की अधिकता' का भयंकर विष बोकर अपने को निश्रद्धेय और बनावटी बनी रही हैं, तो हम कह सकते हैं कि भारतनिवासिनी जाति भी अपने किए हुए न-कुछ परिश्रम ही में एक भूल कर रही है। ऐसी भयानक भूल करने पर इस जाति की दुर्दशा का दृश्य हमें व्याकुल कर डालता है। अधिक गम्भीरता से नहीं,

थोड़ा ही विचार कर सोचिए, केवल अपने आसपास ही देखिए, अपने भोजन, भाषण, विलास, शयन, जीवन, बर्ताव, सन्तान और गृह-प्रबन्ध पर ही दृष्टि डालिए, विचारिए, कितनी-कितनी भारी भूल हो रही है। कहना पड़ेगा कि हमारे देश की 'स्त्री जाति की दुर्दशा' का दृश्य भयंकर है। हमारी संख्या बाईस करोड़ कही जाती है, इस हिसाब से हमारी बहिनों, माताओं, पुत्रियों और स्त्रियों की संख्या ग्यारह करोड़ के अन्तर्गत समझनी चाहिए। इस ग्यारह करोड़ स्त्री जाति की क्या दशा है? शिक्षा पर विचार किया जाय तो वह बिलकुल मूर्ख है, निरक्षर है। मैं पूछता हूँ कि ऐसी हमारी सरीखी निठल्ली और मूर्खत्व-तन्तु-वेष्टित सन्तान यदि योग्य गिनी भी जाय तो कैसे हमें जितना किताबी और 'टुकड़ों' का ज्ञान मिला है, सब भाड़े से मिला है। यह भाड़े का ज्ञान क्या यथार्थ ही हमारा उद्धार कर देगा? मातृ-शिक्षा किसे कहते हैं इसे तो हम लोग जानते ही नहीं। संसार के सब इतिहासों को देखकर भी हमने कुछ नहीं देखा। जिस जाति का आधा भाग मूर्ख बनाया जा रहा है उस जाति की दुर्दशा का भी कभी अन्त होगा ईश्वर ही जाने! इसके सिवाय स्त्री जाति जो संसार की जन्म-दात्री और उन्नति का मूल रूप है, उन्नतता का व्यर्थ घमण्ड करने वाले, किन्तु असाहसी भारतवर्ष में अभागिनी—सौभाग्यहीना—हो रही है। इस जाति पर कृपया थोड़ी दृष्टि डालकर अब देखिए इसके स्वत्वों की क्या दशा है? इसकी पति-भक्ति के उपहार में इसे मूर्खता, अन्याय, अत्याचार, पराधीनता और दण्ड, ये वस्तुएँ मिली हैं। पराधीनता के विचार से हम इस जाति पर अपनी नीचता की अन्तिम सीमा दिखा रहे हैं। इस जाति की दशा हमारे यहाँ पालतू पशुओं से भी गयी-बीती है। पशु जंगल में रहने तक कुछ स्वाधीन रहते हैं परन्तु इस परतन्त्र जाति की आत्मा परतन्त्र रहकर हमें सदैव नाश का शाप-सा दिया करती है। उसके विचार कितनी निर्दयता से दले जाते हैं, उसकी कामनाएँ कितने अन्याय के साथ चूर-चूर की जाती हैं—इसका भी कुछ ठिकाना है? इसका और मूर्खता का तो चोली-दामन का साथ हो रहा है। अत्याचारों में भी हम कमी नहीं करते। हमारे उन्नत विचारों (!) में स्त्री कोई चीज नहीं। पातिव्रत्य का पाठ पढ़ाने का निरा पाखण्ड करते समय देव जाने हमारा कलेजा फट क्यों नहीं पड़ता। मनुष्य विद्वान होकर जब दुराचरण में प्रवृत्त हो जाता है तब मूर्ख स्त्री जाति से सदाचरण की आशा करना क्या है? इसके सिवाय यह भेड़ और बकरियों की तरह शादी में घसीट लाना और इच्छाओं का यों सर्वनाश कर देना क्या सूचित करता है?

स्त्री जाति पर मनुष्य जाति का अन्याय, और प्रधानतः भारतवासियों का अन्याय, सीमोल्लंघन कर चुका है। जिसमें गुणों का सन्निपात हो सकता है, जो सीता, सावित्री और अनसूया हो सकती है, उस असहाया—पराधीना—दुःखिनी

स्त्री जाति पर हम कितना अन्याय कर रहे हैं! बस, अब बहुत हो चुका, अब अपने सिद्धान्तों में परिवर्तन कीजिए। स्त्री जाति की सदिच्छा शक्ति को बढ़ाइए। शिक्षा के साधनों को सुलभ कीजिए। उसकी बेड़ियाँ तोड़ दीजिए। इस बात का भय छोड़िए कि वह दुराचारिणी हो जायगी, नहीं इस बात का आनन्द मानिए कि वह गुणगर्भा योग्य माता होगी। उसे गृह-देवी बनाइए। उसे स्वतन्त्र विचार करनेवाली विश्व-शिक्षिका बनाइए। उसे अपनी आवश्यकताओं और सदिच्छाओं की पूर्ति के साधनों को ढूँढ़ने का प्रयत्न करने योग्य विद्योत्तमा बनाइए। ईश्वर की आद्य सन्तान पर अत्याचार कर पाप के अधिकारी होना उचित नहीं है। हमारी जाति का उत्थान तब होगा जब स्त्रियाँ गम्भीर विषयों में हमारी साहाय्यकारिणी बनेंगी, योग्य और साहसी सन्तान पैदा करेंगी, और उन्हें शिक्षा देकर 'जगती-रत्न' पुत्र बना देंगी। विशाल विश्व की उन्नति का मुख्य साधन स्त्री जाति है, और गौण साधन पुरुष जाति। स्त्री जाति और पुरुष जाति का सम्बन्ध आत्मा और शरीर के समान है। इस बात पर हमें उत्तमता, निर्भयता, पक्षपातहीनता, विचारपूर्णता, सहिष्णुता और विद्वत्ता के साथ विचार करना चाहिए।

हमारे विचार से स्त्री जाति पुरुष जाति की अपेक्षा अधिक मान्या, परिश्रमशीला, कार्य-कुशला, व्यवहारदक्षा और विश्वोन्नतकारिणी निकल सकती है। उसके उद्धार का उपाय न सोचना, उसके हृदय-मन्दिर में उच्चता, विद्या, स्वतन्त्रता, उदारता, न्याय, साहस, बल और आदर आदि देवी-देवादिकों को प्रस्थापित न करना पुरुष जाति की भारी भूल है—भयंकर नीचता है।

—'विनोदी'

[भाद्रपक्ष 1972; अगस्त 1915, प्रभा]

देशोद्धार का मूलमन्त्र

कितने प्यारे शब्द हैं: 'देशोद्धार और उसका मूलमन्त्र'। बड़ा जोरदार प्रयत्न हो रहा है, कि देश का उद्धार हो। जहाँ-तहाँ लोग उद्धार की पुकार मचा रहे हैं। दल पर दल बन रहे हैं, सभाओं पर सभाएँ कायम हो रही हैं, कमीशन पर कमीशन बैठ रहे हैं। इन खेलों का प्रत्येक खिलाड़ी यह सोचे हुए है कि देश की गेंद पर अबकी मेरी जोर की ठोकर लगी और देशोद्धार हुआ। एक कहता है, तुम बोदे हो, माँगते हो—हम उद्धार करेंगे। दूसरा कहता है, तुम आग-सी लगा कर रख दोगे—काम हम करेंगे, उद्धार हमीं से होगा। रोग की पहिचान तक सब वैद्य और डाक्टर सहमत रहते हैं, पर औषधियों के समय, सन्निपात के रोगी को, एक कहता है भंग पिला दो, दूसरा कहता है

कपूर का अर्क़ दे दो, जलन बन्द हो जायेगी, ठंडक हो जायेगी। इन्हें देखकर नवसिखिए डाक्टर कहते हैं अब देशोद्धार कर लेना बड़ा सहज है। बाँसुरी न बजे, यदि यही चाहना है, तो बाँसों को जड़ से काट फेंको। काम तमाम हुआ। नाहक को बक-बक लगा रखी है। संसार के सारे मस्तकों का अनुभव इनके आगे मिट्टी है। नाश का साधन ही इनके विचार से उद्धार का उपाय है। कोई कहता है—उद्धार बहुत हो गया और कितना उद्धार होगा। उन्नति तो अब जहाँ-तहाँ से फूट निकली है। थोड़े दिन ठहरो, उद्धार हुआ जाता है, जीवन-मुक्त पद बिना प्रयास मिला जाता है।

पर जिसे आध्यात्मिक अध्ययन का अभ्यास हो गया है, उसे हम इन दल-बन्दों में नहीं पाते। नरमी और गरमी उसमें नहीं दीखती, वह समानता के शरीर में अपने प्राणों को अटकाए हुए हैं। वह कहता है, न तो हृदय की शक्तियों को दबाओ और न उभाड़ो ही। न संसार के नाश पर उठो और न संसार के गलों को कपट की कराल कृपाण से काटो ही। तुम आदर के कार्य-साधन के लिए अपने आपको दबाए हो, पर इसे कपट कहते हैं, हृदय की दुर्बलता कहते हैं, कहते हैं मानसि मृत्यु भी। इधर तुम अत्याचारों का जोर से प्रतिवाद करते हो, पर जनता के हृदय के साथ नहीं चलते। अकेले तुम 'देश' नहीं हो। अकेले तुम ही सब कुछ नहीं हो। क्या तुम्हारा उद्देश्य पवित्र है? फिर पवित्र उद्देश्य की पूर्ति के लिए अपवित्र साधनों का उपयोग क्यों? तुम्हारे मन पर हमारी श्रद्धा है, पर उसकी सनक पर नहीं। तुम्हारे वचन पर हमारा विश्वास है, पर उसके सीमोल्लंघन पर नहीं। तुम्हारी शक्ति पर हमें भरोसा है, परन्तु उसके दुरुपयोग पर नहीं। पीछे फिरकर इतिहास देखो। मूल निवासियों पर आर्यों का अत्याचार, हिन्दुओं पर औरंगजेब के अत्याचार, स्त्री जाति पर पुरुष जाति के अत्याचार, राजपूतों पर मराठों के अत्याचार और राजपूतों पर राजपूतों के अत्याचार तुम्हें देखने को मिलेंगे। और वे यह सिखावेंगे कि, "जो जाति दूसरों पर अत्याचार कर सकती है वह अपनों पर भी अत्याचार कर सकती है।" इसे सीखो। कीचड़ धोने के लिए कीचड़ नहीं चाहिए। शुद्ध भागीरथी का पवित्र जल मल को धोने की शक्ति रखता है। अन्याय और अत्याचार, पाप, पशुता, दम्भ और धोखेबाजी संसार में रुक जायेगी। काठ की हण्डी किसी काम की न होगी। पर यदि तुम्हारे साथ हृदय है और है कार्य, तो तुम्हें शत्रुओं में भी मित्र और मित्रों में भी शत्रु दीखेंगे। संभव है, तुम खुद ही अपने शत्रु दीखने लगो। उद्धार तलवारों से नहीं, हृदयों से हुआ करता है, वह पुकारने और उभाड़ने से नहीं, डटकर कार्य करने से अपनी भावना बोदी नहीं, पवित्र और द्वेष रहित रखने में हुआ करता है। फिर चाहे वह समाज का उद्धार हो, चाहे साहित्य का राज्य या उद्धार हो, चाहे देश का।

तुम निर्बल तार के शत्रु रहो, पर निर्बलों के क्यों रहते हो ? तुम अपराधों के शत्रु रहो, पर अपराधियों के क्यों रहते हो ? तुम अत्याचारों के शत्रु रहो, पर अत्याचारियों के क्यों रहते हो ? आन्दोलन बुरी चीज नहीं है, पर वह व्यक्तियों के लिए होना चाहिए। शक्ति पवित्र वस्तु है जरूर, पर उसका उपयोग भी पवित्र ही होना चाहिए।

मैं जानता हूँ, एक बड़ी बातें मारने वाले को। वह 'वीरता' के विषय पर बड़ा अच्छा व्याख्यान देता था। उसके लेख सदा 'वीरों के चरित्र' पर ही निकला करते थे। उसकी कविताएँ 'बस उठो, लड़ो मारो' ही का दृश्य दिखाती थीं। एक दिन घर में रात को सर्प निकला। मेरा भाई छोटे-छोटे बच्चों और अबला को छोड़, भागा वहाँ से। और लगा आधी रात को 'सर्प निकला' की दुहाई देने। इस मनुष्य की वीरता की भावना का मूल्य क्या होगा ? हृदयों का यही हाल है। दाना हृदय बका और चिढ़ा नहीं करते। न बुरी भावनाएँ ही हृदय में लाया करते हैं। उनकी सम्पत्ति, उनका बल, उनकी बुद्धि, उनका शास्त्र, जो कुछ है कदाचित् सादगी है, पवित्रता है, प्रेम है, हृदय है और है उनकी दृढ़ता। वह उद्धार की पुकार नहीं मचाते। उन्हें उद्धार का नशा भी नहीं चढ़ता। वे उद्धार के लिए पागल नहीं हो जाते। पर उनसे या उन जैसे हृदयों से उद्धार आप ही जाता है। उद्धार-मन्त्रों को वह व्याख्यानों और पुस्तकों में, दलीलों और प्रतिवादों में नहीं पाता। उसे वह मन्त्र कुछ धुँधले अक्षरों में कदाचित् अपने हृदय पर लिखा मिलता है।

बस वही मन्त्र, विश्व के विधाता का दृढ़ और विजयदाता पर परम कष्ट-साध्य नियम है। इस नियम को—इस कानून—को हमें दृढ़ता से पढ़ना होगा, और वीरता से पालन करना होगा। एक उत्सुक हृदय लिखता हैं, और लिखता है बहुत विश्वास और प्रेमपूर्ण दृढ़ता के साथ कि—"यही कानून हमारे सभी कामों का आधार-स्तम्भ होना चाहिए। यह खटका हो सकता है कि कानून का अधिक लाभ उन्हें मिलेगा जिनके हाथों में शक्तियाँ हैं। हम ऐसा नहीं समझते। परन्तु यदि थोड़ी देर के लिए मान भी लिया जाये कि ऐसा होगा, तो हानि ही क्या ? अपने मार्ग पर अटल रहने की आवश्यकता है। अटल रहने से अनेकों क्लेशों का सामना करना पड़ेगा। क्लेशों के बिना बड़े-बड़े फल चाहना चन्द्र-खिलौना के लिए हाथ बढ़ाना है। ऊँचे स्थान और ऊँचे मान के वही सच्चे अधिकारी हैं, जो क्लेश सहकर भी अपने मार्ग से हिलने का नाम न लें। क्लेशों का सहना एक महाकार्य है। जिनकी आत्माओं में बल नहीं, वे क्लेशों को सहन नहीं कर सकते, और जो ऐसे हैं, वे बड़े स्थान के पात्र नहीं। यदि हम खुल्लम-खुल्ला रीति से अपनी आत्मा और विश्व के परमात्मा को साथ लेकर काम करते रहें, जो क्लेश पड़ें उन्हें झेलें—किसी चिड़चिड़ेपन के साथ नहीं, ईर्ष्या और

द्वेष से नहीं, परन्तु हँसी-खुशी से, धीरता के उस बल के साथ जो तपस्वियों को ही प्राप्त होता है, और त्याग की उस शक्ति से, जो केवल उसी को प्राप्त होती है जिसका लक्ष्य बहुत ऊँचा होता है, तो हमें संसार का विश्वास दिला देने में अधिक दिन नहीं लगेंगे कि इन सूखी हड्डियों में बल का भण्डार है, इस शान्त का कर्मण्यता में शक्ति का वह अनन्त श्रोत भरा है जिसका एक अणु भी पाश्चात्य प्रणाली के हत्याकाण्ड और षड्यन्त्रों के करने और छुपे-लुके फिरने वालों दलों में नहीं है, और साथ ही इंग्लैण्ड को—स्वाधीनता की भूमि इंग्लैण्ड तथा स्वाधीनता प्रेमी अंग्रेजी जाति को भी विश्वास करना पड़ेगा कि अब अधिक काल तक इन सबल हृदयों से स्वाधीनता दूर नहीं रक्खी जा सकती।"

कितना शुद्ध भाव है। कितने पवित्र शब्द हैं। यह भाव हृदय की पवित्रता और मानसिक दृढ़ता चाहता है। वह उसके रहने का स्थान भी बतलाता है और साधन भी।

[आश्विन 1972; अगस्त 1915]

विश्व की गति / प्रान्तीय परिषद्

कई वर्षों के पश्चात्, इस बार मध्यप्रदेश के नागपुर के नगर में प्रान्तीय परिषद् की चौथी बैठक हुई। परिषद् के सभापति थे, मध्यप्रदेश की कौंसिल के मेम्बर, रायबहादुर मानवीय श्री पण्डित विष्णुदत्त जी शुक्ल बी० ए०, स्वागत समिति के सभापति थे, मानवीय सर जी० एम० चिटनवीस के० सी० आई० ई० तथा व्यवस्थापक के सभापति और स्वागतकारिणी समिति के मन्त्री थे, श्रीयुत डाक्टर गौर, एम० ए०, डी० सी० एल०, एल० एल० डी०, बार एट ला। व्यवस्थापक कमेटी के मन्त्री थे, श्रीयुत डाक्टर मुंजे एल० एम० एस० :

परिषद् के उद्देश्य, उसके भगीरथों ने यह लिख भेजे।

"भारत की जनता वैसी गवर्नमेंट प्राप्त करे जैसी कि अंग्रेजी राज्य के स्वयंशासित देशों (कनाडा, आस्ट्रेलिया राज्य आदि) को प्राप्त हैं। और अधिकारियों तथा जवाबदारियों में भी वही स्थान प्राप्त करे।"

और इन उद्देश्यों की पूर्ति के लिए कहा गया था :

"ये उद्देश्य देश की संयुक्त शक्तियों द्वारा, शासन में क्रमशः सुधार द्वारा, राष्ट्रीय एकता की उन्नति द्वारा, सार्वजनिक जोश के संगठन द्वारा और देश की मानसिक, नैतिक और औद्योगिक उद्गमों की व्यवस्था और वृद्धि के द्वारा पूरे किये जाने चाहिए।"

लोगों के भरपूर उत्साह और कार्य करने की इच्छा थी। परिषद् से प्रतिनिधियों की ठीक संख्या थी कदाचित् 1147। सभापति का भाषण मार्के का

हुआ। उन्नति की विविध बाजुओं पर उसमें विचार किया गया था। विशेषकर, नागपुर यूनिवर्सिटी पर, अनिवार्य शिक्षा, स्थानीय स्वराज्य, ग्राम-पंचायत आदि पर बहुत अच्छा कहा गया था, और फिर रार्जषि दादाभाई नौरोजी के शब्दों में अपना भाषण समाप्त किया था।

परिषद् में 27 प्रस्ताव पेश हुए थे। प्रस्ताव सब ठीक थे। परिषद् की इस बैठक में भारतवर्ष के प्रत्येक समूह के निर्णय के अनुसार दो बड़ी विशेषताएँ थीं। एक तो यह कि परिषद् किसी पक्ष विशेष की न होकर संयुक्त थी और दूसरे, इसके प्रत्येक प्रस्ताव पर देशी भाषा में भाषण हुए थे। ये दोनों ही बातें अन्य प्रान्तों के लिए अनुकरणीय थीं। और ये ही दो बातें, इस परिषद् की सफलता का कारण कही जा सकती हैं।

हमें, इस परिषद् पर कुछ भी नहीं कहना है। हिन्दी जानने वालों की उदासीनता पर, उनकी परिषद् में कमी देखकर हमें आन्तरिक खेद हुआ। परिषद् की तिथियाँ थीं 16, 17, व 18 नवम्बर।

[भाग 2, अगहन व पौष, संवत् 1972, संख्या 9 व 10]

इम्पीरियल कौंसिल में

इस वर्ष मध्यप्रदेश के नेता, मानवीय रायबहादुर विष्णुदत्तजी बी० ए० मध्य प्रदेश के मालगुजारों की ओर से, वाइसराय की कौंसिल के लिए, उम्मेदवार हुए हैं। मध्यप्रदेश में ऐसे पढ़े-लिखे न होंगे, जो शुक्लजी को न पहचानते हों। शुक्लजी मध्यप्रदेश के नेता हैं, और देश की सेवा के लिए, हृदय की अन्तरंगता से प्रयत्न करने वाले व्यक्तियों में से हैं। आप मध्यप्रदेश की लेजिस्लेटिव कौंसिल के तो मेम्बर हैं ही, साथ ही आप प्रान्त के प्रत्येक बड़े कार्य में भाग लेने वाले हैं। गत चतुर्थ प्रान्तीय परिषद् के, जिसमें मध्यप्रदेश ने दक्षिण प्रान्त का विरोध छोड़कर मिलकर कार्य करने का उपदेश किया, शुक्लजी सभापति थे। इस वर्ष की भारतीय हिन्दी सरयूपारीण महासभा के शुक्लजी सभापति हुए थे। अखिल भारतवर्षीय हिन्दी साहित्य सम्मेलन के शुक्लजी सभापति हैं, और अभी मण्डला में जो सनातन धर्म की प्रान्तीय सभा हुई थी, सुनते हैं, उसके आप सभापति रह चुके हैं। कौंसिल में शुक्लजी की बहस ध्यान देने लायक हुआ करती है। शुक्लजी, एकान्त में देश की शान्त सेवा करने के पक्षपाती रहे हैं, किन्तु, अब उन्हें सेवा के प्रकट क्षेत्रों में, प्रान्त खींच लाया है। कार्य भी शुक्लजी का, देश के एक वीर सेवक की तरह प्रारम्भ हो चुका है। आप मध्यप्रदेश में धार्मिक, एक आदरणीय अगुआ हैं। देशभक्त खापर्डे महोदय ने चतुर्थ प्रान्तीय परिषद् के सभापति चुनते हुए शुक्लजी के सम्बन्ध में विनोदपूर्ण भाषा में क्या ही अच्छा कहा था, "यह कलिकाल है, इससे हम पर कृपा करने के लिए, साक्षात् विष्णु

नहीं आ सकते, किन्तु यह हमारा सौभाग्य है, कि विष्णु के अभाव में साक्षात् विष्णुदत्त हमारे नेतृत्व के लिए हमारे आगे हैं।

हमें आशा है, शुक्लजी इम्पीरियल कौंसिल में पहुँचेंगे। हमारे प्रान्त के मालगुजार शुक्लजी के कौंसिल में पहुँचने पर देखेंगे कि वे अपनी जवाबदारी में योग्य सिद्ध हुए। यही समय है, जब सम्मति देने वालों को सावधानी से कार्य लेना चाहिए और अपना योग्य प्रतिनिधि ढूंढ़ निकालना चाहिए।

[भाग 2, फाल्गुन संवत् 1972, संख्या 12]

विदेशों में क्या सीखना चाहिए (लेख-स्वतंत्र)

हमारे अनेक भाई विद्या लाभ के लिए विदेश जाते हैं, वे जो कुछ सीखना चाहते हैं, सीखें, पर अवकाशानुसार दूसरे विषयों पर भी लक्ष्य रखना उनका कर्तव्य है। केवल हमारे विद्यार्थी भाई ही नहीं, पर जो भ्रमणादि अन्य कामों के लिए जाते हैं उन्हें भी ऐसी बातों के जानने की पूरी चेष्टा करनी चाहिए।

हमारे चिन्ताशील विद्यार्थी भाई व अन्य सज्जन भी दूसरे देशों में जाकर उन देशों के उन्नत व महत् होने का कारण सोचा करते हैं। यह प्रश्न भी उनके मन में उठता है कि ये क्यों वहीं जाते हैं और वहाँ वाले क्यों नहीं हमारे देश में कुछ सीखने के लिए आते।

भारत में हमारे भाइयों की अकाल मृत्यु, प्रधानतः दुर्भिक्ष, महामारी व अन्य संक्रामक रोगों से हुआ करती है। इसलिए हमारे भाई चाहे जहाँ कहीं हों, यह अनुसन्धान करना उनका कर्तव्य है, कि वहाँ इस समय दुर्भिक्ष, प्लेग, मलेरिया आदि रोग हैं वा नहीं या पहिले थे या नहीं। यदि पहले थे और अभी नहीं हैं, तो यह जानना चाहिए कि उस देश की अवस्था कैसे पलटी। पाश्चात्य अनेक देशों में पर्याप्त अन्न उत्पन्न नहीं होते और न हर साल वर्षा ही ठीक होती है, पर तब भी यहाँ ही दुर्भिक्ष अपना रूप दिखाता है। यूरोप के दूसरे देशों की बात अलग रहे, केवल इंग्लैण्ड का इतिहास देखने से पता चलता है कि वहाँ भी प्लेग का खूब प्रादुर्भाव हुआ करता था, पर वहाँ अब उसका नामोनिशान तक नहीं। ऐसी ही हालत इटली की भी थी। इस समय ये देश बहुत कुछ न रोगों से मुक्त हैं। इसका कारण वहाँ वालों के भोजन वस्त्र आदि की स्वच्छता, देश में वैज्ञानिक उपायों से पयःप्रणाली आदि का विस्तार और शिक्षा का प्रचार है पर केवल इतना ही जानने से काम नहीं चलेगा। किन-किन उपायों को काम में लाने से लोगों की उन्नति हुई, गवर्नमेण्ट ने क्या किया और साधारण प्रजा ने भी अपने लिए क्या किया, इन बातों को अच्छी तरह जानने की आवश्यकता है।

सभ्य व विद्वान् कहलाने वाले लोगों के शासनाधीन होते हुए भी भारत जैसा निरक्षर देश इस समय दूसरा नहीं। पर दूसरे देश भी निरक्षर थे, इसलिए यह

जानना चाहिए कि वहाँ किस तरह शिक्षा का प्रचार हुआ, क्या-क्या उपाय किये गये। गवर्नमेण्ट ने क्या किया वा क्या करती है, जनसाधारण ने क्या किया वा क्या करते हैं, सर्वसाधारण में शिक्षा व स्त्री शिक्षा के विरुद्ध जो आपत्तियाँ आ खड़ी होती हैं वे किस तरह दूर की जाती हैं, इत्यादि बातें तनिक-तनिक जाननी चाहिए। प्रत्येक सभ्य देश की गवर्नमेण्ट हर मनुष्य की शिक्षा के लिए कितना व्यय करती है, राजस्व का कौन-सा अंश इस काम में लगाया जाता है, आदि बातें जानने योग्य हैं। बच्चों को शिक्षा देने के लिए नये-नये उपायों का आविष्कार, दस्तकारी की आवश्यकता, उपकारिता आदि विषय ऐसे हैं जिन्हें विस्तारपूर्वक जानना चाहिए।

हमारे देश में साश्रम विश्वविद्यालय की प्रथा को काम में लाने से उच्च शिक्षा का प्रचार अधिक नहीं हो सकता, इसलिए हमारे प्रवासी भाइयों को यह देखना चाहिए कि वहाँ इस प्रथा की चलन है या नहीं। इस प्रणाली और इसके विपरीत प्रणाली की सुविधा-असुविधा पर भी ध्यान रखना चाहिए। जिन देशों में साश्रम विश्वविद्यालय की प्रथा है वहाँ के लोगों की आर्थिक दशा, राष्ट्रीय अधिकार कैसे हैं, यह भी जानना हमारे प्रवासी भाइयों का कर्तव्य है।

हमारे देश में साश्रम प्रथा के विरुद्ध प्रधानतः दो आपत्तियाँ हैं :

1. अधिक व्ययसाध्य होना।

2. इसके अधीन लड़कों को किस प्रकार रखना होगा, उन पर शासन के क्या नियम होंगे, उनकी स्वाधीनता की सीमा किस ओर व कहाँ तक होगी, आदि विषय हैं जिनमें लोगों का कोई हाथ नहीं। स्त्री शिक्षा के विस्तार के साथ ही साथ विवाह, जन्म, मृत्यु आदि विषयों का भी पूरा अनुसन्धान करना चाहिए।

जमीन का बन्दोबस्त, मालगुजारी की रीति, चिरस्थायी बन्दोबस्त है या मालगुजारी बढ़ती भी है, कृषक ही जमीन के मालिक हैं या हमारे यहाँ के जमींदारों की तरह वहाँ भी लोग हैं, कृषि की उन्नति के लिए गवर्नमेण्ट क्या करती है, शिक्षा के प्रचार के साथ कृषि की उन्नति के सम्बन्ध आदि विषयों का ज्ञान का लाभ करना भी परमावश्यक है।

अन्य जानने योग्य बातों पर भी जिनकी तालिका नीचे दी जाती है, ध्यान रखना चाहिए।

गाँव व शहर की सड़कों की सफाई और मरम्मत की रीति, म्युनिसिपैलिटी के अधिकारों की सीमा, उसके निर्वाचित सभ्य निर्वाचन-कर्ताओं की अवस्था, इसके पदाधिकारियों के लिए विद्वान् होना आवश्यक है वा नहीं, उसकी जाँच, राष्ट्रीय प्रतिनिधि सभा के सभ्यों की योग्यता व क्षमता, उनके निर्वाचन-कर्ताओं की योग्यता व क्षमता; पुलिस और प्रजा का सम्बन्ध, पुलिस के व्यवहार की जाँच, पुलिस के अधिकार, राजस्व का कौन-सा अंश पुलिस के लिए व्यय किया

जाता है इसकी जाँच; विचार विभाग और शासन विभाग का सम्बन्ध, विचारकों के कार्यों पर परोक्ष वा प्रत्यक्ष से हस्तक्षेप होता है वा नहीं इसकी जाँच; लड़के लड़कियों के धर्म व अधिकार शिक्षा की व्यवस्था; समाचार-पत्रों व प्रेसों की स्वाधीनता सीमाबद्ध है वा नहीं; देशी शिल्प वाणिज्य के संरक्षण के निमित्त विदेशी वस्तुओं पर टैक्स है वा नहीं; गवर्नमेण्ट रेल, जहाज वगैरह का भाड़ा कम कर देशी शिल्प वाणिज्य की सहायता करती है या नहीं; भिन्न-भिन्न जाति-धर्म संम्प्रदायों में सद्सद्भाव, हिंसा, द्वेष, विरोध इत्यादि हैं वा नहीं; विद्या बुद्धि के अनुसार आदर हुआ करता है वा सरकारी नौकर होने के कारण जाँचने योग्य हैं।

इस लम्बी तालिका को देखकर हमारे भाइयों को ऊब जाना उचित नहीं। जिनको जिस विषय के अनुसंधान करने में सुविधा हो वे उसे ही करें। समाचार-पत्रों को पढ़ने से उन्हें इन बातों की जाँच में पूरी मदद मिल सकती है। इसलिए उन्हें समाचार-पत्र भी देखते रहना चाहिए और साथ ही एक अलग कापी बनाकर उन्हें ऐसे विषयों को समाचार-पत्रों से नोट कर लेना चाहिए वा उसकी कटिंग काटकर रख लेनी चाहिए। कापी वर्णानुसार अलग-अलग रखी जाना ही अच्छा है।

हमारे जिन भाइयों की अवस्था अच्छी हो उन्हें विद्यालाभ और युनिवर्सिटी डिग्री प्राप्त कर लेने पर कुछ अधिक दिनों तक वहाँ ठहरना चाहिए; और इन बातों की अच्छी जाँच करनी चाहिए। ऐसा करने से वे देश की अच्छी सेवा कर सकेंगे, और वे, जो स्वयं प्रवासी नहीं हैं अपने प्रवासी मित्रों से ऐसी बातें जानने की कोशिश करें।

—एक विद्यार्थी

[भाग 2, संख्या 3]

देशोन्नति के उपाय

केवल मात्र एक उपाय के अवलम्बन से देशोन्नति नहीं हो सकती। जिनकी ऐसी बुद्धि या जिनकी जैसी प्रवृत्ति है, वे वैसे ही उपायों को एक मात्र या सर्वश्रेष्ठ उपाय समझते हैं। कोई-कोई कहते हैं कि यदि हमारा स्वास्थ्य ठीक न रहे या हम भोजनाभाव से अधमरे हों तो भाषा-शिक्षा लाभ कैसे कर सकते हैं, कैसे राष्ट्रीय अधिकार-प्राप्ति की चेष्टा कर सकते हैं, क्यों कर सामाजिक कुप्रथाओं का नाश कर सकते हैं, या कैसे कल-कारखाने, वाणिज्य, व्यापार का विस्तार इत्यादि देशोन्नति के कार्य कर सकते हैं? इसके उत्तर में कोई-कोई यह भी कह सकते हैं कि समयोपयोगी ज्ञानलाभ के द्वारा कृषि, शिल्प इत्यादि की उन्नति किये बिना भला अच्छा भोजन कहाँ से मिले? इटली प्रभृति देशों

की तरह वैज्ञानिक उपायों द्वारा मलेरिया, प्लेग इत्यादि रोगों का दूर किये बिना स्वास्थ्य की उन्नति कैसे हो ? बाल या वृद्ध विवाह की कुप्रथा उठाये बिना जिन्दे मनुष्य कैसे पैदा हों। शिक्षा द्वारा ज्ञान लाभ के बिना सामाजिक व्यवस्था की बुराई-भलाई कैसे समझी जा सकती है और बिना इसके किस तरह से भले की रक्षा और बुरे का नाश किया जा सकता है ? राष्ट्रीय अधिकार की प्राप्ति के बिना टैक्स से प्राप्त धन को कैसे देश के स्वास्थ्य-सुधार में लगाया जाय ? धार्मिक और सामाजिक संकीर्णता और कुसंस्कारों को दूर करते हुए लोगों के हृदय में उदारता और भाईपने का विचार पैदा किये बिना राष्ट्रीय अधिकारों के लिए दलबद्ध चेष्टा कैसे की जा सकती है ? बिना राष्ट्रीय अधिकार की प्राप्ति के टैक्स से प्राप्त धन को शिक्षार्थ व्यय करने के लिए गवर्नमेण्ट को कौन दबायेगा ? इत्यादि, ऐसी बातें हैं, कि यदि कोई एक उपाय ग्रहण किया जाय तो दूसरे यों ही रह जाते हैं।

लेकिन, उपाय अवलम्बन करने के पहले यह जरूरी है कि लोगों को इसकी आवश्यकता अच्छी तरह समझा दी जाय। ऐसी धारणा करा देना भी बहुत जरूरी है कि हमारी अवस्था बुरी है और हम स्वयं ही इसे दूर कर सकते हैं; या एक शब्द में यह कहा जा सकता है कि सारी जाति को जाग्रत और सचेत करना ही हर प्रकार की उन्नति का मूल है। पर क्या ऐसा कभी शिक्षा के बिना हो सकता है ? सुनने से भी शिक्षा मिल सकती है, पर जो कुछ सीखा जाता है वह हमेशा याद तो रहता नहीं, उसके लिख रखने से भूलने पर फिर याद कर लिया जा सकता है। इसके सिवाय सुनने की सुविधाओं से पढ़ने की सुविधाएँ बहुत अधिक हैं। हम अब शिक्षा-लाभ वा शिक्षा-दान के उपायों की तनिक भी अवहेलना करना नहीं चाहते। पढ़ना-लिखना ही सबों से उत्तम उपाय है, इसमें तो लेशमात्र भी सन्देह नहीं। यदि कोई शिक्षा के उच्चतम लक्ष्य को पीछे रख-कर लोगों को खेती-बारी, शिल्प, वाणिज्य, स्वास्थ्य-रक्षा के नियम इत्यादि सिखलाना चाहे तब भी यह देखने में आयेगा कि पठन-पाठन के बिना ऐसी शिक्षा नहीं दी जा सकती। इसका प्रमाण यही है कि जिन-जिन देशों में शिक्षा का प्रचार अधिक है, वहाँ खेती-बारी, शिल्प, वाणिज्य खूब उन्नत अवस्था में हैं, और उन्नत ही होते जाते हैं।

शिक्षा के अभाव में हर प्रकार की उन्नति नहीं हो सकती, इसका प्रमाण अफगानिस्तान संसार में वर्तमान है। उनका स्वास्थ्य निस्सन्देह अच्छा है, उनको भोजन अच्छा और भरपूर मिलता है, वे बलिष्ठ दीखते हैं, यह तो साफ ही मालूम होता है। वे तिजारत में भी पक्के हैं। पर तो भी वे राष्ट्रकार्यों के निर्वाह, साहित्य, विज्ञान, दर्शन, अन्तर्वाणिज्य, बहिर्वाणिज्य, शिल्प, कृषि इत्यादि विषयों में संसार की किसी भी जिन्दा जागती जबर्दस्त कौम के टक्करदार नहीं।

सारे देश में ज्ञान का प्रकाश डालना होगा और इसके लिए लोगों को लिखना-पढ़ना अवश्य सिखलाना होगा।

[भाग 2, कार्तिक संवत् 1972, संख्या 8]

भारत की शिक्षा का प्रश्न (लेख)

उन लोगों से, जिन्होंने पुस्तकें पढ़-लिखकर अपने को पढ़ा-लिखा बना लिया है, यह छिपा नहीं है कि भारत में ऐसे लोगों की संख्या जो खींच-तान कर कुछ थोड़ा-सा पढ़ लेते हैं, और साथ ही वे लोग जो भारत की वर्तमान शिक्षा पाये हुए हैं, सब मिलाकर 1000 में 59 अर्थात् प्रति सैकड़ा $5\frac{9}{10}$ है। हम पर विलायती गद्दी की सत्ता कितने ही दिनों से है। गदर का साल अभी भी बहुतों को भूला न होगा। उसके पहले से ही अंग्रेज लोग भारतीयों को पढ़ाने के प्रयत्न में लगे हैं। और यह जो प्रति सैकड़ा ठोंक-पीटकर 6 का हिसाब बैठता है, सो उन्हीं लगभग 100 वर्षों के पूरे प्रयत्न का फल है। और हमारे 'इस पढ़े-लिखे' हो जाने के लिए हमें शिक्षादाता, गवर्नमेण्ट को धन्यवाद देना चाहिए। परन्तु इस शिक्षा पर हमें कुछ कहना है। हम पूछते हैं कि यह कैसी शिक्षा है, जो हमें दरिद्र होने से नहीं बचा सकती ? यह कैसी शिक्षा है जो हमारे बच्चों की शक्ति रेखा-गणित (Geometry) और बीजगणित (Algebra) के पढ़ने में खर्च करती है। किन्तु उन्हें बनाती है, यह सब पढ़ चुकने पर 20 रु० महीने पर बिकनेवाला नकलनवीस। यह कैसी शिक्षा है जो हमारे वर्षों खराब कर देती है, किन्तु हमें जीवन-युद्ध के किसी भी काम का नहीं रहने देती। हम किसानों की सन्तान हैं, हम व्यापारियों की सन्तान हैं और हम ऋषियों की सन्तान हैं। किन्तु न हमें कृषक बनने की शिक्षा दी जाती है, न हमें व्यापारी बनने की शिक्षा दी है और न ऐसे ही कोई ऋषि हैं जो ऋषि जीवन के अनुकूल शिक्षा दें। देश के कोने-कोने से दरिद्रता की आवाज आ रही है और वह दिन-प्रतिदिन बढ़ती ही जा रही है। व्यापार और कृषि की जो दुर्दशा हो रही है तथा कला-कौशल की जो दुर्दशा हो चुकी है, उसका वर्णन करना मानो अपने को उदासीनता की आपत्ति में डालना है। पढ़े-लिखे इने-गिने लोगों में भी पुस्तकों का रोग बेतरह बढ़ गया है। शिक्षालयों के वे दरवाजे भी, जो हमें पढ़े-लिखे बना दिया करते थे, अब बन्द हो रहे हैं। परीक्षाएँ बुरी ली जाती हैं। शिक्षा देने में उचित प्रणाली से कार्य नहीं लिया जाता। तिसपर शिक्षा इतनी व्ययसाध्य बना दी गयी है कि उसे पानेवाला गरीब हो, यह कभी सम्भव नहीं। हजारों विद्यार्थी रोज ठोकरें खाते, मारे-मारे फिर रहे हैं। किसको इनकी परवाह है। शिक्षालयों के दरवाजे बन्द होने का हमें उतना खेद नहीं जितना हमें हिन्दू जाति की अकर्मण्यता से। किसान अपनी किसानी छोड़ रहा है, व्यापारी अपना व्यापार। और जो कला-कौशल के बल पर

जीते हैं, उनका तो भारत से अस्तित्व ही मिट गया-सा दीखता है। संसार में रहने वाली किसी जाति का इतना बेहोश हो जाना उचित नहीं। और इसीलिए हमें इस बात की चिन्ता है। हमारे देशवासियों को शिक्षा के उचित पथ ढूँढ़ने चाहिए। पढ़े-लिखे मतिहीनों के बहकावे में नहीं आना चाहिए। जो दर्जी हो, उसे चाहिए कि वह अपने बच्चों को थोड़ा-सा पढ़ा-लिखाकर प्रारम्भिक और कुछ माध्यमिक शिक्षा देकर अच्छा और सस्ता सीनेवाला बनावे। जो धोबी का लड़का हो, वह उपयोगी और कार्यकारी कपड़े धोनेवाला बने। उनकी मति मारी गयी जो पुस्तकों के ही दरवाजे अपनी समूची जाति का बलिदान कर दिया चाहते हैं। किसानों के बालकों को किसान बनना चाहिए।

अनाज पैदा करना, खाद तैयार करना, जमीन बनाना, सिंचाई करना, रोगों से फसल को बचाना, पशु पालना, दूध-घी का प्रबन्ध करना आदि सैकड़ों ही कार्य एक बुद्धिमान कृषक के करने के हैं, परन्तु ये सारे कार्य आज गरीब, आपत्तियों से कसे हुए और निरक्षर कृषक कहलाने वालों के हाथ में सौंप दिये गये हैं। और अब पढ़े-लिखे मनहूस नौकरी पर उतर उठे हैं। क्या यही शिक्षा का उद्देश्य है? हमें तो ऐसी संस्था की जरूरत है, जो हमारे घर की शिक्षा दे। हमें गुलामी की या उपदेश की टकसाल में ढालने की शिक्षा की जरूरत नहीं। हमें रोटियों की शिक्षा की जरूरत है। और जो देश की रोटियों की शिक्षा का प्रबन्ध करेगा, संसार देखेगा कि वह भारत में देवताओं के समान पूजा जायगा। पर वर्तमान सरकारी और गैर-सरकारी संस्थाओं में ऐसा प्रबन्ध नहीं दीखता। जो लोग भारत का भला चाहते हैं, उनका काम है कि वे भारत में कृषि, व्यापार और उद्योग की शिक्षा दें। इधर-उधर की शिक्षा में हमारा जीवन खराब न होना चाहिए और हजारों का खर्च कर बड़ी-बड़ी इमारतें हमारे लिए न बननी चाहिए।

—'एक उच्च शिक्षित'

[भाग 2, फाल्गुन मासिक पत्रिका, संख्या 12]

लार्ड हार्डिंग्ज की ओर एक सावधान दृष्टि (लेख)

हमारे परम माननीय सम्राट् के प्रतिनिधि रहकर, भारत के भूतपूर्व वाइसराय श्रीमान् लार्ड हार्डिंग्ज आव पेंशर्स्ट महोदय, अप्रैल की प्रारम्भीय तिथियों को अपने स्वदेश को रवाना हो गये। कुछ लोग जोर लगाया करते हैं कि राजा और प्रजा के बीच भिन्नता की सीमा बिलकुल न रहे, और इस बात के लिए प्रजा को दोष देने ही में वे अपनी सम्पूर्ण शक्ति खर्च कर दिया करते हैं। किन्तु वे उन तराजू में तुलने वालों की ओर नहीं देखते, जो दूसरे पल्ले के नीचे वजनदार होने पर भी "उसी पर वजन चढ़ाओ" की पुकार मचाया करते

हैं। वह हृदय, सम्राट् का वह सबसे बड़ा और सबसे अच्छा प्रतिनिधि और हमारा सबसे अच्छा शासक। शासक? हाँ, शासक। हमें कुछ दृढ़ता से कहने दो, कि ऐसा नहीं था। उसका हृदय ऊँचा था, उसका कार्य-क्षेत्र विस्तृत था, उसकी कार्यप्रणाली भारत का हित करने की भावना रखती थी। इंग्लैण्ड के इस बड़े हृदय के लिए, सम्राट् के इस उदार प्रतिनिधि के लिए महामन्त्री आस्कुथ के इस द्वितीय संस्करण के लिए भारतीय और विदेशीय सब पत्रों ने बहुत कुछ लिख डाला है। और आज तक भी वह प्रवाह बह रहा है। हम चाहते हैं, हम भी एक दृष्टि डालकर अपने इस लार्ड पर विचार करें। किसी भी वस्तु का मूल्य यदि उसी वस्तु की श्रेणी के अनुसार किया जाय तो, उस वस्तु की उत्तमता के अनुकरण में जनता को कठिनाई नहीं पड़ती। अवश्य ही यह कहा जाता है, और वह ठीक है कि लार्ड हार्डिग्ज ने भारतीयों के लाभ के लिए भारी-भारी कष्ट उठाये और उनका भारी हित किया। किन्तु जिस दक्षिण अफ्रीका के महासंग्राम का निपटारा लार्ड हार्डिग्ज के शासनकाल में हुआ है, उसका महत्त्व तब मालूम होता है, जब हम लार्ड हार्डिग्ज के इन वाक्यों पर ध्यान देते हैं : "जो आपके भाई वहाँ (दक्षिण अफ्रीका में) आईन और कानून नहीं, किन्तु जुल्म और अत्याचार तोड़ रहे हैं और इस कार्य में मेरे जैसे परकीय की भी, जो भारतीय नहीं, गहरी सहानुभूति है।" इसी प्रकार हमारे लार्ड के समय में, सम्राट् भारत में आये, शिक्षा के लिए 50 लाख अधिक मिला, बङ्ग के दो टुकड़े जोड़े गये, राजधानी पलटी, दक्षिण अफ्रीका में भारतीय जीते, और सबसे बड़े काम जो हुए, वे हैं ये तीन : हिन्दू जाति का हिन्दू विश्वविद्यालय स्थापित हुआ, बीसवीं सदी की निन्द्य और नीच प्रथा, गुलामी का प्रस्ताव इम्पीरियल कौंसिल में पास हुआ, और जो भारतीय व्यापार का बाधक हो रहा था, जो भारतीय व्यापार का नाश कर रहा था, उस विदेशी माल पर कर लगाया गया। कुछ लोग कहते हैं, यह कार्य तो समय को सिर झुकाते हुए हर-एक को करने पड़ते। हम अधिक अंशों में ऐसा नहीं सोचते, और ऐसा सोचनेवालों को यह ताना देते हैं कि देखें भविष्यत् की वेदी पर चढ़कर, कार्य की दिशाओं को अपने अनुकूल फेरने में आप विश्व को कहाँ तक लाचार करते हैं, जबकि लार्ड हार्डिग्ज भारत में नहीं हैं।

लार्ड हार्डिग्ज का जो चित्र हमारी आँखों के सामने है, खिंचता व चिताता है, "स्मरण रखो; मैं भारतीय नहीं था, कठिनाइयों में भारत की हित-चिन्तना करनेवाला था। किन्तु इंग्लैण्ड का, उस इंग्लैण्ड का, जिसने मुझे जन्म दिया है, जो मेरी जाति की इज्जत का केन्द्र है, जिसके लिए मैं सब कुछ कर सकता हूँ और जिसकी जवाबदारियों के बोझे का पवित्र भार-वाहक बनकर मैं यहाँ आया था, एक आज्ञाकारी सेवक हूँ। सोते, उठते-बैठते, खाते-पीते मुझे इंग्लैण्ड

की मधुर ध्वनि मेरे कानों में गूँजती थी और उसी का यह प्रमाण था कि राजधानी पलटी गयी, मैंने हजारों गालियाँ खायीं; चुप रहा। किसी या कुछ अभागों ने षड्यन्त्र रचा, और राजधानी प्रवेश के शुभोत्सव पर, मेरी हत्या करना चाहा। ओह ! वह मृत्यु से युद्ध, किन्तु तब भी चुप रहा, और कुछ न डगमगाया, सोचा यदि क्रोध करता हूँ तो उस क्रोध से सम्राट् की सम्पूर्ण निरपराध प्रजा को, जिसकी सहानुभूति के तारों और पत्रों से मेरा दीवान-खाना भर रहा था, दुःख पहुँचेगा, और सबसे जबरदस्त बात जो होगी वह यह कि मेरा क्रोध, मुझे एक योग्य शासक सिद्ध न करेगा, अयोग्य सिद्ध करेगा। मैं इंग्लैण्ड की जवाबदारी की पात्रता में अयोग्य सिद्ध होऊँगा, और मेरा, मेरा देश कहेगा, एक प्राणों का मोह करने वाले डरपोक व्यक्ति को, विश्व-विजयी इंग्लैण्ड की 30 करोड़ प्रजा का जवाबदार बनाकर नाहक भेजा। दूसरा समय जिसे भारत से प्यार था, उन श्रीमती लेडी हार्डिग्ज महोदया के स्वास्थ्य ने विदाई ली, वे रुग्ण रहने लगीं, मैं यहाँ रहा, वे औषध कराने मेरी पवित्र मातृ-भूमि में गयीं। किन्तु दुष्ट दुर्दैव की लीला, वे मुझसे सदा के लिए विदा हो गयीं। मैंने अपनी जीवन-संगिनी खो दी, विश्व में मैं निरा अकेला हो गया। किन्तु एक ठण्डी गहरी साँस लेकर फिर भी चुप रहा क्यों ? यद्यपि वह मेरी प्राणेश्वरी थी, उसने प्राणों को आपत्तियों में डालकर मेरा साथ दिया था, उससे बढ़कर प्यारी चीज संसार में अधिक नहीं, किन्तु, एक बात मेरे सम्मुख थी। मातृभूमि इंग्लैण्ड से अधिक मूल्यवान मेरे लिए विश्व में कुछ नहीं, और मैं कहता हूँ, जो सच्चा अंग्रेज होगा, उसके लिए, मातृभूमि से अधिक मूल्य की चीज कोई नहीं हो सकती। तीसरी घटना एक दानवीय प्रवृत्ति ने संसार को युद्ध करने के लिए लाचार किया। लड़ाई की घोषणा हुई। बस, जी भर आया, और सोचा, अब मातृभूमि को मेरी आवश्यकता है। और इसकी सच्चाई में सन्देह ही क्या था। किन्तु फिर चुप रहा। मेरी मातृभूमि दुश्मन से लोहा ले रही है, और मेरे भाई, अपने प्राणों की आहुति दे रहे हैं यह सुन-सुनकर जी व्याकुल रहता था, खाना और सोना भूल रहा था, किन्तु फिर भी स्तब्ध था, क्यों ? मातृ-भूमि ने जिस जवाबदारी के लिए मुझे यहाँ भेजा उसकी आज्ञा के बिना, उससे हिलने-डुलने का मुझे कोई अधिकार नहीं। उसके गौरव की रक्षा का भार मुझे उसने विश्वास से सौंपा था, और उस भार से हिल-डुल जाना, एक बड़े विश्वास-घात से किसी प्रकार कम न था। धीरे-धीरे युद्ध भयानक हो चला, धन-जन अधिक राशि में स्वाहा होने लगा, ठीक उसी समय, सम्राट् की आज्ञा और भक्ति से, तथा मेरे अनुरोध से, साम्राज्य के गौरव भारत ने, भारी साथ दिया। मैंने अपने को कृत्य-कृत्य माना। एक दिन सुना कि मेरा प्यारा पुत्र लेफ्टिनेण्ट हार्डिग्ज, युद्ध-क्षेत्र में मातृपूजा के लिए बलि हो गया, यह खबर कैसी थी। पर मैं अंग्रेज

था, चुप रहा। भगवान् को धन्यवाद दिया, और अपनी मातृभूमि के नक्शे को एक बार भरी हुई आँखों से देखा। खड़ा रहा और विचार किया। मुँह से एकदम शब्द निकल पड़े : प्यारी माता, तेरे लिए सब कुछ तैयार है। जी अकुलाया, पुत्र-प्रेम भी कोई वस्तु है किन्तु यथार्थ ही, मेरे लिए, एक ब्रिटिश के लिए 'मातृभूमि' पुत्र शब्द की अपेक्षा कहीं अधिक मूल्यवान् है। मैंने भारत के लिए जो कुछ किया है वह अपनी मातृभूमि का हित सोचकर किया है। मैं सदा इंग्लैण्ड का रहा हूँ और सदा इंग्लैण्ड का रहूँगा, वही मनुष्य है, दुनिया में उसी को जीने का अधिकार है, जो अपनी मातृभूमि का रहे। भारत पिछड़ा हुआ है, वह मुझे प्यारा है, उसके हित का मुझे स्मरण है, और वह इसलिए कि मैं ईमानदार इंग्लैण्ड का पुत्र हूँ जिसके समय में, संसार की बेड़ियाँ टूटी हैं।"

हमारे लार्ड का यह प्रत्यक्ष दर्शन जब हम करते हैं तब हमारे मुँह से निकल पड़ता है, ऐ इंग्लैण्ड के बड़े और विश्वसनीय दृढ़ हृदय! तुझे धन्य है। तेरा दर्शन हमें अनुकूल दिशा का दर्शन कराता है। हमें ज्ञात नहीं, हमारी मातृभूमि भारत में, हार्डिंग्ज से पुत्र किस दिन पैदा होंगे।

—'एक भारतवासी'

[भाग 2, अंक 12]

खिलाफत की समस्या और गाजी मुस्तफा कमाल पाशा[1]

"खिलाफत ही स्वराज्य है और स्वराज्य खिलाफत।" —महात्मा गांधी

जिन बातों के कारण इस समय, हमारे देश में घोर हलचल मची हुई है, उनमें व्यावहारिक राजनीति की दृष्टि से, खिलाफत की समस्या को सर्वोपरि कहना अनुचित न होगा। खिलाफत-समस्या के कारण ही हिन्दू-मुस्लिम एकता की समस्या बहुत कुछ हल हो गई और खिलाफत-समस्या के कारण ही देश में

---

1. प्रभा, वर्ष 1923 (संपादक श्री बालकृष्ण शर्मा 'नवीन') से माखनलालजी के चार लेख लिये गये हैं :

 1. खिलाफत की समस्या और गाजी मुस्तफा कमाल पाशा
 2. टर्की के भाग्य का निपटारा
 3. काठियावाड़ का राम-राज्य
 4. सत्याग्रह की विजय पर नम्र निवेदन

इन लेखों का उस युग की अन्तर्राष्ट्रीय और राष्ट्रीय राजनीति से गहरा सम्बन्ध है। प्रत्येक लेख लेखक की राजनीतिक प्रज्ञा, सूक्ष्म दृष्टि, दूरदर्शिता और उदात्त जीवन-दृष्टि का परिचय देता है, अन्तिम लेख झण्डा सत्याग्रह के तेजस्वी सेनानायक के निर्भीक किन्तु शालीन व्यक्तित्व को प्रमाणित करता है। झण्डा सत्याग्रह के सैनिकों ने अन्तिम विजय चतुर्वेदीजी के नेतृत्व में प्राप्त की थी।—संपादक

असहयोग आन्दोलन का जन्म हुआ। हमारे पाठकों में से शायद बहुतों को, अभी तक यह न मालूम होगा कि महात्मा गांधी ने उन्नतिशील असहयोग की घोषणा सबसे पहले, खिलाफत कमेटी से ही करायी थी और सबसे पहले, खिलाफत कमेटी ने ही, अपनी इलाहाबाद की बैठक में असहयोग कार्यक्रम को अपनाया था। कांग्रेस ने असहयोग पर पीछे विचार किया। कलकत्ते की विशेष कांग्रेस में महात्मा गांधी ने असहयोग का जो प्रस्ताव पेश किया था वह शुरू में, सिर्फ खिलाफत की समस्या को हल कराने के लिए ही पेश किया था लेकिन पीछे से पण्डित मोतीलाल नेहरू आदि के जोर देने पर खिलाफत के साथ-साथ पंजाब और स्वराज्य की समस्या को भी सम्मिलित कर लिया गया। गाजी मुस्तफा कमाल पाशा के कमाल के कारण, इस समय तो लोगों का ध्यान अधिक विशेष रूप से इस समस्या की ओर आकर्षित हो रहा है। ऐसे समय पर, खिलाफत समस्या के सम्बन्ध में कुछ लिखना आवश्यक और अप्रासंगिक नहीं कहा जा सकता।

खिलाफत समस्या के वास्तविक मर्म को समझने के लिए यह आवश्यक है कि खिलाफत संस्था के सम्बन्ध में पर्याप्त ज्ञान प्राप्त कर लिया जाये, इसलिए पहले पाठकों को खिलाफत संस्था का संक्षिप्त परिचय दिया जाता है। खलीफ शब्द की उत्पत्ति खलफ शब्द से हुई है। खलफ का शब्दार्थ है—पीछे छोड़ जाना। कानून में, इसी शब्द का अर्थ नबी का उत्तराधिकारी, हजरत मोहम्मद की धार्मिक और प्रादेशिक गद्दी का उत्तराधिकारी, माना जाने लगा, इसलिए हजरत मोहम्मद के बाद उनकी धार्मिक और प्रादेशिक गद्दी का जो उत्तराधिकारी हुआ उसका नाम खलीफा पड़ा और खलीफापन ने जिस संस्था की उत्पत्ति हुई उसका नाम हुआ खिलाफत। संक्षेप में, खिलाफत का यही अर्थ है।

खिलाफत मुसलमानों की सबसे बड़ी धार्मिक संस्था है। 'बाम्बे क्रानिकल' के सम्पादक मि० एम० पिक्शाल के शब्दों में "इस्लामी सभ्यता एक धर्माचार्य-शाही सभ्यता है और इस धर्माचार्यशाही की सबसे बड़ी संस्था खिलाफत और सबसे बड़ी ताकत खलीफा है। फिर चाहे यह खलीफा अरबी हो या टर्क। वह मदीना में रहता हो या बगदाद या कुस्तुन्तुनिया में। जहाँ-जहाँ खलीफा रहता है वहीं-वहीं इस्लामी संस्कृति और इस्लामी आशा का केन्द्र रहता है।" संसार-भर के मुसलमान, फिर चाहे वे अरब में रहते हों या हिन्दुस्तान में, खलीफा का धार्मिक प्रभुत्व स्वीकार करते हैं और उससे परम्परागत, हार्दिक धर्म-बन्धन में बँधे रहते हैं।

खिलाफत संस्था की उत्पत्ति का इतिहास इस प्रकार है। हजरत मोहम्मद ने इस्लाम धर्म का प्रचार किया। जिस दिन उन्होंने, अपने को, मदीना के एक स्वतन्त्र राजनीतिक समुदाय का मुखिया बना लिया, उसी दिन से इस्लाम एक

राजनीतिक संस्था का धर्म हो गया। हजरत मोहम्मद ने जहाँ मुसलमानों से अपने धार्मिक आदेश मानने को कहा वहाँ उन्होंने उनके राजा की तरह से उनके लिए कानून भी बनाये। मि० नोल्देकी (Noldeki) के शब्दों में, "वे ही उनके इमामा, नमाज के समय उनके नेता थे और वे ही उनके अमीर, काडी कुमार और मजिस्ट्रेट।" इस प्रकार, शुरू से ही प्रादेशिक और धार्मिक अधिकार एक ही में सम्मिलित हो गये और इस प्रकार शुरू से ही, "इस्लाम धर्म होने के साथ-साथ एक राष्ट्र भी हो गया।" हजरत मोहम्मद की मृत्यु के बाद यह आवश्यक हो गया कि कोई उनका उत्तराधिकारी खलीफा नियुक्त किया जाये, जो इस्लाम धर्म मानने वालों का शासक तथा न्यायकर्ता और नमाज के समय उनका नेता हो। हजरत मोहम्मद साहब ने अपना कोई उत्तराधिकारी नियुक्त नहीं किया क्योंकि वे चाहते थे कि मुसलमान लोग अपना खलीफा आप ही चुन लें। अतः उनकी मृत्यु के बाद, 8 जून, सन् 632 को उनके मुख्य-मुख्य अनुयायियों और साथियों ने मिलकर अबूबक्र को उनका उत्तराधिकारी चुना। ये ही पहले खलीफा हुए। 632 से लेकर 661 तक चार खलीफा हुए, अबूबक्र, उमर, उस्मान और अली। खिलाफत का यह काल अल्पजीवी परन्तु अत्यन्त महत्त्वपूर्ण था। इन दिनों धार्मिकता की प्रधानता थी और धर्म की आज्ञाएँ पूर्णतया मानी जाती थीं। खलीफा बहुत ही गरीबी से रहते थे—वे साधु-महात्माओं का सा जीवन व्यतीत करते थे। सन् 661 से लेकर 1258 तक खिलाफत के इतिहास का दूसरा काल माना जाता है। इसी समय में खिलाफत में वह परिवर्तन हुआ जिसके कारण शिया और सुन्नियों के अब तक चले आने वाले विरोध की जड़ जमी। बात यह हुई कि इन दिनों अरबों का दौरदौरा था, इन्होंने खिलाफत को वंशगत प्रादेशिक राज्य का रूप दे दिया। खलीफा चुनने की प्रथा बन्द हो गयी और राजाओं की तरह खलीफा के पुत्रादि ही उनके उत्तराधिकारी होने लगे। सबसे पहले मोआबियाह ने, अपने जीते जी, अपने पुत्र को अपना उत्तराधिकारी नामजद किया। इसके बाद खिलाफत और खलीफाओं का रूप बिल्कुल बदल गया। अब न तो उमर की-सी प्राचीन सादगी ही रही, न अली की सी साधुता ही। इसी समय में मुसलमानों में आपस में भेद-भाव पैदा हुआ। बिदेशों के जो लोग इस्लाम धर्म को ग्रहण करके मुसलमान बनते या बनाये जाते थे उनको ये वे विशेषधिकार कदापि न देते थे जिनका ये स्वयं उपभोग करते थे। खिलाफत के दूसरे काल से शिया और सुन्नियों में भारी शत्रुता हो गयी। शियों का कहना था कि इस्लाम धर्म के अनुसार यह जरूरी है कि खलीफा का चुनाव हो, सुन्नी कहते थे कि नहीं, खलीफा अपना उत्तराधिकारी नामजद भी कर सकता है। अभी तक दोनों में यह मतभेद चला आता है।

जब खिलाफत की बागडोर इन लोगों के हाथ से जाती रही तब अरबों

का आधिपत्य भी जाता रहा। कुछ दिनों तक इनका स्थान फारिस वालों ने लिया और फिर टर्कों ने। सन् 1261 से लेकर 1517 तक खिलाफत का तीसरा काल माना जाता है। इस काल में खिलाफत का प्रादेशिक अधिकार बहुत कुछ जाता रहा। इस्लाम धर्म की राज्य-शक्ति इस समय मिस्र के सुल्तान मामलुक और कुछ अन्य मुसलमान बादशाहों के हाथ में रही। खलीफाओं का एक उत्तराधिकारी ताहिर अहमद सीरिया में रहता था। मिस्र के बीबर के वंश के मुसलमान, राजा ने उसे अपने यहाँ बुलाया और बुलाकर उससे—एक खुतबा पढ़वाया। खलीफा ने बीबर वंश को सम्राट की पदवी प्रदान की और उनसे इस्लाम धर्म के प्रचारार्थ निरन्तर संग्राम करते रहने के लिए कहा। सन् 1262 में मंगोलों से लड़ते हुए यह खलीफा काम आया। इसके बाद, बीबरों ने उसी खलीफा के वंश में से एक दूसरा खलीफा बना दिया।

खिलाफत का अन्तिम काल टर्क खलीफाओं का काल है। हमें, विशेषतया इसी काल से मतलब है। सन् 1517 में सलीम ने मिस्र पर धावा किया और मामलुक सुल्तान को पराजित करके उस पर अपना अधिकार कर लिया। इसी समय उसने खलीफाओं से अन्तिम वंशधर से खलीफा पदवी प्राप्त की। तब से लेकर आज तक टर्की के सुल्तान मुसलमानों के खलीफा होते चले आये हैं। काल की चाल निराली होती है। एक समय था जब टर्कों ने ही इस्लाम सभ्यता का सर्वनाश किया था, इस समय वे ही टर्क उसके पोषक और अधिपति बन बैठे! एक टर्क ने ही सन् 1258 में बगदाद पर धावा करके उसे इतनी बुरी तरह से लूटा था कि हमले के धक्के से गिरकर इस्लाम का राजनीतिक या सामाजिक भवन फिर कभी न सँभल सका। इस हमले का वर्णन बहुधा इन शब्दों में किया जाता है—

"वह आया, आकर उसने (चीजों का) नाश किया, (इमारतों में) आग लगाई, (लोगों को) कत्ल किया, और (सब माल, लेकर चलता बना।" इस आक्रमणकारी टर्क का नाम हलकू था। यद्यपि हलकू द्वारा किये गये न्यायोपवन बगदाद के विनाश से मुसलमानों का जो नैतिक और मानसिक पतन आरम्भ हुआ वह फिर कभी न रुका, लेकिन जब से हलकू के वंशजों ने एक बार इस्लाम धर्म को स्वीकार कर लिया तब से उन्होंने इस्लाम धर्म की रक्षा और उसका प्रसार करने में कुछ भी बाकी न छोड़ा। टर्की का सुल्तान सलीम कई कारणों से मुसलमान धर्म का संरक्षक कहलाने और बनने का अधिकारी था। इसी के बाबा मोहम्मद ने अन्तिम रूप से पूर्वी देशों में रूम के साम्राज्य को नष्ट करके उसके स्थान पर इस्लाम का साम्राज्य स्थापित किया। अपने समय में वह स्वयं मुसलमान बादशाहों में सबसे अधिक शक्तिशाली था और इसके अलावा स्वयं खलीफा के एक वंशज ने उसे खलीफा की पदवी दी थी। जिस समय सलीम ने खलीफा

की पदवी ग्रहण की उस समय उलमाओं और मौलवियों में भारी विवाद उठ खड़ा हुआ। कुछ उलमा और मौलवी कहते थे कि सलीम को खलीफा होने का कोई हक नहीं है, दूसरे कहते थे कि वह सब तरह से खलीफा होने का अधिकारी है। अन्त में जब, सलीम का उत्तराधिकारी मक्का में विधिवत खलीफा स्वीकार किया गया तब इस बढ़ती हुई विवादाग्नि पर ठण्डे पानी के छींटे पड़े। यहाँ यह स्मरण रखना चाहिए कि इस स्वीकृति से भी शियाओं की आपत्ति दूर न हुई और वे अब तक टर्की के सुल्तान या किसी भी नामजद व्यक्ति को अपना खलीफा नहीं मानते।

इस प्रकार नीचे लिखे कारणों से टर्की का सुल्तान मुसलमानों का खलीफा माना जाने लगा —

(1) जैसा कि पहले कहा जा चुका है अब्बास वंश के एक खलीफा ने उसे खलीफा की पदवी प्रदान की थी।

(2) कैरों में मिस्र के और अय्यूब की मस्जिद में टर्की के उलमाओं ने अपनी सभा करके उसे खलीफा करार दिया था। इस समय तक टर्की में सुल्तान को खलीफा की पदवी प्रदान करते समय चुनाव की रस्म पूरी की जाती है। प्रत्येक सुल्तान को गद्दी पर बैठते समय अय्यूब की मस्जिद में उलमाओं की स्वीकृति और शेखुलइस्लाम के हाथ से अली की पवित्र तलवार ग्रहण करनी पड़ती है। जब तक यह रस्म पूरी नहीं हो जाती तब तक वह खलीफा नहीं माना जाता।

(3) वह मुसलमानों के मक्का, मदीना, करबला, जरूसलेम इत्यादि तीर्थ-स्थानों का संरक्षक था।

(4) टर्की एक स्वतन्त्र मुस्लिम राष्ट्र था। मुसलमानी कानून के मुताबिक जो स्वतन्त्र बादशाह नहीं वह खलीफा कदापि नहीं हो सकता। खलीफा के लिए किसी प्रदेश का स्वतन्त्र बादशाह होना अनिवार्यतः आवश्यक है।

(5) वह पवित्र स्मृति-चिह्न का अधिकारी है। हजरत मोहम्मद का लबादा, अली की तलवार और उनका झंडा तथा अनेक ऐसी ही पवित्र चीजें उसके पास हैं।

(6) मुसलमान लोग उसे अपना खलीफा मानते हैं। खलीफा होने के लिए यह निहायत जरूरी है कि मुसलमान, विशेषकर उलमा—उसे अपना खलीफा स्वीकार करें। जब तक यह नहीं होता तब तक कोई भी व्यक्ति खलीफा नहीं माना जा सकता, फिर चाहे वह कितना ही बड़ा सम्राट और मुसलान सम्राट ही क्यों न हो ?

(7) कहावत है, 'प्रत्यक्षे किं प्रमाणं'—जो बात प्रत्यक्ष है उसके लिए प्रमाण की क्या आवश्यकता ? टर्की के सुल्तानों ने सदियों से इस्लाम धर्म की

रक्षा करके उसका प्रचार किया है। वे इस्लाम धर्म के लिए इतनी बार और इतनी बहादुरी से लड़े हैं कि मुसलमान उन पर समुचित गर्व कर सकते हैं और करते हैं। वे यह जानते हैं कि टर्की की वीरता ने ही इस्लाम धर्म की रक्षा की है। टर्क न होते तो न जाने इस्लाम धर्म की क्या दशा होती? टर्कों ने ही अपनी हड्डियों से वह बाँध तैयार किया जिसके कारण यूरोपीय जातियाँ पूर्वी देशों में इस्लाम धर्म को नष्ट करके ईसाई धर्म का प्रचार करने में असफल हुई। यदि ऐसे खलीफाओं के प्रति मुसलमान श्रद्धा, आदर और भक्तिभाव रखते हैं तो इसमें आश्चर्य ही क्या?

ऊपर खिलाफत का जो संक्षिप्त परिचय दिया गया है उससे स्पष्ट है कि खिलाफत की संस्था उतनी ही प्राचीन है जितनी कि इस्लामी सभ्यता। यह संस्था धार्मिक पवित्रता के वातावरण से घिरी हुई है। यह इस्लामी सभ्यता, इस्लामी संस्कृति और इस्लाम धर्म के इतिहास में इस प्रकार गुँथी हुई है कि इन दोनों को अलग-अलग नहीं किया जा सकता। जब यह संस्था खतरे में हो तब मुसलमानों में भयंकर बेचैनी का फैलना बिल्कुल स्वाभाविक है, फिर चाहे वे मुसलमान भारत के निवासी हों या अरब के।

उसके वर्तमान रूप में खिलाफत समस्या का जन्म, विगत यूरोपीय महायुद्ध के कारण हुआ। जब यूरोप में युद्धाग्नि प्रज्वलित हुई तब टर्की ने जर्मनी का साथ दिया। अपने खलीफा को जर्मनों के साथ देखकर भारतीय मुसलमान बड़े धर्म संकट में पड़ गये। एक ओर तो उन्हें अपने धर्म का खयाल था, दूसरी ओर राजा का। उनकी कठिनता का अनुभव करके लायड जार्ज आदि बड़े-बड़े अधिकारियों ने यह वचन दिया कि हम लड़ाई में या उसके बाद मुसलमानों के धार्मिक भावों या मुसलमानों के तीर्थ-स्थानों को किसी प्रकार का आघात न पहुँचावेंगे। खिलाफत के विरुद्ध कोई कार्यवाही न की जायेगी। हम टर्की के उन मन्त्रियों के साथ लड़ रहे हैं जो जर्मनी का साथ दे रहे हैं, खलीफा के विरुद्ध नहीं। परन्तु ज्यों ही युद्ध में मित्र राष्ट्रों की विजय हो गयी, त्यों ही ब्रिटिश राजनीतिज्ञों की आँखें बदल गयीं। उन्होंने अपनी प्रतिज्ञा की कुछ भी परवा न करके, टर्क साम्राज्य को छिन्न-भिन्न कर डाला और खिलाफत को खतरे में डाल दिया। युद्ध से पहले टर्क साम्राज्य का क्षेत्रफल 17 लाख 10 हजार 224 वर्गमील था और आबादी 2 करोड़ 12 लाख 73 हजार 900। लेकिन सीबरी की संधि के अनुसार टर्की के अधिकांश प्रदेश उससे छीन लिए गये। अरब के मक्का-मदीना आदि तीर्थस्थानों पर खलीफा का कोई प्रभुत्व न रहा। मेसोपोटामिया और पैलेस्टाइन को 'माण्डेट' के बहाने से ब्रिटिश सरकार ने हथिया लिया। इसी प्रकार सीरिया को फ्रान्स ने अपने कब्जे में किया। करबला, जेरूलम आदि

पवित्र तीर्थस्थानों पर भी खलीफा का आधिपत्य न रहा । इस प्रकार खिलाफत संस्था नष्टभ्रष्ट हो गयी ।

इससे मुसलमानों में घोर असन्तोष फैला । सन् 1920 में सीबरी संधि के होते ही कमाल पाशा ने एशिया माइनर में और महात्मा गांधी के साथ अली बन्धुओं ने भारतवर्ष में खिलाफत की रक्षा पर कमर कसी । कमाल पाशा ने तलवार की शरण ली और भारतीय मुसलमानों ने अहिंसात्मक असहयोग की । कमाल पाशा ने जो कुछ किया उसे पाठक समाचार पत्रों में और दिसम्बर की 'प्रभा' में पढ़ चुके होंगे । भारतीय खिलाफत आन्दोलन से भी वे अपरिचित नहीं हैं । कमाल पाशा ने अपनी तलवार के बल से पूर्ण एशिया माइनर पर अपना कब्जा कर लिया । मार्च सन् 1921 में बोल्शेविकों से मेल करके उसने उनसे टर्की का बहुत कुछ प्रदेश वापस ले लिया । अक्टूबर सन् 1921 में अंगोरा की संधि के अनुसार फ्रान्स से भी कुछ प्रदेश वापस लिये। सन् 1922 ई० में उसने यूनानियों से भी कई प्रदेश छीन लिये । भारतीय खिलाफत आन्दोलन से टर्की को बहुत कुछ बल मिला । लेकिन यहाँ गवर्नमेन्ट टालमटूल करती रही, इसलिए यहाँ के आन्दोलन का कोई विशेष फल नहीं हुआ ।

खिलाफत आन्दोलन को होते-होते दो वर्ष हो गये अभी तक अनेक लोगों को यह नहीं मालूम कि खिलाफत आन्दोलनकारी चाहते क्या हैं ? अपने अज्ञान के कारण लोग खिलाफत आन्दोलन पर तरह-तरह के आक्षेप करते हैं। इस अज्ञान को दूर करने के लिए यह बता देना आवश्यक है कि खिलाफत वाले यह नहीं चाहते कि अरब आदि देशों पर टर्की के सुल्तान का आधिपत्य हो जाये । वे जो कुछ चाहते हैं वह केवल इतना ही है कि खिलाफत संस्था नष्टभ्रष्ट न होने पावे । टर्क साम्राज्य में रहने वाली गैर मुस्लिम जातियों के हितों की रक्षा की वे पूरी गारण्टी देने के लिए तैयार हैं । वे चाहते हैं कि अरब और अन्य धार्मिक तीर्थस्थानों पर खलीफा का प्रभुत्व और प्रबन्ध रहे । अगर अरब वाले अपने लिए स्वाधीनता चाहें तो वे उन्हें उनकी स्वाधीनता की पूरी गारण्टी देने को तैयार हैं । वे केवल उतना ही चाहते हैं जितना देने के लिए मि० लायड जार्ज ने उन्हें वचन दिया था । सीबरी की संधि के अनुसार खलीफा के प्रदेश बुरी तरह से छिन्न-भिन्न कर दिये गये, मुसलमानों ने पवित्र तीर्थस्थानों का प्रबन्ध अत्यन्त निर्लज्जता के साथ उससे छीन लिया गया और वह स्वयं अपने महल में कैद कर दिया गया । जो टर्की साम्राज्य लगभग 18 लाख वर्गमील में फैला हुआ था उसका विस्तार इस संधि के अनुसार सिर्फ एक हजार वर्गमील रह गया !

हम देख चुके कि इस्लाम धर्म के लिए खिलाफत कितनी अधिक महत्त्वपूर्ण संस्था है । हमने यह भी देखा कि सीबरी की संधि ने खिलाफत को विध्वंस कर दिया था । हम यह भी दिखा चुके कि खिलाफत आन्दोलन कितनी न्यायपूर्ण और

उचित माँगों पर निर्भर है। अब हमें सिर्फ इतना कहना है कि सम्भवत: कमाल पाशा की कमाल की तलवार इस समस्या को शीघ्र ही निपटा देगी। यद्यपि लासेनी परिषद् में अभी तक कोई प्रत्यक्ष फल नहीं दिखाया गया तथापि न्याय और सत्य कमाल पाशा के साथ हैं, अत: उन्हीं की विजय होगी।

—एक बैठाठाला ग्रेजुएट

[प्रभा के झंडा अंक से प्रकाशित, जनवरी 1923, वर्ष 4, खण्ड 1, संख्या 1]

टर्की के भाग्य का निपटारा

संधि का मसौदा सामने है, किन्तु टर्की और इंग्लैण्ड दोनों ही अपनी युद्ध की तैयारी में लगे हुए हैं। संधि हो यह ग्रीस निवासी चाहते हैं, फ्रांसीसी भी चाहते हैं। तुर्क भी चाहते हैं और इंग्लैण्ड तो इसे अपना सौभाग्य ही समझता है तो भी लार्ड कर्जन समझते हैं कि तुर्क उजड्ड हैं। यूरोप की राजनीति को समझने की उनमें बुद्धि नहीं है। वे यह नहीं जानते कि यूरुप के महान् राष्ट्रों के साथ किस तरह बोलना चाहिए। अदब से किस तरह बरतना चाहिए और समझौते के समय किस तरह अपने आपको झुकना चाहिए। इसी कारण बंग-भंग के निर्माता को तुर्कों पर चिढ़ आ गयी। किन्तु जिन बातों के न जानने का दोषी लार्ड कर्जन तुर्कों को बताते हैं, वे बातें उन्हें पहले खुद ही अमल में लानी चाहिए। तुर्कों को उजड्ड समझते समय यदि वे यूरोप के महान् राजनीतिज्ञ और साम्राज्य-स्थापक प्रिन्स बिस्मार्क की बातों का स्मरण कर लेते तो उन्हें वह राजनीति आ जाती जिससे वे तुर्कों को यदि बहका न पाते तो कम-से-कम तुर्कों में वे अच्छे आदमी की हैसियत से आदर पा जाते। बिस्मार्क ने एक बार कहा था, "यह समझ लेने पर भी कि मेरा विरोधी मूर्ख है, मेरी बातों को नहीं समझता या कठिन कार्यों या विवादों में निरा अनजान है, मैं अपने शब्द, संकेत या व्यवहार किसी से भी यह बात उस पर प्रकट नहीं होने देता। बालकों जैसी मुद्रा बनाकर, कठोर-से-कठोर वाद-विवाद करने की और उस मुद्रा को विवाद की भयंकर अवस्था में कायम रखने की मुझे आदत है। विवाद के समय, मैं अपनी गुणज्ञता का प्रदर्शन करने वाली या पुराने बैर का बदला लेने वाली एक भी बात नहीं कहता। विवाद में उस विरोधी की इज्जत करता हूँ जो मेरी बातों में आकर अपनी माँगों और दलीलों को नहीं भूल जाता या अपने निश्चयों में कोई परिवर्तन नहीं करता।" इस कथन की कसौटी पर, हमें लार्ड कर्जन से तुर्क ही अधिक ठहरते दिखते हैं। लार्ड कर्जन के लासेन से हारकर लौटने का भविष्य तो उसी समय दिख रहा था, जब जर्मनी के मामले में इंग्लैण्ड और फ्रांस तनातनी पर थे।

समय कठिन है। तुर्क अपनी बात पर अड़े हैं और लार्ड कर्जन अपनी पर। वे यह चाल जरूर चल रहे हैं कि संधि न हो तो लड़ाई शुरू करने की

जिम्मेदारी इंग्लैण्ड पर न पड़कर टर्की पर पड़े, किन्तु लड़ाई होना निश्चित होने पर यह बात स्पष्ट होगी कि लार्ड कर्जन में तुर्कों को समझा लेने की राजनीतिक योग्यता नहीं है। इंग्लैण्ड इस समय युद्ध के लिए तैयार नहीं है, और यदि वह इस समय युद्ध में उतर पड़ा तो वह जानता है कि इस समय उसकी क्या हालत होगी ? इसी से यह आशा की जाती है कि किसी-न-किसी तरह संधि हो जायेगी। 'लण्डन टाइम्स' लार्ड कर्जन की कमजोरी का समर्थन करता है। ता० 8 जनवरी की संख्या में उसने लिखा है—"अंगोरा की सरकार अधमरी हो गयी, अतः कुस्तुन्तुनिया की सम्पत्ति लूटकर, कमाल की थैली भरने के सिवा अंगोरा की सरकार को कुछ सूझ ही नहीं पड़ता।" टाइम्स यह सोचता है कि यदि तुर्की मुहानों के बन्दरगाहों में से अंग्रेजी सेना हटा ली गयी तो सुधरी हुई पद्धति से, अंगोरा के तुर्क राज्य कारबार न चला सकेंगे। वह यह भी लिखता है—"कमाल-पाशा की सेना का मूल्य डाकुओं के एक गिरोह से अधिक नहीं है। यदि वर्ष-भर हम यही (अनिश्चित) स्थिति कायम रख सकें तो अंगोरा सरकार का दिवाला निकल जायेगा और कमाल पाशा के घर का कहीं पता भी न चलेगा। संधि होते ही ये लुटेरे कुस्तुन्तुनिया लूटकर सेलोनिका पर धावा करेंगे और सीरिया तथा बगदाद में बड़बड़ मचाने से भी बाज नहीं आयेंगे।" उसने ढंग से यह भी कह डाला—"ऐसे जंगली, मूर्ख, सरचढ़े और उजड्ड तुर्कों से यदि हमारी संधि न हो तो भी हानि नहीं।" इन शब्दों की आलोचना करना अनावश्यक है।

इंग्लैण्ड ने सोचा है कि यदि तुर्क नहीं मानेंगे तो इंग्लैण्ड झगड़े से दूर होकर चुप बैठ जाएगा। किन्तु उसके चुप बैठने के मानी कुछ और हैं—वह तुर्की मुहानों और बंदरगाहों पर तथा कुस्तुन्तुनिया पर अपनी सेना जमाये रखकर चुप बैठना चाहता है। जिससे तुर्कों को लाचार होकर लड़ना पड़े और अमेरिका की नजर में यह साबित हो जाय कि इंग्लैण्ड देश जीतने के लोभ से अथवा तुर्की तेलों की खानों को हड़पने के लिए नहीं लड़ रहा, सिर्फ लड़ने वाले तुर्कों का मुकाबला करने के लिए बाध्य हुआ है। किन्तु लड़ाई के समय, मि० बोनर ला से जब इंग्लैण्ड की जनता पूछेगी कि यदि तुर्कों से लड़ाई ही होनी है, तो लायड जार्ज की भूल कहाँ थी ? तब देखना चाहिए क्या जवाब दिया जाता है।

लार्ड कर्जन ने अपनी संधि की शर्तें तुर्कों के हवाले कर दीं। उस समय तुर्क अपनी लड़ाई की तैयारी में लगे थे और अंग्रेज अपनी। यह सोचकर कि शायद तुर्क संधि को स्वीकार न करें ग्रीस की सेना भी कुस्तुन्तुनिया में घुसने के लिए तैयारी कर रही है, मोसल नगर के वायव्य में 100 मील की दूरी पर तुर्कों ने अपनी सेना का अड्डा जमाया है, अतः अंग्रेजों ने यह सोचकर कि शायद तुर्क

मोसल ही से युद्ध शुरू करना चाहते हैं, अपनी बगदाद की सेना मोसल की ओर रवाना कर दी है। इधर जिस समय, अंगोरा की ओर वीर कमाल पाशा लौट रहे थे उस समय उन्होंने अपनी माता की कबर के दर्शन किये और शपथ ली कि—"तुर्की राष्ट्र की आजादी कायम रखने के लिए की जाने वाली भावी जंगी लडाई में मरने तक कायम रहूँगा और मौका आने पर अपनी जान दूंगा। अपनी माता से मिलने के लिए अपनी मातृभूमि के गड्ढे में दफनाया जाना मंजूर करूँगा, मगर जब तक दम है, ऐसी कोई बात नहीं करूँगा जो तुर्की की स्वतन्त्रता और शान के खिलाफ हो।"

केवल तीन-चार बातें हैं, जो संधि में रुकावट डालती हैं, एक तो बन्दरगाहों के अधिकार का प्रश्न, दूसरा विदेशी यूरोपीय व्यापारियों की पूंजी का सवाल, तीसरा मोसल का अधिकार और चौथा अंग्रेजों को धन देने का सवाल। वीर कमाल का कबर के सामने किया हुआ प्रण सुझाता है कि इन चारों में से तुर्की अपने को किसी भी सवाल के सामने नहीं झुकाना चाहता।

अब हम तुर्की संधि की उन शर्तों पर विचार करेंगे जो लासेन कान्फ्रेन्स में लार्ड कर्जन ने चतुर इसमत पाशा और तुर्की के अन्य प्रतिनिधियों के सामने रखीं। संधि की शर्तों का एक ऐसा मसौदा लार्ड कर्जन ने तुर्कों के सर पर फेंका है, जिसे तुर्क कभी स्वीकार नहीं कर सकते। हाँ, हम यह बात मानते हैं कि सेव्हरिस की संधि की शर्तों की अपेक्षा इन शर्तों में कुछ अन्तर जरूर पड़ गया है। जल सेना, स्थल सेना और अर्थ-दण्ड की दृष्टि से उस पुरानी संधि से, तुर्की के नाश के सारे सामान रच दिये थे, लार्ड कर्जन का चिट्ठा तुर्की का उतना नाश नहीं करना चाहता। यह चिट्ठा तुर्की के उस निश्चय में भी बाधायें नहीं डालता जिसके द्वारा अनातोलिया को एक स्वतन्त्र राष्ट्र का रूप मिलेगा। सेव्हरिस की संधि ने टर्की को मित्र राष्ट्रों का और विशेषत: अंग्रेजों का रजवाड़ा या रक्षित राज्य बना दिया था। यह चिट्ठा तो एशिया माइनर अर्थात् अनातोलिया को खुद ही स्वतन्त्र राष्ट्र स्वीकार करता है। तुर्क चाहे जितनी बड़ी जल या स्थल सेना बनावें, और उसे मजे से मार्मोरा के समुद्र को छोड़कर भूमध्य समुद्र और काले समुद्र के कोने पर रखे, यह संधि का पट्टा इस बात के आड़े भी नहीं आता। अनातोलिया में टर्की जो चाहे करे। आर्थिक दृष्टि से देखिये तो अब टर्की की आमदनी पर मित्र राष्ट्रों का कोई कमीशन नहीं बैठाया गया। गरज यह कि पिछली संधि के अनुसार अब तक तुर्की का कोई स्वतन्त्र राज्य न था, अब तुर्की राज्य कम-से-कम अनातोलिया की बादशाहत जरूर कही जा सकती है। परन्तु आज कर्जन साहब की यह सहूलियत तुर्कों को सन्तोष नहीं दे सकती। हाँ, उस दिन जिस दिन सेव्हरिस की संधि की गयी थी, यदि यही सहूलियतें दे दी जातीं, तो वीराग्रणी मुस्तफा कमालपाशा की तलवार की चकाचौंध से इंग्लैण्ड को हक्का-बक्का हो

बैठने का दिन न आता।

पहली संधि के समय के तुर्क 'टर्की' के सुस्त और कायर निवासी और कठिनाइयों में सब तरह इंग्लैण्ड के पंजे में फँसे और महायुद्ध में हारे हुए तुर्क थे। आज के तुर्क अंग्रेजों के हामी ग्रीस को मैदान में उछालकर विजयी बने हुए तुर्क हैं। वर्तमान संधि की शर्तों को बनाने वाले, तुर्कों की ग्रीस पर पायी हुई विजय को बिल्कुल भूल जाना चाहते हैं और केवल युद्ध में हारे हुए अपराधी टर्की के लिए 'दया और सहानुभूतिपूर्ण' शर्तें सामने रख रहे हैं। किन्तु टर्की अपनी बड़ी कठिनाइयों और कुरबानियों के बाद पायी हुई विजय की, पेलेसटाइन, लाल समुद्र, ईरान और अफगानिस्तान में दिखने वाली अपनी संयुक्त ताकत को, प्रिय भारतीय मुसलमानों की और समूचे देश की सहायता की तैयारी को और ग्रीस का गर्व गला डालने वाली अपनी वीरवाहिनी को कैसे भूल जायेगा ? इसी से हम कहते हैं कि शर्तें टर्की के सामने की चीजें नहीं हैं।

माना कि महायुद्ध में मित्र राष्ट्रों ने अरब प्रदेश जीत लिया था, किन्तु उसके बाद बचा हुआ पूरा देश तुर्कों के हवाले करना होगा। केवल अनातोलिया देने से काम कैसे चलेगा ? मुहानो, समुद्र-तटों और बन्दरगाहों का जो बनियाई बँटवारा किया गया है, और उसमें जहाँ-तहाँ शान्ति काल और युद्ध काल के लिए जहाजों के आने-जाने आदि के जो स्वार्थी नियम इस संधि में बनाये गये हैं, वे उन मुहानों पर थ्रेस के पूर्वी हिस्से पर कान्स्टेण्टिनोपिल पर और मार्मोरा के समुद्र पर रहने वाली तुर्कों की सत्ता को डाँवाडोल करने वाले हैं। संधि का पट्टा कहता है कि ईजियन समुद्र से काले समुद्र तक और मार्मोरा के समुद्र के द्वीप समुदाय, इतने सब प्रदेशों का समुद्र किनारा आस-पास 15 मील तक गैर-फौजी रखा जावे। यानी तुर्क लोग वहाँ फौजी अड्डे और लड़ाऊ किला न बना सकें और न जल सेना ही का वहाँ अड्डा रख सकें, यही इस '15 मील तक सेना न रखने' वाली शर्त का अर्थ है। यानी तुर्कों का वहाँ स्वतन्त्र प्रभुत्व रहेगा, पर वह प्रभुत्व रहेगा बिना फौज का। हथियार छीने हुए द्वीप की जो स्थिति होती है, वही दशा मार्मोरा के समुद्र की होगी। गरज यह कि रूस से और तुर्कों से संधि तो है ही, अतः जब रूस को कुचलने के लिए सेनाएँ ले जा सकें, यदि उसी समय, लड़ाई होने पर टर्की अपनी सेना, मार्मोरा का समुद्र लाँघकर कुस्तुन्तुनिया ले जाना चाहे तो संधि की इस धारा के अनुसार वह नहीं ले जा सकता। इस तरह यह धारा तुर्की को अंगोरा प्रदेश में कैद करती है। उधर कुस्तुन्तुनिया में टर्की को 12 हजार सेना रखने की इजाजत है किन्तु अपने देश की राजधानी होते हुए भी कुस्तुन्तुनिया की रक्षा टर्की किले बाँधकर नहीं कर सकता। अर्थात् तुर्की का तख्त यदि 12,000 सिपाही बचा सकें तो बचाये रहें, नहीं तो, जो हो, सो हो ! क्योंकि वहाँ यह शर्तें नहीं हैं कि कोई विदेशी ताकत भी समुद्र में से अपनी सेना

न ले जायँ। यहाँ तक कि मार्मोरा के समुद्र में तुर्क पनडुब्बियों का बन्दरगाह भी नहीं बना सकते। गरज यह कि इस संधि के पट्टे ने मार्मोरा का समुद्र तुर्कों के हाथ से छीन लिया है और कुस्तुन्तुनिया नगर और थ्रेस के पूर्वी हिस्से की ऐसी असहाय स्थिति कर दी है कि यूरोपियन फौजी राष्ट्र चाहे तब अपने गले के नीचे उतार जायें। तब ऐसी पराधीन कुस्तुन्तुनिया में राजधानी रखने से तुर्कों को क्या लाभ ? उससे तो संकट की ही अधिक सम्भावना है। गरज यह कि पूर्व थ्रेस, मार्मोरा के समुद्र और कुस्तुन्तुनिया, टर्की स्वतन्त्र न होकर, इस संधि के द्वारा यूरोपियन राष्ट्रों का भी विशेषत: इंग्लैण्ड का 'रक्षित' देश होगा।

यदि यह कहा जाय कि महायुद्ध में टर्की यूरोपियन राष्ट्रों से हार गया है, अत: उसे यूरोप में अपना अधिकार नहीं रखने दिया जायेगा (हाँ, ग्रीस पर उसने एशियाई हद में विजय पायी है, अत: वह एशिया में अपनी स्वतन्त्रता रख सकता है) तो उस बात का उत्तर यह है कि टर्की का अरब प्रदेश लड़ाई में जीता जा चुका है। शेष टर्की देश पर आर्मिसटिस के दिन तुर्कों का कब्जा था। अत: एशिया और यूरोप के रूप में टर्की की सत्ता के टुकड़े करके, उसके देशों को छीनना, नीचता और जबरदस्ती है। यह सब इसलिए किया जा रहा है जिससे कि निकट के बालकन प्रदेशों पर टर्की का महत्त्व स्थापित न हो जाय। यदि एशिया में देखा जाय तो यहाँ भी अधिकार छीनने में कमी नहीं की गयी। कुछ दिन हुए डा० अन्सारी साहब ने सच कहा था कि संधि के आड़े और कोई नहीं आता, केवल मोसल की तेल की खानें और यूरोपियनों का 'टर्की नाशक' केपीचुलेशन आ रहा है। मिसर और सूडान तुर्की के हाथ से पूरा छीन लिया गया, पूरा अरब स्थान तुर्कों के हाथ से गया ही, इतना ही क्यों मोसल यानी कुर्दिस्तान भी तुर्कों के कब्जे में नहीं रहने दिया गया, तुर्किस्तान और ईरान के बीच मोसल की एक दीवार उठा दी गयी है। यद्यपि सेबर्से की संधि में पूरा मोसल का इलाका काले समुद्र तक आरमीनियन लोगों को देकर इस दीवार के सहारे तुर्कों को कैद कर दिया गया था, और इस संधि में कुछ हिस्सा खुला रह गया है किन्तु जब कि काले समुद्र में अंग्रेजी सेना को यथेच्छा विहार करने का अधिकार है तब वह अधूरी दीवार आरमीनियनों के द्वारा बन्द न होकर युद्ध के समय, आरमीनियनों से भी मजबूत और स्वार्थी शत्रु अंग्रेजों के द्वारा बन्द की जा सकती है, जो कि अवश्यम्भावी है। तुर्क यह न समझें कि काले समुद्र का जो दरवाजा आज खुला है वह लड़ाई के समय भी खुला ही रहेगा। गरज यह कि तुर्कों को अंगोरा में कैद करने में 'बर्सलीज'[1] की संधि से लार्ड कर्जन साहब की वर्तमान संधि पीछे नहीं है।

---

1. 1918

यह कैद स्वतन्त्र तुर्की राष्ट्र बरदाश्त नहीं कर सकता। यदि वह मान ले कि खैर, किसी प्रकार कैदखाने से हम निकल जायेंगे। लार्ड कर्जन साहब ने संधि में टर्की की आर्थिक स्थिति को ऐसा बना दिया है जो वर्षों तक किसी तरह नहीं सुधर सकती। यद्यपि तुर्की का पुराना कर्ज बगदाद से वसूल करने की बात कही गयी है परन्तु उसकी जिम्मेदारी तुर्कों के मत्थे रखी गयी है। महायुद्ध के समय का सब कर्ज भी तुर्क ही अदा करें। ग्रीस से लड़ने के समय का अपना सब कर्ज भी तुर्क ही अदा करें, यद्यपि तुर्कों ने भारी हार दी है तो भी, एक दमड़ी भी वे ग्रीस से हरजाना न ले सके। महायुद्ध के समय, छः वर्षों तक तुर्कों ने वहाँ के यूरोपियन व्यापारियों से जो कर वसूल किया हो, वह उन्हें पाई-पाई लौटा दें। (चाहे वह करोड़ों पाउण्ड की क्यों न हो) और भविष्य में भी किसी भी कारण से क्यों न हो, टर्की यूरोपियन व्यापारियों से टैक्स न वसूल कर सके। इतना ही क्यों, तुर्की कायदे तुर्की देश में रहने वाले यूरोपियनों पर अल्प शक्ति की रक्षा खास हकों यानी 'केपीचुलेशन' के नाम पर लागू न हों। गरज यह कि अनातोलिया का राज्य और मार्मोरा, कुस्तुन्तुनिया और थ्रेस की पराधीनता तथा बरसों तक न चुकने वाला यूरोपियन राष्ट्रों के और विशेषतः इंग्लैण्ड के पेट में पहुँचने वाले अरबों पाउण्ड धन का जुर्माना स्वीकार हो तो तुर्की मजे में यह संधि स्वीकार करें। हमें नहीं मालूम होता कि ये संधि की शर्तें हैं या अंग्रेजी सरकार से मुखालिफत रखने वाले अपराधी टर्की को लार्ड कर्जन द्वारा दी गयी सजा।

पिछले कुछ दिनों के समाचारों ने हमारे मत की पुष्टि की है। लार्ड कर्जन साहब नाराज हो गए। अभी लासेन परिषद भंग हो गयी, किन्तु हमें विश्वास है कि लार्ड कर्जन नहीं, तो कम-से-कम मि० बोनरला, किसी-न-किसी बहाने झुकते और संधि करते हुए नजर आवेंगे। यह हम ऊपर ही कह आये हैं कि टर्की संधि चाहता है परन्तु वह अपने सर्वनाश को स्वेच्छापूर्वक कदापि स्वीकार नहीं कर सकता।

[वर्ष 4, खंड 1, संख्या 4, 1 अप्रैल 1923, प्रभा के झण्डा अंक में प्रकाशित]

काठियावाड़ का राम-राज्य

गत गया कांग्रेस के समय जब इन पंक्तियों का लेखक मित्रों के साथ श्रीमान बाबू बृजकिशोर प्रसादजी के डेरे की झोंपड़ी में बैठकर वहाँ दलबंदी से उत्पन्न होने वाली कठिन राजनीतिक उलझनों पर विचार कर रहा था कि उसे एक गुजराती गीत सुनायी पड़ा। शब्द तो याद नहीं किन्तु उस गीत की गूँज अभी तक कानों में है। जब कार्य समाप्त करके हम लोग बाहर आये, तब हमने देखा और जाना कि काठियावाड़ के एक कोने में निवास करने वाले, एक छोटे-से राम-

राज्य के सूत्रधार, ढसा और राज्य साँकली के अधीश्वर और गुजराती भाइयों के शब्दों में ढसा के राज्येश्वर या 'दरबार'··· श्रीमान गोपाल दास जी को अपने राज्य की किसान-प्रजा के साथ नृत्य करते और गीत गाते देखा। गोपालजी की कीर्ति तो पहले ही सुनी जा चुकी थी। क्योंकि जिस समय असहयोग-आंदोलन के उस महान आचार्य ने जो आज यरवदा जेल में अपनी शक्तियों का संग्रह कर रहा है और बलि की तैयारी कर रहा है, राष्ट्र के देवता की चरणों में चढ़ाने के लिए देश से बलियों की माँग की, उस समय भारत का प्रत्येक प्रदेश अपनी मूल्यवान और उज्ज्वल आत्माओं को लेकर आगे आ गया। उस आचार्य ने अपना कार्य सबसे प्रथम, अपने जन्म-स्थल गुजरात से शुरू किया और उसे वल्लभभाई और विट्ठलभाई पटेल ऐसे माता के लाल बलि होने को तैयार मिले। किन्तु, वह कुछ अधिक माँग रहा था। देखते-देखते, उसने देश के चरणों की सेवा में ढसा के नरेश श्रीमान भाई गोपालदास जी को खड़ा पाया। गांधीजी के उपदेश के अनुसार, गोपालदासजी ने अहिंसात्मक असहकारिता को अपना धर्म समझकर उसे ग्रहण किया। जिस समय बम्बई के गवर्नर सर जार्ज लायड दौरे पर निकले, तब यह देख-सुनकर कि भाई गोपालदासजी निर्भीक होकर असहयोग आंदोलन में भाग ले रहे हैं, गवर्नर महोदय ने एक फरमान ढसा के दरबार श्रीमान गोपालदास के पास भेजा। उसमें उन्हें असहकारिता की पापी हलचल से संबंध तोड़कर, अपने इस देशभक्ति के कृत्य के लिए क्षमाप्रार्थना करने के लिए, भविष्य में कभी भी किसी राजनीतिक आंदोलन में भार न लेने की प्रतिज्ञा करने के लिए गवर्नर महोदय की सेवा में उपस्थित होने के लिए आज्ञा दी गयी। नौकरशाही शासन का कुचक्र कई भारतवासियों पर चल चुका था। अब गोपालदासजी के पिसने की बारी थी। किन्तु बम्बई के गवर्नर ने पीस डालने की चीज चुनने में भूल की। भाई गोपालदासजी गवर्नर की सेवा में उपस्थित न हो सके, क्योंकि वे राष्ट्रीय महासभा के हाथों में, एक सिपाही की हैसियत से अपने आपको सौंप चुके थे। वे यह जानते थे कि इसका परिणाम क्या होगा, "मेरी जायदाद, मेरे छोटे राज्य की ज़ब्ती।" किन्तु उन्होंने इस बात का जरा भी खयाल नहीं किया। देश-सेवा को राष्ट्रीय धर्म माननेवाले दरबार ने कहा—"जब मेरे सामने यह सवाल आया कि मैं अपनी जागीर, अपने राज्य को बचाऊँ या अपने धर्म के पक्ष में खड़ा रहूँ, तब मेरी अंतरात्मा ने मुझे प्रेरणा दी कि मैं धर्म पर दृढ़ रहूँ।" इस तरह, राज्य-वैभव गया, राज्य जब्त हो गया, और श्रीमान गोपालदासजी देसाई के हाथों में केवल दरिद्रता और अपना प्राण प्यारा धर्म रह गया। उनकी धर्मपत्नी, रानी साहिबा सौभाग्यवती श्री भक्ति लक्ष्मीबाई महोदया भी अपने पति ही के समान दृढ़ और वीर भावों से भरी हुई हैं। जिस समय उनकी जायदाद जब्त की गयी, उस समय वे अपने महल में अपना सामान लेने गयीं

सरकारी अधिकारियों ने उन्हें गिरफ्तारी का भय बताकर रोकना चाहा, किन्तु उन्होंने कहा कि यह महल मेरा है, किसी दूसरे का अधिकार इसपर अन्यायपूर्ण है। मेरे महल में जाने के लिए मैं पूर्ण स्वाधीन हूँ। इसके बाद सुनते हैं कि आपने अपने महल में लगे हुए सरकारी तालों को तुड़वा डाला और महल से अपनी आवश्यक वस्तुएँ निकाल डालीं। जिस समय उन्हें आकर उनके हित-चिंतकों ने यह समझाया कि आप केवल अपने पति की बातों में आकर यह असहयोग व्रत धारण कर रही हैं, या खुद भी इसे समझतीं और मानती हैं? मान लीजिये कि कल श्रीमान दरबार सरकार से मेल कर लें तो उस समय आपकी क्या अवस्था होगी? रानी महोदया ने गंभीरता से उत्तर दिया—"मेरे पति ने और मैंने खूब सोच-समझकर इस पथ में पैर रखा है और मैं अपने पति का अनुकरण ही नहीं करती, उन्हें प्रेरणा भी करती हूँ। मुझे तो कभी भी विश्वास नहीं, किन्तु यदि दुर्भाग्य से कभी ऐसा समय आया जब दरबार इस सत्य · और धर्म से पीछे हटे तो मैं वीर पत्नी हूँ। मेरा उनके साथ वही व्यवहार होगा जो वीर राजपूत रमणियाँ अपने युद्ध से पिछड़े हुए पतियों के साथ करती आयी हैं।"

शासनकर्ताओं ने ·श्रीमान गोपालदासजी को अपने छोटे से राज्य से पथ-भ्रष्ट (!) कर दिया। किन्तु उस अत्याचारिणी शक्ति को यह पता न था कि जो हाथ उन्हें उस छोटे से राज्य से पदच्युत कर रहे हैं, उन्हीं हाथों द्वारा, बिना जाने, करोड़ों भारतवासियों के हृदय-सिंहासन पर बैठाया जाकर उन्हें विजय-तिलक किया जा रहा है। आज गोपालदासजी गुजरात की प्रजा की जीभ की मिठास हो रहे हैं। आज उनके ढसा और राज्य साँकली के राम-राज्य की कथा गुजरात के गाँव-गाँव में चाव से गायी जा रही है, और उनके गुणों का घर-घर संकीर्तन हो रहा है। आज उनके देशवासी मुक्त कण्ठ से कह रहे हैं कि गोपाल-दासजी गुजरात के गौरव हैं, गोपालदासजी देश के तेज हैं, गोपालदासजी देश के त्याग की मनोमोहिनी सूरत हैं और बलशालिनी अहिंसात्मक असहकारिता की विजय के मंगल-चिह्न हैं···।

श्रीमान गोपालदासजी की जागीर के दो स्थान हैं—ढसा और राज्य साँकली। वहाँ जिस तरह शासन होता है, उसे रामराज्य कहा जाता है। वहाँ का थोड़ा हाल सुनिये।

दरबार श्री ने अपने यहाँ का किसानों ही के हाथ में जमीन की मालगुजारी ठहराने के कार्य रखा है। किसी दससाला और बीससाला 'बन्दोबस्त' की घातक प्रथा की क्रूर डाढ़ों के नीचे, उस रियासत के किसान नहीं पीसे जाते। किसान स्वयं कह देते हैं कि उनकी फसल इस साल छः या आठ आना है, बस उसी हिसाब से लगान निश्चित किया जाता है। मान लीजिये, उनके यहाँ के चार

किसान हैं—भोलाराम, बिसाहू, चंदन चौबे और सरदार मूरतसिंह ।

प्रत्येक क्रम से 50, 14, 104 और 36 रुपये लगान देते हैं । जब फसल पकेगी, तव वे अपने राजा के दरबार में आकर कह देंगे कि फसल कैसी आयी। मान लीजिए की भोलाराम की फसल गेरुआ खा गया और फसल न आयीं तो उसका पूरा लगान माफ होगा, बिसाहू की फसल आठ आना आयी तो उसे अपने पूरे लगान 14 रुपये के आधे सात रुपये देने पड़ेंगे। यदि चंदन चौबे की फसल सात आना आयी तो उसे अपनी 104 मालगुजारी में से सिर्फ 45/50 रुपये लगान देना पड़ेगा और सरदार मूरतसिंह की फसल पूरी आयी तो वह खुशी से अपनी फसल की पूरी मालगुजारी छत्तीस रुपये पटा देगा । इस तरह इन चारों किसानों से जहाँ 204/-रुपये वसूल होना था वहाँ केवल 88/50 रुपये वसूल किया जायेगा। यह भी कम सुना गया है कि जिनकी फसल बहुत कम आती है या नहीं आती, उनसे लगान नहीं लिया जाता। इस तरह ढसा की यह छोटी जागीर किसानों की दृष्टि से राम-राज्य है।

ढसा की जागीर के किसानों और निवासियों के लिए दरबार श्री गोपालदास जी ने पदवियों (Titles) की प्रथा भी रखी है । किन्तु वहाँ पदवीदान खुशामद, धन और बड़प्पन को देख-देखकर नहीं किया जाता । वहाँ गरीब से गरीब कृषक भी बड़ी से बड़ी पदवी का अधिकारी हो सकता है । खिताब या राज्य या राजा की तरफ से नहीं दिये जाते । वे प्रजा की ओर से दिये जाते हैं । नियम यह है कि जिन सज्जनों को इस वर्ष खिताब मिलने हैं उनके नामों की एक फेहरिस्त एक मास प्रथम प्रजा के सामने प्रकाशित कर दी जायेगी उन नामों में से किसी भी नाम का प्रजा में से एक भी व्यक्ति विरोधी हुआ और यदि उसने अपनी दरबार के पास भेजी गयी फेहरिस्त में किसी नाम पर विरोध किया तो वह नाम तुरन्त खिताबों की फेहरिस्त में से काट दिया जाता है। जो नया नाम प्रजा फेहरिस्त में लिख देगी वह खिताब पाने का अधिकारी हो जायेगा। जो व्यक्ति, प्रजा में सर्वमान्य होगा, उसी को खिताब दिया जाता है ।

पदवियाँ सब उनकी जागीर के गाँव के नाम से दी जाती हैं । वे पाँच प्रकार की हैं—ढसा नूर, ढसा दीपक, ढसा पुष्प, ढसा रंजन और ढसा भूषण सबसे श्रेष्ठ पदवी ढसा नूर की है । नूर राज्य-भर में सिर्फ एक ही होता है ।

ये खिताब सिर्फ देखने ही के नहीं होते । जिन्हें ये खिताब दिये जाते हैं उन्हें यह अधिकार है कि वे अपने राजा की प्रत्येक हानिकारक आज्ञा को रद्द करार दे दें । रियासत के दीवान तो दूर की बात है, रियासत के अधीश्वर स्वयं पूज्य गोपालदासजी ने 'वीटो' का अधिकार अपने हाथों में नहीं रखा, और इस तरह स्वेच्छाचारिता और विशेषतः पड़ोसिनी और अधिकारिणी ब्रिटिश स्वेच्छाचारिता के चरण अपने राम-राज्य में नहीं पड़ने दिये । पदवीधारियों में नूर 1,

दीपक 4, पुष्प 5, रंजन 7 या 8 और भूषण 5 या 6, इस तरह कुल 16 पदवीधारी हैं। नूर और दीपक तो राज्य की किसी आज्ञा को अन्यायपूर्ण समझकर प्रथम राजा को या राज्य के अधिकारियों को सूचना-पत्र लिखकर या स्वयं जाकर खबर देंगे, और निश्चित समय में यदि अधीश्वर अपनी आज्ञा रद्द न करेंगे तो नूर या दीपक अकेला अपनी जिम्मेदारी पर उस आज्ञा को रद्द कर देगा। पुष्प पदवीधारियों को यह अधिकार व्यक्तिगत नहीं दिया गया, किन्तु उनके बहुमत को यही अधिकार प्राप्त है। रंजन तथा भूषण अपने बहुमत से नहीं अपनी सर्व सम्मति से वही अधिकार रखते हैं जो अकेले 'नूर' को है और जिसमें राजाज्ञा को रद्द कर देना भी एक अधिकार है।

एक बार एक बीड़ी के इजारदार महाशय कुछ ऐसे काम करने लगे जिससे गाँव को नुकसान पहुँचता था। श्रीमान गोपालदासजी ने उन्हें आज्ञा दी कि वे गाँव छोड़कर चले जायँ। नूर और दीपक पदवीधारियों को यह बात बहुत खटकी, उन्होंने इस आज्ञा को अन्यायपूर्ण समझा। किन्तु उन्होंने व्यर्थ ही राजाज्ञा के तोड़ने में अपनी शान दिखाना उचित न समझा।

वे प्रथम दरबार श्री के पास गये और निवेदन किया कि इजारदार अपराधी जरूर हैं किन्तु आप उसे सौ-पचास रुपये का दण्ड कर दीजिए उसे ढसा से बाहर निकालने की अपनी आज्ञा को वापिस ले लीजिये। ब्रिटिश भारत का अंग्रेजी तीसमारखाँ तो वह चाहे साधारण नायब तहसीलदार ही क्यों न होता, इस तरह की बात सुनकर लाल हो पड़ता, किन्तु दरबार ने उनकी बात को ध्यान से सुना और यह कह दिया, "आपने जो कारण बताये उन्हें सुनकर दुःख है कि मैं अपनी आज्ञा को वापस नहीं लेना चाहता।" मानो वे अपने किसान पदवीधारियों की शक्ति-राजाज्ञा को रद्द करनेवाली शक्ति को प्रोत्साहन देना चाहते थे। उन्होंने यह भी कहा, "हाँ, आपको 'वीटो' का अधिकार है।" समयानुसार अधीश्वर महोदय को तीन दिन का समय दिया गया किन्तु वे न डिगे, तब ढसा नूर महोदय ने एक हुकुम लिखकर दीवान को, जिसे वहिवाटदार कहा गया है, लिख दिया कि, "बीड़ी के इजारदार को गाँव से निकाल देने की पूज्य अधीश्वर महोदय की आज्ञा को बिलकुल क्षमा करता हूँ।" जब गोपालदासजी ने नूर महाशय से कहा, "भाई आपने तो दोषी को बिल्कुल ही माफ करने दिया," तब उन्होंने कहा, "बापू, आज्ञा के निकली (निकलने से) और उसके बाद गाँव में उनके दोषों की कड़ी आलोचना होती रहने से कई दिनों तक जो आत्मकष्ट उसे होता रहा, इस बार तो यही काफी है।" इस घटना को आज बरसों बीत गये हैं और बीड़ी के इजारदार आज भी दरबार की समदृष्टि की छत्रछाया में निवास कर रहे हैं। क्या ब्रिटिश भारत के अधिकारी भी इसी सज्जनता से काम लेते?

खिताबधारियों की सत्ता भी एक तन्त्री नहीं हो पाती क्योंकि यह नियम है कि जागीर की रिआया के 20 आदमी जिस पदवीधारी की शिकायत लिख दें, वही पदवीधारी अपने पद से च्युत कर दिया जाता है। आजकल 'ढसा नूर' का खिताब वहाँ के एक अपढ़ किन्तु चरित्रशील, निर्भय बुद्धिमान किसान खीमाभाई को प्राप्त है। वे आजकल दिन-भर किसनई का काम करते हैं और रात को रात्रि-पाठशाला में पहली-दूसरी पुस्तकें भी पढ़ते हैं। धन्य अधीश्वर! धन्य खीमा भाई! इन पंक्तियों के लेखक ने खीमाभाई को अपने अधीश्वर के साथ गया में देखा था।

ढसा की जनसंख्या 1500 है, किन्तु दरबार की यह इच्छा कि मेरे राज्य में एक भी अपढ़ बाकी न रहने पावे। इसीलिए वहाँ उस छोटी-सी बस्ती में पाँच पाठशालाएँ उन्होंने खोलीं। एक कन्याशाला, अन्त्यजशाला, एक अंग्रेजी स्कूल और शेष रात्रि पाठशालाएँ। रात्रि पाठशालाएँ गाँव में नहीं खोली गयी, किन्तु खेतों में निवास करनेवाले किसानों के लिए शिक्षा प्राप्त करना सुविधाजनक हो, अत: वे बहुत से खेतों के बीच जंगलों में खोली गयी और अपने क्रम के अनुसार शिक्षक वहीं पढ़ाने जाने लगे। शिक्षा के अमृत पान की लालसा वहाँ के किसानों में किस प्रकार की है, इसका एक उदाहरण सुनिये। राज्य साँकली का पोपट भारवाड़ नामक एक गड़रिया भी रात्रि पाठशाला का विद्यार्थी था। वह रात को जो कुछ सीखता, उसे दिन-भर अपनी बकरियाँ चराते हुए याद करता। एक दिन कुछ शब्द पोपट को याद न रहे। उसने अपने परिचित एक मजदूर को दो आने देकर आधा घण्टे तक अपनी बकरियाँ एक नाले की घाटी के पास रोक रखने के लिए कहा, और दौड़ा हुआ पास ही के जंगल की रात्रि पाठशाला में गया और अपने शब्दों के अर्थ और उच्चारण पूछकर लौट आया। ब्रिटिश भारत को तो जाने ही दीजिये, क्या किसी देशी रियासत के किसानों पर भी कोई देशी नरेश महोदय इतना ध्यान देते हैं?

श्रीयुत कल्याणजी विट्ठल भाई महाशय ने अपनी आँखों देखी घटना के आधार पर लिखा है कि, "महात्मा जी के स्वदेशी-धर्म के पालन में ढसा हमारी बारदीली तहसील के सुन्दर से सुन्दर गाँव से बाजी लेता है। ढसा के पुरुष जो वस्त्र पहिनते हैं उसका भारी भाग ढसा ही में उत्पन्न हुआ, ढसा ही में काते हुए सूत द्वारा ढसा ही में बुना हुआ होता है। वहाँ के आदमी एड़ी से चोटी तक इसी वस्त्र को धारण किए हुए दिख पड़ते हैं। स्त्रियों का कपड़ा बनना तो ढसा में अभी प्रारम्भ ही हुआ है।

स्वयं दरबार गोपालदासजी अपनी किसान प्रजा के साथ गीत गाते और नाच करते हैं। गया कांग्रेस में गायन और नृत्य का वह दृश्य जिन सज्जनों ने देखा है, वे उसे कभी नहीं भूल सकते। अपढ़ किसानों का वाद्य और राष्ट्रीय

गायन के स्वर पर पैर उठाना और सब किसानों का व्यवस्था और अनुशासन-पूर्वक अपने अंगों को संचालित करते रहना और बहुत समय तक गतियाँ बदल-बदलकर अपने भक्ति-भावपूर्ण और करुणा तथा वीरता से भरे हुए अभिनय को लगातार करते जाना एक अनोखी बात थी। यह वह शारीरिक निपुणता तथा आत्मिक सहृदयता से भरी हुई तत्परता और तैयारी थी, जो इस मंद लेखक को उस अनुशासन और अनुशासक के कीर्तिगान के लिए ललचाती थी।

अपने किसानों के साथ सुख-भोगों में जीवन बिताते रहनेवाले दरबार का वह रास-मण्डल जिस तरह अपूर्व था, उसी तरह रानी साहिबा का अपनी ग्रामीण देवियों के साथ खेल और नाच जिसे गुजरात में 'गरबा' कहा जाता है एक अद्भुत वस्तु थी।

अहिंसा के विषय में दरबार उदाहरण है। उनकी 12·5 मील की सीमा में वनचर आनन्द से विचरते हैं। वहाँ अंग्रेजी पोलिटिकल एजेण्ट या कोई भी व्यक्ति चाहे वह कितना ही बड़ा हो, उस सीमा के एक मृग के प्राण भी नहीं ले सकता।

वे ही ढसा के दरबार गोपालदासजी देसाई महोदय अपने धन-वैभव को लात मारकर देश-सेवा के पथ में फकीर हो गये हैं। जिस दिन सरकार ने उनकी जायदाद जब्त की उसी दिन वे फकीरी धारण कर देश के नाम पर अलख जगाने लगे। किन्तु सरकार द्वारा पद-भ्रष्ट दरबार जब अपने गाँव में गये तब वहाँ की जनता मीलों दौड़कर उनके दर्शन करनें आयी और उन्हें शीघ्र नहीं लौटने दिया। वहाँ की रियाया ने यह भी निश्चय किया है कि श्रीमन गोपालदासजी की इच्छा होते ही वे मालगुजारी देना बंद कर देंगे। अपने पदच्युत अधीश्वर के लिए उनकी प्रजा भारी से भारी कष्ट सहने के लिए प्रस्तुत है।

भगवान पर विश्वास करनेवाले इस फकीर के लिए आज गुजरात के घर-घर में स्वागत लिखा हुआ था और वह 'जनपद हितकर्ता' सेवा के भावों में मस्त होकर, गुजरात की राष्ट्रीय वस्तु होकर घूम रहा था। किन्तु वह दिन भी न रहने पाया। आज दरबार श्री गोपालदासजी ब्रिटिश जेल के बंदी हैं। भगवान करें, उनके कष्ट देश के धनिकों में धर्म और राष्ट्रीय कर्तव्य की प्रेरणा कर सकें।

—एम० एल० सी०

[वर्ष 4, खण्ड 1, संख्या 4, 1 अप्रैल 1923, प्रभा के झण्डा अंक में प्रकाशित]

सत्याग्रह की विजय पर नम्र निवेदन

जबलपुर के जिला मजिस्ट्रेट ने, सदर में जाने से, जबलपुर में राष्ट्रीय झंडे को रोका[1]। नागपुर के मित्रों ने सोचा, हम लोग नागपुर में उसी झंडे का गौरव

1. 26 मार्च 1822

करें। उनका खयाल था कि जो मूर्खता जबलपुर के जिला मजिस्ट्रेट ने राष्ट्रीय झंडे के जुलूस को रोककर तथा राष्ट्रीय झंडा जप्त करके की है वही मूर्खता नागपुर के अधिकारी नहीं करेंगे। जब जुलूस शहर से सदर, सिविल लाइन के रास्ते जा रहा था, जुलूस के सैनिकों को रोका गया, उन्हें नृशंसतापूर्वक इतना पीटा गया कि उनमें से कई बेहोश हो गये। कानून और अमन के रक्षक पंजेवाले एक पंजाबी अफसर ने तो, एक छोटे बच्चे का गला घोंट दिया और अपने जूते से उस छोटे बच्चे के कोमल पैरों को दबाया। जब जुलूस यह कहकर रोका गया कि उससे शान्ति भंग होगी, तब जुलूस के सेनापति ने छोटे-छोटे जुलूस भेजने का वचन दिया। किन्तु कानून और अमन का फौलादी कलेजा न पसीजा। तब झंडे को—हिन्दुस्तान के राष्ट्रीय झंडे के जुलूस को घुड़की और बन्दूक के कुन्दों के भय से वापस ले जाना, उस जुलूस के सेनानायक और उसके जत्थे को अपमान-जनक जान पड़ा, जो यथार्थ में जान पड़ना ही चाहिए। झंडे के अपमान की खबर पाते ही प्रदेश की शक्तियाँ केन्द्रित हो गयीं, और नेता मिलकर विचार करने लगे। राष्ट्रीय झंडे की सम्मान-रक्षा के लिए पहली मई से, यदि झंडा रोका जाय तो सत्याग्रह करना तय पाया। उस जुलूस की शान्ति की जिम्मेदारी, स्वयं सेठ जमनालालजी बजाज जैसे जिम्मेदार सत्याग्रही नेता ने ली थी, जिन्होंने स्पष्ट कह दिया था कि हमारा उद्देश्य अपने किसी भाई को चिढ़ाना नहीं है। हम तो सदर बाजार में, झंडे के जुलूस के साथ सभा करने जा रहे हैं। किन्तु पुलिस की पलटन लिए खड़े रहने वाले मजिस्ट्रेट ने झंडे के उस जुलूस को शान्ति भंग करनेवाला करार दिया और दो मास के लिए जाब्ता फौजदारी की 144 धारा लगा दी। सत्याग्रह-कमेटी ने, जोकि उस समय एकमात्र जिम्मेदार संस्था थी, यह जाहिर कर दिया कि हमारा उद्देश्य अंग्रेज भाइयों को चिढ़ाना नहीं है। किन्तु सरकार लड़ने पर तुली थी और वह उस तिरंगे झंडे को जो भारतवासियों की स्वाधीनता की जीती-जागती मूर्ति है, फूटी आँखों भी नहीं देखना चाहती थी। सत्याग्रह हुआ। प्रदेश और देश के नेता और कार्यकर्ता, सैकड़ों बलि हो गये। उस हुक्म के खत्म होने की तिथि आयी तब बजाय इसके कि अपने पापों के लिए भगवान का नाम लिया जाता, अधिकारियों ने दो मास के लिए अपना हुक्म बढ़ा दिया और उसी दिन श्री जमनालालजी, श्री देशमुखजी तथा अन्य प्रान्तों से आये हुए नेताओं को और पौने तीन सौ स्वयंसेवकों को गिरफ्तार कर लिया। जाना गया कि सरकार लड़ने पर तुली हुई पड़ी है। देश एकाग्र हुआ और उसने लड़नेवाली ताकत के सामने बलि होने का, विवश होकर, पुनर्निश्चय किया। यह देखते हुए कि, सरकार गलती पर है और यह जानते हुए कि अब शक्तियाँ प्रजासत्ता के खिलाफ चलकर अपना अस्तित्व अमिट नहीं रख सकतीं तथा इस बात को सामने रखते हुए कि सच्चाई, शक्ति और कुरबानी

में विश्व के अत्याचारों को रोकने और परिस्थिति को परिवर्तित कर देने की एक जबर्दस्त ताकत है, सत्याग्रही नेताओं और सैनिकों का यह विश्वास था कि आज नहीं तो कल सरकार को शिकस्त खानी ही पड़ेगी। सत्याग्रही तो शिकस्त खाता ही नहीं—जब तक उसके पास सत्य है। हाँ जिस क्षण वह असत्य व्यवहार करने लगे, उस समय उसकी जीत में भी उसकी हार ही है। आदर्श आयरिश बलि-वीर टेरेन्स मेकस्विनी ने लिखा है, "उस संग्राम में जो ईमानदारी और सच्चाई के साथ नहीं लड़ा गया, प्राप्त की हुई विजय-पराजय से कहीं अधिक लज्जाजनक है। वह मनुष्य की नहीं शैतान की विजय है।"

सरकार ने प्रान्त-भर में घोर दमन करके इस पवित्र आन्दोलन को कुचलना चाहा। नरसिंहपुर में भाई शंकरलाल पर जो कुछ गुजरा और नागपुर की सेन्ट्रल-जेल में, बिहार के नवयुवा प्यारे हरदेवनारायण सिंह की जो मृत्यु हुई उसने तो देश-भर का मन हिला डाला। महीनों तक, देश और राष्ट्रीय झंडे पर प्रेम करनेवाले के लिए, नागपुर का टिकट खरीदना नागपुर की सेन्ट्रल जेल में कैदी होने के लिए आग्रह-पत्र भेजना था।

सरकार ने भी प्रचार किया और तरह-तरह से सत्याग्रहियों को बदनाम करने की कोशिश की। 'दी टाइम्स ऑफ इण्डिया' ने तो मानो सत्य के संहार का सरकार की ओर से कंकण ही बाँधा था। नागपुर का कमिश्नर, पत्रों की कमिश्नरी करने के लिए नियुक्त था। सरकारी पत्रकों में अपमानजनक शब्दों में निन्दा की जाती थी। सरकारी पत्रक[1] कहता है—

"हमें झंडे से तो कोई झगड़ा नहीं है, जब तक वह कानून के आड़े न आवे।"

सी० पी० के गवर्नर ने कहा—

"असहयोगी सड़कों पर अपना वह निरंकुश अधिकार चाहते हैं जो किसी भी देश में किसी को प्राप्त नहीं है।"

सी० पी० सरकार के होम मेम्बर ने इसे कौंसिल में यूनियन-जैक यानी अंग्रेजी झंडे का अपमान कारक बताते हुए कहा—जबलपुर की म्युनिसिपालीटी ने यूनियन-जैक लगाने और यूनियन-जैक तथा स्वराज-झंडा साथ-साथ फहराने के प्रस्ताव को रद्द कर दिया, केवल स्वराज-झंडा को लगाने के प्रस्ताव को पास किया।

होम-मेम्बर ने, जिला मजिस्ट्रेट ने, और कई अफसर तथा गैर अफसर गोरों ने कहा—सत्याग्रहियों की नीयत तो अंगरेजों को चिढ़ाने की है। एक दरख्वास्त भी, सरकार के लोगों ने, 62 आदमियों के दस्तखत के ले ली थी जिन्होंने झंडा जुलूस रेलवे पुल के उस तरफ जहाँ अंगरेज रहते हैं, न घुसने देने की प्रार्थना की

---

1. गजेटियर

थी और उसे जिला मजिस्ट्रेट ने ठीक समझाया, किन्तु, जिस हद में, तारीख 17 जून के बाद झंडे का जाना रोका गया वहाँ की आबादी है 33000, जिसका सौवाँ हिस्सा भी वहाँ योरोपियन नहीं है। उस वर्जित सीमा के सीताबल्डी के लोगों ने, जैसा कि होम मेम्बर को लाचार होकर कौंसिल में कहना पड़ा है, सैकड़ों की तादाद में अपनी इमारतों, देवालयों और सड़कों पर राष्ट्रीय झंडे फहराकर, मजिस्ट्रेट की आज्ञा का स्वागत किया और इस बात की सच्चाई प्रमाणित की "कि वहाँ के निवासी राष्ट्रीय झंडे का जुलूस नहीं चाहते।"

सत्याग्रह-विभाग के पत्रकों में, जो पूर्ण जिम्मेदारी के साथ सत्याग्रह-कमेटी की ओर से प्रकाशित किये जाते थे, सरकार के लगाये हुए कल्पित दोषों से इन्कार कर दिया जाता था। किन्तु सरकार ने उन जिम्मेदार कागज-पत्रों की उपेक्षा करती और नेताओं तथा कार्यकर्ताओं के जहाँ-तहाँ दिए हुए भाषणों की, खुफिया पुलिस द्वारा दी हुई भ्रष्ट रिपोर्ट पर विश्वास करके, नेताओं को बदनाम करती। संग्राम चलानेवाली कमेटी के सदस्यों को गिरफ्तार होते ही इन पंक्तियों का नम्र लेखक, भाई टिकेकरजी के साथ, उस जिम्मेदारी के काम को सँभालने लगा। भाई टिकेकरजी शीघ्र ही बीमार हो गये और उन्हें बाहर ले जाना पड़ा। समस्त देश ने उस संग्राम को अपना प्रश्न बना लिया और अखिल भारतीय वर्किंग कमेटी की ओर से श्रीमान वल्लभभाई पटेल, सत्याग्रह संचालन के लिए नियुक्त होकर आये। तारीख 22 जुलाई को वल्लभभाई पटेल जब आये तब सरकार ने, जो विविध विभागों के संचालक थे, उन्हें गिरफ्तार कर लिया और रेलवे स्टेशन की गिरफ्तारियों में वह क्रूरता की, कि जिससे स्वयंसेवकों को आना कठिन हो गया। किन्तु गिरफ्तारियों की तादाद बढ़ती गयी और सत्याग्रह कमेटी ने रेलवे स्टेशन को ही अपना नवीन रणक्षेत्र घोषित किया। न्याय के मजाक की यह खूबी थी कि जो झंडा लेकर पुल पर कानून को तोड़ते, वे 6 मास की सख्त और एक मास की सादी सजा पाते, किन्तु जो जुर्म करने के प्रथम ही स्टेशन पर पकड़ लिये जाते उन्हें एक वर्ष का सख्त कारागार होता। सरकार के आदमियों ने तय कर लिया था कि तारीख 6 अगस्त को यानी कौंसिल की बैठक होने के प्रथम, सत्याग्रह नाम की कोई चीज न रह जाय, जिससे जिला मजिस्ट्रेट पर होने वाले आक्रमणों के प्रस्ताव वापस ले लिए जायें। यह खबर लगते ही, सत्याग्रह के संचालक, स्वयंसेवक एकत्र करने बाहर चले गये और बाहर सूबों से क्रमपूर्वक स्वयंसेवक आने के लिए संचालकों की सूचनाएँ निकल गयीं। उस समय नित्य इतनी गिरफ्तारियाँ हो रही थीं, जितनी सत्याग्रह-संग्राम के गांधी दिनों आदि को छोड़कर पहिले किसी दिन नहीं हुई थी, गुजरात, बिहार, तामिलनाडू, और आन्ध्र, युक्त-प्रदेश तथा हिन्दी सी० पी० उन दिनों शक्ति बाजी पर चढ़ा चुके थे। सुदूर प्रदेश से भी सेना चली आ रही थी। सरकार हार गयी, और कौंसिल के दिनों में भी, जिन्दा और

सबल होने के कारण, सत्याग्रह और उसके संचालकों को जी भरकर गालियाँ खानी पड़ीं। यहाँ प्रश्न उठता है कि (सी० पी०) कौंसिल से हमें क्या सहायता मिली। बिना अपनी आलोचना के हम होने वाली घटनाओं को रख देंगे। कौंसिल के सदस्यों में ऐसे-ऐसे एक ही दो होंगे जो इस झंडे को राष्ट्रीय झंडा मानते थे। एक सज्जन मेरे भाई मिस्टर जायसवाल जो मजिस्ट्रेट का आर्डर उठाकर झंडा निकलने देने का एक प्रस्ताव कौंसिल में रखने चले थे राष्ट्रीय झंडे को (खलिस चिन्दी) समझकर सरकार से निवेदन कर रहे थे कि उसके निकलने में कोई रुकावट न डाली जाय। किन्तु सी० पी० सरकार के होम मेम्बर मानते थे कि वह एक दर्जे तक राष्ट्रीय झंडा है। वे उसके प्रभाव और लोगों की उसके लिए लगन की भी उपेक्षा नहीं कर सके थे। अस्तु। कौंसिल के प्रस्ताव पास हो जाने के बाद कौंसिल ने एक लाख रुपया मंजूर करके, सरकार को मानो अपने सत्याग्रह कुचलने के पुण्य कार्य के लिए पुरस्कार दे डाला। फिर इन प्रस्तावों का मूल्य क्या रहा। यह तो इसी बात पर से प्रकट है कि प्रस्ताव पास होते हुए भी जिला मजिस्ट्रेट का आर्डर इस प्रस्ताव के अनुसार अवधि पूरी होने के एक दिन पहिले भी नहीं उठाया गया। खैर, अवधि पूरी होने पर तो कोई प्रतिबन्ध न होना था। नहीं, उस आर्डर की अवधि पूरी होते ही पुलिस-एक्ट की दफा 30 पन्द्रह दिन के लिए लगाकर, झंडे का. जुलूस फिर रोका गया। यह कौंसिल के प्रस्ताव का उपहासपूर्ण अपमान था।

इधर सरकार अपनी समस्त शक्ति स्वयंसेवकों को नागपुर न आने देने पर लगा रही थी। किन्तु रेलवे-स्टेशन पर सैकड़ों गिरफ्तारियों के बाद भी, एक दिन ऐसा नहीं गया, जिस दिन झंडों को लेकर, स्वयंसेवक की टुकड़ी या टुकड़ियाँ गिरफ्तार होने न गयी हों। यही नहीं, एक-दो जत्थों के बजाय, 5-6 जत्थों का जाना उन दिनों प्रारम्भ कर दिया गया था। यह सब कैसे होता था,—श्रीमान् वल्लभभाई के योग्य और समय की गति को परखकर किये जाने वाले अनोखे युद्ध-संचालन से, और उन मित्रों की कृपा से जिन्होंने उस जलती हुई आग में अपने नवयुवकों को, उस कसौटी के प्रसंग पर होम दिया। क्या वे मूर्तियाँ भूली जा सकती हैं जो पैदल चलकर, कष्ट सहकर, भूखों मरकर झंडा ले जाने के लिए सत्याग्रह दफ्तर में पहुँचती थीं और दण्ड हो जाने पर जिन्हें चक्की पीसनी पड़ती थी, गिट्टियाँ फोड़नी पड़ती थीं। क्या उन मित्रों को भूला जा सकता है ज़िनकी आँखें सत्याग्रह संग्राम की बाजी पर गड़ी हुई थीं और जिनके हाथ और हृदय दिन-रात कुमक और धन पहुँचाने और संचालन में सहायता देने में व्यस्त थे। वे प्रत्यक्ष में दूर रहे हों या पास, वे ही विजय के आधार थे। जिन युवाओं ने, अनुशासन के पालन से उस समय मुग्ध किया, वे तो देश की इज्जत हैं।

जब यह दीख पड़ने लगा कि सरकार अब शीघ्र ही विजयी संचालक और

उसके सहायक को पकड़कर लेने को है तब पूज्य श्री वल्लभभाई पटेल ने बाबू राजेन्द्रप्रसादजी को सत्याग्रह संचालन के लिए आमन्त्रित किया और सत्याग्रह के प्रश्न को उज्ज्वल स्वरूप में देश के सामने रखा। सरकार के पुलिस-एक्ट के के निकलने के प्रथम ही उन्होंने घोषणा की कि "कल नागपुर के जिला मजिस्ट्रेट की 144 धारा की तिथि समाप्त हो जायेगी।" (तो भी) परसों हमारा जत्था वर्जित सीमा से होता हुआ सदर बाजार को जायगा। और यदि जुलूस सरकारी अधिकारियों द्वारा छेड़ा गया तो उसे इस युद्ध का नया स्वरूप समझना चाहिए। रोज तीन-तीन के जुलूस, सत्याग्रही वीरों के जाया करते थे। इस घोषणा में 5 स्वयंसेवकों के जाने की बात कही गयी थी।

इसके सिवा उस घोषणा में, कांग्रेस की ओर से सरकार के, झंडे को रोकने के उन कायर बहानों का भी उत्तर दिया गया था जिन्हें आगे रखकर, और झंडे की बात बचाकर सरकार 1764 हिन्दोस्तानियों से, गिट्टी फुड़वा और चक्कियाँ पिसवा रही थी। इस घोषणा में प्रकट किया गया था कि गवर्नर महाशय का यह कहना गलत है कि हम सड़कों पर निरंकुश अधिकार चाहते हैं या हम यूरोपियन अधिवासियों को चिढ़ाने के लिए जुलूस निकालते हैं अथवा हमारी नीयत यूनियन जैक का अपमान करने की है।

पुलिस का आर्डर निकल चुकने के बाद सरकार इस घोषणा के पाते ही विचार में पड़ गयी। अब तो, यदि सरकार झंडे को रोकना चाहती तो वह केवल यही कहकर रोक सकती थी कि "हम इसलिए रोकते हैं कि हम रेवोल्यूशनरी फ्लैग बगावत के झंडे को नहीं निकलने देना चाहते।" इन घोषणाओं के सोचने और प्रगट करने के समय संकट सिर पर नाच रहा था। और युद्ध-संचालक नींद और भूख भूल रहा था। जब मालूम हुआ कि पुलिस एक्ट सामने आ गया तब पाँच के बजाय 100 स्वयंसेवकों का जत्था भेजना तय किया गया और बाबू राजेन्द्रप्रसादजी को तुरन्त आने के लिए तार भेजा गया। सरकारी सम्प्रदाय में भी उस समय खलबली मची हुई थी। तारीख 18 (अगस्त) को 100 स्वयंसेवकों का जत्था वर्जित सीमा में भेजना तय पाया। रात-भर और सबेरे स्वयंसेवकों की खूब जाँच की गयी और अनुशासन के पक्के आदमी चुने गये। किसी स्वयंसेवक को नियुक्त न कर कार्यालय और सेना विभागों का चार्ज लेकर इन पंक्तियों के लेखक को युद्ध संचालक ने सेना-नायकत्व की सेवा का काम सौंपा। जय-ध्वनि और राष्ट्रीय गीत के साथ झंडे वायुमंडल में हिलने लगे। कमज़ोर दिल के कप्तान[1] को तो उस समय भगवान याद आ रहा था।

जुलूस निकलने के पहिले कार्यक्रम छापकर सदा की भाँति, बाँट दिया गया।

1. पुलिस कप्तान

था और उसकी सूचना पुलिस को दे दी गयी थी, उसी तरह, जिस तरह हमारे जत्थे गुजरात से या अन्य स्थानों से चलते थे, और सूचना पुलिस को हो जाती थी। जिससे वह शौक से नागपुर के अंजनी स्टेशन से, जहाँ से नागपुर जेल नजदीक है, स्वयंसेवकों को गिरफ्तार कर लेवे। सत्याग्रह कमेटी की एक सूचना भी ऐसी निकल गयी थी कि स्टेशन पर आकर स्वयंसेवक न झूठ बोलें न अपने को छिपावें। पुलिस के अधिकारियों को रेलवे स्टेशन पर ढूंढ़ लें और कह दें कि हम झंडा सत्याग्रह के लिए आये हैं। अस्तु। पुलिस को जुलूस की सूचना दी गयी। जुलूस वर्जित सीमा में पहुँचा। लाठीबन्द पुलिस तैयार थी। झंडा पुल पर सेनानायक ने गैर-सैनिकों को लौटने की प्रार्थना की और साथ ही सेना के संचालक सैनिकों ही में से नियुक्त किये। और सैनिकों से यह निवेदन किया कि वे जो मृत्यु तक के लिए तैयार न हों और वे जो हाथ और दिलों को काबू में न रख सकें, देश और इस संग्राम की इज्जत के लिए इस संग्राम से अलग हो जायें। झंडा-पुल, झंडा-चौक सब जगह से जुलूस निकलता चला गया। पुलिस कप्तान और हथियारबन्द पुलिस साथ थी। गोली चलाने की स्वीकृति देने वाले और गिरफ्तारी के गवाह बनने वाले मजिस्ट्रेट भी मौजूद थे। श्रीयुत वल्लभभाई पटेल और बाबू राजेन्द्रप्रसाद मोटर पर साथ ही थे। श्री वल्लभभाई के सुयोग्य सेक्रेटरी कई पत्रों के संवाददाता और खेड़ा-सत्याग्रह के लड़ाके श्रीयुत शंकरलाल परीख रिपोर्ट लेते और खबरें पहुँचाते जाते थे। प्रत्येक पद पर सावधानता और चिन्ता थी। सैनिकों को अनुशासन में रहने, और किसी के हृदय को चोट पहुँचाने वाली क्रिया न करने की सख्त सूचनाएँ थीं।

गिरजाघर के कोनेवाली सड़क पर पहुँचने पर पुलिस कप्तान ने गानेवाले बच्चे से कहा, "बच्चे, यहाँ गाना मत गाओ।"

सेना-नायक—वह बच्चा गाना बन्द नहीं कर सकता, जब तक मैं उसे आज्ञा न दूं।

पुलिस सुपरिटेण्डेण्ट—क्या आप कृपया चर्च के सम्मान के लिए गाना बन्द कर देंगे, आप वल्लभभाई से आज्ञा ले लीजिए। चर्च की इज्जत के लिए मैं सोचता हूँ वे आज्ञा दे देंगे।

सेना-नायक—बड़ी खुशी से। चर्च की इज्जत मैं स्वयं चाहता हूँ और इसमें मुझे किसी से पूछने को जरूरत नहीं है। देश का यह झंडा जिसे मैं लेकर जा रहा हूँ, ईसाई धर्म के लिए अपने में स्थान रखता है।

यह कहकर सेना नायक[1] ने इजाजत दी और चर्च निकलने तक गायन बन्द रहा। चर्च निकलते ही, इतने जोर से जयध्वनि हुई कि आकाश गूंज उठा।

---

1. माखनलालजी ने जो उस दिन सेना-नायक थे (संपादक)

सन्ध्या समय सभा में श्री वल्लभभाई पटेल ने 'सत्य, अहिंसा और बलिदान' की विजय की सूचना करके और राष्ट्रीय झंडे की विजय की घमंडपूर्ण बातें न कहकर संग्राम की समाप्ति की घोषणा की। देश की दलबन्दी की कृपा से प्रहार होने लगे। सरकार की ओर से कमिश्नर भी कुछ मूर्खतापूर्ण प्रयत्न कर रहा था किन्तु वल्लभभाई चुप थे। वह तो सैकड़ों सैनिकों के जेल में रहते हुए न तो नागपुर छोड़कर जाना चाहते थे और न ऐसी बातें कहना चाहते थे, जो विजय के बाद परिस्थिति को बेकाबू कर दे। अन्त में जब सब सत्याग्रही दो सप्ताह में छूट गये तब श्री वल्लभभाई पटेल ने, अपनी सब स्थिति स्पष्ट कर दी। सरकारी पत्र-व्यवहार को तो श्री पूज्य वल्लभभाई पटेल ने,—सरकार के झूठा अभिमान करने और दुष्प्रयत्न करने पर, प्रगट कर देने की सूचना कर दी है।

भगवान की कृपा से, कुशल सेनापति के सुयोग्य संचालन से और सबसे अधिक देश की तरुण मंजुल मूर्तियों के हृदय की सचाई और त्याग से यह छोटा-सा संग्राम समाप्त हुआ। इस विजय का गर्व यदि करें, तो वे ही कर सकते हैं जिनकी उठती हुई जिन्दगी कष्ट सहने की ताकत रखती है, जिन युवाओं की सुनहली आशाओं से दमकती सूरतों पर देश-माता गर्व से अपना सिर उठाने को ललचती है, और जिनके बल के विश्वास पर यरोडा (यरवदा) का तपस्वी यह सोचता रहा है कि भारत संसार को बेड़ियाँ तोड़ने का नया रास्ता दिखावेगा।

[प्रभा, 1 अक्टूबर 1923, वर्ष 4, खण्ड 2, संख्या 4]

साहित्य-देवता[1]

साहित्य-देवता

मैं तुम्हारी एक तसवीर खींचना चाहता हूँ।

"परन्तु भूल मत जाना कि मेरी तसवीर खींचते-खींचते तुम्हारी भी एक तसवीर खिचती चली आ रही है।"

अरे, मैं तो स्वयं ही अपने भावी जीवन की एक तसवीर अपने अटेचीकेस में रक्खे हुए हूँ। तुम्हारी तसवीर बना चुकने के बाद मैं उसे प्रदर्शनी में रखने-वाला हूँ। किन्तु, मेरे मास्टर, मैं यह पहले देख लेना चाहता हूँ कि मेरे भावी जीवन को किस तरह चित्रित कर तुमने अपनी जेब में रख छोड़ा है।

"प्रदर्शनी में रक्खो तुम अपनी बनायी हुई, और मैं अपनी बनायी हुई रख दूँ—केवल तुम्हारी तसवीर।"

ना सेनानी, मैं किसी भी आईने पर बिकने नहीं आया। मैं कैसा हूँ, यह पतित होते समय खूब देख लेता हूँ। चढ़ते समय तो तुम्हीं, केवल तुम्हीं, दीख पड़ते हो।

"क्या देखना है?"

तुम्हें; और तुम कैसे हो यह कलम के घाट उतारने के समय, यह हरगिज नहीं भूल जाना है कि तुम किसके हो।

"आज चित्र खींचने की बेचैनी क्यों है?"

कल तक मैं तुम्हारा मोल-तोल कूता करता था, आज अपनी इस वेदना को लिखने के आनन्द का भार मुझसे नहीं सँभलता।

"सचमुच पत्थर की कीमत बहुत थोड़ी होती है; वह बोझीला ही अधिक होता है।

बिना बोझ के छोटे पत्थर भी होते हैं जिनमें से एक-एक की कीमत पचासों हाथियों से नहीं कूती जाती। परन्तु—

"परन्तु क्या?"

मेरे प्रियतम, तुम वह मूल्य नहीं हो जिसकी, अभागे गाहक की अड़चनों को

1. लगभग–समस्त निबन्ध 1920-1925 के मध्य के हैं। अधिकतर 1920-21 की जेलयात्रा के मध्य लिखे गये।—संपादक

देखकर, अधिक-से-अधिक माँग की जाती है।

हाँ, तो तुम्हारा चित्र खींचना चाहता हूँ। मेरी कल्पना की जीभ को लिखने दो; कलम की जीभ को बोल लेने दो। किन्तु, हृदय और मसिपात्र दोनों तो काले हैं। तब मेरा प्रयत्न, चातुर्य का अर्ध-विराम, अल्हड़ता का अभिराम केवल धवलता का गर्व गिरानेवाला श्याम मात्र होगा। परन्तु यह काली बूंदें अमृत-बिन्दुओं से भी अधिक मीठी, अधिक आकर्षक और मेरे लिए अधिक मूल्यवान् हैं। मैं उनसे अपने आराध्य का चित्र जो बना रहा हूँ!

कौन-सा आकार दूँ? मानव-हृदय के मुग्ध संस्कार जो हो! चित्र खींचने की सुध कहाँ से लाऊँ? तुम अनन्त जाग्रत् आत्माओं के ऊँचे और गहरे,—पर स्वप्न जो हो! मेरी काली कलम का बल समेटे नहीं सिमटता। तुम कल्पनाओं के मन्दिर में बिजली की व्यापक चकाचौंध जो हो! मानव-सुख के फूलों और लड़ाके सिपाही के रक्त-बिन्दुओं के संग्रह, तुम्हारी तसवीर खींचूँ मैं? तुम तो वाणी के सरोवर में अन्तरात्मा के निवासी की जगमगाहट हो। लहरों से परे, पर लहरों में खेलते हुए। रजत के बोझ और तपन से खाली, पर पंछियों, वृक्ष-राजियों और लताओं तक को रुपहलेपन में नहलाये हुए।

वेदनाओं के विकास के संग्रहालय, तुम्हें किस नाम से पुकारूँ? मानव-जीवन की अब तक पनपी हुई महत्ता के मन्दिर, ध्वनि की सीढ़ियों से उतरता हुआ ध्येय का माखन-चोर क्या तुम्हारी ही गोद के कोने में 'राधे' कहकर नहीं दौड़ा आ रहा है? अहा, तब तो तुम जमीन को आसमान से मिलानेवाले जीने हो; गोपाल के चरण-चिह्नों को साध-साध कर चढ़ने के साधन! ध्वनि का सीढ़ियाँ जिस क्षण लचक रही हों, और कल्पना की सुकोमल रेशम डोर जिस समय गोविन्द के पदारविन्द के पास पहुँचकर झूलने की मनुहार कर रही हो, उस समय यदि वह झूल पड़ता होगा?—आह, तुम कितने महान् हो? इसी-लिए लाँगफेलो बेचारा, तुम्हारे चरण-चिह्नों के मार्ग की कुञ्जी, तुम्हारे ही द्वार पर लटका गया है, मेरे मास्टर। चिड़ियों की चहक का संगीत, मैं और मेरी अमृत निस्यंदिनी गाय व्रज-लता, दोनों सुनते हैं। "सखि चलो सजन के देस, जोगन बन के धूनी डालेंगे"—मैं और मेरा घोड़ा दोनों जहाँ थे वहीं 'शम्भु' जी ने अपनी यह तान छेड़ी थी। परन्तु वह तो तुम्हीं थे, जिसने द्विपद और चतुष्पद का विश्व को निगूढ़ तत्त्व सिखाया। अरे, पर मैं भूल ही गया; मैं तो तुम्हारी तसवीर खींचने वाला था न?

हाँ, तो अब मैं तुम्हारी तसवीर खींचना चाहता हूँ। पशुओं को कच्चा खानेवाली जबान और लज्जा ढकने के लिए लपेटी जानेवाली वृक्षों की छालें, के

इतिहास से भी परे खड़े हुए हैं; और यह देखो, श्रेणीबद्ध अनाज के अंकुर और शाहज़ादे कपास के वृक्ष बाकायदा अपने ऐश्वर्य को मस्तक पर रखकर भू-पाल बनने के लिए वायु के साथ होड़ बद रहे हैं। इन दोनों जमानों के बीच की जंजीर तुम्हीं तो हो ! विचारों के उत्थान और पतन तथा सीधे और टेढ़ेपन को मार्ग-दर्शक बना तुम्हीं न कपास के तन्तुओं से झीने तार खींचकर विचार ही की तरह आचार के जगत् में कल्याणी पांचाली-वाणी की लाज बचा रहे हो ?

कितने दु:शासन आये और चले गये। तुम्हारी बीन से रात को तड़पा देने-वाली सोरठ गायी थी और सबेरे विश्व-संहारकों से जूझने जाते समय उसी बीन से युद्ध के नक्कारे पर डंके की चोट लगायी थी। नगाधिराजों के मस्तक पर से उतरनेवाली निम्नगाओं की मस्ती-भरी दौड़ पर और उससे निकलनेवाली लहरों की कुरबानी से हरियाली होनेवाली भूमि पर, लज़ीली पृथ्वी से लिपटे तरल नीलाम्बर महासागरों पर, और उनकी लहरों को चीरकर गरीबों के रक्त से कीचड़ सान, साम्राज्यों का निर्माण करने के लिए दौड़नेवाले जहाजों के झंडों पर, तुम्हीं—केवल तुम्हीं लिखे दीखते हो।

इंग्लैंड का प्रधान मंत्री, इटली का डिक्टेटर, अफगानिस्तान का पदच्युत, चीन का ऊँघकर जागता हुआ और रूस का सिंहासन उलटने और क्रान्ति से शान्ति का पुण्याह्वान करनेवाला गरीब—यह तो तुम्हीं हो। यदि तुम स्वर्ग न उतारते तो मन्दिरों में किसकी आरती उतरती ? वहाँ चमगीदड़ टँगे रहते; उलूक बोलते।

मस्तिष्क के मन्दिर जहाँ भी तुमसे खाली हैं, यही तो हो रहा है। कुतुब-मीनारों और पिरामिडों के गुम्बज, तुम्हारे ही आदेश से आसमान से बातें कर रहे हैं।

आँखों की पुतलियों में यदि तुम कोई तसवीर न खींच देते तो वे बिना दाँतों के ही चींथ डालतीं; बिना जीभ के ही रक्त चूस लेतीं।

वैद्य कहते हैं धमनियों के रक्त की दौड़ का आधार हृदय है—क्या हृदय तुम्हारे सिवा किसी और का नाम है ?

व्यास का कृष्ण और वाल्मीकि का राम जिसके पंखों पर चढ़कर हजारों वर्षों की छाती छेदते हुए आज भी लोगों के हृदयों में विराज रहे हैं ? वे चाहे कागज के बने हों, चाहे भोज-पत्रों के, वे पंख तो तुम्हारे ही थे।

रूठो नहीं, स्याही के शृंगार, मेरी इस स्मृति पर तो पत्थर ही पड़ गये कि—

मैं तुम्हारा चित्र खींच रहा था।

परन्तु तुम सीधे कहाँ बैठते हो ? तुम्हारा चित्र ? बड़ी टेढ़ी खीर है !

सिपहसालार, तुम देवत्व को मानवत्व की चुनौती हो। हृदय से छनकर, धमनियों में दौड़नेवाले रक्त की दौड़ हो और हो उन्माद के अतिरेक के रक्त-तर्पण भी।

आह, कौन नहीं जानता कि तुम कितनों ही की वंशी की धुन हो; धुन वह, जो गोकुल से उठकर विश्व पर अपनी मोहिनी का सेतु बनाये हुए है। काल की पीठ पर बना हुआ वह पुल मिटाये मिटता नहीं, भुलाये भूलता नहीं।

ऋषियों का राग, पैगम्बरों का पैगाम, अवतारों की आन युगों को चीरती किस लालटेन के सहारे हमारे पास तक आ पहुँची? वह तो तुम हो। और आज भी कहाँ ठहर रहे हो? सूरज और चाँद को अपने रथ के पहिये बना, सूझ के घोड़ों पर बैठे, बढ़े ही तो चले जा रहे हो प्यारे! उस समय हमारे सम्पूर्ण युग का मूल्य तो मेल ट्रेन में पड़ने वाले छोटे से स्टेशन का-सा भी नहीं होता।

पर इस समय तुम मेरे पास बैठे हो।

तुम्हारी एक मुट्ठी में भूतकाल का देवत्व छटपटा रहा है—अपने समस्त समर्थकों समेत; दूसरी मुट्ठी में विश्व का विकसित पुरुषार्थ विराजमान है।

धूल के नन्दन में परिवर्तित स्वरूप कुञ्जविहारी, आज तो कल्पना की फुलवारियाँ भी विश्व की स्मृतियों में तुम्हारी तर्जनी के इशारों पर लहलहा रही हैं।

तुम नाथ नहीं हो, इसीलिए कि मैं अनाथ नहीं हूँ। किन्तु हे अनन्त-पुरुष, यदि तुम विश्व की कालिमा का बोझ सँभालते मेरे घर न आते तो ऊपर आकाश भी होता और नीचे जमीन भी; नदियाँ भी बहतीं, और सरोवर भी लहरते; परन्तु मैं और चिड़ियाँ, दोनों, और छोटे-मोटे जीव-जन्तु स्वाभाविक लता-पत्रों और अन्नकणों से अपना पेट भरते होते। मैं भर वैशाख में भी वृक्षों पर शाखा-मृग बना होता। चीते-सा गुर्राता, मोर-सा कूकता और कोयल-सा गा भी देता।

परन्तु मेरा और विश्व के हरियालेपन का उतना ही सम्बन्ध होता जितना नर्मदा के तट पर हरसिंगार की वृक्ष-राजि में लगे हुए टेलीग्राफ के खम्भे का नर्मदा से कोई सम्बन्ध हो।

उस दिन भगवान् 'समय' न जाने किसका, न जाने कब, कान उमेठकर चलते बनते? मुझे कौन जानता? विन्ध्य की जामुनों और अरावली की खिरनियों के उत्थान और पतन का इतिहास किसके पास लिखा है! इसीलिए तो मैं तुमसे कहता हूँ—

"ऐसे ही बैठे रहो, ऐसे ही मुसकाहु।"

क्यों?

इसलिए कि अन्तरतर की तरल-तूलिकायें समेटकर, अराजक! मैं तुम्हारा चित्र खींचना चाहता हूँ।

क्या तुम अराजक नहीं हो? कितनी गद्दियाँ तुमने चकनाचूर नहीं कीं?

कितने सिंहासन तुमने नहीं तोड़ डाले ? कितने मुकुटों को गलाकर घोड़ों की सुनहली खोगीरें नहीं बना दी गयीं ?

सोते हुए अखण्ड नरमुण्डों के जागरण, नाड़ी रोग के ज्वर की माप बताने में चूक सकती है, किन्तु तुम मुग्ध होकर भी जमाने को गणित के अंकों जैसा नपा-तुला और दीपक जैसा स्पष्ट निर्माण करते चले आ रहे हो। आह, राज्य पर होनेवाले आक्रमण को बर्दाश्त किया जा सकता है, किन्तु मनोराज्य की लूट तो दूर, उस पर पड़नेवाली ठोकर कितने प्रलय नहीं कर डालती।

सोने के सिंहासनों पर विराजमानों की हत्याओं से जमाने के मनस्वियों के हाथ लाल हैं और नक्शे पर दिये जानेवाले रंग की तरह उस शक्ति की सीमा निश्चित है। परन्तु मनोराज्य की मृगछाला पर बैठे हुए बिना शस्त्र और बिना सेना के बृहस्पति के अधिकार को चुनौती कौन दे सके ?

मनोराज्य पर छूटनेवाला तीर प्रलय की प्रथम चेतावनी लेकर लौटता है। मनोराज्य के मस्तक पर फहराता हुआ विजय-ध्वज जिस दिन धूलि-धूसरित होने लगे उस दिन मनुष्यत्व दूरबीन से भी ढूँढ़े कहाँ मिलेगा ? उस दिन, ज्वालामुखी फट पड़ा होगा, वज्र टूट पड़ा होगा।

प्यारे, शून्य के अंक, गति के संकेत और विश्व के पतन-पथ की तथा विस्मृति की गति की लाल-झंडी तुम्हीं तो हो। 'तुम्हारा रंग उतरने पर वह आत्मतर्पण ही है जो फिर तुम पर लालिमा बरसा सके। जिस मंदिर का झंडा लिपट जाय, वह डाँवाडोल हो उठे, उसमें नर-नारायण नहीं रहते। उस देश को पराये चूल्हे अभी धोने हैं, अपने मांस से पराये चूल्हे अभी सौभाग्यशील बनाये रखने हैं; पराई उतरन अभी पहननी है। मैं, प्रियतम, तुम्हारी—

"उतरन पहनी हुई तसवीर नहीं खींचूंगा !"

उतरन—बुरी तरह स्मरण हो आया ! बुरे समय, बुरे दिनों। अपना कुछ न रखनेवाला ही उतरन पहने।

जो क्षितिज के परे अपनी अँगुली पहुँचा पावे, जो प्रत्यक्ष के उस ओर रक्खी हुई वस्तु को छू सके, वह उतरन क्यों पहने ?

फ्रेंच और जर्मन जैसी भाषाओं का आपस का लेन-देन उतरन नहीं, वह तो भाईचारे की भेंट है।

एक भिखारिन माँ मेरी भी है। उसने भी रत्न प्रसव किये हैं। पत्थरों से बोझीले, कंकड़ों से गिनती में अधिक; खाली अन्तःकरण में मृदंग से अधिक आवाज करनेवाले।

मातृ-मन्दिर में उतरन पर एक दूसरे से होड़ ले रहा है। उतरन-संग्रह की बहादुरी का इतिहास उसकी पीठ पर लदा हुआ है।

गत वर्ष होनेवाले विश्व-परिवर्तनों के छपे, पुराने अखबारों पर, आज हम हवाई जहाज के नये आविष्कार की तरह बहस करते हैं।

वीणा, बंसी और जल-तरंग का सर्वनाश ही नहीं हो चुका; हारमोनियम और पियानो भी किस काम आएँगे ?

हमारा कोई गीत भी तो हो ? कला से नहलाया हुआ, हृदय तोड़कर निकला हुआ।

वीणा में तार नहीं, दिल में गुबार नहीं।

न जाने हम तुम्हारा जन्मोत्सव मनाते हैं या मरण-त्यौहार ? बैलगाड़ी पर बैठे-बैठे हवाई जहाज देखा करते हैं। बिल्ली के रास्ता काट जाने पर हमारा अपशकुन होता है; किन्तु बेतार का तार स्विट्जरलैंड की खबर आस्ट्रेलिया पहुँचाकर भी हमारी श्रुतियों को नहीं छूता ! तब हमारी सरस्वती से तो उसका सम्बन्ध ही कैसे हो सकता है ? एंजिन के रूप में धधकती हुई ज्वालामुखी का एक व्यापार हमारी छाती पर हो रहा है।

प्यारे, इस समय अधोगति की ज्वाल-मालाओं में से ऊँचा उठने के लिए आकर्षण चाहिए। कृषकों ने इसी लालच से तो तुम्हारा नाम कृष्ण रक्खा होगा।

जरा तुम युग-संदेशवाहिनी अपनी बाँसुरी लेकर बैठ जाओ। रामायण में जहाँ बालकाण्ड है, वहाँ लंकाकाण्ड भी तो है। तुम्हारी तान में भैरवी भी हो, कलिंगड़ा भी हो।

जरा बंसी लेकर बैठ जाओ। मैं तुम्हारा चित्र मुरलीधर के रूप में चाहता हूँ।

"शिव संहार करते हैं"—कौन जाने ? किन्तु मेरे सखा, तुम जरूर महलों के संहारक हो। झोंपड़ियों ही से तुम्हारा दिव्य गान उठता है। किन्तु यह हमारी पर्ण-कुटी देखो। जाले चढ़ गये हैं, वातायन बन्द हो गये हैं। सूर्य की नित्य नवीन प्राण-प्रेरक और प्राण-पूरक किरणों की यहाँ गुजर कहाँ ? वे तो द्वार खटखटाकर लौट जाती हैं।

द्वार पर चढ़ी हुई बेलें पानी की पुकार करती हुई बिना फलवती हुए ही अस्तित्व खो रही हैं। पितृ-तर्पण करनेवाले अल्हड़ों को लेकर मैं इस कुएँ का कूड़ा साफ करने ही में लग जाना चाहता हूँ। कितने तप हुए कि इस कुटिया में सूर्य-दर्शन नहीं होते। मेरे देवता ! तुम्हारे मन्दिर की जब यह अवस्था किये हुए हूँ, तब बिना प्रकाश, बिना हरियालेपन, बिना पुष्प और बिना विश्व की नवीनता को तुम्हारे द्वार पर खड़ा किये, तुम्हारा चित्र ही कहाँ उतार पाऊँगा ?

विस्तृत नीले आसमान का पत्रक पाकर भी, देवता ! तुम्हारी तसवीर खींचने में शायद दैवी चितेरे इसीलिए असफल हुए; उन्होंने चन्द्र की रजतिमा

की दावात में कलम डुबोकर चित्रण की कल्पना पर चढ़ने का प्रयत्न किया और प्रतीक्षा की उद्विग्नता में सारा आसमान धबीला कर चलते बने। इस बार मैं पुष्प लेकर नहीं, कलियाँ तोड़कर आने की तैयारी करूँगा; और ऐ विश्व के प्रथम प्रभात के मन्दिर, उषा के तपोमय प्रकाश की चादर तुम्हें ओढ़ाकर, तुम्हारे उस अन्तरतर का चित्र खींचने आऊँगा, जहाँ तुम अशेष संकटों पर अपने हृदय के टुकड़े बलि करते हुए, शेष के साथ खिलवाड़ कर रहे होगे।

आज तो उदास, पराजित और भविष्य की वेदनाओं की गठरी सिर पर लादे, मेरे बाग में उन कलियों के आने की उम्मीद में ठहरता हूँ, जिनके कोमल अन्तस्तल को छेदकर उस समय जब तुम नगाधिराज का मुकुट पहने दोनों स्कंधों से आनेवाले संदेशों पर मस्तक डुला रहे होगे, गंगी और जमुनी का हार पहने बंग के पास तरल चुनौती पहुँचा रहे होगे, नर्मदा और ताप्ती की करधनी पहने विन्ध्य को विश्व नापने का पैमाना बना रहे होगे, कृष्णा और कावेरी की कोर-वाला नीलाम्बर पहने विजयनगर का संदेश पुण्य-प्रदेश से गुजारकर सह्याद्रि और अरावली को सेनानी बना मेवाड़ में ज्वाला जगाते हुए देहली से पेशावर और भूटान चीरकर अपनी चिर-कल्याणमयी वाणी से विश्व को न्यौता पहुँचा रहे होगे; और हवा और पानी की बेड़ियाँ तोड़ने का निश्चय कर, हिन्द महासागर से अपने चरण धुलवा रहे होगे—

—ठीक उसी सन्निकट भविष्य में, हाँ सूजी से कलियों का अन्त:करण छेद, मेरे प्रियतम, मैं तुम्हारा चित्र खींचने आऊँगा।

तब तक चित्र खींचने योग्य अरुणिमा भी तो तैयार रखनी होगी।

बिना मस्तकों को गिने और रक्त को मापे ही मैं तुम्हारा चित्र खींचने आ गया।

देवता, वह दिन आने दो; स्वर सध जाने दो।

[बिलासपुर जेल : 1920]

मुक्ति भरत जहँ पानी

एक मेरे घर ही में रहता है, पर जीवन-भर हम एक-दूसरे से नहीं मिले। एक नर्मदा-तट छोड़कर, गंगा-तट पर रहता है, पूरे चार सौ मील की दूरी पर; पर हम रोज लड़ भी लेते हैं, शिकायत भी कर लेते हैं, प्रसन्न भी हो लेते हैं, और रूठ भी लेते हैं। एक-दूसरे के बिलकुल पास रहते हैं।

हृदय के संयोग पर विजय पाकर, सन्तों ने जीवन के वियोग का दिवाला काढ़ दिया। भीगी पलकों के 'कुछ और ही' स्वाद को हृदय से अँगुलियों पर

उतारने का पागलपन कैसे सधे ? खारी बूंदों का सलोनापन, काली बूंदों में आवे ? कैसे, किस रास्ते होकर ?

मिलन-सुख की माँग ?—वह करे, जो वियोग के मूलधन को स्वीकृत करे। मुक्ति माँगना भक्तों का बाना नहीं; वे तो बाहर के वियोग को हठ कर न्योतने जाते हैं, इसके बिना अंतर की एकरसता का उनमें ज्वर ही नहीं चढ़ता, ज्वार ही नहीं बढ़ता। अंतर में, 'राजाजी' से एक हो जाना, मीरा के गिरधर का प्यार है, तुलसी के रघुनाथ की घुंघराली लटों की लटकन है, तुकोबाराय (तुकाराम) के विठोबा के पदों की आहट है, सूर की अपने गोपाल को बेबसी के वैभव से भरी फटकार है।

भक्ति ?— वह तो है मुक्ति के माथे की लाली, मुक्ति के सुहाग का सिन्दूर-बिन्दु ! लोकमान्य ने गीता-रहस्य में संन्यासियों पर एक तीर छोड़ा है— "संन्यासी होने पर भी मनुष्य को मोक्ष का लालच तो रहता ही है।" विनोबा ठीक कहते हैं कि यह तीर, भक्तों के सन्मुख नहीं ठहरेगा। तुका और तुलसी, सूर और मीरा ने लालच को ही संन्यास देकर—घर छोड़ा था, तब फिर उनके पास कौनसा लालच रह जाता, लालच छोड़ने के लालच के सिवा ? भक्ति की 'भाजी बिन लौन' के सामने, 'मुक्ति की महमानी' का मूल्य ही कितना ?

"वृन्दावन के राजा हैं दोउ श्याम राधिका रानी,
चारि पदारथ करत मजूरी मुक्ति भरत जहँ पानी।"

किन्तु 'छायावादी' के नाम से बदनाम के मुँह से निकलनेवाली वाणी पर कितने नाराज ? वेदान्त की रेतीली आवाज में 'सोऽहमस्मि' सुनकर हम समझ भी लेते हैं, सिर भी डुला देते हैं। किन्तु यही बात यदि कोई आँसुओं से भिगोकर भक्ति की सरस्वती में कह दे ?—वह अपराधी !

जो आस-पास बहनेवाले मन्द समीरण से कानाफूसी करता है, जो तितलियों से खेलता, चिड़ियों से मिलकर चहकता, गंगा और यमुना के स्वर से स्वर मिलाकर अपनी मीठी स्मृतियों को दुहराता, जो उद्दण्ड होने पर हवा पर ताने कसता, कलियों की चटक का चुटकियाँ बजाकर समर्थन करता है, उसे रोकनेवाला कौन ?

काम का बोलना ही उससे बड़ी कठिनाई से होता है, फिर वह बोलने का काम अपने पास कैसे पाल सके ?

खीझ और रीझ दोनों ही को उसके पागलपन पर डाका डालने का अधिकार नहीं, जब तक वे किसी हृदय से, आँसुओं के अक्षरों में लिखी न आयी हों। उसके एक ही स्वर होता है—

"नन्द के कुमार कुरबान तेरी सूरत पै,
तेरे लिए प्यारे हिन्दुआनी हो रहूँगी मैं।"

भक्तों की यही आन, हृदय की यही बेबसी, प्राणों का यही खिलवाड़, मानवता का सनातन धर्म है। चाहे कोई सूली के खम्भे से लटककर 'अनलहक' कह दे; चाहे कोई विष का प्याला पीकर 'माई मैंने गोविन्द लीन्यो मोल' कह दे, चाहे कोई युगों की वाणी में 'स्याम रूपि सुचि रुचिर कसौटी, चित कंचनहि कसैहों' कह दे।

जनता

यह अँगड़ाई, यह आलसी, यह शिथिलता तेरी ?

"एकरसता मेरा स्वभाव है। शान्ति मेरा जीवन है।"

पर तुम्हें भयंकर होते कितनी देर लगती है ?

"मैं तो समुद्र की लहरों के समान फैली हुई हूँ; एक दूसरी से टूटी हुई, जल-बिन्दुओं में बँटी हुई। सतह के बन्दीखाने में रहनेवाली मेरी अल्पता से बड़प्पन की आशा क्यों करते हो ?"

विश्व का बड़प्पन, उसकी भयंकरता, उसकी कठोरता, उसका सारा विनाशत्व वृक्षों, घाटियों, पत्थरों और पर्वत-मालाओं तथा हिंस्र जन्तुओं के रूप में शतरंज के खेल की तरह उघाड़ा—बिना ढँका—पड़ा हुआ है।

देवि, तुम भी ऊँची हो, नीची हो, गहरी हो, विस्तृत हो, गतिशीला हो। केवल तुम्हारे ऊँचे टीले और तुम्हारी गोद में रहनेवाले भयंकर जीव तुम्हारी ठण्डी तरलाई की चादर ओढ़े विश्व की ओट से परे पड़े हुए हैं।

तुम्हारी ठंडक में कोई आग नहीं लगाना चाहता, किन्तु क्या यह कोई बड़ी माँग है कि जब तुम्हारा तरलतम अंतःकरण ठुकराने के लिए भी और तुम्हारे अन्तरतम में निवास करनेवाली रत्नों की राशि लूट ले जाने के लिए भी तुम पर चढ़ाई हो, तब जहाँ तुम समस्त भूमण्डल को निगलने की सामर्थ्य रखती हो तहाँ तुम्हारी छाती को छेदने और तुम्हारी तरंगों की मर्जी पर जीनेवाला शत्रु का जहाजी बेड़ा तुमसे निगला न जा सके।

देवि, यह तो जल-बिन्दुओं के ज्वार बनने का समय है। लहरों के, टूटकर, जल-बिन्दु हो जाने का नहीं।

"दीवाने, मेरी ठंडक पर विश्व गर्व करता है। कलकल-नाद की कवि कहानी लिखते हैं। मुझसे प्राण-संचार की आशा की जाती है। इसीलिए मेरी बूँदों ने 'जीवन' नाम पाया है। मैं तो तेरा संगीत हूँ—मोहक हूँ, मधुर हूँ, आकर्षक हूँ। इस ठंडक, इस मस्ती, इन लहरों में तो मेरी गोद में खेलनेवाले का ब्रह्मज्ञान भी भुला डालने का दावा रखती हूँ। मेरी इस मोहकता से तुम कौन-सा संहार किया

चाहते हो ?"

देवि ! मैं तुम्हारी यह बात हरगिज नहीं भूलता कि तुम हिन्द-महासागर जैसी हो। हाँ, तुम्हारी तरलाई का नाम जीवन भी है और वन भी है। जीवन हो—अपनी गोद में खेलनेवालों के लिए। और वन हो—अन्तरतम लूटने के लिए आनेवाले लुटेरों के बल की परीक्षा लेने के लिए।

छोटे-से सरोवर के अन्तरतम को ठुकराने पर, वह भी अत्याचारी के लिए, अपना चिर-संचित कीच सतह पर फेंक देता है। उसके अन्धकार में सरोवर की गोद में निवास करनेवाले छोटे-छोटे जल-जन्तुओं को घातक देख नहीं पाता।

ऐ महानदों और सरोवरों की स्वामिनी, क्या तुम्हारी गोद ही चोरी और बटमारी के लिए खुली छोड़ दी गयी है ?

माना, तुम्हारी लहरों के तार मिलने पर तुम मधुर हो, मोहक हो, आकर्षक हो। जिस दिन तुम्हारे घर की तुम खुद स्वामिनी हो, उसी दिन यह काव्य-शास्त्र का विनोद शोभता है। मैं तो तुम से निवेदन करता हूँ कि घातकों के जहाजी बेड़े तुम्हारे तरल-अन्त:करण को चीरने आ पहुँचे हैं। उनके प्रहारों का जवाब लहरों की संगीतमयी मृत्यु से नहीं—उनके ज्वारपूर्ण चीत्कार से दो।

तुम्हारा एक बार उठ पड़ना बड़े-से-बड़े बेड़ों को निगल सकता है। यह तो लहरियों के गुनगुनाने और तुम्हारे चुटकियाँ बजाने का समय नहीं है। इन जहाजी थपेड़ों पर तुम अपनी अनन्त गहराई के गर्भ में छुपे हुए जल-जन्तुओं को जागरण का सन्देश पहुँचाओ। लहरों को पर्वत-शिखरों की समता करने के लिए उत्तेजित होने दो।

देवि, इस समय शान्त सतह का गर्व न करो; तुम्हारी तली भयंकर है, इसका अभिमान करो। जिसमें टीले हैं, खाइयाँ हैं और भयंकर हिंस्र प्राणी भी हैं। उस इतिहास को यहीं आकर झूठा न होने दो जिसमें चौथा जार्ज, फ्रान्स का तख्तनशीन, मंचमंडित—मंचू-मुकुटधारी और संहार का अवतार जार—जो भी तुम पर लूट-खसोट करने आये, जिन्होंने भी तुम्हारे अन्तस्तल को झकझोरा वे अपने सिंहासन पर जिन्दा लौटकर नहीं गये। ऐसे कितने संहारक पर्वतों को तुमने कल्पना की वस्तु नहीं बना डाला ? जिनकी शिलाएँ चित्रित भले हों, पर उनमें न नोक है, न बोझ है और न बल है !

"तब क्या तू चाहता है कि मेरी गोद में कोई खेले ही नहीं ?"

महामाया, मैं यह नहीं चाहता। खेलें वह, जो तुम्हारे अपने हों। खेलें वह, जो तुम्हारे अपने बन कर रहें। खेलें वह, तुम्हारी गोद के धन, जिनकी माताओं की गोद में समान आदर और स्नेह के साथ खेल सकें। तरलाई की देवता, जो खेलें, तुम्हारी लहरों की मर्जी पर खेलें; तुम्हारी तरंगों की इच्छा पर। खेलें उसी

समय तक, जब तक तुम्हारा अन्तःकरण न ठुकराया जाय, तुम्हारे अन्तरतर की रत्न-राशि न लूटी जाय।

लुटेरे को जानने दो कि तुम्हारा हास्य यदि वरदान दे सकता है तो तुम्हारी आत्म-रक्षापूर्ण उथल-पुथल प्रलय कर सकती है। और तुम समुद्र जैसी ही तो हो। समुद्र में तो कितने ही गुमराह हो जाते हैं; किन्तु दयामयी, तुम तो सदियों से घातकों के लिए अपने अन्तर का दिव्य द्वार खोले बैठी हो!

"तब क्या मैं वह सब कुछ निगल जाऊँ जो मेरी सतह पर है?"

सृष्टि-मेखला, मैं यह कब कहता हूँ? जो तुम्हारी लहरों को नहीं तोड़ते-मरोड़ते, जो तुम्हारी सतह को नहीं झकझोरते, जो विश्व के गुमराहों को राह पर चलाते हैं और स्वार्थ के लिए अपने प्रकाशित मस्तकों को नीचा कर जो तुम्हारी रत्न-राशि को लूटने के लिए नीचे नहीं होते, विश्व के उन प्रकाश-स्तम्भों को ठुकराने की बात मैं तुमसे कब कहता हूँ? वे तुम्हारी गोद की शोभा हैं। वे तुमसे निगले भी नहीं जा सकते।

"कौनसा है यह व्यापार? पुष्प के शस्त्रों के वध करने का यह तुम्हारा कैसा हठ है?"

"विश्व की बाँसुरियों के सुर में मैं अपने सुर मिलाये रहती हूँ। श्रमिकों को पता है कि मेरी लहरियों ने दान में उन्हें लिपटना, चिपटना, आलिंगन और चुम्बन प्रदान किया है और आज तुम रण-निमंत्रण लेकर आये हो।"

"जिस समय मैं अपने बाण कान तक खींच बैठूंगी, जिस समय मेरी तरल लहरें थपेड़े बनकर सतह की सीमा को औंधा-सीधा करने लगेंगी, उस समय जानते हो, वह घुड़की, वह झिड़की और वे प्रहार काबू से बाहर हो जावेंगे; स्वयं मेरे भी काबू से बाहर?"

"उस समय जिस तरह करारा तलवार का वार जिरह-बख्तर पर खट्ट कर उठता है, उसी तरह मेरी लहरों के प्रहारों से चट्टानें चिंघाड़ उठेंगी। उस समय शान्ति का गर्व करनेवाला अन्धकार काँप उठेगा और अपने निरीश्वरपूर्ण हृदय में ईश्वर के अनुराग का आरोप कर अभ्यर्थना करेगा—न हो, न हो यह अधिक समय तक।"

रात्रि रूपे की बूटेदार साड़ी पहने क्रान्तिकारिणि देवि, तुम्हारा स्वागत कर रही है। वह तुम्हारी उथल-पुथल में वैधव्य को भी सौभाग्य समझने के लिए प्रस्तुत है यदि पुनः प्रभात की आजाद किरण आकर तुम्हारे बन्दीखाने के द्वारों को खोले।

"तो लो, कोमलता से बनी मेरी सहस्र-सहस्र कर-मालायें अपने क्रूरतम रूप में समर्पित हैं। कलकण्ठी की होड़ लेनेवाला कलरव अघटन-घटनासूचक कोलाहल के रूप में है। अब श्रद्धा भी गुमराह न कर पायेगी, धीरज भी डाका न डाल

पायेगा। अब अपने चन्द्र जैसे प्रकाशित पुत्र की बलि के मूल्य पर भी उषा का स्वागत होने ही पर मैं अपने शस्त्र रखूँगी।"

अँगुलियों की गिनती की पीढ़ी

साहित्य का उचित स्थान वह हृदय है, जिसमें पीढ़ियाँ और युग अपने विश्वास को धरोहर की तरह छिपाकर रख सकें। ऐसे हृदय ही में कला का उदय होता है। हम तो 'कुछ न' करने के आदी होते हैं, और 'न कुछ' को सम्पूर्ण मानकर उस पर गर्व करने लगते हैं; तब यही माप हमारी कला का भी क्यों न होगा ? पुष्प की सुन्दरता और सुगन्ध से मतवाला हृदय उसके लता या वृक्ष की पूँछ-ताँछ करता है; और कला से प्रभावित और आसक्त व्यक्ति उस जाति की पूँछ-ताँछ किया करता है जिसमें कलाकार ने जन्म लिया है। कागजों, दीवारों और पत्थरों पर तो सपने उतर आये हैं; उनकी आकृतियों और आकर्षणों ने वहाँ जन्म नहीं लिया। उनके जन्म-स्थल को यशोदा की गोद तो है,—हमारी कसमसाहट का बोझ सँभालनेवाली वह दृढ़ता, जिसकी सुलग से अनन्त जीवनों की एकत्र चिनगारियाँ एकांत में उतर पड़ती हैं; और लोहे से या बालों से बनी कलम को हिला देने पर किसी जाति का उल्लास, विलास, वेदना और बलिदान बनकर वह कागज, पत्थर या दीवारों पर उतर आती है। उस समय कलाकार 'सोऽहमस्मि' कह उठता है। वेदान्त की रेतीली वाणी में नहीं। उसकी अपनी वाणी होती है—

"प्रेम गली अति साँकरी, या में दुइ न समाँय।
'मैं' देखूँ तो 'वह' नहीं, 'वह' देखत 'मैं' नाँय॥"

किन्तु जो वेदान्त के सोऽहमस्मि के आडम्बर को सह जाते हैं, वे प्रिय के इस स्वरूप-दर्शन में सौ-सौ दोष निकालते हैं।

पुस्तकों में और उनके नियमों में जिस तरह प्रभु नहीं रहते, किन्तु युग की सीमा-रेखा बननेवाले व्यक्तियों को देखकर—उनके चरणों के चिह्नों को ढूँढ़-ढूँढ़कर, ग्रन्थों के नियमों का नियमन होता आया है; उसी तरह पत्थर, मिट्टी और कागज पर किये गये कौशल, कलाकारों का निर्माण नहीं किया करते; अपने अन्तर के 'मनमोहन' की बिखरन ही, उन पदार्थों पर कलाकार डाल जाते हैं।

चिड़ियों की चहक, पुष्पों की महक, कलियों की मुसकराहट, सतपुड़ा के शिखरों की बेजोड़ हरियाली होड़, और उस पर बेतवा नदी का कभी कंकण, कभी किंकिणि और कभी नूपुर बन जाना और नर्मदा या ताप्ती का कभी कण्ठ-हार, कभी करधनी और कभी विष्णु-पदी बन जाना, और गंगा, जमुना, इरावती

और सिन्धु का हिम-किरीट से निम्नगा सिद्ध होना ही वे स्थल हैं, जो कलाकार की संचित कोमलता को गुदगुदाकर, इन्द्र-धनुष के रंग उस पर चढ़ाते हैं; और अन्तर का पानी आँखों से उतरकर, सपनों को सजीव करने का द्रव्य प्रस्तुत कर देता है।

कलाकार हजारों वर्ष पुरानी ऐतिहासिक दूरी को अपने अन्तर की प्रत्यंचा से इसलिए नहीं छूते कि वे व्यास और वाल्मीकि का, होमर और अरस्तू का युग पुनः निर्माण कर देनेवाले विधाता बनना चाहते हैं।

"उतरे हुए जमाने को, जीवन में उतारने के कारण, हम उतरे हुए आमों की तरह, उतरा हुआ जीवन बना लेते हैं; और जब हमारी कला उतरी हुई पीढ़ियों का निर्माण कर देती है, जिसमें परिस्थिति की पर्वत-मालाओं पर चढ़ने का बल नहीं होता, तब हम सतह से बहुत नीचे की कला में स्वयं बैठ कर भी अपने को सातवें आकाश पर अनुभव करते हैं और अपने द्वारा निर्मित होनेवाली पीढ़ी को नगण्य कहकर कोसने लगते हैं।

किन्तु नवीन पीढ़ी तो युग के कलाकार के ही आकलन का अपराध है।

कलाकार तो भूतकाल को, सुनहले भूतकाल को भी, अपनी अन्तर की आँखों की छोरों से इसलिए छूता है कि वह शक्ति भर भूतकाल की गहराई माप कर अपनी आकांक्षा का एक माप बना ले और उसको उठाकर जब वह भविष्य की ओर रख दे और उससे कुछ आगे अपनी कला-बिन्दुओं की सीमा खींच दे तो विश्व में, युग से होड़ लेती हुई उसे अपनी एक अमर पीढ़ी दिखाई दे।

यदि इरादों पर पहुँचने में रेल के टिकट काम आ जाया करते, तो कला के स्वर्ग को हम पत्थरों और कागजों से छू सकते थे।

स्वप्नों को पकड़ने का पथ तो अन्तरतर के स्वप्न-देश ही में से है।

हवाई जहाज पर चढ़कर जिस तरह हम हिमालय, विन्ध्या और सतपुड़ा की ऊँचाई-निचाई से परे हो जाते हैं और उच्चता की एकरसता में, एकरसता की उच्चता की दुनिया में पहुँचकर, उसे पार करते होते हैं; उसी तरह जब हम अपने स्वप्नों के जागरण में होते हैं तब हम अपनी पीढ़ियों के ऐसे ही वायुयान बन जाया करते हैं।

कला की पीढ़ी अँगुलियों की गिनती पर होती है। गंगा से कृष्णा की दूरी ही की तरह एक गरीब की दूसरे गरीब से दूरी होती है, किन्तु उनके इरादों के 'अपनी पर आने' का सेतु बँध जाने पर, जमाना-का-जमाना, इस पार से उस पार, और उस पार से इस पार होता रहता है।

उस कला का वाहन, कलाकार का विज्ञापन चिपकाये रहनेवाला शरीर नहीं है; न उसका वाहन विलास है, न उल्लास; न सिसक है न मुसुक। उसका वाहन तो वह प्रेरणा है, जिस पर वह अपने सम्पूर्ण इरादों और स्वप्नों को लेकर बैठ

जाती है, और तिस पर भी वह समय की दौड़ से आगे बढ़ जाया करती है। समय के साथ रहने पर तो सूरज और चाँद, अपने प्रकाश से उसे हराकर, बड़े बन जाने के अधिकारी हो जाते हैं।

इसलिए कलाकार, राहगीर का समय काटने की वस्तु-मात्र नहीं होता, वह समय का पथ-प्रदर्शक, राहगीर होता।

कलाकार कैसे जाने कि उसका आराध्य उसका अपना है? विश्व-निर्माता ने उसे अपनाया है? निर्माता की तान में अपनी तान मिल जाने की पहिचान तो यही है न, कि भक्त-भावन की तरह भक्त भी निर्माता हो। तभी तो मानव दम्भ की कुटिलता और ग्रन्थों की जटिलता के परे, 'सोऽहमस्मि' के कुछ मानी रह जावेंगे।

निर्माण जिसका बचपन हो, निर्माण जिसका अध्ययन; निर्माण जिसका चिन्तन हो, निर्माण जिसकी कमाई; और निर्माण ही जिसका औदासीन्य और आनन्द हो, विषाद और विनोद हो; तब निर्माण ही उसकी चिरसमाधि क्यों न हो? उसे निर्माण की समाधि न कहेंगे; वह तो पंचत्व को प्राप्त होकर भी, समाधि के द्वारा, पीढ़ियों में, प्रेरणा के रूप में जीवित रहनेवाला निर्माण ही कहा जावेगा; निर्माता की जिम्मेवारी पूरी करनेवाला, निर्माता की वह अपनी चीज होगा!

रोज़ उत्थान के अभाव और पतन की पराकाष्ठा से भरा जानेवाला हमारा पेट, जीवन के प्रकटीकरण की भूख अनुभव ही नहीं करता। किन्तु जो इस भूख को अनुभव करते हैं, उनका एकान्त, अस्तित्व की बस्ती है और उनकी निकम्मी घड़ियाँ कला के अस्तित्व का श्वासोच्छ्वास हैं।

फ़ुरसत की घड़ियाँ कुछ लोगों की सनक की घड़ियाँ हैं, कुछ लोगों की लाचारी की घड़ियाँ; कुछ लोगों की काहिली की घड़ियाँ हैं और कुछ लोगों की नाश की भी घड़ियाँ हैं। फ़ुरसत की घड़ियाँ, और वैसी ही फ़ुरसत की घड़ियाँ, कला के अस्तित्व की घड़ियाँ हैं, कला के विकास की घड़ियाँ हैं, कला के खिल-वाड़ की घड़ियाँ हैं। वहाँ कला पुरुषार्थवती होती है, और पुरुषार्थ कला के चित्रों का रंग बन जाता है।

दौड़-धूप के देवताओ, कहीं इन 'निकम्मों' को भी जीने दो। रेलगाड़ी के पथिको, संकल्पों के आने-जाने के लिए भी थोड़ी जमीन छोड़ो।

'बे-फ़ुरसत' की जिन्दगी में, कलाकार, विश्व को देखने, देखते रहने, और देखते-देखते पुनः देखते रहने के लिए आँखों और आडम्बरों से बाँधकर रखा जाता है। उस समय अपने को और अपनेपन को देखने का, अपने को नहलाने और सुहलाने का वह अवसर ही नहीं पाता। फ़ुरसत की घड़ियाँ, कलाकार के अस्तित्व की आराधना हैं, आराध्य की पूजा हैं, आत्मदेव की अभ्यर्थना हैं। वे

उसके आत्म-संकीर्तन की नहीं, विश्व-संकीर्तन के लिए आत्म-दर्शन की घड़ियाँ हैं। उस समय उनकी खुली आँखें मुँदे जगत् की गुत्थियाँ सुलझाया करती हैं; और मुँदी आँखें खुले जगत् में विश्व के परम सत्य का रंग भरती रहती हैं।

उस समय वे आँखें जिस लोक को देखती हैं, उस लोक में उस कलाकार और उसकी कला को भी देखती हैं। उसकी सेवा और उसकी तैयारी को भी देखती हैं। उसकी कमजोरियों और उसके पतन को भी देखती हैं। वह अपने उत्थान से, उत्थान के शेष रहे हुए पथ की दूरी देखकर, अपनी नम्रता और अपने धीरज को समेटता रहता है; और अपने पतन को देखकर उत्थान की करारी छलाँग मारने के लिए, बलों की आत्मा से, बल की प्रार्थना किया करता है।

एकान्त जीवन का अवकाश कलाकार का वह मन्दिर है, जहाँ वह अपने को 'अकर्मण्य-कर्मण्यता' के नास्तिक बन्दी-गृह से बाहर निकालता है, और आकांक्षाओं की मूरत बनाता है, चिन्तन पर रंग चढ़ाता है और इस तरह अपने मूक वैभव को कलम पर उतारकर विश्व में भेजता है, कि जिसे देखकर दुनिया की शत-शत सूझें वाचाल हो उठें।

भला, ऐसे समय यह कैसे माना जावे कि कला का अनुवाद भी होता है, उसकी नकल भी उतारी जा सकती है। इच्छाओं के आदर्श का अनुवाद ? आदर्श की इच्छाओं की नकल ?

कलाकार का जीवन द्वैत में अद्वैत और अद्वैत में द्वैत की अनुभूति होता है।

जब कलाकार अपने अनन्त चिन्तन में उतरा होता है, तब वह कला-पिता के जोखिम भरे उल्लास से आभूषित और कला-माता के प्राणमय बोझ से बोझीला होता है। किन्तु जब उसका चिन्तन उसकी कलम पर उतर आता है, तब वह अपना ही कला-पुत्र होकर विश्व के अन्तरतर की सुकोमल गोदों में खेलता रहता है।

चाह की तीव्रता और चिन्तन का माधुर्य, ये दोनों ही तो वैज्ञानिक संघर्षण की वस्तुएँ हैं, जिनसे चटख पड़नेवाले प्रकाश को अपने भिन्न-भिन्न रंगों के रक्त से गीला कर, अस्तित्व की अँगुलियों के द्वारा, विविधता के पत्रक पर, कलाकार, विश्वनियंता की, अपने मनमोहन की, कोई तसवीर खींचा करता है। जिसका आराध्य हर चीज में हो, और पहुँच की तीव्रता के माप से वह अपना हो, तो कलाकार की आँखों और अन्तर के प्रवेश के लिए, प्रकृति का सारा वैभव और खतरों का समस्त भंडार, कलाकार के प्रवेश के लिए अपने अन्तर का द्वार क्यों न खोल दे ?

कलाकार की अँगुलियों की असफल खिलवाड़ों तक में एक मनुहार, एक अपील, एक वेदना, एक झाँकी और एक बेबसी होती है। वहाँ, उस प्रकटीकरण के समय, उसकी अँगुलियाँ उसे अपने आराध्य से कहीं अधिक मीठी मालूम होने

लगती हैं।

किस गोद के लिए कला दौड़ी आती है ? उन आँखों के लिए जो कल्पकता की ममता और ममता की कल्पकता का अनुभूति के माप से अन्दाजा लगा सकें। उस जानकारी की गोद पर, जो कला की आकृति और प्रेरणा को, मुँदी आँखों से देखकर शिल्पी के खुले हृदय का आकलन कर सके और खुली आँखों से देखकर, स्मृति को विस्मृति के हवाले कर, कलाकार की वस्तु में समा सके।

कलाकार क्या है ? वह अपने युग की स्फूर्ति के प्रकाश के रंग में डूबी भगवान् की प्राणवान् प्रेरक और कल्पक कूँची है।

उसके स्वरों में रंग होते हैं, उसके रंगों में स्वर होते हैं। उसके चित्रण की आत्मा सजीव होती है। मंचों पर दिखाये जानेवाले नाटकों की तरह उसे समझने के लिए, खास पढ़े-लिखों की पल्टन ही की जरूरत नहीं होती। जिन्हें स्वप्न समझने की बुद्धि है, उनके पास कला का मूल्य है। जो मुस्कुराहट और बेचैनी को समझ सकते हैं, वे कलाकार को समझ सकते हैं। जो जीवन और मृत्यु को समझा करते हैं, वे उस समय कलाकार की भाषा को पढ़ा करते हैं।

जिन्हें देखकर कलाकार अपने आँसुओं और उल्लासों को चित्रित किया करता है, वे चाहे कल्पकता के सत्य हों, पर कलाकार के लिए वे सत्य की कल्पकता हैं। उन घड़ियों का संचय ही, कलाकार का सम्पूर्ण जीवन है।

छलकन गगरी

तुम सु-वर्ण पर ललचे न थे। बाजार दर की ऊँचाई ही इसका कारण न था, तुम्हें तो ठंडे पानी की चाह थी। मिट्टी की गगरी इसीलिए तो लाये। सावधान रहो, नहीं तो इसमें दरार पड़ जायेगी। इसकी दरारें जुड़ा नहीं करतीं।

पर यह क्या आफत है। इसकी छलक से तुम्हारा अम्बर भीज गया है। वायु थरथराहट देकर अपने अभिमत से विस्मृत किये दे रही है। और छलकन की आवाज से, धीमे-धीमे बोलनेवाले, आराध्य की ध्वनि, तुम्हारे कानों तक नहीं पहुँच पाती। क्या गगरी का मुँह बन्द कर दिया जाय ? पर, स्वर-में-स्वर मिलने की विस्मृति में, जब तुम्हारा मस्तक झुक पड़ेगा, तब पथरीला ढक्कन प्रियतम के चरणों पर फिसल पड़ने का भय नहीं है ?—तब फिर ? हाय, गगरी बड़ी दुष्टा है,—इसे कहाँ से खरीद लाया ? दो दमड़ी की चीज ! उथली, कलूटी, दर-दर पर लुढ़कनेवाली, छूते ही अछूत और ठुकराते ही टूक-टूक !!

क्या सचमुच ?

और यह जीभ, जो गगरी को कोस रही है, किन मुहरों के मोल खरीदी थी ? क्या इसके छूते ही अछूत का प्रण, तुम्हारे सतीत्व के आडम्बर से कम उज्ज्वलतर है ? और क्या साँवलापन ही इसका सबसे बड़ा अपराध है ? क्या इसी अपराध की अपराधिन पुतलियों में सूजियाँ छेद दोगे ? क्या यह इतनी ओछी है ? क्या इसमें अमानेवाली जल की अंजुलियों की अपेक्षा, तुम्हारे हृदय की मटकी में आँसुओं की अधिक अंजुलियाँ अमाती हैं,—क्या तुम्हारी आँखों के परदे के नीचे, इसकी अपेक्षा अधिक बूंदें हैं,—मिठासवाली ?

और तुम चिढ़ किसलिए पड़े ?

छलकने से।

किस पर ?

गगरी पर।

क्या छलकने के अपराध का उत्तरदायित्व उस पर है ?

क्या जिस कुएँ से इसे भरकर लाये, गहरा था ?

क्या तुम्हारे गुन कमजोर न थे ? उनमें बल था कि वे जल का बोझ सम्हाल कर कुएँ का तरल अन्तःकरण खींच लाते ?

क्या खींचते समय तुम हाँफ नहीं गये ?

तब गगरी अपने आप कैसे भरी आती ?

और जब तुम्हारे गुन, भरी गगरी खींच न सके, तब गगरी अधजल न रहती तो क्या करती ?

क्या तुम्हारी यह चाह है कि वह अधजल भले ही रहे, पर छलके नहीं ?

और डेढ़ दमड़ी की इस गरीबिन का क्या कोई स्थान नहीं ? ग्रीष्म में जब तुम्हारे मस्तक पर चन्दन चर्चित होता है, जब तुम्हारे खस के पर्दों पर गुलाब की सींच होती है, जब तुम्हारे चन्दन में कपूर लहर लेता है, जब तुम्हारी सारी देह बर्फ पड़े हुए हौज में किलोल करती होती है और बिजली का पंखा घूम-घूम सारी बर्फीली वायु बटोरकर, तुम्हारे सिर दे मारता है और थरथराहट पैदा कर देता है, उस समय तुम्हारे अन्तःकरण में आग कौन लगा देता है ? क्यों तुम, गिरफ्तार शीत की गोद से भी 'पानी पानी' की पुकार मचा बैठते हो ? आह ! क्या तुम उस डेढ़ दमड़ी की उपेक्षा कर, मुहर की मनुहार करोगे ? क्या उस आग को,—तुम्हारी प्यास को—गुलाब का सुगन्धित रस बुझा सकेगा ? कर्पूर की बरसात कम कर सकेगी ?

अरे,—और, तुम्हारे भीजने, थरथराने, और प्रियतम की बातों की मिठास में, छलकन की ध्वनि के विघ्न डालने ही तक तो बात नहीं है। आधी रात में जब समर्पण के जागरण में, पानी-पर-पानी की माँग होगी, तब अधजल गगरी का तो तुम दोनों दिवाला काढ़ बैठोगे ? क्या आराध्य को पानी के लिए तड़पाने का अपराध इस अधजल गगरी ही का होगा ? क्या नहीं मानते कि गगरी छलक-छलककर तुम्हें भिजो रही, तुम्हें थरथरा रही और तुम्हारे प्रणय-संवाद में विघ्न डालकर चीख रही है कि मजबूत गुन से, गहरे कुएँ में फिर से डुबोकर, मुझ 'अधजल' को पूरी भर ले; सुवरन-सी क्रूर नहीं, हृदय-सी नाजुक हूँ। सँभाल कर, पथरीले कूप के तरल अन्तःकरण से भर ले।

सिंहासन और मुकुट, तीर और तोप, विजय और वरदान, किरीट और कोपीन, शस्त्र और शास्त्र; किससे यह डेढ़ दमड़ी की वस्तु त्यागी गयी ? पथिक, इसे भर ले; छलकने न दे। इसकी छलक के दिवाले में पीढ़ियाँ बरबाद होती आयी हैं।

शस्त्रक्रिया

मृदंगवादक

तुम कितने मधुर हो मृदंग ! कितने मस्तक तुम्हारी मस्तानी घुमक पर नहीं घूम उठते।

पर मेरा दुर्भाग्य देखो। अधीश्वरी को आज्ञा है कि मैं तुम्हारे बदन को चारों ओर से चोरों और डाकुओं की तरह बाँध दूँ।

जब लोग तुम्हारे स्वर पर मस्त होने के लिए अपने आपको तैयार बनाते हैं; तब मैं तुम्हारे बन्धनों को कस-कसकर खींचने लगता हूँ।

और यह जानकर भी कि मेरे अँगुली मारते ही तुम चीख उठते हो, मैं तुम पर प्रहार-पर-प्रहार करता चला जाता हूँ।

क्या कहा—मैं निर्दयी हूँ ? मेरे प्रहारों से तुम्हारी नजर में मेरा मूल्य भले ही घट जाये, किन्तु 'धीर-ध्वनि' मैं विश्व में तुम्हारा मूल्य घटा देखकर जीवित नहीं रह सकता। मैं यह जानता हूँ कि तुम पर कसे गुन, तानकर खींच दूँगा, तो तुम्हें स्वर-समाधि देने का पाप मुझे लगेगा। फिर तो, राजरानी का स्वर-लहरों पर चढ़कर, समाधिस्थ होने का सारा व्यापार ही बिगड़ जायेगा। तुम्हारी चिर-समाधि का षड्यन्त्र जब मैं रचूँ, तब मैं शस्त्रधारी नहीं रहता; हत्यारा

हो जाता हूँ। किन्तु यदि तुम्हारे गुनों को, तुम्हारे विश्व बन्धनों को ढीला छोड़ देता हूँ, तो तुम्हें अस्तित्व रखकर अस्तित्व न रखने वाला बना देता हूँ।

ढीली डोरों में सेहत? यह तो तुम्हारे गौरव के खिलाफ, तुम्हारी क्रियाशीलता के खिलाफ, तुम्हारी महत्ता के खिलाफ, साधकर सजाये हुए मौन का शस्त्र लेकर किया हुआ विद्रोह है। कसे-तने तुम्हारे मस्ताने जीवन पर शस्त्र चलाऊँ?—तो मैं अपनी आर्यत्वहीनता प्रकट करूँगा।

तब लाओ, मैं एक छुरा उठाऊँ। लोह का बना हो, चाहे बालों का, चाहे घास का;—उठाऊँ, और सारे ढीले और सड़े बन्धन काटकर फेंक दूँ।

बस फिर, जिन बन्धनों से स्वर जुड़ेगा, जिन स्वरों पर बन्धन बँधेंगे, उनकी ताल, कितने ही हृदयों पर थिरक उठेगी। और जब 'अहीर की छोहरियाँ' प्रभात-वेला में, तुम्हारी तान पर कुरबान, श्यामसुन्दर से रार ठानने आवेंगी; तब श्यामसुन्दर, अधीश्वरी के आँगन में बैठकर विश्वविमोहिनी बाँसुरी बजाकर तुम्हारे—हाँ तुम्हारे स्वर में स्वर मिला देंगे।

तुम्हें व्रजेश्वरी ने अपने स्वर से स्वर मिलाने का सौभाग्य प्रदान किया है, किन्तु मेरे हाथ में दण्ड-विधान सौंपा है, और उनके स्वर का रुख रखकर, तुम पर प्रहार किये जाने की आज्ञा दी है। बोलो, तुम पर हिमायत कर, तुम्हारे गौरव के खिलाफ गदर करूँ, या तुम्हारे गौरव की तरुणाई में शत-शत मस्तकों के साथ, मैं भी तुम्हारे स्वर पर झुक जाऊँ?

प्यारे, मैं अपराधी हूँ। मैं प्रहारी हूँ; अत्याचारी हूँ; शस्त्रधारी हूँ। मैं तुम्हारे कमजोर बन्धनों को काट देता हूँ; उन्हें सख्त, तने हुए बना देता हूँ।

(2)

कृषक

ये घिरकर आये हैं। कैसे बरसते हैं—रिमझिम, रिमझिम। क्या ये कृषकों की वेदना पर बरसने आये हैं?

'हरी-हरी' पुकार कर, कृषकों ने 'त्राहि' मचा रखी थी; ये श्यामसुन्दर आये और कृषकों की शस्य-श्यामला 'हरी-हरी' कर दी। ये काले, बूँदें उजली, और भूमि हरी! यूक्लिड के किस नियम से यह पहेली सुलझाये सुलझे?

यह देखो इस तरफ, उस तरफ, आगे, पीछे, दायें, बायें, केवल हरी-हरी की धुन बँध गयी है।

और यह लो मैं उठा। मैं तो इस बेजोड़ हरियालेपन का संहार करूँगा! क्या तुम यह कहोगे कि मुझे अमृत-बिन्दुओं से प्यार नहीं; हरीतिमा से दुलार नहीं?

आराध्य, तुम जो कुछ देते हो, उसका अन्त नहीं रहने देते ! तुम्हारे सहस्र-सहस्र करों से बाँटी हुई खैरात, दो हाथ वाले के काबू की जब हो ?

तुम देते कहाँ हो; तुम तो बरस पड़ते हो। इसीलिए प्रकृति तुम्हारी देन को लेकर, देखो, किस तरह नदियों, नालों, सरोवरों और सागरों में बाँट रही है। वह जरूरत का अमृत भूमि पर रहने देकर, तुम्हारी अपार कृपा का भण्डार तुम्हें क्षीर-समुद्र में वापस कर देती है। प्रकृति को पानी वापस करते देख, मुझे भी अपना कर्त्तव्य सूझ उठता है। मैं भी हल उठाता हूँ, और सारी हरियाली तोड़ डालता हूँ। नन्हे बच्चे खीझ उठते हैं कि मैंने उनका हरा गलीचा तोड़ डाला, हरी दुनिया बिगाड़ डाली ! किन्तु मेरी कुटिया की रानी, मेरी झोंपड़ी की परमेश्वरी जानती है कि माँ वसुन्धरा के पेट में ही सती सीता का निवास है। वह मुझसे कहती है कि, पेट पर पट्टी बाँध-बाँधकर, हमने विश्वम्भर के दिये हुए जो अन्नकण, जो खाने के मोती, बचाकर रखे हैं, उन्हें विश्वम्भरा का पेट चीरकर, सुरक्षित रख दो। मातृ-शक्ति कई गुना करके हमें लौटा देगी। विश्व-रक्षा के लिए, विश्वम्भरी के पेट का दूध, वृक्षों के कन्द-मूल-फल ही से बहता है।

मैं घातक ! हल उठाया, और पृथ्वी का पेट चीर डाला। और यह लो 'सादे, शाहजादे' कपास के पौदे उग आये। पर मैं फिर भी नहीं ठहरा। मैंने खुरपी उठाई, और कपास के साथी-संगियों का संहार कर डाला ! राजद्रोह की सजा पाये हुए 'ए' क्लास के कैदी की तरह ये तूल-तरुवर अकेले रह गये ! हरियास-भरी आँखों ने कोसा—निष्ठुर, सारी हरियाली बिगाड़ दी ! कपास के पौदे भी चीख उठे; उनकी जड़ें भी तो धक्का खा गयी थीं। वर्षा, शीत, घाम बर्दाश्त करने के लिए उतारू, सन्तों-सा उजला कलेजा लिए रहने वाले, 'गुणों' के पिता तथा अपने गुणों से, दुःशासनों से, वीणा-धारिणियों की लज्जा बचाने वाले, कपास को तो मैंने दुःख न दिया होता। परन्तु, मेरे प्रहार उनकी चरण-सेवा थी। मैंने अपने प्रयत्नों को माटी में मिलाया और कपास के आस-पास खुरपी का शस्त्र चलाया। अहा, शस्त्रों की वही प्रहार-ढेरी, वस्त्रों की ज्वार-ढेरी बन गयी।

नाथ, मुझे तो तुमने शस्त्रधारी होने का शाप दिया है, न जाने क्यों ?

(3)

मालाकार

कैसी बढ़िया फुलवारी है। गुलाब है, चमेली है, मधुमालती है,—गरीब हरसिङ्गार भी है। दूर से जब बाग दीखता है, सुगन्धों की आशा का उदय कर देता है। निकट आने पर, सुगन्ध लहराने लगती है। किन्तु यह नन्दन कुछ

अनोखा है। यहाँ, अपने को व्यक्ति बो गये हैं—जमाने की जमीन पर। श्रीधर पाठक के शब्द उधार लूँ तो यथार्थ में 'यहि अमरन को ओकु' और 'यहीं कहुँ रहत पुरन्दर'। वाल्मीकि से लगाकर तुलसीदास तक और राम से लगाकर छत्रपति शिवाजी और राणा प्रताप तक—सब यहीं रहते हैं। व्यास यहीं हैं, वाल्मीकि यहीं हैं, कपिल यहीं हैं, कणाद यहीं हैं; राम यहीं हैं, परशु-राम यहीं हैं; बुद्ध यहीं हैं; महावीर यहीं हैं; रघु यहीं हैं, दिलीप यहीं हैं; कृष्ण यहीं हैं, विदुर यहीं हैं; नारद यहीं हैं; सरस्वती यहीं हैं; सीता यहीं हैं, द्रौपदी यहीं हैं; प्रताप यहीं हैं, शिवाजी यहीं हैं; छत्रसाल यहीं हैं, अकबर यहीं हैं; कबीर यहीं हैं, मीरा यहीं हैं; सूर यहीं हैं, चैतन्य यहीं हैं; रामतीर्थ यहीं हैं, तुकाराम यहीं हैं; रामदास यहीं हैं। इस जमीन का एक तह भी उखाड़ा कि अनेक मनस्वी उठकर बातें करने लगेंगे। इनकी हड्डियों पर हम नन्दन बनाते चल रहे हैं।

मेरे नन्दन के खँडहर उखाड़ने तो विश्व के बहुत-से लोग आते हैं; वे पत्थरों की जड़ों से कानाफूसी करते हैं और सड़े हुए भोजपत्रों की पूजा करते हैं, किन्तु आज के मेरे नन्दन की ओर वे आँख उठाकर भी नहीं देखते।

रूस, इंग्लैंड, फ्रांस, डेनमार्क और अब जापान आदि ने, अपने साहित्यिक भाईचारे की भेंट का मेला लगा रक्खा है। किन्तु एकाध काशीप्रसाद और निहालसिंह को छोड़ दें, तो मेरे नन्दन की ओर कोई देखता ही नहीं!

मेरे नन्दन के फूल, विश्व की हाट में होड़ नहीं ले पाते। इन पर भौंरे घूम लेते हैं, और ये थोड़े-से फूल भी लेते हैं; किन्तु विश्व की आवश्यकता और चाह का आधार मेरा आज का नन्दन नहीं बन पाता। तिस पर भी क्या तुम कहते हो कि मैं छुरा हाथ में न लूँ? अपने कुदाली-फावड़े न सँभालूँ?

ना, मैं नहीं मानूँगा। देव! तुम्हारे चरणों पर चढ़ाये जाने के लिए, जब मेरे बाग के फूल स्वीकृत ही नहीं किये जाते, तब बाग के इन बोझों को मैं बाग में रहने दूँ?

ना, मैं हरियाली का हत्यारा कहलाकर भी, बाग की सब हरियाली अपने बाग से खोद बहाऊँगा। मानूँगा नहीं।

मैं अपने हौसलों और गौरवपुंजों को मिट्टी में मिला दूँगा, किन्तु हर पौधे को, सम्पूर्ण रूप से अपनी पर आने के लिए बाध्य करूँगा। जो मिट्टी में मिले 'दाने', परिपूर्ण तारुण्य की उभार में न आ जायें, उनकी डालियाँ काट-काटकर, इसी नन्दन की खाद बना दूंगा। मैं तो इस बाग की रसा में रस लाने के लिए, अपनी हड्डियों की खाद दे दूँगा, इस बाग के दाड़िम में दर्द का-सा स्वाद उत्पन्न करने के लिए, युग की अरुणिमा तक की खाद दूँगा।

तुम इस समय मुझे रोकते हो? नन्हे बच्चे गालियाँ दें, कि उनके खिलौने मैंने मिटा दिये; परन्तु मैं उन गालियों के भय से छुरा रख दूँ?

जिसकी आँखों में भावी का हजारा-गुलाब झूल रहा है, वह कीड़े लगे, गुलाब की कानी कली वाली डालियों पर ममता कैसे करे ?

नन्द-नन्दन ! जब तक मेरे अमरूदों का अमृत अपनी पर न आवे, मेरे गुलाबों का गरब, पंखड़ियों की जवानी को काँटों पर झूल-झूलकर इजहार न करने लगे, तब तक मेरा छुरा मुझसे कोई दूर हटा ले ! —अजी मैं किसकी मानूँ ?

श्याम घन ! तुम्हारे बरसने के पहले मैं हरियाली की अमरता और मस्ती के खिलाफ, परम्परा से चिपककर, पतन के विद्रोह के खिलाफ विद्रोह पर झुकी हुई, सब डालियों को एक-एक कर काट डालूँगा। उनके आस-पास काँटे ही बोऊँगा; उनकी जड़ों पर कीचड़ ही डालूँगा, उन्हें सूरज में झुलसने के लिए खुला छोड़ दूँगा। मैं नन्दन का हत्यारा नहीं, माली हूँ। मेरा नन्दन, मुझे नन्द-नन्दन से भी अधिक प्यारा है। मैं पत्तियों के साथ लहराता हूँ, कलियों के साथ चटखता हूँ, फूलों के साथ खिलता हूँ, हवा के साथ मेरा मस्तक झुक पड़ता है, उष्णता के साथ मेरी साध कुम्हला जाती है और ओस-कणों के साथ मेरी आँखों में भी आँसू आकर मेरे बाग के पौदों के उभार के आनन्द का ज्वार बनते हैं। हत्यारा, नन्दन-नाशक, मुझे उस दिन कहना, जिस दिन मैं, अपनी कैंची फेंक दूँ, चाकू तोड़ डालूँ; कुदाली बिगाड़ दूँ, और फावड़ा हटा दूँ। उस दिन निस्सन्देह अपने नन्दन को, बीहड़ जंगल बनाने का अपराधी अवश्य हूँगा।

प्यारे अमर, मैं संहार नहीं; मुझे तो, मेरे प्रभु ने, मालाकार होने का शाप दिया है। मुझे जिन्दगी-भर वही बने रहना है।

(4)

उपचारक

कैसा सुन्दर शरीर है, कैसी उपयोगी देह है। रसों की शस्त्र-क्रिया करने वालों ने, इस बेचारे पर, नायक और नायिकाभेद के कितने वितान नहीं ताने ? चन्द्र-वदन, पिक-बयन, कंज-नयन, शुक-नासा, गरज यह कि अकेली देह पर कितना तमाशा नहीं खड़ा किया। हमारे आकर्षण का मेल, कवियों के शब्दों के खेल में, जब ठीक बैठता है, तब हम बेचारे शरीर पर, न जाने किस-किस महानता का आरोप करने लगते हैं।

किन्तु जब शरीर की आँतों में कोई रोग हो जाता है; जब बदन में कहीं फ़ोड़ा हो जाता है, तब ?

यदि मैं तुमसे प्यार करूँ तो तुम्हारे फोड़े से नहीं कर सकता। क्या तुम्हारे घातक से ममता करके, तुम्हारे अस्तित्व से हाथ धोऊँ ?

ऐसे समय, छुरा हाथ में रखकर, मैं तुम्हारी मर्जी पर मस्तक डुलाऊँ या

तुम्हारे अस्तित्व को मस्तक झुकाकर तुम्हारी कमजोर घड़ियों की वाह और कराह का भान भूल जाऊँ ? यही समय होता है, जब मुझे रोग और उसके उपचार पर, अपना निश्चित मत बनाना होता है।

और मेरे छुरा लिए हुए अस्तित्व का नाम है, प्राण-रक्षा के लिए अपने को खतरे में डालने में न हिचकिचाने वाली निर्णय-शक्ति, और कर्त्तव्य-प्रतिभा। जब विश्व का विज्ञान, आनन्द और अस्पष्टता होता है, मेरा विज्ञान होता है, उचित निर्णय और उसका साहसपूर्वक वर्णन। नहीं, साहसपूर्वक उसे क्रिया में उतारना। तभी मैं हजारों के प्राणों के साथ खिलवाड़ करने का हक रखता हूँ।

यदि ऐसा न करूँ तो मैं बधिक हो जाऊँ। मैंने कसाईखाना नहीं खोला, मैंने प्राण-प्रदाता गौरव-मन्दिर खोला है।

देवता और दानव, सब अपना अस्तित्व लिए, मेरे पास अपने प्रकृत रूप में रहते हैं। यह सच है कि सदा ही मेरे हाथ रक्त से रँगे होते हैं, मेरे कपड़ों पर दुर्गन्धित द्रव्य पड़ा होता है, कभी-कभी मुझे भी रोग के कीटाणु लग जाते हैं।

हाँ, यह भी सच है कि जब मेरा छुरा कोई हत्यारा उठाता है, तो वह ईसा को सूली चढ़ा देता है, मन्सूर को फाँसी दे देता है और मीरा को विष का प्याला पिलाता है। किन्तु जब मेरा छुरा मेरे हाथ में होता है, तब तो प्राण-संचार ही होता है। क्योंकि मैं हत्यारा नहीं हूँ, मुझे तो युग के प्रभु ने केवल शस्त्र-क्रिया सौंपी है।

हाँ, जब मैं अपने कर्त्तव्य में बदला, घृणा, संकीर्णता, तुच्छता ले आता हूँ, तब मानो मैं अपने इस पतन से घोषित करता हूँ कि मैं हत्यारा हूँ। मेरी विवेक की आँखें फूट गयी हैं, मेरे प्राण, प्राण-रक्षण के बजाय, रक्त-पान के लिए उतावले हो गये हैं। उस समय मैं, प्लेग के कीड़े से अधिक भयंकर, और विष-बुझी कटार से अधिक घातक हूँ। मैं ऐसा नहीं हो सकूँगा। मुझे प्रभु ने प्राण-रक्षा सौंपी है। इसीलिए मैं शस्त्र-क्रिया किया करता हूँ। समाज के पेट में, साहित्य के जीवन में और राजनीति के मस्तिष्क में, हर जगह, मेरा छुरा बराबर चलता होता है, मेरे आँसू बराबर बहते होते हैं।

महत्त्वाकांक्षा की राख

क्या आपने कभी लिखा ही नहीं ?

"आलोचना के सिवा।"

कुछ भी नहीं ? कभी भी नहीं ?

"कभी-कभी, कुछ-कुछ; बहुत दिनों पहले।"

तब आपके लेखन की जन्म-तिथि कौन-सी है—और समालोचन की कौन-सी ?

"लिखने की सुखी इच्छा को दफनाने के दिन को ही समालोचन का मंगल-प्रभात बनने का गौरव प्राप्त है।"

तब तो लेखक के यमराज ही को समालोचन का ब्रह्मा मानना पड़ेगा !

"ना, ऐसी बात नहीं है। कुछ लोग निरा पत्थर पूजते हैं। मैं अपनी टाँकी से एक मूर्ति बनाता हूँ और फिर उसको पूजता हूँ।"

(2)

आपने लेखन को दफनाने की आवश्यकता क्यों समझी ?

"चोरों की दुनिया में अधिक दिन रहना ठीक न समझा।"

और यदि रहना पड़ता ?

"—तो चोर बनकर !"

क्या आप यह अपनी निश्चित राय दे रहे हैं ?

"बिलकुल निश्चित।"

इस अनुभव की पुस्तिका के कुछ पन्ने क्या मैं पढ़ सकता हूँ ?

"क्या करोगे पढ़कर ? 'सौदामिनी' का लेखक बनने की मेरे मन में इच्छा जाग्रत हुई। मैंने अपने नगर का सुन्दर वर्णन लिखकर भेजा। संपादक उसे पचा गया। मैं समझा, शायद संपादकों को यह नहीं रुचता। नगर की उदासीनता छोड़कर मैंने जंगलों में कितने ही अमरूदों के तोते उड़ाये। गगन के स्वर में गिरवरों का भैरवी-गान लिखा। रमणीय झाड़ियों को कानपुर में लोकमन मुहाल की गलियों से उपमा दी। श्मशान को विश्व के विनोद और संतप्त-हृदय की सेहत का साधन बताया। और, एकान्त को रात्रि के सन्नाटे-सा लिखकर भेजा। पर जब्त ! 'राष्ट्रीय वीणा' के संपादक जी ने हफ्ता पूरा होने के पहले ही मेरा लेख मेरे पास वापस भेज दिया—ज्यों-का-त्यों। केवल लिफाफा उनका अपना था।"

पहली आशायें और साधनायें नन्ही होती हैं। वे संभावनाओं के घोड़ों पर नहीं बैठ पातीं। क्या यही—?

"—सो बात नहीं। संपादक कोमल लेखकों की आशाओं और साधनाओं का शिकारी होता है ! जानते हो, मेरी उस समय क्या हालत थी ?"

आपकी हालत ? पुरुषार्थ को संचित कर मातृ-भाषा और उसके द्वारा मातृ-भूमि की अधिक सेवा होने के लिए—जिस तरह वृक्ष अपनी सुगंध के लिए कुछ रस जमीन से और कुछ आसपास बहनेवाली हवा में से खींचता है, उसी तरह—आपने कुछ अपनी बुद्धि से और कुछ अध्ययन से अपने को परिष्कृत कर

साहित्य-सेवा करना तय किया होगा।

"ना, यह बात नहीं। संपादकों की उदासीनता से मेरा मन साहित्य-सेवा के परम हेतु से खिचकर कुछ समय के लिए हेतु-शून्य हो गया। उस समय परस्पर विरोधी दिशाओं के अन्दाजे लगाकर मैं अपना नया हेतु ढूंढ़ने के लिए उद्विग्नता के सरोवर में गोते लगाने लगा।"

यदि उस समय आपने ऊँचे लेखकों की पुरुषार्थमयी करुण-जीवनियों से सहारा लिया होता और साहित्य-शिल्पियों के रूप में जिन्दा रहना तय किया होता तो—

"—तुम नहीं समझते। मेरी बेचैनी के लिए, मधुर साहित्य-सेवा का चिन्तन, कुपथ्य से भी बढ़कर कुपथ्य था। जो थोड़ी-बहुत सेवा मैंने की थी, वह मेरे लिए बोझ थी। छापे की कीलों में वह चाहे पूरी न दबी हो, मगर मेरे आस-पास के मित्र उसे जानते थे। किसी लड़ते हुए के कलेजे में बुलट लग जाने पर वेदना होती है या नहीं, मैं नहीं जानता; किन्तु जब राधामोहन पूछता था—'तुम्हारी यौवन की रानी नामक कहानी 'वासन्ती'-संपादक ने स्वीकृत की या नहीं ?' तब यह सवाल मेरे हृदय के आरपार हो जाता था। जीने से उतरते हुए जमीन पर गिर पड़ना मैं बरदाश्त कर सकता था; किन्तु डाकिये का कहानी छपने की इनकारी का पत्र लेकर आना, मानो मेरे साहित्य-जीवन के लिए महामारी की बीमारी लेकर आना था। इसलिए पहले मैंने लेखक के नाते, नाम समेत निःशेष हो जाना, और फिर एक उससे भी श्रेष्ठ पथ में चलना तय किया।"

यानी समालोचक होना न ?

"हाँ।"

गुरुवर, मैं तुम्हारा शिष्य होकर आया हूँ। मैं भी लेखक-जीवन के कुंभीपाक में नहीं रहना चाहता। लेखक के इस जीवन से समालोचन में, हे प्रभु,—

'तमसो मा ज्योतिर्गमय।'

(3)

समालोचक उवाच

"अल्हड़-जीवन के क्रोध का परदा जालीदार होता है। उसमें मनोभावना छनकर आँखों पर आ जाती है। जिसका हेतु आँखों में गिरफ्तार किया जा सके, वह समालोचक के महान् सिंहासन पर आसीन होने का अधिकारी नहीं। महान् अंधकार में अनन्त योजनों पर निवास करनेवाले नक्षत्रों का चाहे कोई ज्योतिषी पता पा ले, किन्तु किसी देवर्षि की भी यह सामर्थ्य न होनी चाहिए कि सहस्र-

सहस्र सूर्य की किरनों के आस-पास खेलते हुए भी, वह हमारे हेतु को गिरफ्तार कर सके। अंक-शास्त्र चाहे गणित की गलतियों का कोई अन्दाजा बाँध ले,—किन्तु उसे यह साहस नहीं करना चाहिए कि वह हमसे बाजी ले सके। पुस्तक के पृष्ठ, पृष्ठ की पंक्तियाँ और पंक्तियों के अक्षरों से भी किसी ग्रंथ के विषय में हमारे दिखाये हुए दोषों की तादाद अधिक हो सकनी चाहिए। हमें अपने आक्रमण के लिए लक्ष्य की प्रतीक्षा में सूरज और चाँद की तरह अमावस और पूनो की बाट नहीं देखनी चाहिए। हमारा तो किसी भी ग्रंथ पर उसी समय खग्रास-ग्रहण, जिस दिन हम चाहें !"

राहु तो पूर्णचन्द्र पर आक्रमण ही करता है, बालचन्द्र पर नहीं !

"किन्तु, समालोचना के जगत् में इस बात का खयाल नहीं रखना पड़ता। यहाँ तो अनेक बाल-लेखकों का संहार कर समालोचन की छाप जमानी होती है।"

छोटे, नन्हे बच्चों को चलना सिखाने के लिए मातायें भी तो बच्चों के साथ उनकी अँगुली पकड़कर चलती हैं। वे उन्हें गिरने नहीं देतीं। क्या समालोचक के लिए यही करणीय नहीं है ?

"ना; हमारे प्रभाव का तूफान जिन्दा रखने के लिए, और हमारे अस्तित्व के 'बैरागी' जीवन पर भस्म लपेटने के लिए तरुण और नवागत लेखकों की महत्त्वाकांक्षा की राख जरूरी है।"

तब तो साहित्य से कितनों ही की बाल-हत्या हो जावेगी ?

"हर्ज नहीं; अयोग्य नष्ट हो जावेंगे, योग्य जिन्दा रहेंगे।"

तब आप जब 'कादंबिनी'-संपादक पर रूठे हुए हैं, किस कारण से ?

"मेरे प्रभाव को मस्तक न झुकानेवाली दुनिया की अकड़ को चुनौती मानना मेरा धर्म है।"

और अमर उपन्यासकार मधुरेश जी पर चढ़ाई क्यों कर रखी है ?

"आदमी सदा ही वीर-रस में नहीं रह सकता। उसे हास्य भी चाहिए। समालोचक का हास्य वह छेड़छाड़ है जिसे वह बिना आवश्यकता के भी उत्पन्न किया करता है। उसकी शक्ति 'कर्तुमकर्तुमन्यथाकर्तु समर्थः' होती है।"

किन्तु, आप केवल समालोचक ही तो नहीं हैं; संपादक भी हैं। क्या 'विषदन्त' के संपादक होने के नाते आप पर कोई जिम्मेवारी नहीं है ?

"पागल हो ! अरे, समालोचन और आक्रमण की साध पूरी करने के लिए तथा अपने पर अवलंबितों का लेखन और काव्य में 'महापात्र' साबित करने के लिए संपादन एक आवश्यक रोजगार है।"

आखिर जो काम नम्र संकेतों से हो सकता है, वह कठोर चढ़ाई से क्यों किया जाता है ?

"इसलिए कि जिस 'नन्दन' पर भी हमारे तीर पहुँच जायें, उसे साहित्य की दुनिया में श्मशान हो जाना चाहिए।"

आखिर, समालोचना की आदर्श दिशा चुनने के महाग्रंथ की भूमिका में क्या कहा जावेगा ?

"यही कि, प्रत्येक लेखक और कवि चोर है। कोई विचार चुराता है, कोई भाषा और कोई रचना। यह नहीं होना चाहिए। लेखक या कवि का मौलिक होना जरूरी है।"

क्या बिना चोरी के विचार, भाषा और रचना की स्वल्प समता भी संभव नहीं ?

"परन्तु, लेखक या कवि के पास क्या प्रमाण है कि उसने चोरी नहीं की ?"

क्या इसका अर्थ यह है कि लेखक या कवि होना प्रकृति-प्रदत्त चोर होना है ?

"तो फिर क्या इसका अर्थ यह है कि कहीं से विचार, कहीं से भाषा, कहीं से शैली और कहीं से रचना हड़प कर मजे में लेखक बन लिया जाय ?"

आपकी दृष्टि में कोई लेखक भले आदमी भी हैं ?

"हमने सब ग्रंथों की परीक्षा नहीं की, किन्तु परीक्षा से जाना है कि अधिक तादाद चोरों की है !"

किसी ग्रंथ या लेखक की चोरी पकड़ने में आपको कितना समय लगता है ?

"अधिक-से-अधिक छः सप्ताह।"

सो कैसे ?

"अँगरेजी या बंगाली के तद्-तद् विषयों के ग्रंथ देखना जहाँ हमने शुरू किया कि चोरियाँ एक के बाद दूसरी हमारे सामने आकर खड़ी हो जाती हैं।"

चाहे उन लेखकों ने आपके पढ़े हुए उन ग्रंथों को देखा भी न हो ?

"बिना देखे वाक्य या भाषा या मजमून या शैलियाँ कैसे मिल सकती हैं ?"

मैं इस प्रश्न को जरा दूसरी तरह से समझने का यत्न करूँ, भगवन् ! आपने कभी ऐतिहासिक पुस्तकों को पढ़ा है ?

"जरूर।"

और वैज्ञानिक पुस्तकों को ?

"हाँ।"

राजनीति, अर्थशास्त्र आदि के ग्रंथ भी आपने पढ़े ही होंगे ?

"हाँ पढ़ लेता हूँ।"

फिर उन ग्रंथों में, कौन-सी बातें दूसरे ग्रंथों के आधार पर नहीं लिखी जातीं? इन विषयों के लेखकों का अपना, 'शुद्ध मौलिक' क्या होता है, आपने कभी गहराई से सोचा है ?

"मैंने प्रायः ऐसे ग्रंथों की समालोचना नहीं की। यदि करता तो इनमें भी बहुत कुछ ढूंढ़ा जा सकता था। साथ ही, यदि उक्त विषयों में मौलिकता नहीं है, तो क्या साहित्य के लेखकों में भी नहीं होनी चाहिए ?"

खता माफ हो सरकार, मैंने यह नहीं कहा कि उनमें कुछ मौलिक नहीं होता। मैं तो यह पूछ रहा हूँ कि जब केवल कुछ विचार, जरा-सी शैली और तनिक भाषा मिल जाने पर कहानी, कविता, उपन्यास आदि के लेखक को सूंघ-सूंघ कर चोर साबित किया जा सकता है, तो आपकी अदालत में दूसरे लेखकों के सारे-के-सारे विषय को निगलनेवाले कुछ विषयों के लेखक डाकू क्यों नहीं करार दिये जाने चाहिए ? यदि वे डाकू नहीं, तो उन्हीं की तरह निर्दोष बनने के लिए क्या आप साहित्य के लेखकों को दूसरे ग्रंथकारों के समान इजाजत देंगे ? इन विषयों का भी अपना मौलिक कुछ होता है। परन्तु प्रभु, मुझ मन्दबुद्धि को आप समझावें तो, वह कौन-सा ?

"किन्तु ऐसे विषय ही थोड़े होते हैं।"

ना भगवन् ! ज्योतिष में मौलिक क्या होगा ? व्याकरण में मौलिक नियम कौन-से हैं ? और भूगोल की मौलिक दुनिया कहाँ बसाई जावेगी ? क्या यह सत्य नहीं है कि मौलिकता के रक्त-कर की माँग पर अपना सम्पूर्ण रक्त चढ़ा चुकने के बाद भी केवल बेचारे साहित्य-शिल्पी ही दीवालखोरे करार दिये जाते हैं ! यों तो व्यास, वाल्मीकि और कालिदास तथा तुलसीदास भी इस भगवान् की तरह व्याप्त चोरी से नहीं बच सकते। इसके सिवा इतिहास, विज्ञान, ज्योतिष, तर्क और अर्थशास्त्र आदि विषयों की आलोचना का बोझ गरीब हिन्दी-संसार कैसे सँभाले ? इन विषयों के ग्रंथों की आलोचना वाक्य, शैली और भाषा की चोरी ढूँढ़कर नहीं की जा सकती। यहाँ हडसन, वेनिटी फेयर और आँख की किरकिरी की माला फेरने से जब काम चलता हो ! यहाँ तो विज्ञान, इतिहास और ज्योतिष आदि विषय प्रकाण्ड विद्वत्ता और प्रगाढ़ अध्ययन चाहते हैं। वह 'राष्ट्र'-भाषा में कहाँ संभव ?

"तो क्या, साहित्यिकों को चोरी करने का लाइसन्स दे दिया जाय ?"

ना, भगवन् ! साहित्य-शरीर के जिन्दा रहने के लिए, बाहर की वस्तु, चाहे वे अन्न-जल ही क्यों न हों, हरगिज न जाने दीजिये। मौलिक शरीर की बाढ़ के लिए बाहर के अन्न-जल की जरूरत ? परन्तु, कलियुग आ गया है !

"यानी ?"

रेलें, जहाज और हवाई जहाज विश्व-भर का ज्ञान लेकर हमारे दरवाजे उँडेलते हैं। हमारे लेखकों का यह काम है कि विश्व के समस्त ज्ञान के कागजों को गरम पानी के चूल्हे में जला दिया करें; किन्तु वे उसे पढ़ते हैं। पढ़कर विश्व के चिंतकों की तरह चिंतन करते हैं और उस चिंतन को लिखते हैं। भला यह

चोरी क्यों न कही जावेगी ? परन्तु,—

"तब आप साहित्य में मौलिकता नाम की कोई वस्तु ही नहीं मानते ?"

मानता क्यों नहीं हूँ ? मैं तो मानता ही हूँ कि कविता, कहानी और उपन्यास के लेखक ने माँ के पेट से जन्म तो लिया ही होगा। माँ ने शब्द सिखाये होंगे; पिता ने वाक्य बनाना। शाला के पाठक ने भाषा 'बनाई' होगी ! विद्वानों ने अपने विचारों और शैलियों से संस्कार किया होगा। और इसी बीच ग्रंथों ने आकर विद्वानों का स्थान ले लिया होगा। तब फिर इतनों की चोरी करनेवाला साहित्यिक, चोर क्यों न होगा ? इसलिए मौलिकता का अस्तित्व मान भी लूँ तो अपनी मन्दबुद्धि के कारण यह मेरी समझ में नहीं आता कि आखिर मौलिकता है कौन वस्तु और वह बेचारे साहित्यिकों ही की साढ़ेसाती क्यों बनी रहती है ?

"इस बात का पता उस दिन लगेगा, जब तुम अपना मुँह किसी दिन मासिक 'विषदन्त' की संख्याओं को उठाकर देखोगे, जिनमें मैं अपना ईमान व्यक्त किया करता हूँ।"

आपके ईमान की जय हो, भगवन् !

साहित्य की वेदी

तुम्हारी वेदी !

वेदी वह, जिस पर मैं आदर से आँसुओं के फूल चढ़ाने को लालायित रहता, जिसकी ओर से आनेवाली वीरता की झंकारों को सुनकर पापियों में पवित्रता उमड़ पड़ती, कमजोरों में बिजली दौड़ जाती, साहित्य की ध्वनि-धारा में अद्भुत राष्ट्रीय संगीत सुनायी पड़ने लगता, नीर-क्षीर बिलगानेवालों का दल जिसके आस-पास कुतूहल से चंचल हो फुदकने लगता, साहित्य-सुधा के मधुर सरोवरों के सरसिज, मृग-मद की मस्ती पर झड़नेवाले परिमल को छोड़-छोड़ उसे सुगन्धित करने लगते; —ऐसी, ऐसी वह तुम्हारी वेदी ! लो, एक बार मैं उसकी ओर झुक लूँ ! मेरे जीवन का वह सर्वस्व, मेरी आशाओं की वह पिटारी, मेरी जाग्रति-नटी की वह नाट्य-पटी, मेरी मातृ-भूमि की गोद की वह शोभा और मेरे पिछड़े भू-भाग की वह परम-पावनी कर्त्तव्य-पीठिका, देखूँ कैसी हो रही है !

मैं उसे मूल्यवान् समझता हूँ, किन्तु उसका मूल्य चाँदी-सोने के टुकड़े नहीं हैं। वह मूल्यवान् होकर भी खरीदने, बेचने और उपहार में देने की वस्तु नहीं है। उसे पानेवाले शरीर पर, 'फटे-पुरानेपन' का राज्य, पथ में विरोध, गरीबी,

घृणा, कानून और लक्ष्मी के गुलामों की कृपा के तीखे काँटे, पदों में पुण्य की ओर न बढ़ने देनेवाले बन्धन, शिर पर मिट जाने की कल्पना, कण्ठ में तौक और तिसपर भी माता की पूजा के भावों से मस्त मीठा स्वर, आँखों में श्रम की क्षीणता और तुम्हारे चरणों के धोने के लिए आँसुओं की धारा, गालों पर ईसा के आज्ञा-पालन की तैयारी, मुँह में मौन भाषा की मनोहर स्तोत्र माला, हृदय में देश की दसों दिशाओं में गूंज मचानेवाली वीणा तथा दुर्बल को सबलता का स्वरूप बना डालनेवाली पुस्तक लिये हुए तुम, और हाथों में, अपनी श्यामता से श्याम के मन को भी मोह लेनेवाली लेखनी,—वह लेखनी, जिसके चल पड़ने पर मरे हुओं में जीवन-ज्योति जगमगाने लगे, बिछड़े हुए मिलने को टूट पड़ें, सोते हुए जाग्रति का सन्देश पहुँचाने लगें और पिछड़े हुए अग्रगामियों को पथ में पीछे छोड़ बैठने की ठानते दीखें,—ऐसे अक्षरों के उपासक, शब्दों के साधु, पदों के पूजक, व्यंजनों के विजयानंद विहारी, सन्धियों के निर्माता, और 'पूतना मारण लब्धकीर्ति' के अंग में नित-नव आभूषणों को समर्पित करनेवाले; किन्तु प्राणों को, मतवाले हो कलम के घाट उतारनेवाले ही को अधिकार है कि वह आगे बढ़े और तुम्हारी अमृत सन्तानों की आज्ञा को शिर पर धर कर तुम्हारा पवित्र सन्देश सुनाने, तुम्हारा दिव्य दर्शन कराने और तुम्हारे लिए की हुई आजन्म तपस्या का प्रत्यक्ष परिचय देने के लिए आगे बढ़े, और आशीर्वाद के जलकणों से सिंचित उस वेदी रूपी गोदी में पके हुए, परिमलपूरित, प्रफुल्लित पंकज के समान शोभित हो वह महाभाग, और उस तुम्हारे भावों के मतवाले के मस्त सौरभ से महक उठे माता, वह तुम्हारी वेदी।

पुकार हुई और तुम्हारे आराधकों ने तुम्हारे एक सेवक को ढूंढ़ा। उसने गिरिगह्वरों में प्रवेश कर तुम्हारी अमृत सन्तानों का मित्र बनकर तुम्हारा कीर्ति-गान किया था, उसने हिंसकों से पूरित बीहड़ वन में तुम्हारे वाहन के नाम की गगन-भेदिनी गर्जना सुनाने में साथ दिया था, उसने तुम्हें पहनाने के लिए माला गूँथने में अपने को आगे बढ़ाया था, और उसने हिंसकों के हृदय को न हिलाकर, हिमालय के पुत्र की एक कन्दरा में अपना जीवन बिता समर्थ के सन्देशों को दुहराया था, और उसने कर्मयोग के सन्देश-वाहक का सच्चा सेवक बनकर दिखाया था। हम दौड़ पड़े, और तुम्हारी वेदी, उसकी महत्ता और पूज्यता की रक्षा के लिए उसके चरणों में बैठकर बड़ी आवभगत से आराधना की। उस संसार को परिवार माननेवाले, उस "यो यथा माम् प्रपद्यन्ते" के व्रती, उस वचनों के निर्भीक, दर्शन के भिखारी और कर्मों के तपस्वी की छाया में बैठकर हमने स्तोत्रों का पाठ किया, षड्यन्त्रों के सिवा शेष यन्त्रों की रचना दिखलायी, मारण और उच्चाटन के सिवा शेष मन्त्रों का प्रयोग किया और उस स्वतंत्र दीखनेवाले के

तन्त्र में आ जाने के लिए प्रत्यक्ष आत्म-समर्पण का वचन दिया। किन्तु उसने, उस स्वतंत्रता को चरम सीमा की सेविका बनाकर, हतभागिनी बनानेवाले देव ने हमारी हजारों आकांक्षाओं और तुम्हारी आज्ञा और आदेश के अनेक अनुसन्धानों को अपने पदों से रौंद डाला। गौरव उसकी दृष्टि में रौरव था। उसने वही सिद्ध किया। उसने गौरव के सारे कलरव को कोलाहल कहकर ठुकरा दिया। और वेदी पर चरण रखकर चढ़ने के बजाय, उस पर अपना मस्तक रखने की इच्छा प्रकट की।

तब से मस्तक उठाने, मस्तक रखने और हृदय की बलि चढ़ानेवाले लोग अपने आत्मदान से तुम्हारी इस वेदी को हरा-हरा किये हुए हैं।

और वेदी के ये उपासक, अमर हैं, अविजित हैं, सदैव आराधनामय हैं; इन्हीं को पाकर निहाल है, तुम्हारी वेदी।

बिन्दु, सिन्धुत्व का दावेदार

जल-बिन्दुओं में यदि मिश्रण का स्वभाव न हो तो जल-समूह सिन्धु न कहला सके। द्रवित के देवत्व में प्रकृति ने भी अपने को सीमा-रेखा खींचने में असमर्थ पाया है। इस भूमिका का यदि कोई जल-बिन्दु-प्रतीक ढूंढ़ने चले तो वह किसी ह्विटमन, किसी सूर, किसी तुकाराम, किसी चेखव के पास आकर ठहर जाय।

ऊपर से नीचे की ओर गिरना—कैसी कठोर तपस्या है ? नीचे से ऊपर की ओर अप्रत्यक्ष समूल छुपकर गया था, वायु बनकर; और ऊपर से नीचे की ओर व्यक्ति बनकर टपक आया; बिन्दु बनकर।

कुछ वे हैं जो ऊपर चढ़ने को इतिहास कहते हैं, कुछ वे हैं जो नीचे उतरने को देवत्व बताते हैं। पहलों का उदाहरण मुक्तिवाद है; दूसरों का उदाहरण अवतारवाद है। परन्तु नीचे का उतार ही तो ऊपर जाने का प्रजनन है। इसीलिए मजहब नीचे से ऊपर चढ़ने की गुण-गाथा रचता है, और कवि ऊपर से नीचे को अपनी गंगा बहाता है। किन्तु टोटे में तो वे रहते हैं कि आँख की सतह पर उतरानेवाले प्रकृति के इस प्रकृत कौशल में सीमा-रेखा खींचने का बचपन करते हैं। मैं तो अवतार की तरह उतावले, गंगा की तरह बावले, उतार को नमस्कार करके अपनी बात कहना चाहता हूँ।

आँखों से देखने का उदार सौदा अनेक वर्षों करने के बाद, कहीं आँखें देखने की आदत आती दीखी। ये दोनों कम सृष्टि में पड़नेवाले अकालों की तरह दूर रहे। किन्तु एक दिन कोई बाँसुरी बजा उठा। और जिन आँखों को मैं देख रहा था, उनमें पानी भर आया। जरूरत का आवेग उस पानी को बाहर ढकेल रहा

था; और लोक-लाज की लाचारी पलकें बनकर उसे अन्दर को समेटना चाहती थीं। इस तरह स्नेह और शास्त्र में पचास फी सदी की जीत-हार चल रही थी। हाँ, पर मैंने देखा, समूचा दिन बीत गया किन्तु सूरज के पाँव के कोई निशान जमीन पर बाकी नहीं रहे। जिसे कोई इतिहास कहता, शास्त्र कहता।

मैंने अपनी बाँसुरी, लाचार उठायी। और साँसों के हाजिरी रजिस्टर में सूरज और चाँद के हरी-हरी जमीन पर किये गये पापों और पुण्यों का लेखा-जोखा बाँसुरी की ध्वनि में, ध्वनियों में, गूँथकर उसे जमीन के पत्थरों, भोजपत्रों और खँडहरों पर रख दिया। लोग कह उठे—'युग बोल उठा!' मुझे नहीं मालूम मेरी बाँसुरी के सिवा युग किस चीज का नाम है?

जिस दिन बाँसुरी बोली, मुझे ढूँढ़ने वाले निकल पड़े। शस्त्र के मानव के तो मैं हाथ न आता किन्तु शास्त्र का दानव सर्वव्याप्त था और मेरे प्रयत्नों के सारे रहस्य को वह अपनी जागीर बताकर उसे भक्षण कर गया। मैं उस समय चिल्लाता था। किन्तु, कवि का 'मैं' तो उस अभागी वस्तु का नाम है जिसके गीतों की मिठास का भी तमाशा ही देखा जाता है और जिसके सर्वनाश के रोदन का भी तमाशा ही देखा जाता है।

मेरी लाचारी और उसासों का नाम जिस दिन 'कला' पड़ा उस दिन मुझे मालूम हुआ कि मेरा चिर-संचित 'स्व' मानो बाजार में बैठा दिया गया। मेरी सिसक आज रोजगार हो गयी!

बे-मौसम मेरे जी में आनेवाली वेदनाओं का मौसम बतानेवाले ही तो मुझे कलाकार के नाम से बदनाम करनेवाले जीवधारी हैं।

किन्तु, नदी चाहे जितना तरल-हृदया हो वह इतनी बलशालिनी तो नहीं होती कि किसी जरूरतमन्द प्यादे को देखकर वह अपने में जब चाहे बाढ़ ला सके। और अपने आपको प्यासे के ओंठों तक पहुँचा सके।

विधाता के निर्माण में यही तो कमी है कि सीमाबद्धता से अस्तित्व बनता है, सीमा तोड़कर वह ज्यों-का-त्यों नहीं रह जाता।

तब सूझ की देन के मर्यादित उपकरणों को एकत्रित कर मेरे बन्धन और सर्वनाश के साधन एकत्र किए गये। उन्होंने शास्त्र नाम पाया। और जो मीठा-मीठा-सा, कोमल-सा, कल्पना में बेदाग और ऊँचा किन्तु कर्मण्यता में लाचार-सा सूझ का वैभव बाकी रह गया; उसे कला का नाम दे दिया गया।

मानो कोई कहानी लिख रहा था और उसका पहला वाक्य था—एक था राजा और उसके यहाँ थी एक दासी। यह समझौता मुझे कभी स्वीकार नहीं हुआ। इसीलिए मैंने शास्त्र को घिसे हुए पैसे की तरह रूढ़ कहकर पीछे फेंक दिया। और अपने लिए विद्रोह का रास्ता अख्तियार किया। अब मेरे शब्दों में कला, प्रलय के खिलवाड़ को कहते हैं, विद्रोह को कहते हैं।

विद्रोह की यही भावना थी जिसने खयालों के परिवर्तन को जगत् पर उतारा। पहले मानवों के द्वारा विचार बनते थे; अब विचारों की जमीन पर विधाता अपने मानव ढालने को बाध्य हो गया है। यह केवल मेरी लेखनी का प्रसाद था। शास्त्र बेचारा लाचार था कि उससे सब कुछ बन सकता है, मानव नहीं। विधाता जो प्राणी विचारों पर नहीं ढाल सकता, वे विधाता के बनाये हुए होकर भी जड़ हैं। चतुष्पाद होकर भी जड़ हैं। बलवान होकर भी पराधीन हैं। शक्ति वृन्दावन की गाय है; और मेरी प्रजनन-भावना यशोदा ग्वालिन है। एक दुही ही जायगी; दूसरी दुहती ही जायगी।

बाँसुरी के स्वर पर साँप स्वभाव भूलने लगे: तब मानव तो कहाँ तक बेकाबू रहता? विभूतिधारी मुझको, विश्व-विभूति का स्वामी बनाकर सिंहासन पर बैठाया गया। सूर्य-किरणों ने भूमि की गलियों और धाराओं से चूस कर मुझे हिमालय के सिर पर हिमखंड बनाकर उच्चत्व प्रदान किया। रिश्वत बहुत बड़ी थी; शताब्दियों मानवता का मुँह बन्द कर देने के लिए। किन्तु यदि मैं उसे स्वीकार कर लेता तो मेरी पीढ़ी, वृन्दावन की गायों की पीढ़ी और काबुल के घोड़ों की पीढ़ी, किसी दूबीले स्थान पर साथ-साथ चरते रहते। सिंहासन पर बैठते समय मुझे अकेलापन बोझीला मालूम हुआ। मैं तो वही बिन्दु था न, जिसमें सम्मिश्रण-भावना का तारुण्य था और बिन्दुत्व की मर्यादा को मिटाकर सिन्धुत्व प्राप्त करने के लिए सदियों तक पतितोन्मुख निम्नगा बनने की तैयारी थी। मेरा तो स्वभाव ही ढालू जमीन की ओर जाने का है। ऊँचे के वैभव को नीचे आकर बाँट देना ही मेरा तरलाई का वरदान है।

रिश्वत की थरथराहट से मैं नगाधिराज के मस्तक पर हिमशैल बनाकर बैठा दिया गया था, किन्तु सूझ की सूर्य-किरणें, जो मेरी अपनी चीज हैं, मुझे नीचे को बहा लायीं। आकाश के देवताओं ने कहा होगा "यह परम उज्ज्वल, परम निर्मल, उच्चातिउच्च से—और कितने नीचे जायगा।" किन्तु मैं तो जमीन के मानवों की वाणी सुन रहा था; जो मेरे उतार को भगीरथ-प्रयत्न कह-कर पूजा कर रहे थे।

और देवताओं के उस सिंहासन से 'उतरकर' मैंने गति पायी, प्रगति पायी; प्रवाह पाया, प्रभाव पाया; रंग पाये, तरंग पाये। और जहाँ तक मैं प्रवाहित रहा अपने दोनों किनारे हरे-भरे पाये। मानो, शास्त्र ने उच्चत्व से मुझे देशनिकाला दे दिया। रूढ़ि की दासी, सूझ के राजा के साथ और व्यवहार ही कौन-सा करती? यदि मन्थरा के दिमाग की विकृति राम को देशनिकाला दिलवा सकती थी तो मैं भी वही पथ क्यों न ग्रहण करता! किन्तु, मेरा यह देशनिकाला मानो, मृत्युरूपी भैंके से अमरत्व के दिग्विजय के लिए मेरी विदा थी। बिन्दुओं के धारा बने जीवन में मेरे जबान न थी किन्तु मेरी गति से भी स्वर निकलता था। ठोकर

मुझमें विद्युत् और संघर्ष मुझमें संगीत भरता था। मुझे चढ़ते समय किसी ने न देखा था, किन्तु आसमान से उतरते समय मेरे टेढ़े-आड़े पैरों के निशान बनकर इन्द्रधनुष बनते थे; बिगड़ते थे। वायु, ऊपर को भले जावे किन्तु तरलाई तो सदा आकर्षण की ओर जाया करती है; चाहे उसे गुरुत्वाकर्षण कहिए। विश्व के समस्त प्रजनन का केन्द्र-बिन्दु आकर्षण है। सन्तत्व के प्रजनन का भी; देवत्व के प्रजनन का भी! क्या तुम मेरे इस आकर्षण को कला कहोगे? तब तो मातृत्व को रोजगार कहोगे! शास्त्र और कवि से झगड़ा होने की यही जगह है। तुम सत्य को न समझकर भी उस पर बहस कर सकते हो और मेरे लाचार मौन में से भी सत्य ही का स्वर झंकृत होता है। बिना उपकरण, बिना सेना, बिना साधन और बिना सामर्थ्य जब मैं वैभव के घर से निकाला-सा जमीन पर बार-बार चलकर तरल धारावाली किनारे बनाती पगडंडी बनाता होता हूँ तब यदि बादल आ जाते हैं तो मैं किसी झाड़ के नीचे खड़ा हो जाता हूँ। मैं होता हूँ, मेरा साहस होता है, मेरी कविता होती है। उस दिन तुलसीदास के शब्दों में कौशल्या की तरह मेरे लिए कोई यह कह चिन्ता नहीं करता कि—

काहू बिरछ तर भीगत हुइ हैं
राम लखन दोउ भाई॥

पानी मुझे बहा नहीं सकता। गरमी मुझे जला जो न पायी थी। उसने प्रवाहित कर दिया था। तब पानी मुझे कैसे बहाता? उन बरसाती बूँदों के बीच खड़े हुए थरथराते हुए मेरे शरीर का पृथ्वी के हरियाले वैभव ने, फूलवालों ने फूल लेकर, काँटोंवालों ने काँटे लेकर और पत्तीवालों ने पत्ती ही को हिला-डुलाकर उस एकान्त में मेरा वन्दन किया था। उस समय मुझे ऐसा लगा कि किसी बबूल के बगल में ऊगा हुआ मैं भी एक बबूल ही का पेड़ हूँ। मानो वायु की सनसनाहट और पत्ती की फरफर में मैं वृक्षलोक की भाषा का कवि हूँ। काँटे कहानियाँ कहते-से, फूल पूजा करते-से और पत्ते धीरज बँधाते-से नजर आते थे। तिस पर उस समय का टिटहरी का बोल पड़ना। मानो जमीन पर गड़ती हुई आँखों को आसमान ने न्यौता भेजा था।

करंज के झाड़ पर मैंने अपने दोनों हाथ उस वर्षा में लटका दिये थे। किन्तु उस झाड़ की जड़ों से डालियों में चढ़ता हुआ रस, डालियाँ समझकर मानो मेरी भुजाओं में भी चढ़ा जा रहा हो। पैरों के नीचे जमीन थी, सिर पर आसमान की बूंदा-बूंदी थी, काँधे के पास पक्षी दुबक कर बैठे थे, जड़ें हाथों में रस दे रही थीं और मैं नदी के तट पर निस्तब्ध खड़ा था। तब मुझे यह विभ्रम कैसे न होता कि मैं वृक्ष हूँ। तब, बरसती बरसात में मैं हरा-भरा सुखी हो उठने के बजाय, दुःख किस बात का मनाता? आसमान से गिरते हुए त्रिशंकु को चाहे किसी ऋषि ने बचाया हो या नहीं बचाया हो, किन्तु, वृक्षों की मस्तानी एकतानता

ने मुझे जरूर वृक्षत्व के अमर हरियालेपन से न पानी में नीचे बहने दिया; न मानवत्व के आभास से मुझे नीचे गिरने ही दिया। इस तरह वृक्षों के मौन गुरु ने मुझे एकरसता के हरियालेपन का ऐसा पाठ पढ़ाया कि अब जब कभी मेरे अमरूद की डाल से मेरी चम्पकलता गाय अपना काँधा रगड़ने लगती है, तब मैं उस पर नाराज होने दौड़ता हूँ कि कहीं वह अमरूद की डाली में छाले न पैदा कर दे। गुलाब की अन्तरात्मा में उतरने के लिए किसी जगदीशचन्द्र की ज्ञान-सीढ़ी की किसी कवि को जरूरत ही कैसे पड़ सकती? हृदय तो वह स्टेशन है जिस पर अस्तित्व अपना लगेज लेकर नहीं आ-जा सकता। अस्तित्व का यह स्थान, आकर्षण का यह देवालय, प्रवाह का यह अमरत्व, गति का यह संकेत-दर्शन, मेरे गुप्तांगों की तरह मेरे साथ है और जीवन की समस्त परिमितताओं के साथ यह मेरे ही साथ रहता आया है, मेरे ही साथ रहता जायगा।

मैं गतिशील हूँ, मैं तरल हूँ, मैं प्रवाही हूँ, मैं निम्नगामी हूँ, मैं विश्व की समस्त हरीतिमा के, भूमि के प्रतिकूल विद्रोह कर, ऊँचा, सपुष्प, सफल बनाने वाला, जीवन रस हूँ।

नीलाम

गुलाब, तेरे बोझ से 'भी' डाली झुक रही है! इसलिए कि तूने भूमि से रस लिया है और वायु को सौरभ प्रदान कर दिया है। तूने अपने आत्मप्रभाव से प्राप्त देवत्व को विश्व-सेविका वायु के चरणों चढ़ा दिया है। इसीलिए तो वह, प्रातःकाल आकर, पत्तों से, बेचैन कलियों पर पंखे झला करती है। किन्तु, तेरी शोभा, तेरा पुरुषार्थ, कलियों की कला और लालित्य में कहाँ है? वह तो काँटों के तेज और पुरुषार्थ में विद्यमान है।

किन्तु कला और लालित्य; तेज और पुरुषार्थ,—आज तो सब नीलाम पर निकले हैं। ज्ञान की गठरियाँ बहुत हैं; मानवत्व की मरीचि-मालाओं का टोटा है। तुकी और बेतुकी तितलियाँ बहुत हैं; प्रभु-बोझीले, नभ-विच्छेदी गरुड़ का पता नहीं। गीत हैं,—ग्रामोफोन की चूड़ियाँ चक्कर काट रही हैं, नन्दन की मयूरी कहाँ कूक रही है? देवता को पत्थर बनाकर सिंदूर लपेटनेवाले हैं; स्वयं प्रभु की आकाशवाणी बननेवाले कहाँ हैं? यूनिवर्सिटी की तादाद बढ़ानेवाले हैं; किन्तु वीणा-धारिणी के युग-संदेश-वाही मयूर नहीं हैं। क्यों?—

'इसलिए कि आज मैं नीलाम पर बिकने निकला हूँ।'

आज गरीबी गर्व नहीं रह गयी। कारलाइल के शब्दों में विद्वत्ता का अमर अधिकार आज बिकने निकला है। एक दिन मेरे जन्म पर आ-भार माना जाता

था। विनोबा के विनोद में, अब 'आ' उपसर्ग का लोप हो गया है। आज का ब्रह्मत्व यजमान की तलाश में है। सिद्धाई ने संग्रह पर चढ़ाई की है। सरस्वती मयूर पर, विष्णु साँप की गोद में सागर की लहरों पर, शिव बर्फीले हिमालय पर भले रहें, पर मेरा ब्रह्मत्व तो दाता के द्वार पर खड़ा रहेगा ! विधाता के द्वार पर तो गंगा-जल मिलेगा; तुलसी-दल ! अब 'अकाल-मृत्यु हरणम्' के रिकार्ड की आवाज पर अकाल मृत्यु न हो, तभी आश्चर्य !

'क्योंकि आज मैं नीलाम पर बिकने निकला हूँ।'

'पण्डिता-वनिता-लता'—ब्रह्मत्व का कैसा मणिकांचन संयोग है ? कहते हैं—ये स्वावलम्बी नहीं होते ! हमने 'सा विद्या या विमुक्त' को कैसे सुन्दर ढाँचे में बदल दिया है। भैंस को दाना दो; वह दूध देगी। हमें दाना दो; हम साहित्य देंगे ! भैंस स्वयं घास खायेगी; हम स्वयं दास रहेंगे। भैंस के चार पाँव हैं, हमारे भी ज्ञान के दो पैर और हैं। हम प्रभु को पुकारते समय कहेंगे—'पापोऽहं पाप कर्माऽहं'। यह कैसी पुण्याई है जिसे हमने 'सोऽहमस्मि' से बदला है ! हृदय का विश्वात्मा कहता है—'गगन-गंभीर' पूजा, व्याकुल विश्व कहता है—'वीर-पूजा'; परन्तु मैं सुनता हूँ—'शरीर-पूजा' ! तब मेरी वाणी में रस क्यों हो ? मेरी वीणा में स्वाद कहाँ हो ? मेरी बाँसुरी में स्फूर्ति कैसे हो ? साधु विनोबा की इस बात का उत्तर क्या दूं ?—

'मैं तो नीलाम पर निकला हुआ हूँ।'

यह लो, क्रान्ति का आकर्षक रंग लेकर 'तरुण' परिवर्तन आ गया। साहित्य के दर्पण को वह अपने से प्रतिबिम्बित करेगा; तत्वज्ञान की वाणी को अपने गर्भ से गौरवमयी। वह पतन से परे का रक्त आ रहा है। कल्पना, स्फूर्ति की कूंची लेकर, प्रकृति को सतेज व्यक्तित्व के आकर्षक रंग में चित्रित करने उठ खड़ी हुई है। वह भूतकाल की करुणा में से भी उथल-पुथल चुन रही है; भावी के हरियालेपन को भी प्रलय से पुष्पित कर रही है। क्या वह मेरे लिए ठहरती ? हाय मैं ! —

'मैं तो नीलाम पर निकला हुआ हूँ।'

राजनीति नहीं चाहिए ! भाषा शब्दों ही से बनी है न ? शब्द ब्रह्म है न ? शब्दों के कुछ मानी हैं न ? फिर 'राजनीति' के शब्दों के कुछ मानी नहीं ?

भोजन चाहिए; राज्य नहीं चाहिए ! शब्द चाहिए; अर्थ नहीं चाहिए ! साहित्य चाहिए; किन्तु उसका आधार राष्ट्र नहीं चाहिए।

गुलामों के त्योहार, वीर्य-हीनों के बल, बहरों की वीणा, गूंगों के गीत,—

नमस्कार तुझे और तेरी साध को !

इतिहास ने, इसीलिए, राजाओं और सरदारों को लिखा; योद्धाओं और सैनिकों को भूल गया। राजपरिवारों और नवाबी ऐयाशियों को लिखा, गरीबों की वेदना और बलिदान को भूल गया।

इस दिशा में कालिदास, माघ, बाण,—सब कला और लालित्य के नाम पर तेज और प्रताप के पेट में छुरा भोंक गये। स्फूर्तियों के बाग में रूढ़ियाँ लहलहाने लगीं।

इसीलिए नयी लहर की मर्म-वेधिनी लेखनियाँ, शूली के द्वार तक, पतन से कैफियत लेने आ रही हैं। आश्चर्य, मैं दम्भ भले होऊँ, बूढ़ा हूँ, अतः पूज्य हूँ ! मेरा वजन कूतो ! क्या इसलिए कि—

'नीलाम की बोली में मेरा मूल्य कूता जाता है ?'

अब इतिहास, कुटुम्बों में, कलह को कर्मण्यता में बदल रहा है। देहातों और शहरों में गलियाँ और घूरे साफ कर रहा है। शहरों में समान जीवन की आग भड़का रहा है। बाजारों को पंचायतें बना रहा है। महज्जनों की महानता को, देवता के प्रसाद की तरह, कालू नाई, रमलू धोबी और बोधा मेहतर में मुक्त होकर बाँट रहा है। अब साहित्य, विश्व की उथल-पुथल के रूप में समय का सन्देश अपनी पीठ पर लादकर निकला है। उसकी झोली में व्यास और वाल्मीकि हैं, होमर और अरस्तू हैं, तुलसी और सूर हैं, बायरन और गेटे हैं। यूरोप के तो 'क्रूसेड' भी साहित्य से इतिहास की गाँठ बाँध गये,—गरीबों के साहित्य और इतिहास की। गोरी और गजनवी भारत की वही गाँठ तोड़कर रख गये ! इसीलिए तुर्किस्तान के कमाल की विजय को पराजय बनाने, भारत के रहमू और कादिर की पलटन गयी, और अफगानिस्तान के अमानुल्लाह के सर्वनाश को देवबन्द के मुल्ला पहुँचे। क्यों ?—

'क्योंकि मैं अपने को, नीलाम पर चढ़ाये हुए हूँ।'

मेरी वाणी तो 'छन-छन' के मीठे बैन बोलती, नंगी औरतों से सरोवरों के पानी की नाप करती, और दिगम्बरा बालाओं को गंगा में तैरा कर उनकी त्रिवेणी बनाती ! जगत् का नाश भले हो, महाराज जगतसिंह खुश होने चाहिए ! नीलामी पशु हरी घास के लिए क्या-क्या न करता ? इस समस्त कीचड़ में से कमल की तरह कविवर भवभूति के पद पर पद रखकर महाराष्ट्र सन्त कवि रामदास का दास-बोध भूषण के कुछ पद्यों को लेकर आर्य-जीवन के अनार्य पतन के खिलाफ गूँज मचाता आया। पर, शस्त्र के मानव को शास्त्र का दानव जब जीने देता ? राजा परमेश्वर था; प्रजा गूँगी भेड़ बनकर उसकी मर्जी पर कट

जाने की चीज हो गयी। उन दिनों नाच था, रंग था; आमोद था, प्रमोद था। राजा तल्लीन था। साहित्य उस समय क्या कर रहा था? वह इसी घिनौनेपन पर, मक्खियों की तरह भिनभिना रहा था। तिरुवल्लिवर, तुलसी, मीरा, नरसी मेहता, विद्यापति, तुकाराम और नामदेव और न जाने कितने साधक आये, जुड़े हुए हाथों और झुके हुए मस्तकों से। ये कुछ ऊँचा खींच सके; पर मुगल, राजपूती और हाँ, बहादुरी के सब अड्डे, चकले हो चुके थे। तब मुझे भी विनोद, विलास और वारुणी की जरूरत क्यों न होती? इसीलिए—

'मैं नीलाम पर चढ़ा चला आ रहा हूँ।'

आज इतिहास की इस पामरता में आग लगानेवाली अँगुलियाँ आगे आ गयी हैं—साहित्य के कुम्भीपाक में भी। व्याकरण और पिंगल के नियम उस समय लोगों को बाँधने के लिए खीझ रहे और अपना अधिकार आजमा रहे हैं; जब तरुणाई वाक्यों की नहीं, लौह-खंडों की शृंखलाओं को प्राणों तक के मोल तोड़ने पर तुल पड़ी है।

अब महत्त्व की वस्तु, महानता के व्यक्ति, और मदमस्त संस्थाओं को तेजस्विता के घाट उतरना होगा। ऐतिहासिक स्मृतियों, रसीली कविताओं और मनोहरा प्रकृति को यदि जिन्दा रहना है तो पतित होते हुए पापियों के लिए नहीं, ऊँचे उठते हुए मस्तानेपन के लिए मसाला देना होगा। टकसाली नियमों, लक्षणों और निषेधों के उस पार भी, जगत् है, एक बड़ा जगत् है। उस ओर जाकर नवीन सृष्टि करनेवाली नयी रेखों और बे-मूँछों की दुनिया, पथ न देने पर समाज को सेतु बाँधने का लकड़ी-पत्थर बना लेगी और साहित्य को पैर रखकर ऊपर चढ़ने की सीढ़ी। राज-शृंखलाओं को पहनकर भी, वह लचलचे पतन के खिलाफ इस पथ में जावेगी, और 'भविष्य' की वीणा के समाज, साहित्य, तत्त्व और राजनीति के तारों को—वीणा के कान उमेठ कर भी मुक्ति का स्वर गुंजाने के लिए बाध्य करेगी। जो हम टुकड़ों के मोल नीलाम होते आये हैं, क्या हम 'मरण-त्योहार' की कीमत पर, 'अमरता' के भाव, खरे न उतरेंगे? क्या इसीलिए कि—

'हम नीलाम पर चढ़ चुके हैं?'

जब रसवंती बोल उठे

वे कहते हैं कि तुम मुझमें लगनेवाली गाँठ हो; किन्तु मैं देखता हूँ कि तुम तो मेरी लज्जा रखनेवाली वह चादर हो कि जिसमें गाँठें लगाई भी जा सकती

हैं और उन्हें खोला भी जा सकता है। तुम चादर हो जिसे ऊँचा उठाकर मैं एकान्त में स्वरूप-दर्शन करता हूँ और जिसे सुन्दरता से लपेटकर सूरज की सौ-सौ किरणों में सर्वरूप दर्शन करता हूँ।

तुम्हारी मिठास का एक ऐसा अटूट कोष है; जो अनन्त प्रयत्नों के बाद भी आँखों पर ऐसा झूलता-सा, हृदय पर ऐसा लटकता-सा रह जाता है कि तुमसे परे किसी स्वाभाविक, किसी महान्, किसी निर्माता, किसी विस्तृत, किसी रक्षक, किसी करुणाघन, किसी दयासागर की कल्पना कठोर और बोझीली मालूम होती है ! उस समय तो मेरी तुलना उस शक्कर से बने हुए हंस के खिलौने-सी होती है, जिसकी मिठास से जिसका आकार जुदा नहीं किया जा सकता।

जब मुझे औरों से झिझक मालूम होती है तब मैं तुम्हें अपने से कई गुना लपेटकर अपने को आसक्तों से छिपा लेता हूँ। किन्तु, जब मैं तुम पर समर्पित होता हूँ तब सिसक और मुसक के ताने-बाने से बनी तुम्हारे स्वरूप की झीनी चादर पहनकर अपनी ही माप के अपने आराध्य के आईने के सामने खड़ा हो जाता हूँ। लोग पूछते हैं, मेरी वाणी कुछ बोलती क्यों नहीं है। किन्तु, उस समय वह बोलों से रूठा करती है और बोल उसके आँखमिचौनी खेला करते हैं।

जब मेरा प्यार नन्हे बालक की तरह खारी पुतलियों की मीठी गोद पर उतर-उतरकर चढ़ा करता है तब काल के अनन्त पर्दे, उठ-उठकर मेरे संकेत का स्वरूप-दर्शन किया करते हैं। पाँच महीने और पचपन बरस, इन दो कठोर अन्तरों को रखकर भी छोटा-सा खिलौना, नन्हा-सा बच्चा समय की बड़ी-सी गठरी की गोद में खेल सकता है और उसे माँ कहकर, उससे अलग उत्पन्न होकर भी उसकी गोद से, उसके हृदय तक अस्तित्व की एक सीधी रेखा खींच सकता है, तब मेरे पथ में रुकावट कैसे खड़ी हो सकती है ?

तुम्हें रश्क होता होगा, अनजान बटोही ! कि कितने स्नेह से सना होगा मेरा मार्ग ! पर तुम क्या जानो कि मैंने पाकर कुछ नहीं पाया, खोकर पाना ही मेरे मिठास का इतिहास है। यह सोने की धूल बिखेरकर और रूपे-सा अमृत चाँद के कटोरे में भरकर तुम किसका स्वागत करने आ रहे हो ? अन्तर के वैभव के सम्मुख यह सारी देन भिखारिन है। अन्तर के प्रकाश पर सूरज और चाँद दोनों ही दो काले धब्बे हैं ! मुझे तो संकेत वहाँ बुलाया करता है जहाँ प्रकृति का बावलापन कहता है, यहाँ मत आ। मेरे पथ का द्वार नहीं होता और यदि होता हो तो वह बन्द ही होता होगा। मेरे सम्मुख आनेवाली रुकावट ही मेरी सावधानी है और उससे टकराकर मेरे मस्तक पर आये हुए घाव ही वह वेदना देते हैं जिससे उत्पन्न होनेवाली उसाँसों को एकत्र कर, मैं भावों के गरीब-

खाने का इतिहास बनाया करता हूँ। मेरा प्रियतम आसमान के नक्षत्रों में छिपकर नहीं बैठता, वह योगियों के मनो-मन्दिरों का भी मुतलाशी नहीं। वह तो यहीं रहता है। इधर से आता-सा और उधर से रूठकर जाता-सा। मैं उसे प्रतिक्षण अनुभव करती हूँ। मेरा दिलदार क्षितिज के परे ही नहीं किन्तु वह उम्र के परे भी निवास करता है।

उसे नन्हा देखकर, उसकी तोतली बोली सुनकर और उसे घुटनों के बल आँगन में जानकर सूर को दीखने लगता है और तुलसी वृक्ष से मनुष्य बन जाता है।

किन्तु, आज तो मैं तुम्हारे दरवाजे आया हूँ। अनहोने-से तुम, जरा होने-से बनकर बैठ जाओ। युक्ति के खम्भों से सजी और विनोद के तिनकों से लदी तुम्हारी झोंपड़ी में, मैं चाहता हूँ, आज तुम हो और तुम्हारे सिवा और कोई न हो। मैं सहृदय युग की बुद्धि की जीभ बनकर तुम्हारी कृतियों की मिठास का स्वाद लेने आया हूँ। बोल दो, एक बार बोल दो। यह तो समय का काम होगा कि वह उसे अनन्त युगों तक देख ले और जीवित साँसों का काम होगा कि वे उसे दुहरा लें। बिना पैरोंवाली अपनी उस बोली को, जरा नगाधिराज के मस्तक पर चढ़ने दो और उद्दण्ड आनन्द खोजियों को आमंत्रित करो, कि वे तुम्हारे आँसुओं में बहकर आनेवाली अन्तर्वेदना की मिठास में न डूबने का प्रण करके आवें। वे मर्यादा की कसम खाकर घर से चलें, और मेरे प्यार! बह उठो एक बार! और जादू से पलटकर 'गिरा अनयन नयन बिनु बानी' का एक संसार बसा दो। जेलखानों में बन्द होकर, आलोचनाओं की चहारदीवारियों में कैद होकर, नहीं, श्रद्धा के काँटेदार तार तुम्हारे चारों तरफ घेरे की तरह लग जाने के पश्चात् भी, जरा दशरथ बन जाओ, राम के पिता! और, अपनी बन्धनमुक्त कल्पनाओं के रथों से भावनालोक की दशों दिशाओं का कोना-कोना खूँद डालो। वह रथ ऐसा हो, ऐसा जरूर हो, कि तुम्हारा युग यदि उसमें बैठकर स्वैर-संचार न कर पाये, तो नित्य बढ़ते जानेवाले चन्द्र की तरह वह उस दिशा में बढ़ता अवश्य चला आवे। चिल्ला पड़ने दो कुछ को, कि तुम्हारी वाणी उद्दण्ड है, परम स्वतन्त्र है; वह रूढ़ नहीं है। तुम अपने द्वारा निर्मित जमाने की आह को भी अपने मन्दिर पर चढ़ने की सीढ़ी बना लो, और वाह को भी; प्रहार को भी, उपहार को भी। उम्र के बरसों से कह दो, कि तुम इतने नन्हे हो कि तुम्हारा अपमान नहीं हो सकता। किन्तु, एक बात और कह दो—जमाने के तुम निर्माता हो, तुम ही निर्माता हो।

तुम्हें पता रहे कि बोली जबान के घाट आकर कुछ और होती है और कलम के घाट कुछ और। जबान की पनिहारिन, दिग्विजय की वायु-तरंगों पर चढ़कर

बन्धनरहित रूप से दौड़नेवाली ध्वनि है। उसमें सौ खून माफ हैं। किन्तु वह अभी-अभी है, और अभी नहीं है। किन्तु, सूझ के कँटीले पौधे में से जब कलियाँ चटखकर कलम पर आया करती हैं; तब वे कितनी ही बार कलम होकर ही आया करती हैं। प्रतिभा की नव-वधू, स्याही से सास जैसा और कागज से ससुर जैसा भय मानकर पद-निक्षेप किया करती है, किन्तु वाणी की स्वच्छन्दता में जितना कठोर मरण है, स्याही और कागज के भय में अनन्तकाल को वेध सकनेवाली उतनी ही महान् अमरता है। वे धन्य हैं जिनकी बोली, हवा पर से भी, अमर रहने को कागजों पर उतर आती है। किन्तु जबान की स्वच्छन्दता पतन का ठीका नहीं है। जबान से उतरना ही वह चाहिए, जिसे यदि युग कागज पर उतार दे, तो वह अमर हो उठे।

खुले हृदय के स्नेहियों के आकर्षण का संकेत ही ऐसा होता है कि जिससे हम आँखें रखकर भी सूरदास बन जाया करते हैं और हृदय का खजाना लुटाने उठ पड़ते हैं। यह सोचकर कि हमारी ईमानदारी से गुजरकर आनेवाले पागलपन को, हमारी ही तरह, हमारा श्रोता भी भूल जायेगा। भाई मेरे, चाहे बावलों की कमी से हो, चाहे क्रूरों की अधिकता से—ऐसी दुनिया बड़ी नहीं हुआ करती।

इस दुनिया में तो आधार ही होता है, विस्तार नहीं। यहाँ साँसें ही गिनी जाती हैं, मनुष्य नहीं।

उन्हें भोजन में आनन्द है; वे मनुष्यभक्षी तुम्हें भी खा जायेंगे; पर तुम्हारा तो भोजन ही आनन्द है।

उल्लास और उसास तुम्हारे आनन्द की ऊँची और नीची तहों के नाम हैं। तुम्हारी दुनिया छोटी है क्योंकि ज्ञान के काँटों पर लोगों से उन्माद के पुष्पों का बोझ नहीं सँभलता। 'गँवार'—लोगों की जबान पर साधारण शब्द है। किन्तु, सच तो यह है कि हम गँवार होना ही भूल गये।

हम तो तभी तक हम हैं, जब तक हमारी गँवारी, हमारा बचपन अपनी करारी तरुणाई पर हमारे पास रह सके। प्रतिभा का पौधा, इस नन्दन को खोकर, कहाँ रहेगा? कल्पनाओं का खजाना अपनी बन्धनमुक्ति के लिए कौन-सा स्थान ढूंढ़ेगा? परन्तु, इस दुनिया का, तुम अपने को पता दो, अपनों ही को पता दो। मंचों पर, रंगमंचों पर, इस जगत् को मत खींचो।

वेदियों पर तुम स्नेह की स्वाभाविक सतह को मत हिलाओ-डुलाओ, वहाँ तो तुम मर्यादा के बन्दीखाने का ही द्वार खोलो। उस समय तुम्हारे स्नेह, तुम्हारे बचपन, तुम्हारे अज्ञान और तुम्हारे युग के अटपटेपन को नाम रख-रखकर और तुम्हारे मस्ताने बोलों को भूलने और मिटाने का बधिक-व्यापार बलपूर्वक चलाने

के पश्चात् भी, युग का श्रृंगार सजानेवाली, युग के सिपहसालार की जरूरत पूरी करनेवाली, तुम्हारी कृति की अनन्तराशि उनकी स्मृति के द्वार पर पड़ी रह जानी चाहिए।

वे तो मजदूर हैं। उनकी कठोरता की चलनी से छाने जाने के पश्चात्, सौदे में समय देनेवाले, तब खुश होना चाहते हैं, जब उनकी बुद्धि के पल्ले, उनकी जायज मजदूरी से अधिक का माल पड़ जाये; और वह माल भी अत्युच्च, देवताओं का प्रसाद न हो; उनको रुचने और हजम होनेवाली वस्तुएँ होनी चाहिए! तुम्हारे विनोद में, तुम्हारे आँसुओं में, तुम्हारे मरण में भी वे सौदागर ही रहे हैं, सौदागर ही रहेंगे।

तुम्हारा हृदय-रस कभी पराजित न हो, किसी की 'आह' और 'वाह' पर उसे सूखने देना तुम्हें स्वीकृत न हो। किन्तु, उसमें वह सरलाई जरूर चाहिए, जिससे भोले-से-भोले भाव तुम्हारी कहन को अपने हृदय की गाँठ में बाँध लें, और एकान्त की याद की रगड़ खाकर, जब तुम्हारी कहन उनके जी में घुलने लगे, तब उसमें स्नेह और साहस का ज्वार आ जाये। करारी विजय वह होगी, जब भूलने का उदार सौदा करनेवाले राहगीरों में, तुम्हारी कहन, ऐसी मतवाली, ऐसी भारी तादाद में, मस्तानगी के साथ रह जाये कि अपने अस्तित्व के वर्षों में वे उससे जुदा न हो सकें, और पीढ़ियों को तुम्हारी कहन का खज़ाना सौंपने में अपने को गरबीला अनुभव करें। यही तुम्हारा कर्ज़ होगा; जिसे यदि, तुम्हारे युग की पीढ़ियाँ—तुम्हारी ही पीढ़ियाँ हुईं तो,—सरस्वती के मन्दिर में अपने अस्तित्व के बूते, उसे चुकाने का त्यौहार मनाने आवेंगी।

नभोमण्डल पर, जरूरत नहीं, कि तुम नक्षत्रों की तरह बँधी घड़ियों और बँधे दिनों में आओ, और तारुण्य में जन्मते ही, तुम्हारा विज्ञापन हो। तुम सर्वनाश के नहीं, सर्वप्राण के भूकम्प बनकर क्यों न आओ? पेज गिनने वाले प्रकाशक की पुस्तक के पन्ने बनकर आने के बजाय, तुम अपने जमाने की उथल-पुथल के सन्देश-वाहक बनकर क्यों न आओ? उन्मेष बनकर आओ; इतिहास बनकर लौट जाओ। तुम्हारा स्वागत करनेवाले बरस, अचम्भा करें; कि तुम विश्व में किस द्वार से आये और किस जीने पर चढ़कर लौट गये।

तरुणाई और कविता ये दो वस्तुएँ नहीं, किन्तु एक ही वस्तु के दो नाम हैं।

तरुणाई प्रतिभा की जननी की गोद है। उम्र के उतार में प्रतिभा तरुण रह सकती है और अमर अनहोनेपन के साथ बढ़ती जा सकती है किन्तु उम्र के द्वारा जीवन के कील-काँटे ढीले होना शुरू होने के बाद, प्रतिभा अपने जन्म का प्रथम

दिन मनाने नहीं आती अतः तरुणाई को गिरफ़्तार करो और उसमें अपने जीवन-कणों को जोर से बो दो। चढ़ती हुई जवानी के हृदय और बुद्धि के संयुक्त तेज को यदि 'तुम' नहीं कहते, तब फिर तुम्हारे आगमन का नाम ही क्या है? जी का दीपक जगमगाता रहे?—अरे तो उसमें संकटों का तेल पूरो। इतिहास की आँखों से जरा भूतकाल को देख लो; और अपनी आँखों से अपना जमाना देखो। दरिद्रता, दासता, रोग, संकट, कारागार, विश्वासघात, आक्रमण और अत्याचार इन्हीं गहनों को पहिनकर युग की मस्तानगी, आजादी, उत्थान और कविता बन-कर आती रही।

सीमा रखनेवाले मानव, तुम निस्सीम का नाम लेकर उसे कलंकित मत करो। कलम छुओ उस दिन, जिस दिन उन्मेष से या वेदना से, तुम्हारा रक्त आँसू बनकर और तुम्हारे आँसू रक्त बनकर उतर रहे हों। तुम मत बोलो; बोलने का काम करने वाले, काम का बोलना नहीं बोला करते। तुम मत बोलो—क्योंकि तुम भूतकाल को पत्थर समझकर और भविष्य को महज कल्पना मानकर, वर्तमान के जहर से जहरीले हो। बोलें वह जिनकी केवल जीभ नहीं, केवल आँसू नहीं, केवल स्मृति नहीं, केवल बुद्धि नहीं, किन्तु इन सबको साथ लेकर जिनकी बेअख्तियार रसवंती बोल उठे।

अरे, लकीरें गिनते हो? घास ने जंगल हरियाला करके भी एक अन्नकण पृथ्वी को नहीं दिया। युग के आचार्यत्व के दागी, हरियालेपन की भूलभुलैयाँ में, दिमागी-पशु विचरण किया करते हैं, पीढ़ियाँ विचरण नहीं करतीं। विधाता की बेअख्तियार फेंकी हुई बखेर का कूड़ा समेटकर, चरागाह हरियाले किये जा सकते हैं; और खारे समुन्दर भरे जा सकते हैं किन्तु, मानवता के मस्तक उन पर नहीं ढुला करते। कवि, सेनानी और सन्त बनाने के लिए तो, अस्तित्व की तलवार पर अपने अन्तर का ही पानी चढ़ाना होता है।

फूलों की तरह सूखकर गिर जाने के लिए क्यों जन्मोत्सव मनाये जायँ और क्यों मरण त्यौहार?

मिट्टी में मिल जानेवाले दाने, उपज की होड़-होड़ी का खेल खेला करते हैं और ब्रह्माण्ड में चमकने वाला नक्षत्र अपने आस-पास के अनेक नक्षत्रों की गति-विधि का संचालन करता है।

रेवा का कल-कल, कली की चटख, पैंजन की रुमझुम, बाँसुरी की तान, मृदंग की धुमक, वीणा की मिठास और गम्भीर बादलों की तरह बिजली के वार के साथ, बादल की प्रलयंकर हुंकार और इसके पश्चात् आँसुओं की तरह बेकार,

असहाय, रिमझिम-रिमझिम गिरकर, पुनः अपनी मातृ-भूमि की गोद में गिर पड़ना, यह एक ही कवि के अनेक अवतार हैं।

तुम्हारा दिलवर, तुम्हारी कविता, तुम्हारे आँसू, तुम्हारा चुम्बन, उस स्फूर्ति में निवास करता है जो तुम्हें प्राप्त हुई हो और जो तुम्हारे द्वारा प्राप्त हुई हो।

तुम्हारे स्फूर्ति-प्रदाता से बढ़कर भी यदि तुम्हारे पास कोई काव्य, कोई ईश्वर, कोई प्यार, कोई दुलार बाकी रह जाय, तो ईश्वर के लिए, तुम सब कुछ कहला लो, बेचारे कवि शब्द को पनाह दो।

यदि आशिकी में तमसे दीवारें न लाँघी जा सकती हों, और दिलदार के पूजन में पुष्पों की तरह रक्त-बिन्दु न चढ़ाये जा सकते हों तो तुम सब शस्त्रों को छू लो किन्तु, वीणा को हाथ मत लगाओ।

तुम समुन्दर बाँध सकते हो, बटवृक्ष के नीचे महाबोधि बनकर समाधि ले सकते हो, क्रास पर टग सकते हो, पर भाई मेरे, तुम नन्द-नन्दन नहीं कहला सकते। लोग महत्ता लेकर नन्द-नन्दन मापने आते हैं, तुम्हारा तो माप ही नन्द-नन्दन है। भूख का भान और भीख की भाषा रखकर न कवियों का दिलदार कहीं आया करता है; न कवि कहीं जाया करते हैं। हाँ भूखों की वेदना जिस दिन उसके हृदय से चढ़कर आँखों पर आती और आँखों से भुजा पर उतरती है उस दिन वह ज्वाला, एक ऐसा भूकम्प करती है जो बड़ी और छोटी, कीमती और बेकीमती महत्ता को धूल में मिला देती है, और, सोने और चाँदी के खाद वाली उस जमीन पर वह मस्तानी तरुणाई युद्ध-क्षेत्र और हवाई जहाज 'बोया' करती है।

किन्तु, न वह राजनीति होती है न अर्थशास्त्र। उसका तो अपनी ही लहर-बहर का सौदा है। जिसकी वेदना में भी मिठास आती है उसके प्रलय की मिठास भी निराली होती है।

उसकी वीणा के तारों में वह, तारे पिरोकर मिजराब मारता रहता है, क्योंकि कुछ बेचैन-सा; कुछ बावला-सा, कुछ पत्थर-सा, कुछ उतावला-सा; कुछ खुली आँखों अनदेखा-सा, कुछ मुँदी आँखों से देखता-सा; कुछ त्यौहारों पर रोता-सा, कुछ मकतलों में मुस्कराता-सा; अपनी कलम के काले आँसू, सूरज की किरणों को सँवारने के लिए वह टपकाता ही उस दिन है, जिस दिन उसकी रसवंती बोल उठती है।

वसुधा का पालतू काव्य

मौसम में उत्पन्न होने वाले वृक्षों, फलों और जीवधारियों की तरह मौसम में उत्पन्न होने वाली कला त्रिकालबाधित या अमर नहीं होती; वह क्षणजीवी होती है। मौसम बदला नहीं, कि वस्तु मरी नहीं।

. कला कभी बहुत ऊँची हो जाती है, वहाँ वह वृक्षों की छुगनियों से पिरामिडों और वहाँ से पक्षियों और वायुयानों से बातें करती हुई नक्षत्रों तक पहुँचती है। कहीं कला बहुत गतिमान, दौड़ने वाली होती है; वह अपने प्रकटीकरण के विस्तार में, नदियों और पहाड़ों को लाँघकर पहुँचती हुई बड़े-बड़े समुद्रों को लाँघकर समझ सकने, या समझ रखने के अन्तिम कोण तक पहुँचती है। कहीं कला अत्यन्त गहरी होती है—वह मणिधरों की तरह, गहरी-से-गहरी अँधेरी गम्भीरता में उतरकर अपनी पहुँच का प्रकाश, जमीन पर डोलते हुए मानव के पास तक पहुँचाती है। कहीं कला, कोमल भाव व रंगों के जल की गहराई में उतरते-उतरते कठोर रत्नों को खोजने में सफल होती है, जो रत्न युग के घनों से नहीं तोड़े जा सकते। किन्तु इस ऊँचाई, इस गति, इस गाम्भीर्य और इस गहराई के अत्यन्ताभाव में भी प्राणवान कला का निवास है। 'अ' को अक्षरब्रह्म कहा है, और काल तथा कला में केवल 'अ' कार मात्र अपना स्थान बदल लेता है। कला तो समझ के काल का माप है।

चूसना, हजम करना, साँस लेना, देखना, सुनना, चिल्लाना, बदन को सिकोड़ना, बदन फैलाना, रग-रग में रक्त पहुँचाना,—ये बातें, मानव को किसी स्कूल में, किसी शिक्षक के द्वारा नहीं सिखानी पड़तीं। कहते हैं, यह बातें मनुष्य, स्वभावजन्य करता है। तब कम-से-कम हमारे कथन, हमारी वाणी, हमारे साहित्य में तो रस, ग्रहण-शक्ति, जीवन या ताजगी, दृष्टिकोण या अप्रत्यक्ष तक देखने की शक्ति, विश्व के हृदयों, कार्यों और घटनाओं की तथा अन्तरतम की ध्वनि, विश्व की और परिस्थिति की कराह या चीत्कार, जरूरत पर विस्तृत हो जाने और परिस्थिति में सिकुड़ जाने की शक्ति, पहुँच के विस्तार में भौगोलिक और मानव-धारणा के बन्धन लाँघ जाने का बल और माला बनाते समय फूलों के कलेजे में से जाने वाले डोरे की तरह वस्तु-वस्तु में व्याप्त हो जाना, यह गुण तो हमारी रचना में 'इंस्टिक्ट' से—स्वभावजन्य—आने चाहिए।

नोचना, चाटना, दुम हिलाना, रोना, कराहना, छींकना आदि नौ से अधिक होने वाली क्रियाएँ भी हम अपने-आप ही करते हैं; किन्तु इन पर जीवन-यापन करना, साहित्यिक का, अपने पूर्व-पुरुष, पशुओं की विरासत कायम रखना ही कहा जायेगा।

जब से झाड़ों पर चढ़ने की आदत छूटी, तब से हमारी कल्पना ने हरी-हरी

सफल डालियों पर लम्बी छलाँग मारना भी छोड़ दिया। अब हम बनी हुई सड़क पर आराम से चलते हैं। लीक-लीक! सुपुत्र जो ठहरे!

हाथी और घोड़े झाड़ों पर नहीं चढ़ते, किन्तु हम प्रयत्न से चढ़ सकते हैं! यानी हममें 'स्व-भाव' तो है किन्तु छलाँगें मारने का अभ्यास-भर छूट गया है। स्वभाव के परे अभ्यास को पहुँचाकर हम प्रयत्न-जन्मा नहीं हो सकते?

दुनिया की वैभव-बखेर में पशु-पक्षी, पेट के बल रेंगने वाले और कीड़े-मकोड़े सब चलते हैं। क्या हम इसी तरह जिन्दगी बिता देंगे? क्या हम परिस्थितियों को ख़ुद उत्पन्न कर उन पर जीने वाले 'मानव' नहीं हो सकते? फिर हमारी कलम से तो वर्षा-पतित, भूमि-दूषित जल ही निकलेगा—चाहे किसी रूप में निकले। उसमें से रक्त, और जीवन-रस क्यों टपकने लगा?

पशु गर्मी, सर्दी और वर्षा—लाचारी से सहता है; किन्तु मानव अपने जीवन के तापमान का नियमन करता है। वर्षा, शरद् और ग्रीष्म में वह अपने शरीर और रहन-सहन में स्वयं तापमान का नियन्त्रण और निर्माण करता है। तब बुद्धि और जीवन के जगत् में तापमान निर्माण न कर सकने वाले यदि पशु-जीवन न बितावें तो और कौन-सा जीवन उनके लिए शेष है? तापमान निर्माण करने के पथ में, मानव ने पहले आगी ढूँढ़ी। प्रकृति के अनुकूल, अपना मौलिक तापमान ढूँढ़ने के लिए, मानव ने आग बनायी। शरीर की गर्मी ही ने उसे सिखाया होगा। क्या हम भी साहित्य को मौलिक, अमर, दीर्घजीवी बनाने के लिए, अपने अन्दर और बाहर के तन्तुओं की रगड़ से आग बना सकते हैं? बुझे जीवन को तो अस्तित्ववान मरण ही कहना पड़ेगा।

मनोभावना के चढ़ाव-उतार की मौलिकता को सबसे बड़ी हानि पहुँचाई हमारे चढ़ाव-उतार रहित जीवन की नास्तिक सुविधा ने। कठिनाइयाँ उपजाकर, उनसे विविध बाजुओं से खेलकर, न जाने हममें कौन-सी शक्ति, कौन-सी प्रेरकता, कौन-सा आविष्कार जागता! किन्तु खा, पी और मौज से रहने की पतित मनोवृत्ति ने, विचारों की क्रियाशीलता को जन्म देने के बजाय विचारों की ऐयाशी को जन्म दिया। विचारों के प्रगटीकरण में हम कितने चौकन्ना कि समाज, साहित्य, धर्म, तत्त्व, राजनीति—किसी क्षेत्र में संकट खड़े करना ही नहीं चाहते। परिणामतः हम, आये हुए संकटों के प्रारम्भिक प्रहारों ही में प्राण दे बैठते हैं। सुविधा और आनन्द के मानी, मौलिक भाषा में हुए ऐयाशी और नास्तिकता।

आगी से दियासलाई, फिर दिये या मोमबत्तियाँ, फिर गैस, फिर बिजली—हमारी आविष्कृत मूल अग्नि के शोध पर, कैसे कठोर अग्नि-संस्कार। परिणामतः भोजन, भजन, भागना, मरना, मारना, सब कुछ मशीनों से होने लगा। हृदयवान के नाश को, विकास कहा जाने लगा।

थरथराते हुए, यदि कहीं दूर जंगल में आग सुलगती दीखी। वह लाल, पीला-सा प्रकाश। और बिना रास्ते की प्रतीक्षा किये चल पड़ा मानव उसी ओर। उसने लम्बाई से मुड़ना, ऊँचाई से चढ़ना जाना, जब राह में नदी या पहाड़ मिल गया। फिर साँप, शेर, काँटे, खंदक—सब तो पुरुष के पथ में—जिसमें पुरुषार्थ निकला। उस दूर दीखने वाली आग में, फिर उस बीहड़ मार्ग में, फिर शीत की आधी रात के समय, एक किरात-वृद्धा की झोंपड़ी के आँगन में हाथ सेंकने के लिए अंगारों के मिलने में—एक-एक में कितना काव्य। पनचक्कियों में, गैस के चूल्हों में और बिजली के वाहनों के नीचे—हमारा काव्य न जाने क्या हो गया। अब हम कविता-पंक्ति में यदि तलवार का नाम लाते हैं, तो हमारे मरे और सुकोमल हाथ, हिलती कमर, और घुंघराले लटकते बाल मानो हमसे आगे कहने दौड़ते हैं—

"डरना मत मुए, यह तसवीर की तलवार है।"

हम डिक्शनरी का पहाड़, नक्शे की नदी, और चल-चित्रों के पर्दे, अपनी रचनाओं में लिखते-लिखते, यहाँ तक पहुँचे कि भावों की रगड़ से भावों के टुकड़े चुराने और औरों के भाव कुशलता से परोसने ही को अपनी प्रतिभा कहने लगे।

हमने अपने जीवन का अधिक भाग ना-काफी महत्त्व की चीज समझकर बिता दिया। और चिन्ता और सुध आयी तो शक्ति और साँसें ना-काफी रह गयी थीं।

प्रतिभा-हीनता में हम अपनी योग्यता की कमी अपने आतंक द्वारा पूरी करते नजर आते हैं। उस समय जो थोड़े शब्द बोलते हैं, वे भी हमारे अपने नहीं होते, अतः उन्हें रहस्यमय, दो अर्थों या अनेक अर्थों वाला बोलने लगते हैं।

हमने मछली, कछुए, शूकर—न जाने किस-किस में, अपने प्रभु की कल्पना की। किन्तु हम भूल ही गये कि ये हमारी पहुँच के अवतार हैं—जल, थल और न जाने कहाँ-कहाँ के वज्र-गामी। किन्तु हम तो रेल के डब्बे में, दाई द्वारा पैदा कराये गये हैं। किसान की-सी विस्तृत, मल्लाह की-सी गम्भीर, वायुयानी की-सी ऊँची नजर हममें आवे कहाँ से? तिस पर भी हम हैं साहित्य के आचार्य ही।

यही क्यों, विश्व की कठिनाइयों में रहकर, पुरुषार्थ को शरीर पर उतारने का उदाहरण रखने वाले पशु-पक्षियों आदि को भी हमने मानवत्व प्रदान किया। उन्हें पालतू बना डाला। वे इस बात के उदाहरण हैं कि पालतू साहित्य कैसा होता है। तोते सीताराम बोलें—पर पिंजड़े के खुले द्वार से उड़ने की शक्ति ही नहीं। मछली कुएं में आकर तैर-तार भले ही ले, किन्तु मालिक ने जब चाहा पकड़कर मार ली, या कुएँ का पानी सूखा, और बस खतम वह मीलों पानी की दौड़। बैल हो या गाय, शाम को खूंटा ढूंढ़ता चला आये। घोड़ा अपने पर पड़ने

वाला कोड़ा मुँह में लेकर, प्रहारक सरकस वाले के आस-पास नाचे। हाथी, रोट का मुहताज और अंकुश से बे-काबू। यह वसुधा का पालतू काव्य है, जिसकी रचना मानव ने की है। तब उसकी दिमागी कृति के विषय में अधिक क्या कहा जाय। उसे एक ही विशेषण काफी है—वह 'पालतू' चीजें लिखता है। तब कला की दुनिया में पर्वतों से कौन टकरावे, नदियों का प्रवाह किससे थमे, और नक्षत्रों से कौन कानाफूसी करे?

असहाय नाश या अमर निर्माण

यदि तुम्हारी बहक मौजी मन की तरंग होती, तो तुम माफ किये जा सकते थे। हानि-रहित और आनन्दोत्पादक उथल-पुथल को ही तो विनोद कहेंगे। किन्तु जहाँ घूमता हुआ पशु नहीं घबड़ाता, ऐसे सुनसान में मानव घबड़ा उठता है!

विचारों के आवाहन के एकान्त में हम किससे घबड़ाते हैं? क्या अपने-आप से? नहीं तो किससे? फिर जो भय रात में है, वह दिन में नहीं? और यह हमारा शोक, वर्षानुवर्ष शोकसभाएँ और श्राद्ध करना? इसके बाद, वह मानव का मानव के द्वारा संगठित नाश; और प्रभु की इच्छा पर, इस नाश की सहमति का आरोप। ये सब बातें कह रही हैं कि इन वस्तुओं की दूसरी बाजू है। वह यह कि हमारे हाथ में रहने वाली कलम पर जो उतरता है, वह इसी घबड़ाहट, इसी शोक, और इसी रक्त-पिपासा के समर्थन में निकलता रहता है। भय की कमी हमें हर्षित करती है और उसका अभाव हमें सुखी। शोक से बाहर निकल आना हमें हर्षित करता है और कभी भी शोक न होना ही हमें सुखी। 'खून बहाने योग्य' का खून बहाना हमें हर्षित करता है और उसका कभी भी सिर न उठा सकना हमें सुखी।

किन्तु परिणाम के सुख ने हममें जो कायरता बोई उसी ने हमें घबड़ाता हुआ, भयाकुल, शोक-पूर्ण और खूनी बना दिया। यह हुई एक बाजू।

यह काव्य चाहे दैवी न होकर राक्षसी हो, किन्तु कुछ तो है। मंजिल न हो, किन्तु मील का पत्थर तो है। जिसकी कलम पर यह उतरता है, उनकी कलम पर कुछ तो उतरता है। मानव, 'अपने मन का'-सा कुछ तो ऐसी रचना में पाता है। किन्तु अब हमारा विकास देखो कि विश्व की गुत्थियाँ न सुलझाकर, हम 'क्रास-वर्ड पजल' का-सा साहित्य लिखने लगे।

यदि पर्वतों से टकराने से मानव घबड़ाये, नदियों का प्रवाह रोकने में लगने वाली चोटों से उसे शोक हो, और नक्षत्रों की ओर अपने से ऊँचे उठने वाले का वह स्पर्धा में खून पीने दौड़े, तो फिर कलम किसके हाथ में दी जावे?

और कलम हाथ में लिए बगैर काम तो चलेगा नहीं। जगत् में मानव चाहे पशु की तरह उपजाये गये हों, किन्तु नयी वस्तुएँ निर्माण कर मानवों ने विधि के विधान को अपने हाथ में लिया और उसमें विषमता उत्पन्न कर दी। हम मीठा-कड़वा ही नहीं, उपयोगी-निरुपयोगी समझने-समझाने लगे। जमीन से सीता पैदा हुई या नहीं हुई, किन्तु वाल्मीकि की कलम से जो सीता पैदा हुई, उसने समूची जाति में घर-घर, कम या अधिक प्रमाण में, उत्पन्न होना आरम्भ कर दिया।

हमने रथ लिखा था कि मोटरें, रेलें आ गयीं; नाव लिखी थी, कि जहाज चल पड़े, और पंछियों को देखकर पतंग उड़ाये थे कि हवाई जहाज सर पर मँडराने लगे।

जब हम जीवधारी थे, तब हमें चाहे विधाता के विश्व ने बनाया हो, किन्तु मानव होकर अपनी कलम से, हमने विधाता का विश्व बनाना शुरू किया। अब या तो हम, विश्व के उचित स्रष्टा, उचित विधाता, उचित निर्माता बनें, या फिर विश्व का बोझ न उठा सकने वाले कमजोर ब्रह्म होकर, विश्व को फिर जीवधारियों का विश्व हो जाने दें, प्रतिभा की सतह पर उसका नाश कर दें।

आज के कलम बन्द! बोलो तुम्हारा नाम क्या है? असहाय नाश या अमर निर्माण। मानो कि अब तुम्हारी मर्जी पर कुछ नहीं छोड़ा जा सकता। तुम निरंकुश रह सकते हो, निरंकुश बर्दाश्त किये जा सकते हो, निरंकुश जीने दिये जा सकते हो, प्रतिभा की अपरिमित दौड़ की दिशा में; प्रतिभा के अभाव की ओर नहीं।

हर माता, माता है, यदि वह जननी है। और यदि जननी है तो प्रेम के अतिरेक और मातृत्व के दावे के बीचोंबीच प्रसव की वेदना और संगोपन का कारागार निश्चित है।

यदि साहित्य के तुम जनक हो, तो बोलो, अपने गर्भ से जापानी खिलौने जनोगे, अथवा अमर मानव का प्रखर अस्तित्व?

प्रारम्भ का प्रसव, मानवता का प्रथम संस्कार तो तुम्हें नहीं लिखना। जिस तरह, हर त्यौहार पर जातीय संस्कारों और युग की मानव धारणाओं के तह जम जाते हैं, और वह सहस्रों अर्थ-भरे हो उठते हैं, उसी तरह कलम के पथ में अनन्त युगों के दशरथ ने, दशों दिशाओं के द्वार खोल रखे हैं।

मगन-विहारी! अब तो तुम्हें गगन-विहारी भर हो जाना है।

जीवधारी मानव उठा था, और उसने आग और झाड़ ढूँढ़े थे। वह पाँव के बल चलता था। जैसा कि विनोबा कहते हैं—चरखा, चक्की और चूल्हा, प्रारंभिक मानवता की मानव को दी हुई विरासत है। किन्तु एक दिन, पाँव के साथ, मानव का सिर या दिल, या दोनों, चले।

सौ-सौ बरसों के सहस्र-सहस्र तहों में से झाँक कर देखो, सिर के विचारों की एक सुनहली जंजीर-सी लटक रही है, जिसका नाम तुम्हारी सृष्टि, तुम्हारा निर्माण, साहित्य, कहा जाता है।

उस दिन बाहर झाँकते-झाँकते, हमने भीतर झाँका था। साँस से गुजरकर डरते-डरते हम दिल में गये थे। और एक गाँठ खोल दी थी। उसी दिन से हमें खुली आँखों दीखते-दीखते, मुँदी आँखों भी दिखने लगा।

उस दिन, साँस में से गुजरने के लिए, हमारे मन में 'क्यों' का उदय हुआ था, और साँस से लौटते समय, हम अपने साथ 'इसलिए' लाये। यह हमारी, कलम बन्दों की आग थी। ये हमारे चूल्हे और चक्की थे। माना कि हमारे 'क्यों' ने वक्त और बेवक्त नहीं देखा, और हमारा 'इसलिए' प्राण के नाम पर सर्वनाश और प्रलय भी लाया।

मानव पुनर्जन्म माने या न माने, किन्तु साहित्य तो पुनर्जन्मा रहा और फिर रहा। किन्तु प्राण के नाम पर नाश लाना भी, प्राण ही लाना था। यह दिमागी जूते बनाने वालों ने नहीं जाना हो; किन्तु प्रतिभा ने जाना। क्योंकि विष की शोध करने वालों को गाली देने वालों ही ने फिर विष के अमृत की तरह उपयोग के शोध किये।

ठीक भी है, कोलम्बस की यात्रा ही में मौलिकता थी, उसके अमरीका मिलने में नहीं। यदि अमरीका न मिलता तब भी कोलम्बस के अमर हृदय पर, सहस्र-सहस्र अमरीका न्यौछावर थीं। इसी तरह 'क्यों' लेकर जाने और 'इसलिए' लेकर लौटने के प्रतिभा-जगत् में, गति ही प्रभु है, और प्राप्ति तो आज का पुत्र, कल का देवता, और परसों का मील का पत्थर ही बनने वाला है।

इसी प्रतिभा ने, जीवधारियों के भले या बुरे जगत से हमें छीन लिया। हम कारण और उपाय के दीवाने हुए। और उस दिन हमने अपनी धारणा बनायी। लोगों ने कहा, जहाँ रवि नहीं जाता, वहाँ कवि जाता है। किन्तु हमने वहाँ, जातियों को जन्म दिया।

जो धारणाओं के गुलाम बने, उन्होंने मजहब बनाया। जो धारणाओं के शीश पर चढ़, शोध में आगे बढ़े, उन्होंने कला का निर्माण किया। धर्म बोला, मैं चिन्तन हूँ। कला बोली, मैं कल्पना हूँ। और आदम और हौवा की तरह दोनों देखने लगे— दूर तक क्या है? यदि अच्छा है तो चले चलो! और यदि बुरा है, संकट, भय है, असाध्य है तो उपाय क्या है?

पुरुष ने कहा, 'ठहरो'; प्रकृति ने कहा, 'चलो'। पुरुष मकान बनाने लगा, प्रकृति उसे सजाने के लिए भोजन, भजन, और गति के लिए शृंगार की 'खोज' में लग गयी। परिणामत: जहाँ तक कला जाती—धर्म को भी वहाँ तक जाना पड़ता।

भाई मेरे, क्या आज ही जुआ डाल दोगे ? यदि न डालोगे तो, वज्रगति, वज्र-जन्मा, वज्र-व्यापी, वज्र-मर्दन बूँदें क्या तुम्हारी कलम से नहीं उतरेंगी ? मुहम्मद को इलहाम हुआ था, ऋषियों ने प्रकाश देखा था—आओ, आज तो पथ-दर्शन तुम्हें ही करना होगा—जन्म के, जीवन के, उभार के, उपहास के, रुचि के, अरुचि के, मोद के, मरण के मूल्य पर।

सन्देश-वाहक

तुम कौन हो ?

क्या तुम ज्योतिषी हो ? तुमने आनेवाले जमाने के बहुत पहले, जो कह दिया, उसे हमने ज्यों-ज्यों समय का चक्का घूमता गया, सच होते पाया। हमने ज्योतिष के पारंगत तुम्हें कभी नहीं सुना, फिर तुम, ऐ वक्ता ! भविष्य कैसे कह देते हो ? यदि ज्योतिषी नहीं हो, तो क्या तुम स्वयं ज्योति नहीं हो, जिससे दूर तक का अन्धकारमय जमाना काटकर, वह सुदूर छुपी हुई अपने हृदय की बात बता देता है ?

अरे, पर तुम केवल भविष्य ही तो नहीं कहते। तुम भूतकाल की बातों को हमें समझाते हो, वर्तमान की उलझनों पर प्रकाश डालते हो और उनकी गाँठों का पता बताते हो, और भविष्य का चित्रण कर, हमें खतरे की चेतावनी देते हो ! तब क्या तुम न केवल ज्योतिषी हो, न केवल ज्योति; तुम क्या समय के स्वामी, समय के सर्वस्व हो ?

यह तुम्हारी ही वाणी में विश्व बोल उठा; क्या तुम वह करुण पुकार हो, जो दुखियों, पराजितों, पराधीनों और पतितों को जोर से पुकार रही है ? यह क्या सारी कलमें, कागज पर, तुम्हारी ही दिशा में चलने लगीं ? क्या तुम वह भुजा हो, जो सारा जमाने का जमाना लिखने उठ पड़ती है ? तुम कैसी पुकार, कैसी करुण पुकार, कैसी धीर-ध्वनि हो, जिसे हम दिल्ली के शाही महलों में, और हिमालय, विन्ध्याचल, अरावली और नीलगिरी के शिखरों और उनकी दरियों में यकसाँ सुनते हैं और सुनते हैं तुम्हारी शीतल धूम को यांगसीक्यांग, गंगा, यूफ्रेटिस, नील, टेम्स और मिसिसिपी की तरल पर बलशालिनी लहरों में भी। सुनते हैं मन्दिरों, मस्जिदों, गुरुद्वारों, गिरजाओं आदि समस्त देवालयों, और विश्व की उलझन के साधन बाजारों और जन-स्थलों में भी। क्या यह तुम्हारी ही वाणी है, जो कलकत्ता में हमें Inferioritiy Complex से बचाती है और प्रार्थना में विलीन हो जाती है; उस प्रार्थना में जो हमें वह चुनौती देती है जिसमें आशा का ईश्वरीय सन्देश अंकित होता है ?

क्या तुम दुखी हो ? यदि नहीं तो तुम्हारी आँखों में किस वेदना के आँसू हैं, और तुम्हारे मुँह पर कौन-सी उदासीनता ? उस समय जब सूरज तुम्हारी वाणी को अपनी किरणों में गूँथ कर, विश्व को तुम्हारे अपनेपन में नहला रहा है, तब शाही महलों की और शाही महलों की कृपा से चमकनेवाली, बिजली की बत्तियाँ तुम्हारी आँखों को चौंधियाने, तुम्हारी वाणी और तुम्हारे अस्तित्व के आसपास Electric-Wire fence बिजली के तारों की बागड़ रूँधने और तुम्हारी प्रभावित आत्माओं को बिजली के फाँसी के खम्भों से चिपका देने का प्रयत्न क्यों कर रही हैं ? सहस्र किरण के साथ, बिजली की किरणों का यह संग्राम ! और इतने कष्टों में भी, तुम्हारा यह मुक्तहास्य—यह बिना दाँतों के मुँह से खिलखिला पड़ना। क्या उस वेदना में, तुम्हारी खिलखिलाहट का खजाना भी छिपा हुआ है ?

क्या तुम बेचैन हो, क्योंकि तुम मेरा पतन नहीं देख सकते ? क्या तुम बेचैनी का बोझ इसलिए सँभाल रहे हो, चूँकि तुम मुझे अपना मानते हो ? क्या मेरे प्रति रहनेवाले प्रेम ही ने, तुम्हें कष्टों का वरदान दिया है। पर फिर तुम्हारी यह ललकार कैसी ? मैं तो प्रेम में पुचकार और आत्म-समर्पण का आदी हो गया हूँ, मैं तुम्हारे प्रेम की ललकार का अर्थ कैसे जानूं ? क्या तुम्हारी यह ललकार कोई सन्देश लेकर आई है ?—

"तू अपना पथ बदल !

मैं तुझे, और तेरे जमाने को बदलने के लिए बाध्य करूँगा।"

आह, तुम पर बरसनेवाले निन्दा के अंगारों और दाँव-घात के अन्तरतम छेद डालनेवाले प्रहारों के बीच भी, युगों में अनन्त सन्देशवाहिनी वाणी को नहीं बदलते ?

प्रत्यक्ष के घिनौनेपन के प्रसूनों को, यह किस अप्रत्यक्ष किन्तु आँखों में दीखनेवाले कुंज-वन में ले चले ? घातक और द्रोही अन्तरतम को, तुम यह कौन-सी प्रतिज्ञा की याद दिलाने लगे ? जीवन की क्रूरता की कंकरियों को प्रेम के रस से भरे अंगूर कैसे बनाने लगे ? पतन के लिए प्रस्तुत पुष्प को, पवित्रता की सूजी से छेदकर, यह कौन-सी माला बनाने लगे ? बारूद की तबीअत में मनोवेगों के कणों को भिजोकर ठंडा कर देनेवाला कौन-सा पानी बहाने लगे ! राजमुकुटों को न्याय के खूँटों से इस तरह बाँधना, गद्दार हृदय को जिम्मेवारी से नम्र बनाना, पापों की बाढ़ से पश्चात्ताप और आत्म-निवेदन के बल पर बचा ले जाना और अभिमान के गले में नम्रता की वनमाला पहिनाना—यह तुम अपनी वाणी के प्रभाव से कह रहे हो। कैसी अनोखी है तुम्हारी यह वाणी ?

तुम्हारी वाणी ? वह जरूरतमन्दों का विश्वास है, कष्टभोगियों का आराम, बीमारों की सेहत, गुलामों की आजादी।

तुम न तो राजा हो, न राजकुमार हो, न धर्माचार्य हो, न लेखक या ग्रंथकार; न तुम्हारे पास आडम्बर है, न तुम्हें विजय के पदक और पद ही प्राप्त हैं, न तुमने सम्प्रदाय चला कर चेले ही बनाये हैं,—फिर मनुष्य, केवल मनुष्य के नाते तुम्हारी वाणी में इतना बल क्यों है ?

यह वाणी जब गुनगुना उठती है तब विश्व बावला होकर उसे दुहराने लगता है, बेचैनी से भरी होती है तब विश्व की 'पीर' बन जाती है, जब बहादुरी की आवाज बनती है तब भूमण्डल के देशों के नक्शे बदल देती है, और जब एकान्त में—निकली हुई तलवार के म्यान में रखने की तरह पुनः गुनगुना जाती है, तब पश्चात्ताप, प्रायश्चित्त और आत्म-निवेदन से भरी होती है,—यह किसकी वाणी है ?

तुम्हारी आग से विश्व उजाला है और तुम्हारे पानी से हम पर पानी, किन्तु तुम रोजगारी तत्त्ववेत्ता या वेदान्ती नहीं हो। क्षिति, जल, नभ, पावक, पवन भले ही विश्व बनाया करें, परन्तु तुम्हें इनसे तभी तक मतलब है जब तक वे मानव हृदय को उज्ज्वल, उन्नत और सुनहला निर्माण करने के काम आ सकें। तुम कवि हो—विश्व हृदय के गाहक। परन्तु तुम हो बिना इच्छा किये, बिना जाने कवि ! तुम्हारे मन की बलवान् उथल-पुथल और तुम्हारे स्वप्नों का विश्व बनानेवाला चित्रण जब तुम्हारी वाणी या कलम के घाट उतरने लगता है, तब मयूर बनकर सरस्वती को अपनी रुचि से उड़ा ले जानेवाले, और रसों से विश्व को छका डालनेवाले रससिद्ध चकित होकर तुम्हारी ओर देखते और कह उठते हैं—

"कविर्मनिषी परिभूः स्वयम्भूः"

तुम उपदेशक नहीं हो। न तुमने मन्दिर बनवाये, न कथाएँ पढ़ीं, न कर्मकाण्ड की कवायद ही पर अमल किया; पर बावली दुनिया तो देखो। तुम्हारी वाणी सुनी नहीं कि कथाएँ बन्द हो गयीं। स्मृति के बस्ते बँध गये, और तुम्हारी एक-एक बात जीवन में उतारी जाने लगी। तुम राजा नहीं हो, तुम्हारी वाणी कारण बनकर, न लोगों पर शस्त्र चलाती, न लोगों के लिए कारागार बनाती, न लोगों को जबर्दस्ती मानने के लिए बाध्य करती; इसके सिवा न तुम्हारे पास सेना है न खजाना। तुम्हारे पास तो अपनी वाणी मात्र है—फिर उस वाणी को माननेवालों की तादाद बड़े-बड़े अनेक राज्यों से भी अधिक क्यों है, और तुम्हारी आज्ञा से शूली पर चढ़ने और कारागार में जानेवालों का इतना बड़ा समूह क्यों ? तुम सिपाही भी तो नहीं हो। न तो तुम्हारी खाकी वर्दी है न उस पर कोई तमगे लगे हैं, न तुम्हारे पास बन्दूक है न उसमें भरे जानेवाले कारतूस, न तुमको 'हाल्ट' से खड़ा रहना सिखाया गया न कवायद पर नाच-कूद मचाना, परन्तु सिपाही की तरह, अपने लक्ष्य पर प्राण देने की तुम्हारी मस्तानी तैयारी

किस सैनिक को गरबीला नहीं कर देती।

अहा! राजा, सैनिक, उपदेशक, तत्ववेत्ता, कवि, सिपाही—सब अपने नाम पर बोलते हैं। परन्तु तुम्हारी वाणी? तुम तो अपने शब्दों को प्रभु के नाम पर बोलते हो। जो लिखते हो, उसमें कलम के मुँह की कालिमा पर भी—भगवान् के स्नेह का कम्पन—स्फुरण होता है। क्या तुम विश्व के सौभाग्य-साम्राज्य के मन्त्री नहीं हो? क्या तुम अन्तरतर के अनन्त के सन्देश-वाहक 'जीवन-दूत' नहीं हो? क्या तुम पाप के कुम्भी-पाक में पहुँचकर, प्रभु की वाणी की चर्चा करनेवाले; राजदूत नहीं हो? वह राजा जो अपने से परे किसी की सत्ता नहीं मानता, वह उपदेशक जो प्रभु के अस्तित्व के बुरे अर्थ कर अपना रोजगार चलाता है, और वह तत्ववेत्ता, जो अपने अस्तित्व से भी प्रभु के अस्तित्व को कमजोर मानता है, कैसे तेरी वाणी का स्वाद पा सके, तेरे मिटने का उन्माद पा सके?

तुम तो वह हो जो आँसू-भरी आँखों से भी, उस संकट को स्पष्ट देख सकते हो, जो तुम्हारे जन और जमाने पर लूम रहा है।

तुम उसकी जबान हो जो बोल नहीं सकता, उसके हाथ, जो लिख नहीं सकता। उसकी चेतना जो असंगठित और तितर-बितर पड़ी है, उसके वकील जो सब कुछ खो चुका, उसके रक्षक जो बलवान् की कुचलन से बचने के लिए छटपटा रहा है। तुम शिकारी के तीर के निशाने पर मुग्ध नहीं होते, लक्ष्य के भेदित होने के पहले अपना हृदय लगाते हो। तुम मोटे पेट, और अजीर्णवाले धनी के साथ नहीं घूमते; भूख से मरते हुए को, भूनकर रोटियाँ खिलानेवालों में तुम दीख पड़ते हो। जरूरतमन्दों और दबे हुओं में तुम्हारे दर्शन होते हैं—उनमें जरूरतमन्द गरीब होता है, और दबा हुआ लँगड़ा—वहाँ तुम्हें मदद मिलने के बजाय, तुम्हारी सारी सहायता और शक्ति की परीक्षा होती है तब भी तुम उन्हीं के साथ रहते हो। परन्तु तुम्हारी वाणी रुकती नहीं, झुकती नहीं, क्यों? इसलिए कि तुम प्रभु के सन्देशवाहक हो।

बैठे-बैठे का पागलपन

(अ)

प्रेम, साहित्य के जगत् में, रस की हृदय को छू लेनेवाली मीठो किन्तु पुरुषार्थमयी सुकोमलता का नाम है। जीवन की साधों के उदय और अस्त को नित्य की नवीनता की डोर में गूँथकर, खतरे की गोद में निवास करनेवाले अनहोनेपन के निकट पहुँचना और इस पहुँच का, सूर्य-किरनों की तरह नित्य

अस्त होकर भी, फिर-फिर कर नया बालपन पाना—यही तो 'इस जगत्' के प्रेमी का प्रत्यक्ष प्रेम-स्वरूप हो जाना है। रामतीर्थ के शब्दों में 'प्रेमी वह जो प्रेम पर मरे'; प्रेम वह जिस पर—जिसकी अपौरुषेय शक्ति पर,—स्नेह की ओतप्रोतता पर और बलि की क्षितिज को छू लेनेवाली सामर्थ्य पर,—जगत् मर-मर कर रह जाये। हृदय के ब्रह्म का आचार यही कहा जायेगा। इसे कवि कहिए, योद्धा कहिए, योगी कहिए, बलि कहिए या हृदय 'वाद' के युग में उसे हृदय कहिए।

(आ)

प्रेम उसकी जागीर है, प्रेम पर उसी का एकक्षत्र अधिकार हो सकता है, जिसने अपने अन्तरतम की सामर्थ्य के बूते प्रेम की प्रत्येक गति-विधि—उसकी श्वासों की वायु, उसकी लहरियों, उसके नजरों के परे तक पहुँचने के खेलों और उसके बलि-कौशलों को अपनी उज्ज्वल उदासीनता और वेदनामय मुसकान में बाँधने का अध्ययन किया है। सस्ती लगन और उज्ज्वल समर्पण,—दोनों ही इस विजयी की प्रजा हैं। अनन्त प्रेम-कोष अपने पास रहने, और चक्रवृद्धि के ब्याज की गति से अपने अन्तर के जगत् और आसपास के वातावरण में बढ़ने पर भी, वह, उस कोष की कोई वस्तु हृदय का बोझ घटाने, और नयी वस्तु के लिए स्थान बनाने के हेतु बाजार में नहीं रखता। हृदय के अन्दर ही सौदागरों का टोटा कहाँ? विन्ध्या के शिखर, नर्मदा की लहर, बेतवा[1] का कलकल, मोर का गायन, मौन पर खुली हुई, हृदय में गड़नेवाली आँखें, तथा शूली का लालच—ये सब सौदागर बाहर कोई वस्तु आने ही कब देते हैं?

(इ)

और उस जागीर के उपयोग में, प्रेमियों की 'उदार कंजूसी' भी अध्ययन और दुलार की वस्तु होती है। उस जागीर की प्रत्येक वस्तु, प्रत्येक बहक, भावों के भगवान पर चढ़ती रहती है। उदार वह इसलिए, चूँकि दान के समय पास कुछ नहीं रखा जाता; और कंजूसी उसमें इसलिए, चूँकि देश और काल करारे संग्राम करके भी उसकी लहर को कुपात्र पर नहीं बरसा पाते। इसे तलवार की धार कहिए, क्योंकि उत्थान के अतिरेक और पतन के प्रारम्भ के बीचोंबीच की हलकी रेखा पर चढ़कर चलना होता है। चोर और चितचोर दोनों हैं कृत्यों में एक ही; परन्तु पिछला, अन्तर की अनन्त निधियों को जगत् से लूटकर भले लाया हो, अपने अभिमत के सम्मुख रख देगा। और दूसरा उसके सामने कभी नहीं

1. सतपुड़ा पहाड़ में एक नदी है जो पर्वत-मालाओं के सौंदर्य की गोद में बहती है।—लेखक

रखेगा, जिस पर उसने अपनी लूट आजमायी है। इसीलिए चोर पतित है, उसकी कृति मोह है, वह अपराध की पराजित प्रजा है, वह प्रेम-पथ का कोढ़ी है। चित-चोर अपने समस्त शापों और वरदानों को अपने आराध्य पर चढ़ा देता है। वह दाँव चाहे जिस ओर साधे पर निशाना अपने ही पर झेलता है। रूप, गुण, धन या प्रभाव किसी भी कीमत पर उसे नहीं खरीदा जा सकता। अपने ब्रह्माण्ड में वह सूरज है। अपनी सितारों की दुनिया का वह ध्रुवतारा है। अपने बाग का जहाँ वह आतप है, वहाँ वह पावस भी है, वसन्त भी है।

(ई)

कवि प्रेम शब्द को मोह के जगत् से इतनी दूर खींचे ले जा रहे हैं, जहाँ तक विकार नहीं पहुँच पावेंगे। तत्वज्ञान ने असफल होकर जहाँ जुआ नीचे रख दिया होगा, वहीं से सच्चे कवि ने उसे उठा लिया होगा। यदि भक्ति सचमुच कोई—श्री विवेकानन्द के शब्दों में—योग हो, तो उसे, भावों के इस दीवाने के द्वार मजदूरिन बनकर रहना पड़ेगा। और मुक्ति जैसी खुली हुई, स्वच्छन्द, वस्तु को गरुड़ बनकर, अपने पंखों पर, इसी दीवाने देवता की प्राण-प्रतिष्ठा करनी चाहिए। और यदि कोई प्रभु रहता हो, तो इस अतिरेक के बीमार से दूर वह कहाँ रहेगा ? किस आशा से ?

सो, यथार्थ कवि के जिन्दा रहते, प्रेम को विकार के निकट ले जाना, जगत् की साध्य घटना नहीं हो सकती। कवि के हाथों जाने देकर व्यभिचार ने प्रेम को सर्वथा उड़ जाने के लिए छोड़ दिया। अब वह हाथ आने को नहीं। और यदि वह दोनों के रूपों में है—प्रेम के रूप में और व्यभिचार के भी—तो वहाँ जिन्दा काव्य कहाँ ?

(उ)

शब्द अक्षरों ही से बने हैं; वे चाहें जहाँ घसीटे जाते हैं—जा सकते हैं। परन्तु जब वे कवि के निकट होते हैं तब वे अपने गौरव के पूर्णभार को अनुभव करते हैं; उनके कदम उठाने पर हर्ष में भी जयध्वनि होती है, वेदना में भी मस्तक झुकते हैं। मुसकान वहाँ मीठी होती है; आँसू वहाँ उससे भी मीठे हो जाते हैं!

(ऊ)

प्रेम शब्द अब युग परिवर्तन की यमुना की लहरों से भीगता जा रहा है और मौलिक विचारकों की स्फूर्तियाँ उसे छू-छूकर, नक्षत्रों की ऊँचाई से लड़ाई ठानने-वाला बना रही हैं, अतः अब वह मच्छड़ भरे तालाबों में भैंसों के साथ नहीं लोर

सकेगा। वह कृष्ण की सौगन्धों की कीमत पर भी बाँसुरी की धुन में अब 'कच', 'कुच', 'कटाक्ष' गाता खड़ा न रह सकेगा। वह गीत ही गावेगा, किन्तु वे जमाने का भाग्य लिखेंगे।

अशस्त्रधारी पुरुषार्थ

सन्त विनोबा एक बार उन लोगों से नाराज हो उठे, जो अपने साहित्य को छुपा कर रखते हैं। उन्होंने इस बात को अपने प्रयत्नों का खुद भोगना बताया। मैं तो इस अपराध का अपराधी ही माना हुआ। किन्तु एक उलझन आज भी मेरे मन में ज्यूँ-की-त्यूँ है—

जब हर बच्चा पैदा होने के पश्चात् थोड़े दिनों छुपाया जाता है; हर विचार, बच्चे की अपेक्षा अधिक दीर्घजीवी या अमर बनाने की साध हो, तो क्यों न छुपाया जाय ? विचारों के घातक, कानों से रक्त चूसते हैं और आँखों से डाका डालते हैं। यह कवियों के बदनाम प्रेम के जगत् की बात नहीं है। मेरा तो विचार है कि जो लोग बोलने का काम किया करते हैं, वे काम का बोलना बहुत कम बोल पाते हैं। यह सच है कि विचारों पर आक्रमण करनेवाले क्षमा नहीं जानते और विचारों के हिमायती विचारों की रक्षा के लिए अपने हृदय को किला तो क्या झोंपड़ी भी नहीं बना पाते। तब गरीबिन विचार-जननी को अपने नन्दनन्द्रन के गोपन और संगोपन की खबरदारी रखनी होती है। उन्हें हवा बचाकर नहलाना और सुहलाना होता है। विचारों का प्रजनन बे-इख्तियार होता है, माना; किन्तु दो बातें जरूरी हैं। एक तो विचारों का शरीर सुभग, सुथरा, सशक्त हो और दूसरे, युग के हृदय में उन विचारों की वाचा फूट सके।

दुर्गा पूजा में मिट्टी के घटों की स्थापना का विधान है। हम इस समय साँस लेते हुए मिट्टी के घटों की स्थापना क्यों न करें ? और बाजारू तेल का मन्दा-दीपक उनके मस्तक पर सुलगाने के बजाय क्यों न मस्तक में ही स्नेह-दीप सुलगावें ? कहते हैं दुर्गा सिंह-वाहिनी हैं। वे कैसे शक्तिपूजक हैं, जो अपनी दुर्गा को नृसिंह-वाहिनी नहीं कहते। मेरे विचार से तो साहित्य की दुर्गा जमीन, झाड़ियों, नदियों, सरोवरों, टीलों, टेकड़ियों, खेतों, खलियानों यानी राष्ट्र को सिंहासन बनाती है, संस्कृति के गहने पहनती है; उथल-पुथल का राजदण्ड धारण करती है और मुकुट को ठुकराकर किसी जाति के संकल्पों का, गरीबों के बगीचों में ऊगे हुए फूलों का हार अपने जूड़े में बाँधती है और समस्त राष्ट्र के निवासियों की आत्मा का वस्त्र पहनकर क्रियाशीलता के साथ बैठ जाती है। यदि दुर्गा यह नहीं है तो फिर वह कौन है जो दुर्गा है ? सम्प्रदाय के बन्दीखाने में

बन्द करके हम अपने ही जैसी अपनी दुर्गा की कर्महीन और कायर तसवीर क्यों बनाते हैं ?

जब किसी एक देश का निवासी किसी दूसरे देश के निवासी से मिलता है तो वह जीवित व्यक्तियों से बातचीत करता है; किन्तु वही व्यक्ति जब हमारी मातृभूमि में आता है तब हम प्राणों की धौंकनी चलाये रखनेवाले लोगों से कुछ नहीं बोलता ! वह हमारे राष्ट्र के खँडहरों से कानाफूसी करता है और हमारे कौशल पर मस्त होने के बजाय शताब्दियों के सड़े हुए भारत के भोजपत्रों और कागजों को पढ़-पढ़कर मस्तक डुलाता है । यही क्यों, उन पत्थर की लकीरों और भोज-पत्रों पर लिखी हुई पंक्तियों को वह मूल्यवान् खजाने की तरह अपने साथ ले जाता है । उस समय वह हमसे भी एक काम लेता है । भोजपत्रों और शिलाओं पर लिखे हुए हमारे भाग्य की प्रतियों को रेल और जहाजों में चढ़ा देने के लिए वह हमसे बोझा ढोनेवाले का काम लेता है । पूर्वजों का वह बोझा हम पीठ पर लाद सकते हैं, मस्तक पर नहीं । हम नाराज होते हैं कि हम सजीवों की यूरोप या पश्चिमी जगत् इतनी उपेक्षा करता है, किन्तु उपेक्षणीय हम, उपेक्षा से अधिक के जब हकदार हों ? नालन्दा और वैशाली, महाबोधि के तपो-वृक्ष बनकर एशिया के अरमान और जगत् के संकेत-प्राण हैं । यदि हम अपने बीच से गांधी और रवीन्द्र उठाकर एक तरफ रख दें तो हमारा भाग्य किसी ब्रिटिश अदालत में लावारिस और दिवालिया होने की दरख्वास्त देता नजर आवेगा । जगत् में अस्तित्व की उपेक्षा नहीं होती । जब हम देखते हैं कि काशी-प्रसाद जायसवाल के चरणों में बैठकर पश्चिम के लोग हमारी संस्कृति और सभ्यता की धाक मानते हैं, तब कितनी बार हम अपनी जाति में, भारतीय जाति में अनेक श्री काशीप्रसादों का अपने हृदय के अन्दर आत्मदर्शन करते हैं ? किन्तु हम किसी महान् वस्तु का आत्मदर्शन तो तब कर सकें न, जब हमें अपने आत्म-संकीर्तन से अवकाश मिले ? जायसवाल जी अपने तप में यशस्वी हुए कि उन्होंने भारतीय जाति की राष्ट्रशक्ति, राष्ट्र-गौरव और राष्ट्रीय आदर्श को खँडहरों के पत्थरों और सदियों के सड़े भोजपत्रों और कागजों में से सही-सलामत जीवित निकाला । किन्तु एक हम हैं, जिन्होंने जायसवाल जी और उनके से अन्य प्रयत्न-शीलों के कष्ट-साध्य प्रयत्नों पर अपनी बे-जानकारी के खँडहर खड़े कर दिये ! ब्रह्माण्ड पर शक्ति रखनेवाले सूर्य की किरणें भी मर्यादा के खिलाफ हमारे कमरे में प्रवेश नहीं कर सकतीं; यदि हमने द्वार बन्द कर रखे हों । तब प्रतिभा की ऊँचाई और खोज के गाम्भीर्य से कही हुई बात को समझने की सतह तक जब हमारी जाति न पहुँच पावे तब हमारी आँखें और हमारा हृदय ऐसे प्रयत्नों को कैसे गोद खिला सकता है ? यही कारण है कि बड़े दिनों और बहुत देर करके, जब इतिहास का कुछ आलोक लेकर कुछ प्राणवान लोग आये, तब हमने पन्ने

बेचकर पुस्तक प्रकाशन करनेवालों से अधिक कदाचित उनका मूल्य नहीं कूता। वे राष्ट्रीयता के संकेत युग में इतिहास का सन्देश अपनी पीठ पर लादकर आये; किन्तु हमारी रुचिहीनता के प्रहरी हमारे हृदय-द्वार पर खड़े हैं और वे हमें हास-विलास के दिमागी चकलों से बाहर आकर इतिहास के उन गम्भीर संकेतों को न हमारी आँखों पर चढ़ने देते हैं। न हमारे हृदय में प्रवेश करने देते हैं, न हमारी कलम पर उतरने देते हैं। फिर युग की जरूरत के अनुसार हमारी जाति के जीवन पर उन संदेशों के उतरने की बात ही दूर है।

हम तो अपने देश के साहित्य और जीवन-निर्माता की बात को विचित्र तरह से भूल जाते हैं। किसी चिन्तक का हमारे बीच होना अभिशाप है। हमारे बीच चिन्तकों का आना उसी तरह है जिस तरह गायक अपना गीत गावे और वह अपनी ध्रुपद की तान जोर से खींच दे और गीत के बीचोबीच ही उसकी वह तान ठहर जाय, तो हममें से किसी के पास कण्ठ नहीं कि गायक की आगे की कड़ियाँ अपनी स्वर-लहरी से गर्वपूर्वक सम्पूर्ण कर दे और अपने कण्ठ की तरलाई पर राष्ट्र के मस्तक डुलवा ले। स्वामी राम जैसे सफल और सिद्ध कवि का हमारे बीच आना और जाना एक ऐसी ही बात है। हम उस सफल गायक की स्वर-लहरी से राष्ट्र-भारती का अभिषेक न कर सके। ग्रन्थों के बन्धनों के आदी हम, स्वामी राम के कथन में भी मुक्ति का गीत ढूँढ़ने के बजाय वेदान्त के बन्धन ढूँढ़ने लगे। तब राम की बाँसुरी का स्वाद हमारी नसों में पनप ही कैसे सकता है? एक कहानी में राम ने कहा कि कोयल आम के झाड़ पर बैठे या नीम के झाड़ पर, झाड़ सूखा हो या हरा हो, और कठोर अन्धड़ आने पर झाड़ों के पत्ते चिंघाड़ें या झाड़ों की डालियाँ ऊँची-नीची हों, वे टूट भी भले ही जाएँ; किन्तु कोकिला का अभिमान कभी डाँवाडोल नहीं होता। वह जानती है कि उसका अस्तित्व चीत्कार करनेवाले पत्तों की डाँवाडोल होती हुई डालियों पर अवलम्बित नहीं है। दस टन की डालियों की अपेक्षा सवा तोले वजन के अपने पंखों पर उसकी शक्ति और स्वतन्त्रता का गर्व अटूटा है। हमारे बीच कितनी साहित्य-कोकिलाएँ हैं, जो अपने हिलते-डुलते आश्रय-स्थानों से न घबड़ाकर, अपने पंखों से अनेक अन्धड़ों को चीरकर अपना पथ बना लें और अपने बन्धन-देश से मुक्ति-लोक तक अपने जाने की ऐसी खड़ी रेखा खींच दें, जिससे समस्त पंखवान तरुणाई मुक्ति-देश का पथ पा ले।

हम अपनी इस आदत को क्या करें? यदि किसी के दोष सुनता हूँ तो तुरन्त मान लेता हूँ और उस अद्रव्य को पेट में लेकर फिर बाहर लाता हूँ और अपनी साहित्यिक पीढ़ी को उस निन्दा-निधि की खैरात बाँटता हूँ। संसार के दोषों का मैं बिना प्रमाण सरल विश्वासी होता हूँ, और यह चाहता हूँ कि मेरी ही तरह मेरा पाठक भी मेरी लोक-निन्दा पर विश्वास करे। किन्तु यदि मैं

किसी के गुण, किसी की मौलिकता, किसी की उच्चता की चर्चा सुनता हूँ तब मैं उसके लिए प्रमाण वसूल करने के इजहार लेना चाहता हूँ। जो कलाकार अपनी एकांत प्रेरणा को वाहन बनाकर अपने सम्पूर्ण स्वप्नों और इरादों को लेकर बैठ जाता है, जो सूरज और चाँद के प्रकाश के साथ होड़ा-होड़ी करता है, जो अपने आदर्श या आराध्य की तान मिल जाने के लिए अपने प्रयत्न के टूटे स्वरों को जोड़ा करता है, वह निन्दा के महायज्ञ में 'होता' बनकर कैसे आवे ? उसके अंगों को तो हवन-द्रव्य ही बनाया जा सकता है। यदि हम प्रेमचन्दजी की कला की माप नहीं कर पाते तो अपने आकलन के अपराध का दंड तो उन्हें दे ही सकते हैं ! यही हमारा पित्र-तर्पण हो रहा है ! और, नकद-धर्म के उपासक हम, उसे जीते जी ही कर डालना चाहते हैं ! जहाँ भी ऊँचाई को छूने के लिए अपने अन्तर की अँगुली नहीं पहुँच पाती हम खीझ उठते हैं। और, ऊँचे बिन्दु को कोसने लगते हैं। उत्थान के अभाव और पतन की पराकाष्ठा से भरा जानेवाला मेरा मानसिक पेट जब स्वयं ही आत्मप्रकटीकरण की भूख अनुभव नहीं करता तब औरों की ऐसी वेदना की मैं कैसे कद्र करूँ ? जिसका पिता रोष हो, जिसकी माता उद्दंडता हो, जिसकी बहन अविचारपूर्ण आत्म-श्रद्धा हो, जिसका भाई परिणाम की गम्भीरता का अज्ञान हो, वह और चाहे जो कुछ हो, साहित्य तो नहीं हो सकता।

मतभेद तो रहने स्वाभाविक हैं। वाद्यों के भिन्न-भिन्न होने से जब गीत में मिठास आती है, वृक्षों के पुष्पों की विभिन्नता में जब बाग गर्वीला नजर आता है और संसार के सातों रंग मिलकर जब एक उज्ज्वल रंग बना देते हैं तब कौन कहता है कि विभिन्नता में एकता स्थापित नहीं की जा सकती ? मतभेद प्यारी वस्तु है। क्रिया-हीन समर्थन की अपेक्षा ईमानदार मतभेद अधिक मूल्यवान है। किन्तु वह हो मतभेद। बदला न हो। और न यह भावना हो, कि अब मैं पीछे पड़ गया हूँ, इस नन्दन को तो श्मशान ही बनाकर छोड़ूँगा। जब एक ही मनुष्य के जीवन में अनेक मत बदलते हैं और अपना नया मत बनने के समय अपने पुराने मत रखनेवाले अस्तित्व को जब वह स्वयं कोई दंड नहीं देता तब हम अन्यों के मत-भेद से क्यों ऊब उठें ? यह सम्भव है कि जो विचार आज हमारे हों कुछ समय बाद हमसे मतभेद रखनेवाले के हों; और जो विचार आज उसके हैं वे किसी दिन हमारे हो जायँ। किन्तु यह चर्चा विचारों की है। घृणा और विकारों के लिए नहीं। अस्तु। मैं तो कोमल और ललित साहित्य के समस्त प्रहारक मित्रों से कहता हूँ—

"पँखुरी लगे गुलाब की—
परि है गात खरोंट।"

हम एक बात तो स्मरण रखें। ग्रन्थों के नियमों का नियमन व्यक्तियों के

व्यवहारों से होता आया है। स्वयं ग्रन्थों में आराध्य, आदर्श या प्रभु छुपकर नहीं बैठता। जिन दिनों तरुणाई लोहखंडों को तोड़कर मुक्त होने के लिए छटपटा रही हो, उन दिनों हम व्याकरण और पिंगल के नियमों के टूट पड़ने पर शोक प्रस्ताव पास न करें। यदि हम अपने और अपने से पहले के जमाने के पतन की ईमानदार कैफियत देने के योग्य नहीं हैं, तो मस्तानी तरुणाई के आगे बढ़ते हुए पैरों को रूढ़ियों और परम्पराओं से बाँधने का हमारा उद्योग हमारे ही सौभाग्य के खिलाफ हमारा विद्रोह कहा जायगा। जिन दिनों हम कीर्ति और धन की दूकानदारी खोलकर समस्त साहित्यिकता को अपने पैर में ठीक बैठनेवाले जूते की तरह बना डालना चाहते हों, उन दिनों तो सूर के-से स्वाद की, तुलसी की-सी तपस्या की, मीरा के-से उन्माद की, भूषण की-सी निर्भीकता की, हमारी हिमायत ईमानदार हिमायत नहीं कही जा सकती। हमने जो कुछ अपनी कृति से निर्माण किया, वह देश की पराधीनता और साहित्य के दिवालियेपन के रूप में हमारे सामने है। यदि हम पतन के खिलाफ विद्रोह न कर सके तो हमें आज अपने खिलाफ विद्रोह स्वीकृत करना चाहिए।

फ्रेंच और जर्मन, रूसी और इंगलिश—इनके साहित्यों का आदान-प्रदान है। भाईचारे की भेंट की तरह एक भाषा दूसरी भाषा से यदि कुछ लेती है तो कुछ देती है। किन्तु हमारे साहित्य में तो हम भिखमंगों की तरह लेते ही लेते हैं। देने को हमारे पास क्या है? जब हम अपने देश ही की भाषाओं से आदान-प्रदान का सम्बन्ध स्थापित नहीं कर पाते, तब पश्चिम की उन्नत भाषाओं से तो भाईचारा क्या स्थापित करेंगे?

शीघ्र ही लड़ाई छिड़नेवाली है। कुछ लोग शान्ति का निरुद्देश पुण्याःवाचन कर रहे हैं; और कुछ लोगों को संकट यहाँ मालूम होता है, चाहे घटना दुनिया के किसी भी हिस्से में घटे। मैं तो इसे साहित्यिक नास्तिकता कहता हूँ। मैं तो सपना देखता हूँ कि अँगरेजी अखबारों के तार, समाचारों की जूठन और उनकी विशेष बातों की अपनी भाषा में की हुई बेहूदा नकलें अब हमें सन्तोष न दे सकें; और हमारे तरुण लड़ाई के मैदानों में पहुँचने की कोशिश करें। मुझे तो एक क्रियाशील तरुण का युद्धक्षेत्रों और दुनिया के घटनास्थलों में जाकर अपनी भाषा के पत्रों में सन्देश भेजना और वहाँ की परिस्थितियों पर ग्रन्थ लिखना सम्पूर्ण साहित्य-सम्मेलन के एक अधिवेशन से अधिक महत्त्व का मालूम होता है। युद्ध-क्षेत्रों में हम गूंगी भेड़ों की तरह चाह से या बेचाह से कट जाते हैं। किन्तु हमारी कहानी कहनेवाला कोई नहीं होता। शासन की विषमता से भारतीय ज्ञान शस्त्र नहीं छू सकता। और शस्त्र रखकर कोई भारतीय, ज्ञान के पास नहीं जा सकता। मस्तक की धड़ और धड़ की मस्तक के साथ यह विषमता साहित्य के लिए राहू और केतु हो रही है। यदि हमारे कल्पनाशील, क्रियाशील, साहसी,

साहित्यिक तरुण चाहें तो अपनी साहित्यिक तेजस्विता से सिर और धड़ से लगे हुए एक, सम्पूर्ण भारतीय मानव का निर्माण कर सकते हैं।

समुद्र से हम दूर भले रहें, किन्तु इस बात का ज्ञान तो हमें जरूर है कि हमारे देश के तीन ओर समन्दर लहरें ले रहा है, उस पर नौकाएँ भी चल रही हैं, व्यापारी जहाज भी दौड़ रहे हैं और जंगी जहाज भी समन्दर की छाती छेद रहे हैं। जब हमारे ज्ञाताओं की कलमों ही पर यह परिस्थिति नहीं उतरती; तब लोगों की आँखों में दौड़ते हुए जहाजोंवाला समन्दर का नक्शा कैसे झूलेगा ? और इस समस्त परिस्थिति पर अपना कब्जा करने की इच्छा कैसे जाग्रत हो ? लकड़ी की नाव पानी पर तैरती थी, और लोहे के महल हवा में तैरने लगे। क्या हमारे पास ऐसा साहित्य है जो इन दो जमानों को सीधी खड़ी रेखा खींचकर जोड़ दे। स्वाद के अभाव में किसी पुरुषार्थमय मिठास पर हमारी तरुणाई ललचे कैसे, और वह लालच साहित्य की कलम पर कैसे उतरे—यदि हवाई जहाजों पर हमारी तरुणाई, न दौड़कर चढ़ने में उत्साहशील हुई हो और न फिसलकर गिर पड़ने पर पुरुषार्थ का त्यौहार मनाने योग्य हुई हो ?

हम बड़े हों या छोटे, हमने घर-घर और व्यक्ति-व्यक्ति में मरने का डर बोया है। हमारे लिए मार डालना ही गुनाह नहीं है, मर जाना तक गुनाह हो गया है। यूरोप का लेखक नयी से नयी बाजू पर दीपक की तरह स्पष्ट और गणित के अंकों जैसे सुलझे हुए विचार प्रकट करता है; किन्तु पुरुषार्थमय साहित्य और चर्चा का बोझ हमसे नहीं सँभलता। हमें रोटियाँ चाहिए, राष्ट्र नहीं चाहिए। यही तो कारण है जो हम कभी-कभी कह बैठते हैं कि साहित्य चाहिए, राजनीति नहीं चाहिए। आज के साहित्यिक चिन्तन पर जिम्मेवारी है कि वह पुरुषार्थ को दोनों हाथों में लेकर जीने का खतरा और मरने का स्वाद अपनी पीढ़ी में बोये। यह पुरुषार्थ शस्त्रधारी से नहीं हो सकता। वह तो कलम के धनियों के ही करने का काम है। वे ही इसे करें।

जोगी

(1)

कुछ दिन हुए, एक कहानी सुनी थी। फारिस के किसी कवि के दिमाग की उपज थी। वह तिथि, उस किताब का नाम, उस कवि का नाम, और स्मृति के दीवालखोरेपन से उसके सुनानेवाले की सूरत, सब कुछ, मेरे मन से उतर गयी— मानो बीते समय के न लौटने का समर्थन करती हो। वे दो पंक्तियाँ भी मिट

गयीं—सूरज की करारी किरणों के पड़ने के बाद, पड़ी हुई अमृत बिन्दुओं के निशान कैसे ढूंढ़ूँ ?

(2)

एक जोगी था, रंगीन-सा। मुख, चैन, आचार, विचार, उठना, बैठना;—सब आदमजात जैसा। औसत आदमी; पतन उसके साथ खेलता-सा,—उत्थान सूरज की किरणों जैसा दूर दिखायी देता। मानो उसका जोग उसकी 'समझ' में था। शस्त्र का दैत्य, शास्त्र का देवता, और समाज का मानव, तीनों उसका समर्थन न करते। करते भी कैसे ?—इतिहास, कुछ कल होनेवाली घटना को आज कहने ही न लगेगा कोई। वह तो हो चुकनेवाली घटनाओं का इमली के बीजों जैसा गिना हुआ हिसाब है। तब फिर, जोगी के जोग को कोई दूरबीन से भी कैसे देख पाता ?

(3)

गोंडों और भीलों की नगरी-डगरी में एक बड़ा-सा पत्थर ही 'बड़ा देव' कहलाता है। सिंदूर के रंग से रँगीला—और नारिकेल-फलों का भोक्ता। कितने पशुओं का वध इस देवता के नाम पर नहीं होता! भक्तों को जो महाप्रसाद चाहिए। रंग देखते ही रक्त-तर्पण सूझता।

जोगी वरदान देता। लोग जय बोल उठते।

(4)

जोग धीरे-धीरे बड़ा-सा व्यापार बन गया। जीवन की अस्थिर लहरों के नाम हुण्डियाँ लिखी जाने लगीं। 'जा, तू गोरा हो जा', 'जा, तू बड़ा हो जा', 'जा, तू विजयी हो जा', 'जा, तू अमर हो जा'। लोग दंग थे—'यह अपने आप मीठी चीज है—इसमें बाहर से शक्कर नहीं मिलानी पड़ती।'—'इस मिठास से वाणी में दुर्गन्ध नहीं आती'। 'इस मिठास में कीड़े नहीं पड़ते—पड़े हुए मिट जाते हैं।' इस तरह जितने मुख, उतनी बातें। जोगी फूला,—लगातार हुंडियाँ लिखने लगा। वह गढ़े में बैठा था,—गंगा के उस तट को वह कैसे देख पाता। अपनी 'परिमितता' का उसे इतना उन्माद कि उसे 'तीन लोक' समझता। भला ऐसा 'ब्रह्माण्डों का नायक' क्या जाने कि दुनिया उसकी सीमा के भी परे है, और उसकी हुंडियों से भी अधिक धनी है।

(5)

एक बहन आयी, एक दिन। इसके पहले और बहनें आ चुकी थीं। जोगी

की शोहरत थी, कि उसके आँसुओं के सर पर टपका लेने के बाद,— मिट्टी खानेवाले बच्चों की माताओं के धन मिट्टी नहीं खाते। इस बहन ने भी प्रार्थना की—'बाबा, मेरा नन्हा मिट्टी खाता है, जरा इसे बरज दो।' मिट्टी का पुतला मिट्टी खाने से रोकेगा ?—जोगी सहमा ! हुंडी लिख दूँ ?—उसने कहा, 'माई तरसों आइयो।'

बेटे की माँ उठी और अंगार बरसती दोपहरी में चली गयी; कोसती ? असीसती ? कौन जाने ?

(6)

इस 'पत्थर' का रंग न उतरने देनेवाले, एक मनुष्य ने कहा,—वह भी बे-रँगा न था;—उसकी तसवीर कलम ने नहीं, कुदरत ने खींची थी; हाँ तो, उस मनुष्य ने कहा— बड़े निष्ठुर हो बाबा। धीरे-धीरे तुम असीम होगे; पर तुम्हारा बड़प्पन उस असीम की भी सीमाएँ तोड़ने लगा है।

—"क्यों भैया?" जोगी ने डरकर पूछा, "अरे इस दोपहरी में, बरसते अंगारों में यहाँ कौन मरने आता ? चील अंडे डाल रही है, साँप मोर की पूँछ में दुबका जा रहा है, चीता मारे प्यास के गाय के बछड़े के गले से बहता पसीना चाट रहा है, और तुमने धीरे से कह दिया —'माई तरसों आइयो।' वह कोमल फूल ! क्या इस गर्मी में दूसरी बार बाहर आकर···?" "पर, माता की ममता को, उगती कली के युग के वैधव्य में, क्यों ढूँढ़ता है रामू ?—और फिर मैं बच्चे पर रहम करूँ, यानी उसकी आँतों में अन्तक बनकर बैठनेवाली मिट्टी पर ?"

—जोगी ने, अपने बोझीले पतन को, दृढ़ता से, नाम-शेष उत्थान की याद में ठुकराते हुए कहा।

समय बीतते न बीतते तरसों आज हो गया। माई आ गयी। बेटा गोद में था। लाल, मिट्टी की याद में बेजार। दूध नहीं, खिलौना नहीं, कुछ नहीं—मिट्टी, मिट्टी। जोगी ने अपने विचारों का आँगन झाड़ा था—बरसों। अब तो एक दिन की साध आज का रोजगार बन गयी थी। उसने दायें-बायें के पार्षदों से, हाथ जोड़कर कहा—"राभू,—ओ श्यामू,—इस माई को तो आज भी लौटा दो भाई ! मिट्टी मेरे बूते की हो ले, तब मैं इस माई की मनुहार के मोती से भी मिट्टी छुड़वा दूंगा। हुंडी पर, बिना जमा की पूँजी देखे, कैसे हाथ काटूँ ?"—भगतों की रूठी आँखों में पसीना आ गया। ठीक वैसा ही 'स-लोना' जैसा भुजाओं पर आता है। नमक के पानी में न जाने क्या-क्या गल जाता है। हैवान जोगी का निश्चय भी गल गया।

उसने मोती के गले में हाथ डालकर कहा—'मिट्टी नहीं खाया करते राजा।' बाल-सुलभ किलक ने, मानो हुंडी सिकारने का निश्चय दिया। माँ पगली, हँसकर

चल दी; —"अब मेरा बेटा मिट्टी नहीं खायेगा।"

(7)

तुम्हारे स्वामी से कहियो,—मेरा बेटा माटी माँगे है—श्यामू एक दिन खबर लेकर आया। हिसाब मिलाने में उलझे हुए पत्थर ने, दूसरे दिन देखा—माई आ गयी। बोली महाराज, "लल्ला तुम्हारो कहनो नाँय मानें।" उसने घर के दरवाजों की तरफ देखा—धूल उड़ रही थी, और सब साँस के साथ पेट में जा रही थी। अपने पानी को सँभाला—कितनी मिट्टी वह रोज पीता है। अनाज सँभाला—मिट्टी की कंकरियों का हिसाब न था। उसे, अपनी नस-नस में माटी दीख पड़ी। उसने देखा—बे-छना पानी, बे-बिना दाना और धूलि-धूसरित जगह ही उसके स्वाद के साधन हैं। उसने माई से कहा—"तेरा बेटा, मेरी हुंडी है माई। जिस दिन वह माटी खाता है समझो कि मेरे भी पेट में माटी है। कीच, कीच को क्या धोवेगा ?"

दुखी माँ चली गयी। बेटा गोद में था।

(8)

"क्या हुआ होगा अब ?" एक दिन श्यामू ने पूछा। जोगी ने कहा—"मिट्टी खाकर तो मिट्टी खाना नहीं छुड़ाया जा सकता भाई ! बच्चे को वहाँ ले जाओ, जहाँ लोग मिट्टी न खाते हों।"

न सधनेवाला सौदा

कौन ?

"हम हैं। देश के सेवक, समाज के अंग और आपके भक्त।"

तब इस दल-बल के साथ चढ़ाई क्यों की है ? और इतनी पुष्प-मालाएँ लेकर ?

"हाँ; हम आपकी आराधना करने आये हैं। आप हमारा आत्मनिवेदन सुनिए।"

आप तो स्वयं जगदीश्वर के नाम से परिचित हैं। आज का प्रत्येक राष्ट्र-सेवी आपकी—जनता जगदीश्वर की—पूजा करता है। तब यह उलटी आराधना कैसी ?

"यह हमारी वीर-पूजा है।"

परन्तु मैं तो अपनी ही पूजा को मस्तक झुकाता हूँ। आपकी पूजा स्वीकृत

करने का मुझमें न बल है, न तप है।

"हम तो देश में राम-राज्य लाने के लिए आपका जीवन-चरित्र लिखना चाहते हैं।"

तब तो पहले मुझे धनुष तोड़ना चाहिए, फिर निर्वासित होना चाहिए, इसके पश्चात् अपनी जानकी के हरण को बरदाश्त करने के लिए तैयार होना चाहिए, और फिर आपकी एक शिकायत पर गर्भवती जानकी को सदा के लिए निर्वासित कर देना चाहिए। क्या यह सब कुछ आप चाहते हैं?

"हम तो आपका जीवन चाहते हैं। लिखने के लिए, पढ़ने के लिए और पथ पर चलने के लिए।"

आप वाल्मीकि का अभिनय पूरा कर सकते हों, पर मुझमें नट बनकर राम का अभिनय दिखाने और पुरुषार्थ का मजाक उड़ाने का साहस नहीं।

"क्यों, क्या हमारी सेवा का कोई मूल्य नहीं है?"

तुम्हारी सेवा का? अपार मूल्य है। इतना मूल्य मैंने सारे जीवन में पहले कभी नहीं देखा! परन्तु इस महँगी कीमत पर भी मैं सौदे पर चढ़ने योग्य नहीं।

कितने शांत हो इस समय तुम, करोड़ों लहरों में बँटे हुए समुद्र के समान; किन्तु तुम्हारी शान्ति को भयंकर होते कितनी देर लगती है? तुम सागर हो। तुम्हारी लहरों के बीच अपने को खिलवाड़ में डालने का—न हो, न हो वह लालच।

हे अनन्त! मुझ सान्त के साथ न खेल। समुद्र के गर्भ में भी जमीन है। तुम्हारी तरलाई के नीचे भी क्रूरता है। समुद्र की सतह मिलती है; तुम भी एक सन्देश के दीवाने हो उठते हो। समुद्र ही की तरह हृदय में ऊँचे हो, नीचे हो, पथरीले हो। स्थिर हो, किनारे न होकर भी ऊपर नहीं चढ़ते; चंचल हो, अस्थिर और नाशवान् लहरों में बँटे हुए।

जब तुम्हारी लहरों के सब तार मिले हुए हों, तब तुम संगीत जैसे मोहक, मधुर, आकर्षक और प्राण-संचारक हो। उस समय किसी गरीब की 'पाथर-भार' से लदी हुई 'तनिक-सी नैया' भी तुम्हारी गोद में खिलवाड़ करती है। किन्तु, जब तुम्हारी लहरें एक-दूसरे से टकरा उठती हों, जब तुम्हारी लहरों के तार बे-मेल हो गये हों, उस समय?—उस समय तरल तरंग-मालाओं से बनकर भी तुम कर्कशा हो, कठोरा हो, प्रलयंकरी हो। उस समय तुम्हारी अपनी ही एक ध्वनि दूसरी से मेल नहीं खाती।

गुमराह राहगीर! क्या इन्हीं तरंग-मालाओं से खिलवाड़ करने का लालच है? तो, ठुकराकर इसकी वीणा के लहरीले तारों को न तोड़। तार टूटते ही यह उत्तेजित हो पड़ेगी। यह अपने पर होनेवाले प्रहारों का चीत्कार से बदला

चुकाने उठ बठेगी। उस समय इसकी वह गर्जना किसी से न सही जायेगी।

आशिक

"मुझे क्यों हटाते हो ?"

मैं दोनों पर एक साथ प्यार नहीं कर सकता।

"बारी-बारी से सही।"

यदि तेरे पास आता हूँ तो उसके पास नहीं जा सकता; वहाँ पहुँचने पर तेरी ओर आकर्षण नहीं होता।

"मेरे सौन्दर्य को देखते हो; मेरी नवीनता को ?"

मिठास ही तेरा शस्त्र है; जानता हूँ।

"मैं साफ हूँ। स्पष्ट दीख पड़ती हूँ। प्रत्यक्ष फल देती हूँ। मेरी दया के बादल बरसकर विश्व को हरियाला करते हैं। —'वह धुँधला है, काला है।' श्याम कहकर ही तो तुम अपना सर पचाया करते हो।"

हाँ, तू गिलास में भरा हुआ हलाहल है। स्पष्ट दीखती है, प्रत्यक्ष फल देती है, जो तेरे हाथ पड़ा सो साफ है। वह महान् है, गहरा है, और श्याम घन की तरह काला है। तेरे और मेरे पास उसकी उज्ज्वलता को देखने के लिए आँखें कहाँ हैं ?

"क्या इसका नाम अन्ध-श्रद्धा नहीं है ?"

क्या तेरा नाम अन्ध-अश्रद्धा नहीं है ?

"बड़प्पन उसी ओर क्यों है ?"

तू बिना बुलाये ही मन्दिर में प्रवेश करती है। आती है, मनुहार करती है। लिपटती है, चिपटती है। और उनके पास मुझे स्वयं जाना पड़ता है। वहाँ मेरी रुचि की गुलामी नहीं की जाती। उस द्वार का 'ठहरो' सुनकर मुझे प्रतीक्षा की घड़ियाँ बितानी पड़ती हैं।

"और वे जब कह उठते हैं कि—

'कोई कितना सताये, खोलना हरगिज न कुंडी को।' तो ?"

तो ?—मेरा जवाब होता है—

'जो आशिक है वो साहब, फाँदकर दीवार आता है।'

"तब हमारा क्या होगा ?"—वह दिग्विजयिनी बोली।

मेरे पास क्या उत्तर था ? सिवा इसके—

मेरे जीवन की सुनहली साध बनकर तुम भी चल पड़ो, उसी सजीले साँवले श्याम घन की ओर।

असहाय श्याम घन !

मेरी श्यामलता का, मेरी ठण्डक का, मेरे श्यामल हृदय की तरलता का व्रत धारण किये रहनेवाली हिम-कंकरियों का, मेरे लिए तरसती हुई कृषकों की आँखों का, और मेरी याद में कुम्हलाते हुए हरियालेपन का, जिक्र करके, प्रभंजन, तुम मुझे भ्रम में मत डालो।

जगत् की बोझीली और गन्दी वायु से परे, मेरे आसमान में ऊँचे पर विचरने, और नगाधिराजों के अगम और अछूते शिखरों से नित्य आलिंगन करने पर, तुम वृक्षों के पत्ते लेकर, प्रियतम, तालियाँ मत बजाओ। देखो, मैं पथ भूल जाऊँगा।

प्रिय, वह तो तुम हो, जो मुझे लिये-लिये न जाने कहाँ-कहाँ घूम रहे हो।

प्राण, तुम छुपे रहकर, जगत् पर जीवन ढुलकाने का सारा गौरव मुझे भले ही दे दो; किन्तु वे लोग धोखे में कैसे आयँगे, जो प्रतिक्षण अनुभव करते हैं कि जीवन श्वास की डोरी पर ठहरा हुआ है।

सहारे मेरे, मैं तो सदा ही तुम्हारी गति का गुलाम, तुम्हारी मर्जी का मोहताज हूँ। मैं तो मिटने की, मिट जाने की वस्तु हूँ,—अनित्य हूँ। नित्य तो तुम ही हो, अनिल ! चाहे तुम मेरे साथ खेलो, चाहे मुझे अपने साथ खिलाओ।

कभी मेरा पर्दा बनाकर, सूरज को ढाँक दो, कभी मेरा झंडा बनाकर सूरज के राज्य को श्रीयुत कर दो, कभी मेरा नगारा बनाकर ग्रीष्म को चुनौती देने लगो, कभी मेरे घर्षण की चंचला का प्रकाश कर, अन्धकार पर वार पर वार करो, और कभी मेरी सेना बनाकर तपन और जड़ता पर टूट पड़ो; परन्तु मैं यह कैसे भूलूं कि मुझे तो, तुम्हारी, हाँ केवल तुम्हारी मर्जी पर बूंद-बूंद होकर गिर जाना है।

मेरी श्यामलता के लहरीले वाहन, मेरी तरलता के अदम्य आवाहन, मेरे जीवन के कण-कण को वहाँ बखेर दो, जहाँ तुम्हारी महर हो।

तुम आनेवाले हो

मेरा सारा बाग, बिना मौसम के ही फूल उठा;

—इसलिए कि तुम आनेवाले हो।

और फूल भी नीले हैं, पीले हैं, लाल हैं, हरे हैं, बैंगनी हैं, नारंगी भी हैं।

मगर इन फूलों पर गूंजनेवाले परिन्द सब एक ही रंग के हैं, कृष्ण—श्याम, काले।

इन गूँजनेवालों में से एक कहता है, आज उनके एक-एक अपराध उनके सामने रख दो। बहुत सहा, अब न सहो।

दूसरा कहता है—समय को श्रम मत बनाओ। श्रम को समय बनाओ। प्राण दो, प्रणय दो।

'तीसरा कहता है—पुष्प में बन्द होकर, फिर निकल आना कैसा? प्रणय का खेल खेलकर प्राण का मूल्य करना कैसा?

और, इन गूँजनेवालों को, मैं अपनी आशाओं का प्रतिनिधि कहकर, इनकी कज्जलता में, कितनी उज्ज्वलता का अनुभव करता हूँ।

—इसलिए कि तुम आनेवाले हो।

तुम आनेवाले हो इसलिए—मन का हर विकार, उसकी हर वेदना आनन्द हो उठी है।

तुम आनेवाले हो इसलिए—काली जमीन अपने पर हरे चित्र, हरियाली अपने पर लाल चित्र, फूलों की लाली अपने पर भ्रमरों के काले चित्र बना रही है।

तुम आनेवाले हो इसलिए—काले आसमान की जमीन पर, मटमैले बादल चित्र बना रहे हैं, और बादलों में सुनहली नागन बनकर, बिजली चित्रित हो उठती है।

तुम आनेवाले हो इसलिए—समन्दर के मोतियों के स्वाद के खारे हो जाने की कल्पना कर, आसमान, ठंडे-मीठे मोती बरसा रहा है।

तुम आनेवाले हो इसलिए—सूरज की किरनों ने घर जगमगा दिया है, वायु ने ठंडक भर दी है।

और, अब तुम्हारा सन्देश आ गया; उसमें युगों-युगों का तुम्हारा वही वाक्य लिखा हुआ है—तुम आनेवाले हो।

मुरलीधर!

'क्या तुम संगीत हो?'

तुम मेरे संगीत नहीं हो। आलापों की तरह तुम मेरी मर्जी पर लौटते कहाँ हो? माना कि तुम्हारी कृपा के बादल बेइख्तियार बरस पड़ते हैं; परन्तु उस समय तुम मेरी मलार नहीं बने होते।

—'तब क्या तुम मेरी मृदंग हो?'

हाँ, तुम मेरे प्रहार सह लेते हो; किन्तु मेरे बन्धन में जकड़े जाने के लिए कब तैयार होते हो? मीठे बोलते हो; परन्तु मुँह पर आटा लगाने की रिश्वत उस

मधुराई के बदले तुम्हें कब देनी होती है? और 'सब कुछ' मेरे, मैं तुम्हारी वाणी पर यह इलजाम कैसे रख सकता हूँ कि तुम बाहर बोल रहे हो; तुम अन्त:करण रहित हो?

'आह! तब तुम वीणा हो; नारद के नाद ब्रह्म से विश्व झंकृत कर देने-वाली।'

परन्तु वीणा तो मेरी गोद में रहती है। तुम कहाँ यह शर्त स्वीकृत करते हो? माना, झनकारते ही वीणा स्वर देती है, मनुहारते ही तुम दौड़ आते हो; किन्तु मेरे स्वर पर सदा ही तो तुम्हारे तार नहीं मिलते। स्वर से स्वर न मिलने पर, स्वर-लहरी से विश्व भर देनेवाली वीणा को गोद में लेकर, और हृदय से लगा-कर भी, मुझे उसके कान ऐंठने पड़ते हैं। पर, हाय! तुम तो मेरे कानों को वीणा बनाने के लिए घूमते हो।

—'तब मधुर मुरली के सिवा तुम और क्या हो?'

पर अपने ओठ पर तुम्हारे मुँह को रखकर अपनी वेदनाओं और उल्लासों की गूँज कहाँ मचा सकता हूँ? और तुममें छिद्र? और उन पर मैं अपनी उँगलियाँ रख सकता हूँ?

आह जाना, तुम न संगीत हो, न मृदंग हो, न वीणा हो, न मुरली हो,—।

'तुम तो मुरलीधर हो।'

गृह-कलह

"वे आयेंगे नहीं; किन्तु इसी रास्ते से होकर गुजरेंगे।"—सुना कि बिजली दौड़ गयी।

इतनी-सी देर में अरमान कैसे निकलेंगे? मुँह ने कहा, मुझे मस्तक झुका-कर यह कहने दो—

"हम तुम्हारे कहलाने का अभिमान करते हैं।"

जिस समय, बड़े दिनों, उन्होंने इस ओर से गुजरने का अपराध किया, तब अपनी फुलझड़ियाँ छोड़ने के बजाय उन्हें कुछ कहने, कुछ पूछने, कुछ गुनगुनाने देना। श्रुति का पथ तो छोड़ना नहीं चाहिए?—कानों ने कहा।

नेत्र खीझ गये;—"अरे, जिन्हें देखने के लिए रातों को, जागकर, शीतऋतु में भी छोटा बना दिया और पुतलियों के कारागारों को धो-धोकर साफ रक्खा, जब उनके आने का समय हुआ तब हमें बन्द कर मस्तक झुकाने और अपनी रामा-यण गाने बैठ गये! हमें अपनी अन्तर की कालकोठरी में उन्हें कैद कर लेने दो। वहीं आजीवन अलख जगाते रहना।"

किन्तु हाय, मैं इस गृह-कलह ही में लगा रहा; वे आये और चले भी गये।

इसी पार

"मैं इस तरफ होता हूँ; तुम उस पार हो। चलो, खेलें।" वे बोले।

ना, हरगिज नहीं—मेरा उत्तर था।

"तब तुम कैसे निर्भय हो?"

मैं अपनी निर्भयता का तुम पर प्रदर्शन नहीं किया चाहता।

"तब निर्भयता झूठी है।"

वह खरी है।

"प्रमाण?"

इसका पिता रोष नहीं है, इसकी माता उद्दण्डता नहीं है, इसकी बहन अविचार-पूर्ण आत्मश्रद्धा नहीं है, इसका भाई परिणाम की गंभीरता का अज्ञान नहीं है।

"तब फिर क्यों नहीं बहादुर की तरह उस ओर होते?"

मेरे कैदी, मैं तुम्हें छोड़ना नहीं चाहता।

"अरे, यह तो खिलवाड़ है!"

तुम्हें तो वरदान और शाप, उत्पत्ति और प्रलय, सभी खिलवाड़ हैं। किन्तु, मैं तो ऐसा कोई खेल नहीं खेलूँगा जिसमें मैं और तुम, दोनों, एक ही पार न रह सकें।

मैंने अपने खारे प्यालों का बचा-खुचा पानी भी औंधा दिया है; इसलिए कि हम दोनों इसी पार रहें।

मोहन

'धृष्टता'? इस इलजाम का बोझ मैं कहाँ छिपाकर रखूँगा?

'तू मोहक भले हो; परन्तु जब तेरे स्वर ही नहीं है तब संगीत तेरे नाद पर कै दिन रोवेगा? मलार की तरलाई, आसावरी की मस्ती और सोरठ की वेदना क्या तेरे हवाले की जाय?'

पर कान तो हैं। क्या मैं सुनने का भी मुश्तहक नहीं हूँ?

'केवल वे ही सुन सकते हैं जिनके मस्तक डोल सकें।'

तब क्या मेरे उपहारों का कोई उपयोग नहीं ?

'वे बोझ मात्र हैं। तू उनका बोझ ही खींच सकता है।'

मेरे सखा, क्या इनका कोई उपयोग नहीं ?

'वे संदेश-वहन कर सकते हैं। और यदि तू सँवारे तो—'

प्यारे, तुम्हारा काम भर निकल जाना चाहिए, मुझे उन्हें सँवार कर क्या करना है ? पर क्या मैं एक बात पूछूँ ?

'क्या ?'

तुम्हारा नाम ?

'मोहन'

क्या, तुम्हारे संदेश के बाद भी मेरा कण्ठ वैसा ही रह जायगा जिस पर तुम्हें शिकायत हो ? क्या तुम्हारी मोहनी यहीं आकर कुंठित हो जायगी ?

तस्मात् मह्यं मे नमः

मैं—गुरुदेव, मेरा पहला चित्र बिगड़ गया है। कितना विकृत हो गया है ?

वे—फिर ?

मैं—तोड़ डालता हूँ; दूसरा बनाता हूँ।

वे—अरे, पहली आशाएँ कभी संभावनाओं पर बैठकर नहीं आयीं।

मैं—परन्तु तसवीर में मेरी आत्मीयता जो है ?

वे—क्या तेरी आत्मीयता का दुनिया में उषःकाल आया ही नहीं ? केवल प्रभात ही आया—यह लिख देना है ?

मैं—मेरे लिए दूसरा चारा क्या है ? कौन-सी सेहत है ?

वे—चारा है कि रंग अभी सूखे नहीं हैं और कलम हाथ में है। सेहत है कि कागज अभी शेष है। लोग एक अन्तिम तसवीर बनाकर भी अमर हो लेते हैं। तेरी तो अभी पुस्तिका खाली पड़ी है ?

मैं—लोग जो हँसेंगे ?

वे—पहले चित्र को देखकर तुझपर हँसेंगे, दूसरे चित्रों को देखकर अपने आप पर ! उस समय भूल का मूल्य चुकाकर भी, अस्तित्व की अनन्त राशि तेरे पल्ले पड़ी रह जायगी।

मैं—मेरे मास्टर ! मेरी मूर्खता के प्रदर्शन में तुम किस सुख का अनुभव करते हो ?

वे—मेरे जीवन के शाप, तुम्हें वरदान बनाकर रखना चाहता हूँ।

मैं—यह क्या मेरा गंदा चित्र जिंदा रखने से होगा ?

वे—अपने असफल प्रयत्नों को, असफल कह, गन्दा न कह। यदि दूसरा चित्र जीवन की कला का मन्दिर होगा तो पहले चित्र को उसकी सीढ़ी कहलाने का गौरव प्राप्त होगा। लोगों के मस्तक रखने के लिए मन्दिर प्रदान करोगे परन्तु चरण रखकर वहाँ तक आने के लिए?

मैं—इस चित्र को नष्ट कर दूँ तो?

वे—तो तुम कला के हत्यारे के नाम से नेक-नाम होगे। और यह, तुममें निवास करनेवाले चित्रकार की बाल-हत्या होगी।

अब मैं चित्रवाले कपड़े पहनता हूँ। व्याघ्राम्बर बिछाता हूँ। पीताम्बर ओढ़ता हूँ। चहकती हुई चिड़ियों, फूले हुए वृक्षों, बोलते हुए झरनों की आराधना करता हूँ। खाने के पक्वान्नों पर, बजाने के मृदंग पर और कान उमेठने की वीणा पर, मुझे मेरे आराध्य की तसवीर लिखी दीखती है। दौड़ने-खेलने, रोने-गाने, मरने, मारने और मिटने-मिटाने के समस्त क्षेत्रों में, मेरे प्रिय! एक नया चित्र बनकर, मेरी कलम के घाट उतरते, तुम्हीं दीख पड़ते हो।

आह! जब नीले रंग में चित्रित, हरी घास पर बैठी हुई, बीन बजाती, तुम्हारी मुक्त हास्यमयी स्वकृत तसवीर को मैं मस्तक झुकाता हूँ, तब मेरा यत्न होता है कि मेरे मुँह से, 'तुभ्यमेव समर्पितम्' निकले। किन्तु ज्यों ही मैं इस बात की चिन्ता करने में उलझता हूँ कि कहीं मेरे आँसू टपक कर तुम्हारे चित्रित नाखून की लालिमा न धो डालें, त्यों ही मेरी जबान से बे-इख्तियार निकल पड़ता है—

"तस्मात मह्यं मे नमः।"

वह वाणी

वह एक 'वाणी' है, जो लोक-जीवन के हृदय को सोच-सोचकर चिल्ला रही है और चिल्ला-चिल्लाकर सोच रही है। एक भुजा है, जो उनकी ओर से उठ रही है, जिनकी भुजायें उठ नहीं पातीं, और उनका भाग्य लिख रही है, जिन्हें शासन ने लिखना-पढ़ना नहीं सीखने दिया।

एक वाणी है, जो झोंपड़ियों की कराह को राजमहलों में ले जाकर टकराती है और राजमहलों के अपमानों को झोंपड़ियों के सेवा-पथ में मिले प्रभु के प्रसाद की तरह ग्रहण करती है।

एक वाणी है, जो गलियों में, कूचों में, झोंपड़ियों में, महलों में, पहाड़ों में, गुफाओं में, भीड़ों में, एकान्तों में, विजयों में, विजय-पथ की पराजयों में, चले

चलो' का स्वर लिये, बराबर सुनाई पड़ती चली आ रही है।

एक वाणी है, कि समस्त धर्मों के देव-मन्दिरों में जिसका रथ गतिशील, जिसका पथ उन्मुक्त है—किन्तु काँपते सिंहासनों का आडम्बर है कि उस वाणी को वे न सुनें।

एक वाणी है, जो कि जहाँ तक भारत का नरमुंड है वहाँ तक, संदेशवाहिनी बनकर, वह प्रचण्ड है और जहाँ तक विश्व-हृदय है, वहाँ तक विश्व-विभु की प्रार्थना के गौरव से गीली और बोझीली है।

एक वाणी है, जो संकटों को प्रार्थना की कड़ियाँ बनाकर बोलती है और विनाश की धमकियों में विभु की सुनहली आशा के दर्शन करती है। कलेजा है कि जो लोकजीवन का दलित कलेजा बन उठने की चाह बनकर खड़ा है। मुँह है कि मुक्त-हास्य में विश्व-परिवर्तन के बोल महाप्रलय की वाणी बनकर आ रहे हैं। भुजायें हैं कि कष्ट-भोगी के गले के हार हैं, अथवा शक्ति के निर्देश की ललकार हैं, अथवा दबे हुए के लिए दंडित होने का दूना स्वीकार हैं।

वह लोक-जीवन के लिए प्रताड़ना सहता है। लोक-जीवन की भी प्रताड़ना सहता है, और उसका जीवन पतनोन्मुख लोक-जीवन की रुकावट के लिए स्वयं प्रताड़ना बन जाता है; क्योंकि वह लोकजीवन को प्यार करता है।

लोक-जीवन की वंशी बनकर, उनकी भैरवी बनकर, उनकी साँस बनकर, उनकी उसाँस बनकर और उनका मस्तक बनकर स्थिर रहता है। संकट-गृह में, कारागार में और वध-गृह में वह मुक्ति की एक ही वाणी बोलता है। रूढ़ि के गुमराहों को वह प्रभु-पथ का पता देता है। देशघातकों और विश्वासघातकों में, वह उनमें निवास करनेवाले प्रभु को ढूँढ़कर जगाता है। निंदकों की सहिष्णुता उठाता है, क्रूरों की कोमलता जगाता है, और पथ-भंगों को वह अपने कलेजे पर से पथ-दान करता है।

लोक-जीवन के भाग्य का भविष्य यह लिखता है। किन्तु विश्व की गुत्थियाँ सुलझाकर तत्वज्ञ नहीं बनना चाहता।

वह कवि है। लोक-जीवन के आँसुओं से गीला, लोक-जीवन की चाहों से दरदीला, और इस इच्छा से दूर कि वह कवि हो, और इस बात को बिना जाने कि वह कवि है।

वह न सम्राट् है, न सरदार। न धर्माचार्य है, न व्यवस्था देनेवाला। वह एक वाणी है, जिसके आगे विश्व लाचार है कि उसे सुने। उसमें कराह है, जिसमें कोटि-कोटि दुखियों की आत्मा सिसक रही है। उसमें गर्जन है, जो श्रोताओं की अकर्मण्यता को लज्जित कर रहा है। उसमें विश्वास है, जो बलि-पंथियों और कमज़ोरी स्वीकार करनेवालों का अपनी हृदय की धक-धक के बीच रक्षण कर रहा है।

वह वाणी है, जो राजाज्ञा नहीं है; किन्तु कोटि-कोटि आदमी, कोटि-कोटि मानव, जिससे बँधे हुए हैं; अनन्त सेना नहीं है, किन्तु उसके एक विश्वास पर कोटि-कोटि व्यक्ति ठहरे हुए हैं।

वह वाणी है, जो दण्ड देने में अपने को भी क्षमा नहीं करती; जो बुराइयों को अपने सिर पर लेती है और अच्छाइयों को प्रभ के चरणों पर चढ़ाती जाती है।

वह वाणी हर देश में है, हर जाति में है, हर धर्म में है। कभी आज्ञा से और कभी अवज्ञा से पैगम्बरों का अनुवाद करके वह वाणी अमरीका में रूजवेल्ट, इंग्लैंड में चर्चिल, रूस में लेनिन, जर्मनी में हिटलर, इटली में मुसोलिनी, टर्की में मुस्तफा कमाल, चीन में च्यांगकाई शेक, और विश्व में न जाने कहाँ-कहाँ क्या-क्या कही गई। किन्तु गुरुदेव रवीन्द्र की बोली में भारत की वह कविता, वह सूझ, वह साहित्य, वह पुरुषार्थ, उस वाणी के स्वप्नों का जागरण, सेवाग्राम की झोंपड़ी में निवास करता है। उधार लिया हुआ यह वंदन मैं आपको सौंपता हूँ।

सवाददाता

मैं हूँ संवाददाता। संवाद देना मेरा काम है। दुनिया में जिसे बीस बार गाली देकर भी, फिर-फिर देखे बिना नहीं रहा जाये, उसे कहते हैं अखबार। दुनिया के ज्ञान में पहिले शोधक, फिर चिन्तक, फिर कवि, फिर लेखक, फिर पत्रकार और फिर आता है संवाददाता। अपनी इस पल्टन के गुणों में एक-दूसरे से कोई मेल हो या नहीं, किन्तु संवाददाता क्या नहीं होता?

वह शोधक की तरह पते लगाता है, चिंतक की तरह वस्तु या घटना का तोल सँभालता है, कवि की तरह कल्पना की वायु-तरंगों पर से घटना के कण बीन-बीनकर रखता है, लेखक की तरह चर्चा करता है, सम्पादक की तरह अपने जमाने की जनता की रुचि सँवारता है, और न जाने किस दिशा में, न जाने कब टूटकर, कभी परिस्थितियों में पड़कर, कभी उनसे झगड़कर, और कभी उनका निर्माण कर, रचना में रत्न-निर्माण करता है, किन्तु स्वयं कन्द-मूल-फल पर सन्तुष्ट होता है।

धर्मशाला में मेरी जरूरत होती है, अनाथों के अड्डों पर, विश्व का साहित्य गढ़ा जाता है, रेलवे स्टेशन के तीसरे दर्जे के वेटिंग रूमों में जनता की वाचा फूटती है, वेश्यागारों में शस्त्र और शास्त्र में लिपटा हुआ मानव-साँप अपना स्पष्ट स्वरूप, स्वर और जहर प्रकट करता है; वहाँ मेरी जरूरत होती है। मेरे साहस में जगत की थाह की अंगुली, मेरे भेष बदलने में जगत का अनुभव, और

उनके रहने और भूखे सोने में विश्व के कल आगे बढ़ने का एक कदम छुपा होता है। दो की कानाफूसी में यदि मैं दूसरा हूँ तो समाचार का स्वामी हूँ, और तीसरा हूँ तो समाचार का मोहताज। किन्तु यदि चौथा हूँ तो फिर एक शताब्दी पीछे हूँ। गंगा के घाटों पर नाव से लोग उतरे नहीं कि उन्होंने अपने पथ की कहानी कही, और मैं मानो जीने के लिए साँस पा गया। जेल से मुकदमे पर अदालत में जाते हुए कैदी या हवालाती से मैं मिल लिया कि बस काली, ऊँची दीवारों की कालिमा काँप उठी। जुए के अड्डों पर मैंने गश्त लगाया कि एक के हजार देखने वालों को बुखार आया। गरज यह कि मैं हूं संवाददाता। मुझसे मुकुट डरते हैं, सिंहासन हिलते हैं, और शस्त्रों वाले हाथ, शास्त्रों की शपथ खाकर अपनी सफाई देने दौड़ते हैं।

ध्वनि में मन्दिर का घण्टा बढ़ता है, या आपस का टंटा, यह मैं ही जानता हूँ। मसजिद में, मजहब को किस तरह कतर-ब्योंत कर काम का बनाया जाता है, मुझे पता है। गिरजे में एक बपतिस्मा के नीचे जितना अन्धकार छिपा रहता है, वह मुझसे अपना हुलिया और अपनी सकूनत कहता जाता है।

लहरें चीर : विजया मना

परायेपन के इस वारापार में, क्या अपने अस्तित्व को डूबने से बचाये रहना और आराध्य-तट तक पहुँचाना है? तो लोहे की दीवारें, सागर के तरल वक्ष-स्थल पर दौड़ाना, और पानी में आग लगाना सीखिए। क्या अपने दुर्भाग्य को दो टुकड़े कर देना है? तो उठिये, सागरों और महासागरों का आमन्त्रण स्वीकृत कीजिए; दुर्भाग्य समुद्र की लहरों में जा छुपा है; लहरें काटते चलिए. दुर्भाग्य और बेड़ियाँ, दोनों कटते चलेंगे।

व्याख्यान, लेख और कविताओं से यह न होगा। मल्लाह चाहिए। वह अज्ञान न हो, लहरें उसे निगल जायेंगी; वह अल्हड़ न हो, लहरें उसे खिलवाड़ बना लेंगी; वह कसा हुआ हो, वे उस पर क़ुरबान जायेंगी—नीचे रतनों से भरा समुद्र-गर्भ और ऊपर नक्षत्रों तक का राज्य, वे अपने प्रियतम पर वार देंगी। ख़ूबसूरत युवा, पतवार हाथ में ले। वही तेरी शोभा है।

बेटियाँ कहें, उन्हें मल्लाह सेनानी पति चाहिए। बेटे कहें, उन्हें जहाज के कम्पास पर बैठ, दिशा-दर्शन कराने वाली प्राणों की यथार्थ ईश्वरी चाहिए।

यदि देश के सीमोल्लंघन की यह तैयारी न हुई, तो बोये हुए ज्वार ऊगकर किसका मुँह देखेंगे, घट-स्थापना का घट किसके बल रत्नों से भरे जाने की साध करेगा, और यह नन्दादीपक किस कुल-भूषण की आरती उतारेगा?

जंग लगी हुई तलवार से, नींबू काट के, और उस पर सिन्दूर लगाने वाले कायर, अस्तित्व के जहाज को कठिनाइयों के सागर की तरंगों पर तैरा दे, और मल्लाह बनने के लिए आगे बढ़। ब्राह्मण, तू समुद्र पूजन को चल; क्षत्रिय तू लहरों को काटने उठ; वैश्य तू समुद्र पार से लक्ष्मी को लौटा और शूद्र तू अपने ब्रह्मकर्म से, समस्त शरणागतों की रक्षा कर। खोये हुए वे दिन ढूंढ़, जिसे अफीमची चीनी भी ढूंढ़ लाये, अमानुल्लाह ढूंढ़ लाये, और कमाल पाशा ढूंढ़ लाया।

गिरिधर गीत है; मीरा मुरली है

कवि के घर निर्धनता से अकाल नहीं पड़ता, वह तो पड़ता है, नीरसता का मौसम आ जाने पर। उस समय उसके विचार और भाव, वाणी के वाहन पर बैठकर विजय-यात्रा करते हिचकने लगते हैं। ज्ञान की परिमितता में भाषा का उपयोग, हृदय-कथन होता है, और ज्ञान का बोझ लदने पर, भाषा से हृदय छुपाने का चकला खुलवाया जाता है। किन्तु कवि के पास, भाषा, ज्ञान में और अज्ञान में, सदैव, हृदय के ईमानदार प्रकटीकरण का साधन होती है। कविता को कुछ लोग, विलास या विनोद मानते हैं। जो लोग अपने प्राण-दान को भी विलास मानते हैं, उन मनस्वियों को तो कविता को भी विलास और विनोद मानने का अधिकार है; किन्तु यथार्थ कविता विलास नहीं, वह तो एक निर्माण है, महान निर्माण है। हिमालय की तरह स्थायी, गंगा की तरह उपयोगी, सूर्य-किरणों की तरह आवश्यक, और वायु की तरह अनिवार्य। लोग कहते हैं, विज्ञान की बाढ़ में, कविता का विनाश-काल आ रहा है। जो लोग, तुक मिलाने के सूख कर उखड़ते हुए आम की डालियों को कविता कहते और मानते हैं, उनकी कविता तो कितनी ही बार मर चुकी; आज भी वह कविता मरने ही के लिए है। किन्तु जो लोग कविता को समय के पंख मानते हैं, उन्हें कविता के मरण की बात पर विश्वास कैसे हो ? जब तक हृदय है, और उसमें सुकोमल मनोभावों का आगमन है; जब तक मनुष्य के हृदय पर, मनोभावों का असर होता रहता है, तब तक कविता अमर है। हाँ, छन्द न रहें। हम छन्दों के मानी ही गलत समझें, तो इसमें कुसूर किसका ? प्राणों की कविता का छन्द शरीर है; मनोभावों की कविता का छन्द हृदय है; आँखों की कविता का छन्द पुतलियाँ हैं। विधाता ने, अपनी प्रत्येक वस्तु, पदार्थ विशेष में छुपाकर रखी है। छन्द के मानी ही, छुपाकर रखने के हैं। यह सत्य है कि काव्य के संकेतों और कला के उन्मेष में, अनुकरण मरण है। परन्तु, हम एक 'मीरा' और उसके 'गिरिधर' की नकल

करने के बंधन से नहीं छूट सकते। मीरा है प्रकृति, गिरिधर है प्रभु। गिरिधर भाव है, मीरा उसका छन्द है। गिरिधर गीत है, मीरा मुरली है। कवि और कविता का यही तो सम्बन्ध होता है। क्षत्रियों के प्रति विद्रोह करने वाले परशुराम को अपनी तपस्या याद ही न रही; उन्होंने क्षत्रियों का विरोध क्षत्रियों ही के उपकरण लेकर किया; इसीलिए उनकी तेजस्विता ने हार खाई; और एक क्षत्रिय के हाथों उन्हें अपना राज-दण्ड सौंपना पड़ा। कवि और प्रभु के बीच तो और भी बड़ी टेढ़ है; हम तो प्रभु के खिलाफ विद्रोह करते समय लाचार हैं कि प्रभु ही के उपकरणों से काम लें। हाँ, हम यह भले ही कहते जायँ कि ये उपकरण 'प्रभु' नामक किसी 'जानवर' के नहीं, ये प्रकृति के उपकरण हैं, और प्रभु नाम की कोई वस्तु नहीं। ठीक है, पर नाम बदलने के मानी, क्रिया बदलने के तो होते नहीं। मैं तो कविता की बात ही लिख रहा था। हाँ, तो कविता में हम प्रभु और प्रकृति का अनुकरण करने को बाध्य हैं; क्योंकि उनके खिलवाड़, कवि के शब्दों में, नवीन अर्थों का उदय करते रहते हैं।

'—के साथी से—'

मेरे स्वर में स्वर न मिलाओ गायक; मैं दर्शकों की बैठक में से गुनगुना उठा हूँ!

मुझ पर दर्शक हँस उठे हैं; निकट के मुझसे दूर हो रहे हैं, दूर के मुझ पर अँगुली उठा रहे हैं; —देखो ये अँगुलियाँ तुम पर नहीं उठी हैं—इन्हें तुम अपने पर न उठवाओ।

मैं तो तुम्हारे साथ उठने आया था गायक, तुम मेरे स्वर के साथ किस उतार की ओर चले?

जिस तरह जी की कालिमा और जीभ का राम नाम दोनों, एक-दूसरे से दूर रह लेते हैं, गायक उतनी ही दूर मुझसे तुम्हें रहना होगा।

जरूरत नहीं कि हम एक-दूसरे को देखें, स्मरण की, वर्णन की डोरी से, दो युग जुड़ लेते हैं गायक, मींड़ के खिंचाव में उतार से चढ़ाव जुड़ा हुआ है। जरा ठहरो, तुम वह न गुनगुनाओ जो मेरा अपना है, और जो किसी के कंठ पर चढ़कर न लहरा सका।

स्टेशन के कुली ने तुम्हारा सन्दूक तोड़ा, तो तुम चिढ़ उठे थे, मैंने भी तो गुनगुनाकर तुम्हारे गौरव की प्रतिमा भंग की है!

उसे तुमने पैसे देने से इनकार किया था, मुझे भी अपना स्वर देने से इनकार करो गायक!

रिश्ता है ?

सूरज ने रिश्ते से अपना प्रकाश नहीं बढ़ाया, वायु ने रिश्ते से अपनी गति न रोकी — रिश्ता ? यह किस भाषा का शब्द है गायक ?

रिश्ता ? — मानव के अधःपतन में, समर्थक ढूंढ़ने का प्रयत्न तो नहीं है यह ?

रिश्ता— अपनों को संकट में डालने का मार्ग बन गया !

अब सेवा होगी या महत्त्वाकांक्षा की पूर्ति ? विश्व का हित होगा या अपनी प्यास बुझाने का प्रयत्न ?

रिश्ता, गायक, समर्पण की जातियाँ न बनाओ, उतार को रूप-दान न दो, पुरुषार्थ को हाट में न रखो।

'दूरी की निकटता'

'तू' और 'मैं' क्यों न ?

"—नहीं 'हम' कहो।"

क्यों ?

"—साथ घूमते हैं, साथ श्रम करते हैं, साथ लोहा लेते हैं, साथ-साथ सिर देते हैं !"

तब भी हम क्या साथ हैं ? द्वार से द्वार भले मिला हो, जी से जी मिला है क्या ?

"—यह जी क्या है ?"

अमरत्व; जिसमें मरण नहीं होता ? प्राण, जो काटे कटे न मिटाये मिटे, न घटाये घटे,—

"—और उसका माप ?"

निकट आने पर बे-पहचान की-सी दूरी रखकर और दूर रखकर, और दूर रहकर, प्रणय के आलिंगन और आँसू समर्पित करके ही, सिर उठाने और सिर देने वाले सिरधारी जान पाये हैं कि जी क्या है, प्राण कहाँ हैं ?

"—दूरी में क्या है ?"

देवत्व; मैं तुम पर आँसुओं के फूल चढ़ाऊँ ? तुम्हारी याद पर बलि-बलि जाऊँ, तुम्हें पाने के लिए व्याकुल रहूँ ?

"—क्या यह कृत्रिमता नहीं है ?"

कैसी कृत्रिमता ? दूर हूँ, तब तुम्हारे गुण सुनते-सुनते नहीं थकता; दूर हूँ तब तुम्हारे गर्व-गान गाते नहीं अघाता; दूर हूँ तब तुम्हारी यादें मेरी साँसें बन

जाती हैं; दूर हूँ तब तुम्हारे ध्यान पर लटकते चरणों पर मत्था रखते जी में उमेठन नहीं पड़ती; दूर हूँ तब मेरे बाग के झाड़ों की क्यारी के कीच को भी चंदन बनाकर जहाँ खड़ा हूँ वहीं तुम्हारे मस्तक पर चन्दन-सा चढ़ाने लगता हूँ और आँखों का अर्घ्यदान करता हूँ किन्तु तुम अपमानित नहीं होते; दूर हूँ तब, मेरी, किसी भी रस की कोई भी गुनगुनाहट, तुम्हारी प्रार्थना का सामगान बन जाती है; दूर हूँ तब क्रिया तुम्हारी सेवा और मेरी सेवा तुम्हारा मनोरंजन है; दूर हूँ तब तुम्हारी हर कड़वी आलोचना, तुम्हें दी गयी हर गाली, तुम्हारा किया हुआ हर चुम्बन, तुम पर किया हुआ हर आरोप, और तुम्हें अपने से छोटा मानकर, तुम्हें अपने अन्तर में जगह देने का हर आयोजन—अपनी बाँसुरी पर तुम्हें नृत्य के लिए विवश करना, अपनी रीझ में तुम्हें पुकार उठना, अपनी खीझ में तुम्हें दुतकार उठना, और फिर अपने को कभी तुमसे बड़ा, कभी छोटा पाना—यह मेरा सख्य है जो मैं अनुभव कर पाता हूँ; और दूर हूँ तब 'मैं' को 'तू' मानकर कौन-कौन लाड़ नहीं लड़ाता, कौन-कौन शिकायतें नहीं करता? कौन-कौन आरोप नहीं करता, कौन-कौन-से अपने अपराध गिन-गिनकर तुम्हारे सामने नहीं रख देता—क्योंकि उस समय तू हो जाता है मैं; लौर मैं हो जाता हूँ अति नम्र आत्म-निवेदन।

जीवन का प्रश्न-चिह्न स्त्री

(1)

मर और अमर, चर और अचर और स्वर तथा वस्तु, सब में ऐसा कौन-सा बोझ है जो ये, पृथ्वी पर रहकर ऊपर को उठना नहीं जानते। किन्तु सुदूर-से-सुदूर ऊपर से असहाय, बेकाबू, अनिवार्य, अथक, नीचे की ओर चले आते हैं। क्या इसे आकर्षण कहते हैं? सुख का जनक, पहुँच की मिठास, जन्म का संकेत, मरण की प्राप्ति और अमरता का चिर सन्देश?

क्यों नहीं तुममें उलझन मालूम होती, आकर्षण? मिट्टी में मिला हुआ पन, मिट्टी में मिला हुआ प्राण, यह लो, आकाश को चला! कीच और पत्थर में से सर उठाता हुआ!! परन्तु समय तो दयालु न्यायाधीश नहीं है। उसने नन्ही-सी उगती हरियाली पर वे लो, काँटे उगा दिये।

हाँ, तुम बिगड़कर चले आकर्षण से!! और सूरज स्वरूप देने, चाँद स्वभाव देने, हवा प्राण देने और कीच की भूमि मीठा-सा स्वाद देने में जुट गये। तुम्हारे काँटे अधिक हैं या समय के दिन अधिक; शायद, काँटे सूरज की मिहनत

को, काल के जगदीश्वर को परास्त किये हुए हैं। ठीक है, तुम्हारी उम्र के दिनो से काँटों का इस तरह बढ़ जाना उस कलाकार की तरह है जिसके उम्र के वर्षों से उसकी कलाकृतियाँ अनन्त गुना होकर विश्व के सम्मुख आ जाया करती हैं।

कोमल हरीतिमा में और नन्ही उठान में ही ये काँटे जनने थे, उत्थान ? और यह सब निर्माण किसके लिए ? फिर एक डाली, फिर नये काँटे। कितनी हरियाली झाड़ी लगी है। लोगों ने कहा; ये काँटोंवाले झाड़ हैं।

किन्तु इन काँटों में से यह क्या होने लगा ? गुलाब ! यह लाल-लाल क्या है ? यह गुदगुदी-सी कैसी है ? यह पंखुड़ियों की हरियाली मुट्ठी में क्या बँधा है, खोलो तो ?

ओहो, तुम हो आकर्षण ! तुम्हारा तो स्वभाव नीचे की ओर जाना था न ? और यह लो, दस-पाँच से भी काँटोंवाली कहानी उनके जबानी न पूछ पाया कि हरे ओंठों में से निकलने वाली शेषनाग की हजार-हजार जीभों की तरह खिलनेवाली कलियों की पंखड़ियाँ, वे जमीन पर जा गिरीं।

मैंने घूमकर देखा; इतनी कठोर यात्रा। कीचड़ को चूसती और काँटों में जिन्दगी बिताती, अपने परिणाम पर पहुँचने में इतनी बेकाबू। ओहो, तुम हो आकर्षण !

किसने उस दिन कहा था, आकर्षण न हो तो कोई क्यों जीवे। फिर न जाने किसने उस पर भाषा-टीका की थी कि आकर्षण के बिना सुख कहाँ। क्या जिनके आकर्षण हैं वे सुखी हैं ? क्या जो सुखी दीखते हैं उन सब में आकर्षण है ? तब तो वह जीवन का शाप है जो मिलकर रहा होगा।

और क्या, सुख सबके पास है, तब वह दुःख से भी बदतर होगा। किन्तु, अभी तो उस काँटेवाले वृक्ष ने कहा था कि वह हरीतिमा लेकर सुख से उठा था और आकर्षण पाकर पंखुड़ी-पंखुड़ी धूल में मिल गया।

किससे पूछें कि क्या ऐसा कोई सुख ही नहीं है जिसमें किसी आकर्षण की जरूरत ही न हो। और क्या ऐसा कोई आकर्षण ही नहीं है जिसमें सुख की इच्छा न हो। ताँबे के एक पैसे का आकर्षण सँपेरे को साँप के साथ खेलने का खिलवाड़ प्रदान क्यों करता है ? डुबकी लेकर लौटने के बाद ली जाने वाली साँसों समेत अपना पेट भरने के लिए मोती लाने वाले पनडुब्बे के मन में ताँबे का पैसा यह आकर्षण क्यों उत्पन्न करता है कि वह अपनी, हाथ की, एक साँस को भी जिसके साथ अनन्त साँसें अभी तक जुड़ी हुई हैं, बाजी पर चढ़ने और पानी में मिलाने के लिए गोते पर गोते खाये ? अत्यन्त गरीब, रूप से विकृत, वैभव से रहित, कष्टों से लाचार और कुष्ठ का रोगी रेलवे प्लेटफार्म से जूठी पूड़ियों के टुकड़े और तरकारी से लिपटे हुए पत्ते समेट कर एक अधेड़, पागल किन्तु ज्वर से बीमार स्त्री के पास उसके मुँह में जूठी तरकारी पत्तों में से नोच-नोच-

कर क्यों डाल रहा है ? और द्विरागमन के प्रथम मिलन, अथवा मृत्यु की अन्तिम भेंट की, सावधानी और उत्सुकता के साथ इन दोनों ही प्राणी कहलाने वाले बदनसीबों की आँखों में यह आँसू क्यों आ गये हैं ? क्या तुम हो आकर्षण ? क्या तुम हो सुख ! ! क्या दोनों एक साथ हो ! या एक आ चुका है और दूसरा आता जा रहा है ! आकर्षण, यदि तुम ही हो तो नारद की वीणा से कोढ़ी की जूठी पूड़ियों तक ठहरने के लिए तुम्हें किसी ने रोका नहीं ?

क्या तुम प्रभु से अधिक बलवान हो आकर्षण, जो वह तुम्हें नहीं रोक सकता; न ऊँचे पर चढ़ते हुए न नीचे पर जाते हुए ? फिर यह मजहब क्या कह रहा था उस दिन ? क्या इस कोढ़ी और इस पगली की तसवीर भी किसी महजबी किताब में लिखी है आकर्षण ? यह मैं कैसे जानूँ कि वीणा लेकर नारद ढालू जमीन पर, या पगली का बे-पहचाना प्रीतम कोढ़ी ऊँचे पर, खड़ा है ?

तुम्हें प्रेम कहते क्रोध आता है आकर्षण ! शर्म मालूम होती है। लाज लगती है। विवेक से शायद ही तुम्हारा कोई रिश्ता हो सकता है। वेश्या से लगाकर परम भक्त तक सब जिस प्रेम शब्द पर अपना अधिकार रखना चाहें, रक्खे हुए हों, उस शब्द के भी क्या कोई अर्थ रह जाते हैं ? तो क्या, एक खिंचाव से जीवन की परिसमाप्ति तक जो डोर हिल रही है और जिस पर पंछियों की तरह फिर उड़ता और फिर बैठता सम्पूर्ण ब्रह्माण्ड का जड़-चेतन ठहरा हुआ है, उस प्रचण्ड सत्ता—प्रेम—के अस्तित्व के मानी मानने से कोई इनकार कर सकता है ?

जीवन की दोपहरी बोली, प्रेम ने मुझे क्या नहीं दिया ? और उस दोपहरी में आनेवाले बेकाबू स्वेद-बिन्दुओं ने कहा, इस कमबख्त प्रेम ने हमसे क्या-क्या नहीं ले लिया।

बँधी-बँधी-सी दीखनेवाली उसाँसों की मन पर अनन्त बोझीली अगणित गाँठों में तुम्हारा रहस्य देखूँ प्रेम ?—या, गाम्भीर्य का दिवाला काढ़ते हुए, बाजारू कुत्ते की तरह टूट-टूट पड़ते आँसुओं में, तुम्हारा छोटापन देखूँ ?

जीवन की चाहों का बँधना-बोरिया समेटकर मैं चला किस तरफ था ? साँसों की यह सड़क किस तीर्थ की ओर जा रही है और कहाँ जाकर ठहरना होगा ? क्या मरण के महान् क्षेत्र पर ? क्या यह लाचारी है कि मुझे मृत्यु के मन्दिर तक जाना ही होगा ?

फिर वह तीर्थ नहीं है। तीर्थ में मर्जी के बिना लोग नहीं जाया करते। तुम मुझे कारागार में ले जा रहे हो। उस जगह जहाँ पर मेरी मर्जी ना-मर्जी नहीं चल सकती।

जन्म की पहली साँस के साथ मैं तो रोया था बदनसीब ! जीवन की मैंने उचित भाषा-टीका की थी। किन्तु, चाण्डाल ! तुम आ गये। माँ के दूध में से गुजरकर मेरे मुँह में। मेरे रुदन को तुमने संघर्ष कहा; मेरी साँसों को तुमने हर्ष

कहा। और मैं भूल ही गया कि मैं पहिले दिन रोया था।

और तुम बड़े ही बने; मुझे दूध पिलाते, मुझे लड़ाते, मुझे अँगुलियों चलाते, मेरी पशु-जैसी किलकारियों में से मानव जैसे बोल फोड़ते; मेरे जीवन के विकास के लिए तापमान का निर्माण करते और दुग्ध की स्निग्ध धारा से मेरी अनन्त साँसों को गढ़ते। तुमने ही तो यह सब अनर्थ किया है। मैं नहीं जानता था कि तुम कौन हो। आज भी नहीं जानता।

तुमने कहा 'माँ' बोलो बेटा; और मैंने माँ कहा। और यह तुम हो प्रेम! तो यह तुम्हारा कौन-सा दुलार है कि ली जाने वाली साँस में, किये जानेवाले काम में और इस तरह सम्पूर्ण जीवन में यह संघर्षण हो। क्या तुम स्वयं संघर्ष हो?

कल्पना, कलह, केलि और कृति ये मेरी जागीरें नहीं हैं। यदि यह सब कुछ तुम्हारा है तो संघर्षण का वरदान मुझे क्यों? और यह संघर्षण किस दिन चुकेगा? क्या ली जानेवाली अन्तिम साँस के दिन? तब अभागे जादूगर प्रेम, यह साँस और कुछ नहीं केवल तुम हो।

यात्रा तुम्हें पूरी करनी है और बोझ मुझे ढोने हैं। मैं तो राहुल सांकृत्यायन की तिब्बत-यात्रा में मिलनेवाला कुली हूँ जिसे सारा बोझ उठाकर मृत्यु के 'ल्हासा' तक पहुँचा देना है।

यह कौन मानेगा कि साँस मेरी नहीं है। मानव बेचारा! न जाने किस-किसको अपना कहने को बाध्य है। और सारी किलोलों और किलकारियों में जब बचपन के दूध की याद आती है तब रुदन याद आता है। संकट आया, कि रुदन आया।

अनहोना चढ़ाव है कि रुदन, कठोर उतार है कि रुदन, असीम घुमाव है कि रुदन। एक मूल-मन्त्र है कि जीवन की पहली साँस के साथ मिला। आँसुओं ने तो इसे हरा-भरा ही रखा। जन्म में तो यह पहला है; जन्म-तिथि में तो यह बड़ा भाई है।

(2)

आँख-मिचौनी का खेल बुरा नहीं होता; वह बुरा हो जाता है, जब बरसों से तरस-तरस कर ढूंढ़ा जानेवाला व्यक्ति आँख-मिचौनी खेलने वालों में शामिल हो जाय। और मरण के क्षणों में भी उसका खेल समाप्त न हो।

तुम ऐसे ही रहस्यवादी हो प्रेम! आखिर तुम हो क्या? सिर में जो मीठी-मीठी-सी तसवीर बनती है, क्या वह तुम हो? फिर जो छू जाना-सा घटना बन-कर कहीं घट जाता है वहाँ तुम क्यों हाजिर मिलते हो?

क्या तुम वह क्षण हो जिसे सर्वनाश के क्षण गङ्गाजल का अभिषेक करके

कहा जाता है ? अथवा तुम वह हो जो निर्माण में अपने जैसा अथवा अपने से मीठा बनकर अपनी ही गोद में फिर से खेलने के लिए ललच पड़ता है ?

क्या तुम महान् मानवत्व के अथवा विश्व के महान् निर्माण के लाचार, एक से दो होने की जरूरी शर्त हो ? निर्माण से पहले भी और निर्माण के बाद भी ? फिर दो की यह लाचारी बेचारे चलते-फिरते, गतिशील अस्तित्व ही के पीछे क्यों पड़ी है ? बेलि में लटकनेवाले फल को और वृक्ष की डाल पर आनेवाले फल को दूसरी बेल और दूसरे झाड़ की सहायता की जरूरत क्यों नहीं होती ?

जिन कानों को अखिल जगत में कहीं से भी बोला हुआ सुनायी पड़ जाय उन्हें सिर के आस-पास दूरी पर रखने की मूर्खता किसने की है ? वे तो नजदीक-नजदीक रहते तब भी वही बात होती। और जिन आँखों को सामने से बगल में हो जानेवाला पदार्थ तक न दीखे और आगे चलने पर पीछे का पदार्थ तक न मालूम हो, उन्हें सटाकर कपाल में रखने की नादानी किसकी है ? यह सम्पूर्ण दिशाओं को अन्धकार में रखकर एक ही कमरे में दो-दो लालटेन लटकाने की चतुराई का धन्यवाद किसे दिया जाय ? क्या वही इस बात के लिए जिम्मेवार है कि वृक्षों में और बेलों में राजा भी खुद ही, रानी भी खुद। अपना प्रियतम भी वे ही और प्रियतमा भी वे ही। कौन कहता है, अद्वैत के चरणों में निर्माण का रस नहीं रहता ? तब क्या, इस रस की आवश्यक शर्त है कि अद्वैत गतिहीन हो, प्रगतिहीन हो, जड़ हो ? माना, निर्माण की घड़ियाँ तन्मयता में अत्यन्त जागरणशील जग से इसी जड़ता की माँग करती हैं; किन्तु मेरा बे-सुलझा हुआ सवाल किससे जाकर कहूँ कि निर्माण की या प्रेम की शर्त जुदाई, द्वैत, क्यों है।

फिर तुम्हारे चढ़ाव-उतार भी तो विचित्र हैं प्रेम ! एक राजा था, अत्यन्त अत्याचारी। मानव ही खाता था और मानव-चर्म ही पहिनता था मान लो। जो भूकम्प से न डरते थे वह उंससे डरते थे। जो बाढ़ों से नहीं बहते थे—उन्हें चीर कर पार करते थे; वे अत्याचारी राजा की फूँक से उड़ते थे। और सम्पूर्ण अत्याचारों का करनेवाला वह, जब अपने अत्याचारों की काली-काली भयावनी पृष्ठभूमि पर किसी सुकोमलता के कन्धे पर हाथ रखकर मुस्करा उठता है और जीवन की माँग कर उठता है तो धन्य होकर, बावला जीवन अपने समस्त मीठेपन को लेकर उस पर समर्पित होने क्यों दौड़ता है ? यदि दौड़ता है तो वह यह क्यों कहता है कि जो किसी पर प्रेम न कर सका वह मुझ पर प्रेम करता है। क्या यह सम्मेलन भी प्रेम ही कहा जायगा, प्रेम ? क्या प्रेम की विरासत पाने के लिए आतंक की पृष्ठभूमि निर्माण करना प्रेम की परिभाषा कहा जायगा ?

ना, यह बात नहीं कि इन पंक्तियों के लेखक ने अनावश्यक आतंक की भयानक भूमिका ले ली। अच्छी भूमिका लीजिए। एक सदात्मा है, गुणी है,

विद्या का भंडार है, कला का आगार है। बस, जीवन की खरीद-फरोख्त को इतनी शर्त काफी हो गयी ? फिर प्यास तो हरएक को लगती है न ? करोड़ों की आधी दुनिया की प्यास के लिए करोड़ों की ऐसी आधी दुनिया कहाँ से लाई जायगी ? यदि नहीं तो सोलह हजार गोपियों के कन्हैया क्या इतिहास के परे के युग को छोड़कर पुनः जगत में अनेक अवतार धारण करेंगे ? और यह तो बताओ कि जिस गुणज्ञ को गुणज्ञ समझकर प्यासी आँखों ने अपने आपको समर्पित किया, यदि उससे अधिक गुणज्ञ मिल गया तो ? और मिलता ही चला गया तो ? क्या रोजाना एक के प्रति ईमानदार होकर दूसरे को ढूँढ़ते रहना ही प्रेम की परिभाषा होगी ? समाज-संगठन बिगड़ने का तर्कशून्य कारण देकर मैं अपने पक्ष का उत्तर नहीं चाहता। क्या प्रेम, जीवन की अस्थिरता का नाम होगा ? क्या प्रेम के बाजार लगेंगे और चकले खुलेंगे ? फिर भक्तवर नारद से लगाकर वेश्या तक सब प्रेम के हकदार हों तो इसमें आश्चर्य क्या ? और तब क्यों प्रेम 'शब्द' का कोई अर्थ चाहिए ? तब क्या प्रेम नाम की कोई वस्तु नहीं है, इस रुपये-आने-पाई की दुनिया में ?

रुपया, आना, पाई—यह किस चीज का नाम है ? कठोर आदर्शवाद और रुपया-आना पाई, क्या ये दोनों ही जीवन की तराजू के दो पल्ले हैं ? फिर जो कुत्ता रोटियों के टुकड़े खाकर मेरी ओर से सड़क के राहगीरों को मेरे घर के पास से नहीं गुजरने देता वह आदर्श प्रेमी है ? वे मेरी गाड़ी ले जाया करते हैं; मैं उनके कोट पहिन लिया करता हूँ। वे मेरे द्वारा खर्च किए गये अपने रुपयों का हिसाब नहीं रखते और मैं उनके द्वारा नष्ट की हुई अपनी वस्तुओं का लेखा-जोखा नहीं रखता हूँ। क्या लेन-देन में यह सावधान या असावधान लापरवाही प्रेम की अनिवार्यता है ? तब मेरी आकांक्षाओं की वृद्धि पर एक सुवर्ण-ढेरी की जगह चार सुवर्ण-ढेरियाँ लुटानेवाला मिल जाय तो ? क्या यौवन के गहने के बाजार में अधिक से अधिक दाम लगना ही प्रेम कहा जायगा !

किन्तु, एक सबसे बड़ा मरण-स्थल है। सौन्दर्य मानव की कमजोरी है। रुचि पर उतरते हुए मानव की आँखों के दलाल 'जी' तक पहुँचाने के लिए सौन्दर्य का नये से नया माल ढूँढ़ते फिरते हैं। सौन्दर्य ?—बिलकुल विदेशी वस्तु है। मेरा अपना जिसमें कुछ नहीं है।

एक नन्हा-सा बच्चा, नन्हे-नन्हे घुंघराले बाल लटकाता, कभी किलकता, कभी फुदकता, और कभी रोता हुआ सड़क पर आ गया; मैं दौड़ा और बच्चे को चूमने, दुलराने, लड़ने लगा। क्या यह मेरी उदारता है ? यह महानता है ? यह विश्व-बन्धुत्व है ? यह प्रेम है ? मानव की बुरी-से-बुरी भावना को अच्छे से अच्छा नाम देने के लिए मानव निर्मित कोश में शब्दों का टोटा क्यों पड़ने लगा ?

किन्तु क्या मेरी आँखों और आँखों से गुजर कर भिनकनेवाले मन की यह

सौन्दर्य-लोलुपता न थी ? नहीं तो मेरे चुम्बन और हाव-भाव के बीचोबीच मेरी बायीं ओर ताँगे के चक्के से टकराकर गिरा हुआ काला, मैले कपड़ोंवाला किन्तु तरसती, करुणामयी, असहाय आँखोंवाला बच्चा मुझ प्रेम के सम्राट् के कृपा-कणों का पहला अधिकारी क्यों न हुआ ? मेरे पीपल के पेड़ के आँखें होतीं तो वह देखता कि मेरा हर चुम्बन और दुलार सच्चे प्रेम के खिलाफ मेरा विश्वास-घात था।

एक ओर या दोनों ओर उकसनेवाले मीठेपन की बाजी लगाकर कदम-ब-कदम बढ़ना और अपने अभिमत की नजर पर सदैव सुन्दर बनकर झूमते रहना और इस सुन्दरता की होड़ा-होड़ी का खेल सतत जारी रहना, क्या यही सौन्दर्य है ?

ज्ञान ने जीवन को छुपाने की जो विश्वासघातपूर्ण कला सिखायी है—जिनके पास यह नहीं है वे इस हाट में क्या करें ?

और मानिये, एक राजा था और उसकी थी एक रानी। राजा कुछ साँवला था, रानी गौर वर्ण। एक दिन की बात कि चेचक से रानी का सौन्दर्य विकृत हो गया। यह क्या, रूप की ओट में राजा को जिस रानी में लाख-लाख गुण दीखते थे; रूप का पर्दा छिद्रोंवाला होते ही रानी के सब गुण छनकर बह गये, और फिर एक नये रूप की तलाश ! फिर, चमड़े के सफेद, पीले, काले ये भेद भी होने लगे और ये सब प्रेम के नाम पर।

माँ थी तब बच्चे के रुदन से बच्चे की भूख माँ को लग उठा करती थी। जब रमणी हुई तब रूप की राक्षसी नित नये खूबसूरत खाने लगी।

तब वह, जो अपने अमित के कष्टों में व्याकुल होने का नाटक है वह केवल इसीलिए न कि विलास के सुखद क्षणों में बाधा पड़ रही है। यदि विलास का रक्त-कर वसूल न हो सके तो प्रेम का अस्तित्व ही शायद नहीं चाहिए !

बोलो प्रेम ! क्या तुम रूप पर अवलम्बित हो ? फिर विधाता की कलम ने जिन अभागों के मुँह नहीं पोते उनके मुँह का दड क्या उनके हृदय को दिया जायगा ? क्या उन हृदयों को जो कह उठते हैं हम जिन्दगी-भर कष्ट बर्दाश्त कर लेंगे; तुम सुखी रहो। क्या उन हृदयों को जिन्होंने अपने सर्वनाश का पता न दिया और हृदय के पानी से अत्याचारी आश्रय-स्थल को हरा-हरा करके रखा। तब तो ईश्वरत्व की कल्पना में आग लगने का तमाशा रूप की हाट से सुन्दर और कहीं नहीं देखा जा सकता। उसी रूप की हाट में जिसने जाकर लौटना नहीं जाना। और उसी हृदय के खिलाफ विद्रोह करके जिसने तबीअत पर ग्राकर लौटना नहीं जाना।

कहो प्रेम, तुम रूप हो ? तब रूप में सुख अनुभव करें कि तुम में ? तुम तो सुख के साथी थे न; रूप की रहन रखी हुई जायदाद कब से हुए ?

प्रेम !

कितना छोटा-सा शब्द, कितना बड़ा रहस्य और अर्थ लिए हुए !

कितना छोटा-सा शब्द, जो मानव के यहाँ पैदा होनेवालों को, न जाने कितना देता है,—और न जाने कितना उसमें से ले लेता है।

(3)

एक चिन्तक का सपना उधार लूँ तो—जीवन-रथ पर चढ़े तीर्थयात्री हम, संघर्ष में घड़ियाँ बिताते हैं, दिनों से दिन, महीनों से महीने, बरसों से बरस लड़ा देते हैं; और इसके बाद हमारा तीर्थ आ जाता है—मरण।

एक अनहोना संघर्ष, माँ के गर्भ से टपकने के पहले दिन के रो पड़ने से प्रारंभ होता है और राम कहलाने के लिए परेशान करनेवालों की बेचैनी के बीच, ली जानेवाली अन्तिम साँस के साथ खतम होता है।

अघटन-घटना में, जिसकी साँसें शेष रह गयीं, जो विद्रोह में, दुर्घटना में, रोग में, कष्टों में,—यमराज-प्रूफ होकर निकल आया, उसका हर्ष, संघर्ष से पुनः प्रारम्भ होता है।

ऐसे कठोर संघर्ष में भी, तुम जी ले जाते हो—तुम ! —प्रेम ! !

प्यार, क्या सुख से भी हमारा कोई रिश्ता है ? कम लोग जानते हैं। क्या सुख से तुम्हारा रिश्ता नहीं है ?—कम लोग इस पर विश्वास करते हैं !

ओ प्रेम ! सुख भी तो तुम्हारी तरह रहस्यों से भरा है !

चोर जेल में जाकर रोता है. देशभक्त जेल में जाकर गर्वित होता है—एक कार्य में, एक कष्ट में, एक असुविधा में, एक खतरे में, दो भूमिकाएँ—एक सुख-नाश की, दूसरी सुख-निर्माण की।

सम्पूर्ण समझदारी के दावेदारों से पूछो, क्या उन्हें प्रेम का भी दावा है और सम्पूर्ण ज्ञान की उलझन-भरी सुलझनों के गर्वितों से पूछो—क्या कभी उन्होंने सुख पाया है ?

और क्या समस्त संसार के समस्त गुणों और विशेषताओं की रूह ने, उनके अन्तरात्मा और बहिर्बल ने, यह कभी जान पाया है कि प्रेम और सुख, कब साथ आते हैं, कब अलग-अलग ? कब आते हैं, कब चले जाते हैं ? और किसके आने पर कौन जाता है ? किसके जाने पर कौन आता है ? किसके आने पर कौन आता है ?

शर्म, बेशर्मी, और संकटों में भी, जीवन की तरह, दुलराये जाने का लालच उत्पन्न करने में सफल तुम, प्रेम; टुकड़े-टुकड़े होते और रक्त-दान में लहूलुहान भाग्य पर उसी के रक्त से 'आनन्द' लिखने में परम निष्ठुर तुम, प्रेम; कौन कहता है कि जगत ने तुम्हें मधुर कहकर, माधुर्य के साथ विश्वासघात नहीं

किया ? और कौन कह सकता है कि उसने विश्वासघात किया ही—अनिर्वचनीय तुम !

प्रेम और सुख ! यदि तुम दुश्मन हो तो सगे, यदि तुम युग्म हो तो बड़े कलह-प्रिय, यदि तुम मित्र हो तो बड़े षड्यन्त्रकारी, यदि तुम कमजोरी हो तो बड़ी भयंकर, यदि तुम बल हो तो बड़े निर्दय, और यदि तुम अस्तित्व हो तो बड़े आकर्षक, मधुर, मोहक !

तुमें बिना प्रवेश किये, तुम में से बिना आरपार गुजरे, तुम्हारा बिना शोध किये ही, तुम्हारा महान मूल्य मानने के लिए मानव कितना लाचार ? कितना उतावला ? कितना अन्धा ? 'प्यार' को वह 'प्राण' कहने लगता है। ठीक भी है, 'सिर' देने की बात भी लोग सिर ही में तो सोचते हैं ! ! और मूल्य भी कितना भारी, अभी उस दिन सम्राट् एडवर्ड ने गद्दी हाजिर कर दी।

तुम्हारा हाजमा कितना भारी—गद्दी, मुकुट, सोना, चाँदी, रक्त, राज्य, इज्जत, आबरू, प्राण—क्या-क्या नहीं खा गये तुम ?

किन्तु 'सुख' के बिना भी क्या कोई जीना चाहे ! प्रेम के बिना भी क्या कोई जीना चाहे ?—और इन दोनों का प्रतीक, इन दोनों का संयोग, इन दोनों की सुवर्ण ग्रन्थि कौन ?—स्त्री !

स्त्री ! तुमने हमें जन्म दिया, प्राण दिया; तुमने हमें सुख दिया—और दिया अपना प्रेम। तुम्हारे स्नेह से स्वर्ग का वह द्वार खुल गया, जिसे हम रुकावट की दीवार समझे थे, तुम्हारे स्नेह से अन्धों को दीखने लगा—आँखें खुल गयीं और आँखवाले अन्धे हो गये।

तुम्हारे स्नेह ने हमारी समझ को माँजा, उसे चमकीला बनाया, हमारे मनोभावों को सुकोमल और बारीक-से-बारीक किया, और प्रेम-पथ के ईमानदार पुजारियों की सुख और वैभव से गोदें भर दीं।

किन्तु स्त्री !—तुम जो यह महान शक्ति अपने में रखे हुए हो; क्या तुम भी अपने जीवन-पथ में, आँखें मूँदकर ही चली जा रही हो ?

तुम जानो देवि, यह पहले, सबसे पहले जानो, कि क्यों प्रेम की अवतारणा प्रभु ने तुममें की है ? किस मतलब, किस उद्देश्य से ! क्यों तुम्हें यह वरदान प्राप्त है !

तुम जो अवसर से उत्पन्न, और परिस्थितियों से बे-काबू हमारे केवल कुछ बरसों की गाँठ में बँधे जीवन को, स्वर्ग बनाने की क्षमता रखती हो, क्या जानती हो कि प्रेमदान से जो तुम मानव के लिए स्वर्ग का निर्माण करती हो, उसे तुम्हें किन-किन नारकीय कठिनाइयों से गुजरकर निर्माण करना होता है ? और जमीन पर उत्पन्न होकर, आसमान का, स्वर्ग का कौन-सा सुख तुम्हारे कलेजे में घुसता रहता है !

पुत्रि ! ओ स्त्री के अभिनव संस्करण ! ओ प्रेम के मधुरतर और कटुतम स्वाद, तुम अनुभव करो और जानो, कि तुम्हारी हस्त-रेखाओं पर आकर्षणशीला भूमि का स्वभाव, उसकी शक्ति, उसका स्नेह, उसका हरियाना, और सहनशक्ति और सबसे अधिक उसका प्रजनन ठहरा हुआ है। यह जानो, क्योंकि इसे जानकर ही, तुम जान पाओगी कि तुम्हारे स्वयं के अस्तित्व का वरदान क्या है ?—वह है कल का जगत, फिर नया कल, फिर नया कल,—और समय का बिना छोर-वाला अमर होना।

प्रातिभ-निबन्ध

व्यक्तित्व

शासन की विधि पूरी करना एक बात है, शासन की कला का ज्ञान होना और बात। कला के ज्ञाता में व्यक्तित्व होता है, विधि को पूरा करनेवाला इसकी ओर बहुत कम लक्ष्य देता है। कला कुछ व्यक्तियों का ही नहीं, कुछ जातियों तक का स्वभाव हो जाता है।

प्रत्येक व्यक्ति में जीवन के कम-से-कम दो हिस्से रहते हैं, एक तो उसका कार्य जिसकी जिम्मेवारी वह कुली की तरह पूरी करने के लिए बाध्य है, और दूसरे उसका अपना व्यक्तित्व जो उसके एक या अनेक कार्यों में चमक चढ़ाता है। दूसरे रूप में मनुष्य दो स्वरूपों में विश्व के सामने खड़ा है। एक तो उसका व्यक्तित्व जिसके कार्यों और जिसकी जिम्मेदारियों को वह अपना कहकर विश्व के सम्मुख अपने को, खुला—उघाड़ा—बेपर्द छोड़ने को बाध्य होता है, और दूसरा वह व्यक्ति खुद, जो केले के भीतरी स्तम्भ की तरह, व्यक्तित्व के एक या अनेक पर्दों की तह में उज्ज्वल या निरुज्ज्वल बनकर छुपा रहता है।

व्यक्तित्व कहते हैं उस वस्तु को जो मनुष्य के बाहरी और भीतरी जीवन में सम्बन्ध स्थापित रखती और उन दोनों विभाजित जीवन के हिस्सों को एक दूसरे का जीवन रस पान करने का अवसर देती है।

व्यक्तित्व बाहर अपने-आप प्रकट होता है, और भीतर श्रमपूर्वक जीवन को संगठित किया करता है। व्यक्तित्व के योग दर्शन उस व्यक्ति के पास हो सकेंगे जो अपने अन्तरतम से बहुत दूरी पर खड़ा नहीं होता, न जो अपने अन्तरतम की उपेक्षा करता है, न जो अपने अन्तरतम का अपनी क्रूरता पूरी करने के लिए सौदा करता है।

व्यक्तित्व बहुत शीघ्र पकड़ा जा सकता है। अकड़ और आडम्बर का नाम व्यक्तित्व नहीं है। व्यक्तित्व की आँखें हमें न्यौता देकर बुलाती हैं, उसमें हमें बेइख्तियार प्रेम और विश्वास भी होने लगता है। जिसमें व्यक्तित्व का अभाव होगा, उसकी ओर हमारी तवज्जो ही नहीं होगी और अपनी ओर हमारा ध्यान खींचने के लिए प्रचार या षड्यन्त्र किसी ने किया हो तो हमारा विश्वास उसमें न होगा। व्यक्तित्व को, और खेल कम भाता है, वह प्राणों का खेल ही खेलकर जिन्दा रहता है।

व्यक्तित्व के अभाव में व्यक्ति, अपने आपको जगत् का महाप्रभु बनाये रखने के लिए कितने ही उद्योग करता है···उसमें शील के नाम पर तकल्लुफ होता है, उसकी चर्चा में और को अपने से छोटा बताने का अप्रत्यक्ष प्रचार होता है, और लोगों का जी दुखाने के छुपे ताने होते हैं। वह दलालों के दलाल की हैसियत से विश्व के बाजार में बड़ा आदमी बनकर रहना चाहता है, परन्तु षोडशोपचार, भक्ति के अभाव में जिस तरह भगवान् को खींचने में समर्थ नहीं हो सकता, उसी तरह बाहरी समय साधक आभूषणों और उपकरणों के बल पर व्यक्तित्व का नाश ही किया जा सकता है, उसकी प्राप्ति नहीं की जा सकती।

व्यक्तित्व के अभाव में, हम हृदय के रूखेपन, और कोमल सम्बन्धों में उद्दण्डता के रूप में परिचित होते हैं। ऐसे व्यक्ति के भावों से अतिरेकमय चंचलता होती है, ऐसे व्यक्ति के मन का यद्यपि पता नहीं लग पाता परन्तु यह जानकर कि हृदय की जागीर उसके पास थोड़ी है, हम प्रारम्भ ही से उसके मनो-भावों से बचने और उसके तकल्लुफ, व्यावहारिकता और प्रचार के जाल से मुक्त होने की सावधानी लेते हैं। ये सब कठिनाइयाँ, या स्वभाव की खराबियाँ हममें तभी फलती-फूलती हैं, जब हम बाहरी जीवन को भीतरी जीवन के प्रति उत्तर-दायी न रखकर अपनी दुनिया बनाने बैठते हैं। परिणाम यह होता है, विश्व में कोई भी हमारा नहीं होता, और हम जिस क्षेत्र से गुजरे होते हैं, यद्यपि तकल्लुफ और व्यावहारिकता के नाम से उन सब स्थानों की निन्दा न करने और व्यक्ति न तोड़ने का तौल सँभालते रहते हैं। किन्तु हम पर कोई विश्वास नहीं करता और प्रायः व्यक्ति टूट जाते हैं। इसका पहला कारण यह है कि हमारे पास सिवाय मीठे शब्दों और चतुराई से अपनी महत्ता साबित करने के अन्य कुछ नहीं रहता। दूसरे, हम कोमल से कोमल भावों का सौदा करने लगते हैं, और तीसरे आत्म-निवेदन (Confession) पर विश्वास न कर हम अपने हृदय का समस्त मल छुपाये रहते हैं जो हमें भीतर-ही-भीतर विश्व की सेवा और उपयोगिता से रहित करता जाता है। हमारे जीवन की कोमलता, सेवा और दोषों समेत खुलेपन का अभाव ही हमारे व्यक्तित्व का अभाव है। व्यक्तित्व वह नहीं जिसका लोगों पर आतंक छावे, व्यक्तित्व वह जिसकी तसवीर जमाना अपने आपमें खोदता चला चले।

इसी व्यक्तित्व की जरूरत हमें 'जीवन के शासन' आदि अनेक क्षेत्रों में होती है। उस समय व्यक्तित्व की रक्षा के लिए हमें अपनी लहरों, अपने मनोवेगों, अपनी तौल सम्हालने के नाम पर तौल बिगाड़ने वाली भीतरी आदतों पर पहरा देने की जरूरत होती है, इसलिए कि भीतरी और बाहरी विश्व के बीच हम बेमेल न हो बैठें। ये दोष भी, हृदय की स्वच्छता में झरने की तरह आप बहने-वाले शुद्ध व्यक्तित्व को बरबाद न कर सकेंगे, हाँ इनसे जीवन के झरने की गति

को कुछ दिनों गँदला और सड़ा हुआ अवश्य कर देंगे। समय के साथ आनेवाली नयी धाराएँ, इस गन्दगी को अवश्य धो बहायेंगी। यदि हम स्वयं उस गन्दगी को अधिक दिनों रोके रहने का यत्न करें, तो भी खुले हृदय में हम अच्छा बनने के लिए बेकाबू हैं, हम कठिनाइयों में भी बढ़ेंगे ही। बन्द हृदय में हम उसी तरह नुकसान उठाने के लिए बेकाबू हैं। हम सन्निकट स्वार्थ की पूर्ति के लिए ही, हृदय का दिवाला काढ़ते हैं, और इस प्रयत्न में हम अपनी और अपने स्वार्थ की कब्र बनाते हैं।

शासन में हम 'जानकार मन' का मूल्य कूतकर, उसको बलवान मानकर उसी को व्यक्तित्व मानकर गर्व करने लगते हैं। परन्तु विश्व में व्यक्तित्व ही जानकारों के 'कुंभीपाक' बने हुए हैं। शासन में, व्यक्तित्व, शुद्ध व्यक्तित्व ही सफल होता है। श्रम, सेवा, स्नेह और आकर्षण विश्व जीतने के ये गुण·· खुले हृदय के व्यक्तित्व में ये सब होते हैं, सूचनाओं की संगृहीत पिटारी में नहीं। व्यक्तित्व है, तो यह सब संग्रह खजाना है, व्यक्तित्व के अभाव में यह सारा मिट्टी-पत्थरों का ढेर है। सूचनाएँ पैसे से खरीदी जा सकती हैं, किन्तु हृदय यानी व्यक्तित्व पैसे से नहीं खरीदा जा सकता। हाँ, व्यक्तित्व भी व्यक्तित्व के, हृदयों के संघर्षण से बढ़ता है।

अच्छी आदतों से आदमी बनता है, ठीक है, किन्तु उन्हीं अच्छी आदतों से जो बाहरी और भीतरी जीवन के मेल मिलाये रहें। यही मेल मनुष्य के जीवन में आकर्षण, प्रकाश और विश्वास पैदा करता है। हृदय की सरसता, अपने संचित ज्ञान और श्रम को लेकर, जब विश्व बनाने बैठती है, तब वह व्यक्तित्व का निर्माण करती जाती है, और व्यक्तित्व पर मरकर अमर हो जानेवाली दुनिया का भी।

[हिरणखेड़ा, होशंगाबाद : 4-12-20]

रसवन्ती का स्वामी

पत्थर में भी प्रभु को ढूंढ़ लेना, कवि का काम है। जिसका आनन्द बाहर की दुनिया पर अवलम्बित है, वह कवि ही नहीं।

कवि, आत्मानन्द में डोलता रहता है।

लोगों को भोजन में आनन्द होता है, कवि का भोजन आनन्द ही है।

कवि विश्व-सम्राट होता है क्योंकि वह आत्म-सम्राट होता है।

हमारे हृदय में भूख का ज्ञान भरा रहता है, और मुँह में भीख की भाषा। कवि के हृदय में तो सृष्टि का सारा वैभव संगृहीत होता है।

हमसे तो जीवनधारी ही क्यों मनुष्य भी बोलने से कभी डरते, कभी संकोच करते, किन्तु कवि से उगता हुआ अंकुर बोलता है, निकलती हुई पत्ती बात करती है, बढ़ती हुई डालियाँ उससे अपने वैभव और अपनी नम्रता का रहस्य कहती हैं, मौन कलियाँ उसे अपने अन्तस्थ के अनन्त खजाने का पता देती हैं, चटखती हुई कलियाँ उसके सम्मुख अपने में से उत्पन्न होने वाले फल के देश की पूछताछ करती हैं, और फूले हुए फूल उसे अपनी पंखुरी-पंखुरी के अस्तित्व और आनन्द का कारण बताते हैं, फिर डालियों को अपने बोझ से मातृभूमि की ओर झुकाये रखने वाले फल, अपनी अमर मिठास की चर्चा क्यों न करें ?

कवि वृक्ष, वनचर, वल्लरी में आत्मदर्शन करता है।

वह विश्व को आत्मरूप देखता है, किन्तु आत्मा को विश्व-रूप देखने में भी समर्थ होता है।

पूनो का चाँद, उसके हृदय-समुद्र में ज्वार लाये बिना नहीं रहता। वह करारी हिलोरें लेता है, किन्तु अपनी अनन्तता के गर्व में वह अपनी मर्यादा को नहीं भूलता। परन्तु क्या पूर्ण चन्द्र का दिन पौर्णिमा निकल जाने के पश्चात् उसके हृदय का ज्वार भी समुद्र की तरह शान्त हो जाता है ? नाः, अमावस्या के गाढ़ अन्धकार में, नभ-मण्डल के खूब बादलों से भरे रहने पर भी वह चन्द्र-दर्शन के आनन्द को प्राप्त किया करता है।

आनन्द कवि का भोजन है। कवि, संयम का भी संयम, स्वतन्त्रता की स्वतन्त्रता है।

कवि को अपनी आत्मा के अन्दर बहते हुए मस्त झरने के प्रत्यक्ष दर्शन होते हैं।

गुणों की भीड़ में जब मुझे साहस याद नहीं रहता, कर्म की दौड़-धूप में जब मुझे त्याग याद नहीं रहता, संयम की भीड़ में जब मुझे आडम्बरहीनता याद नहीं रहती, आत्म-दर्शन के जोर में भी जब मुझे बड़प्पनहीनता याद नहीं रहती और प्रेम की मस्ती में जब मुझे बन्धन और संयम के दर्शन होते देर लग जाती है, तब मैं कहाँ का कवि, काहे का कवि ?

कवि में लोक-हृदय-प्रकटीकरण की, अपनी वाणी या लेखनी को अपने नायक की जीभ बना डालने की सामर्थ्य होनी चाहिए। लोकहृदय लेखन का आधार है, यथार्थतः सत्यता।

केवल यही बात नहीं है कि हम असत्य को सह जाते हों, नहीं, हमारी अवस्था तो यह है कि हमें सत्य गड़ता है।

प्रत्यक्ष की चकाचौंध से जिसकी आँखें फूट चुकी हैं, वह अपनी अँगुली से परोक्ष को कैसे छू सकेगा, यानो कवि कैसे हो सकेगा ?

सुकरात के दुश्मनों का विश्वास हृदय की अपेक्षा तर्क पर अधिक था, इसी-

लिए सुकरात की महानता का अपमान, अपनी तर्क पर तुली हुई इस बात से किया, "मनुष्य मर्त्य प्राणी है, सुकरात भी मनुष्य है, इसलिए वह भी मर्त्य है। अपने सत्य के प्रकटीकरण के अपराध पर, सुकरात को विषपान की सजा दी गयी। महान सुकरात ने, अपनी मृत्यु के दिन, मृत्यु के पहिले जो प्रवचन जनता में किया, उसमें उसने मौत का उपहास किया, और आत्मा की अमरता पर अपना अटल विश्वास प्रकट किया। समय कहता है कि सुकरात को मर्त्य कहने वाले मर गये, परन्तु सुकरात की आत्मा अमर हो गयी, और सुकरात, विश्व में अमर हो गया।

भविष्य का निर्माण करने वाला, कवि, वर्तमान से सबक सीखकर भी उससे सर्वथा बेफिक्र, सर्वथा उदास, रहता है। ऐसी बेफिकरी अन्तःकरण में आये बिना कवि निर्माण नहीं हुआ करते।

—श्रीयुत विभूतिभूषण शर्मा

[16 मार्च 1935, कर्मवीर]

बाँसुरी के छिद्रों पर अँगुलियाँ

कवि तुकबन्द नहीं हुआ करता। वेदनाओं का घनीभूत एकीकरण और प्रियतम, आराध्य या प्रेरणा के प्रति रहनेवाले संचित उन्माद का बेकाबू हो पड़ना 'रा' पर 'सा' ग्रौर 'सा' पर 'रा' जोड़कर कैसे उतरकर आ सकता है? माधुर्य के एक से पन की तलाश में भी जब यह कोशिश की जाती है प्रायः असफल ही होती है। हाँ, जिस तरह पर्वतों की हरियाली और नदियों के उतार-चढ़ाव में भी एक सौन्दर्य का साम्य होता है उसी तरह कवि का विलाप और आलाप जब जगत का गीत बनना चाहता है तब उसकी पंक्तियों में संगीत की धुन पर तुलनेवाला तुकों का साम्य आ जाया करता है। उस समय किसी पुत्र-वियोगिनी माँ का रुदन या किसी खेतिहर के गाये जानेवाले गीत, किसी प्रियतम की याद में बितायी हुई रातों की हृदय की बेचैनी और किसी आराध्य को प्रत्यक्ष या अप्रत्यक्ष पाकर किया हुआ आत्म-निवेदन जब कवि की बाँसुरी पर उतरता है, तब वह सहस्र-सहस्र कंठों की अपनी बेचैनी का गीत बन जाया करता है। विधवा के आर्तनाद अथवा ग्रीष्म की दोपहरी में तड़पते हुओं की आहें हम रोज देखकर भी नहीं देखते, सुनकर भी नहीं सुनते। किन्तु कवि जब अपनी पानीदार कलम से उन्हें लिख देता है तब वे जीवित रहनेवाले जगत् के बार-बार दुहराने की वस्तु हो जाया करते हैं।

आजकल हम दो बातें एक साथ चाहते हैं। हम यह भी चाहते हैं, जब हम अपने अन्तरतम के साथ खिलवाड़ कर रहे हों तब एकान्त के उस आत्मतर्पण में

हमारे साथ कोई छेड़-छाड़ न करे। किन्तु साथ ही कभी-कभी हम स्वप्न देखते हैं कि हमारे आत्म-प्रकटीकरण की घड़ियाँ युग के उत्थान का संकेत क्यों न बनीं। किन्तु बातें हमसे जब सध पाती हों ? जब हम गोलाकृति घूम-घूमकर एक ही स्थान पर रास रचाते हुए सारा जीवन गुजार देते हैं तब हम अपने युग के उत्थान की मंजिल के मीलों के पत्थर गिनने की कोशिश ही क्यों करते हैं ! यदि श्रीकृष्ण की तरह हम वेणुवादन और रासक्रीडा के साथ ही सिंहासनों के उलटने, मुकुटों के गलाये जाने और महाभारत के बीचोंबीच महाप्रलय कर देने के सपने अपनी कलम पर नहीं उतार सकते तब हम पुस्तकों की ढेरी अथवा आत्मवेदना की डोरी पर चढ़कर अपनी अमरता ढूँढ़ने क्यों निकलते हैं ? जवानी की अल्हड़ता में आये हुए हमारे विचार जब राग-रंग की दौड़-धूप में हमारे कवि के नाते किये गये खिलवाड़ों की सीमा और वर्ष निश्चित कर देते हैं तब हमारा कोई भी पुण्य या कोई भी हिमायती हमें विश्व की आँखों और विश्व के हृदयों में अमर नहीं कर सकता।

संसार की बड़ी-से-बड़ी वेदना का चीत्कार जगत् के द्वारा इतने शीघ्र भुलाया जाता है, मानो उसकी ध्वनि गुनगुनाहट से भी गयी-बीती हो। किन्तु जब कोई कवि पुकार उठना है तब उसकी पुकार वह होती है जो अनेक शताब्दियों तक आवाज ही लगाती चली जाती है। उसकी आवाज अपने पास के प्रियतम को नहीं पुकारती, वह आगे आनेवाली पीढ़ियों के हृदय में छुपकर बैठनेवाले प्राण-धन को भी पुकार उठती है। वह उल्लास और विलास ही नहीं लिखता, अपनी सिसक और मुसक के अक्षरों में वह किसी जाति के भाग्य को लिखा करता है। वे, वह आवाज हैं, जो गुफाओं से सन्देश लेती हैं और राजमहलों तक संकेत पहुँचाती हैं।

जिस समय शासन कानूनों के मनमाने अर्थ लगाकर समाज-शोषण का रोजगार किया करता है, जिस समय शास्त्रीयता एक वस्तु के अनेक अर्थ लगाकर विश्व के परम सत्यों को असत्य बनाने का रूढ़िगत खेल खेला करती है, जिस समय तत्त्वज्ञता एक के बाद अनेक सन्देहों को लिए हुए विश्व को प्रश्न-चिह्न के रूप में पाती और प्रश्न-चिह्न ही के रूप में छोड़ जाती है; उस समय अपने गीतों को लेकर कवि बिना शिष्टाचार के जगत् के सामने आ जाया करता है। उस समय बड़प्पन उसका अस्तित्व नहीं मानता, महत्वाकांक्षा उसे अपने पथ का बाधक समझती है, धन उसके प्राणों का सौदा करना चाहता है कि वह नियंत्रण और यंत्रण के बीच में से जिसे चाहे उसे चुन ले। दूसरी ओर कवि के अपने साथी सदैव ही उसे नहीं समझ पाते। तब विद्वत्ता, अधिकार, धन और साथियों की बेसमझी चतुरंगिणी के आक्रमणों के बीच वह स्वरों को उलट-पुलट करनेवाले बाँसुरी के छिद्रों पर अँगुलियाँ रखता ही जाता है, और अपने प्राणों पर अपनी

बाँसुरी के ओठों को रखकर गूँज मचाता ही जाता है, तब दो दुश्मन उसकी परीक्षा और करते हैं। गिरा हुआ स्वास्थ्य और दरिद्रता किन्तु जो कठिनाइयाँ इसके मार्ग का काँटा बनकर आती हैं, उन्हीं को सजीव करके कवि उन पर अपने हृदय के फूल खिला दिया करता है और एक अनोखा नन्दन निर्माण कर लिया करता है। शापों और संदेहों का पथ उसे कभी बेचैन नहीं करता। इन्हें वह अपने अस्तित्व की उपस्थिति जो मानता है।

[4 जुलाई 1936, कर्मवीर]

कलाकारों की दुनिया

आसमान से तारे गिरते हैं, पहाड़ से नदी गिरती है, वृक्ष से फल गिरते हैं, बेलों से फूल झरते हैं, साधना से मानव पतित होता है। पतन की इस परम्परा को युग न जाने कब से देखता आ रहा है और इस देखने की रिश्वत में वह असहाय पतन को अपने मनोभावों की ईर्ष्या, घृणा और उपेक्षा का अनमिल बेजोड़ बोझा सौंपता चला आया है। किन्तु, किसी ने इस असाम्य की परवाह न की, इस वैषम्य को मिटाने की न ठानी। श्वासोच्छ्वास के इस सचेतन सृष्टि-पिण्ड ने वैभव का उल्लास समेटा, आनन्द की लहर बटोरी, विजय का गर्व संभाला पर जीवन के अद्वितीय सत्य, महान सुन्दर और परम शिव, दुःख से कभी सम्बन्ध न रखना चाहा। यह जानकर भी इसकी उपेक्षा की गयी कि केवल दुःख ही जीवन का वह मार्ग है जो उस स्थान की रहनुमाई करता है, जहाँ दुःख अज्ञात हो जाता है। दुःख के घड़घड़ाते बादल दूर दीख पड़ने तक सियाह रहते हैं किन्तु नजदीक होते ही प्रकाशमय हो उठते हैं। कोयले की आग लोहे को झुका देती है, दुःख की ज्वाला हृदय को पिघला देती है। तात्पर्य यह कि मौलिक कठोरता दोनों को ही बदल देती है। दुःख की फिलॉसफी जीवन की फिलॉसफी है। जीवन की ग्रन्थि खोलने में दुःख की सहायता अनिवार्य है।

वैभव, आनन्द और विजय क्षणिक और नीरस हो सकते हैं, परन्तु दुःख सृष्टि की सब निर्मित वस्तुओं से अधिक सचेतन है। यह जीवन का वह घाव है जो प्रेम के अतिरिक्त किसी भी अन्य हाथ के स्पर्श से फूट निकलता है। प्रकृति ने मानव जाति को वेदना और सुख के शासन में रखा है जिससे वह सदैव खोजता रहे कि उसे क्या करना है और उसे क्या करना होगा। दुःख पावनता की भूमि है, आत्म-प्रताड़ना का स्थल है, चिरानन्द का क्रीड़ा-विहार है। यही सूरदास का निवास-गृह है, यहीं माइकेल मधुसूदन दत्त का ठिकाना है, यहीं मीरा की जन्म-भूमि है। दुःख की इसी उपजाऊ भूमि पर कलाकारों के स्वप्न

अपनी पर आकर लहराया करते हैं। अगर टालस्टाय[1] ने गर्दिश के थपेड़े न खाये होते, गोर्की ने जूते सीने का दृश्य न उपस्थित किया होता, तो कला की तवारीख के अध्याय अधूरे ही रह गये थे। जीवन के मरुस्थल पर दुःख की गति बहुत गहरी होती, इसी कारण वह जो पद-चिह्न उस पर छोड़ जाता है उसे समय कभी नहीं धो सकता। दुःख साहित्य का आधार है जो कला का प्राण है।

कलाकार आस्कर वाइल्ड के शब्दों में देखा—"मैं देखता हूँ कि दुःख का उच्चतम भावावेश महान कला की कसौटी है। कलाकार जिस वस्तु को सदैव देखा करता है वह अतिरेक की अवस्था होती है जहाँ चलकर आत्मा और शरीर एक हो जाते हैं, अविभाज्य हो जाते हैं। जिसमें कलाकार का बाह्य उसके अन्तरंग का प्रकटीकरण करने लगता है और कल्पित आकार प्रकाशवान हो उठता है। प्रसन्नता और हँसी के पीछे तो एक भद्दा और कठोर स्वभाव भी हो सकता है किन्तु दुःख के पीछे सदा दुःख ही होता है। वेदना का आनन्द की तरह कोई घूंघट, कोई आवरण नहीं होता। कला का सत्य, प्रधान विचार और अप्रधान प्रकाश के बीच का कोई सुलहनामा नहीं है। यह कोई आकृति और छाया का साम्य भी नहीं और न ही गहरी पहाड़ी में से आने वाली प्रतिध्वनि ही है। कला का सत्य तो वस्तु का उसी के साथ ऐक्य है। इस कारण सत्य की दुःख से कोई तुलना नहीं। कई ऐसे समय होते हैं जब दुःख ही मुझे सत्य जान पड़ता है। कलाकार के लिए केवल एक ही मौसम है और वह है दुःख का "वेदना का मौसम!" कविवर रवि ठाकुर की राय में, "मालूम होता है, मानो वेदना का कोई आकाश है। वह आकाश नापने का आकाश नहीं। उसका काल भी घटना का काल नहीं, वेदना का काल है।"

दुःख जीवन का रहस्य है। अगर संसार का निर्माण दुःखमय हुआ है तो निस्सन्देह वह प्रेम के हाथों से रचा हुआ होगा। क्योंकि प्रेम के अतिरिक्त और किसी तरह भी मनुष्य की आत्मा अपने पूर्णत्व तक नहीं पहुँच सकती। आनन्द तो सुन्दर शरीर के लिए है पर दुःख सुन्दर आत्मा के लिए होता है। सौन्दर्य, प्रेम को संकेत देता है, प्रेम के उस संकेत पर कष्ट आमन्त्रित होते हैं और कष्टों के आमन्त्रण में कला का आविर्भाव होता है। साधारण सत्य या विशुद्ध सत्य कला का आधार नहीं है, उत्तम कलाओं का रहस्य तो सत्य की जमीन पर माया के चित्रण में है। हाँ, उसका उद्देश्य प्रकृति का प्रतिनिधित्व करने के साथ भावोन्मेष को छान-छानकर विचारों में बदल देना और फिर उसको आकार में स्थित करना अवश्य है। पहिले भक्त और पीछे कलाकर होने वालों का यह जाति-धर्म हो गया है। आलम के "जा बल कीन्हे बिहार अनेकन ता बल काँकरी बैठि चुन्यो

---

1 तोल्सतोय

करौं" के इस काँकरी चुनने की कला की अभिव्यक्ति में रसखान की "जो खग हौं तो बसेरों करौं मिलि कालिन्दी कूल कदम्ब की डारन" वाली पंक्ति का कलामय अस्तित्व बिना प्रयास ही अपने अन्दर का मर्म खोले दे रहा है। कला कोई व्यक्तिगत्त या जातिगत धरोहर बनकर नहीं रह सकी है। सीमा या देश, काल, विचार इस प्रकार प्रहार न कर पाये। हजारों मीलों की दूरी पर बैठकर शेक्सपीयर ने कहा, "दुःख, अकेला कभी नहीं रहा वह हमेशा अपना उत्तराधिकारी लेकर चलता है", दूसरे ने कहा, 'Mis Fortune never comes alone' उसी से मिलती-जुलती बात कबीर ने यहाँ कही—"बिरहा मोंसो यों कहे गाढ़ा पकड़ो मोय" और दादू ने "दुःख, प्राण का अविभाज्य अंश है" कहकर हिमायत की। सम्बोधन की प्रत्यक्ष या अप्रत्यक्ष प्रणाली Isnpiration (प्रेरणा) की स्थिति पर अवलम्बित है। कलाकार न केवल भक्त, कवि, विज्ञ या कुबेर ही होता है वरन् कलाकार इन सबसे महान्, मात्र कलाकार ही होता है। उस पर विश्व सहानुभूति रखे, रखे, न रखे, न सही! वह इन व्यावहारिक और लौकिक जवाबदेहियों को न खुद देखता है न औरों को दिखा सकता है। यों रस्किन के शब्दों में—परमात्मा की कृति पर मनुष्य की प्रसन्नता का प्रकटीकरण ही महान् कला है। पर तो भी इस बात से इन्कार नहीं किया जा सकता कि कला सौन्दर्य की Symmetrical (सुडौल) बनावट में उसी तरह तरीकों का निर्माण करती है जैसे विज्ञान सत्य के तार्किक विवेचन में। इस प्रकार कला, सौन्दर्य और सत्य की त्रिधारा में मानव-सृष्टि की सत्यांश घुल-घुलकर युगचारित्र्य के प्रकाश-स्तम्भों की, सनातनता आँकता आ रहा है। कलाकार दुनिया में बिजली की तरह थोड़े समय के लिए चमककर भी प्रकाश के हिमायतियों के पास अपने अक्षुण्ण अस्तित्व का इतना आकर्षण छोड़ जाता है कि उस एक चमक की तेजस्विता, अन्धकार के पहाड़ के पहाड़ चीरती चली जाती है। कलाकार की 'अवधि' का महत्त्व मुख्य नहीं होता उसकी 'गति' में उसका सम्पूर्ण प्रतिबिम्ब छलक पड़ता है—

'डी प्रोफेण्डस' का कलाकार Heart is but a pearl once broke, broken for ever के खिलाफ Hearts are made to be broken की बात कहता रहा और साहस से इसी सिद्धान्त की पुष्टि की कि जीवन और कला दोनों में विद्रोही रुख घातक है। स्वाभाविक को कृत्रिम बनाया जाकर उससे यथार्थ की प्राप्ति की आकांक्षा वैसी ही हास्यास्पद है जैसे गँदली-सी झिरन को बालू से पुराते रहकर पानी की निर्मलता के ख्वाब देखने की बात!! कला तो संकेत है, क्योंकि मनुष्य स्वयं एक संकेतात्मक अनुभूति है। मनन की इस प्रेरणा का अर्थ समझने पर ही कला में प्रवेश किया जा सकता है इसके बगैर 'प्रवेश' संभव नहीं।

—'कोई है'

[12 सितम्बर 1936, कर्मवीर]

आराधना के तीन स्वरूप

'प्रभु, भक्त और नाम' के त्रिवेणी-संगम को भागवत धर्म कहते हैं। प्रभु, साध्य, भक्त साधक और नाम साधन। इसी त्रिगुण में संतों ने त्रैलोक्य नायक की तलाश कर, मधुर प्रेम की त्रिवेणी बहायी।

कृष्ण, ग्वाल गँवारों का साथी, एक हाथ में बाँस की लठिया, दूसरे में बाँस की फुंगी[1]। किन्तु इसने जितने जीवों के मस्तक डुलवाये, जितनों को अपना बनाया, जितनों को ऊँचा उठाया उसका क्या ठिकाना ? शुद्ध 'सत्-चित्-आनन्द' अथवा 'नित्य-शुद्ध-बुद्ध-मुक्त' को लोग खुद ढूँढ़ने जाते हैं परन्तु वह योगियों तक की कल्पना से बाहर। गोपाल तो खुद किसी-न-किसी रूप में अपने भक्त को ढूँढ़ता आता है ! खैर, यदि ढूँढ़ना पड़े तो गोपाल गरीब गँवारों तक की आँखों में हाजिर, 'शुद्ध-बुद्ध' जी को कौन कहाँ पकड़ पाये ? तारकों का लेखा लगाओ तो गोपाल कितनों ही को तार रहा है, किन्तु 'शुद्ध-बुद्ध' जी गणित की तरह कठिन तो सूम की तरह कंजूस। उनके साथ गरीब गँवार, और जगत का अधिकांश कैसे खेल सके ?

यह तो सन्तों की कृपा का ही प्रसाद है जो तीनों भुवनों को अपने में रखने वाली तसवीर को "अहीर की छोहरियाँ छछिया भरि छाछ पै नाच नचावैं"। सन्तों ने, विश्व ही नहीं, विश्व-स्वामी को बदलने के लिए बाध्य किया—

"तुलसी मस्तक जब नवै,
धनुष-बाण लेउ हाथ"—

ही मैं नहीं, जहाँ-तहाँ, जब जी चाहा !

जैसे खिलाड़ी मस्ताने प्रभु की कल्पना सन्तों ने की, वैसे ही उन्होंने भक्त की कल्पना कर उस पर प्रेमाश्रु चढ़ाये। प्रभु के समान ही भक्त भी अत्यन्त सरल, शुद्ध चित्त, मजूरी में प्राण लगाये हुए प्रेममय, सरल सँभालकर जीवन चलाने वाला किन्तु सदैव प्रभु के हाथ का खिलौना, प्रभु की बाँसुरी बनकर रहने वाला। उसके छिद्रों पर दौड़कर, स्वयं प्रभु अँगुली रखते हैं। वह चाहे जिस वंश का हो, प्रभु को मान्य उनका मुँह लगा, उनकी श्वास का वाहन-आह्वान !

भक्त के प्रति विश्व में रहने वाले भय को सन्तों ने धो डाला। भक्त यानी 'सेवा-वृत्ति का मजदूर'। सन्तों के द्वारा भक्त की यह परिभाषा सुनकर, प्रभु हक्का-बक्का हो गया। क्यों ? प्रभु उस मजदूरी में हिस्सा बटाये बिना नहीं रह सकता, जिसमें भक्त लगा हो। नैवेद्य का हिस्सेदार, भला मजदूरी से कैसे छूटे ? भक्त के स्थानों पर उसने कितनी बार मजदूरी नहीं की ?

---

1. वेणु

जब योगाभ्यासियों का जमाना रहा, तब प्रभु को क्षीर-सागर में घोर निंद्रा में पड़े रहने के सिवा कोई धन्धा न था। अब सन्तों की कृपा से पड़ गया मजदूर भक्तों से पाला, योगाभ्यास के स्थान पर आ गयी अब मजदूरी,—शरीर की मेहनत। अत: बिना मिहनत का नैवेद्य अब कहाँ रक्खा है? परन्तु श्रम के बाद, नैवेद्य में किसका स्वाद नहीं बढ़ता? प्रभु का भी बढ़ा। अत: जो योगियों का नैवेद्य सूंघकर छोड़ देता था, भक्तों के तो जूठे बेर, कच्चे चावल और छिलके समेत केले भर पेट खाने लगा। मैं यही तो सुन-समझ रहा हूँ कि सन्तों ने भक्त ही का निर्माण नहीं किया, उन्होंने प्रभु को भी ठिकाने पर ला दिया। उसे 'योगिना मत्य गम्य:' से दीनबन्धु की सीढ़ी पर खड़े रहने के लिए बाध्य कर दिया। बोलशेविज्म? सन्तों ने उसे पृथ्वीपतियों से नहीं, विश्वपति के घर से प्रारम्भ किया।

भगवान को पता था कि सन्त उससे मजदूरी लिए बिना न मानेंगे। भगवान, ही जो वह ठहरा। इसीलिए भागवत धर्म की पुरानी आवृत्ति में नामदेव की टपरिया छाने, तुलसी की कुटिया रखाने और सूर को कुएँ से काढ़ने के बहुत पहिले, श्रम का थोड़ा-बहुत अभ्यास कर रखा था। उसने गायें चरायीं, गौसारें साफ कीं, घोड़ों पर खुर्रे फेरे, जूठी पत्तल उठायी। किन्तु प्राचीन भागवत धर्म में प्रभु यह श्रम कभी-कभी उठाता था, सन्तों ने प्रभु को नित्य की मजदूरी सौंप दी।

प्रभु और भक्त को जोड़ने वाली कड़ी कौन? 'नाम'। नाम-स्मरण? नाम किसका? यह प्रश्न वैदिक युग से ही चला आ रहा है—'कस्य वयं नामा महे चारुनाम'—हम किसके मधुर नाम का चिन्तन करें? सन्तों ने इस कठिन प्रश्न का उत्तर दिया—"प्रभु और भक्त दोनों के नाम का, पर, भक्त के नाम का पहिले"। सन्तों की दूरदृष्टि का, उनके मधुर औचित्य का भी कोई ठिकाना है? जिस गणित से सत्-चित्-आनन्द की अपेक्षा, ग्वाल गँवारों का गोपाल अधिक सेवनीयं हुआ, उस गणित से, गोपाल के पहिले भोले भक्त ग्वाल, गँवार-दु:खी-दीन क्यों न सेवनीय होंगे? सन्तों से अन्याय कैसे हो सकता था? तभी तो रसखान के मुँह से, बेइख्तियार निकल पड़ा, "आठहुँ सिद्धि नवों निधि को सुखनन्द की गाय चराय बिसारौं"। जो सुख भक्त की जय बोलने में रखा है, प्रभु ने वह सुख प्रभु की जय बोलने में नहीं रखा। राम को दशरथ-कौशल्या ने कब गोद खिलाया यह किसे ज्ञात है? पर "जटायु की धूरि जटान सों झारी" के दृश्य को कौन भूल सके। और "जूठे बेरों को सराह सराह के खाने" की घटना पर भक्ति और इतिहास में लंका-काण्ड मच रहा है कि उसका हकदार कौन?

—रामनाथ आचार्य

[12 सितम्बर 1936, कर्मवीर]

पद घुँघरू बाँध मीरा नाची

भक्ति भावना की दिग्विजय है, स्नेह की अजेयता है, समर्पण का त्यौहार है। मीरा बड़े से बड़े कोलाहल का एक ही अर्थ समझती, कोई 'गोविन्द-गोविन्द' पुकार रहा है। शान्त नीरवता का भी उसे एक ही मतलब नजर आता—समय के वे क्षण गोविन्द के साथ कानाफूसी कर रहे हैं। यदि कान चौकन्ना हो उठते, तो वे वर्णमाला के हर अक्षर और प्राणिमात्र के हर स्वर में गोविन्द के नाम की धुन सुनते। जब उसे मंदिरों से प्रसाद मिलता, तो वह कहती, "मेरा गोविन्द मुझसे उसी तरह अलग नहीं किया जाएगा, जिस तरह इस प्रसाद में से इसकी मिठास दूर नहीं की जा सकती।"

घुँघरू, भक्ति की घूमक पर यह निर्जीव, न जाने कब से 'जानदार' बनता चला आ रहा है। जब मीरा पर पड़नेवाले कष्टों के बीच, आँसू बरस पड़ते और गोविन्द याद आ जाता, तो मीरा गा उठती। यदि गोविन्द इतने नजदीक दीख पड़ता कि मीरा अपने दृष्टि के डोरों से पकड़कर अपने हृदय के आँगन में उसे खींच सके, तो वह नाच उठती! उस समय संगीत की मतवाली मुँह में नाचती हुई वाणी, पाँव के घुँघरुओं की धुन पर सौ गुनी सुहागिन हो उठती। उस समय आँख के आँसुओं और कलकंठी के कंठ को जो स्थान न मिलता, उन पर, उल्लास के इस हिंडोले पर, निर्जीव घुँघरू सिंहासनासीन होते। जो दिलदार वाणी की करुण मनुहार अनसुनी करता दीखता, वह भक्त मीरा के चरणों के 'बेदाम के कैदी' घुँघरुओं के स्वर पर आता-सा दीख पड़ता।

गायन में वेदना स्वर-भर बनकर रह जाती है, किन्तु मीरा के नृत्य में, उसके विचार, स्वरूप धारण कर आते। गायन में ऋतुओं की याद भर आती, मीरा के नर्तन में ऋतुएँ अवतार ले लेतीं। गायन अर्थ वाले शब्द कहकर भी वह न कह पाता, जो शब्दरहित नृत्य कह ले जाता। इसीलिए, एक दिन 'पद घुँघरू बाँध मीरा नाची'। जब मीरा की करुणा उसके अंगों पर उतरती, वह नाच उठती, तब नृत्य की 'धीमी' गति पर भी भावों की 'तीव्रता' जाग उठती, भाव एक-एक कर अंग-अंग से झरने लगते और आँसू भावों की निर्मलता और ईमानदारी की मुहर लगाते जाते। यों, अंग-प्रत्यंगों के भिन्न-भिन्न मोड़ो, झुकावों, उठावों और फैलावों में, जब एक साम्य आ जाता तब जगत का तमाशा मीरा, स्वयं अपना दर्शक बन जाती। उस समय, तमाशा देखती हुई कल्पना की मीरा, मीरा होती और नृत्य करती हुई सजीव मीरा उसका 'मनमोहन' प्यारा होती।

उलझती हुई अँगुलियों, ऊँची उठती हुई हथेलियों, स्वरों के बन्दीगृह में, सँभल-सँभलकर निकलने के लिए गिरफ्तार साँसों, झुकते हुए घुटनों, मुड़ते हुए भुजदंडों, और तान पूरी हो पडने पर मीरा का एकदम घुमककर यों खड़े हो

जाना, जैसे पानी आया जान, नदी की रेत में घरौंदों का खेल तोड़कर बच्चे अपनी झोंपड़ियों की ओर भाग निकलते हैं, यह एक ही दिलदार का, एक ही मीरा की ओर से षोडशोपचार होता। उसकी ठुमक, कायर घिनौनेपन का प्रदर्शन न थी, वह ठुमक, भक्ति के भावों में बारूदखाना बन जाती और हृदय रखने वाले प्रभु सेवकों के हृदय में एक गहरा खिंचाव बनने वाली 'रब-बेल्ट' बन जाती। अपनी, देखती हुए काजल की कोठरियों से जमना बहाकर, जब मीरा 'माई मैं तो गोविन्द लीनो मोल' कहकर पद-ध्वनि कर उठती, तब वह मानो, अपने मनोब्याल पर बिखरे बालों का 'मोर मुकुट' बना 'कालियमर्दन' बन जाती। उस समय, उसकी नीली साड़ी के आरपार होती हुई उसके कृश कलेवर की बिजली, अपने पुण्य बल से ऐसी अनोखी, ऐसी भारी हो जाती, जो धरती में न समा पाती, मानो प्रकृति अपने विधान में हार मान बैठती। जब उसकी साड़ी कुसुंभी होती, तो मारवाड़ के 'कुसुंभे' का नशा, उसके जीवन पर होता। उस समय उस पृष्ठपत्र पर, उस बैकग्राउंड पर, सजे हुए उसके गीत, उसके भाव, उसके आँसू और उसके हाव एक ऐसा अलंकारागार बन जाते, जहाँ से मीरा का मन पुकार उठता :

कोई कहे छाने
कोई कहे चवढ़े,
लियो बजंता ढोल
माई मैं तो
गोविंद लीन्यो मोल...

और यह उल्लास, कुछ विलास न था। जेलखाने का कैदी भी इतना परिश्रम नहीं करता कि उसे लगातार घंटों पसीना बहता रहे, पर मीरा तो वही करती। वह तो प्रभु के द्वार में चाकर बनकर रहना चाहती! उसकी मजदूरी थी—प्रभु-दर्शन की रोजदारी, हरिकीर्तन की खुराक, भक्ति की जागीर :

चाकरी में दरसण पाऊँ
सुमरण पाऊँ खरची,
भाव-भक्ति जागीर पाऊँ
तीन्यू बाताँ सरसी।

माना, नृत्य अभी वह कला नहीं बन गया, जो संगीत, चित्रकला, काव्य और मूर्तिकला से अपने लिए सुरक्षित स्थान माँग सके, पर उसका दावा एक दिन कलाकारों के सम्मुख होगा कि यह अधिक भक्तिमय, कलापूर्ण, श्रम-साध्य, जीवन-व्यापी करुण और मनोहारी है। यही क्यों, यह कला है, जो केवल पुरुषार्थवान के काबू की चीज है, कमजोरों का आशीर्वाद नहीं। कमजोर कविता लिख सकता है, चित्र बना सकता है, गा सकता है, पर नृत्य तो नहीं कर सकता।

मीरा के लिए इस कला के निकट जहर का प्याला था और काला साँप। जो इनसे सीधा लिपट सकी, वह संसार के भयंकर शत्रुओं तक से निपट सकी। वह कृष्ण की बाँसुरी की, सोलहवीं सदी की वह रागिनी है जो वर्षों की पथरीली चट्टानों को चीरती आज भी उन कानों में सुनायी दे रही है जिनमें मीरा के समर्पण और गोविन्द के लिए 'कान कहानी सुन्यो करें' की अवस्था प्राप्त है।

[रंगों की बोली]

साधारणता : शाश्वत

कविता को अपनी जागीर कहकर, बाँधकर रखने का जो आयास हम करते हैं उसमें शब्दों की क्लिष्टता, कल्पनाओं की दुरूहता और सबसे अधिक हमारे जीवन के हमारे काव्य से दूर से दूर रहने और होते जानेवाले स्वभाव का, हम इतना पोषण करते हैं कि हमारी कहन काव्य का आनन्द देनेवाली होने के बजाय, कूट-प्रश्नों की बुझौवल-सी हो जाती है।

अवतार का पुराण-पुरुष जिन दिनों ज्ञानियों और योगियों के पाले पड़ा उन दिनों व्याख्या, विश्लेषण, बाह्य-चिन्तन और 'मुक्ति' के लिए योग-साधन तो बहुत हुआ, किन्तु आकाश का धन, जमीन के लोगों से बहुत दूर रहा या बहुत दूर रखा गया। धन की धनिकता ने उसे पूजा। बुद्धि की धनिकता ने उसे प्रतिष्ठित किया और वैभव की धनिकता उसके पक्ष और विपक्ष में युद्ध करने लगी। हर बुद्धि-वैभव का कला-पंथी, बलिदान और साधारणता का मार्ग छोड़-कर जब भी ऊँचे पर चढ़ा, वह 'कैलासवासी' हो गया!

कवि के जीवन में कुछ क्षण तो ऐसे होते हैं, जब वह अपने नेह-निधान के चरणों में अपने को समर्पित कर देता है किन्तु उसके लिए जटिलता के कारागार का निर्माण, हमारे तारुण्य, हमारे पुरुषार्थ, हमारी सूझों के वैभव के अनन्त बल-शाली होने का मरण-चिह्न है। इसलिए जिनकी वाणियाँ कभी पुरानी नहीं होतीं, उनमें समय के दोनों सिरों के आर-पार जाने का बल भी होता है, यानी वे समय के परे की अमरवाणी भी बोल लेते हैं किन्तु साथ ही उनके पैर जमीन की धूल पर और खेतों तथा खलिहानों पर भी होते हैं।

मैं मानता हूँ कि काव्य की परमता से नीचे उतरना शाश्वत के चरणों में न ठहर सकने की हमारी कमजोरी है। किन्तु यह बात नहीं है कि साधारणता शाश्वत नहीं है केवल असाधारणता ही शाश्वत होती है। वह भी कैसी प्रतिभा है जो केवल आसक्ति की विरक्ति-मात्र से पराजित है और अपने जीवन की दुर्गन्धि को न जाने किन-किन सुगन्धित विशेषणों से विभूषित कर रही है।

सूरज, जब प्रकाश की मटकी फोड़कर किरणों की सहस्र-धारा बिखेरता, आकाश से आँखों तक आये और जल-दान, रूप-दान, रंग-दान और सूझ-दान का लोक-लोक से खेल खेले, तब क्यों नहीं हम, उसकी किरणों को सिर पर लेने, गोद पर झेलने, आँखों में मूँद लेने, अंगों पर उतार लेने और सूझों में गूँथ लेने के लिए दौड़ पड़ें ? क्यों न अभिमत को ढूँढ़नेवाली कल में ढूँढ़ें कि जो आनन्द-घन आलोकनाथ आमों पर बौरकर उन्हें मिठास दे रहा है, वही आम्रवन के रख-वालों की टूटी झोंपड़ियों की टूटन की संधियों में से किसी दिलदार से कम अदा से, गरीबों के लुटे-से गृह-जीवन के खट्टे-मीठेपन को नहीं झाँक रहा ? यह हमारा कौन-सा मोह, कौन-सा आग्रह, कौन-सा 'आशिक होना' है कि हम अपने प्रेम की भी अपने ही घिनौनेपन के माप की तस्वीर ढूँढ़ लेते हैं !

यह झगड़ा कौन निबटावे कि व्यास का कृष्ण न हो तो यशोदा के कृष्ण के निकट की यादों की तीर्थ-यात्रा या नेह-यात्रा कोई कर सके ? और आज जब युग बदल गया है, क्या कवि कहना चाहता है कि वह तो अपने आग्रह के कारा-गृह में बन्द हो गया, अब वह कालिदास के वर्णन की तरह 'क्षण-क्षण' में नवीन बनकर आनेवाले राग, विराग, अनुराग और संघर्ष में उतरकर नहीं आवेगा ! योगियों के युग के अवतार को, सन्तों के युग में अपने भक्तों के लिए मजदूरी करनी पड़ी थी ! मैं सूरज से कहता रहूँगा—जरा नीचे पर आ भले आदमी, आ तुझे आलिंगन करूँ ? क्या मैं सूरज से न सुनूंगा कि निकम्मे प्यार ! गद्दे बिछा-कर उन पर लेटे-लेटे सूरज की आराधना नहीं की जा सकती। अखिल लोक में, एक साथ आँखों में उतारनेवाले को जरा ऊँचे से चढ़कर बोलना होता है ! हम सूरज की गर्मी उसे गालियाँ खिलवाये, जिसकी कृपा से होनेवाली बरसात उसके ही अस्तित्व पर काला आवरण बनकर छा जाये और जिसका जाड़ा उसकी शक्ति-हीनता का जीवन-चरित बन जाय ! हम क्या जानें कि सूरज के इलजाम ही सूरज की लीला के, उसकी महत्ता के स्मरण-चिह्न हैं !

आज युग माँगता है कि लिखनेवाला भक्त, परम भक्त हो जाय। वह अपने दिलदार अपने मालिक का खूब आशिक हो जाय। वह न केवल कष्ट सहे किन्तु अपने अभिमत के प्यार का ज्वार इतना भारी हो कि उसे याद ही न रह जाय कि उसने कष्ट उठाये हैं। नारद भक्ति-सूत्र में, स्नेह में ब्रज-गोपिकाओं का उदा-हरण दिया है।

यदि हमें रूप की मिठास और नारी के हमारे द्वारा किये जानेवाले उपहास से छुट्टी मिले तो चलकर देखें कि कलेजे के आरपार होनेवाले प्यार की तरह ही उसी कलेजे के आरपार होनेवाली तलवार कैसे खेला करती है ? हम देखें कि अपने अभिमत के कष्ट का हरण कैसे किया जाता है ? यदि कश्मीर पर कुर्बान जाने के लिए आज काव्य तैयार नहीं है, यदि रक्त की अलकनन्दा के बीचों-बीच,

अमृत की जाह्नवी का गायक कवि न बन सकता हो, तो लाओ धारणाओं के काँधे ले जाकर उसे बीते युग की जमीन में दफना दें। वहाँ वह चैन से रहेगा। वहाँ उससे कोई न कहेगा कि जरा बच्चों के लिए लोरियाँ गा दो, उठो जरा व्यंग की बौछारें कर दो, दुख उठनेवाली कसक उँडेल दो, राज-पथों पर जाती हुई वाहिनी में प्राण भरनेवाले उद्‌बोधन लिख दो; जरा ऐसे दो गीत लिखो कि रेडियो सुननेवाला दुखी तड़पकर खड़ा हो जाय और सोचे कि उसने मातृभूमि को बन्धन-हीन पाया तो सब कुछ खोकर भी उसने कुछ नहीं खोया ! जरा उठो, विश्व में फैलती समाचार-धाराओं को, आकाश के बूते से शीर्षक दे दो, फिर ऐसे गीत गा दो कि तुम्हारी प्रेयसी के स्पन्दन का स्वर जब तुम्हारी वाणी में उतरे तो कुछ आँखों पर राधाकृष्ण झूल पड़ें और कुछ वह धन पा लें कि कर्त्तव्य-पथ में जाते समय हजारों मील दूर छोड़ी हुई उनकी नेह की पटरानी यहीं उनके पास खड़ी-सी है और उनमें प्यार की मनुहार से, मरण-पथ में, प्रेरणा और प्राण भर रही है। यह बुढ़ापा तुम अपने ही पास रखो कि तुम्हारी सारी 'कहन' वेदान्त बन गयी ! पीढ़ी को तुम मधुर गान दो तो प्राणों की उठान भी दो; सपने फूलें तो बलि के पुष्प भी फूलें, कली चटके तो आकाश से गोलियाँ भी चटक दें। रिम-झिम मेंह बरसे तो बारूद की फुलझड़ियाँ क्यों न रँग दें ? मानव-विकारों को उठाकर विश्व की जिन्दगी देनेवाले मधुर गायक, प्यार में जीवन घोल-घोलकर गाओ।

वह कलम धन्य होगी, जो क्रूरता के गद्य में नहीं, कला की कोमलतम प्रखरता में, आज की उठती जवानियों, बढ़ती कुर्बानियों और कश्मीर से शिर गुँथवाती और हिन्दमहासागर से चरण धुलवाती, तारुण्य-देवता पर अपने आँसू, अपनी उमंगें, अपना रक्त और अपना मस्तक चढ़ाने के लिए प्रेरित कर सके। जिन्हें आज की अदा पर, आग उगलते फौलाद के बीच वाणी का वैभव नहीं मिला, जिन्हें वीणा के सप्तक में अपने अभिमत नायकों को स्वर बनाकर बैठाने नहीं आता, वे क्योंकर कविता लिखकर सूर के गीतों, मीरा की पूजाओं और कबीर के मालिक का उपहास करें।

आज आसक्ति और रक्तदान, वाणी और अर्थ की तरह ही काव्य के पास न्योता लेकर आये हैं। तुम्हारी 'कहन' पर जो सिर डोले वह किसी साँसोंवाली अकर्मण्य लाश का न हो, हिमालय पर विजयोत्सुका वाहिनी के वीरों का मस्तक हो कि मस्ती से डुले, उन्हें लाख-लाख बनाकर विदा करने वालों का हृदय हो कि भक्ति से हिले।

[11 मार्च 1948 को श्री क्षेमचन्द्रजी 'सुमन' के कविता-संग्रह के लिए लिखित अप्रकाशित भूमिका से संग्रहीत।]

अपने तरुण कूँचीधारी को एक पत्र

चित्रकार मेरे,

कला के हृदय में पहुँचना होगा। ऐसा न हो कि बाहर के आकर्षण तुम्हें वस्तु की अंतरात्मा तक पहुँचने न दें। जब बाहर के चित्रण पर भीतर की भावना प्रतिबिंबित हो उठे तो चित्रण चमके। आवरण में आवेश और आत्म-समर्पण दोनों झाँक सकें।

तुमने लोगों से बोलने का व्यापार बढ़ाया कि रंगों को अपनी वाणी बोलने में घबराहट होने लगेगी, किन्तु तुम अपना सब कुछ रंगों में बोलने लगे तो देवत्व तुम्हारे घर बैठे दौड़ता आवेगा। उच्चारों पर अधिक न भटक आकारों को तुम अपने जी की बात का उच्चार करने दो।

नाम धरने वाले एक ही श्रेणी के नहीं होते। एक वे होते हैं जो तुम्हें विषयी, लालची, स्वार्थ पर, धोखेबाज न जाने किन-किन नामों से पुकारेंगे। कुछ ऐसे भी होंगे जो तुम्हें ईश्वरमय, भक्तिप्राण, प्रभु का संदेश वहन करने वाला, पूर्ण पुरुष, संकेत पुरुष, रहस्यमय, संस्कृति का अवतार, शुद्धिवादी, अंतःस्फूर्तिवादी और जन्मतः प्रगतिशील कलाकार कहेंगे। अपने असंस्कृत आकर्षणों को ऐसे ही सुसंस्कृत नाम दे-देकर तुम्हें पुकारेंगे। मेरे भाई, ये दोनों ही तुम्हारे ध्यान का पथ-भंग करते हैं। एक की अश्रद्धा यदि तुम्हारे तमोगुण को उकसाती है, तो दूसरे की श्रद्धा श्रद्धा-पशु को आसपास बिखरे हुए श्रद्धा के दाने बीनते रहने के लिए रोक रखती है। वह तुम्हारी सूझ की उड़ान के पंखों में पत्थर बनकर लटक पड़ती है। श्रद्धा स्नेह, उत्तरदायित्व और इतिहास की वस्तु हो, वह तुम्हारे रुके रहने का स्थल नहीं होना चाहिए। तुम्हारा पथ तो दोनों बदनामियों से बचकर हो। श्रद्धा को जरा सिर से ऊँचे पर छोड़कर और अश्रद्धा को जरा नीचे पर रौंदकर सच्ची साधारणता असाधारणता से कहीं सच्ची, कहीं ईमानदार, कहीं यथार्थ-प्राप्ति है। असाधारणता की भावना के विकार से बचकर चलो, राही।

रंगों पर उतरने वाले गायक, अपनी कला-यात्रा भड़कीले रंगों के डाँड़ों से ही जीवन-नौका चलेगी, यह मत सोचो। लकड़ी का कोयला उठाकर दीवार या कागज पर अंतःकरण उतार चलो। फिर पानी में स्याही डालकर अंतर की दुनिया आँखों पर लाकर कूँची पर ले आओ। कभी कुछ रेखाएँ देकर प्राणों को आकृति दे दो। कभी रेखा पर रेखा को समुद्र-सी तरंगायमान कर वस्तु को विस्तार दे दो। एक रेखा से दूसरी रेखा के बीच गहरा, गर्वीला संकेतदाता अंतर देकर एक लम्बी-सी खाली जगह छोड़कर शून्य में वस्तु का भान कराके प्राण भर दो।

चिउँटी-सी गति से पत्ती पर, फिर कली पर, फिर फूलों पर जाओ। चिउँटी

अपनी बाँबी में लौटने को लाचार होगी किन्तु तुम्हारी तो कली ने सिर उठाया। पत्ती उस कली के दायीं ओर से जरा उसके कान में कानाफूसी-सी करने लगी। और दूसरी कली ने जहाँ जरा-सा मुँह खोलकर झाँका कि तुम पूर्णता की उस बाँबी में पहुँच गये जिसे ढूँढ़ने तुम्हारी अँगुलियाँ रंग लेकर कागज पर उतरी थीं।

अँगुली ही तेरी जीभ है चित्रकार, जिन ऊँचे-ऊँचे पर्वतों, हरे-भरे मैदानों, घनी-घनी झाड़ियों, दौड़ते से झरनों, उठते-से पौधों, गिरते-से प्रभातों, कुछ ढूँढ़ते-से मार्गों, कुछ घने पथ में बिलम जाती-सी पगडंडियों, कुछ दूर भागने को कहती-सी गुफाओं और कुछ नजदीक आने के लिए कराहती-सी झोंपड़ियों का चित्रण जब कवि करता है तब बोली उसकी अपनी हो जाती है, किन्तु जब तेरी कूँची के हाथ पड़ते हैं, तब वे अन्तर ही नहीं देते, आकार भी देते हैं। हरा-हरा जंगल कोयले से खींची काली तस्वीर में ऐसा उतर आता है कि मानव-रुचि हरीतिमा की कमी ढूँढ़ने के बजाय दरख्तों के परिंदों की खुली चोंचों का साज़ स्वर सुनने लगती है। विधाता गिरफ्तार है कि उसकी हर ऊग जमीन पर होगी, किन्तु रंग-प्राण, तुम तो जमीन पर, कागज पर, कपड़े पर, रेशम पर, परदे पर, जहाँ चाहा वहाँ विधाता बनकर बैठ जाते हो। पिता का यह पक्षपात है कि पुत्र को अधिक दे। विधाता का यह पक्षपात तो देखो कि उसने अपने लिए मिट्टी रख ली। तुम्हारे सर्जन के लिए जमाना छोड़ दिया।

दुनिया अभी-अभी रक्त से नहाई है किन्तु सारे मुर्दे उठाकर फेंक दिये गये। केवल अस्पष्ट रहस्य से भरी और अंतरंग पूजा-भाव से रीती प्रार्थनाएँ, मात्र उनके नाम पर हो जाती हैं, सो भी विजेता देशों में; मानो हस्तियाँ किंवदंतियों के चरणों में न्यौछावर हो गयी हैं। किन्तु शताब्दियों से चित्रों में चित्रित रंगों को लोगों ने युद्धों में भी सँभालकर रखा है कि कहीं उनकी कला नष्ट न हो जाए। कोटि-कोटि नरमुंडों के बलिदान में भी रंग-रथी, तेरी कलम की गतियाँ, तेरी रंगीन स्मृतियाँ पीढ़ियाँ सँभालकर रखती आयी हैं। तेरे रंगों का एक खिलवाड़ पीढ़ियों का पोषण और उत्तरदायित्व बन जाता है। रेलगाड़ी के छोटे डिब्बों जैसी तंग कोठरी में हिमालय से दूर जाती हुई गंगा के गद्य किनारों पर जो ऊँचाई-नीचाई से सर्वथा रहित है, किसी तंग शहर की घनी बस्ती की घनी गलियों में जब तू अपनी आँखों के हिंडोलों को रंगरलियों के साथ कागज पर उतारता है तब उस पर बर्फीला महान नगाधिराज हिमालय और उसके आसपास के लम्बे-लम्बे मैदान दर्शक को यह भुला ही देते हैं कि वह नगर के नरक में खड़ा है कि चित्रकार की कूँची के स्वर्ग पर चढ़ गया है। जब तेरे चित्रों को चाह के दर्शक की आँखें तेरी कला के वृक्ष के काँटों से उलझती हैं तब अपनी आकृति से अमर हर काँटा पुतलियों को वृक्ष के फलों-सा मीठा स्वाद दे जाता है।

भयभीत होने की जरूरत नहीं कि घर में कभी कोई चित्रकार नहीं हुआ।

चित्रकारों के खानदान नहीं हुआ करते। शेरों की भीड़ नहीं हुआ करती। आसमान की बिजलियाँ सौ-सौ मिलकर रास नहीं रचा पातीं। तुम अकेले आये हो, पंथी! तुम्हारी जात, तुम्हारे बाप-दादों की परंपरा में नहीं, तुम्हारी कल्पना, कलम, कलह, केलि और कलरव से भीगे तुम्हारे रंगों के उत्थान और पतन में लिखी है।

तुमने अपने रंगों का बोझ अकेले ढोया है, एशिया से अमरीका की-सी दूरी पर स्थित आँखों से अँगुलियों तक आने में कला का बोझ ढो ले जाने वाला कोई मजदूर भी तो तुम्हें नहीं मिला। फिर अपनी कला के गौरव को लोक-लोक तक पहुँचाने के लिए एजेंट क्यों ढूँढ़ते फिरते हो? क्या तुम्हें अपने सपनों की धनिकता की दूकानदारी के मुनीम चाहिए? सपनों का मुनीम भी कोई सपना ही होगा भाई। सूरज की रोशनी के तो कहीं विज्ञापन नहीं छपते। अपनी धारा की पहचान तीर्थयात्रियों को कराने वाली कौन-सी एडवर्टाइजिंग एजेन्सी गंगा ने खोल रखी है? यदि दर्शन की भक्ति से विह्वल पीढ़ी तुमसे पैदा न की जा सके, कलाकार, तो सिक्कों की छनाछन के मुनीम तुम्हें कलाकार नहीं कहलवा ले जा सकते। अरे, तुम गुस्से में कूँची छिड़क दो तो सफेद कागज नीला आसमान हो जाए और छिड़के हुए छींटे उड़ते हुए सारसों की श्रेणी बन जायें।

गाय पर एक गायक ने गीत गाया। गीत गाने वालों की जात ने उसे समझा। गायक के हाव-भाव को समझा। किन्तु गाँव का कोई ग्वाला वहाँ न पहुँचा। नन्हे बच्चों ने उधर ध्यान नहीं दिया। स्वयं गायें तो उस गान से इतनी बेवास्ता रहीं, जितना जोर से प्रार्थना करने वालों से कदाचित् भगवान रहा करता है। उसके बाद चित्रकार ने गाय के कद की एक गाय बना दी। बच्चों ने गाय-गाय कहकर तालियाँ बजायीं। ग्रामीण अपनी-सी चीज समझकर देखने लगे और अचम्भा तब हुआ, जब मेरी श्यामा उसके कानों के पीछे उसकी गर्दन चाटने ही जा रही थी कि उसकी सक्रिय सराहना का बदला लाठी से चुकाने मैं दौड़ा। कलाकार, तुम हो कि वस्तुओं को आकार देकर अग-जग मोहित कर लेते हो।

विद्वानों की दुनिया में सीमा-रहितता उन्हें अमरत्व प्रदान करती है। कला की दुनिया में आकारों और निर्माणों की सीमा ही उन्हें अमरत्व देती है। एक ही पंखिनी तुम्हारे द्वारा बार-बार सौ बार बनाए जाने पर नये चार सौ प्रकारों से दीखने लगती है। हर वक्त उसकी सूरत नयी, उसकी सुन्दरता नयी, उसका चाव नया, उसकी फड़क नयी। रेखाएँ वही हैं, किन्तु तुम्हारी आकांक्षाओं की हिलोर से या तुम्हारी सूझ की फूँक से इधर से उधर हुईं और नयी आकृति, नयी वस्तु, नया प्राण दे गयीं।

सच्चे कलाकार का अपनी कला के प्रति कुछ ऐसा मोह होता है मानो कला

के सृजन में उसने कोई अपराध किया है, और उसे पारखियों के सामने रखकर वह मानव-रुचि का अपमान नहीं करेगा। किन्तु इस नगण्यत्व में से कलाकार को ढूँढ़ती हुई सहस्र-सहस्र मानव-गणना का जन्म होता है, मानो कला अस्तित्ववान की रुचि की साँस है; जिसे पाये बिना वह जीवन का रस नहीं पा सकता। कवि का स्वर कानों का सौदा है किन्तु चित्रकार, मूर्तिकार, नर्तक का खेल आँखों के आँगन से होकर आनंद के अनंत पुरुष की अगवानी है। कृष्ण के विरह में रोती हुई राधा अशोक वाटिका में शोकमयी सीता, और कलकत्ते के दंगे में ब्रिटिश गोलियों से घायल हुई धोबिन, चित्रकार, विश्व-गौरव के बाजार में ये तीनों विभूतियाँ कला के सुकोमल कलश पर एक साथ, एक स्वर में, एक मूल्य पर दीख पड़ती हैं।

एक चित्रकार ने अपनी रचनाओं का संग्रह कर दिया। चित्रों में महल थे, झोंपड़ियाँ थीं, झरने थे, नदियाँ थीं, इंसान थे, दरिंदे थे, साँप थे, परिंदे थे। कोई कहेगा, क्या-क्या था? कोई पूछेगा, क्या नहीं था? उस 'अलबम' पर एक वाक्य लिखा था। क्या चित्रों की संख्या थी? क्या चित्रों की सूची थी? क्या रंगों की प्याली थी? क्या उसकी अपनी कूँची थी? नहीं। वहाँ यह कुछ नहीं था। उसकी पुस्तक का यह पृष्ठ नहीं, मुखपृष्ठ था। उस पर लिखा था—"लाज लगती है, इसे कोई न देखे", वह एक अमरीकन युवती चित्रकार थी, उसका नाम था जार्जिया ओकीफ। और, उसके चित्रों को लाख-लाख अमरीकनों ने देखा। कलाकार का प्रकट होना अस्त होना है और छुपना प्रकट होने से बदतर प्रकट होता है।

तेरे चित्रों से आने वाले जीवन को, जो केवल जीवन के संकटों को 'वर्तमानत्व की शराब' से बेहोश होकर और कल बीते और कल आने वाले युगों का बोझ न सँभालने वाली बुद्धि रखकर अपनाते हैं, वे कैसे पहचानें कलाकार? बाजार में बिकते हुए रंग और तेरी कला में प्राण पाते हुए रंग के बीच की लम्बी यात्रा को वे पहचानें जो मंदभागी साँसों की रेलगाड़ी में केवल समय का पाद-प्रहार पाकर गिर पड़े हैं और आती-जाती वायु-भरी लाश का बोझ ढोते चले आ रहे हैं। अजंता-एलोरा और ऐसी ही गुफाओं में एकांत चट्टानों पर शताब्दियों से बोलते हुए चित्रित रंगों और मुद्रित आकारों को देखते हुए भी, पश्चिम की रंगहीनता बोली—"भारत में चित्र की कला नहीं थी।" भारतीय कलाकार का यही अपराध था कि उसने पत्थर पर लकीरें खींचीं और कबीर की इस वाणी के विश्वास को शताब्दियों पहले से दोहराया कि "यह संसार कागज की-सी पुड़िया, बूंद पड़े गल जाना है", इसीलिए उसने अपनी कोमल कलम पत्थर पर चलायी और अमर सपनों को क्षणभंगुर कागजों पर नहीं लिखा।

पश्चिम अगर प्रश्नचिह्न बनकर ही आता, तो रंगों के अमर वैभव के ओ

गायक, तुझे जीने के लिए जगह थी, किन्तु वह तो तेरे अस्तित्व की नकारात्मकता लेकर आ रहा था—"सब कुछ मेरे पास है, तेरे पास कुछ नहीं" लेकर। दुःख तो यह था कि सब कुछ और कुछ नहीं का यह बँटवारा तेरे युग और तेरी पीढ़ी ने मान लिया। पश्चिम की 'स्वीकृति' के सिर हिलने के दाँव पर भारतीय संस्कृति और मानवता के सारे प्रत्यक्ष और अप्रत्यक्ष चढ़ा दिये गये। यदि पश्चिम के प्रचार में पूर्व एक बड़ा-सा 'शून्य' था तो हम पूरब के अभागों के लिए पूर्व का अस्तित्व एक प्रश्नचिह्न से अधिक नहीं था।

एक धनिक को गर्मी का मौसम कुछ ऐसा सताता कि उसे अपने बदन पर पौष-माघ के दिनों में भी पंखों की जरूरत होती और फाल्गुन-चैत्र ही से रात में भी। ये 'बिजली गिरने भर' के युगों की बात है, मानव की अँगुली से दबकर पंखे चलाने वाली बिजली के दिनों की बात नहीं।

हाँ तो, दिन-भर पंखे वाले मिलें, कुछ रात तक भी मिल जायें, किन्तु सारी रात जिसे पंखा सौंपा जाय, उसकी ऊँघ में पंखा पड़े धनिक के सिर !

विशेषज्ञ बैठे। 'प्रतिभाहीन' धन के लिए भी कितनी प्रतिभाएँ किराये पर नहीं मिल जातीं ? रात-भर पंखा चलना चाहिए—समस्या यह थी।

एक प्राणी पकड़कर लाया गया। उसकी आदत कि जो चीज पकड़े, छोड़े ही नहीं। और इतना चंचल कि वह स्थिर हो तो मौत के बाद; प्राण और स्थिरता जहाँ साथ-साथ न चलें।

"मिल गया।" उसे पकड़कर 'रईसजी' के पलंग के पास कुछ दूरी पर बैठा दिया, और मदारी के डमरू पर कुलाँटें सीख जाने वाले उस प्राणधारी को कटघरे में बैठाकर, झूलते हुए पंखे की डोर को उसे खींचना और ढीला करना सिखा दिया। पंखा चलने लगा। अब सुबह पंखा, शाम पंखा, दिन पंखा, रात पंखा।

डार्विन साहब की धरती पर मानव का पूर्व-पुरुष, मानव का पंखा चलाने आ गया।

आ गया सो आ गया, किन्तु हमने पश्चिम के द्वारा अपने हाथों गहाई हुई धारणाओं की रस्सी को भी इसी तरह पकड़ लिया है। रस्सी खिंची, पंखे हिले, आराम पश्चिम ने पाया, कठघरे में बन्द पूरब के हाथ रस्सी रही। जापान के उगते हुए सूर्य के प्रकाश ने कुछ जोर बाँधा था, सो अब वह भी कठघरे का बन्दर हो गया।

किन्तु, कलाकार, हम तो 'मित्रों की जय' दो शताब्दी से बोलते आ रहे हैं। जानकारी, प्रतिभा और सौन्दर्य—जो कुछ आत्म-मंथन हमारे साहित्य और हमारी कला में था, उसे डूबते देखकर कभी-कभी हमारे शत्रु तक को आँसू आ गये। किन्तु हमारे शरीर से तो ऐसी केंचुली-सी उतर गयी, मानो वे गुण हमारे जीवन के अंग ही न थे। इस समेट में बौद्ध कला पिसी, जरथ्रुस्त कला पिसी,

मुगल कला पिसी, तिल-तिल कर कला के प्राण जा रहे थे और हम गा रहे थे-- "दाता की जय हो," हमारा विधाता, हमारी रोटियाँ जो रह गयी थीं ?

शोधकों ने शोध किये—मानो राजपूताना में प्यास लगी और सह्याद्रि पर पानी बरसा। शोध में, भारतीय चित्रकला के रसदान, अभिमान और विशालता के वितान का गुणगान हुआ। आसमान से चीज आयी किन्तु मुहाफिजखाने की कांचनजंघा चोटी पर चमकीला पत्थर बनकर बैठ गयी। सब गलियों और कूचों में मजदूरी करते हुए, साँस भरने वाले कलाकार, तेरे पास वह देवत्व कौन पहुँचाता जिसके लिए जागते-जागते, सपने ढूंढ़ने वाली, सपनों में शताब्दियों का जागरण ढूंढ़ने वाली तेरी आँखों की पुतलियों में सौ-सौ गुनी प्यास थी, और तेरे रंगों में भीगी, कूँचियों में हजार-हजार गुनी तलाश थी। झोंपड़ियों की कला, महलों जैसे ख्यालों और महलों जैसे कीमती ग्रन्थों के नीचे कुचली जाकर कब से अपनी प्रतिभा भंग कर बैठी थी ?

बाल की खाल निकालकर फूलों की अँतड़ियों में मसल-मसल कर सुगन्ध ढूंढ़ने वाले पारखियों ने भारत की परीक्षा की। विज्ञाता पश्चिम जहाँ तक हाँ न भरे तब तक भारत में चित्र ? मूर्ति ? काव्य ? कला ? भला यह कौन माने ?

आखिर पश्चिमी प्रवाह में हमने चश्मों वाली आँखें पायीं, और लौटकर जो अपना घर देखा तो हम अवाक् रह गये। अटलांटिक हो किन्तु हिमालय भी हिमालय ही है। अनेकान्त के जंगल में आज हम एकान्त की साधना की ओर लौटने को बाध्य हैं। पश्चिमी विशेषज्ञ हमारी कला को शून्य मानता था, वह अब हमारे रंगों में अंक ढूंढ़ने लगा। बाजार से नारी, नर्तकी और प्रकृति के अनेकानेक चित्रों से सजे जापानी परदे हम खरीदते थे, क्योंकि हमारी कला तो कुछ अपवादों को छोड़कर उन अधिकांश वैष्णव और शैव मूर्तियों में रह गयी थी जिनमें पूजा के पुराण-पुरुष को प्रतिभाहीनता में छोटे बच्चों के खिलौनों की तरह आँख की जगह आँख, नाक की जगह नाक और हाथ-पाँव की जगह हाथ-पाँव बनाकर आराधना-वेदियों पर आदर से बैठा दिया है। अपने समस्त हाव-भाव तथा बेचैनियों और उल्लासों को लेकर हमारे सांस्कृतिक ग्रन्थों और विश्वासों के सम्पूर्ण अतिमानव और मानव ने हमारी कलम पर उतरना सीखा ही नहीं। बौद्ध युग और जैन युग की मूर्तियों के हत्यारे हम, 'हस्तिना ताड्यमानोऽपि न गच्छेत् जैन मन्दिरम्' के जहर की खैरात पीढ़ियों को बाँटते आने वाले हम, क्या मूर्तियों के प्रति घृणा बोने वालों की कलम पर मूर्तियों की कला उतरकर आती ? हमने युग बदलते समय मूर्तियों की मूर्तियों से नकल की। नकल पत्थर रह गयी और असल को शताब्दियों की उपेक्षा ने खँडहर बना डाला। हमारा सहस्राब्दियों का संचित मूल, अंधकार में गुम गया और उसका ब्याज पश्चिमी धारणाओं के विलास में उड़ गया। प्रतिभा के द्वार के दारिद्र्य का यह अस्तित्व-

वान् वैभव अपनी सूझ की पीठ पर लादे, भीख मांगते हुए भी 'महाराज' कहलाने में गौरव अनुभव करते हुए हम चले आ रहे हैं। जीवन पर बस होता तभी न कूँची में रस होता ? हमारा 'शून्य' को ब्रह्म मानना यों सार्थक होना था सो होकर रहा !

कलाकार, युगों के पन्ने पलटने से, अमर सत्य के पन्ने नहीं पलटा करते। ऋतु बदल जाने से कभी भी बरसात पुन: आना नहीं भूली। पश्चिम तत्वज्ञ है, कला उनके जीवन के उतार-चढ़ाव का अर्थ है। पश्चिम कोटि-कोटि को एक कहने पर लाचार कर सकता है, किन्तु कोटि-कोटि में प्रेम की एक झांकी देखना यह उसके बूते का रोग नहीं दीखता। अत: उठ कलाकार, तू अपनी इकाई को चित्रित कर। उस वृक्ष पर जहाँ कली फूल बन रही हो, उस जमीन पर जहाँ वृक्ष उठ रहा हो और फूल झर रहे हों—जहाँ उम्मीदें हरी हों और प्राप्ति फेंकी जा रही हो, जहाँ कांटे प्रहरी हों और सुगंधायमान कोमलता चरणों पर उतार डालने की वस्तु हो। यह गर्जन, यह उभाड़, यह अँधेरा, यह नमी, यह बूंदें, यह प्रवाह, यह परिन्दे और यह शेर की दहाड़—रंग की कलम पर चढ़कर आने दे कलाकार ! कि दुनिया जाने कि कलाकार का एकांत कोटि-कोटि घमासानों की बस्ती है। उसका बिन्दु कोटि-कोटि तरलताओं का उछाल है। उसकी चिनगारी की इकाई कोटि-कोटि ज्वालामुखियों का उभाड़ है। पर्वतों की ऊँचाई और सागरों की गहराई की नाप आकार का अर्थ देने वाली किसी कलाकार की दो लकीरें हों, यार मेरे।

[1944 रंगों की बोली]

पत्थर की लिखावट

एक बार चीन देश की एक कहानी पढ़ी थी। वह उसका अनुवाद था, अंग्रेजी में। किसी एक बढ़ई ने एक स्टैंड बनाया लकड़ी का। उसके नीचे का तख्ता जो उसके पाँव बन गया था, इतना चिकना था कि अपनी चमक में उसने कांच के गुण ले लिए थे। जब उस पर ऊँची-ऊँची लाठियाँ लगायी गयीं और उससे बीच की एक आड़ी-तिरछी लाठी को मिलाया गया, तब मानो उसका उठता-सा शरीर बन गया। बढ़ई निर्माता था, स्टैंड निर्माण। नियति को मानो उस समय तक या तो बढ़ई के कार्य-क्षेत्र में हस्तक्षेप करने का अधिकार न था अथवा उसका प्रवेश निषेध था। संभव है, नियति को बढ़ई के घर तक जाने का अवकाश ही न मिला हो। जब स्टैंड का ऊपर का हिस्सा बनाया गया और दायें और बायें के घुमावों में 'गज' लगाये गए तब मानो स्टैंड के सिर लग गया। वह उसे ऊँचा

करके अपने आसपास देखने लगा। उस पर पालिश किया गया। यूँ तो उस बढ़ई के काम की, उस अचल में, कहते हैं बड़ी प्रशंसा थी, किन्तु जब स्टैंड बनकर तैयार हो गया तब बढ़ई के आकलन और उसकी अँगुलियों की प्रसिद्धि चीन देश के उस अंचल के चारों खूँट घूमने लगी, मानो किसी कलाकार की महान रचना है जो उसका शीर्षक माँग रही है। बढ़ई मजदूर था, उसे अपनी मेहनत के बदले रोटियों की आवश्यकता थी। उस स्टैंड की प्रसिद्धि बहुत बढ़ी और एक राजकुमारी उसे देखने आयी। कैसा त्रिकोण बन गया था उस स्टैंड के आसपास—श्रमजीवी बढ़ई था, उसकी मेहनत स्टैंड सामने खड़ा था और उस दाँव पर लगाये जाने वाले पैसे राजकुमारी के रूप में सामने खड़े थे। आखिर सौदा पक्का हुआ। राजकुमारी ने निश्चित निधि से अधिक कहकर उस स्टैंड पर अपना अधिकार सुरक्षित कर लिया और वह अपनी बन्द झालरदार और रेशम के फूलों लगी घोड़ागाड़ी में बैठकर लौट गयी। जाने के पहले बढ़ई से कहती गयी कि मेरा तन्तुवाद्य रखने के लिए मुझे इस स्टैंड की आवश्यकता है। जैसे ही मेरे आदमी आवें उनके हाथ ही स्टैंड भिजवा देना। बढ़ई प्रसन्न था कि उसका स्टैंड पड़ा नहीं रहा, शीघ्र ग्राहक मिल गया। बढ़ई का भतीजा उसके पास ही बैठा था। वह अपने चाचा से बढ़ईगीरी सीख रहा था। वह बोला—

"काका, यह स्टैंड तो बहुत ही अच्छा बना है।"

"किसी-किसी वक्त कोई चीज बन जाती है।" काका ने कहा।

"पर तुम तो इसे राजकुमारी को बेच रहे हो, काका।"

"इसमें क्या हानि है? सुन्दरता का कोई जानकार तो मिला।"

शीघ्र अपनी आँखों में आँसू भरकर उस चीनी बढ़ई के भतीजे ने कहा, "जिस समय राजकुमारी के तंतुवाद्य इस स्टैंड पर रखे जाएँगे काका, उस समय इस स्टैंड के काँधे नहीं दुखने लगेंगे?"

जिस समय मैंने यह कहानी पढ़ी, मेरे जी को बहुत भायी। उस दिन लगा कि कृति के अर्थ महज कसरत करने के नहीं हैं। कृति का क्षेत्र न तो पशु जैसे करतब दिखाने का सरकस है, न खेलने का वह मैदान है जहाँ मानव-शक्ति हार-जीत का खिलवाड़ किया करती है। कृति जुए का खेल नहीं है, वह अपने थोड़े से थोड़े रूप में भी सम्पूर्ण दर्शन है। 'कृति' किसी इरादे का अवतार है, किसी संकल्प की मूर्ति-पूजा।

मूर्ति-पूजा! कोमल अत:करण से मूर्ति बनाते समय कठोर पत्थर तक जो इरादे की, संकल्प की यात्रा होती है और कोमल संकल्प कठोर पत्थर पर जिस तरह हँसता या रोता हुआ उतर आता है, उस समय अंत:करण की विकृति भी मानो सुकृति बनकर मानव के चिंतन के साथ आँख-मिचौनी खेलने लगती है। वृक्षों के हिलते हुए पत्तों में, नदी और झरनों की धारा में, पशुओं और पक्षियों

की बोली में, वह कौन-सा स्थान है, जहाँ हमें नाद ब्रह्म के दर्शन नहीं होते। कौन कह सकता है कि समुद्र की गर्जना और बादलों की मन दहलाने वाली बोली में कोई व्यवस्था नहीं होती। किन्तु पत्थर पर जब इरादा उतरकर बैठता है उस समय न जाने क्या होने लगता है। इरादे की कोमलता और पत्थर की दृढ़ता किस अदा से मिलते हैं मानो दोनों सहोदर बन्धु हों, मानो उनमें दूरी कुछ न रह गयी हो और महानता तथा देवत्व पत्थर के घर बिना बुलाये पहुँच गये हों। जिस ऋतु के सामने लाचार होकर बिजली जमीन पर गिर पड़ती है, बादल बूँद-बूँद होकर झर जाने के लिए लाचार हैं, जिस ऋतु के प्रहार से मौसम के लहराते वृक्षों में पतझड़ आ जाता है, फसलें तुषार से सूख जाती हैं, जिस ऋतु की मार से झरने और सरोवर बिना पानी के हो जाते हैं और नदियाँ क्षीणकाय होकर कराहने-सी लगती हैं, जिस तापमान के बढ़ने से सोना, चाँदी, सीसा, लोहा मानव की रुचि का रूप धरने के लिए लाचार हो जाता है, लगता है, पाषाण ही है कि जिसने इन ऋतुओं की गुलामी के सामने मस्तक नहीं झुकाया। भले ही मनुष्य ने मस्तक झुकाकर अपने आवरण अथवा वस्त्र घटा-बढ़ा लिए हों, भले ही उसने अपना भोजन हल्का-भारी कर लिया हो, भले ही उसने औषधियों का निर्माण कर अपने शरीर को कुछ वर्षों तक चला ले जाने की क्षमता प्राप्त कर ली हो। सच तो यह है, जैसा कि अंग्रेजी के प्रसिद्ध नाटककार इब्सन ने कहीं कहा है कि अपनी कृति के बीचोबीच जो अत्यधिक विरोध के बीच रह ले जाता है और सब कुछ सह ले जाता है, उसे ही महानता कहते हैं। संगीत, काव्य, चित्र, नृत्य और मूर्ति इनके बीच ऋतुओं, परिस्थितियों और उपेक्षाओं तथा सराहनाओं का अत्यधिक विरोध सह ले जाने की ताकत मूर्ति में है और लगता है, केवल मूर्तिकला में है। धर्म-ग्रंथों के सारे उपदेश और जगत् की समस्त प्रतारणाओं के बीच तथा आनन्द के आरोहों और संकट के अवरोहों में से किस प्रकार स्थिर रह जाना चाहिए कि विश्व के इतिहास के ऊँचे उठतों का उठतापन और नीचे गिरतों का पतन अपनी कहानी सुनने वाले के कान से ध्यान तक पहुँचाने पावे, वह अपने अस्तित्व के मतलब को समझाने पावे, उसके टीका करने का तरीका फीका होकर न रह जावे। यह कैसे सधे ? नियति नटी के दोनों हाथ हमारे सामने कैसे बँधें ? पत्थर से पूछ देखिए, शायद उसके पास जवाब है। उसके पास आँखें हैं, पर मिचकतीं नहीं हैं। कान हैं, पर अस्तित्व को बिचकने नहीं देते। मुँह है, पर भोग की लालसा का अभाव है।

यह माना कि मूर्ति भूमि पर ही खड़ी है और उसकी भी कोई पृष्ठभूमि है। वे पहचानी-सी चट्टानें, कभी बिना नोकों वाली सतपुड़ा की गोल चट्टानें, कभी विंध्या की ललाई लिए नोकदार चट्टानें, कभी अरावली के रूप-रंग-रहित कालिमामयी तह पर तह-सी रखी हुई सीढ़ियाँ बनाती-सी चट्टानें, कभी सह्याद्रि

की आनन्द और आतंक का मिश्रण करती हुई शिखरों पर, वृक्षों के कट जाने पर घुटी-सी किन्तु माथेरान और महाबलेश्वर पर अपनी महानता पर नगण्य तृणों, अगण्य वृक्षों और गण्य वृक्ष-राजि को सिर पर चढ़ा-चढ़ा लेने वाली विशालकाय चट्टानें, नीलगिरी की ठंडक देती, सौंदर्य बोती, श्रम हर लेती और मंदिरों को रचना और मूर्तियों के रूप में विशालता प्रदान करने वाली चट्टानें और हिमालय की अपनी दृढ़ हिम-कण जमा कर, उन्हें गंगा, यमुना, ब्रह्मपुत्र और सिन्धु के रूप में विश्व को बाँटकर समुद्र के घर पहुँचा देने वाली तरल चतुर्भुज बनाती-सी धाराएँ, ये मानो इस भूमि की एक ही चट्टान के अनेक चमत्कार हैं।

आकाश की नीलिमा, गुफाओं की कालिमा, पहाड़ों की ऊँचाई, नदियों की भंगिमा, झरनों की संक्षिप्तता और वनों की विशालता, मानो सब कुछ चट्टानों के घर विधाता ने रेहन रख दी हो, मानो अपनी रचना को रहस्य बना देने का विधाता का लालच, सृष्टिकर्ता का लोभ, सृष्टि के इसी भाग में, चट्टानों में आकर पूरा हुआ है और इतनी विविधताओं का निर्माण करके भी रचनाकार को यह ऊब न आयी, "बहुत हुआ, अब खत्म करो।" परम विशालता का भय और परम क्षुद्रता का खिलवाड़ कैसे एक-दूसरे के पास खेलते-से खड़े हैं? जी, ये चट्टानें हैं, यह झरना है, ये वृक्षराशियाँ हैं, ये कोंपले हैं, ये नदियाँ हैं। ये पक्षी-पक्षिणियाँ और उनके बच्चे हैं, मानो कोई प्रतीक्षा कर रहा है कि सारी विशालता मुस्करा उठे। आप मूर्ति के घर जाइए, आपको विशालता मुस्कराती हुई मिलेगी। मूर्ति की हँस सकने की क्षमता पहाड़ों में न ढूँढ़िए, नदियों के घर न खोजिए, महासागरों की दासता न स्वीकार कीजिए, वह मानव की अँगुलियों के पास मिलेगी। वह अस्तव्यस्त नहीं मिलेगी, व्यस्त मिलेगी, उसके हृदय के पास पत्थर पर आविष्कृत होने वाले हाव-भावों में ऐसा सत्य जन्म लेकर आया है, जिसने भू-मंडल के धारणा-मंडल को स्तंभित और पराजित कर दिया है। वह मानो पूछ उठा है—"क्या दृढ़ चट्टान भी मुस्करा सकती है? क्या मुस्कराहट जैसी कोमल और हृदय से उत्पन्न वस्तु चट्टान के ऊपर उतर सकती है?" इस आविष्कार के सामने पृथ्वी के बड़े से बड़े आविष्कार छोटे पड़ गए हैं। प्रतीत होता है कि मनुष्य ने चट्टान के पास बैठकर कहा है—"मेरा भाग्य तेरे भाग्य के साथ, मेरा भविष्य तेरे भविष्य के साथ जुड़ा हुआ है।" मानव-समाज का विश्व-व्यापी नन्हा निर्माण 'संस्कृति' मूर्ति से कह उठी है—"तुम बड़ी बहन हो, मैं छोटी हूँ। मुझ पर तुम अंकित हो, मुझे तुम पर अंकित होने दो।"

अक्षर और अंक मूर्तियों के चित्रण के बाद ही जन्म लिए आये-से लगते हैं। लगता है, अंकन बड़ा भाई है, अंक छोटा भाई है। मानो द्रवन कुरेदन के घर मेहमान आया है। उस अस्तित्व का क्या कहिए जो कुरेदन पर झर पड़ता है या झरण पर कुरेद उठता है।

चट्टानों के कुरेदने की यह कला जब विश्व में बिखरी तब उसे आमंत्रित किया विशालताओं ने। चट्टानों के द्वारा देव-मंदिर निर्मित किये गये और उन मंदिरों में मूर्तियों के रूप में चट्टानों की प्राण-प्रतिष्ठा की गयी। जब मूर्ति का निर्माण हुआ तब प्रकाश और अंधकार के साथ खेलने वाले रंग, प्रकाश और अंधकार मनमाने ढंग से प्रदर्शित करने के साधन मूर्तिकार के पास हों, उसकी यह इच्छा पूरी नहीं हो सकती थी।

यह कमी उसे अपने रचना-कौशल से पूरी करनी पड़ी। उस समय विश्व की ओर झाँकने वाली मूर्ति को अथवा मूर्ति निर्माण करने वाले विश्व को, यह भान नहीं था कि वह मूर्ति को पूजकर किसकी पूजा कर रहा है ? मूर्ति में किस को बहुत नजदीक से देख रहा है, वह कौन है, और जिसको दूरी पर रखकर देख रहा है वह कौन है ? वह है कला। वह झिझकी-सी, घबरायी-सी पराजित-सी, भरमायी-सी, उल्लसित-सी, अपराधिन-सी, आँखें मूँदकर सुदूर को देख रही और सन्निकट की अँगुलियों से दुलरा रही है। मानो वह भगवान् काल का माप-दण्ड है, जिसे एक युग से दूसरे युग की दूरी का संकेत बन जाना है ताकि पीढ़ियाँ यादों के चरण बनकर ऊपर चढ़ी चली आ सकें। यहीं आकर मूर्तिकार को एक मसोस होती है कि आगे आने वाला कोई उसे प्रतिष्ठित नहीं, पराजित करे। 'शिष्यादिच्छेत पराजयम्'। और यह मसोस इतनी बोधक, ऐसी शोधक, दुर्योधन बनकर पीछे पड़ी है कि किसी युग की खैर नहीं।

प्रथम पत्थर पर उतरने वाली अँगुलियों से हम प्रभावित होते हैं, फिर हम नाच और गा उठते हैं, उसके बाद हम चुप हो जाते हैं। फिर हमारे श्रम-बिन्दु मानो क्रम-बिन्दु बनकर रचना को, प्यार-भरी रचना को, मानव-रचना मान-कर, कुछ उस पर अश्रु बरसाने लगते हैं, कुछ नयी रचना करने लगते हैं। जैसे भगवान् काल ने उनके कान में कुछ कह दिया हो। इस पहुँच में सौंदर्य की वासना और सौंदर्य की उपासना बहुत पास-पास खड़ी होती हैं। यहीं आकर लगता है कि जिसने असुन्दर देखा ही नहीं, उसकी सुन्दरता की आराधना अधूरी क्यों न रहेगी ? जिसने अपने हृदय-मन्दिर में असुन्दर को आमन्त्रित नहीं किया, वह सुन्दरता की स्वभाव-रचना का मर्म क्या जाने ! उठे ओंठ और गिरे ओंठ, टेढ़ी नाक और सीधी नाक, खुली आँखें और बन्द आँखें, झुकी कमर और खड़ी कमर, त्रिभंगी अदा और भंगिमा, ये और इनके भाई-बहन, जीवन, कला और श्रम का एक व्याकरण बनाते हैं। ये समर्पणशील दर्शक को पत्थर की मूर्ति के सामने बैठाकर पत्थर बना डालते हैं। यहीं आकर मानो तुलसीदास की वाणी सत्य होती है—'गिरा अनयनु नयनु बिन बानी।' इसी स्थान में से कालिदासों और भवभूतियों का जन्म हुआ करता होगा।

लगता है, विशालता जब पराजित होती है, तब भी बहुत सुन्दर लगती है।'

विशाल मूर्तियों के निर्माता से भी उनके बाल अभी भी तो नहीं बन पाते हैं। अपनी पराजय की विशाल धारा के किनारे बैठकर विजय ने कितने अचंभे से काल की मुस्कराहट को देखा और पढ़ा होगा। उस समय वह कह उठा होगा—"नहीं, अन्धकार का भार नहीं बन सकता, क्योंकि किरणों का श्रृंगार नहीं बन सकता।" लगता है, रचना की उच्चता से भविष्य की रचना की भूखें, कुछ कम सुन्दर नहीं हुआ करतीं। इस समय जिस मंदभागी को देश, काल और पात्र याद रह जाये, वह सम्प्रदाय का ही गायक हो सकता है, सृष्टि का नहीं।

इसी ने, इस स्वप्नशील मूर्तिकार ने, एक दिन कहा था—"मैं नदियों को बाँध दूं, पहाड़ों को तोड़ दूं, हल्के या भारी पुल बना दूं।" महल मेरी कृपा के गुलाम हैं, राजमहलों के शिखर में मेरी चमक है, खदानें मैंने खोदी हैं, आविष्कार मैंने किये हैं, स्वर मेरी गति है, स्वाद मेरी रचना है, पथ मैं बनाता हूँ, रथ मैं चलाता हूँ, घटना से घटना को मैंने जोड़ दिया, अवरोध मैंने मरोड़ दिया, संकट मैंने तोड़ दिया, गति में मैं दौड़ रहा हूँ। प्रगति में मेरा मस्तक ऊँचा है, महाभिनिष्क्रमण सध सके, उसके पहले के छोटे-मोटे आक्रमण मेरे हैं। समुद्र मुझसे बोलता है, चाँदनी मुझे भोजन देती है, सूर्य-किरण प्रकाश से मेरा अभिषेक करती है। मैं लिपटा हुआ विश्वास हूँ, सतरंगी की तरह। पीढ़ी आ रही है कि उसे चौड़ा करे। साँस वाली दुनिया जिन दिनों कटती और लड़ती होगी, साँस से अकलंकिता मुझे वह बचाकर रखेगी। यदि बचाकर रखेगी तो संस्कृति जीवित रहेगी, संतानों के मार्ग-दर्शन में कठिनाई न होगी, मानवता का सदियों का लेखा-जोखा नहीं बिगड़ेगा।

कौन नहीं मानता कि कला वह है जो मृत्यु पर जीने का बल देती है, मानो अस्तित्व जीतों का बल और बीतों का कब्रिस्तान है। इब्सन ने कहा है, "जो जितना विरोध भोग सके वह उतना ही महान् है।" क्या ऋतुओं का विरोध मूर्तियों से बढ़कर कोई झेलता है ? क्रिया का अर्थ है कला, यदि वह कसरत नहीं करने लगे। कसरत करती हुई क्रिया, कला नहीं हो सकती। उसने दोहराहटों के राग को दोहराहटों का दाग बना दिया है। दर्शन की धारणा, विश्लेषण की भावना और रचना का सत्य इसी घर आकर हार गया। कहानी को रसीली बनाने के फेर में, कला कुलवधू से वेश्या होने लगी। कर्म यहीं आकर मानो अपने दायें-बायें के उपसर्गों और विशेषणों पर अवलंबित हो गया।

जीवन पर उतरने वाली घटना और आँसुओं पर निर्माण होते दृश्य, कथनी में से, सत्य में से, कला में से, धर्मग्रंथ में से, विजय में से, पराजय में से, अनुनय में से, अनुभव में से कहीं से, किसी दरवाजे से, किसी प्रलयंकर अथवा शंकर मार्ग से आ, तेरा स्वागत है।

[अक्टूबर 1930, भारती; रंगों की बोली]

नन्हा निर्माण रो रहा है : निर्माता कराह रही है

मेरे वातावरण में और मुझ में सामंजस्य ढूँढ़ना, मेरे और वातावरण के, दोनों के साथ अन्याय करना है। व्यक्ति, जीवधारी और वस्तु कोई भी धक्का दिए बिना आगे बढ़ने का नाम नहीं लेते। अब या तो यह कोशिश कीजिए कि भूल-कर धक्का मत दीजिए, और जमाने को जहाँ पाया था, वहीं रहने दीजिए, उसे जरा भी आगे न बढ़ने दीजिए; बस इतना देख लीजिए कि आपके पास ऐसे प्रचारक, ऐसे साधन हैं कि जो आपके निजत्व को देवत्व कहकर ढिंढोरा पीट ले जायँ। या फिर इस असम्भव को सम्भव कर देखिए कि आप जमाने को धक्का तो दें, किन्तु वह नाराज न हो; अपने जीवन की जहाँ-तहाँ कैफियत देते बैठिए, और अपने स्वार्थ क्षेत्रों को हानि पहुँचने से बचाइए। किन्तु आप अपने प्रति तथा युग के प्रति ईमानदार हैं, तो जीवन-मरण के ये दोनों पथ आपको स्वीकृत न होंगे। आप गरीब रहना स्वीकृत करेंगे, किन्तु जमाने को एक ठोकर देंगे, इसलिए कि वह आगे बढ़े !

उस समय लोग आपको अकेला छोड़ देंगे। किन्तु समस्त निर्माण, प्रजनन तक, एकान्त ही की कृपा का फल है। उसकी पहिचान तो, द्वार पर बजनेवाले बाजों के पीछे उस सत्य से होती है, जहाँ निर्माण रो रहा है, और निर्माता कराह रही है।

यदि चरम एकान्त, या परम एकान्त तुम्हारी साधना है, तो लोगों से प्रेम की भीख न माँगो बल्कि ऐसे बरतो कि तुमसे घृणा हो जाय ! ऐसे ही समय तो हीरे और पत्थर के बीच की विभेदक रेखा खींचने में समर्थ हो सकोगे ! क्या तुम्हें पता है, कि घृणा वहीं होती है, जहाँ अनन्त प्रेम की उपेक्षा की जाती है। घृणा और प्रेम मानो जीवन के प्रवाह के दो तट हैं। स्वागत से जरा घबड़ाकर रहो, तो तुम्हारी प्रतीक्षा अपेक्षा करेगी ! उपेक्षा और अपेक्षा, दोनों एक-दूसरे की शत्रु भले दीखें, किन्तु वे दोनों हैं माँ-बेटियाँ ! जहाँ अपेक्षा है, वहाँ तुम्हारे लिए क्या नहीं है ?—हाँ उस अपेक्षा का जन्म उपेक्षाओं में से हुआ हो ! मोह, बहुत अस्थिर वस्तु है—इधर तुमने दी, उधर उड़ गयी। देनेवाले को लगा, उसने बहुत दे दिया, और लेनेवाले को लगा, उसके प्रास कुछ पहुँचा ही नहीं। आस्कर वाइल्ड ने एक बार लिखा है—'Every man kills the nothing he loves.' प्यार के अतिरेक को ही तो घृणा कहेंगे। फिर किसी के खिलाफ शिकायत क्यों हो ! नेह, द्रोह की पृष्ठभूमि पर इतना चमका है कि जीते-जी मजहब और समय बीतने पर इतिहास बन गया। 'मिलन' कुछ दे यह प्रायः कम देखा जाता है; ईमानदारी हो तो विरह ही समस्त वैभव प्रदान करता है। विरह ईमानदारी की माँग करता है। विरह अतिमिलन की क्षुद्रता से उत्पन्न विष का शमन करता

है। प्राप्ति जिन स्थानों को नरक बना देती है, पाने की लगन, बेचैनी, उसे फिर धरा-धाम में स्वर्ग बना देती है, केवल तुममें प्राप्ति को हँसकर छोड़ सकने की क्षमता होनी चाहिए। स्वामी रामतीर्थ ने कहीं लिखा है—

भागती फिरती थी दुनिया जब तलब करते थे हम
अब जो नफरत हमने की, वह बेकरार आने को है।

प्राप्ति तो भैंसों के कीच में लोटने जैसा सुख है। मानने का-सा धन्धा है। अप्राप्ति, जीवन के अन्तरतर से, नवनवोन्मेष के साथ वैभव विस्तार करने का खजाना है। जिसके पास प्राप्ति पहुँच गयी, उन मन्दभागियों को कोई दूसरा शत्रु क्यों चाहिए? अपने प्यार से रोष ले लो, और दोष लगाने की अनन्त खैरातों के बाद भी देखोगे, प्यार का और तुम्हारा जीवन, ज्वाला में जल-जलकर सोने से कुन्दन बन गया है। किरन जालों में उसका प्रभात क्यों माँगते हो, दिशाओं का भान भुला देनेवाली रात माँगो, और देखो, जीवन, अन्तर से तुम्हें कैसी दिव्य दृष्टि देता है।

लार्ड विलिंगडन ने, गांधीजी पर संकटों की वर्षा करके ब्रिटिश राज को सुरक्षित बनाया था। उसका गर्व था—'I have buried him deep down.' किन्तु सन् 33-34 का यह स्वप्न सन् 47 तक भी ब्रिटिश राज की रक्षा न कर सका! रात तो निर्माणकारिणी होती है, उसका अँधेरा सृजन की लाचारी होता है। अभावों का जागरण ही भावों की जाग्रति में सफल हो सकता है। प्राप्ति से एकान्त में पूछो कि ईमान के उन्नत बाजार में उससे अभागा भी कोई है क्या? दुविधा स्वीकार कर लो तो, सुविधा समस्त वैभवों समेत नग्ना और अनाथ दीखने लगेगी!

और आस्तिक के लिए तो,—माइकेल मधुसूदन दत्त की विरहिणी ब्रजाङ्गना की, श्री मैथिलीशरण गुप्त द्वारा अनूदित ये पंक्तियाँ, कितना नहीं दे देतीं—

जिन आँखों ने देख लिया
प्यारा घनश्याम, बिना बाधा,
वे कैसे कह पायेंगी री
कुल-कलंकिनी है राधा।

अपनी भाषा को ऐसी न होने दो, अभी श्रद्धा को इतनी अनाथ न करो कि:

"वह विवाहित हो, पर पत्नी न बन पावे; उसके प्यार से छोटे हों, किन्तु उसे भाभी कहलाते लाज़ लगे! उसके प्यार की भी हो, किन्तु न यह सास बना सके न वह बन सके। जिसमें निवास हो वह घर तो हो, परन्तु सराय जैसा, वह उस घर की मालकिन न बन सके। उसके अपने नन्हे-निर्माण हों, किन्तु उसे माँ कहलाने का न गर्व मिल पाये न स्वाद! अपनी साँस को पराजित की लाचारी बनाकर जीयो? क्यों? उठो, प्यार को प्राण दो; छोटों के सिर पर

हाथ फेरो; प्यार की जन्मदात्री में चरणों को सुहलाओ; घर के कोने-कोने पर, अमृत-वल्लरी की तरह छा जाओ; निर्माण को माँ कहने दो—उसे चूमकर गोद में उठा-उठा लो! खयाल रखो, साँसों की एक सीढ़ी चुकी कि अन्य सब सीढ़ियों में रस का अभाव हो जायगा। भोजन-गृह की माँ बनकर रहो, 'महराजिन' बनकर क्यों रहती हो? नवधा की अर्चना में रहो, पाँवों की जूती तो कलह, द्वेष और आलस्य ही बनाते हैं। सौन्दर्य प्रशंसा भले दे, ईमानदारी सर्वस्व देती है, और श्रम तथा सेवा वन्दन की झड़ी लगा देते हैं।

उस समय चाँदनी रात न होगी, वह होगी गृह-जीवन का चमकता हुआ स्वप्न! वह होगी, चाहों के अतिरेक का प्रथम प्रकम्पित चुम्बन! ऐसा चुम्बन भी बरसे, अभाव पर भी बरस-बरस उठे! वह होगी, शरीर की बेड़ियाँ तोड़कर, जो भाव पर जीवन को बन्धन-मुक्ति में, तमोमय प्रकाश में, उज्ज्वल एकान्त में डुबो-डुबो देनेवाली!

आकर्षण का बाजार लगाकर बैठ जाइएगा, तो निर्माण का एकान्त, बलिदान की साधना कहाँ पाइएगा?

[अमीर इरादे : गरीब इरादे]

बच्चे : भगवान् की कीर्ति, भगवान् की मूर्ति

नन्हे बच्चों से भरा हुआ परिवार, प्रभु के सान्निध्य का पहिला धर्मक्षेत्र है। यहाँ भगवान की मूर्ति के ही नहीं, कृति के ही दर्शन होते हैं। जहाँ भगवान की एकरूपता के ही नहीं, जहाँ भगवत-सृष्टि की विविधता के भी दर्शन होते हैं।

यह जो एक ओर रूढ़ि और दूसरी तरफ के संस्कार कहे जाते हैं, जिनके निर्माण, निर्णय, अवतरण और आचरण का संयुक्त नाम संस्कृति है, इन सबका फल आधार तो नन्हे और बड़ों से बना हुआ परिवार ही है। मैं तो उसी को परम वैष्णवता कहता हूँ, जहाँ संस्कारों की रग-रग से परिवार में समर्पण, निर्माण और बन्धुत्व का महासागर उमड़-उमड़ उठे। जहाँ बहिन, बेटी, माँ और घर की रानी रमणी, सम्मान, श्रम और समर्पण की एक-सी और एक ही जमीन पर साथ बैठ सकें।

जहाँ समर्पण, प्रभाव, रुझान और श्रम में पति और पत्नी मिलकर, भवन को संस्कारों का देव-मन्दिर बनाने में सफल हो सकें। जहाँ बच्चों की किलकारी मुस्कुराहट, शरारत और श्रमशीलता की इसलिए कद्र होती है, कि माता-पिता समझते हैं कि वे जगत में हमने नहीं दिए हैं; किसी अप्रत्यक्ष-महान ने हमारे द्वारा उन्हें जगत के निर्माण के लिए भिजवाया है। जब परिवार, मेरी बहिन

ऐसा-सा लगता है, तब मैं बहुत आकर्षित होता हूँ। परिवार भी एक छोटी-सी सरकार ही है, जहाँ के प्रजाजन यानी आश्रित और बच्चे अपने प्यार और समर्पण में श्रम के साथ-साथ शरारत मिला-मिला देते हैं। जहाँ के राजा, यानी सरकार यानी माता-पिता या बड़े, प्यार और नियन्त्रण में भी, समर्पण नहीं भूलते! जरा बच्चों की तोतली और विना तोतली बोलियों को तो देखो, वहाँ से कैसा, कितना मीठा, कितना सच्चा साहित्य निखर और बिखर रहा है। जो ऐसे मीठे अथवा परेशान करनेवाले परिवार का नियन्त्रण नहीं कर पाते वे देश का, और समय का नियन्त्रण करेंगे?—राम कहो! उनकी समझ की 'माप' के आदमी अल्ला मियाँ ने पैदा नहीं किए; और खुद इतने 'बड़े' हैं, कि क्या मजाल जो किसी की समझ में आ जायँ! श्रीकृष्ण जब आपको प्रकट करने के लिए प्रस्तुत हुए, तब लगता है, वे हमारी गोद में खेलने के लिए मचल पड़े; भले ही मथुरा से वृन्दावन वे आये हों, या पेट से गोद में पधारे हों। दिन और रात के जागरण, भरण-पोषण और संगोपन द्वारा हमने प्रभु-मूर्ति को अपना दूध और दुलार दिया है। और वेदान्त-दर्शन में इस सहज सत्य को कितने भोलेपन से व्यक्त किया है कि जो व्यष्टि में लिखता है, वही समष्टि में मिलता है। जो बीमारों की सेवा नहीं कर सकते, वे व्यर्थ कहते हैं कि नवधा भक्ति से उन्हें कुछ लेना-देना है। सेवा और समर्पण ही, प्रार्थना के शब्दों के अर्थों को, अपने पंखों पर प्रभु तक पहुँचाते हैं। भगवान ने, हमारे व्यक्तित्व को पानीदार बनाने के लिए कैसी बाढ़ या पाठशाला बड़ों और छोटों की खोलकर हमारे पास रख दी है। इस पाठशाला का विद्यार्थी ही, विद्यार्थी और अध्यापक साथ-साथ होता है। टाट-पलन्दर और संदूक के अन्दर हम नहीं हुए, हमें तो गुदड़ियों की गोद और हिंडोले-सी गोद मिली; तब नवाबजादे जमीन पर पैर रख सके! और जरा दूर और पास दृष्टि डालो तो सारी सृष्टि में, यही दृश्य, ये ही उपकरण काम करते दीखेंगे; सब सृष्टि का प्रभु जो एक है। झूला झूलै तो वो, गायें चराये तो वह, मैया को खिझावे तो वह और सृष्टि-संहारकों को मार भगावे तो वह!

अणु में महान् और खण्ड में ब्रह्माण्ड देखने में यदि भूल हो गयी; तो भूलें हम; रचना में कहीं भूल नहीं है। सच तो यह है कि स्वर्ग में और क्या मिलेगा? —प्रभु! समर्पण, सेवा और प्रेम मिल गये, तो पृथिवी से आकाश तक मानो हम ही ने अपना स्वर्ग-निर्माण कर लिया, उसकी सीढ़ियाँ बना लीं। व्यष्टि और समष्टि में अन्तर है ही कहाँ? सुव्यवस्था, सद्-व्यवहार और शिक्षण; श्रम, त्याग और बलिदान; प्रेम, बन्धुत्व और कमाई; इनके सिवा समष्टि का काम यदि नहीं चलता तो क्या व्यष्टि का चलता है? कबीर का 'जहँ जहँ डोलो सोइ परिकरमा, जो कछु करों सो सेवा' के अर्थ में लें तो व्यष्टि और समष्टि में दूरी न होने का भेद हमारी समझ में शीघ्र आ जावे!

हम जब प्यार करते समय या बरतते समय, प्राप्त को अधिक सस्ता अधिक मूल्य-रहित बना देते हैं, तब मानो स्वर्ग की सीढ़ियों को घुमाकर नरक के उतार में परिवर्तित कर दिया करते हैं ।

जब मैं अपनी किसी फिसलन पर जम के डटा रहूँ तो पीढ़ियों से क्यों आशा करूँ कि वे न फिसलें !

निर्माण के देव-मन्दिर में हम सी० आई० डी० भी रच लें; किन्तु क्यों न अपने पर ही सी० आई० डी० हों ? चिपकते से चिपचिपे को पीढ़ियाँ ही नहीं नौकर-चाकर भी नहीं चाहते। यह वह प्रेम है, जिसका पर्यवसान घृणा में होता है। सनेह को जिलाये रखने के लिए, और श्रम की प्रतिष्ठा को सौभाग्यशीला रखने के लिए जिस रस की जरूरत होती है यह चिपचिपापन, उसी रस को खो डालता है।

श्रद्धा को अन्ध-श्रद्धा बनाने का मोह हमें हुआ कि उससे विनाश की सृष्टि हुई। क्योंकि अन्धश्रद्धा का पिता असत्य और माता-पिता विवेक-हीनता होते हैं। अन्धश्रद्धा श्रम, कर्तव्य और प्रेम की हत्या कर 'पूजा' का आवाहन करती है। अन्ध-श्रद्धा, बिना जरूरत उत्तेजित मन की परम असत्य यानी उसकी छाया है ।

अत: आत्म-समर्पण को आत्म-श्रद्धा से बचाये रखने के प्रयास जारी रखने से सफल हो सकें, तभी श्रम के वेशों, समर्पण के केशों और किलकारी नरेशों को निर्मल गोदें प्रदान की जा सके !

[अमीर इरादे : गरीब इरादे]

जीवन-नाटक

'जीवन-नाटक' कहने वाले लोग जीवन की गुरुताओं के प्रति जाने क्यों उदासीन हैं। जीवन में तो आना भी हमारे बूते का नहीं और स्वाभाविक जाना भी हमारे लिए खिलवाड़ नहीं । नाटक में तो हम जायें-जायें, न जायें न जायें और जब चाहें तब लौट आवें। अत: यदि जीवन खेल भी हो, तो उसके परिणामों की गंभीरता से इन्कार नहीं किया जा सकता ।

नाकाफी उपादानों से काफी उपयोगी तत्त्व निकाल ले जाने की कला को जीवन क्यों न कहें ?

जीवन ईश्वरीय अँगुलियों से लिखी हुई एक साँस लेती हुई गप्प है । परिणामों की क्षमता तो उसमें मानव ही को उत्पन्न करनी होती है।

जीवन स्वीकारात्मकता से संग्रह की गवाही है । इसीलिए नकारात्मकताओं से लड़कर वह अपना अस्तित्व सिद्ध किए रहता है। जीवन कला की तरह है;

जिसमें लिखना कुछ चाहते थे और लिख कुछ डालते हैं।

जीवन का सामंत जरा ऊँचे तनकर करने का अभ्यास है—डालो।

जीवन न आँसुओं से भरा है, न अर्थहीन खिलखिलाहटों से। वह तो संघर्षों से भरा है। वे बढ़ते हैं जो संघर्षों में खिलखिला सकते हैं। वे गिरते हैं जो बिना संघर्ष भी कल्पना के शत्रु से घबराकर रोने लगते हैं।

जीवन इन्द्रधनुष की तरह रंगीन हो, किन्तु उन रंगों के श्रम से एक रंग, बेदाग रंग, श्वेत रंग बनना चाहिए।

जीवन 'हाँ' नहीं है, 'ना' भी नहीं है। जीवन है अनिवार्य।

[अप्रैल 1956, समाज; रंगों की बोली]

मानव महान

'पत्थर पाकर जिसने प्राणी और उस के मनोभावों को उस पर उतार दिया।

पर्वत पाकर जिसने गुफाएँ और बोगदे बना लिए;

रंग पाकर जिसने विधाता सी रचना कर दी।

कंठ पाकर जिसने निगलने और उगलने के उस छिद्र में से बोलों ही को नहीं अनमोल बना दिया, जाने किस स्थान से उसने मीठी लहरें काढ़कर संगीत का सर्जन कर दिया।

हाथ-पाँव के हिलने-चलने में अपने जीवन की लाचारियों पर उन्हें काम में लाने के बजाय जिसने उनके संचालन और मनोभावों के प्रकटीकरण से अभिनय निर्माण कर दिए और जीवन को पाकर जिसने विधाता की सृष्टि पर अपनी दृष्टि रखकर, प्रलय और परिवर्तनों के रूप में, जगत् को नये से नया बनाने की साध में बना-बनाकर तोड़ा और तोड़कर बनाया और इस तरह एक कुशल नेवले की तरह समय के साँप के तीन टुकड़े कर उसे मारता, फिर जिलाता चला गया। उस जादूगर मानव के महान निर्माण पर मैं श्रद्धानत हूँ।

[मई 1956, नया जीवन; रंगों की बोली]

अधूरे प्रारम्भ

कितने प्रारम्भ अधूरे रह गये?

मेरा 'कभी-कभी' जब जागता है, मेरी निराशा को सुला देता है।

उस समय ऐसा लगता है, मानो प्रभु जाग उठे।

उस समय ऐसा लगता है, मानो अन्तर का अन्धकार वाणी की गंगधार पर, प्रकाश बनकर प्रतिबिम्बित हो उठा है; उस समय ऐसा लगता है, मानो वाणी ने अपने आवरण फेंक दिये हैं, वह समर्पणशीला हो उठी है। उस समय कोटि-कोटि इच्छाएँ अपने रक्त से सुहाग लिखती हैं, और, अर्धनग्न साधना, अपनी दोष-हीनता से विदुर-वधू होकर अपने प्रलय-वीणा के वादक को केले फेंक-फेंककर, केले के छिलके खिलाती दीख पड़ती है।

हाँ—तो मेरा 'कभी-कभी' जब जागता है तब मानो वह प्रारम्भों में प्राण देने के लिए; किन्तु केवल प्रारम्भों में। इरादों की अस्थि-ढेरियाँ, कितनी पड़ी रह गयीं, अधूरापन बनकर।

मानो यह कहती हो प्रकृति, कि 'पूर्णता' सबके बूते का रोग नहीं है।

मानो पूर्णता, अल्पता के अव्यवस्थित संग्रह का लेखा-जोखा हो। मानो पूर्णता नाम की कोई वस्तु ही न हो : जहाँ प्रारम्भ किया, वहाँ श्रीगणेश, वहाँ जूड़ा डाल दिया, वहाँ पूर्णता।

किन्तु प्रभु की अव्यवस्था में भी, कितनी सुन्दर व्यवस्था है !

जब क्षण, इच्छाओं का बलिदान माँगता हो, और जब प्रभु, दोष-हीनों की माँग करे जो सर्वस्व चढ़ा उठे, तब वह केवल बोलता नहीं है, वह भाग्य लिखना छोडकर, स्वयं रचनाकार बनकर बैठ जाता है।

वह पूर्ण है, क्योंकि उसका प्रारम्भ शंकाओं से भरा हुआ नहीं, उसका सृजन थकावटों से बोझीला नहीं।

प्रतिमोहीन हम। प्रभु के उन अनहोने निर्माणों को जान ही उस दिन पाये, जिस दिन हमने उनकी साँसों के अंगारे देखे।

चिता, मानो हमारे अस्तित्व की भाषा टीका हो।

किन्तु टीका में, मूल काव्य का रस कहाँ ? वह तो साँसों के साथ उड़ जाता है।

अतः सूझों के डोरों को सूरज की किरणों के साथ बुनकर, जो चादर बना पाते हैं, वे स्पन्दनशीला साँसों को, उनकी ताजगी के साथ, अपनी यादों में बाँध लेते हैं।

वे मानो उनमें से प्रत्येक साँस की सुगन्ध में, पूर्ण मानव का आभास पाते हैं।

बचपन, आँगन और चौपाल में से खेल-खेल की मस्ती में से उठे; अपराजिता स्नेह-भावना, मानो शरीर को देव-मन्दिर मानकर, उसकी एक ईंट भी टूटने नहीं देती; और मन मानो आराधना की वृत्तियों का संग्रहालय है, जिसके लिए साँसों को विज्ञापन नहीं देना होता। अपना कुछ न होते हुए भी जहाँ तक प्राण जाता है; वहाँ तक प्यार जाता है; जहाँ तक जागता हुआ सपना है, वहाँ तक सभी कुछ अपना है। प्यार वह, जिसे कोई सेनानी, कोई नायक, कोई सन्त

भूल नहीं सका; जिसे छोड़कर आगे न बढ़ सका; मानो वह प्राण के पौरुष-व्यापार का मूलधन था।

अपराध, यन्त्रणा, कारागार, बेसमझी, बदनामी और विनाश का तांडव सबके बीच उन्हें एक ही वरदान प्राप्त है; वे प्राणों की वायु, सूरज की किरण, और टूटी बैलगाड़ी की तरह धीरे-धीरे सरकती ऋतुओं में अपने प्रभु की अँगुलियों के दर्शन करते हैं। वे मानो राम की रामायण में भी, उपद्रव के क्षणों भरत का जीवन-दर्शन करने लगते हैं।

निश्चित वे, कितनी चिन्ताओं से घिरे हुए। अपने अज्ञान के प्रदर्शन के प्रति सजग वे, कितने बीमारों को अपनी मसीहाई से मुक्ति प्रदान करते से। 'स्वामी' वे, कितनी कठोर मजदूरी करते हुए कि जिसमें रूप, स्वाँग और आकार सब विलीन हो उठें।

मानो, 'ज्ञानपीठत्व, धन्वंतरित्व और मज़दूरी' का सम्मिलित पूजामय नाम, उनकी पहिचान हो।

दुखियों के लोक की ओर वे बढ़े, मानो प्रभु का आशीर्वाद, प्यार के देश में, सिसकतों की ओर प्रगमनशील हुआ।

वे बढ़े और उस दिशा में मानो प्रभु का आशीर्वाद उनके साथ बढ़ा।

और संकट मिला, मानो प्रभु मिल गये, परीक्षा-भवन के परीक्षक बनकर। मानो दिन आ गया, उस सबके सिद्ध करने का, जिसका विभ्रम देश ने, वाणी ने, व्यवहार ने, किंवदन्तियों ने और अपने आत्म-संकीर्तकों ने फैला रखा था।

मानो 'नास्ति' के नीले आसमान पर, आस्ति के अक्षर ऊँचे पर उठकर, तारों की भाषा में लिखने का दिन आ गया।

तुकाराम ने कहा, "प्रभु, मैंने अपनी मौत जीते जी अपनी आँखों देखी।"

क्या मौत ?

ना, भस्म की ढेरी जैसे अन्धकार में से, सूरज की किरणों जैसा, वह उठा सोना बिखेरता जीवन।

भगवान आया ?

ना जी, वह मनुष्य आ रहा है।

[1957-58, रंगों की बोली]

यथा नियुक्तोस्मि तथा करोमि

लोग फूल तोड़कर सुखी होते हैं, मुझे फल तोड़ने में मजा आता था। इसलिए नहीं कि मुझे फल खाने का लालच था। ना, मैं फूल से दूर रहने में सुख

पाता था, फूलों को तोड़ डालने में। फूलों को यदि हाथ लगाता, तो मेरे प्राण छटपटाते। फूलों को तोड़कर खेलने वाले बच्चे मुझे बोझ मालूम होते—आँखें उनका देखना सँभालते समय, उसी तरह बेचैन होतीं, जिस तरह स्टेशन का कुली, अधिक बोझ और अधिक वस्तुओं से बेचैन होकर अपना सामान इधर-उधर गिर पड़ने पर दुःखी होता है। फूलों को तोड़कर गजरे बनाने वाले माली मुझे ऐसे मालूम होते, मानो बालिकाओं की अस्मत बाजार में बेचकर, कोई दलाल अपनी रोटी कमा रहा हो। फूलों को तोड़कर गुलदस्ते सजाने वाली टेबलें मुझसे कहतीं—यहाँ इरादों को कलम करके उनका अचार बनाया जाता है, संकल्पों का सिर काटकर दुनिया का मन हरषाया जाता है, और वृक्षों का फूला हुआ कलेजा काटकर, अपनी कलम और अपने जीवन का उद्देश्य ध्वनित किया जाता है। जब मैं, फूलों को किसी देवता पर चढ़े देखता, तब मुझे मालूम होता कि एक बेटा पाने के लिए, किसी ने किसी के सौ-सौ बेटों के सिर काटकर, अपने वनमाली को किसी ने मुंडमाली, अपने शिव को किसी ने अशिव बना दिया है, त्रिपुंडधारी को नरमुंडधारी बनाकर पूज रहा है।

गरज यह है कि यदि कोई फूल को छू देता तो ऐसा दुख जाता, मानो मेरा पका फोड़ा छू गया। यदि कोई मुझे माला पहना देता तो ऐसा मालूम होता, मानो कोई अपने पड़ोसी के बेटे के मांस से भोजन बनाकर, मेरी दावत कर रहा है। किन्तु यही बात फलों के विषय में न होती। मैं वृक्षों में उन्हें लगे देखता, तो जमीन से पत्थर उठाकर उन्हें मार-मारकर तोड़ता। यदि पत्थर चुक जाते, तो नजदीक के चबूतरे पर, अपने मौन, अपनी अकर्मण्यता, अपने बोझ, अपनी रूप-रहितता और अपने पत्थर-पत्थर होने के अपराध के कारण, सिन्दूर लगे और बिना लगे, जितने पर्वत फल खुले आसमान और बदलती ऋतुओं में, प्राण न होते हुए भी तपस्या का 'कष्ट' सहते होते, उनमें की—उठाकर फेंकने योग्य तौल की—रंगीली और बेरंगी चटैयों-बटैयों को उठा-उठाकर मैं वृक्षों में दे मारता और फलों को तोड़कर नीचे गिरा देता। फूल मुझसे पूछता कि मेरे प्रति रहने वाली ममता का कारण? फल मुझसे पूछता कि फूल-जन्मा होकर भी, मेरे प्रति रहने वाली क्रूरता का कारण? फूलों के प्रश्न के सम्मुख मेरी भुजाएँ कुंठित थीं। फलों के प्रश्न के सामने मेरा दिल लाचार था। फूलों को देखकर आँखें पानी छोड़ती थीं; फलों को देखकर अँगुलियाँ सरसराती थीं—उनमें खुजान-सी चल उठती थी। मेरे पिता अभिनन्दन शर्मा शास्त्री, मेरी इन हरकतों से खूब परिचित थे, क्योंकि मेरे घर के ठाकुरजी फूलों के बोझ ढोते थे, जिसमें मैं हस्तक्षेप करता था और मेरे पिताजी के फलों के बाग थे, जिनकी आमदनी से मेरे परिवार का भरण-पोषण होता था और जिस बाग की बहारों के खरीददार कुँजड़ों, देखरेख करने वाले मालियों, मोट हाँकने वाले हरवाहों, बैल-गाय चराने

वाले चरवाहों, बाग में काम करने वाली 'रेजा' मजदूरिनों, गोसारे साफ करने वाली कामदारों और बाग की नालियाँ ठीक रखने वाले और नालियों से नालियों में पानी पहुँचाने वाले और उन्हें जलदाता बनकर जरूरत के अनुसार तोड़ने और जोड़ने वाले रोजनदारों को आम हिदायत थी कि वे मुझे बाग में हरगिज न आने दें। मैं अपने बाप का एकलौता बेटा, परन्तु जल में रहकर जल से दूर रहने वाले 'कमलपत्र' की तरह वेदान्ती अपने बाग के फूलों और फलों के झाड़ से दूर। फर्क इतना ही था कि कमलपत्र पर जल स्वयं ही नहीं ठहरता, और मुझ पर पहरेदार तैनात रहते कि कहीं मैं बाग में न घुस जाऊँ। जंगली जानवरों के लिए, केवल एक रखवाले कद्देआदम लकड़ियाँ जमीन में गाड़कर, उन पर औंधी रखी हुई छोटी-छोटी मिट्टी की हँड़ियाँ और उन हँड़ियों पर चूना पुता हुआ—इस तरह जानवरों को धोखा देने के लिए बनाए गये नकली इन्सान, बाग के आस-पास जानवरों को पकड़ने के लिए लगाए गये रस्सियों के फन्दे और काँटेदार तारों की बाड़—ये प्रयत्न काफी थे। किन्तु मेरे न आ जाने के लिए बाग के हर नौकर को पिताजी की राजधानी से पुलिस कान्स्टेबल, जेलर और न्यायाधीश के अधिकार प्राप्त थे। यहाँ अपील नहीं होती थी। सजा हर वक्त बहाल रहती। तिस पर भी, फल तो टूटते, नौकर दंड पाते और हम बाप-बेटों की आँखमिचौनी जारी रहती। मैं बहुत सोचता कि आखिर मैं फल क्यों तोड़ा करता हूँ ! किन्तु मैं जवाब न दे पाता। आज भी मेरे पास कोई जवाब नहीं है। पिताजी गहरे शोध के बाद और अनेक शास्त्रियों से सलाह लेकर कहते, यह मेरा 'स्वभाव' है। मैं फूलों के पास घंटों बैठा हूँ परन्तु यह विश्लेषण न कर सका कि उनके प्रति रहने वाली ममता का कारण क्या है। मैंने फलों की लाशों की ढेरी के पास बैठकर सोचा है कि उनका अपराध क्या था। मिठास ? मनोहरता ? आकृति ? पहुँच से परे होना ? उनमें कुछ मिलने की आशा होना ? इनमें या तो सब सच है या कुछ भी सच नहीं। छोटे-बड़े, खट्टे-मीठे, जरूरी-गैरजरूरी, सुन्दर-असुन्दर इनमें से कोई भेद न था जो मुझसे फल तुड़वाता था। मैं तो मानो फूल न तोड़ने के लिए फूल न तोड़ता था, और फल तोड़ने के लिए फल तोड़ता था।

[नवम्बर 1956, त्रिपथगा; रंगों की बोली]

अबोला समर्पण

बोलने का सबसे पहला आक्रमण मन की शक्ति पर होता है; उसका अर्थ होता है मन के सन्तुलन का डाँवाडोल हो जाना।

भोजन, सुस्वादु भोजन, पौष्टिक भोजन, हजम हो सके ऐसा भोजन मिला

कि शरीर को आनन्द होता है।

उसी तरह अपनी मूर्खतापूर्ण वृत्तियों और कृतियों से युग बच गया, इस बात में भी कृती जीवन का एक सुख होता है; वह सुख मौन से मिलता है।

न बोलने से कितनी ही बार पाप-प्रवृत्ति की 'पूर्णता' सामने आने पर 'यों' बच जाते हैं।

उन्हें सदैव 'मौन' समझो, जिनके मन की बात उनकी जीभ पर आते घबड़ाती है।

यदि बीच-बीच में बोल उठने की लाचारी की आदत न हो गयी हो, तो चुप रहने वाले मूर्ख भी, अपने मौन के वरदान से विद्वत् समाज का उपकार ही करते हैं। इस तरह उनका अज्ञान भी 'मौन' पाकर बुद्धिमानी से भरा हुआ हो गया है।

यदि किसी महान् को उसके मौन के कारण पकड़ न पाओ, उसके विचारों से अवगत होने का पथ अवरुद्ध पाओ, तो कलम उठाओ और उन क्षणों को लिखो कि :

1. वे कब मुसकरा उठे।
2. वे कैसे मुसकरा उठे।
3. वे कहाँ और किस प्रसंग में मुसकरा उठे।

जिसे अपने पर विश्वास न रहा हो, उसका दुनिया में अपराध-रहित जीने का एकमात्र बल है, चुप रहना। जहाँ तक तर्क और तपस्या को मानने वाले हैं, वहाँ तक बोल हैं, फिर तो मौन भी बोली है।

जल्दबाज और समझ से खाली का आसरा है, न बोलना। चरम विद्वान के मनन-क्षणों का आसरा है, चुप रहना ?

औरों की बहुत बातें जान लेने का पारखी, और अपनी कोई कमी खुलने न देने का अभ्यासी, एक बात में एक मत हैं, वे चुप रहें, वे सुनें पर कहें कभी नहीं, कुछ नहीं।

एक बार न बोलोगे तो लोग तुम्हारी बोली सुनने को ललचेंगे, दूसरी बार न बोलोगे तो वे तुम्हारी उपेक्षा करेंगे किन्तु बार-बार न बोलोगे तो निश्चिन्त होकर तुम्हें मूर्ख समझना शुरू कर देंगे।

समझ नहीं सके तो चुप रहो, समझा नहीं सकते तो चुप रहो।

जो विवेक हमें बोलने को कहे, वही जब न बोलने के लिए संकेत करे, तब हमें चुप रहना चाहिए। कितनी ही बार बोलने से हम अपनी बाजी खोकर आते हैं, चुप रहने पर जीतकर।

बोलना, लोगों को अपने पास से दूर ले जाता है, हमें नहीं दीखता। चुप रहना, लोगों को, योग्य लोगों को, हमारे हृदय में घुसकर टटोलने के लिए

प्रेरणा देता है, हक नहीं दीखता।

ज्ञान को विश्व में फैलाने का लालच विश्व की उतनी सेवा नहीं करता, जितना अज्ञान को न फैलने देने में मौन करता है।

जब बोलने की कोई बात न हो, न रह गयी हो, आवश्यक न हो, तब परिस्थिति के कानों में, हमारा मौन ही, हमारी बोली हो जाता है।

जहाँ हम हों, और विश्राम के क्षण निकट लटक रहे हों, उस समय कोई बात न बोले, वाह ! उसने हमारे सुख के द्वार अपने ही हाथों खोल दिये।

बोलना सुख की खोज करता है, मौन सुख का रूपान्तर है।

जिसने अबोले समर्पण किया, उसने प्रभु को सदा के लिए बिना दाम खरीद लिया।

[1956-57, अमीर इरादे : गरीब इरादे]

विकारों का ऊर्ध्वमुखी आकार : ललित साहित्य

साहित्य सुखों और दु:खों को व्यक्त करने वाला शब्दों का व्यापार मात्र नहीं है। सुख-दु:ख के कच्चे माल में से साहित्य का निर्माण होता है, माना। यह भी माना कि नीति और अनीति, संग्रह और त्याग, जड़ और चेतन, गुड़ और दोष मानो शीर्षक ढूँढ़ते से विषय हैं जो साहित्य के पास आकर अपने अस्तित्व को साहित्य के लेखे-जोखे में शामिल करने की माँग करते हैं; किन्तु इन सबसे परे साहित्य स्वयं में एक दर्शन है, स्थिर है, अविनाशी है। समय, भूमि और व्यक्ति उसके आस-पास जो घेरा बनाते हैं वह भले ही बहुत सच्चा-सा लगे, भले ही उनका विस्तार कभी सीमा-सहित और कभी सीमा-रहित दिखायी दे; किन्तु वह वस्तु का आकार है, प्रकार नहीं। लोग नाक-भौं भले ही सिकोड़ें किन्तु साहित्य की मूल आत्मा तो वे मानव-विकार हैं जिन पर सृष्टि ठहरी हुई है। क्रोध, लोभ, आकर्षण, द्रोह, ममता, घृणा और इसी तरह के अन्य प्रकार साहित्य के पैर फैलाने के क्षेत्र हैं। सिकुड़ना, फैलना, डरना, टूट पड़ना, समर्पित होना, अपनी ओर खींचना, अपनी ओर से हटा देना, विकारों के इन आधारों को सिखाने के लिए स्कूल और कालेज नहीं खोलने पड़ते। कविता, नृत्य, नृत्य-कथा, उपन्यास, कहानी, नाटक, रेखाचित्र, गद्य-काव्य, एकांकी आदि का मूल्य और अस्तित्व ही कहाँ रहे यदि इनसे विकार छीन लिए जायँ। बछड़े के लिए रंभाती गाय, अपने लक्ष्य पर टूटता हुआ शेर और हर प्राणी के चेहरे पर मनोभावों को खेलते देख सकते हैं किन्तु चेहरा ही न हो तो मनोभाव कहाँ देखिएगा ? व्यवहार विचार, बोली, मौन प्रकटीकरण—इन सबको अभिव्यक्ति का साधन क्यों न माना जाय !

कुछ बोलियाँ ऐसी भी हैं जिन्हें हमारे कान सुनते हैं किन्तु कुछ बोलियाँ ऐसी भी हैं जिन्हें प्रज्ञा के कान सुनते हैं। किसी दूर देश का स्टेशन है, आपने देखा है, आप वहाँ रहे हैं, आज आप अन्यत्र किसी झील के किनारे हैं तो आँख मूंदते ही वह देखा हुआ स्टेशन आपको क्यों दीख जाता है? प्रज्ञा की आँखों से ही तो। आशा नन्हे बच्चे की तरह कृति और वृत्ति के आस-पास दौड़ने लगती है और प्रज्ञा की बूढ़ी दादी, आशा के किसी उपद्रव से अनर्थ न होने देने के लिए कृति या वृत्ति के समय चिन्तक ही क्यों अस्तित्वधारी तक की रक्षा किया करती है। आशा का खजाना ज्ञान और अज्ञान से भरी चाह में होता है। प्रज्ञा का कोष यादों और अनुभूतियों की दूर और निकट की प्रेरणाओं में निवास करता है। यदि विकारों को कभी अनचाहे और कभी मनचाहे आकार दे-देकर कलाकार ने पीढ़ियों में रस और विष न बोया होता तो क्या आज पीढ़ी नाम की कोई चीज होती? इतिहास का गर्व हो सकता है कि उसने संसार को, उसकी घटनाओं को, सहेज कर रखा है—तिथियों, घटनाओं और व्यक्तियों के रूप में। साहित्य ने भी यही किया है तिथियों और व्यक्तियों को छोड़कर। मानो एक व्यक्ति और तिथि की अक्षुण्णता पर समस्त विकास का मार्ग-दर्शन करना चाहता है और दूसरा विकास के द्वारा मानव की, मानवी की, प्रकृति की व पुरुष की इयत्ता को व्यक्त करना चाहता है। जब हमारे सोचने की भीड़ बढ़ती है तब हम व्यक्तियों और वस्तुओं को विभागों में बाँट लिया करते हैं। ज्ञान, जानकारी और सूझ शताब्दियों से यही करते चले आ रहे हैं किन्तु प्रसाद की जन्म-तिथि जिसे नहीं ज्ञात है उसके पास प्रसाद की कविता का रस न आवे यह कभी सम्भव है? यह भी पता न चले कि यह कविता प्रसाद या निराला की है तब भी लोग उससे रस ग्रहण तो कर ही सकते हैं। रस ही मूल वस्तु है। जहाँ से रस प्रारम्भ हुआ, बात प्रारम्भ हो गयी, जहाँ रस समाप्त हो गया, बात समाप्त हो गयी। यह तो व्यक्ति, स्थान और समय के उपद्रव मात्र हैं कि जहाँ रस नहीं है वहाँ भी पीढ़ियाँ कलाहीनता को कला कहने के लिए बाध्य हैं।

समय का जरूरतमन्द मुसाफिर साहित्य से कहता आया है कि ऐसी ही बात कहो जो हमारे काम आवे। कालिदास ने उसकी बात नहीं सुनी। शेक्सपियर ने उसकी बात नहीं सुनी। किन्तु वह ऐसी पीढ़ी अपने आतंक से जुटा ही लेता है कि यदि जीवित रहना हो तो उसकी बात सुनो और फिर लोग उसकी बात सुनने लगते हैं। क्या इस लाचारी को कला या साहित्य कहा जायेगा? समय का यह जरूरतमन्द विज्ञान से, तर्क से और दर्शन से 'रस' की बात क्यों नहीं कहता?

माना दुनिया क्षण-क्षण बदल रही है किन्तु जैसे सोने के जेवर के आकार बदलने से सोना नहीं बदल जाता अथवा नदी के टेढ़े-आड़े बहने से उसके पानी

के स्वाद में टेढ़ नहीं उत्पन्न होती अथवा सूर्य की किरणें उजालदान में से आने के कारण आकार बदलने को बाध्य होने पर भी प्रकाश देने का प्रकार नहीं बदलतीं उसी प्रकार बदलते हुए समय में लोग जीभ से बात करना, आँखों से देखना, कण्ठ से गाना और कानों से सुनना कैसे बदल देंगे ? इसीलिए साहित्य के पक्षी का तौल टेलिग्राफ के खम्भों पर, वृक्षों की डाली पर अथवा जंगलों के ठूहों पर नहीं ठहरा हुआ है जहाँ वह बैठ लेता है। इन बदलते हुए स्थानों या दिनों से उसकी उड़ान का कोई रिश्ता नहीं है। उसकी उड़ान उसके दो नन्हे-नन्हे पंखों पर सुरक्षित है। समाज, शासक, विश्व, रोटी, कपड़ा और जरूरतें —भला इन्हें छोड़कर कला कैसे रहेगी ? किन्तु उसे स्वयं ही इन चीजों को ग्रहण करने दीजिए न। कहते हैं उज्जैन के सम्राट् की ओर से कालिदास सीलोन में राजदूत थे और यह तो सब जानते हैं कि रहीम कवि के नाम से लिखने वाले नव्वाब खानखाना सम्राट् अकबर की राजसभा के एक राजनीतिज्ञ थे किन्तु उनकी रचनाओं से तिथियों, रोजगारों, उन पर बीती बातों और बदलती हुई स्थितियों का कहीं कोई ऐसा आभास मिलता है जिसे आप क्रमबद्ध इतिहास कह सकें ?

मुझे लगता है कला को हम इतने नीचे न उतार दें कि प्रगति और प्रयोग दोनों ही उसे ऊँचा उठाने में असफल हो जायँ। जिस कला में भूतकाल के लिए सम्बद्ध एकतानता और भविष्य के लिए अमर रहने के तन्तु नहीं मिलते उसे केवल वर्तमान के जहर से जहरीले द्रव्य को, सम्पूर्ण कला कैसे बना डालियेगा ? स्वरूप, स्वभाव और स्पर्द्धा का चित्रण कीजिये किंतु कला की अपनी परिभाषा में।

'हम पर बीती' आज है और कल नहीं है। उसके द्वारा व्यक्त होनेवाली हमारी तकलीफें या हमारे आनन्द हवा में जाने कहाँ उड़ गये किन्तु हमारे और तुम्हारे के भेद से परे एक वस्तु समय देता जा रहा है—कभी ऊँचे उठकर, कभी नीचे पर गिरकर। हम समय के उस स्वभाव के साथ चलने की शक्ति रखें, केवल परिस्थिति के बदलने से उन्मेष और आकर्षण का स्वरूप बदल जाय— स्वभाव कैसे बदल जायेगा ? भय यह नहीं है कि यदि समय, जमीन अथवा व्यक्ति और वस्तु को इतना खुला छोड़ दिया जायगा तो वे जाने कहाँ जाकर पड़ेंगे, अतः कला को उनका नियमन करना चाहिए; भय यह है कि समय, भूमि अथवा व्यक्ति तथा वस्तु पर गरज-गरजकर अथवा उन पर लरज-लरजकर कला का स्वभाव बाजारू कुत्ते से बदतर हो जायगा और वह चरित्र जीवन और इतिहास को बाजी पर चढ़ाकर रोटियों के कारण देने वाले की मरजी पर भौंकने लगेगा। कपिल और कणाद, व्यास और वाल्मीकि तथा पृथ्वी के ऐसे ही लोग उ पालतू परम्परा में जन्म नहीं ले सकेंगे। जिस चीज की तरफ हमारी सम्मान-भावना ही न होगी वह चीज जीवन में आवेगी ही कैसे ? जरा अपने दायें-बायें देखिये, दूर न जाकर सन्निकट ही देखिये; जो व्यक्ति हमारे सामने जी रहे थे,

बड़े-बड़े काम किये, उन्हें हमारी कला इस तरह भूल गयी है, मानो हम उनके मरने की प्रतीक्षा ही कर रहे थे। वे मरे और कला के सिर का बोझ टला और अब जिसका शासन है, जिसका दबाव है, बोलबाला है, घेरा है; उसे सत्य कहिये, उसे शिव कहिये, उसे सुन्दर कहिये, उसके आस-पास मँडराइये और मर जाइये। फिर कला में त्रिकालज्ञता क्यों ढूँढ़े मिलेगी ? गाड़ी बैल का युग, मोटर का युग, हवाई जहाज का युग, अणु का युग, अथवा स्पुटनिक का युग, माना कि बदल गये और बदलते जा रहे हैं, किन्तु क्या कभी गति का युग भी बदला ?

एक सुन्दर रमणी को उसके पति ने, कहते हैं कि नथ बनवा दी। चरम अभाव में जब भाव आ पड़ता है, कभी-कभी उसकी विकृति कृति से आगे बढ़ना चाहती है। सो रमणी की इच्छा हुई कि वह बस्ती के विशेष परिवारों को अपनी नथ दिखावे और प्रशंसा पावे। इसके और उसके यहाँ जाते-जाते रमणी मन्दिर में भी गयी और वहाँ के साधु को जाकर प्रणाम किया। साधु ने रमणी से पूछा नथ कब बनवायी है, बहुत सुन्दर बनी। रमणी इतना ही तो सुनना चाहती थी, गद्गद हो गयी। फिर साधु ने कहा जिस तरह नथ बनाने वाले की कीर्ति को फैलाने के लिए तुम मन्दिर तक चली आयी हो बेटी, उसी तरह नथ देने वाले के पहले कभी नाक देने वाले को भी स्मरण किया है ? यही प्रश्न मानो कला से किया जा सकता है और कहा जा सकता है कि कला नाक देने वाले का गुण-गान ही है, नथ देने वाले का वर्णन तो वह प्रसंगानुकूल ही करती है।

[अमीर इरादे : गरीब इरादे]

बन्धुत्व : कीमती वस्तु

क्या कभी आपने कोई कीमती वस्तु खरीदी है ? 'कीमती' के मानी हैं अपनी हैसियत से बाहर की।

कीमती वस्तु को सँभालकर रखने में खुद ही नहीं, घर-भर कितनी चिन्ता करता है ? कितनी सावधानी लेता है ?

बन्धुत्व भी कीमती वस्तु है। क्या जड़ वस्तु की अपेक्षा, चेतन बन्धुत्व को सँभालकर रखने में भी आप जड़ वस्तु से अधिक सावधानी लेते हैं ? जड़ से कम चेतन की सावधानी लेकर, चेतन का जाने या बेजाने अपमान तो नहीं करते ?

जड़ आप फिर से बनवा सकते हैं; फिर से खरीद सकते हैं। चेतन वस्तु हाथ से गयी तो सदा के लिए गयी। जड़ चेतन की बराबरी करे ? कैसे ?

जड़ वस्तु हमारे खरीदने पर आती है; चेतन बिना दाम हमारे लाभ के लिए दौड़ता है। किन्तु यदि हम उस मूल्यवान का मूल्य न जानें तो वह जो गया,

सो गया !

जंजीर, मजबूत है टूटेगी तो नहीं ?

द्वार, कड़ा है, चोर तो नहीं घुसेगा ? पहरेदार ठीक से तैनात तो है ?

किन्तु…

मानो दीवारें टूट गयीं

जंजीरें छोटी पड़ गयीं

दरवाजे पर हम स्वयं दौड़े, खोल दिए !

क्यों ?

लगता है बन्धु आ गया, दौड़ो-दौड़ो, लौट न जाय ! दूर न निकल जाय !

जवानी है ?

बन्धु चाहिए।

क्यों ?

लहर जो है, जवानी है।

मानो हमें उस समय प्रिय चाहिए, जब हम उसका मूल्य नहीं समझते।

और उतरती उम्र में ?

उस समय हम, वस्तुओं का मूल्य अनुभव की तराजू पर तौलकर जान गये हैं।

उस समय, बन्धु का प्यार हम प्रण से, प्राण से मूल्य चुका सकते हैं।

आँखें मूंद लीं ? क्या सोच रहे हो ? जीवन ?

बीती ? होनी ?

कैसा लगता है ?

जीवन श्राप लगता है ?

बीती दुर्भाग्य लगती है ?

होनी मानो कष्टों को दुहराती है !

क्यों ?

किसी ने विश्वास नहीं किया।

पर क्यों ?

मैंने प्यार नहीं किया। मैंने बन्धु नहीं बनाये !

फिर भी, क्यों ?

मानव का मूल्य पहिचानने में, उसकी अच्छाइयों और स्नेह की कीमत जानने में भूल गया !

भगवान् के प्यारे देखे हैं ?

हाँ देखे हैं; उनका हर व्यक्ति प्यारा; क्योंकि वे सबके प्यारे।

[अमीर इरादे : गरीब इरादे]

गद्य-काव्य

कौन

ऊँचाई ऐसी हो, जहाँ तक कोलाहल न पहुँच पाये। वहाँ मस्ती हो, शांति हो। ताप उसे द्रवित चाहे कर दे, संतप्त न कर पाये। हजार हाथों में प्रकाश लेकर पहुँचने वाला भी उस नीरवता का नाश, दिगंबरता को दूषित न कर सके, जिसमें छिछलने वाली उलझनें दुःख मेट सकें, बल दे सकें। जिसके द्रवित होते ही सागर तक शीतल स्वर पहुँचे और जहाँ-जहाँ से वह द्रवित स्वर गुजरे, हरियालेपन की खैरात बाँटता जाये, द्रव और झाड़ू से वह स्वर विश्व के विष को धोता जाय।

ऊँचाई ऐसी हो, जहाँ पहुँचने वाले की पीठ पर लिखा हो —कष्ट मिटना। जिसकी गिनती लगाते समय दूसरे नाम की दो-दो पड़ जाये, जिसको सामने पाकर, सीमा के पातकों की उद्दंडता में रोक हो जाये। ऐसी वेदी हो वह जहाँ से बिना आँख मूँदे सब-कुछ दीख पड़े। जिसका यौवन मस्ताना हो, जिसकी मस्ती तरुण हो, जिसकी उद्दंडता एकरस हो, कठोर ताप के बूते भी रसभंग न हो, जिसकी एकरसता उद्दंड हो।

यह नगाधिराज का गौरीशंकर शिखर है। यह वृन्दावन की किसी वियोगिनी का अन्तर है।

[1948, रंगों की बोली]

अहे त्रिलोचन !

तेरा त्रिशूल जितना तीव्र है। तेरा तीसरा नेत्र जितना ज्वालामय है, तेरा हृदय उतना ही उदार, दयालु और महान् है! समुद्र-मन्थन के पश्चात् प्रगट होने वाले गरल को पीने की शक्ति, सिवा तेरे किसी में नहीं है! इसीलिए तो तू महादेव है। अमृत पीने के लिए देव और मानव सभी प्रस्तुत हो जाते हैं, आपस में लड़ मरते हैं, लेकिन कालकूट विष! ओह! उसकी ओर देखने से भी सबकी रूह काँपती है, विश्व-मंगल-कामना के उपासक शिव, संसार की प्राण-रक्षा के लिए तू उसे सहर्ष पी लेता है!

भोले बाबा, तू इतना दयालु है, कि अपने बैरी राक्षसों तक को वरदान

देने में भी नहीं चूकता ! कृतघ्नता की प्रतिमूर्ति भस्मासुर, तुझसे ही वरदान पाकर (कि जिस पर हाथ रख देगा वही भस्म हो जायगा) तुझे ही भस्म करने के लिए दौड़ पड़ता है ! ऐ तपस्वी, ऐ महात्मा, तुझे राक्षसों की सद्भावना पर भी विश्वास है। तू उनका भी हृदय-परिवर्तन करना चाहता है ! हम संसारी लोग तो तेरे कृत्यों को केवल कौतूहल से देख सकते हैं। हम तो तेरे गण हैं, तेरी आज्ञा पाकर विध्वंस-कार्य में प्रवृत्त हो सकते हैं और तेरा इशारा पाते ही रुक जाते हैं। तेरे कार्यों पर विचार करने का साहस और शक्ति हममें कहाँ ?

हमारी भाग्य-लक्ष्मी को लूटने वाले दानव-कुल से वर्षों से हमारा संग्राम चल रहा है। ऐ प्रलयंकर, इस युद्ध के डमरु का बजाने वाला तू ही तो है ! तेरे तीसरे नेत्र के खुलते शत्रुओं की मायापुरी भस्मसात हुए बिना कब रह सकती है ? पिछली बार जब तेरी विध्वंसक शक्ति से डरकर, दैत्यों ने तेरी स्तुति की, प्रार्थना की, तो तूने अपने बैरी को ही अमरता का वरदान दे डाला और फिर उसी बैरी ने तुझे दुबारा बन्दीगृह में डाल दिया ! तेरी चतुराई को हम नहीं समझ पाते, तेरी अटूट दया का अन्दाज अवश्य लगा सकते हैं।

आज फिर तूने इस संग्राम को रोकने की आवाज उठाई है। हम तो तेरे हाथों अपने प्राण सौंप चुके हैं, हमें तो तेरी आज्ञा ही सब कुछ है। चाहे तू हिमालय समान भूल कर, या विधाता के समान चतुराई ! तू हमें गौरव के गौरीशंकर पर बैठा था दे, या पतन के पाताल में पहुँचा दे। आज तक तेरे हाथ से अकल्याण तो हुआ नहीं, इसलिए तुझ पर अविश्वास क्यों करें ? तू कैलास-वासी है, इसलिए तेरा मस्तिष्क हिमालय की भाँति शीतल है, तू जल्दी में कुछ नहीं करता। तेरे गण तेरे समान गम्भीर कहाँ हैं ? हमारे युवक बेचैन हैं, व्याकुल हैं ! अपनी स्वर्गपुरी पर अधिकार करने वाले रिपु-दल से सन्धि उन्हें पसन्द नहीं। परन्तु, तेरी आज्ञा ! वह संसार के सारे बन्धन तोड़ सकते हैं, परन्तु तेरी आज्ञा का उल्लंघन नहीं कर सकते !

उधर दैत्य-दल तेरी दया को निर्बलता समझकर, अट्टहास कर रहा है। अय उदारता के भण्डार, वह तुझसे वचन चाहता है, कि तू, अथवा तेरे गण, अपनी स्वर्गपुरी को स्वतन्त्र करने से लिए संग्राम न करेंगे ! बोलो, शंकर तुम्हारे पास इसका क्या उत्तर है ?

स्वर्गपुरी, जिसकी विजय पताका अखिल भुवन पर फहराई थी, एकदम निर्जीव नहीं हो गयी है ! छल-प्रपंच और माया से। आज वह शस्त्रास्त्र-हीन, और निर्बल कर दी गयी है। परन्तु उसके पास कष्ट-सहन, बलिदान और सत्याग्रह की शक्ति तो है। तूने सत्य अहिंसा और त्याग के त्रिशूल के बैरी को क्षत-विक्षत कर दिया है। और तेरी दया, वह तो बैरी को जीते-जी ही मार डालती है।

तुझे तो विश्व शान्ति, विश्व-मंगल की धुन है। तूने सब कुछ विपद पर छोड़ दिया है। वह चाहे तो मित्रता का हाथ बढ़ावे या दमन की तलवार!

—एक भारतीय

[20 मई 1933]

रजत-श्याम के

क्या नीलाकाश काफी न था, जो तुम वस्त्र भी रजत-श्यामता के पहिन आये हो?

सुन्दर! वस्त्रों को ख़ुले में नहीं बदला करते! हृदय के अँधेरे में रहकर, वस्त्र बदलने में प्रकृति के पागलपन की होड़ नहीं की जाती माधव!

चोर!—क्षमा करो; तुम्हारा खुला रहना कैसा?

अरे, पर तुमने तो वस्त्र बदल ही डाले! हृदय के उथलेपन ने कितना चाहा कि तुम्हें खुला देख लें, परन्तु तुमने गाढ़ नीलिमा का पट किस फुर्ती से पहिन डाला!

यह गाढ़ नीलिमा किसलिए? अहा, तुम श्यामसुन्दर जो हो! क्या तारों की रजतिमा के सिवा कोई रंग ही नहीं भाता, जो तुमने उन्हें अपने अस्तित्व की चादर से ढँक दिया है?

पर यह क्या, अरे तुम तो, अपने तमसाम्बर पर से चाँदी की बूंदें मिटाने लगे, और श्याम ताने में सुनहला बाना बुनने लगे!

रूप! प्यासी आँखें दौड़ीं; पर वे सोने के तारों की सहस्र-सहस्र लपेटों में उलझकर रह गयीं! यह भी तुम्हें क्या भाया? तुम इतने प्रकाशित न हो प्यारे! कि बेचारी आँखें ही तुम्हारी ओर न जा सकें!

हमारी आँखें दोपहरी में ताजमहल नहीं देख पातीं, झलमला जाती हैं, फिर तुम्हारी ओर कैसे देखें?

बहुत देर हो गयी! वस्तुओं की सीमा बाँधे रहने में, वृक्षों पर रंग चढ़ाये रखने में, और सारी तरलाई को नीलिमा प्रदान किये रहने में प्रकृति की अँगुलियाँ थक गयी हैं। चिड़ियाँ दौड़-दौड़कर हार गयी हैं, दिन-भर तुमने उनका खिलवाड़ देख लिया, अब घोंसलों में, चहक की प्रत्येक चीत्कार में माँ कहते हुए चहकतों की सुध लो!

अहा, तुम गौर भी हो, श्याम भी हो,—सुनहली श्यामलता का, श्यामल-सुवर्णिमा का यह अम्बर पहिने तुम कैसे भले दीखते हो?

पर नहीं, देर जो हो रही है। माया समेट लो! स्मृतियों के सारे सुनहले

डोर लपेट लो ! हृदय-वीणा के सारे जागृत तारों की खूटियाँ घुमाकर ढीला कर दो ! अब वंशी-वादन का समय हो गया ! वही चाँदी की बूँदोंवाला श्याम-पट पहन लो, श्याम-सुन्दर बन जाओ !

[अमीर इरादे : गरीब इरादे].

नौका : मल्लाहिन

आशा-निराशा के द्वन्द्व में वह नौका को खे रही थी; और पूरी शक्ति का व्यय कर रही थी ! अथाह जल था, कहीं कुछ सीमा नहीं । केवल दूर एक धुंधला-सा प्रकाश दिखलाई देता था ।

एकाएक—वह बादल बनकर सिर पर आया, आँधी-सी आयी, परन्तु वह कब मानता । शक्ति-भर बरसा; खूब वर्षा हुई ! पानी ही पानी । नाव के निचले, रन्ध्रमय भागों में वह भर गया और स्थिर हो चला । नाव भरी-सी प्रतीत होने लगी और भारी-सी चलने लगी ।

द्वन्द्व ने प्रचण्ड रूप धारण किया ! वह बेचारी क्या करती, उसका बस ही क्या था ! हृदय-क्षितिज के बादल अस्तव्यस्त हुए, शक्ति-सूर्य उदय हुआ । किरणों ने अपने प्यालों में उस पानी को भरा और उड़ा ले गयी— वहाँ; जहाँ से आया था । पानी होकर आया, हवा होकर विलीन हुआ !

धरातल चिकना हो चला है । नौका द्रुत-गति से अग्रसर हो रही है ।

[कर्मवीर, 28 जुलाई 1934 में 'दौर्बल्य' शीर्षक से प्रकाशित;
अमीर इरादे : गरीब इरादे].

प्रीतम के देश में

तुम मुझसे यह क्यों कहते हो, कि कबीर के प्रीतम के देश में भी छोटाई-बड़ाई है ? सूरज, साधु और हत्यारे को एक-सा प्रकाश बाँट रहा है । गेहूँ के खेत अपना जीवन-रस लपेटकर पक रहे हैं, उनकी रोटियाँ बनकर चाहे पंडित या राजा की थाली सजावें या चमार और डोम की थाली का शृंगार करें । नक्षत्रों को देखो, वे यदि ग्वालों के घर पर लटक रहे हैं, तो कारागारों पर लटकने से भी तो इन्कार नहीं कर रहे । अंगूरों की बेलें पुत्रवती हो रही हैं, और उनकी गोद के फलों में पूर्ण तारुण्य की मँजी हुई मिठास आ रही है, किन्तु उनके रस पर किस एक का अधिकार है ? वे बीमारों की तश्तरियों में भी हैं और नव्वाबों

की शादियों-भोजों में भी हैं, वे वैद्यों के प्राण-पूरक मद्यों में भी हैं और शराब के प्राण-घातक मद्यों में भी। वे वहाँ भी हैं जहाँ पक्षियों की जमाअत घोंसलों से बाहर निकलने और कलकल के कोलाहल से आसमान पर सर उठाये रखने की जगह पा लेती है, और जहाँ खरगोशों की टोली प्राण-रक्षा के लिए छुपने को झाड़ियाँ और जमीन के गड्ढे।

यह देखो, राजाओं के रंग-महलों में राग-रंग और कहकहा है; किन्तु उस छोटे से बाग के गुलाब, राजाओं को भी लज्जित करने वाली हँसी हँस रहे हैं और मौन कहकहा लगा रहे हैं। गोपाल के ऐसे लीला-लास्य में, अपने बन्धु का यह कहकर अपमान मत कर कि कोई चीज तेरी ही है, और भगवान ने वह तुझे ही प्रदान की है।

[10 जून 1956, धर्मयुग]

क्या तुम्हीं गोपाल हो ?

क्या तुम्हीं गोपाल हो ? क्या तुमने उस न्यायालय पर बैठने की, बिना तनख्वाह की (ऑनरेरी) नौकरी स्वीकृत की है, कि किसी को स्वर्ग में अप्सराएँ दो, और किसी के पास पृथ्वी पर अप्सराएँ देखीं, तो उसे 'कुंभीपाक नर्क' दे दो। क्या तुम्हीं, लोगों में किसी को रोग, शोक और चिन्ता बाँटते हो, और किसी को आनन्द ? क्या तुम्हारा ही काम है कि जब मैं अपने भाइयों (जिन्हें मैं अपने शत्रु कहने लगता हूँ) का नाश करने के लिए प्रार्थना करूँ, तब तुम दौड़कर उनका संहार कर दो ? क्या मेरे शत्रु होने से ही वे तुम्हारे शत्रु हो गये। क्या तुम्हारे भी शत्रु होते हैं ? क्या तुम कोई सम्राट हो, जो सम्राट कि अपने छोटे से छोटे नौकर पर कड़ी नजर रखता है, और अपनी पूजा-अर्चा और आराधना की एक भी कवायद, एक भी कर्मकाण्ड के भंग होने को गवारा नहीं कर सकता, ऐसे लोगों को दण्ड देता है ? यदि तुम ऐसे हो, तब तो तुम्हारा स्वभाव प्रकृति से भिन्न हुआ ?

हम तो ग्वालों के साथ खेलने और अर्जुन का रथ हाँकनेवाले गोपाल को पहचानते हैं। तुम यदि वह सब हो, तो यह नहीं हो सकते।

[10 जून 1956, धर्मयुग]

प्रार्थना भीख नहीं, समर्पण है

मेरी प्रार्थना के मानी, तुम्हारा स्मरण, तुम्हारा सुगुण संकीर्तन, तुम्हारी

जय-ध्वनि, तुम जिस स्थिति और परिस्थिति को प्रदान करते हो, उसमें तुम्हारे दर्शन कर लेने, कर सकने का स्वभाव और तुम्हारे दिए हुए अवसर का सम्पूर्ण और उज्ज्वल उपयोग करने में मेरा जुट पड़ना—यही 'प्रार्थना' की भाषा-टीका है।

तुम्हारी नजर से बाहर कोई जगह नहीं; अतः तुम्हारे मेहर की नजर ही मेरा संसार है, और परिस्थितियों का सामना करने, परिस्थितियों के बीच बरतने आने वाला दृढ़ निश्चय, तुम्हारी ही हथेली है, जिसे मैं अपनी पीठ पर अनुभव करता हूँ। और उस निश्चय की कोमलता, प्रखरता, गंभीरता, विनोदप्रियता और बारीकी—यही उसकी छोटी-बड़ी अँगुलियाँ हैं। तेरी हथेली और तेरी नजर मुझ पर है, यह मैं न भूलूँ कि पा लिया।

[रंगों की बोली]

आखिर सावन आ गया न !

आखिर सावन आ गया न !

हाँ राधा, हाँ सावन आ गया, इस बार, मैं उस बार बनाई हुई कजली तुम्हें सुनाऊँगा।

मैंने मृदंग उठाई। ढीले तार, एक-एक कर कसे, उनकी अँगुलियाँ मंजे से माँजीं। 'हथौड़िया' लेकर अपने सुर से चमड़े के स्वर को मिलाया। इसलिए कि जो आपमें है वह थाप में उतर आवे।

मैं ही जो था और लहर में था। इकताला साधा मेरा मौन बाँसुरी बनकर कल्पना लोक में, ताल पर बैठने लगा। दुताला साधा, मेरी आँखें मुँद गयीं। कब मुँद गयीं, इसका मुझे पता नहीं। कल्पना पर चढ़ी धुन अथवा धुन पर चढ़ी कल्पना, नर्तकी बनकर, मेरी तालों पर नाच रही थी। उस समय भला था कि उसके पैरों में घुंघरू न थे। स्वरों के रव से, मेरी कल्पना के कोमल अंगों में छाले पड़ जाते।

मैंने त्रिताला, चौताला और झपताल की मर्जी का मोह छोड़ा और अधमुंदी सीमा तक भी बिना खोले कहा—

"हाँ राधा, अब सुनो···"

किन्तु खुली आँखों से देखा कि राधा तो कब की जा चुकी।

री कला की मस्ती, समर्पण का आया क्षण ही निकल गया।

राधा के प्राणदान का समय कहीं राधा, मेरे गान दान को देती।

[रंगों की बोली]

धीरे-धीरे

जब हवा के झोंके आते हैं तब बेर से बाँस, बाँस से आम, और आम से देवदार और देवदार से जामुन की डालें—ये सब आपस में एक-दूसरे से छिया-छी खेलते हैं। मस्त होकर, डोलकर मिलते और मिलकर डोलते हैं। हमारी विभिन्नताओं को लाँधकर हमारी दूरियों पर विजयी होकर, क्या हम स्फूर्ति की वायु से ऐसे नहीं डोल सकेंगे, जो हम एक-दूसरे से हिल-मिल सकें?

एक बेल चौतरफा बढ़ती है—एक तरफ आम पर चढ़ती है, दूसरी तरफ अमरूद पर, तीसरी तरफ बेर पर, चौथी तरफ अरनी के झाड़ पर। एक बार मैंने देखा, उक्त चारों झाड़ों पर एक से नीले, बड़े, चमकदार फूल फूले थे—ऐसा मालूम होता था, मानो प्रकृति के नियमों को बंदी बनाकर बेचारे वृक्ष एक ही मुस्कराहट से मुस्करा रहे थे। परन्तु निकट जाकर मैंने जाना कि यह तो उदार बेली की भुजाएँ थीं, जो बिना रूप, गुण, आकर्षण और वैभव का खयाल किए सभी ओर प्रकाश की तरह अपनी शक्ति पर यकसाँ फैली थीं और फैलकर बेर और अमरूद पर एक-सी फूल रही थीं।

[रंगों की बोली]

अंधकार की देन

मैं कैसे कहूँ, अँधेरे ने मुझे कितना दिया है? लगता है, जैसे उजेले ने मुझसे लिया ही लिया है, मानो दिया कुछ नहीं है। नृत्य के समस्त विस्तृत कौशल में से, 'कथाकली' का नर्तक, जब स्थान-बद्ध होकर, केन्द्रीभूत होता है, तब जिस तरह उसकी कला, उसका आनन्द, उसकी पहुँच के अत्युच्च शिखर पर पहुँचना चाहते हैं, उसी प्रकार जब घड़ियाँ प्रकाश से अन्धकार की ओर जाती हैं, तब मानो जी के सृजन-लोक का सुहाग जाग उठता है।

विश्व की माता पर हमने कितने आरोप नहीं किये। उसका कितने कुरुच विशेषणों से स्वागत नहीं किया। भूमि ने रात को अंकुर दिये, कलियाँ दीं, फल दिये, आकाश रात को मोतियों की हाट लगाकर बैठ गया। माता ने मानो, अपनी भरी माँग के सामने दरिद्र बनकर पुकारा और जैसे मुझे पाया। और निर्माता ने, जैसे अपना पूरा सर्जन इस तरह पा लिया जैसे कोई बोल रहा है, और कलाकार आँसुओं से लिखता जा रहा है।

किन्तु मैं अँधेरे पर कैसे अनगढ़ आरोप लगाता हूँ। मानो अंधकार प्रकाश के उचाट खाने का पर्यायवाची है। मानो अन्धकार मय ही का दूसरा नाम हो।

अग-जग में समान रूप से व्याप्त एकरसता के प्रति हम कितने अनुदार, प्रातः में हम जब आनन्द देखें, तब क्यों नं अन्धकार की उपस्थिति से प्रकाश फूल उठा है माने ? जब हम संध्या में मादकता देखते हैं, तब क्यों हम उसका सारा यश प्रकाश ही को देते हैं।

[रंगों की बोली]

अपराध

मैं तुम्हें विचार में तो आने देता हूँ, किन्तु व्यवहार मेरा वह चौका है, जिसमें तुम्हारा आना मना है, वहाँ तुम आराध्य होकर भी अछूत हो। यदि तुम विचारों की सतह पर मुझसे इतने हिल-मिल गये कि, व्यवहार की जमीन पर, बेइख्तियार उतरने के लिए ललच ही पड़े—ललचो भी क्यों न, तुम मेरे जो कहलाते हो—तब 'कोई प्रसंग ही ऐसा उपस्थित हो जाता है' कि क्या करूँ, वहाँ मैं तुम्हें ठहरने नहीं देता, कोई रूढ़ि और परम्परा ही ऐसी पैदा हो जाती है, जिसे तोड़ना खतरा मोल लेना है। फिर इन छलनियों में से छने से तुम, मेरे पास रह ही कितने जाते हो ? कभी-कभी मैं डरते-डरते तुम्हारी ओर देख लेता हूँ—समाज का मानव, कर्मकाण्ड का दानव, आत्मा का देव—तीनों ही यह बर्दाश्त नहीं कर सकते कि तुम विचारों के आसमान से, व्यवहार की जमीन पर उतरो। आराध्य, तुम्हें मैंने विचारों का व्यभिचार बनाकर रख छोड़ा है। कभी-कभी जब तुम आ ही निकलते हो, तब मैं तुम्हें 'तुम' नहीं कहता, तुम्हें 'वह' कहता हूँ और अपनी प्रकृत सतह से, दिखायी जाने वाली सतह की दूरी दिखाने के लिए युक्तियों का उपयोग करता हूँ। किन्तु युक्तियों की सूली पर चढ़ाने के बाद, तुम 'तुम' कहाँ रह जाते हो, तुम तो शायद 'वह' भी नहीं रह जाते। कभी-कभी तुम्हें आने भी देता हूँ, किन्तु थोड़ी-सी तुम्हारी चोटी काटकर, थोड़ी-सी अँगुलियाँ छाँटकर, थोड़ा-सा तुम्हारे सिर पर सफेदा या कारिख पोतकर, थोड़ा-सा तुम्हारे पैरों को छोटा-बड़ा करके, मैं उस साँचे में तुम्हें ढाल लेता हूँ, जिसमें ढलने से, तुम 'तुम' न दीख पड़ो। मेरे प्यार, मेरे परीक्षक, मेरे सेनानी, मेरे देव—तुम्हें मिश्रणहीन लेने की मुझमें शक्ति ही नहीं है।

लोग कहते हैं, तुम्हें अपनाते समय मैं 'नियन्त्रण' का उपयोग नहीं करता। मेरा तुम्हारी तरफ का खिचाव, मेरी परिपक्व बुद्धि का मत-निर्णय और मत-प्रकाशन नहीं है, इसीलिए मतानुकूल वर्णन वर्ज्य है। किन्तु बताओ, वह भी कहीं सीमा है, जहाँ मैं नियन्त्रण के परे कह दूं—तुम मेरे 'तुम' हो। जहाँ मैं शास्त्रों की इच्छा, रूढ़ियों की आज्ञा और समाज के दण्ड के बावजूद भी कह दूं, तुम

'तुम' हो। क्या शास्त्र, रूढ़ि और नियन्त्रण के बिना मानवता होती ही नहीं ?' क्या बिना सूली पर चढ़े, मसीहा की गद्दी पर से बोलने वाले और सूली पर चढ़ने वाले, दोनों का नाम 'मसीहा' है ? हो बाबा, यह भी हो। पर मैं पूछता हूँ, मेरी सूली के निकट पहुँचना अनियन्त्रित क्यों है ? रूढ़ि के परे क्यों है ? यदि नियन्त्रण ही हो तो वे लोग अपना नियन्त्रण क्यों करें जो तुम्हें जानते हैं, मानते हैं, पहचानते हैं, अनुभव करते हैं कि तुम ही जीवन हो, फिर भी तुम्हारा नियन्त्रण, तुम्हारे अपने पथ का ही नियन्त्रण, तुम्हारे अस्तित्व का ही नियन्त्रण करना चाहते हैं। व्यवहार की भूलभुलैयाँ में, तुम्हारे आने-जाने को या अपने 'तुम' तक जाने-आने के नियम और उपनियम बनाकर हमने मानवता का तुम तक आना असम्भव-सा कर दिया है, और अब यह हमारा नफे का व्यापार हो गया है। हम तुम्हारे नाम पर कुछ मानवों की बलि चढ़ाते हैं और उनके ईमान के गोश्त के टुकड़े-टुकड़े कर जरूरत के बाजारों में उसे बेचते फिरते हैं। और इस सब कुछ के लिए शपथ का आधार है, रूढ़ियों का समर्थन है, कि ईमान की बोटी-बोटी के रूप में बेचे जाने वाले 'तुम' सजीव सम्पूर्ण तुम ही हो। विचारों में, वे कहते हैं, वाणी सचाई के कपड़े से बनी है, आचार, मन के निश्चय पर, काँटे-तोल तुल रहा है। पोथों में लिखते समय, ये बड़े उच्च। किन्तु यदि उन्हें जीवन पर उतार दूँ ? जिनके कोई मत ही नहीं, वे मतानुकूल बर्तन क्या करेंगे ? मैं तैयार हूँ कि बुरी से बुरी रूढ़ि और अस्तित्व में से, उसका 'परम सन्देश' उसके अस्तित्व की जागृति का परम कारण ढूंढ़ लूँ, किन्तु मैं, मेरे सम्पूर्ण सन्देश, तुम्हें साथ लिए बिना कौन-सा सन्देश ढूंढ़ूँ ? इस बधिक व्यापार पर जब कोई कुछ नहीं बोलता, तब वे उसे सहिष्णु कहते हैं, किन्तु अकर्मण्यता के कारण सहने के लिए बाध्य होना, क्या सहिष्णुता के नाम से पुकारा जाएगा ? यदि वह सप्राण नहीं, वह सक्रिय नहीं, जागृत नहीं, वह सहने के लिए सम्पूर्ण बल रखने वाला नहीं तो उसके सह जाने का अर्थ ही क्या हुआ ?

हाँ, मैं मानता हूँ, मेरे देव, तुम्हारे पास पहुँचने के लिए मैं किसी का संहार न करूँगा, समाज का बहिष्कार न करूँगा, कानून की शरण न लूंगा—यह सब मैं न करूँगा, कानून की शरण न लूंगा—यह सब मैं न करूँगा। किन्तु मेरे साथ भी ये ही बातें क्यों की जायें ? क्या एक अछूतता को मिटाने, उसी को समाधिस्थ करने के मुहूर्त पर, विचारों के क्षेत्र में नवीन अछूतता को जन्म देना, सचमुच अछूतता का मिटाना कहा जा सकेगा ?

[रंगों की बोली]

प्रार्थना

(1)

ढीमर, मछली मारने का जाल काँधे पर रखकर, मन्दिर के सामने से गुजरा। मन्दिर का घण्टा बज रहा था।

प्रातः का सुहावना समय था।

आरती हो रही थी।

पिसा और घिसा हुआ चन्दन, कहीं लिपटकर और कहीं जलकर सुगंधि फैलाये हुए था। ढीमर ने मन्दिर के द्वार पर खड़े होकर दोनों हाथ जोड़े और कहा—

नाथ, आज मेरा बाजार है, आज का दिन खाली न जाय।

भगवान के सामने झुके मस्तक में ही कल्पना ने गहरे जल में तैरती-उतराती मछलियों की तस्वीरें खींच दीं, ढीमर बोला—

बस ऐसी ही बड़ी-बड़ी, लाँबी-लाँबी मछलियाँ नाथ, ऐसी ही, कोई पन्द्रह-सोलह सेर, बस।

(2)

धर्माचार्य अपना प्रवचन समाप्त करके निपटा था।

खलाट पर चन्दन, गले में माला, जीभ पर हरिनाम।

कुछ श्रोता ऊँघकर निबटे थे, कुछ आँसू पोंछकर, कुछ धर्माचार्य के दर्शन करके और कुछ घर जाते हुए, मन्दिर के द्वार पर जूते तलाश करके तैयार हुए थे।

धर्माचार्य गया जा रहा था। टिकट उसने मँगवा लिया था। वह भक्तों के प्रणामों का जवाब, उठे हाथों का उठे हाथों स्वागत करता हुआ जीभ के आशीर्वादों से देता जा रहा था, किन्तु उसके मस्तक में कल्पना ने रेल खड़ी कर रखी थी, जिसमें डिब्बा लगा था, डिब्बे में धर्माचार्य की जगह थी, डिब्बे में पेशाब-घर था, उसमें से दुर्गन्ध आ रही थी।

(3)

जबलपुर के स्टेशन पर एक ट्रेन बम्बई जाने को खड़ी थी। भक्ति से प्रेरित, टिकट कलेक्टर ने, धर्माचार्य से टिकट की बात न पूछी। कोई जादूगर, लोगों की भीड़, अपने पास न रोके, अतः सिनेमा दिखायें तो आश्चर्य क्यों हो ?

बम्बई ही की ट्रेन में धर्माचार्य, गया के नाम पर बैठ गया। ज्योंही गाड़ी ने

सीटी दी, धर्माचार्य ने अपना रेशमी बिस्तरा खोला, तकिये ठीक से सँवारे और प्रभु की बेंक पर, अपनी साँसों की 'स्याही' से यों लिख दिया—

"नाथ, मुझे शीघ्र गया पहुँचा दो।"

क्या ईश्वर ने इन दोनों की प्रार्थना सुन ली ? क्या नहीं सुनी ?

झगड़ते भूमि-खण्डों में भी, क्या ईश्वर के दरवाजे इसी तरह नहीं खटखटाये जाते हैं ?

[रंगों की बोली]

पूजा

मेरे देवता ! तुझे मेरा क्या पता ? मन ज्योतिषी ने अन्तःकरण का मुहूर्त न सधने दिया, इसी से इतने दिन इन पंक्तियों के प्रकटीकरण का साहस न हुआ। आज अप्रत्यक्ष को छूने का अभिमान करने वाली कल्पना, काव्य का आडम्बर छोड़कर तेरे चरणों में उपस्थित है। अक्षर, शब्द, सन्धि, समास, गण, छन्द, ग्रन्थ, इनका प्रदर्शन तेरे सम्मुख ? मैं इनके कारागार में रहने का सुख लूट चुका, क्या उस कारागार में प्यारे, मैं तुमसे मिलने की बावली आशा को पनपने दूँ ? तेरी याद के समय, यह याद क्योंकर रहे कि मेरा स्वर तुझे पुकारते समय ह्रस्व है या दीर्घ ? फिर व्यंजन ? कितने ही मीठे स्वर में मिलाकर मैं उन्हें तेरे चरणों पर रक्खूं, परन्तु अन्तरतम की मिठास तो मैं उनमें पूरी ही नहीं पाता। फिर किसी भी मात्रा में वे, मैं तेरे सम्मुख कैसे रख सकता हूँ ? अरी, तुझे अपने में पी जाने के समय कोई भी मात्रा क्यों चाहिए ? प्यारे, मातृ-वन्दना की तेरे चरणों तक पहुँच न देख, अब मैं मातृ-वन्दना के पथ पर आ गया हूँ। वर्णों की साधना किस वर्ण की पहुँच तेरे पास तक है ? शुद्धि और अशुद्धि का भय ? जब तू अशुद्धि से परे है, तब शुद्धि से शुद्धि की उलझन से परे अपने-आप हो गया। अब तो जो मुख में आ जाय, वही तेरे चरणों में हाजिर है। वाचाल लज्जा की बलि कर, मौन निर्लज्जता लेकर आज तेरे सम्मुख उपस्थित हूँ मेरे देवता !

आसमान का भौम भूमि-पुत्र ही नहीं, मेरा, मेरे गीतों का भी, दावा मंगल और कृत्य अमंगल है। मैं युगों के लिए हरिश्चन्द्र का खरीदार और केवल क्षणों के लिए हरिश्चन्द्र हूँ। खोटे कल की जागीरी और बड़े नाम का आडम्बर। वर्षों का दुर्जन, मिनटों के लिए सज्जन, दिखाने के लिए निर्जला, करने के लिए अन्न-कूट। दर्शन का साहूकार, कृति का चोर।

[रंगों की बोली]

एक पौधा

कीच से ऊगा, कांटों में खेला,
गर्मी में झुलसा,
शीत से थर्राया,
वर्षा की थपेड़ी से उलट-पलट हो गया,
चाह की उठान और जमीन की हरियाली लेकर।

कहाँ हो मेरी सिद्धि ?
मेरी पहुँच के परिणाम, मेरी ऊँचाई की मिठास, मेरे बिस्तर के वरदान,
मेरी प्राप्ति की साध के फल ?

डाली पुकारी, पत्ते पुकारे और कली भी पुकार उठी—
'आओ दर्शन दो, अब बहुत सह चुके।'

कोई अन्तर में से झकझोरकर, सपनों में से बोल उठा—
"पागल, तरु जो गर्भ में हो, उसे कहीं गाँव में ढूँढ़ा जाता है ?"

बाहर भटकना छोड़कर अन्तर में आकर बोलो, "मैं यह हूँ।"

[रंगों की बोली]

वन्दन

अन्धकार घना। खजूर का झाड़, जिसके काँटे पत्ते, जिसके पत्ते काँटे, आकाश में अन्धकार का आक्रमण देख, सारे परिन्दे घोंसलों में जा छुपे। तब भी घोर तिमिर में एक पक्षी घूम रहा है, पाँखों में कालिमा और आँखों पर उजाला लेकर।

प्रभा आयी, प्रभात लेकर। उसने सारे तारे एक-एक कर दफना दिये, बंगाल के भूख से मरने वालों जैसे।

वह रात का परिन्दा भी छुप गया, खजूर के पत्ते वाले काँटों में।

उसे औंधा लटके, पाँवों के बल टँगे, देखकर मानव के पुरुषार्थ का जी बेचैन हुआ, उसने इस परिन्दे से बातचीत की :

तेरा नाम······चमगीदड़

निवास······खजूर के काँटे

विहार······अन्धकार

तू सूरज-भरे आसमान की ओर पाँव किये क्यों लटकी है ?

बिना खम्भों वाला यह आसमान जमीन पर गिर पड़ा तो मैं अपने पैरों पर

रोककर, सृष्टि को नाश से बचा लूंगी।

डेढ़ इंच के पंखों में कितना विशाल हृदय !

[रंगों की बोली]

सूर्य और दीपक

उषा आयी, सूरज के आने का संदेश लेकर।

सूरज आ गया, सोना बाँटता, उजाला बरसाता।

सूरज तपा, उठा, बढ़ा।

मध्याह्न, अग-जग तप उठा।

अब उतरने के क्षण आये, सूरज उतरने लगा।

जीवन के दूसरे पहर की तरह दिन का तीसरा पहर सूरज की किरणों को कमजोरी देने लगा।

लो साँझ आयी, पक्षी लौटे, पशु लौटे, मजदूर लौटे, किसान लौटे, सूरज भी मानो अपने घर लौटने लगा।

भार किसे दूं ? मेरा भार कौन सँभालेगा ?

प्रकाश-दान का मेरा मिशन ?

उसने आस-पास झाँका।

छोटी-सी दीपकदानी में सुलगती बाती ने कहा—

"प्रातः आपकी उपस्थिति में 'श्रीहीन' आरती बनी थी, रात में आपकी अनुपम ज्योति का भार अपनी शक्ति-भर सँभालूंगी देव !"

सूरज ने भार दे दिया।

[रंगों की बोली]

बेला रानी

वह बेले का झाड़ था—

धीरे-धीरे डोलता-सा, वायु-तरंगों से कुछ बोलता-सा,

कलियों की आँखों से आसमान में कुछ टटोलता-सा।

पास में बेल था, पीपल था, माप में अपने को तौलकर बेला बोली—"प्रभु, मुझे तुमने कितना छोटा बना दिया ! क्या तुम्हारा पर्वतों पर बिखरा हुआ बड़प्पन, मेरे ही बनाते समय चुक गया ?"

दोपहर के बाद साँझ हुई। और लोग दौड़कर बाग की ओर झपटे चले आ रहे थे। बैसाख की गर्मी थी, जमीन झुलसी जा रही थी, किन्तु बेला बाग-बाग।

वायु ने पूछा—"क्या तुम्हारे फूलों पर कोई रंग ही नहीं चढ़ता बेला ?"

बेला ने कहा—"मेरे सिर पर, मुझे उज्ज्वलता के सिवाय, कोई सोहाग नहीं सुहाता बहिन।"

वायु ने पूछा—"और यह पैरों में कूड़ा-करकट लिए क्यों खड़ी हो ?"

"इसलिए कि मेरे सिर का सुहाग, खूब अनोखा आवे।"

"और यह काँटों के बन्दीगृह में क्यों बन्द हो, बेला रानी ?" वायु ने ताना कसते हुए कहा।

बेला बोली—"देवकी के बन्दीगृह का लाड़ला वरदान दिग्विजय करने निकला था। मैं चाहती हूँ, मेरे बन्दीगृह का पुरस्कार भी वरदान बने।"

'दुर्गन्ध में बन्दी जीवन बिताकर, यह अभिमान ?" वायु ने कठोर प्रहार किया।

बेला ने सिर झुकाकर कहा—"जीजी, मेरा मस्तक उजला और सुगन्धित रहे, फिर मैं कहीं क्यों न रहूँ।"

आखिर कलियाँ बड़ी हुईं। मालाकार आया। चुन-चुनकर उसने कलियाँ तोड़ीं और लगा उन्हें सूजी से छेद-छेदकर माला बनाने। बेला का भी सिर उजला और कपास का भी। कपास ने अपने तार-तार होने दिये और अपना समर्पण कर कलियों के कलेजे के आर-पार हो गया।

उस दिन नगर-भर में एक ही कोलाहल था। वह सूली पर लटक गया। लाश चुपचाप, एक जगह जलायी जाने वाली थी। जेल का एक 'वार्डर' न जाने कहाँ से एक वस्तु ले आया। 'बेले का गजरा' और उसने आग लगाने से पहिले शहीद के शरीर से उसे लपेट दिया। बेला, कपास और शहीद—तीनों कष्ट-भोगियों की 'तिरबेनी' बन गयी।

वायु ने आकर बेला से कहा—"आज तुम्हारा सुगन्धित सुहाग, वीर-पूजा में चढ़ गया।"

बेला ने प्रभु को झुककर प्रणाम किया और एक दिन की अभिमानी वायु से पूछा—"तुम क्या कर रही हो बहिन ?"

उसने बेला के चरण चूमकर कहा—"मैं तुम्हारे उस गजरे की सुगन्ध के प्रसाद को सोते हुए देश के कोने-कोने में फैलाने ले जा रही हूँ बेला रानी।"

[रंगों की बोली]

क्या दे आए ! क्या ले आए ?

'स्वराज्य मिल गया', क्या इसके यह अर्थ हैं कि अब समय का कोई मूल्य नहीं रहा ? 'ब्रिटिश धिक्कार' और हमारे जय-जयकार में हमने पहिली बात तो छोड़ दी, यह सोचकर कि वह बासी हो गयी, किन्तु यह किसने कहा कि दूसरी चीज बासी नहीं हुई ?

'गाँवों को सुधरना है', इस धारणा को लेकर हम किधर चलें ? गाँव वालों में अन्धविश्वास है; दुराग्रह है। शहराती जीवन ने जो दुराग्रह हमें प्रदान किये है उन्हें लेकर हम गाँवों में जायेंगे ? इसके यही अर्थ हैं न कि हम ग्रामीणों के ग्राम्य अन्धविश्वासों को अपने नागरिक अन्धविश्वासों से बदल आयेंगे। वस्त्र, भोजन, रहन-सहन, सम्मान, ज्ञान और आडम्बर—इन सब बातों में अपने अन्धविश्वासों में क्या हम ग्रामीणों से भले हैं ?

कैसे बढ़िया दो चित्र हैं ! नीचे बैलगाड़ी चल रही है, ऊपर वायुयान उड़ रहा है। ऊपर का मरणशील देवता नीचे की जिन्दगी को कोस रहा है और नीचे का बैलगाड़ी नरेश ऊपर का देवता बनने के लिए जी मसोस रहा है। जरा पूछिये अपने से, इस समय हमारी राष्ट्र-पताका क्या रही है ? उसका डंडा इन दोनों की दूरी को बढ़ाने का माप बन रहा है या उसका झण्डा इन दोनों की दूरी को कम करने के लिए संकेत नहीं कर रहा है ?

'कर्मण्यता' का स्वाँग भरकर गाँवों में जाने और 'नयी वस्तु देखने की इच्छा' पूरी करके लौट आने वाले हम लोग, ग्रामीणों को यदि कुछ देकर आये तो यह कि चाय, अंग्रेजी जूते, नयी तरह के कपड़े और काम न करके शहराती की तरह बिना काम किए आनंदित रहने की महत्त्वाकांक्षा ? अंग्रेजों ने पढ़े-लिखों को गाँवों में जाने से इसलिए रोका था कि कहीं ये लोग ग्रामीणों में राजद्रोह न फैला दें। क्या आज भी, आज का शिक्षित गाँवों में जाकर ग्रामीणों में बल, बुद्धि और श्रमजीवी की ईमानदारी जाग्रत कर सकता है ?

[रंगों की बोली]

सीमा-रेखा

मुझे उन मौन क्षणों में आमन्त्रित कर गौरव दो, जब तुम्हारी सीमा-रेखाएँ भी दीख न पड़ती हों और जब मैं दुनिया की आँखों से यह देख न पाऊँ कि तुम्हारी ऊँचाई क्या है और गहराई कैसी है। मैं छोटी-सी नाव हूँ। मुझे अपनी लहरों पर ही खिलाओ। ज्वार की उत्ताल तरंगों और तली की गहराई के ज्ञान के लिए

मुझे तैयार न करो देव ।

तेरा आमन्त्रण, मेरा यह अधिकार कहाँ है कि मैं तुझ पर समर्पित हो जाऊँ ।

औरों के तुझ पर समर्पण का समारोह तू मुझे देखने देता है, यही क्या तेरा कम उपकार है ?

किन्तु मेरा क्षण भी आने दे न। क्या तुझे विश्वास नहीं हो पाया कि मैं समर्पण की साध लेकर ही घर से चला हूँ ?

क्या मेरी वासनाएँ और क्षुद्रताएँ अभी तेरी अस्वीकृतियों की चिनगारियों में जल नहीं पाईं ?

तो क्या तेरी आग की कमजोरी और मेरी क्षुद्रता के बल की स्वीकृति के लिए ही आज का यह मुझे तेरे मन्दिर में आने के लिए मिला हुआ न्यौता है ।

[रंगों की बोली]

प्रतीक्य-निबन्ध

साहित्यिक हलचल

मानव जाति को उन्नति के पथ पर लाने वाला, गिरी हुई दशा में ढाढ़स बँधानेवाला, अकर्मण्यता का नाश करनेवाला, सैकड़ों वर्षों की बात आँखों के सामने ला देनेवाला, मुर्दों में जान डालने वाला, समय की सूक्ष्म गति लिख देने वाला, और देश-अनुरक्त हृदयों में जातीयता का प्रबल बीज बोने वाला यदि कुछ संसार में है, तो वह देश का साहित्य है। किसी ने कहा है, "अन्धकार है वहाँ जहाँ आदित्य नहीं है, है वह मुर्दा देश, जहाँ साहित्य नहीं है।" किन्तु साहित्य में भी साहित्य का अंश देश का वह गौरव, शक्तियों का दर्पण और कर्मवीरों का चित्र है, जो राजनीतिक साहित्य कहा जाता है। उसके बिना साहित्य ठीक वैसा ही है जैसे प्राणों से रहित शरीर, पुतलियों के बिना आँखें, अँगुलियों बिना हाथ-पैर या बाप बिना एंजिन। इस बात की सत्यता के लिए जरा किसी भी देश के प्राचीन इतिहास की ओर दृष्टिपात कीजिए तो मालूम हो जावेगा कि वहाँ भी राजनीतिक साहित्य ही प्रधान पद ग्रहण किए हुए है। आप कदाचित् कहेंगे कि हिन्दी साहित्य के मुखोज्ज्वलकारी शान्ति, प्रेम और भक्ति रस के ग्रन्थ प्रात: स्मरणीय गोस्वामी तुलसीदासजी तथा महाकवि सूरदासजी ने बनाये हैं, और वे ग्रन्थ साहित्य के भूषण माने जाते हैं, पर राजनीति से उसका कोई सम्बन्ध नहीं। इसके उत्तर में कहना होगा कि आप भूलते हैं, और भूलते हैं इसलिए, कि यदि वे सच ही अटक से कटक तक, और काश्मीर से कन्याकुमारी तक मनुष्यों के हृदयों पर प्रभाव डाल सके हैं, न्यायाधीशों को न्याय और पापियों को बुरे कर्मों का परिणाम दिखा चुके हैं, तो बस उनके राजनीतिक साहित्य होने में कुछ न बच रहा। फिर सोचिए, वे ग्रन्थ किसका वर्णन करते हैं, कैसे समय लिखे गये हैं, उस समय शान्ति क्यों विराजती थी, उनमें लिखी हुई नीति, धर्म और कर्म की बातें कहाँ से आयीं, तो पता चलेगा कि उन सबका सम्बन्ध राजनीति ही से है। वह अकबर की राजनीति ही थी, जिसने उस काल में शान्ति रखी, वह महाराजा बीरबल और टोडरमल की राजनीति ही थी, कि अकबर को हिन्दू धर्म पहचनवा दिया, और देखिए वह क्षत्रिय कुल सूर्य महाराणा प्रताप की राजनीति ही थी, कि जिसने उस काल को प्रभा-सम्पन्न कर दिया।

अब जरा और प्राचीन साहित्य को देखिए, रामायण और महाभारत हमारे यहाँ घर-घर क्यों पूजी जाती हैं? कौटिल्य का अर्थशास्त्र क्यों बड़े काम की

चीज गिनी जाती है ? मेगास्थनीज का इतिहास और बर्नियर, ह्वेन सांग और फाहियान की भारत यात्रा क्यों सम्मान की वस्तु है ? अशोक के शिलालेख, कनिष्क की मुहरें, और चन्द्रगुप्त और सेल्यूकस का नाम क्यों ध्यान पर लाया जाता है ? बस, सबका उत्तर वही एक—राजनीति । अच्छा तो अब हमें देखना चाहिए कि हमारा वर्तमान हिन्दी साहित्य (न कि प्राचीन) किस प्रकार का है, और उसमें क्या कमी है ।

साहित्य का प्रधान अंग काव्य है । इसमें सन्देह नहीं कि देश के उत्थान में काव्य का बड़ा दर्जा है, इसीलिए कवि का मान सबसे अधिक है, और यह कहावत बिलकुल ठीक है, कि यदि वाल्मीकि न होते, तो लव और कुश ऐसे महावीर न हो पाते । वर्तमान साहित्य में ऐसे ग्रन्थों का प्राय: अभाव है जो यथार्थ में काव्य कहे जा सकें । जो हैं भी, वे एक तो बहुत कम और ऊँचे दर्जे के नहीं । हाँ, यह अवश्य है, कि उन्होंने अभाव की पूर्ति करने में भाग लिया है, और आशा दी है कि शीघ्र ही ऊँचे दर्जे के ग्रन्थ निकलेंगे । कवि की एक पंक्ति जो असर करती है वह सैकड़ों व्याख्यानों से नहीं हो पाता । यह शुभ चिह्न है कि अब जातीयता और देश-प्रेम में रँगी हुई कविताएँ आँखों और हृदयों को ठण्डक पहुँचाने लगी हैं, शरीर में शक्ति का संचार करने लगी हैं । पर, अभी ऐसे सैकड़ों काव्य-ग्रन्थों की आवश्यकता है, जो देश का चित्र सामने रखें, अमीरों की चर्चा न करके, गरीबी की गाथा गावें, महलों का वर्णन न करके कुटियों का वर्णन करें, और खेड़ों को स्वर्ग बना, शहरों को खेड़ों की धूल चटा दें । क्या ऐसा दिन कभी आवेगा ? हृदय कहता है कि आवेगा, आ रहा है, और शीघ्र उन शक्तियों के साथ आवेगा, जो झोंपड़ी से महलों तक, राजा से रंक तक, और पैर से चोटी तक, सब भेद-भाव मिटा, एक रंग में रंग देगा ।

काव्य के बाद दूसरा स्थान नाटक का है । वर्तमान साहित्य में दूसरी भाषा से अनुवादित नाटकों की संख्या अधिक है । हाँ, मौलिक नाटक भी कुछ बने हैं, पर उनमें सिर्फ दो ही चार उत्तम कोटि में आते हैं । हम उन नाटकों को नाटक कहने के लिए तैयार नहीं, जो केवल अनुचित प्रेम के दोष दिखाता है, या सिर्फ घटनाओं का चित्रण करता है । जिसमें देश-राग न अलापा जावे, जिसमें छोटी शक्ति बड़ी शक्ति पर विजय प्राप्त न करे, जिसमें हृदय की उदारता न बतायी गयी हो, या जिसमें सत्ता के दुरुपयोग का फल न दिया गया हो, वह नाटक नहीं । हर्ष है कि अब जनता की रुचि अच्छे नाटक पहिचानने लगी है, और हिन्दी नाट्य समितियाँ स्थापित होने लगी हैं । हम चाहते हैं, कि नाटकों में बड़े राजा-महाराजा नायक न होकर, किसान नायक हों, गरीब किन्तु पवित्र और उदार आत्मा नाटक के नायक बनें, और हम अपने चश्मे को अलग रखकर अपने घर का हाल जानें और अपना कर्तव्य समझें । यदि ऐसे नाटक ने देश की तान कानों में भर

दी, आँखों की धूलि साफ करके सुरमा लगा दिया, और हृदयों पर नेत्र बन्द कराकर हाथ रखा दिया, तो बस, नाटक का काम हो गया। फिर क्या है, वशिष्ठ के वचनों के समान इच्छा करते ही मनोरथ की सिद्धि होगी।

अब इतिहास और जीवन-चरित को लीजिए। सामूहिक जीवन-चरित इतिहास है, और व्यक्तिगत इतिहास ही जीवन-चरित है। अभी तक हिन्दी में इतिहास ग्रन्थों का बहुत अभाव है, खासकर उन इतिहास ग्रन्थों का, जो राष्ट्रीयता की दृष्टि से देश और काल का सच्चा फोटो खींचते हों। अभी-अभी इने-गिने ग्रन्थ निकले हैं, पर वे भी नाम मात्र को ही हैं। ऐसे जबर्दस्त इतिहास ग्रन्थ निकलने चाहिए जो विदेशी लेखकों की झूठी उक्तियों का खण्डन करें, और देश के बालकों को असली हालत दिखा दें। जब तक इस ओर अंग्रेजी और भिन्न-भिन्न भाषाओं के ज्ञाता हिन्दी-प्रेमी विद्वानों का ध्यान न जावेगा तब तक इसका अभाव खटकता ही रहेगा। हिन्दी-हितैषी पुस्तक प्रकाशकों और नागरी प्रचारिणी सभाओं को इस ओर विशेष ध्यान देना चाहिए। जीवन-चरित में हम दो रूप देखना चाहते हैं। एक तो ऐसे जीवन-चरित, जो किसी महापुरुष या महान् पुरुष के जीवन की समस्त घटनाओं का चित्रण करें और दूसरे वे, जो कुटियों और टूटी-फूटी झोंपड़ियों में निवास करके, देश के हितचिन्तन में निरन्तर लगे रहकर जीवन अर्पित करने वालों का वर्णन करते हों। जो जन्म से मृत्यु तक आपत्ति और संकट का सामना कर, आत्म-त्यागी और परोपकारी बने हुए हैं, उनका चरित हमें कई गुण सिखाता है, जो एक नगर निवासी प्रतिष्ठित धनिक या विद्वान में ढूँढ़ने पर भी नहीं मिल सकते। हमें तो उन आत्माओं के चरण चूमना है, जो यह सिद्धान्त रखते हैं कि—

कर्मवीर के लिए नहीं वह कर्म भला है।
जिसमें नहिं आपत्ति और कोई न बला है।।

यही हाल उपन्यासों और गल्पों का है। व्यर्थ उपन्यासों की संख्या हिन्दी में बहुत अधिक है, और जो कुछ अच्छे हैं, वे प्रायः सभी अनुवाद हैं—मौलिक कम हैं। यदि प्रतिभा-सम्पन्न उपन्यास-लेखक हमारे देहातों पर कृपा-दृष्टि करें, तो उन्हें सैकड़ों मार्ग अपने मतलब के मिल जावेंगे, और वे व्यर्थ समय न गँवाकर, बहुत कुछ देशहित कर सकेंगे। अभी हाल में जो दो-एक उपन्यास निकले हैं, वे ईमानदारी से हिन्दी के सिर को बहुत ऊँचा उठा ले गये हैं।

अब हमें विज्ञान के सम्बन्ध में बहुत कुछ कहना है। विज्ञान में हम उन सब विज्ञानों को शामिल करते हैं, जो अर्थ विज्ञान, राजनीति विज्ञान, शिक्षा विज्ञान, भौतिक विज्ञान, स्वास्थ्य विज्ञान, आदि नाम से प्रसिद्ध हैं। विज्ञान-पुस्तकों की हमारे यहाँ जितनी कमी है, उतनी अधिक और किसी विषय की पुस्तकों की नहीं। अभी जो कुछ पुस्तकें निकली हैं, वे इस मार्ग में केवल श्रीगणेश

रूप हैं। यह कार्य तो उस हालत में ठीक हो सकता है, जबकि एक-एक संस्था विज्ञान के एक-एक अंग की पूर्ति में लग जावे, जैसा कि काशी 'विज्ञान-हुनर-आफिस' ने किया था, और विज्ञान-परिषद प्रयाग कर रहा है। पर इतने ही से नहीं परिषद् का कार्य और तेजी से हो तब बने, क्योंकि उसमें योग देने वाले विद्वान जैसे वहाँ हैं वैसे और कहीं नहीं। हमारे मोटे भाई (सम्पन्न) जरा उस ओर कृपादृष्टि करें तो बहुत कुछ कार्य हो, पर नहीं, वे कृपा करें या न करें, हमें अपने गरीब किसानों और मजदूरों के चित्त को ही इस ओर फेरने का प्रयत्न करना चाहिए, कि वे आधुनिक विज्ञान से लाभ उठाने में प्रयत्नशील हों। जो दशा भौतिक रासायनिक विज्ञान की है, वही राजनीतिक विज्ञान की भी है। हिन्दी में ऐसी एक भी पुस्तक नहीं, जिसमें राजनीति का विज्ञान वर्णित हो। हिन्दी में प्रेसीडेण्ट विलसन के स्टेट (State), डिलाइल वर्नस् के 'पोलीटिकल आइडीयल्स' (Political Ideals), जेंक्स के 'राजनीति का इतिहास' (History of Politics) के समान पुस्तकों की बड़ी भारी आवश्यकता है। इसी तरह अर्थ-विज्ञान पर सिवा दो-चार पुस्तकों के मैदान खाली है। जिस विषय का सम्बन्ध आँख-कान हिलाने से हो, देश के एक-एक प्राणी से हो, उस पर केवल दो-चार पुस्तकें······भारी अभाव ! इस अंग के भिन्न-भिन्न खण्डों पर विशेष विवेचन सहित मालाएँ निकलना चाहिए। खासकर ऐसे समय, जबकि रोटी का प्रश्न दिन-दिन कठिन हो रहा है, अर्थशास्त्र की विशेषताएँ न समझना और उनसे लाभ न उठाना गड्ढे में पड़ना है। शिक्षा-विज्ञान की तो और भी बुरी दशा है—इस सम्बन्ध की एक भी पुस्तक नहीं। अंग्रेजी में जिस पर सैकड़ों पुस्तकें हैं, और दिन-प्रतिदिन निकलती जाती हैं, यहाँ हिन्दी में ऐसा अभाव हो (!) वास्तव में यह बड़ी ही लज्जा और दुःख की बात है। स्वास्थ्य-विज्ञान की कुछ ही पुस्तकें हैं, पर उनमें इसका पता ही नहीं कि हमारे देहाती भाई अपनी टटिया पुँजिया के अनुसार क्या करें, जिससे काल-कवलित न हों। ऐसी छोटी-छोटी पुस्तकों की भारी जरूरत है, जिसमें यह विषय बड़ी सरलता से दिखाया गया हो और खेड़ों में लाभ पहुँचाने की दृष्टि से लिखा गया हो। स्वास्थ्य में सबसे अधिक हानि हमारे देहाती भाइयों और अंग्रेजी पढ़ने वाले बालकों की हो रही है, अतएव पुस्तकें इन पर दृष्टि रखकर लिखी जावें।

भूगोल-शास्त्र पर भी पुस्तकें अधिक नहीं। भ्रमण पर कुछ निकली हैं, पर उनमें सरसरी तौर से वर्णन पाया जाता है प्रकृति अवलोकन (Nature Study) पर तो एक भी नहीं। यह विषय किसानों और भ्रमण-प्रिय व्यक्तियों के लिए विशेष हितकारी है। प्राचीन ग्रन्थों की सहायता से यदि इस पर ग्रन्थ लिखे जावें तो भारत की जड़ी-बूटियों की उपयोगिता और जंगल की झाड़ियों का महत्त्व प्रकट हो।

यह तो हुई मुख्य विषयों पर सरसरी दृष्टि। यथावकाश इनके अंगों और उपयोगों पर भी विचार प्रकट किये जावेंगे। यहाँ अन्त में यह कह देना आवश्यक है कि इस सूची में धर्म का विषय नहीं लिया गया। किन्तु इससे यह न समझा जावे, कि वर्तमान साहित्य के लिए धर्म-पुस्तकों की आवश्यकता ही नहीं, वास्तव में ऐसी बात नहीं है। हम तो धर्म उसी को कहते हैं, जिसके द्वारा हमें अपने कर्त्तव्य मालूम हों। धर्म में भारतवर्ष की जो श्रेष्ठता है, वह किसी से छिपी नहीं, और हमारा धर्म किसी विशेष व्यक्ति का धर्म नहीं है। तब, फिर वर्तमान राष्ट्रीय युग में धर्म वही है, जो हमें राष्ट्रीय धर्म की शिक्षा दे और हममें कर्त्तव्य-कर्म की शक्ति फूंक दे। जो पुस्तकें यह कार्य करती हैं, वे ही धर्म-पुस्तकें हैं, और वे ही हमारी आत्मा का और हमारे देश का उत्थान करेंगी, जिनमें देश-नेताओं और देश की पवित्र आत्माओं के चरित्र लिखे गये हों, वे ही हमारे लिए पुराण स्वरूप हैं, जिनमें स्वदेश-राग अलापा गया हो, वे ही हमारे लिए गायत्री के मन्त्र हैं, जिनमें राजनीति की कठिन उलझनें सुलझाई गयी हैं, वे ही वेदान्त और दर्शन की पुस्तकें हैं, जिनमें हमारा-तुम्हारा भाव भूलकर गले से लगाकर स्वतन्त्रता की हुंकार की गयी हो, वे ही हमारे पूज्य वेद भगवान हैं। वर्तमान युग गला फाड़कर यही कह रहा है कि तुम इसी धर्म से दीक्षित होओ और अपना, अपनी आत्मा का, अपनी सन्तान का, और सबसे बढ़कर अपने विरोधियों का कल्याण करो।

[मई 1920, कर्मवीर]

साहित्यिक शराबखोरी

पण्डित बनारसीदास चतुर्वेदी, हिन्दी-संसार के दण्डनीय उपेक्षितों में से हैं। हिन्दी संसार की गद्दियों में, ऐसे अपेक्षित दण्डनीय और भी हैं। उनमें कुछ ये हैं—श्री प्रेमचन्दजी, स्वामी सत्यदेवजी, बाबू काशीप्रसाद जायसवाल, बाबू पुरुषोत्तमदास टण्डन, श्री जमनालाल बजाज, बाबू राजेन्द्र प्रसाद आदि। इनमें वह बहुत 'इज्जत' से रहता है, जो साहित्य और साहित्य के जमघटों को दूर ही से प्रणाम कर लेता है, और वह अपमानित होता है जो कार्य की भाषा में, साहित्यिकों के बीच आकर बैठना चाहता है। भारतवर्ष के अन्य कोनों में चाहे कोई साहित्यिक अपने प्रभाव और साहित्य को लेकर पूजित हो ले, किन्तु घर में हम उसके साहित्यिक पापों का उससे बदला जरूर भँजायेंगे। जिस मानसिक सतह पर बैठकर, हम साहित्य की दुकानदारी करते हैं, और जिस मनोभावना को लेकर, हम साहित्यिक मजमों में एकत्र होते हैं, उसमें हम अन्य भाषा-भाषी लोगों को, अपना रूप-दर्शन करने के लिए जितना ही कम आने दें, उतना अच्छा। क्या हम

साहित्यिक 'दृष्टिकोण' रखते हैं ? साहित्यिक दृष्टिकोण रखने वाला आदमी हमसे दूर भागना चाहता है। श्री वियोगी हरि, देहली के सम्मेलन में नहीं आये। श्री देवदास गांधी की शायद हमें याद ही नहीं आयी। मौलवी महेशप्रसाद आलिम फाजिल ऐसे ही दीखते थे, मानो वे हमारे कुछ न लगते हों, श्री हीरालाल खन्ना नन्हे बच्चों की तरह दूर पड़े थे और मेरे जैसे पाँचवें सवार मंच पर विराजमान थे। फिर हमारी साहित्यिक चर्चा। उस पर हम जितना ही कम कहें थोड़ा। हमारे दल-बन्द अड्डे ऐसे प्रस्तुत कि अपनी इज्जत सही-सलामत रखकर बोल जाना मानो शर्म के प्राणों पर खेल जाना है, या अपनी दुर्दशा को आमन्त्रण देना। इधर कुछ लोग हिन्दी में 'सनसनी' वाद के लिए बहुत बेजार हैं। बुद्धि, तर्क और हृदय पर, जो साहित्य को लोगों के पास नहीं पहुँचा पाते, वे 'तहलका-वाद' के पुजारी बनकर उसे लोगों तक पहुँचाना चाहते हैं। ऐसा साहित्य भला किस उत्तम भाषा में नहीं है ? किन्तु ऐसी 'लिखावट' साहित्य नहीं मानी गयी। जिन लोगों की गर्दन हम अपनी हृदयहीनता से दबोचते हैं, उनसे रक्त कण की माँग करते समय हम यह तो सोच लें कि साहित्य की नगरी में, उस शिल्पी के अस्तित्व के प्राण लेकर, हम वहाँ किस 'सेन्सेशनल' देवता की प्राण-प्रतिष्ठा करना चाहते हैं ? यदि गालियाँ ही किसी जाति का साहित्य होतीं, तो फिर बजरिया में एकत्र होने वाली कुंजड़िनों को दिन-भर की लड़ाइयों और गाली-गलौज को भी हमने साहित्य-समारोह मान लिया होता। मैं यह तो मानता हूँ कि साहित्य गरीबों के बीच की बातें लिखे। उनकी वेदना, उनके कष्ट, उनके उल्लास और उनके अभावों को चित्रित करे, परन्तु यह मेरी समझ में हरगिज नहीं आता कि गालियों को 'जमाने का साहित्य' बनाया जाय। इधर कुछ साहित्यिक अखाड़ों में पट्ठे लड़ाने लगे हैं। पहिले यह कवि-सम्मेलनों में ही होता था, और वहाँ वे अपनी चार खूँटे जागीर स्थापित कर, अन्य लोगों का, आत्म-प्रकटीकरण के पथ में प्रवेश-निषेध कर देते थे। अब सम्मेलनों और उप-सम्मेलनों में पट्ठे लड़ाये जाने लगे हैं। ऐसे समय हम सातवें आसमान के साहित्यिक होकर भी, अपने पट्ठे के शीलरहित, पतित, स्वार्थी, धन-लोलुप और मन्द व्यवहारों को भी साफ पी जाते हैं। हमें तो अपने शत्रुओं और हमारे प्रभाव के सामने मस्तक न झुकाने वाले लोगों के लिए उपकरण चाहिए। जो उपकरण बन गया, उसने भूले-भटके थोड़ा भी लिखा हो, तो लगे उसकी इज्जत का ढिंढोरा पीटने। फिर वह, चाहे जिन, बड़े-बड़ों को लेकर उन पर बे-सिर-पैर के प्रहार करने लगे। हमारे अखबार में उसका चित्र होगा, चरित्र होगा, और हमारी तारीफ और औरों की फबतियों से भरी उसकी 'एकमात्र' तकरीर भी होगी ! यदि साहित्य में हम, नन्हे बच्चों को अँगुलियाँ पकड़कर चलना सिखाने के बजाय उन्हें खुशामद की रिश्वत देने लगें, तो एक हद तक ही लोग हमारी

बातें मानेंगे। जन-मत कड़ा न्यायाधीश है। और यह सच है कि जिसे हम प्रशंसा के पुल पर चढ़ाकर बढ़ा रहे हैं, जितने जल्दी वह गिर सकता या गिराया जा सकता है, उतने जल्दी अपने बूते एक-एक कदम चढ़ने वाले आदमी का पतन नहीं हो सकता। वह हवा के झोंकों पर गिराया नहीं जा सकता। वह हमारी भुजा की डाली के आश्रय पर नहीं, अपने प्रयत्न के पंखों के बूते खड़ा हुआ है। हजार घड़े पानी डालकर भी, हम अपनी मर्जी पर आम को बौरा नहीं सकते, गन्ने के रस में मिठास नहीं ला सकते। हम चाहे अपनी कलम से बने हुए कुत्ते पर नयी कूँची चलाकर शेर बना सकते हों, किन्तु प्रकृति परम-शक्तिशालिनी होकर भी ऐसा करने में अपने ही नियमों की बन्दी है। हम चाहें, आज ही कह दें कि केले का अंकुर ही, केले के फलों से कहीं अधिक मीठा है किन्तु साँस के बाद साँस, और लहरों से बाद लहर गिनने वाला समय, डालियों पर पत्तियाँ, फूलों में फल, और फलों में मिठास लाने के लिए जल्दबाजी नहीं कर सकता। हमें अपनी कृपा का किसी को महापात्र बनाना है, किन्तु भगवान समय को तो विश्व-विधाता की जिम्मेवारी पूरा करने वाला घटक बनाना है। पत्रों की वृद्धि, और साहित्य में स्थान पाने की जरूरत के कारण, हमारे आदमी, खुशामद की यह शराब, तरुणों में आँख मूँदकर बाँट रहे हैं। कुछ गोद से उठकर एकदम 'बूढ़े बनने वाले बच्चे' इस 'खुशामद की पहुँच' को अपनी प्राप्ति समझते हैं। वे नहीं जानते कि इस खुशामद ने, उन्हें एक बढ़ावा देकर जब ऐसी जगह खड़ा कर दिया है, जहाँ से गम्भीर मुद्रा, लोगों पर तानेकशी, अपने प्रभु की प्रशंसा और पैसा ऐंठने के लिए की गयी राजाओं और धनिकों के सामने की चतुराई उन्हें ऊँचा उठा नहीं सकती। वे तो, अपने संचित कष्टों को, अपनी उसाँसों और आँसुओं को साहित्य बनाकर ही लिखते चले जायँ। बड़े आदमियों को वे मंजिल के मील के खम्भों की तरह प्रणाम कर लें, किन्तु उनके सर पर बैठकर, यह न समझें कि मंजिल तय कर ले जायँगे। साथ ही, साहित्य कोई जुआ-घर नहीं। यहाँ ऐसी कोई बात नहीं कि आज आँख मूँदी और कल धनिक हो गये। धन की दुकानदारी अलग है, साहित्य की तपस्या अलग। धन की जा और बेजा सारी कोशिश करने के बाद भी, हमारे माथे पड़ने वाली असफलता, हमारी तपस्या नहीं कही जायगी। हम जिस गरीबी को, किसी भी मूल्य पर बदलने देने के लिए तैयार नहीं, हमारी यथार्थ तपस्या यही है। हम यह न सोचें कि हमारे गोरख-धन्धों को कौन जानता है। इससे अधिक कठोर बात और क्या हो सकती है कि हमारे इस उठाईगीरेपन को 'हम' जानते हैं। हमारी इस अधमता के पश्चात हमारी अँगुलियों पर साहित्य उतरे? असम्भव। इसके पश्चात तो भीख, छल, तानेकशी, सनसनीवाद ही हमारा आश्रय हो सकता है। —बेनीमाधव शर्मा

[29 सितम्बर 1934, कर्मवीर]

साहित्य और कविता

एक समय वह होता है जब हम अपने सामने अधिक समुदाय नहीं पाते हैं तो दुःख होता है। पर एक समय वह भी होता है जब हम अधिक समुदाय पाते हैं तो दुःख होता है। जब हम विचारों का प्रकटीकरण कर उन्हें दूर तक पहुँचाने का यत्न करते हैं, तब समूह का त्याग नहीं किया जा सकता। किन्तु जब हम विचारों का कोष निर्माण करते हैं, तब हमें तपस्वी के एकान्त की आवश्यकता होती है। एकान्त, उस समय हमारे अस्तित्व की आराधना, आराध्य की पूजा और आतमदेव की अभ्यर्थना होती है।

हमें एक बुरी आदत है। हम व्यक्ति नहीं पढ़ते, पुस्तकें पढ़ते हैं। जिस साहित्य में व्यक्तित्व को पढ़ने का यत्न नहीं किया जाता, जिसमें व्यक्तियों के मस्तिष्क की तह तक पहुँचने की कोशिश नहीं की जाती वहाँ व्यक्तित्व के उत्पन्न होने और पनपने की कल्पनामात्र पागलपन है।

हम बात नहीं, विषय सुनते हैं, और जीवन, कलम या जबान को जूते के माप में फिट बैठाने का यत्न करते हैं। जब तक नदियों की तरह बहने, वर्षा की तरह बरसने, पुष्पों की तरह बिखरने और अन्नकणों की तरह उगने वाली आत्म-वेदना हमारे पास नहीं है, कविता खुलकर क्यों आवेगी ?

व्यक्ति दो प्रकार के होते हैं। एक तो वे जो विश्व में फैले हुए ज्ञान से तन्तु चुन लेते हैं और फिर अपने ही तन्तु-संग्रह से चकित हो उठते हैं और उसे विश्व के सामने रख देते हैं। दूसरे वे जो उस बाँसुरी के यत्नशील वादक की तरह जो टूटे और अस्फुट स्वरों से मधुर और कोमल संगीत बनाता-सा नजर आता है, दुनिया के विचारों से एक विचार-समूह का निर्माण करते हैं। उनके विचारों की सम्पत्ति किसी प्रत्यक्ष व्यक्ति, घटना या दृश्य से या कल्पना की उड़ानों से जाग्रत् होती है और उसे जमाने को सौंप देने में वे अपना ईमानदार कर्तव्य अनुभव करते हैं।

साहित्यिक रस के निर्माण में लगा रहता है। रस ही काव्य की आत्मा है। रसों पर शस्त्र-क्रिया करके रसों तक पहुँचने की चेष्टा व्यर्थ है। रस इतनी सुकोमल वस्तु है कि उस पर क्रिया होने के बाद, छीना-झपटी या रगड़-झगड़ होने पर, वे मसले हुए फूलों की तरह अपनी सुगन्धि खो देते हैं, अपनी कटुता के आँसू रो देते हैं।

आज का युग ऐसा है कि मस्तक अलग कार्य करता है, धड़ अलग कार्य करता है। साहित्य की दुनिया के ये दोनों राहु और केतु हैं। इन दोनों अंगों को जोड़ें तो मनुष्य प्राणी बन सकता है। हृदय और मस्तिष्क का विच्छेद करने से एक अजीब-सी बात हो गयी है। एक तरफ मस्तक पर बोझा लादा जा रहा है

और दूसरी ओर पैरों पर चंदन चढ़ाया जा रहा है '

हमारा प्रयत्न रहे कि हम अपनी अंतरात्मा के प्रति, व्यक्तित्व के प्रति सच्चे रहें, ईमानदार रहें। मुझे उस लकड़हारे के लड़के की कहानी याद आती है, जो भाग्यवश राजा बन गया था। राजदंड, राजदरबार और शाही पोशाक में भी वह अपने निजी अस्तित्व को भूला नहीं था। उसने अपने पुराने चिथड़े और लकड़ी के गट्ठे को एक आलमारी में बंद कर रक्खा था। दिन में एक बार, वह नहा-धोकर, एकान्त में, सारा राजसी लिबास उतार देता था और अपनी लकड़हारे की पोशाक पहनकर एक बड़े शीशे के सामने खड़ा होकर अत्यन्त दीनता के साथ अपने प्रभु से वह कहता कि—मैं यह हूँ, वह नहीं हूँ। इसी तरह एक सच्चे साहित्यकार का भी यही कर्तव्य है कि वह अपनी ईमानदार घड़ियों में, अपने सत्य के निकट अपने प्रभु के सम्मुख खड़ा होकर ऐसा ही कहे कि—मैं यह हूँ, वह नहीं हूँ।

व्यक्तित्व के निर्माण के लिए हृदय की जरूरत है। यह रास्ता ग्रंथों या पंथों में नहीं मिलता। उसका अपना रास्ता होता है। लेखक जिस समय लिखने लगता है, उस समय पाठकों का, प्रशंसकों का मजमा अपने-आप जम जाता है।

जब तक साहित्यिक बाहर की दुनिया देखने के लिए बाध्य किया जाता है, तब तक स्वयं को नहीं देख पाता। जब वह स्वयं को ही नहीं देख पाता, तो वह कुछ भी नहीं देख पाता। चिन्तक दुनिया को पढ़ता है और स्वतः को पढ़ता है। वह जल्दबाज नहीं है। साहित्यिक का जीवन द्वैत में अद्वैत और अद्वैत में द्वैत की अनुभूति होता है। जब वह अपने अनन्त चित्रण में उतरा होता है, तब वह कला-पिता के जोखम-भरे उल्लास से आभूषित और कला-माता के प्राणमय बोझ से बोझीला होता है। किन्तु जब उसका चिन्तन उसकी कलम पर उतर आता है, तब वह अपना ही कला-पुत्र होकर विश्व के अन्तरतर की सुकोमल गोदों में खेलता रहता है। साहित्य इसी त्रिगुणात्मक स्वरूप में व्यक्तित्व को प्रकट करता है।

आत्म-प्रकटीकरण की वेदना कभी-कभी मरण-वेदना से भी कठोर होती है। लेखक की इस बेबसी को दुनिया का अजब बाजार अनुभव नहीं करता, मजमा, भीड़भाड़, ऐसों के लिए मृत्यु है। एकान्त उसका जीवन है। आत्मप्रकटीकरण की भूख जिन्हें होती है, उनका एकान्त अस्तित्व की बस्ती होता है। उस समय वे जरा-सा भी आक्रमण बर्दाश्त नहीं कर सकते। करुण वेदना के आँसू जिस तरह, बे-अवसर की और बेहद पूछताछ से रुक जाते हैं और हृदय के बोझ बनकर बावला कर देते हैं, उसी तरह जब मैं अपने-आपको सम्पूर्ण कलम या स्वर पर उतार रहा होऊँ, तब मेरे स्वर पर चाकू लेकर दौड़ने वाले हाथ को देखकर मेरा सम्पूर्ण अपनापन, मेरे स्वर पर उतरते समय रुक जाता है। हाँ, उसके बाहर

उतर चुकने के पश्चात् मनमानी शस्त्र-क्रिया हो, मुझे चिन्ता नहीं। जब मैं देखता हूँ कि आप फलों को छील या तराशकर ही खाते हैं, तब मैं अपने पर की जानेवाली तराश से चिन्तित क्यों होऊँ। किन्तु यह तराश उस समय नहीं शोभती, जब वृक्षों की टहनियों पर प्रकृति की अप्रत्यक्ष अँगुलियों से फल बनते चले आ रहे हैं। फूलों के खिलते समय आप उन पर चाकू और कैंची लेकर न दौड़ें। जब वह पूरी तरह खिल चुकें फिर आप उन्हें लेकर पैरों तले रौंदें, तोड़ें-मरोड़ें या उनकी पूजा करें। आप स्वतन्त्र हैं।

यदि गांधी युग का उदाहरण छोड़ दें, तो राजनीतिक व्यक्तित्व में एक खराबी है। वह अपने जमाने के लोगों के अज्ञान और उनकी कायरता पर फूलता-फलता है। नेता से जनता जितनी गुनी अज्ञान होगी उतना ही अधिक प्रभाव राजनीतिक नेता रख ले जा सकेगा। जनता का जागरण राजनीतिक नेतृत्व का नाश-बिंदु है। किन्तु साहित्य में यह बात नहीं है। यहाँ तो जीवन-शोधन के इस प्राण-यज्ञ-पथ पर तो जीवन को हम ज्यों-ज्यों छोटा बनाते जायें त्यों-त्यों बड़े-बड़े रहस्य हमारी आँखों के सामने आते हैं और उन रहस्यों को हम ज्यों-ज्यों जगत् के सम्मुख रखते जाते हैं हृदय-शोध की नित नयी माँग हमारे सामने आती है। इस शोधन में जब अधिक लोग आ जाते हैं तब अग्रगामी का वजन गिरने के बजाय बढ़ने लगता है। साहित्यिक फूलमालाओं से घबराता है। उसका सबसे बड़ा बल, सबसे बड़ा पुरस्कार निर्मल हृदय है, जो प्रभु की देन है। उस पुरस्कार की सबसे अच्छी थैली उसका मस्तिष्क है जिसे प्रभु ने अपने हाथों बनाया है। अपने प्रभु के लिए सम्पूर्ण आत्मसमर्पण ही उसकी शक्ति है। सच्चा साहित्यिक ऐसी रेखाएँ खींचता है जिन्हें समय मिटा नहीं पाता।

राष्ट्रीय कविता क्या है? राष्ट्रीय कविता केवल खून, फाँसी, हथकड़ी-बेड़ियों की कविता ही नहीं है। राष्ट्र की प्रत्येक चीज पवित्र है। गौरव की वस्तु है। राष्ट्र को मैं महान् विशाल मानता हूँ। उसे मैं समस्त भूतकाल से लेकर भविष्यकाल के नाम से नापता हूँ। ऐसे ही सनातन राष्ट्र की वाणी सच्ची राष्ट्र-वाणी है। राष्ट्रीय कविता घुँघरू बाँधकर ही मनोरंजन नहीं करती या मधुर आलापों से माधव का गायन ही नहीं करती, किन्तु वह युद्ध के प्रभातकाल में लंकाकांड का भीषण रूप भी धारण कर लेती है और सैनिकों को बलि-पथ पर आमन्त्रित करती है। गांधी और हिमालय दोनों ही पूरे राष्ट्रीय हैं। क्या वह हिन्द ही राष्ट्रीय नहीं है जिसके मुकुट पर हिमांचल है, गले में गंगा-जमुना का हार है, करधनी में नर्मदा-ताप्ती की लड़ियाँ हैं, जिसकी साड़ी की किनारी कावेरी-कृष्णा के सुनहले जल से चमक उठती है और जिसके चरणों को हिन्द-महासागर धोता है।

व्यक्त करने के लिए केवल व्यक्ति की ही जरूरत नहीं है। न यही आवश्यक

है कि जिसे व्यक्त किया जाता है, वह प्रत्यक्ष जमीन की चीज ही हो। साहित्यिक के लिए सबसे बड़ी जमीन हृदय है। कल्पना की जमीन पर उत्पन्न होने वाली घटनाएँ भी महाप्रलय कर सकती हैं। कल्पना और हृदय का निर्णय ही किसी साहित्यिक की परीक्षा का योग्य माप है।

मैं आपसे दो बातें और कहूँ। यदि अच्छा साहित्य दीख पड़े तो निगल न जाइए और फिर उसे अपना कहकर उगल न दीजिए। यह तो पराई चीज हुई, दूसरों के विचार हुए। जिन्हें साहित्य-निर्माण की नहीं केवल साहित्य परोसने की आदत है वे महापुरुष हो सकते हैं किन्तु साहित्यिक नहीं। साहित्य की प्रसव-वेदना उन्होंने सही ही नहीं। अपने विचारों के लिए लोक-निन्दा उन्हें सहनी ही नहीं पड़ी। उन्होंने तो तैयार विचार उठा लिए। वे तो अपने साहित्य पर प्राण देने वाले साहित्यिक नहीं हो सके। हमें इस विषय में सतर्क रहना चाहिए।

दूसरी बात कविता के विषय की है। कोई कहता है, कविता का विषय सत्य है। कोई कहता है, कविता का आधार कल्पना है। वास्तव में कविता विधाता के जगत् की कमी की पूर्ति है। प्रभु की दुनिया में हम देखते हैं कि कई बार पापी मौज उड़ाते हैं और पुण्यात्मा कष्ट सहन करते हैं, लेकिन कवि की दुनिया में पापी सुखी नहीं रह सकता और पुण्यात्मा दुःखी नहीं हो सकता। कविता कल्पकता का सत्य नहीं, सत्य की सुकोमल कल्पकता है। कविता का विषय असीम है। विस्तृत है। ईसा अस्तबल में पैदा हो सकते हैं, कृष्ण कारागार में—तब फिर क्या हमारे गीत पैदा करने के लिए हमें नंदन-कानन चाहिए? ये जन-संकटों और जन-रव के बीच जन्म नहीं ले सकते?

पुरातन कविता ऊँचे दर्जे की है। प्रेम और दुलार की कविता में हम सूरदास और कबीर से आगे बढ़े नहीं हैं। हमारा कर्तव्य है कि हम उनका अध्ययन करें। जगत् के उत्थान और पतन में हमारी जिम्मेदारियाँ गुरुतर हैं। हम उनका भार वहन करने के लिए योग्य बनने का प्रयत्न निरंतर करते रहें।

उत्तम साहित्य फैलाने की चीज नहीं होता। पढ़कर फेंकने की चीज भी नहीं होता। वह रक्त के बिंदु-बिंदु पर उतारने की चीज होता है। नदियाँ 'कर्मवीर' और 'प्रताप' में अपना विज्ञापन छपवाए बिना ही प्यासों को अपनी ओर खींचती हैं और अपनी प्यास बुझाती हैं। प्यासा यह नहीं देखता कि नदी टेढ़ी-आड़ी है या ऊँची-नीची है, वह केवल उसका स्वाद ही देखता है। उसी तरह हमें देखना चाहिए कि कहीं कविता का स्वाद तो नहीं बिगड़ गया है। फिर उसका छन्द या व्याकरण कैसा भी हो, स्वादपूर्ण कविता तो बरबस लोगों को अपनी ओर आकर्षित करेगी। जिस तरह सूर्य बिना तेल भरे, बिना किराया लिए और बिना सुविधा-असुविधा का ख्याल किए सब लोगों में प्रकाश बाँट जाता है, उसी तरह उत्तम साहित्य अपना प्रचार अपने-आप कर ले जाता है। यथार्थ में

तो प्रचार भाषा का होता है, साहित्य तो सजग आँखें आप ही ढूँढ़ लिया करता है। मेरी इच्छा है कि राष्ट्रभारती हिन्दी का साहित्य दिनोंदिन उच्चतर होता जाए और सूर और तुलसी की यह पवित्र भाषा जगत् की भाषाओं की बहन हो।

[रंगों की बोली]

शान्तिनिकेतन में चीनी ज्ञान-मन्दिर !

जगत और विशेषत: एशिया की संस्कृति के महान् और उच्च भाग के साथ भारतीय संस्कृति का भायप[1] बैठाने में जो काम, विश्वकवि रवीन्द्रनाथ ठाकुर और उनकी विश्व-भारती ने किया वह एशिया-भर में कोई संस्था न कर सकी। परिणामत: जापान, चीन, अरब, तिब्बत, रूस, तुर्किस्तान, ईरान—कहाँ के विद्वान शान्तिनिकेतन में, सुनहली सांस्कृतिक माला जोड़ने नहीं आये ? इधर, शान्तिनिकेतन में, समूचे भारत की भाषाओं और सन्तों के सांस्कृतिक सम्बन्धों को विश्व-भारती के ज्ञान-मन्दिर में बाँधना तय किया। और गत तारीख 15 को रवि बाबू के शान्तिनिकेतन में, विश्व भारती में जो चीनी ज्ञान-मन्दिर का उद्घाटन हुआ, उसने सन्देश दिया कि सांस्कृतिक एशिया, आज पुनर्जीवन धारण कर रहा है। आज इस चीनी ज्ञान-मन्दिर में, मानो चीन की जनता के राष्ट्रदेव सुनयातसेन की आत्मा, अपनी उच्च संस्कृति को लेकर, रवीन्द्र के आँगन में रवीन्द्र, जवाहर और गांधी से भावी एशिया के महान् निर्माण के सपनों का संग्रह कर रही है।

शान्तिनिकेतन में चीनी ज्ञान-मन्दिर खुल गया। उसका उद्घाटन, भारतीय राष्ट्रपति और देश के साम्यवादी नेता, पण्डित जवाहरलाल नेहरू करने को थे, किन्तु बीमार होने के कारण वे, अपनी पुत्री इन्दिरा नेहरू के हाथों, अपना सन्देश मात्र भेज सके, जिसके कुछ वाक्य यों है—"इतिहास के प्रभात काल से भारत माँ और चीनी भूमि अपनी संस्कृति की परम्परा और विचारों के शान्तिपूर्ण विकास के कारण आपस में बहिनें रही हैं। और आज जिस विश्व-नाटक में ये दोनों भूखण्ड उलझे हुए हैं, उसमें इन दोनों को भारी जिम्मेदारियाँ पूरी करनी हैं। इन दोनों भूमियों में प्रत्येक के लिए यह उचित है कि वे एक-दूसरे के नजदीक आवें, आपस में एक-दूसरे को समझें और अपने भूत और वर्तमान से बल ग्रहण करें। मुझे आशा है, शान्तिनिकेतन का चीनी ज्ञान-मन्दिर दोनों देशों की जनता के सम्बन्धों को विस्तृत और दृढ़ करेगा।"

महात्मा गांधी, भारतीय संस्कृति के प्राण हैं, उन्होंने अपने सन्देश में कहा

1. भाईचारा

है—"मैं आशा करता हूँ कि यह चीनी ज्ञान-मन्दिर भारत और चीन में जीवित सम्बन्ध स्थापित करेगा।" इस समय भारतीय राष्ट्रीयता के अवतार गांधीजी तथा राष्ट्रपति जवाहर के सन्देशों के साथ, आज के चीनी राष्ट्रपति और सेना-संचालक मार्शल चांग-काई शेक ने भी अपना सन्देश भेजा है। आपने लिखा है—"चीनी लोग, पूर्वीय संस्कृति और सभ्यता को फैलाने, और विश्व में अधिक प्रेम-सम्बन्ध तथा शान्ति स्थापित करने के लिए भारत के सहयोग के लिए उत्सुक थे।" जवाहरलालजी की गैरहाजिरी में, चीनी ज्ञान-मन्दिर का उद्घाटन करते हुए, भारतीय संस्कृति की अमर साँस कविवर रवीन्द्र ने जो कहा, उसमें भारतीय भूतकाल, वर्तमान की गोद में बैठकर भविष्य का संकेत कर रहा है, उसमें 35 करोड़ भारतीयों की आत्मा बहुत गम्भीर होकर बोल रही है। कविवर के कुछ वाक्य यों हैं—

"मैं जानता हुँ, कुछ लोग भारत और चीन की कमजोरियों की तरफ अँगुली उठावेंगे, और हमसे कहेंगे कि जिस तरह तुम संसार की आक्रमणकारिणी और बलवान जातियों के बीच, परिस्थितियों के द्वारा बेरहमी से फेंक दिये गये हो, उसमें तुम्हारे लिए यह आवश्यक है कि अपने को सर्वनाश से बचा ले जाने के लिए तुममें आगे बढ़ने की महान् शक्ति का अवतार हो। यह भी निस्सन्देह सच है कि विश्व की किसी भी खूनी शक्ति के सामने हम कमजोर और असंगठित हैं। इस कमजोरी का कारण यह नहीं कि हम बड़े शान्तिप्रिय हैं, किन्तु सच तो यह है कि हम अपने महान् निश्चयों का मूल्य उनसे भी महान् बलिदानों, यानी प्राण-दान से चुकाने के लिए तैयार नहीं हैं। केवल इस बात की परवाह करते हुए कि हम स्वयं पशुता न करने लगें, पशुता के खिलाफ मानवता की रक्षा करना हमें सीखना ही चाहिए।"

भारत मन्दिरों के लिए विख्यात भी है बदनाम भी है। यहाँ ताजमहल के रूप में प्रेम-मन्दिर है, हिमालय के रूप में तपोमंदिर है, मगनवाड़ी के रूप में उद्योग-मंदिर है, हिन्दू विश्वविद्यालय के रूप में शिक्षण-मंदिर है, विश्व-भारती के रूप में क्रियात्मक कलाशील प्रतिभा-मंदिर है, सिक्खों के सुवर्ण-मंदिर के रूप में सिर देने की याद का मंदिर है, भगवान करें, यह चीनी ज्ञान-मंदिर के यात्रियों में अपने निश्चयों पर प्राण-दान करने का बल प्रदान करे।

[17 अप्रैल 1937, कर्मवीर]

कला, श्रम और चिन्तन

विश्व में साहित्यकार का चाहे जो महत्त्व हो या न हो, इस देश में साहित्यकार

अपनी सनक और सूझों में उलझकर खुद मरने और औरों को मारने के लिए खुला नहीं छोड़ा गया, वह छोड़ा भी नहीं जा सकता। एक बार महात्मा गांधी ने कहा था, 'मैं विश्वास करता हूँ कि मेरा सन्देश विश्वव्यापी होगा, परन्तु इसे मैं विश्व में अपने देश में की गयी अपनी कृतियों द्वारा ही भेज सकूंगा। यदि मैं भारत में ऐसी सफलता करके दिखा सकूं कि जिसे लोग अनुभव कर सकें, जान सकें, तो समझिये मेरा सन्देश पूर्ण हो गया।' गांधीजी के इस कथन का वारिस इस देश का राजनीतिज्ञ नहीं हो सकता, वह तो स्कूल मास्टर के गुरुतर उत्तरदायित्व से खाली होकर भी दोषों में स्कूल मास्टर की तरह है। शाला का अध्यापक कुर्सी में ऐसा चिपका रहता है, मानो वह अपनी माँ के पेट से कुर्सी लेकर पैदा हुआ है, वह अपने विद्यार्थियों में इतना अहम् धारण किये रहता है कि वह किसी को सुनना नहीं चाहता, अपनी ही कहे जाता है। वह जीवन और ज्ञान के हर क्षेत्र में अपने को योग्य मानता है और उपदेश करने बैठ जाता है, वह क्लास-रूम में बोलने का आदी होने के कारण दुनिया को भी क्लास-रूम समझकर ज्ञान बघारने लगता है और इस बात को भूल जाता है कि उसकी बचकानी बातों से लोगों में अरुचि उत्पन्न हो रही है, क्योंकि उसकी बातें मानव की चिरन्तन समस्याओं का हल नहीं हैं। वह एक ही साँस में क्रोध करता है और क्षमा का उपदेश देता है और इस तरह मन और वचन में अन्य वस्तु रखने-जैसे दुरात्मा का काम करता है और सदात्मा का स्वांग भरता रहता है। वह अपनी बातों से अपने श्रोता को समझकर स्वीकृत होनेवाली बातें नहीं देता, वह अपने श्रोता को निरुत्तर करता है। इस तरह अध्यापक और राजनीतिज्ञ अपने चरम अज्ञान की सतह पर साथ-साथ चलते हैं और हमारे प्राचीन ग्रन्थ के इस कथन के साथ कि—

"अपूज्या यत्र पूज्यन्ते
पूज्य पूजा तिरस्कृताः
त्रीणि तत्र भविष्यन्ति
दुर्भिक्षं मरण भयं।"

सो सूझ और ज्ञान का दुर्भिक्ष, सम्पन्नता का मरण और अधिकार का भय, तीनों पैदा हुए बिना नहीं रहते। अध्यापक के पास उसके उच्चतर उत्तरदायित्वों में यह भी होता है कि वह ज्ञान के रूप में—ग्रन्थालय में जाकर—अपनी प्राचीन संस्कृति, संचित सन्तत्व, अपरिमित त्याग, निगूढ़ चिन्तन और समस्याओं के सुलझाव के इतिहास से ऋण लेता है और अपने विद्यार्थियों की पीढ़ी को ईमानदारी से बाँट देता है, किन्तु अधिकार-विजित राजनीतिज्ञ को अध्ययन और समस्याओं से क्या लेना-देना?

इस देश के चिन्तक की बेचैनी यह है कि प्रेरणाएँ लेकर जगत् को जीवन और ज्ञान देनेवाले लोगों की लगभग एक हजार वर्ष पहले ही परिसमाप्ति हो गई,

ऐसी धारणा लोगों में बद्धमूल हो गयी और वे समझने लगे कि विजय और महामताओं के भारतवर्ष की शताब्दियाँ तो जाने कब की बीत गयीं। इस भावना से दो काम एक साथ होते हैं—प्राचीन के प्रति श्रद्धा दिखाने से जन-जीवन नाराज नहीं होता, बल्कि प्रसन्न ही होता है और प्राचीनों की प्रशंसा कर देने के सिवाय अपने लिए कुछ बाकी नहीं रह जाता। इस तरह हमारी श्रद्धा का बहाना, हमारी अकर्मण्यता को छुपाने का एक सफल हथियार बन गया है और एक हजार वर्ष तक गुलामी में प्रयोग करते-करते हम श्रद्धा के दुरुपयोग के प्रयोग में इतने पटु हो गये हैं कि अब यदि एक पीढ़ी इस व्यवस्था से विद्रोह करती है, तो वह पूरे प्राचीन अध्ययन से संचित श्रद्धा से ही विरोध प्रारम्भ करती है। जिस जगत् को हम एक समझते हैं, वह अनेक तन्तुओं से बनकर एक हुआ है। इस देश के उन्नयन में मनोवैज्ञानिक उपचार की आवश्यकता है। यह केवल वैज्ञानिक आविष्कार लेकर उस पर टूटने से कैसे सधेगा? व्यक्ति अपनी भिन्न-भिन्न आदतों से पराजित है, यहीं का नहीं, विश्व भर का। कुछ वे हैं, जो उत्साह के बीमार हैं, जोश की महामारी के पराजित। कृष्ण के साथ रहें या दुर्योधन के, देश या विश्व से उन्हें कुछ लेना-देना नहीं, उन्हें उत्साह चाहिए। ऐसे लोग, बच्चे तो बच्चे ही हैं, बूढ़े होकर भी बच्चे ही हैं। इनको तो उत्साह के चमचे से ही रुचि की भूख लगने पर नपा-तुला दूध पिलाना होगा। दूसरे इनसे ठीक विपरीत हैं, उनका किसी विषय पर कोई मत ही नहीं, अतः देश और विश्व के बुरे-भले से सर्वथा मुक्त हैं। उनके लिए जो करेगा, यदि उनका विश्वास हुआ तो परमेश्वर, नहीं तो भाग्य, वह भी नहीं, तो शासन और कुछ भी नहीं तो उनका अपना विभाग या व्यवसाय-मार्ग, गरज यह कि विश्व का उन पर कोई उत्तरदायित्व नहीं। तीसरे हैं, जिनका अहम् बहुत जाग्रत। इन्हें धनिक कहिए। धन के धनिक जमीन के धनिक, अध्ययन के धनी, सूझ के धनी। इनका अहम् बहुत जाग्रत। पृथ्वीमण्डल पर जहाँ जो कुछ हो रहा है, इनकी कृपा से हो रहा है। जन-जीवन कार्य चाहे जिस कौशल से सफल बनावे, किन्तु इनके घर इन्हें यश देने जाइए, नहीं तो बने-बनाये कार्य को सफल नहीं होने देंगे। वे तो ढालू जमीन के आदत के गढ़े हैं, जहाँ सिमिट-सिमिट कर आदत के अनुकूल धन, विद्या, अध्ययन और सूझें एकत्र हुआ करती हैं। इनके दो ही स्थान हैं, या तो इनके अभिमान के मन्दिर इनके भवन या पागलखाना। दोनों स्थानों पर सूझों के धनिकों का कभी टोटा नहीं पड़ता। चौथे हैं, बड़े सीधे देवता-स्वरूप, किन्तु कार्यशीलता में शून्य। यहाँ अकर्मण्यता पूजा का स्थान लिए हुए है। समाज का कोई व्यक्ति न इनके-जैसा अकर्मण्य हो सकता है और न अकर्मण्यता पर एक प्रहार ही सुन सकता है। भगवान् की कृपा है कि संसार जन-जीवन इन व्यवसायियों के घेरे से बाहर है और कृ[illegible]ण [illegible]नें, कारखाने और मानव [illegible]कता के अन्य स्थल

आबाद हैं और मानव किसी तरह जीवित है। इन सब दृष्टियों से देखने के पश्चात् अब हम सोचें कि हमें समस्याओं पर नये सिरे से सोचना है और यह अनुभव करना है कि हमारे चिन्तन की उम्र अथवा हमारे विकास का समय केवल पिछले पच्चीस वर्ष नहीं, कम-से-कम 5000 वर्ष है। उसी दृष्टि से हमें निर्माण के महत्त्वपूर्ण कार्यों में लगाना है। यह सोचना गलत है कि हमें श्रद्धा अथवा प्राचीन अध्ययन ने गुमराह किया है। जिस तरह समय के तीन टुकड़े करके हमने अपनी सहूलियत का मार्ग बना लिया है, उसी तरह प्राचीन और नवीन का भेद बनाकर हमने अपनी चिन्तन और क्रिया की कापुरुषता के स्वैर-संचार के लिए स्थान सुरक्षित कर लिया है।

नवीन आविष्कार प्राचीन अध्ययन के ही अगले चरण हैं और नवीन समाज-व्यवस्था प्राचीन के गलित अंशों से शेष बची रहनेवाली उज्ज्वल जीवन-साधना का नवीन मार्गदर्शन है। अत: अध्ययन और इतिहास के प्रेरणा-स्रोतों के प्रति हम न निराश हों, न उदास हों। किसी से न लड़ना, किसी पर आक्रमण न करना बहुत अच्छी चीज है, किन्तु इस आदर्श को हम मूर्खता की सीमा तक न पहुँचाएँ। एक हजार वर्षों की गुलामी के पश्चात् तो हम अनुभव करें कि सूत्रों, शास्त्रों, और शस्त्रों का बल वस्तुओं और ग्रन्थों से अधिक हमारी क्रियाशीलता में निवास करता है। इसीलिए सर्जक, क्रियाशील साहित्यिक के लिए कला से भिन्न और कला-व्यवसाय से भिन्न केवल सनक का सौदा और भाण्ड का रोजगार करने लग जाना मैं कलाकार और साहित्यिक के लिए आवश्यक नहीं मानता। हिमालय की धरोहर से लेकर हिन्द महासागर के वैभव तक सब कुछ कला, विचार और श्रम के देवता की जागीर है। राजनीतिज्ञ मौसम की तरह आवेगा और चला जावेगा, किन्तु विचार, कला और श्रम की कहानी और याददिहानी पर युग बिगड़ेंगे और बनेंगे। रोटियाँ बेचकर रात के अध्ययन का तेल खरीदने की क्षमता हममें ज्यों-ज्यों कम होती जायगी, त्यों-त्यों हमारा जन-जीवन अन्तःकरण-रहित होता जायगा। प्रति भवन में प्रकाश करनेवाले गिने-चुने ही दीपक होते हैं, दीपकों की दूकान नहीं सजाई जाती। कला, श्रम और चिन्तन के त्रिकोण में से एक भी रेखा टूटी कि हम अपने युग को अस्पष्टता में धकेल देंगे। जिस राजनीतिज्ञ को थोड़ी दूर सूझता है, हम यह क्यों चाहें कि वह अपना काम न करे। खयाल जन-जीवन से जितना दूर रहेगा, परिवर्तन उतना ही कठिन हो जायगा और उतनी ही अधिक राजनीतिज्ञ की जिम्मेवारियाँ बढ़ जायँगी। उसे वह करना पड़ेगा, जो वह नहीं जानता और जो वह जानता है, उसके लिए उसके पास समय नहीं रह जायगा, अत: विचार के मूलधन का एक तरफ विश्व की विचारकता के साथ सामंजस्य बैठाकर और दूसरी तरफ श्रम को ज्ञान के देव-मन्दिर का श्रद्धाभाजन बनाकर हम नवीन युग के नवीन ऋषि के जीवन की ओर धीमे-धीमे

बढ़ें। कला अपने इलहाम से नहीं, अपने रियाज, श्रम, सौन्दर्य, माधुर्य और समर्पण से चिन्तन का मार्ग आलोकित करेगी। यहीं आकर हम सोचें कि हमारा समस्त विश्व-परिवार एक है, उसमें भेद को जगह नहीं है। राजनीतिज्ञ अपनी मर्यादा में रहने को बाध्य होगा, यदि हम चिन्तन के लेखे-जोखे को क्रियाशील बनने के लिए गाँव-गाँव, डगर-डगर और घर-गर पहुँचा सकें।

[10 जून 1957, दैनिक हिन्दुस्तान]

साहित्य और कला की बात

प्रसव-वेदना

कला के एक हिन्दी के आचार्य ने लिखा है, "आत्म-प्रकटीकरण की वेदना, मरण वेदना से भी अधिक होती है। एक इटालियन कलाकार महिला की कला की एक सर्वमान्य परिभाषा भी है कि 'आत्म-प्रकटीकरण ही कला है।'

हमारे साहित्यकारों में कला की यह प्रेरणा प्रसव-वेदना से भी अधिक बढ़ गई है। बेचारों से दर्द के मारे रहा नहीं जाता। आत्म-प्रकटीकरण की सीढ़ी पर चढ़कर अब वे आत्म-विज्ञापन के आसमान पर पहुँच चुके हैं। "तू मेरी कह मैं तेरी" से चल कर "मैं ऐसा मैं वैसा और मैं डबल पैसा" की नौबत आ गयी है। भकुए समालोचकों को अब पेट में सिल सरकाकर सो जाना चाहिए। हमारी तो एक ही प्रार्थना है कि उनका गर्भ सहते-सहते ही निकल जाये, वेदना और न बढ़े, और हमारे जच्चा कवि और साहित्यकारों की भगवान रक्षा करें, कला-संतान तो और भी हो सकती हैं। क्या करें बेचारे प्रसव-वेदना से बड़े पीड़ित हैं।

कलाकार झुके या पाठक उठे

"कलाकार को कला वितरण के लिए पाठक तक झुकने की आवश्यकता नहीं है, यह तो पाठक का कर्त्तव्य है कि वह स्वयं कलाकार तक पहुँचने की चेष्टा करे,"—फ्रांस के महान् चिन्तक और कलाशास्त्री अनातोले फ्रान्स की इस उक्ति पर विचार किया जाये।

छायावाद और रहस्यवाद के खिलाफ हिन्दी वालों ने जो जिहाद बोल रखी है, उनका मतलब यह मालूम होता है कि कलाकार अपनी कला-कृति को चबाये हुए कौल की तरह उनके गले में उतार दें, वे तो केवल निगल जाने का ही कष्ट उठा सकते हैं।

आजकल छायावाद की चलती-फिरती परिभाषा है कि वह सब जो समझ में न आये, यानी यदि कलाकार कुछ देना चाहता है तो वह कला के इन भिखारियों की झोली में कला की चुटकी न डाले, वह कला का भुरता पका कर, इनके पेट में उतार दे, ताकि वह आराम से डकार ले सकें और अपने पेट पर हाथ फेर सकें। वे अपनी भोथरी अकल की हथेली पर ही पँसेरी-भर की भीख लेना चाहते हैं, मानस-क्षितिज की झोली पसारने को तैयार नहीं।

कवि का जहाँ यह धर्म है कि वह अपने पाठकों के अन्तःकरण तक पहुँचने की चेष्टा करे, वहाँ क्या उनका भी यह कर्त्तव्य नहीं है कि वे कवि की उड़ान तक पहुँचने के लिए, आकलन की अपनी एड़ियों पर उठ आयें।

मजे की बात है कि हमारी अकल का ठोसपन कलाकारों का 'डिस-क्वालिफिकेशन' बना हुआ है। छायावादियों को चाहिए कि कला के दलिये को वे कुछ पतला ही रहने दिया करें ताकि जरा आसानी से सुड़का जा सके।

एक नजर इधर भी

हिन्दी की दुनिया में इस समय प्रेम-कहानी 'सखि सुनत सुहावे' ही का बोलबाला है। निन्यानबे फीसदी कहानियों का अन्तर-कथानक यह होता है कि 'एक था और एक थी।' 'था' ने 'थी' से प्रेम किया। और फिर या तो थी 'को था' मिल गया—या हाय-हाय नहीं मिला।

लोग अपनी कला की जूतियों के दिवालियेपन पर सेक्स अपील को मैले बुरुश से उम्दा प्रेम का चमकदार बूट पालिश करते हैं। बुरा न लगे, यह पेशा तो अच्छा नहीं मालूम होता।

श्रृंगार और प्रेम के और भी तो स्वरूप हैं। सूरदास के 'मैया मोरी दाऊ बहुत खिजायो,' और 'कहा काज मोरे छगन-मगन को नृप मधुपुरी बुलायो' ने उनको संसार में कितना ऊँचा स्थान दिया है। आज यह दावे के साथ कहा जा सकता है, कि सूरदास संसार का सबसे श्रेष्ठ वात्सल्य श्रृंगार का कवि हुआ है।

इसके बाद इस इमारत में बस एक ही खम्भा और नजर आ रहा है—मैथिलीशरण। माँ, कह एक कहानी। और – 'तब कहता था, लोभ न दे, अब चन्द खिलौने की रट क्यों।' बस इसके बाद दुनिया गोल है। यह भी तो प्रेम है, यह भी तो श्रृंगार है। हमारे 'अरमानवादी' एक नजर इधर भी देखें। 'एक राजा था, एक रानी' तो सुनते ही रहते हैं।

[18 सितम्बर 1937, कर्मवीर]

कला का दूसरा नाम ?—विद्रोह !

कविता पर बोलते हुए मैं बहुत प्रसन्न नहीं होता। फिर अपनी कविता पर बोलते समय तो और भी संकोच होता है; यह मेरा स्वभाव नहीं रहा। मैं तो कविता को कला कहते समय भी भयभीत होता हूँ। यदि पुत्रवती माँ को जननी कहलाते समय कोई यह कह दे कि प्रजनन उसका व्यापार है तो वह अपमानित ही होगी, आनन्दित नहीं। कभी-कभी जीवन में और सूझों में आनेवाली लहरों को कला जैसा व्यापारिक नाम कैसे दिया जा सकता है ? इसीलिए अपने उल्लासों, आवेगों, अतिरेकों, आँसुओं और समर्पणों में कविता का लेखक कला और असफलता इन दोनों को न्यौतते समय पिछली न्यौत सकता है किन्तु पहली को न्यौत कर कला का व्यवसायी कहलाना आदर की वस्तु नहीं मानता। ऐसे क्षण जब मेरे सम्मुख आये तब की ये पंक्तियाँ हैं—

क्यों गाता हूँ
क्या जवाब दूँ
कोकिल क्यूँ गाती है
क्यूँ बेरंगे स्वर में
वह व्याकुलता बढ़ आती है !
सिमटी हुई थरथराहट
दूँ तुझे कौन-सा नाम
नामी है, बदनामी है
मेरे गीतों का धाम !
भावों के उन्मत्त,
साध के हिरणों से पूछो
जल-प्रपात से नहीं
ग्रीष्म के झरनों से पूछो
क्यों गाता हूँ !

मैंने एक ही दैवत की पूजा की है। मेरे लिए वही चैतन्य है जो जगत् के लिए जड़ है; जिसके प्यार की मिठास में बेचैनी से कहना पड़ा—

इसके पंखों पर
भागी जाती हैं मेरी नन्ही साँसें
कौन छुपा जाता है
मेरी साँसों में अनगिनी उसाँसें
लोग कहें, उन भर मरती हूँ

मैं लख उन्हें उभरती हूँ सखि !
मैं अपने से डरती हूँ सखि !

इन पंक्तियों में उस दैवत का संकेत भी है—

जिस दिन रत्नाकर की लहरें
उनके चरण भिगाने आयें
जिस दिन शैल-शिखरियाँ उनको
रजत-मुकुट पहिनाने आएँ
लोग कहें, मैं चढ़ न सकूँगी
बोझीली, प्रण करती हूँ सखि !
बनी नर्मदा मैं उनके
प्राणों पर नित्य लहरती हूँ सखि।
मैं अपने से डरती हूँ सखि ! ।।

आराधना के रूप में जहाँ जीवन के समर्पण का बालकाण्ड होता है वहाँ जीवन की बलि का लंकाकाण्ड भी हुआ करता है। पृथ्वी की गोद से उत्पन्न होने-वाला पौधा गुरुत्वाकर्षण के समस्त बल के बाद भी जब पृथ्वी से रस खींचता हुआ पृथ्वी ही से विद्रोह कर आकाश की ओर ऊँचे उठता है तब वे ऋतुएँ जो वस्तुओं को पाकर उन्हें विनाश-पथगामिनी बना डालती हैं मानो उस विद्रोही पौधे का रूप और रंग सजाने दौड़ती हैं, उसे सुगन्धिदान देती हैं, उनके फलों को रस का वरदान देती हैं। वह विद्रोही कह उठता है—

मैंने मिट जाने में सीखा है जग में हरियाना
मेरी हरियाली दुनिया में मिट्टी में मिल जाना !

और वह विद्रोह पर प्यार क्यों न करे—

विद्रोही हम हैं कि चढ़ाती
प्रकृति हमीं पर रूप
कलियों के किरीट पहनाती
हमें बनाती भूप।

किन्तु क्या किसी विद्रोही को आत्म-पूजा का यह सौदा स्वीकार हो सकता है ! वह तो कह उठता है कि—

हम हैं नहीं रूढ़ि की पुस्तक
के पथरीले भार
नित नवीनता के हम हैं
जग के मौलिक उपहार !

किन्तु यह गर्व कितनी कीमत चुकाने के बाद किया जा सकता है !

उथल-पुथल-सा करे जहाँ तक वायु परम दीवानी
और जहाँ तक सीधा वार कर सके नभ का पानी

जहाँ तलक सूरज की किरणें चला सकें मनमानी
जहाँ भूमि हो ऋतु की निर्दयता की अकथ कहानी
वहाँ लखो अपना लहराना, हरियाना, मुसकाना
विद्रोही सीखे विनाश पर यों सौभाग्य बसाना !

यह विद्रोह कला ही का दूसरा नाम है। कागज पर गिरनेवाली काली बूंद जब आती हैं तब अपना जीवन-चरित्र यों लिखती-सी होती हैं। लेखक कह उठता है—

हूक में सिहर रसवती बनी
अश्रु में कि बे-बसवती बनी
कलम पर स-रसवती बनी
जी लूं अपना शोणित पीकर
विधि हुआ बावला मेरे घर ॥

इसलिए कि यादों का स्वभाव ही अभाव का वरदान बनकर कह उठता है—

स्मृति के-कूंची, तेरे नश्तर
कागज पर हों या पत्थर पर
ये ढीठ बसाते आये हैं
बहती आँखों पर अपना घर

किन्तु वैषम्य भी कितना कठोर है—

कितने कोमल सपने तेरे
कितनी कठोर तेरी टाँकी
फिर पत्थर पर किस लालच से
यह बन आयी बाँकी झाँकी !

उस समय मानो अपने रूप कों देखकर विनीत लेखक खुद ही घबड़ा उठता है और कह उठता है—

भेजे से इसे उतार चुका
अब इसे सँभाल कलेजे पर
विधि हुआ बावला मेरे घर।

किन्तु जब कला आत्म-चिन्तन से उतरकर आत्म-संकीर्तन होने लगती है तब कलाकार अपनी पीढ़ी के काँपते हुए हाथों और घबराते हुए मन से क्यों न कह उठे—

द्वार बलि का खोल, चल, भूडोल कर दें
एक हिमगिरि, एक शिर का मोल कर दें
मसलकर, अपने इरादों - सी उठाकर
दो हथेली हैं कि पृथ्वी गोल कर दें।

प्राण रेखा खींच चल उठ बोल रानी
री मरण के मोल की चढ़ती जवानी।

और जब वह पीढ़ी को बढ़ती हुई देखकर भी थकती हुई अनुभव करता है तब कह उठता है—

टूटता जुड़ता समय भूगोल आया
गोद में मणियाँ समेट खगोल आया
क्या जले बारूद ? हिम के प्राण पाये
क्या मिला जो प्रलय के सपने न आये
धरा, यह तरबूज है, दो फाँक करके
चढ़ा दे स्वतन्त्र प्रभु पर अमर पानी
विश्व माने तू जवानी है जवानी।

[आकाशवाणी नागपुर से 1948 में प्रसारित एक वार्ता]

नाजुक बदन : उद्धारक

राजनीति से दूर भी, क्या कोई साहित्य कहीं बना ? क्या बन सकता है ? रूस, इंग्लैंड, अमरीका, जापान चीन, भारत और जर्मनी में तो ऐसे साहित्यिक नहीं हुए। क्या कौमफरोशों की यह कौम हम नये सिरे से निर्माण करेंगे ? क्या नपुंसकों की इस नाचती-गाती अँगुलियों तथा आँखें मटकाती जमानत से हम राष्ट्र में प्रेम, पुरुषार्थ और प्रलय-निर्माण के लौह-पुरुषों को, मानव-मन के प्राण-तंतु देने का काम लेंगे ? घास खाकर दूध देने और दूब खाकर दौड़ने वाले पशु तो हम ढूंढ़ सकते हैं, किन्तु आँखें मटकाकर और अस्मत गँवाकर, आवेश उत्पन्न करने वाले ढूंढ़ना, मानो कलकत्ता जाने के लिए बम्बई गाड़ी में बैठने के समान है। मीठे-मीठे पथ्य के शब्द मीठी लगने वाली मुद्रा में, सखीवाद का लहजा—क्या कहने हैं, इस साहित्य के ! कहते हैं, मीरा इस पथ की थी। जी हाँ, पिता का, पति का और श्रद्धा करने वालों का—तीनों घर छोड़कर अपने आदर्शों पर मरने की अद्‌भुत क्षमता दिखाने वाली नारी—हम ऐसी नारी तीन सौ वर्षों में एक और तो पैदा कर लेते। हमारा बस चलता और आज वह पैदा होती तो उससे सिनेमा में नौकरी कराते। अत्युच्च हम, स्वयं जरायमपेशा न भी हों तो क्या यह भी सच नहीं है कि हमारे उत्साह-दान से युग के जरायमपेशा पैदा होते ही प्रोत्साहन पाते हैं, और आलोचना ग्रंथों के ऐयाश, तारीफ के पुल बाँधकर हमारी लचक और ठुमकन पर जब पुरुषार्थ, पुण्य और युग-नेतृत्व का आरोप

करते हैं, तब तो ऐसा मालूम होता है मानो सृष्टि का उद्धार अब केवल नाजुक बदन, नाजुक अक्ल नाजदारों से ही होने वाला है।

[रंगों की बोली]

प्रतिभा के पैरों पाँव-पाँव

कविता जीवन की तरह ही जितनी दुलराये जाने की वस्तु है, उतनी युगों के लिए क्रियात्मक साधना की वस्तु भी है। ऐतिहासिक पृष्ठभूमि, धार्मिक धारणा, सामयिक नियम, राष्ट्रीय आवश्यकता, नैतिक आधार और व्यक्ति की उमंगों और आकांक्षाओं के बावजूद यह हमें ध्यान रखना होगा कि कविता, कविता है। यह हमारी न जाने कैसी प्रवृत्ति है कि हम काव्य से दो माँगें एक साथ करते हैं, जो एक-दूसरे से विपरीत पड़ती हैं। हम युग की काव्य-प्रवृत्ति से कहते हैं कि "ऐसा लिखो, जिसमें अनहोनापन हो, कुछ ऐसा बोलो, जिस पर समय की दुहराहट के दाग न पड़े हों" और जब कोई मस्तानी कलम दुखती-सी कसकों, दीखती-सी आपदाओं के बीच अपने अनन्त जीवन को अनोखे अनहोनेपन के साथ कागज पर उतार देती है, तब हम अपनी घिसी यादों का पुराना कारखाना खोलकर कह उठते हैं, यह व्यास जैसा तो नहीं आया, वाल्मीकि जैसा तो नहीं बना, इसमें भवभूति जैसी आर्यभावना कहाँ है, कालिदास जैसा नावीन्य भी नहीं है। नवीनता से पुरानापन वसूल करने का हमारा यह मोह हमारी नवीन पीढ़ी के काव्य में विद्रोह जागृत करता है। इसीलिए इस युग के कवि ने प्राचीनता के वैभव-रथों का बैठना त्याग दिया है, वह अपनी प्रतिभा के पैरों पाँव-पाँव चलने को बाध्य है।

वह नन्ही-नन्ही चिड़ियाओं-जैसा अपने ही पंखों पर उड़ने के लिए लाचार हुआ है, उसकी प्रतिभा के वैभव का बोझ परम्परा के वटवृक्ष पर अवलम्बित नहीं है। चाहे वह वृक्ष जितना विशाल, जितना बोझीला, जितना महान् हो, उसकी सूझों की फुदक उसके नन्हे-नन्हे उड़ान के पंखों पर अवलम्बित है। जब कवि अपने प्रतीक, आराध्य, अथवा प्रेरणा-प्रवर्तक के रूप में किसी ऐतिहासिक व्यक्तित्व का उल्लेख अपने काव्य में कर उठता है, तो तिथियों, घटनाचक्रों और वंश-परम्पराओं का टांडा लादे इतिहास उसमें अपनी निश्चयात्मकता ढूंढ़ने क्यों आता है ? 'रघुवंश' या 'कामायनी', दोनों में आर्य-परम्परा के महान् वैभव को देखा जा सकता है, किन्तु वे उस परम्परा के केवल इतिहास-ग्रन्थ तो नहीं हैं।

कवि तो युग के पन्ने उलट-पुलट कर अपने सम्मुख के जगत् को जो अमरत्व-दान किया करता है, वह अपने ही युग की आवश्यकताओं से लाचार

होकर करता है। यदि इतिहास-सा, धर्मशास्त्र-सा, नीति-ग्रन्थ-सा, शासन-परम्परा-सा और ऐसा ही कुछ दिख जाये, तो उसकी कविता उन विषयों की विशेषता नहीं मानी जानी चाहिए। उसका कार्य केवल इतना ही है कि वह उन घटनाओं, धारणाओं और प्रवृत्तियों को छुए बिना या उनसे प्रेरित हुए बिना अपनी बात नहीं कह सकता था। वह उत्तरदायित्व तो कवि की कलम के बराबर ही समाज की धारणा-शक्ति पर है कि वह अपने युग की कविता को पढ़कर समाज को ऊर्ध्वमुखी बनाये या उसे अधोमुखी हो जाने दे। जो भिनकती मक्खियोंवाला संसार लिखते हैं और अपनी पीढ़ियों के लिए कुम्भीपाक नरक का निर्माण करते हैं, उन पर पेशेवर पालतुओं का उल्लेख मैं यहाँ नहीं करता। मैं केवल हिन्दी-संसार की उन प्रवृत्तियों के लिए समाज से सहानुभूति माँगता हूँ, जो सूझ का अनूठा वैभव लेकर नित नवीन भाव से उथल-पुथल करती बढ़ी चली आ रही है। उनमें कुछ वे हैं, जो अपने वर्णित विषयों को इतना ऊँचा उठा देते हैं कि जिनमें उनका व्यक्तित्व और उनकी मौलिक काव्य-प्रवृत्तियाँ कहीं नहीं दिखायी देतीं। ऐसे लोग पूजा का साहित्य लिखते हैं और अपने वर्णन को अमर बना देते हैं; किन्तु कुछ लोग किसी क्षण नहीं भूलते कि उनसे नवीनतर युग नवीनतम रक्त-बिन्दुओं की माँग कर रहा है। वे कालिदास की तरह, पन्त की तरह, महादेवी की तरह, निराला की तरह, दिनकर की तरह, नवीन की तरह मस्ताने गायक केवल कलम पकड़कर लिखने की तरह वर्ण्य विषय की परम्परा नहीं जोड़ते, किन्तु अपनी नवीनता, भावना, शैली, सूझ, उपमा, वेदना और समर्पण में ऐसे नवीन हो उठते हैं कि उनकी नवीन दुनिया प्राचीन बन्धों को काटकर छोटे-छोटे छन्दों में उन विशाल सूझों का वैभव विश्व पर बिखेर देती है, जो वर्णन की परम्परा की उपेक्षा कर सूझों के देवालय के देवता के प्रासाद का निर्माण किया करते हैं। इन नवीन प्रवृत्तियों के साथ मेरा मोह है और मैं इन्हें प्यार करता हूँ। मेरे जीवन की साँसें इनकी पूजा में काम आयें, मैं ऐसी इच्छा करता हूँ।

[1950, पाँव-पाँव]

जीवन और जनभाषा

नृत्य कला तो है, वह हलचल भी है। वह जीवन की हलचलों, वह शरीर की हलचलों, मन के सुकोमल भावों और सौन्दर्य की अनुभूतियों का काव्य भी है। किन्तु वह गति नहीं, कला का जोड़ जब तक गति से न बैठे तब तक न समाज प्रगतिशील रखा जा सकता है और न साहित्य। किन्तु साहित्य की यह क्या बुरी आदत है कि समझ के हिमालय पर वह सूझ का चमकीला पत्थर बनकर बहुत

ऊँचे पर समझ में न आनेवाली भाषा में जनजीवन से दूर रहना चाहता है ? विश्व के चिंतक कहते हैं कि, मानव विकास को जन-जन के जीवन में उतारने की कला को साहित्य कहते हैं। फिर यह क्या है ? नारी क्या अपने अपरिपक्व तारुण्य के आवेग से पराजित एक लाचार रमणी मात्र है। यदि सारे साहित्यिकों की बात मानें तो वे नारी को कभी माता, बहन और पुत्री साबित न होने दें। क्या सचमुच हम जीवन लिखते हैं ? बंगाल में अकाल पड़ा और हम क्या कर रहे थे ? भारतवर्ष के दो टुकड़े हुए, सरदार के शब्दों में "ताजा अंग काटा गया था, खून तो बहना ही था, किन्तु उन काटे हुओं के प्रति रहने वाली ममता हमारे साहित्य में क्यों गैरहाजिर है ? वाणी विचार के बाजार का सिक्का है, कला विकार के बाजार का। हम जब अपनी बारीक खयाली से खुद पराजित होते हैं, तब यह क्यों नहीं सोचते कि, हमारी रचनाओं को गाँवों में भी जाना है ? हमारी शिकायत है कि गाँवों के लोग बहुत पिछड़े हुए, दकियानूस और 'संस्कार दुष्ट' होते हैं। वे जिस आदत को पकड़ लेते हैं जल्दी नहीं छोड़ते। आदतों को पकड़ लेने, कपड़ों को पहनने, भाषा को न समझने योग्य बनाने, रहन-सहन के अतिसभ्य व्यवहारों को पकड़ने और सौ-सौ शिकन पड़े हुए दिल पर कपड़े में पड़ी एक शिकन बरदाश्त न करने की आदतों में 'संस्कार-दुष्ट' ग्रामीण अधिक है, या नागरिक, यह तो कोई भी कह सकता है। हिन्दुस्तान के दो टुकड़े करके विभेदक रेखा खींचने वालों ने हमको अलग-अलग कर दिया। और इस तरह हम कहते हैं कि पाकिस्तान बना। किन्तु कठिन भाषा लिखकर गाँवों और शहरों में विभेदक रेखा खींचकर हिन्दी भाषा ज्ञान के क्षेत्र में अपने ही समाज के दो टुकड़े करने का पेशा जो हम करते हैं, इस विभेदकता में हम किस पाकिस्तानी से कम हैं ? भाषा हमने दो बना दीं : एक गाँव की, एक शहर की। रहन-रहन दो बना दिये : गाँव के और शहर के। व्यवहार दो कर दिये गाँव के और शहर के, किन्तु विकार जो साहित्यिक सृजनात्मकता के प्राण हैं, क्या हम उन्हें भी दो बना सके ? गाँवों की, और जनवाणी के निर्माण की ओर, न तो वनिक के घर रेहन रखी जाती हुई कलम ने कभी कोई ध्यान दिया, और न रेहन न रखी जाती कलम ने ही इन्कार करते हुए ध्यान दिया। हिन्दी के जिन मुहावरों को हम शब्द-कोशों में देखते हैं वे गाँव की ग्रामीण बोलियों में अभी भी जीवित हैं किन्तु हमारी नागरिक बोली में बिना नमक के स्वाद की तरह मुहावरों का अभाव है। हमारे सूत्र और शास्त्र जाने कब के मर गये होते यदि सन्तों के सरल गीतों और गाँवों के चौपालों की कथा-कहानियों ने उन्हें जीवित न रखा होता। ग्रामीणों की सरल कहानियों और सन्तों के गीतों ने हमारे सांस्कृतिक साहित्य को वाचा-दान किया, उसके प्रति सुरुचि, स्वाद, श्रद्धा और स्नेह को जागृत किया। सन् 1913 तक जो क्रान्तिवादी फाँसी पर चढ़ता था अपने साथ गीता ले जाया करता था मानो अपने

सर्वोच्च त्याग के लिए अपनी महान् संस्कृति को गवाह बनाता था। इसके बाद हम राष्ट्रीय भाषा लिखने लगे। जिसकी बात मुहल्ले के लोग न समझते हों, उसका यह दावा कितना मजेदार है कि उसकी बात राष्ट्र समझता है। पहले यह आक्षेप किया जाता था कि हमारी भाषा में उर्दू शब्द लिये जाते हैं। मैं भी उस बात का विरोध करता रहा हूँ। और अब कठिन से कठिन संस्कृत शब्द लेना प्रारम्भ कर दिया है। क्या भाषा के विंध्या की इन दो घाटियों के बीच जीने की कोई जगह ही नहीं है? हम इतनी तीव्रता से कठिन शब्दों द्वारा भाषा में परिवर्तन किये जा रहे हैं कि, मानो हिन्दी नाम की कोई भाषा कभी नहीं थी। उसे आज ही गढ़ना पड़ रहा है। और साहित्यिकों के बनजारों का यह टाडा चला है अपनी इसी सनक को राष्ट्र-भर में फैलाने। जब हम शहर के रहने वाले चौदह फीसदी का ध्यान करने लगे तब रचनाकार के ध्यान के नाते बेचारे गरीब 86 फीसदी ग्रामीण भी याद आने चाहिए। इधर रसों में या तो हमें शृंगार के विविध रूप याद रहते हैं या फिर रसहीनता हमें याद रहती है। इसीलिए हमारी कलम आज दो हिस्सों में बँट गयी। या तो वे तरह-तरह के विशेषण लगाकर अपरिपक्व वासना लिखेंगे या फिर साहित्यिक गालियाँ देने का पेशा करेंगे। मानो हम समझ बैठे हैं कि, गाली और कामकला वर्णन से अधिक, समझ में आनेवाली हमारे पास कोई वस्तु नहीं है जिसके बल पर हम अपना साहित्य बाजार में बिकवा ले जायँ। क्या कभी हमारी इस पराजय पर हमारा ध्यान जाता है? यदि हम उपन्यास लिखते हैं तो शहराती पात्रों को गाँवों में भेज देते हैं। कभी गाँव देखें तो गाँवों के पात्रों की रचना कर सकें। जैसा कि मैं कहा करता हूँ, हमारा सिर तो कटकर शहर में पड़ा है और धड़ गाँव में। और राष्ट्रवाणी के, जन-भाषा के, राहु और केतु, दोनों सिर और धड़ राष्ट्र की ज्ञान-साधना पर ग्रहण लगाये रखते हैं। कितनी ही बार तो यह सन्देह होता है कि कहीं हम अपने छुपाने योग्य मनोभावों को जन-जीवन से छुपाये रखने के लिए ही तो कठिन भाषा नहीं लिखते? यदि यह बात नहीं है तो क्यों हमारे साधारण मनोभाव इतने कठिन हो जाते हैं? हम दूर के, दूर-दूर के साहित्यों से प्रेरणा ग्रहण कर लिखें, किन्तु वह इसलिए लिखें कि हमारे पास का आदमी समझ सके।

सच तो यह है कि हमें शहराती तालियों और वाह-वाह पर अवलम्बित साहित्य रचने की आदत पड़ गयी है। वह शहर के गिने-चुने व्यक्तियों से हमें मिल जाता है। उस समय हमें गाँवों की याद ही नहीं आती। गोस्वामी तुलसीदासजी ने जब अपनी रामायण लिखी तो भगवान शंकर की साध्वी पत्नी सती के दहन से अपने कथाभाग का श्रीगणेश किया। तुलसीदास का कोई भी माधुर्य भयंकरता से नहीं घबड़ाया। इसीलिए मानव के घर में नित्य होने वाली उथल-पुथल का प्रतिबिम्ब होने से भक्त भगवान को समझ सका, और गाँवों का अज्ञान

ज्ञान को समझ सका। हम भी अब लौटें भाषा की सरलता की ओर। शोधक, वैज्ञानिक और शास्त्रकर्ता कठिन शब्दों का उपयोग करें किन्तु जन-जीवन को रस-दान करनेवाली वाणी में यह कठिनता नहीं शोभेगी। हमारे गीत, हमारे चुटकुले, हमारी कहानियाँ, ये सब के सब ऐसे पुल का काम करें कि गाँवों से शहर को और शहर से गाँवों को जाती हुई प्रेरणा, प्रतिभा और मनोरंजन की इच्छा कहीं रुकावट का अनुभव न कर सके। मुहावरे ही क्यों ? हम हास्य से घबराते हैं, विनोद से घबराते हैं। यदि हम विकारों के ऊर्ध्वमुखी कौशल से घबरायेंगे तो मनोभाव कहाँ से आयेंगे और फिर साहित्य कैसे रच सकेंगे ? जिस तरह पुराने तारों के डूबने से पहले ही आकाश में नये तारों का उदय हो जाता है, उसी तरह पुराने लेखकों के दिग्गज बनने के पहले ही नये लेखकों की पीढ़ी सामने आ जाया करती है। हम उनका स्वागत करें। माता तो अपनी पीढ़ी को अँगुली पकड़कर चलाती है न ? तब क्या निर्माता के लिए यह करणीय नहीं है ? और फिर क्या गाँवों और शहरों का भेद रखा जाएगा ? पहले हम कहते थे कि सरकारी प्रेस एक्ट के कारण जो बात हम लिखना चाहते हैं नहीं लिख पाते। अब तो वह सर-कार भी मर गयी और प्रेस एक्ट भी गया। वे सूझें कहाँ गयीं जो कुछ लिखना चाहती थीं ? बैंक या दूकान चलाने वाले आदमी को प्रामाणिकता तब मिलती है जब लोगों के धन के हिस्से इकट्ठे करने के साथ-साथ वह अपने मूलधन का कुछ हिस्सा भी उसमें मिला सके। जन-भाषा के निर्माण में हमें भी सफलता तब मिलेगी जब यह जान लें कि अध्ययन और रुचि से परे हम हास्य से क्यों घब-राते हैं ? सरस हास्य, उपहास्य तो नहीं होता। किन्तु जब हमारे जीवन में कहीं चुहल हो तभी, तो वह बाहर आवे। जो माल कारखाने में नहीं बन सकता वह दूकान में कहाँ से आवे ? अत: अब हम लौटें जीवन की ओर।

नन्हे बच्चे की तरह प्रखर से प्रखर घटना को दुलरावें और निगूढ़ चिन्तन के साहित्य को छोड़कर रस पर अवलंबित शेष साहित्य ऐसा लिखें, जिसका स्वागत करने वाला, जिसे समझने वाला, बँटा हुआ हिन्दुस्तान न हो, संयुक्त भारतवर्ष हो, गाँवों और शहरों से संयुक्त ऊँचाई और नीचाई से परे। अतः चलें, लौटें हम···एक मस्तानी-सी भाषा लेकर, मस्ताने भावों से भरकर, गाँवों की ओर। यदि सूरज की आरती दीपक से करने में हमें लज्जा नहीं आती तो विशाल जनवाणी में अपनी नन्ही रचनाओं को मिलाने में हमें संकोच क्यों होना चाहिए। हम संकल्प करें, हम जीवन से उलझकर चलेंगे क्योंकि हम जन-वाणी से सुलझकर चलेंगे।

[नागपुर रेडियो से प्रसारित, 1953]

कला और गाँव

कला गाँवों में पनपती है, शहरों में नहीं। हम पकवान खाकर रसोइये पर प्रसन्न होते हैं—काश किसान पर रीझते, तो कितना अच्छा होता ? जिस समय सिर पर से पानी बहता हो, गले में साँप सोने न दे रहा हो, वदन पर लिपटा चिथड़ा हो और पास में पार्वती पर्वत-पुत्री खड़ी पसीना पोंछ रही हो, जब ऐसे उस गरीब पर मस्तक झुके तभी कला की सच्ची पूजा है—शंकर-पूजा है। वह किसान ही हमारा शंकर है। साँप टैक्स है, चिथड़े गरीबी हैं, पार्वती उसकी पत्नी है। साहित्यिक कहता है, मेरी कविता में अलंकार हैं, मेरी कला सुन्दर है। मुझे उस किसान से क्या सम्बन्ध ? भाड़ में जाय तेरा अलंकार और तेरी कला, अलंकार खेतों में लहलहा रहे हैं और तू अपने अलंकार और कला को चिल्ला रहा है। मानव के इतने बड़े दुश्मन, तुझे हम साहित्यिक कहें ?

[1955, नया जीवन; पाँव-पाँव]

एक मार डालने की वस्तु

वर्तमान तरुण को समझना कठिन होता जा रहा है। इसलिए नहीं कि हमने उसे समय पर उचित आदर्श नहीं दिये, किन्तु कदाचित् इसलिए कि हमने उसे जरूरत से अधिक आदर्श एकत्र करने दिये। उन आदर्शों को किताबों, कला-निकेतनों और कर्मक्षेत्रों में देखकर वह कह उठा, आदर्श = सफलता = जीवन 'फार' जीवन। और उस दिन तारीख 19-6-51 को पटना में आचार्य कृपालानी ने कह दिया, "आदर्श तो उन्नीसवीं सदी में हमने लोगों को भ्रम में डालने के लिए गढ़े थे।" क्या उन्नीसवीं शताब्दी के पहले आदर्श थे ही नहीं ? उन्नीसवीं सदी अपनी बेईमानियों से ऊबकर आदर्श इकट्ठा करने की ओर अधिक आकर्षित हुई होगी, जो एक न पूर्ण इनकार करने योग्य तथ्य है, न पूर्ण मानने योग्य, यह तो एक संदेह करने योग्य तथ्य है। किन्तु आदर्श फसल की तरह नहीं उगते। शताब्दियों के मानव-व्यवहार की आवश्यकताओं से प्रेरणा पाते हैं और समस्त मानवता का पथ-प्रदर्शन करने की ऊँचाई से बोलने लगते हैं।

यदि हम चाहते हैं कि लेखक श्रेणी के रूप में जीवित रहे, वह लेखन को अपने जीवन का व्यवसाय बनाये, वह विश्व का ज्ञान और भ्रमण दोनों स्वीकारे, तो हम उसे भूखों मारने का वर्तमान व्यवसाय शीघ्र से शीघ्र बन्द करें। उसकी छपी पुस्तक पर पुरस्कार देने के बजाय उसकी हस्तलिखित प्रति पर पुरस्कार दें और उसे इस लायक बनावें कि एक तो विश्व की समस्या समझने के लिए, साहित्य

खरीदने के लिए वह धन और साधन पा सके, दूसरे वह इतने हल्के स्तर पर जीने के लिए बाध्य न किया जाय कि जिस स्तर से दी गयी व्यवस्थाएँ, सम्मतियाँ या विचार किसी उत्तरदायित्वहीन लफंगे के विचार कहकर लोग टाल दें।

लोगों में एक विचित्र पागलपन है। वे जन-संपर्क का लेखक के लिए भी यह यह तरीका समझते हैं कि वह कहीं कोई मजदूरी करे और उस अनुभव के आधार पर लिखे। मजदूरी और उसके उत्तरदायित्व, अभाव और उससे उत्पन्न परिस्थितियों की नाजबरदारी करते-करते उसमें का लेखक कभी का मर चुकेगा। वैसी मजदूरी करने के पश्चात् उसमें जान ही कहाँ बाकी रहेगी, जो वह लेखक होने की मजदूरी का बोझ सम्हाल सके।

नहीं, लेखक मजदूर, साधारण मजदूर से भी बदतर होता है बेचारा। मिल, कारखाने, भट्ठी या खेत-मजदूर की जिम्मेदारी तब शुरू होती है, जब वह अपने काम पर जाता है और उसका कार्यक्षेत्र बन्द हुआ कि मजदूरी बन्द। उसके बाद वह पूरा विश्वास कर सकता है। उससे कोई बोलता नहीं कि तू आराम क्यों करता है। किन्तु लेखक मजदूर जब अपनी कृति कहीं लिखता, बोलता या सुनाता होता है, तब वह अपने मालिक या उत्तरदायित्व का जर-खरीद गुलाम होता है; किन्तु इसके बाद वह पढ़ने में जुट जाता है और दूसरे दिन अपने मस्तक को साहित्य देकर काम करने लायक बनाता है और जब वह खाली रहता है, तब सोचने और दूसरे दिन कार्य का नक्शा बनाने की मजदूरी से उसकी मुक्ति नहीं। अतः लेखक को मजदूर कहनेवाले लोग लेखक के प्राणों के ग्राहक न बनकर उसके साहित्य ही के ग्राहक रहें, तो उनकी बड़ी कृपा हो।

'लेखक का तो सब कुछ उधार। जब किताब बिके, तब रायल्टी मिले, जबकि मजदूर तो बोनस, मजदूरी और ओवर-टाइम, सब कुछ समय पर पा लेते हैं, अतः यदि हम लेखक को जिलाना चाहते हों, तो उसकी मजदूरी देखकर उसे चुकावें। उसके खून का साहित्यिक स्वाद लेकर महज 'अच्छा है' न कह दें। न कि जब वह सुविधा और रोटी की माँग करे, तब उसे बुर्जुआ कहकर उसका मजाक उड़ावें। भूखी जिन्दगी बिता, जरायम-पेशा की तरह दिन-रात काम कर और 'अपना नाम न बढ़ने दे' यह एक षड्यन्त्रकारी की जिन्दगी है। ऐसी जिन्दगी लेखक की नहीं हो सकती, उस लेखक की जो लोगों के मन खींच सकने की क्षमता के महान् वैभव को किसी देश की महान् उथल-पुथल के लिए लगाना चाहता है। उसे प्रसिद्धि के द्वारा टूट पड़ने वाले सारे अभिशापों को स्वीकार करना ही होगा। उसे प्रसिद्धि से बचकर नहीं रहने दिया जा सकता।' उपर्युक्त पंक्तियाँ मेरी नहीं हैं। ये पंक्तियाँ रूस के राजनीतिक निर्माता लेनिन की हैं, जिन्हें मैंने डी०.सी० लेविस के एक कथन के अवतरण में से उठा लिया है।

अन्य मजदूरों की तरह लेखक-मजदूर चूंकि क्षण-क्षण अपनी नीयत का इजहार करने के लिए लाचार है, साधारण मजदूरी-जैसी उसकी मजदूरी सुरक्षित नहीं। धन, प्रभाव, प्रतिष्ठा और प्रसिद्धि के क्षेत्रों में जब यह मालूम हो जाता है कि हमारी, हमारे रोजगार की, हमारे मित्रों की प्रशंसा नहीं करेगा, तब उसके लेखन की श्रेष्ठता की प्रशंसा करके भी उसे भूखों मारने का षड्यन्त्र सजाया जाता है। यह तो बहुत दूर की बात है कि उसने अपने द्वारा असमर्थनीय लोगों की आलोचना की हो या उन्हें भला-बुरा कहा हो। गरज यह कि उसकी प्रतिभा का सम्मान केवल एक जागतिक भ्रम है। यथार्थ में तो उससे समर्थन, और अपने स्वार्थ के लिए आदर्श उद्देश्य, उपदेश, तर्क और अवतरण माँगे जाते हैं। वह देता है, तब तो अन्तरात्मा का बेईमान बनकर जीते जी मरता है; नहीं देता है, तो मार डाला जाता है। यदि ऐसे समय चिन्तकों और लेखकों का मूल्य कूतनेवाले लोग भी उनसे मजदूरी वसूल करने लगें, तो लेखक की-सी नारकीय जिन्दगी बिताने के लिए कौन तैयार होगा?

जिह्वा या कलम की जिन्दगी की पाँच छन्नियों से छाने जाने के लिए लेखक लाचार किया गया कि फिर क्या शेष रह सकता है। वे पाँच छन्नियाँ ये हैं:

1. कहीं समाज मेरा तिरस्कार या बहिष्कार न कर दे।
2. कहीं मेरे साथी और मित्र नाराज न हो जायँ?
3. कहीं सारी लिखावट का खरीददार और पैसे देनेवाला न मिला तो?
4. कहीं मेरी लिखावट से सरकार नाराज होकर बरबाद करने का तुल गई तो?
5. कहीं मेरी लिखावट से प्रतिष्ठा, प्रसिद्धि और पैसे की धनिकता ने मेरा पीछा किया और भूखों मार डाला तो?

क्या ऐसे महान् खतरों के बीच अपनी बात कह ले जाने और महान् परिवर्तन कर ले जानेवाला लेखक, भूखों मार डाला जायगा? क्या हमारी इसी क्रूर वृत्ति ही ने लेखक को वह साहित्य पैदा करने के लिए बाध्य नहीं किया, जिसने विश्व को संघर्षों से भर दिया है? क्या ऐसी भी कहीं कोई दुनिया है, जो लेखक की रचनाओं के बगैर पढ़े लिखेगी, और धारणाओं को रखकर जिन्दा रह ले जायेगी? यदि नहीं, तो लेखक को मार डालने के ये जाने-अनजाने औजार क्यों?

[जनवरी 1956, पाँव-पाँव]

संकटमय पथ के मधुर यात्री : साहित्यिक

साहित्य से प्यार करने को जी चाहता है, किन्तु साहित्यिकता से कितना जी डरता है ! आत्म-प्रकटीकरण की राग और रोषमयी लाचारियों का, हर कमलधारी, कितना कायल ? किन्तु साहित्यिकता के तबले, मंजीर, आत्मप्रकटीकरण में से, आत्म-संकीर्तन का स्वर छेड़ उठते हैं, तब कितनी दुर्गन्ध नहीं फैल जाती ? किन्तु रोगी को यह पता कहाँ चलता है कि उसके रोग के कीटाणु, उसके आसपास के जगत् के लिए कितने भयंकर हैं ।

साहित्य से प्यार और साहित्यिकता से घबराहट, वैसे ही, जैसे कोई तुलसीदास की 'चौपाई' से प्यार करे और यदि कोई चौपाई का पुल्लिग बना दे तो चौपाई का वरण करने के लिए चौपाया आया देख घबरा उठे ।

साहित्यिकता, इसीलिए, विश्व का नवीनतर सर्जन करने वाली सूझों का संकेत न रहकर, 'ज्ञान की प्रभुता' के आडम्बर का ऐसा बोझ बन जाती है, जिसे इस दुर्गुण का 'प्रभु' तो चाहता है कि और लोग उसके इस बोझ को ढोते हुए, गर्व करें; किन्तु लोक-भाषा इस विकार को जीवन का प्रकार मानने से इनकार कर देती है ।

अध्ययन के बौनेपन में, हम क्या-क्या नहीं कर डालते ? जैसे—

एक रईस थे ।

रईस क्यों, वे राजा ही थे; साम्राज्य-सत्ता के रक्षित, किन्तु ज्ञान के मैदान में, मस्तक में आलू बोकर, परिणाम की प्राणवायु और कष्ट-सहन के सलोने रस से 'शाश्वत वंचित' ।

वे जब कोई बात कहते, उसकी सीमा न सोचते ।

रईसों के रक्षक होते, साम्राज्य सरकार द्वारा नियुक्त, कुछ पढ़े-लिखे दिमागी मुसाहिब ।

मुसाहिबों ने, अपनी अतिरेक की आदत के बलि-जन्तु रईसजी से एक दिन कहा—"महाराज, जब कोई नया व्यक्ति राजभवनों में आता है, तब आप कुछ ऐसी बात कह देते हैं कि पास बैठे हुए मुसाहिबों को उसका समर्थन करना कठिन हो जाता है ।"

महाराज थोड़े से चिंतित हुए, और बोले, "जब मैं कोई दून की हाँकने लगूँ, तब आप लोग जरा-सा खाँस दिया करें, हम सँभल जाया करेंगे ।"

मुसाहिबों की जान में जान आयी । नहीं तो, मर्जी की सी न कहने और न करने पर, मुसाहिब को पद से हटा देना, राजाओं का नियम रहा ।

अब खाँसने के निश्चित 'फारमूला' पर चलने का समय आया । देर भी कितनी लगती ? विद्या, शक्ति, गरीबी, सबके सब प्रभुता के प्रतिकूल विद्रोह की

बात करके भी, पेट भरने के लिए प्रभुता के सम्मुख घुटनों के बल रेंगने का रोज-गार किया करते हैं।

सो एक दिन, एक रईस राजा साहब से मिलने आये। भोजन हुआ, पान हुआ, राग हुए, रंग हुए; गरज यह कि अमीरी के स्वभाव-दर्शन के अप्रत्यक्ष उपकरण काम में आ गये।

अब प्रत्यक्ष—

राजा साहब बाग में बैठे थे। पाँच मुसाहिब साथ थे।

राजाजी ने अपने मेहमान से कहा—"एक बार हमारे बाग में एक बन्दर आया।"

आगत प्रभुता ने कहा—"जी, बन्दर, बने-बनाये बागों को बहुत बिगाड़ देते हैं।"

स्वागतकारिणी प्रभुता बोली—"अजी, ऐसा बन्दर तो हमने कभी देखा ही न था। उसकी दुम पाँच मील लम्बी। क्यों दीवान साहब ?"

दीवान साहब को काटो तो खून नहीं। साइंस के स्नातक, राजनीति के निपुण, प्रजा-दलन में कमाल हासिल, किन्तु राजाजी के पालतू। कहा—"जी सरकार, यदि बन्दरों ने खराब न कर दिया होता, तो आज हमारा बाग फलों से लदा होता।" इतना कहकर वे धीरे से खाँस उठे। फारमूला जो तय हो चुका था।

राजा साहब बोले—"उस लंगूर की पूँछ पाँच मील तो क्या होगी, मगर चार मील तो होनी ही चाहिए।" अब दूसरे मुसाहिब के खाँसने की बारी थी। वह भी खाँसा बेचारा, किन्तु यह कहते हुए कि "पूँछ हम लोगों ने मापी नहीं, किन्तु औसत बन्दर से उसकी पूँछ बड़ी थी।"

इस मुसाहिब के खाँसने पर राजाजी अधिक दबे, बोले—"यदि चार मील पूँछ न भी हो तो, दो मील की पूँछ तो होनी ही चाहिए।" प्रतिभाहीनता का यह स्वभाव है कि वह अपनी मूर्खता को, किसी पशु की दुम की तरह पकड़ लेती है और फिर खतरे में भी छोड़ना भूल जाती है। यहाँ तो राजाजी की चर्चा के हाथों, स्वयं दुम ही पड़ गयी थी !

"दो मील की पूँछ।" तीसरा मुसाहिब भी आखिर खाँसा ही।

इस खाँसने ने, राजाजी का सोया हुआ 'प्रभुता-पशु' जगा दिया। वे बोले, "उस बन्दर की पूँछ, एक मील से कम तो थी ही नहीं, अब चाहे कोई खाँसो, चाहे खूँसो। अरे हाँ !"

ऐसे राजाओं का जमाना 'भूमि' पर, लद गया हो, किन्तु मनो-भूमि पर, साहित्य के 'खेतों' में, ऐसे मुसाहिब नहीं हैं, कौन मानेगा ?

जिस तरह पढ़े-लिखे लोग, अपने दुर्गुण को, सुन्दर विशेषणों से विभूषित कर, समाज में अपनी कमजोरियों को साहित्य-रूप में महँगे दामों बेच ले जाते

हैं, हमने भी अपनी आँकने की कला का नाम 'अतिशयोक्ति अलंकार' रख छोड़ा है।

रचना की धनिकता, जब-जब साहित्य के मैदान में गहरी उतरी, लोक-जीवन ने उसका आदर किया। किन्तु आदर अक्षुण्ण रखकर, उसने अपने 'स्वागत' से रचना को वंचित कर दिया। परिणामत: गम्भीर रचना, पुराण-वस्तु संग्रहालय के बस्तों में बाँधकर रख दी गयी।

तब रचना बढ़ी, नियमों के चौखटों को तोड़ती हुई, प्रसाद के माधुर्य को बढ़ाती हुई। सामयिक साहित्यों के मासिकों के मन्थन, साप्ताहिकों के स्वरूप-चित्रण और दैनिकों की चुटकियों ने, गाम्भीर्य की समाधि पर, माधुर्य का पथ, अपनी सहायताओं से प्रशस्त किया।

पथ प्रशस्त किया ? केवल इतना ही नहीं, हर लेखक की यह लाचारी हो गयी कि पत्रों में उसे स्थान मिले, गौरव मिले। पत्रों में चर्चा, आलोचना, स्वीकार और विश्लेषण के पृष्ठ सुरक्षित हो गए।

समर्थकों की इस सामयिक पत्रकार टोली के समर्थन का भी, सदैव ही अनुकूल परिणाम न हुआ। पत्रों के पक्षपातपूर्ण विभ्रम में युग-रुचि ने आशाएँ बाँधीं। किन्तु प्रत्यक्ष का साहित्य जब उनके सामने पहुँचा तब लोगों ने जाना कि पत्रों की प्रशंसा का द्रव्य, उनकी अपनी आवश्यकता और अनुभूतियों को व्यक्त नहीं करता।

बेतोल का समर्थक गवाह, जिस तरह न्यायाधीश के सामने, अपने मुवक्किल का मुकदमा बिगाड़ दिया करता है, कीर्त्ति की 'व्यक्तिगत वसूली' करने वाले कलाकार की प्रशंसा करके, पत्रों ने उन्हें कभी-कभी कहीं का न रहने दिया।

ऐसे बेतोल के पत्रों का क्या हुआ ? क्या होना था ? अपने चरित्र के अभाव में, यदि कुछ जिये तो धनिक की दूकान के विज्ञापन बनकर, अथवा किसी राजनीतिज्ञ की इच्छा के दास बनकर। शेष उसी विनाश में विलीन हो गये, जिस विनाश में, अपनी प्रशंसा अथवा निन्दा बेतोल दान में, उन्होंने अपने साहित्यकारों की रचनाओं को पहुँचाया था।

कहते हैं, जुए के खेल में, 'हार' बहुत मीठी मालूम होती है। जी करता है, अब की दाँव पर सब कुछ अपना है।

सो ग्रंथों की छपास और समाचार-पत्रों का नित नव-प्रजनन इतना बढ़ता है कि उस पर 'बर्थ कंट्रोल' का कोई नियम नहीं लगता। और हमारे इस बर्र के छत्ते को कोई इसलिए नहीं छेड़ता, क्योंकि अपनी सुरक्षा को कौन खतरे में डाले !

सो इस विनाश-पथ के मधुर यात्री हम साहित्यिक, अपने नाशवान उदाहरणों से विश्व को 'अविनश्वर' बनाने के लेख लिखते हैं। अपने जिन विश्वासों पर

चलकर, हम अपने जीवन को नर्क बना लेते हैं, उन्हीं विश्वासों पर चलकर, हमारा जगत्, हमारा पाठक, अपने जीवन को स्वर्ग बना लेगा। कैसे भोले विश्वास हैं हमारे !

इन्हीं आपदाओं के बीच कुछ लेखक भी जीते हैं, कुछ कवि भी, और हाँ, कुछ सामयिक पत्र भी। वे अपने जीवन की मोमबत्ती में, अपनी विधायक सूझों, साधनाओं, संघर्षों और समर्पणशीलताओं की ज्वाला जगाते हैं। इसलिए कि युगों-युगों में उनकी आग, पीढ़ी-दर-पीढ़ी सुरक्षित रखने के लिए, मस्त मानवता के तरुण पंथी, आगे आते रहें और वे सिर दे-देकर आत्म-प्रकटीकरण की जननी का सिर ऊँचा रखते रह सकें।

ईमानदार लेखन कला के छह बल-हरण बिन्दु हैं। पुरुषार्थ में लचक पड़ने वाली कलम के जो मरण बिन्दु हैं, जीवित कलम के वे ही सर्जन बिन्दु।

वे बल-हरण बिन्दु हैं—

(क) स्वार्थों पर बिकी कलम द्वारा साधनामयी कलम की निन्दा।

(ख) अपने स्वार्थों के प्रतिकूल समझी जाने पर धनिकता द्वारा भूखे मारे जाने का षड्यंत्र।

(ग) अपने जीवन को सदैव संकट में डाले रखने के प्रति जी में उठने वाली ऊब।

(घ) शासन का भय।

(च) समाज द्वारा की जाने वाली प्रताड़ना।

(छ) और अत्यन्त प्रियजनों के दूर हो जाने की बेचैनी।

और यदि अपनी कलाबाजी से, कलाकार, प्राण-हरण करने वाली छननी के इतने छेदों में से छानकर वस्तु दे, तो फिर आकार भर रह जाता है, प्रकार गायब हो जाता है !

यहीं आकर, कलम चौकड़ी भूलती है। इन्हीं वीरान चौराहों पर आकर, आसपास की मोहक गलियों की ओर कलम घूम जाया करती है।

यही चौराहे हैं, जहाँ प्रतिभा मानवता को ऋषियों, कवियों, कलम-घसीटों और नरक-निर्माताओं में बाँट दिया करती है। 'न कुछ' गणना को लेकर 'कुछ' प्रभुता को अंतिम प्रणाम कर प्रभु की ओर ऊँचे पर चढ़ने चल देते हैं; और 'बहुत कुछ' चढ़ने के श्रम को नमस्कार कर सहज पतन की ढालू जमीन पर ढुलक पड़ते हैं। एक ओर प्राण देकर भी प्रेरणा में जीवित रहने वाले ऊँचे के अमर हैं; दूसरी ओर साँस लेती हुई लाशें होती हैं, बचपन में आशाओं का विभ्रम देती, जवानी में आकर्षण का उदार व्यापार करती, और बुढ़ापे में आत्म-पूजा की प्रतीक्षा करती हुई।

और जब कलाकार लिखता है, अपनी लांबी-सी एक चीज, तब ? तब ?

क्या वह वर्ण्य वस्तु का विश्लेषण करता है ?

जी नहीं, फूलों पर शस्त्र-क्रिया करके, उनमें सुगंध ढूंढ़ने का विभ्रम उसमें नहीं होता।

तब क्या वह ईमानदारी जीवन घटनाओं का 'एकत्रीकरण' बनकर जीवित रहना चाहता है ?

जी नहीं, यह भी उससे नहीं सधता। जीवन के विशेष क्षणों के अन्नकणों का आशिक वह, संपूर्ण जीवन के पास के बोझे बाजारों में बेचने का अभ्यासी नहीं है ?

उसकी रचना में, उसका व्यक्ति ईमानदारी से झांकने का प्रयास करता है, जीवन का आधार बनकर, प्यार का व्यापार बनकर नहीं। वह अपनी रचना को, विवादों में निरुत्तरता प्रदान करने के लिए नहीं लिखता; अनुभूतियों को अध्ययनों के अर्चना-द्रीपों में भरकर अपने वर्णन की आरती उतारने के लिए। उसके आवेग, चाहे जितने परिमित क्षणों में आते हों, उसकी रचना का स्वर और उसके अभिमत का स्वरूप शाश्वत होता है।

ऐसे लेखक के चरणों में बन्दन : उनका प्रतिभा के दरिद्रालय के द्वार पर अभिनंदन !

[रंगों की बोली]

रवीन्द्रनाथ : प्राण : प्रतिभा : प्रार्थना का सम्मिलित नाम

भारतीय साहित्य की सप्राणता प्रतिभा और प्रार्थना का सम्मिलित नाम रवीन्द्रनाथ ठाकुर है। वह शाश्वत पुरुष शान्तिनिकेतन और श्रीनिकेतन में यदि नहीं है तो भावनिकेतन की स्मरण यात्रा में तो सदैव उपस्थित है।

रवीन्द्र अवलम्ब ही नहीं आश्वासन भी है, सिद्धि ही नहीं साधना पथदाता भी है, मनोविनोद ही नहीं मनोविजय का संदेशवाहक भी है।

जिनमें प्रतिभा की भूख है, जो जागृत मुमुक्षा से रवीन्द्र के रहस्यों में प्रवेश पाना चाहते हैं, जो हृदय के अभावों की वास्तविक बेचैनी का अनुभव करते हैं, वे ही रवीन्द्र के अस्तित्व-कणों का संधान कर सकते हैं।

रवीन्द्र ने जो दिया है अखिल मानव को दिया है। बरसते हुए घनश्याम की तरह, बहती हुई नदियों की तरह, प्रकाश बरसाते सूर्य की तरह, रस बिखेरते चाँद की तरह और प्राण बनती वायु की तरह रवीन्द्र का सृजन भी देवत्व का ऋण है।

रवीन्द्र को क्यों न एक तरह का ध्येयदान कहा जाय ? हमारी ईमानदारी

यही हो सकती है कि उस ध्येयदान को चिन्तन का वरदान दें, आचरण का सम्मान दें और उसे पीढ़ी के रक्त में उतारें।

रवीन्द्र ने विचार-दारिद्र्य की देश-भूमि को मरने से बचा लिया। भूकम्प में, नौका के टूटने या जहाज के डूबते समय, न जाने किन-किन जाने-अनजाने संकटों में एक 'सूझ' न जाने कितने प्राणों की रक्षा कर ले जाती है, न जाने कितनी हानियाँ बचा ले जाती है। रवीन्द्र सूझ का स्वामी था। उसने भारतीय रस-पंथी को, जो उस युग में घुंघरू बाँधे हुए धनिकों, प्रशंसकों, प्रशासकों और रसिकों के सम्मुख व्यक्तित्वहीन होकर नाच रहा था, व्यक्तित्व की गरिमा से अभिषिक्त किया और उसके विवश मानव को देवत्व का स्वाभिमान दिया। उसने विशुद्ध सूझ के महान् मूलधन की बाजार-दर विश्व सतह के पैमाने पर भारत की ओर से विश्व के मस्तक-शीलों और हृदय-शोधकों की हाट में रखी।

रवीन्द्र मन के धनी, तन के विशाल, दृष्टि के विस्तृत, चिन्तन के गहरे और जीवन में ऊर्ध्वमुखी थे। वे जीवन और प्रेम के गायक थे। वे चरम-परम वैष्णव थे। उनकी दृष्टि और पृष्ठभूमि में उपनिषदों और वेदों का ज्ञान भरा हुआ था। 'साधना' के मतवाले रवीन्द्र पूजा में भावनाशील भी कम नहीं थे। उनकी धारणा थी कि "अनुशासित इच्छा-शक्ति और प्रेम के द्वारा, अपनी नम्रता को साथ लिए हुए जगत के साथ अन्तर-प्रवाहित होते रहना ही जीवन की परमता है।"

दर्शन उनकी मान्यता का नहीं उनकी प्राणवता का प्रतीक था। वे मानते थे कि "मनुष्य का चिन्तन मानो ईश्वर का वरदान है, उसके ईश्वरत्व की एक प्रक्रिया है।" इसी चिन्तनशीलता और ज्ञानशीलता को मनुष्य की नैसर्गिक उपलब्धि सिद्ध करते हुए उन्होंने कहा है कि "बच्चा पैदा होकर माँ का दूध पीने लगता है, वह ज्ञान उसे किसने दिया ? ज्ञान जीवन से सीधा आता है। लगता है यह समस्त सृष्टि किसी प्रतिभा के बल पर ही घूम रही है और इसीलिए मेरा प्रयत्न रहता है कि अन्धविश्वासों के द्वारा नहीं, ज्ञान की महान् ज्योति के द्वारा प्रभु को प्राप्त करूँ।"

टैगोर प्रकृति और पुरुष की अभिन्नता के कायल थे ! इस अभिन्नता का जी सकना उनकी दृष्टि में बड़ी बात थी। उन्होंने इस अभिन्नता को हजार अनुभूतियों से ग्रहण किया था। वे कहते थे, "सृष्टि की समस्त शक्तियों से व्यक्ति की एकतानता को ही प्रभु की पहिचान और प्रकृति का ज्ञान कह सकते हैं। इसीलिए व्यक्ति का प्रयत्न कभी प्रकृति के प्रयत्न से भिन्न नहीं होता, नहीं हो सकता। व्यक्ति और प्रकृति में विरोध कहाँ है ?" आत्मसाक्षात्कार का रवि ठाकुर का अर्थ ही था सम्पूर्ण प्रकृति के साथ अभिन्न हो जाना।

सामान्य हित या जन-कल्याण रवीन्द्र के सम्पूर्ण साहित्य का मूल स्वर है।

वे कहते रहते थे कि संसार में महान् व्यक्ति वही हो सके हैं, जो समाज के लिए अपना निरन्तर बलिदान करते देखे गये। दीपकदानी जिस प्रकार अपनी जीवन-शक्ति को आलोक के कण-कण को समर्पित कर देती है, उसी प्रकार मनुष्य को अपनी शक्तियों को समर्पित करना चाहिए।

रवीन्द्रनाथ विश्व-मानव थे और निरन्तर समस्त विश्व की भाषा ही में सोचा करते थे। स्वतन्त्र विश्व का मार्ग-निर्देश करते हुए उन्होंने कहा था कि "स्वतन्त्र विश्व का मार्ग यह है कि हम पहले अपने अहंकार से और फिर धीरे-धीरे 'स्व' से मुक्त हों। अहम् का दिखावा जिस मात्रा में अल्प से अल्पतम होता जायगा, मुक्ति का मार्ग उसी मात्रा में विशाल से विशालतम हो जायगा। उनकी दृष्टि में सम्पूर्ण प्रेम की स्थिति ही मोक्ष की स्थिति थी। वे मानते थे कि मनुष्य की प्रत्येक जिज्ञासा, उत्कण्ठा और उसके समस्त प्रश्नचिह्न 'प्रेम' शब्द में अपना समाधान पा लेते हैं। प्रेम का इतना बड़ा उद्घोषक कबीर के बाद भारतीय मनीषा ने रवीन्द्र ही में प्राप्त किया।

जहाँ एक तरफ रवीन्द्र यह कह देते थे कि हमारे राजनीतिक और सामाजिक सम्बन्धों को मानवीय श्रेष्ठता और नैतिकता के अनुकूल होना चाहिए वहाँ दूसरी ओर शिक्षा के सम्बन्ध में उनकी धारणा यह थी कि वास्तविक शिक्षा वही है जिससे समाज में नैतिक उत्तरदायित्व की भावना जागृत हो।

टैगोर मानते थे कि तप या कष्ट-सहन ही आत्मसाक्षात्कार की विधि है और मानव की श्रेष्ठता इसमें नहीं है कि वह कष्ट से बच जाय बल्कि इसमें है वह कष्टों को निमन्त्रण दे सकने का अवकाश प्राप्त कर सके। इस सम्बन्ध में उनकी दिव्य वाणी में उन्होंने यहाँ तक कह दिया है कि आनन्द की ही दूसरी बाजू वेदना है।

रवीन्द्र मानव में चण्डीदास की इस पंक्ति को अर्थवान पाते थे कि :

सबार ऊपरे मानुष सत्य
ताहार ऊपरे नाई

शायद इसीलिए वे मनुष्य की असम्पूर्णता से भयभीत न होकर यह कहते थे कि मनुष्य का अधूरापन ही उसकी सबसे बड़ी सम्पत्ति है। सम्पूर्णता की दिशा में आगे बढ़ने वाले के लिए अपूर्णता से बढ़कर और कौन-सी प्राप्ति हो सकती है?

भोगवाद का, जिसे भौतिकवाद अथवा Materialism या वस्तुवाद कहा जाता है, टैगोर में विरोध था। तर्क की तुला पर उन्होंने इसे तौला था। भौतिक सामर्थ्य की कुरूपता को उन्होंने मानव की कीमत न आँक पाने, हिंसकता को अपनाने, संग्रह भावना को खतरनाक रूप में पनपाने, और मशीन को मनुष्य से अधिक मानने के रूप में पहचाना था। भौतिक कानून के स्थान पर आत्मगत नैतिकता के टैगोर जीवन-भर आग्रही रहे।

अनेकत्व में एकत्व अथवा बिन्दुत्व में सिन्धुत्व का साक्षात्कार मनीषी टैगोर के व्यक्तित्व की सांस्कृतिक विशालता और विरासत थी। किपलिंग का विरोध करते हुए उन्होंने लन्दन की एक सभा में यह कहा था कि जिस प्रकार नील नदी के किनारे से उठे हुए मौसमी बादल गंगा के किनारे की जमीन को उपजाऊ बनाते हैं, इसी प्रकार विचार चाहे पूर्व में पैदा हों चाहे पश्चिम में, किन्तु वे मानव हृदय में एक-सा प्रवेश करते हैं। रवीन्द्र कहते हैं कि पूर्व का पूर्वत्व और पश्चिम का पश्चिमत्व, "भगवान न करे कभी नष्ट न हो, क्योंकि उनकी विभिन्नता में ही अधिकाधिक विश्वहित निहित है। वे मानते थे कि मानवतावाद ही वह जमीन है जहाँ विश्व-भर की समस्त जातियाँ, समस्त राष्ट्र, समस्त धर्म, समस्त सम्प्रदाय, सम्पूर्ण बोलियाँ और सम्पूर्ण प्रणालियाँ एक साथ उपस्थित हो सकती हैं।

टैगोर का राष्ट्रवाद निश्चय ही इस प्रसंग में उल्लेखनीय है। उनकी राष्ट्रीय भावना संकुचित नहीं थी अपितु उनकी अन्तर्राष्ट्रीयता की पूरक थी और (जैसा कि मैंने अन्यत्र भी कहीं कहा है) ऐसा व्यक्ति ही कह सकता था कि —

जहाँ मस्तिष्क भयहीन और ऊँचा उठा हुआ है
जहाँ ज्ञान मुक्त है और विश्व संकुचित सीमाओं में विभाजित नहीं है

जहाँ विवेक की शुद्ध धारा
रूढ़ियों के रेगिस्तान में मार्ग नहीं भूलती
जहाँ मानस ऊर्ध्वमुखी होकर
निरन्तर विस्तार पाते हुए विचारों
और क्रियाओं में आगे बढ़ता है
उस मुक्ति के स्वर्ग में हे परमपिता
मेरे राष्ट्र का जागरण हो।

टैगोर विराट स्रजेता थे। जब विचार आया तब उसने पिता बनकर आनन्दमयी रुझान से उसका स्वागत किया, माता बनकर जगत की सूझ और समझ की गोदी में खुला छोड़ दिया।

[पाँव-पाँव]

लेखक अत्यन्त अरक्षित है

आज साहित्यिक के पैरों की जमीन सुरक्षित नहीं है। वह रह भी तो नहीं सकती। मीठे स्वप्न पुराने पड़ गये हैं। इसलिए नहीं कि उनके स्वप्नों का माधुर्य समाप्त हो गया है, किन्तु इसलिए कि हम विश्व की उथल-पुथल के नवीन तत्त्वों

का माधुर्य उनमें नहीं जोड़ पाते। कहा जाता है कि राजनीति ने भि... भिन्न देशों में उथल-पुथल मचा दी है और विश्व के शान्त चिन्तन को कठिन कर दिया है। इस अर्द्धसत्य पर विश्वास करते समय हम यह क्यों नहीं सोचते कि मार्क्स और फ्रायड दोनों ही चुनाव लड़ने वाले राजनीतिज्ञ नहीं थे कि जिनके चिन्तन से प्रभावित होकर हमने अपने जीवन और साहित्य के संघर्षों के लिए नये मोहरे जमाये हैं और नये पासे फेंकना प्रारम्भ कर दिया है। सच तो यह है कि चिन्तक और साहित्यिक विचार-दान करते हैं और उनके प्रभाव से विश्व के संघर्ष जागरित हो जाते हैं, विश्व में पीढ़ियाँ पैदा हो जाती हैं। तब चिन्तक अपने ही विचारों के उन परिणामों से घबड़ाने लगते हैं। यह तो अशोभन है।

यह कैसे सम्भव है कि उस समाज के विश्वास आज का साहित्य कहलाते रहें जो आज अस्तित्व में ही नहीं है और जो समाज अस्तित्व में आ गया है, वह विचार-दान की क्षमता खो बैठे। कृत्रिम ढंग से पुराण-वस्तु-संग्रहालय में रखे जाने योग्य इरादे भी मूर्तियों, चित्रों और पुस्तकों की तरह हमारी सभ्यता के इतिहास के अंग हों, वे हमारे समाज की सम्पूर्ण संस्कृति नहीं कहे जा सकते। किन्तु यह अभिशाप हमें 'धड़वादी' और 'सिरवादी' साहित्यिक देता है। वह वस्तु को टुकड़े करके देखता है, सम्पूर्ण को एक करके नहीं देखता। परिणामतः वह अपने निर्णयों में अर्द्धसत्य से प्रकट करता है, जो कभी सम्पूर्ण सत्य-से दीखने लगते हैं और कभी सम्पूर्ण असत्य साबित हो जाते हैं। लोग कहते हैं, जीवन की भयंकरताओं से साहित्य को बचाना आवश्यक है, उसे शान्ति चाहिए। उसे व्यभिचारी और चोर का-सा एकान्त चाहिए। एकान्त मन की सतह को कहते हों, तो वह अनिवार्य है, और वह साहित्य के चिन्तक से कभी दूर नहीं होता, किन्तु यदि वह उसकी पलायन-वृत्ति है तो उसका एकान्त का स्वाँग भरना भी उसके लिए भय का कारण हो सकता है। यों तो भविष्यवाणियों के दिन बहुत दूर चले गये, किन्तु ज्ञान की साधना, विवेक की क्षमता, रस के सौष्ठव द्वारा भाव के ईमानदार प्रकटीकरण के युगों में भविष्यवाणियों के लिए अधिक गुंजाइश नहीं रह गयी। यह तो बिल्कुल सम्भव नहीं है कि राज्यों की सीमा-रेखाएँ टूट रहीं हों, अनन्त नर-मुण्ड संघर्षरत हों और लोगों का प्रेयसी का रस-दर्शन ही समाप्त न हो। कुछ 'नवीन' चाहिए, यह अपने में बहुत 'पुरानी' इच्छा रही है और नवीनता की इच्छा के बाद घटने वाली घटनाएँ भी अब मानो बासी पड़ गयी हैं। अब तो घटनाएँ पहले घटती हैं और सोचने वालों की लाचारियाँ पीछे आती हैं। प्रश्न यह है कि हम नवीन घटना से सुलझें या नवीन उपमा से सुलझें? उपमा और घटना में आपस में कोई बैर नहीं है, किन्तु उपमा वस्तु को मधुरता से समझाने का मार्ग सुलभ करती है और घटना तो स्वयं समस्या है, जिससे मनुष्य विरत होकर जीवित नहीं रह सकता। व्यास का कृष्ण और वाल्मीकि की सीता

किसे नहीं भाते ? कौन माता है जो अपने पुत्र को कृष्ण जैसा सोलह कला-सम्पन्न जगदीश्वर नहीं चाहती, और कौन पिता है जो शताब्दियाँ बीत जाने के पश्चात् भी वाल्मीकि द्वारा प्रदान की हुई सीता के सतीत्व को अपनी पुत्री पर नहीं डालना चाहता ?

लोग कहते हैं कि 'जानने की इच्छा' और 'प्रकट करने की लाचारी' के बीच विश्व का साहित्य प्रभावित हाता चला आ रहा है, किन्तु आज के मनस्वी के सम्मुख सामाजिक जानकारियाँ समस्या बनकर आती हैं, जो केवल प्रकटीकरण से नहीं सुलझतीं । अतः आज के साहित्यिक के लिए जानकारी लाचारी है और बे-जानकारी बुद्धि का बौनापन, समाज की दासता और अस्तित्व का मरण है । आज तो जानकारी उथल-पुथल बनकर बिना बुलाये मँडराती है और समस्या का सुलझाव माँगती है । ऐसे समय यह सम्भव ही नहीं कि युग का साहित्यिक अथवा कलाकार समस्याओं के सामने खड़ा होकर नाचने-गाने का पेशा करने लगे । हाँ, कला के पास मानव की बदली हुई मनोवृत्तियों के लिए उत्तर हैं । कृष्ण का रास और शंकर का तांडव, दोनों ही नृत्य हैं, कला के मोहक रूप हैं, किन्तु सर्जन और प्रलय के दो विभिन्न संकेत वहन करते हैं । शब्दों में अर्थ, क्रिया में इरादे, बलिदानों में संकल्प और वरदानों में आशीर्वाद छुपकर बैठते हैं, ऐसा हमें दीखता है । किन्तु मेरा मत है कि जीवन की कठिनाइयाँ, साहित्य की कठिनाइयों से भयंकर नहीं हैं । जीवन की भूल के परिणाम को जीवन अकेला भोग लेता है । वह मरे, मिटे या जिये, या पनपे, किन्तु साहित्यिक के संकेत गलत हो जाने पर उसके फल पीढ़ियों को भोगने पड़ते हैं ।

इसी तरह क्रान्तिवादी जीवन मुकुटों और सिंहासनों के खिलाफ षड्यन्त्र करता, किन्तु छुपा रहता है । उसका चातुर्य क्रान्तिवादी के लिए रक्षा की दीवार बना रहता है, किन्तु क्रान्तिवादी लेखक बाध्य होता है कि वह प्रसिद्धि के पाप या पुण्य को खुले खजाने ग्रहण करे । क्रान्तिवादी तो अपनी क्रिया के दण्ड से बच भी जाये, किन्तु क्रान्तिवादी लेखक तो विचार-भर प्रकट करने के लिए दण्डित हो जाता है । मुझे लगता है, विश्व में लेखनी जितनी अरक्षित है, जीवन उतना अरक्षित नहीं है । अतः हम लेखनी बनाम जीवन—जीवन बनाम लेखनी की भाषा में सोचना छोड़ें । जीवन सूलियों पर टँगकर भी गिनतियों में बँधा हुआ एकांकी है और रहेगा। उसकी यन्त्रणाएँ तिल-तिल में, समाज में बँट सकेंगी । उसकी यन्त्रणाएँ स्वभाव में सम्पत्ति की तरह हैं । हिस्सेदार मिलने पर वे बँट जाती हैं, कम हो जाती हैं, किन्तु लेखनी की यन्त्रणाओं को कोई हिस्सेदार कम नहीं कर सकता । इसीलिए, शायद इसीलिए, लेखनी लेकर ऊँचाई पर चढ़ने वाले क्रास लेकर वध-स्थल की ओर जाने वालों की अपेक्षा अधिक चिन्तित होते हैं । लेखनी लेकर ऊँचाई पर जाने वाले और क्रास लेकर वध-स्थल की ओर जाने वाले,

कौन कह सकता है कि ये दोनों सगे साथी नहीं कहे जा सकते ? क्योंकि क्रास लेकर वध-स्थल की ओर जाने वाले महान् के संकटमय वरदान तो उसकी वाणी के द्वारा, ही व्याप्त हुए हैं कि जिन, अथवा जैसी वाणियों की छाया लेकर विश्व की लेखनियों ने जीवित रहना और पीढ़ियों को जीवित रखना सीखा है। भला कौन माता यह देख सकेगी कि उसका निर्माण कष्ट पा रहा है ? कौन निर्माता यह देख सकेगा कि उसके द्वारा निर्मित युग की पीढ़ी उसकी लिखावटों के पथ पर चलकर यन्त्रणा भोग रही हैं ? माता का यह स्पन्दन निर्माता में होता है, जीवन में यह सम्भव नहीं।

लोग लेखनी के भी मजदूर-संघ बनाने लगे हैं। मैं विडम्बना इसलिए नहीं मानता कि लेखन जैसे देवत्व में मजदूरी के लिए अवकाश नहीं है। मैं लेखनी की धनिकता पर गर्वित नहीं हूँ। कठिनाई तो यह है कि जीवन का मजदूर यदि आठ घण्टे काम करता है, तो लेखनी के मजदूर के चौबीसों घण्टे बरबाद होते हैं। जब मजदूर आठ घण्टे काम करने के बाद विश्राम कर रहा हो, तब उससे काम लेना अपराध माना जाता है और स्वतन्त्र देशों में, उचित ही उसके विश्राम के क्षणों में कोई उससे छेड़छाड़ नहीं कर सकता, कोई उसके आराम में खलल नहीं डाल सकता। किन्तु लेखनी का मजदूर किसी कार्यालय, रेडियो, सिनेमा, राजाश्रय, समारोह के रात्रि-जागरण अथवा लेखन की मजदूरी में लगा होता है, तब उस मजदूरी से छूटने के बाद क्या कला और कलम को भी वही विश्राम मिलता है, जो एक मजदूर को मिलता है ? कला और कलम का धनी सोना चाहता है, किन्तु कल की मजदूरी पर उसे जो कुछ व्यक्त करना है, उसके प्रकटीकरण की लाचारी जो रक्त-कर माँग रही है, उसे अध्ययन, अभ्यास या रियाज का भोजन कब दिया जाय ? रोटी, शय्या, नारी, बच्चे और सुख की इच्छाएँ समय की घड़ियों की खूँटियों पर टँगे-से हैं। तो लेखनी के धनी का जीवन तो दया पर जीने का जीवन है।

दया का आडम्बर हम चाहे जैसा करें, किन्तु दया तो बड़ा छोटे ही पर करता है, सशक्त अपाहिज पर ही करता है। दया तो तिरस्कार के सज्जन-स्वरूप को ही कहते हैं। मजदूर अधिकार से माँगता है और उसका अधिकार मानकर उसे दिया जाता है किन्तु लेखनी का मजदूर यदि सचमुच मजदूर हो, तो दया के वातावरण में वह जीता है। यदि लेखनी की पीढ़ी आज सजग हो, तो उसे चाहिए कि वह अपने अनन्त वैभव की ओर समाज से आकर्षित होने की भीख न माँगे। देश की समाज-व्यवस्था ही ऐसी होनी चाहिए कि आठ घण्टे के मजदूर की अपेक्षा यह चौबीस घण्टे का मजदूर राज-व्यवस्था की न्याय-तुला से अधिक ऊँचा आसन प्राप्त कर सके और समाज-व्यवस्था में विवेकशील कला-साधक की बात गम्भीरता, ईमानदारी और सम्मान के साथ सुनी जा सके। उसे

देश का वह गौरव प्राप्त हो, जिसका वह अधिकारी है, वही अधिकारी है। किन्तु जिस तरह समाज में मजदूर को नियमित वेतन और बोनस मिलता, उसी तरह क्या लेखक की रचना पर भी नियमित धन-राशि मिलने की कोई व्यवस्था है ? जो कलम का धनी कहीं नौकरी नहीं कर लेता, वह केवल अपने लेखन के बल पर जीवित रह सके, ऐसी हमने कोई व्यवस्था की है ? यदि ऐसी व्यवस्था नहीं है, तो स्वतन्त्र-चेता 'लेखक-मजदूर' अपना मजदूर-यूनियन बनाकर भी लाभ किससे माँगेगा ? उसका तो सब कुछ उधार। किताब बिके, तब रायल्टी मिले। उसके खून का साहित्यिक स्वाद लेकर 'अच्छा है' कह देने वाले लोगों की जबान से प्रशंसा ही भले बरसे, पैसा तो नहीं बरसता न ? और प्रशंसाओं को, विशेषतः प्रसिद्धों की होड़ में सिद्धों की प्रशंसाओं को बाजार में पैसे के मोल भुनाया तो नहीं जा सकता ?

क्या मैं गलत हूँ, जब मैं कहता हूँ कि हमने कलम के आदर्शों की रक्षा करके जीने वाले लेखक को जरायमपेशा होने के लिए छोड़ दिया है ? शासन में लेखक के हृदय और उसकी कठिनाइयों को जानने वाला अंश नहीं पहुँचा और शासक हर स्वाँग खुद कर लेता है। वह डाक्टर, इंजीनियर, शिक्षक, व्यापारी, गृहोद्योगी सबको उपदेश देता है और वह लेखक को भी उपदेश देता है। उसका रोजगार ही यह है कि जिस विषय को वह कुछ नहीं जानता, उस विषय पर उपदेश करे, क्योंकि देश के मतदाताओं ने उसे ऊँचे स्थान पर पहुँचा दिया है। जिस दिन चिन्तन को मतदाता ढूँढ़ने के लिए लाचार होना पड़ेगा, उस दिन मतदाता जुटाने में कुशल व्यक्ति ही जीतेगा, चिन्तक नहीं। क्या चिन्तक को मतदाता जुटाने का व्यवसाय हमने अनिवार्य कर दिया है ? तब फिर क्यों हम देश में चिन्तक की आवश्यकता अनुभव करने चले ? गरज यह है कि लेखक की मजदूरी, मजदूर की मजदूरी की तरह सुरक्षित नहीं है। मैं मानता हूँ कि अन्य सब समाजों की तरह लेखन में भी दम्भ और असत्य है, किन्तु मैं दम्भ और असत्य का समर्थन नहीं कर रहा, मैं केवल लेखन की बाजू आपके सामने रख रहा हूँ।

तिस पर यदि लेखक क्रान्ति-द्रष्टा क्रान्तिकारी हुआ, तो उसकी समस्याएँ और भी जटिल हो जाती हैं। एक क्रान्तिकारी तो समाज में छुपकर अपना काम चला ले जाता है। उसके प्राण, उसके वस्त्र, उसके शस्त्र, और खतरों के बीच भी उसकी सब सुविधाएँ सुरक्षित हैं, किन्तु क्रान्तिकारी लेखक चूँकि क्षण-क्षण अपनी लेखनी द्वारा अपनी नीयत का स्पष्ट इजहार करने के लिए लाचार है, इसलिए उसकी रक्षा उतनी सुरक्षित नहीं हो सकती, जितनी एक क्रान्तिकारी की होती है।

[पाँव-पाँव]

कला और साहित्य

उस दिन अस्सी वर्ष के बूढ़े चर्चिल का अस्सीवाँ वर्ष पार करने के उपलक्ष्य में ब्रिटिश पार्लमेण्ट के सदस्य सम्मान कर रहे थे। उस दिन चर्चिल को चर्चिल का ही एक तैलचित्र भेंट किया गया था। द्वितीय महायुद्ध का योद्धा अब बोलने के लिए खड़ा हुआ, तो उसकी आँखों में कृतज्ञता के आँसू थे। ये आँसू, वीर चर्चिल की आँखों में शायद ही कभी देखे गये; क्योंकि युद्ध शुरू करते हुए उन्होंने कहा था, "वे आँसू और यन्त्रणा ही दे सकते हैं।" इस अभिनन्दन-समारंभ में चर्चिल साश्रुनयन बोले कि 'मुझे आपने बड़ा कहा। मुझे बढ़ाने वाली छोटी-सी चीज आप जानते हैं, कौन है? यह कि मेरे जीवन में एक बहुत बड़ी चीज मेरे पास जो बैठी हैं मिसेज चर्चिल, मेरे यश की ये बहुत बड़ी हिस्सेदार, मेरे बड़प्पन की ये महान् निर्मात्री हैं।' और भरी सभा में भावावेश में महान् साहित्यकार और सामन्त चर्चिल ने श्रीमती चर्चिल को वहीं चूम लिया; किन्तु श्रीमती चर्चिल के नेत्रों से तो उत्सव के प्रारम्भ से ही आँसू निकल रहे थे।

यह घटना तो मैं इसलिए कह रहा हूँ कि जब चर्चिल-जैसे महान् व्यक्ति का पौरुष कला बनता है, तब वह साश्रुनयन हो उठता है और अपनी कला के सम्पूर्ण कीर्ति-बिन्दु को नारी की तरफ इंगित करके बताता है। यों कला तो लड़की की तरह है। वह स्वयं जन्म लेती है और फिर नये संसार को जन्म देने लगती है। कलाकार भी यही करता है। इस तरह कला में जो निर्मात्री शक्ति है, वह माता और निर्माता का कुछ गठबन्धन-सा दिखायी देता है।

कला से धनिकता का शायद ही कभी कोई रिश्ता रहा। धन से भड़ककर भागना कला का स्वभाव नहीं है; किन्तु धन अभागे में कला तक पहुँचने की शक्ति शायद कभी न हो। इस देश में कदाचित् मैंने तो धन को सदा ज्वर की तरह देखा। सामने थाली आयी, तो ज्वर में मुँह टेढ़ा करेंगे, मुँह फेर लेंगे, और सामने कोई कलाकृति आयी कि धनिक आप देखेंगे कि मुँह टेढ़ा कर लेगा, मुँह फेर देगा। इस तरह मुझे धन और ज्वर में एक विचित्र भाईचारा दिखायी देता है।

एक बार एक मूर्तिकार मूर्ति बना रहा था। मूर्ति बनाते हुए वह खूब तल्लीन था। उस दिन वह नेत्र बना रहा था। इतने में एक आदमी ने उसे पुकारा। पूछा, "भाई, यहाँ से महाराजा की बरात गयी?" उसने छेनी रख दी, हथौड़ा रख दिया व पूछने लगा, 'यहाँ से? महाराजा की? एक बरात गयी?' तीनों वाक्यों में जो सन्देह के चिह्न उसने लगाये, वह कला की एकात्मकता के प्रश्न हैं। उल्टे प्रश्नकर्ता के आगन्तुक से प्रश्न हैं। विश्व यह सोचे कि कला में बहुत भाईचारा है, सो बात भी नहीं।

कला अपने में ऐसी कुछ क्षणों में रूठने वाली लड़कियों की तरह है कि वह

सीधी तरह बैठती ही नहीं। साहित्य का स्वभाव देखिए, अर्थ को आगे करेगा, स्वर को पीछे रखेगा। संगीत के स्वभाव को देखिए, स्वर आगे, अर्थ पीछे। दोनों विपरीत। परन्तु साहित्य के बिना संगीत नहीं और संगीत के बिना साहित्य नहीं। दोनों कलाएँ अपने में स्वतन्त्र हैं; परन्तु कला की दृष्टि से जब मैं सोचता हूँ, तो मुझे लगता है कि साहित्य बहुत पिछड़ी कला है।

मूर्ति को आप देखें। मूर्ति तथा चित्र, संगीत, नृत्य और साहित्य, ये पाँच रूप मैं कला के विशेष मानता हूँ। मूर्ति ही आप बनाइए, भारतवर्ष में बनाइए, स्विट्जरलैण्ड में बनाइए, इंग्लैण्ड में बनाइए, एक मूर्ति आप बनाइए और उस मौन मूर्ति को विश्व-भर में आप भेज दीजिए। वह स्वयं बता देगी कि वह कौन है। यदि वह चित्र जवाहरलाल का है, यदि वह चित्र चैखव का है, यदि वह चित्र बछड़े को दूध पिलाती गैया का है, तो वह चित्र स्वयं कहेगा कि वह कौन है। उसमें किसी अनुवाद की जरूरत नहीं, किसी इण्टरप्रेटर की आवश्यकता नहीं, कोई इधर से उधर करने वाले की आवश्यकता नहीं। उस मूर्ति की अपनी अपील, पहुँच, अपना ज्ञान और अपनी समझ है। वह विश्व-भर की समझ है। चित्र भी उसी तरह है। चित्र की समझ भी मूर्तियों की तरह विश्व-भर में फैली है। परन्तु एक कमी है। मूर्ति पर ऋतुओं का असर नहीं पड़ता। इसीलिए लोगों ने देव-मन्दिरों में मूर्ति की स्थापना कर रखी। चित्र पर ऋतुओं का असर पड़ता है, इसलिए मैं मूर्ति से चित्र को गौण मानता हूँ, यद्यपि उसकी अपील को मैं विश्व-व्यापी मानता हूँ।

इनके सिवाय हैं संगीत और नृत्य। देश की सीमा में, किसी भी देश की सीमा में वे देश-भर में अपने ताल और स्वर से समझे जा सकते हैं। भारतवर्ष में एक गायक त्रिवेन्द्रम् का है और दूसरा वादक कश्मीर का। इन दोनों के गायन-वादन से जो रागिनी उतर रही है, उसे सारे देश के लोग समझ सकते हैं। समझने वाले लोग यह अनुभव करते हैं कि गायक खमाच गा रहा है···जैजैवन्ती गा रहा है, ख्याल की दृष्टि से कह रहा है···टप्पा गा रहा है या कोई और चीज गा रहा है। आप बताइए, यह कौन सिखा गया कि हिमालय पर तो संगीत हो और कन्याकुमारी से समझा जाये। समझ के इस मिलन को, देश के मेल को, आप अनुभव करते हैं, जो कला को जेब में रखा है? परन्तु संगीत और नृत्य की अपील विश्वव्यापी नहीं। यदि एक गीत यहाँ गाया जायेगा, तो सम्भव नहीं कि उसे स्विट्जरलैण्ड के लोग समझ लें, चीन के लोग समझ लें। यह नहीं होगा। इसकी अपील राष्ट्रीय अपील है, यह कला राष्ट्र-भर में समझी जाती है। नृत्य की भी वही हालत है, जो संगीत की है। चाहे कथाकली हो, मणिपुरी हो, बैगा के नृत्य हों, भीली के नृत्य हों, गोंडों के नृत्य हों—किसी के भी नृत्य हों···'उन' नृत्यों की पहुँच केवल देशव्यापी हैं, विश्वव्यापी नहीं।

परन्तु साहित्य को देखिए। यह अनुवाद पर ही मुनहसर है। साहित्य थोड़ी-सी सीमा में दबकर रह गया। आपने अपनी बात अपनी भाषा में कही, अनुवाद हो गया, तो लोगों ने समझ लिया। अनुवाद नहीं हुआ, तो लोगों ने नहीं समझा। साहित्य बेचारा एक सीमा से बंधी बेसमझी अपने साथ लिए घूमता है। परन्तु इसका जीवन कहाँ है? साहित्य अगर कला है, तो उसका जीवन कहाँ है? सारी चीजें शरीर की समझ में आती हैं, पर साँस का कोई चित्र नहीं लिया जा सकता। इसी प्रकार सारी कलाओं में साँस का काम साहित्य करता है। नृत्य पर जो धुन बैठायी जाती है, वह साहित्य की है। गीत साहित्य देता है, वे गाये जाते हैं। चित्र और मूर्तियाँ साहित्य-कथाओं पर निर्माण की जाती हैं। गरज यह कि साहित्य ऐसी चीज है कि वह सब कलाओं और विकासों की पृष्ठ-भूमि है, सबका पृष्ठ-बिन्दु है और इतने ही के बल पर साहित्य को हम महान् मानते हैं।

साहित्य में एक चीज मेरी समझ में नहीं आती है, स्पष्ट कह दूं; क्योंकि वह उसको कला होने से रोकती है। वह है कठिन भाषा। मैं पढ़ लेता हूँ, मेरी भाषा और लोक-जीवन के मध्य में खड़ा होकर जो पहुँचने न देना चाहता हो, वह चाहे भगवान् भी हो, तो साहित्यकार को स्वीकार नहीं होता। कठिन भाषा हमारी वस्तु को फैलने से, आगे बढ़ने से, रोकती है। इसलिए मुझे इस कठिन भाषा के सम्बन्ध में बड़ी कठिनाई होती है। 'विषय के अनुकूल' कठिन भाषा लिखनी होती है, मैं मानता हूँ। उस भाषा, उस विषय का उद्देश्य जनता में नहीं, गिने-चुनों में पहुँचना होता है। वे ठीक कहते हैं, जो कहते कि अरे भाई, तमिल की परवाह तो करो, तेलुगू की परवाह तो करो, मलयालम की परवाह तो करो, आसपास के एशिया के देशों को भी तो देखो कि किस कला की तरह मिलती है।

एक जमाना बहुत बुरा था कि राजाओं और ऐयाशों के यहाँ कला पेट भरने को लाचार हुई। परन्तु वह चली थी देव-मन्दिरों से। देव-मन्दिरों में उसका स्थान था। इसी देश के नहीं, दूसरे देश के देव-मन्दिरों में भी उसका स्थान था। वह कला का स्थान जीवित रहे, उसकी शक्ति अपरिमित रहे, उसको बल देने वाली ताकत उसमें रहे। वह देश मेल को जागृत कर सके और वह सारे एशिया और विश्व के सूत्रों को मिलाने में सफल हो सके। भारतीय कला के प्रति इन सद्भावों को रखकर मैं अपने कथन की समाप्ति करता हूँ।

[19 अगस्त 1956, नवशक्ति, पटना; पाँव-पाँव]

वरदान, अभिशाप होकर

सर्वतोमुखी प्रतिभा के व्यक्तियों को विश्व में कुछ वरदान अभिशाप की तरह मिले। उनकी प्रतिभा का विविध दिशा-गामिनी होना, उनके स्वभाव को विविध रूपी बनाने में सफल होता गया। तब, उसमें अपनी रचनाओं के प्रति, न जाने कैसी एक सौतेली माँ का-सा भाव आने लगा। कहानी की कलम चित्रों का रंग बिगाड़ दे, चित्रों की व्यापकता और रंगों की 'फुहक' काव्य की परम्परा को पुराणवादी बना दे; और कविता की प्रगाढ़ रसात्मकता, उपन्यास के क्षेत्र में या नाटक के आकलन में उन्हें दीवाल-खोरा बना दे। बहुरूपियापन आवे, और रस के पद-निक्षेप, उसके घुंघरुओं के स्वर को राग के राजमार्ग से विचलित न कर पायें; यह साधना; इस साँप-काटे-पन का वर्णन कैसे किया जा सके।

बहुमुखी प्रतिभा के व्यक्ति का 'केवल भाववादी' रहना भी कठिन है। वह धीरे-धीरे ऐसी गति से भावों की सुकोमलता तथा मासूम इरादों से दूर जाता रहता है कि वह प्रत्येक क्षण अपने में यथार्थ की पुकार अनुभव करने लगता है। भाव और यथार्थ के इसी संघर्ष में दो वस्तुएँ जन्म लेती हैं। एक लेखक की शैली, दूसरी लेखक का हर वस्तु को अपनी दृष्टि से देखने का स्वभाव—उसकी मौलिकता। ऐसे प्रतिभाशील में यथार्थता का आरोप चाहे जितना तीव्र जाग्रत हो चुका हो, किन्तु वह श्रेष्ठ कलम का धनी इसलिए नहीं है कि वह यथार्थ को पा चुका है अथवा वह भावुकता को खो चुका है; बल्कि उसकी यथार्थ की अन्धश्रद्धा ने उसे भावुकों से अधिक आग्रहशील बना दिया है। परिणामत: वह जाने-बूझे मनुष्य से, एक अनबूझ पहेली-सा बनता जाता है। यही क्षण होते हैं, जब साहित्य में उसकी प्रतिभा के तेज के मध्याह्न पर पहुँचने के साथ समाज में उसके अपने वातावरण में, रोजगारी डाहशीलों—प्रतिभा, प्रभुता और प्रसिद्धि से घृणा करने वालों को छोड़कर एक श्रेणी और पैदा होने लगती है, जिसे हम, एक ही व्यक्ति को विविध रूपों में देखने वाला, यानी सम्पूर्ण व्यक्तित्व को समझ न सकने वाला समूह कहते हैं। लोगों की प्रतिभाहीन माँग यह कि, काव्य में या रचना में मधुरतम या व्यंग्य-भरे रहस्य रखकर भी जीवन में 'जूते द्वारा काटे हुए पाँव के छाले' की तरह स्पष्ट दीखो, और उसके पीड़ित की तरह कराह-कराह के मार्ग-क्रमण करो। यहीं आकर ऐसा लगता है, मानो लेखक को बहुमुखी प्रतिभा का वरदान जीने के जगत् में, अभिशाप होकर उतरा हो। मानो अपनी स्वर्गोपम सूझों के लिए उसे जगत् ने नारकीयता का 'उचित' उपहार दिया हो। और समाज ही तो ठहरा, कृष्ण को 'चोरजार शिखामणि' और 'योगेश्वर' एक ही साँस में कहे और पूजे। किन्तु मथुरा की जेल से वृन्दावन, वृन्दावन से कंस से जूझने मथुरा, फिर वहाँ से द्वारिका, मानो भागने का एक 'अव्यापारेषु व्यापार' भाग्य

में, और मरने के लिए एक व्याध का तीर। बेसमझी, बदनामी, बलिदान—पूजा के इन्हीं पात्रों में भरकर, पीढ़ियों की पुष्पांजलियाँ, सहस्राब्दियों के लिए अमर होने आयीं। घास खाकर दूध देने या धतूरे के फूलों के बदले राज देने के इसी अभिशाप को वरदान कहो, वरदान है, यह समझकर रहो; सूझ के साथ 'समझ-शील' समझ के दुश्मनों का यही रिश्ता रहा है, यही रिश्ता रहेगा।

जो अपने यथार्थत्व की साधना में स्वयं मधुरतम अयथार्थ हो उठे, उसमें दीखे मौलिकता ? उसमें दीखे महानता ? वही अटपटे बोलों पर अतिमानवता के और संतुलन-रहित मौन पर भी उच्चत्व के आरोप होने लगते हैं। प्रशंसा के जगत् का यंत्रणादान तो जारी ही रहता है।

ऐसे लाचारों की लाचारियों की भी कोई सीमा है—मानो इसने घटना को सहना नहीं सीखा और अपने पर बीती का कहना नहीं जाना। वह जगत् की करवट को नहीं सहेंगे—वे सोचेंगे, सोचने को सँवारेंगे, अपनी सँवार की चीर-फाड कर वस्तु के कारण और घटनाओं के आधार पर पहुँचने का अभ्यास करेंगे।

स्थिति इन्हें विकार-दान करती चलती हैं। विकार इनका मूलधन है। इनकी मौलिक रचनाओं के विचार, आकर्षण, रस और पात्र, मानो विकारों की मिट्टी से बनाए हुए रचनाकार के खिलौने हैं—वे खिलौने चाहे वाल्मीकि की सीता हों या भागवतकार के कृष्ण। बढ़ते-घटते भावों और उनसे उठते-गिरते भावों का धनी, विकारों की लाचारियों का इतना मुहताज, कि वह अपने मानव के निर्माण में परंपरा को नहीं छुएगा; वह इतिहास के निर्णय स्वीकार नहीं करेगा। उसे न इतिहास के ऊधो से कुछ लेना, न परंपरा के माधव को कुछ देना। यदि परंपरा और इतिहास, उसके विकारों का विश्लेषण करती हुई सूझों को, कारण और संतोष देने में असमर्थ हों। उसके दरबार का बुरा इसलिए बुरा नहीं है, क्योंकि पुरानी धारणाओं ने या आज के जरूरतमंदों ने उसे बुरा कहा है; भला भी इसलिए भला नहीं है चूंकि भले की आरती उतर रही है। ग्रंथों में सौ-सौ नामों से स्तोत्र लिखे पड़े हैं। मधुर, सुकोमलता के साथ प्रश्नचिह्नों का सृजन और नवीन मूल्यों की गढ़न तथा प्राचीनों का विसर्जन, विकारों के मधुर-तम माध्यम से यों होने लगता है, मानो

"केनादपि देवेन हृदिस्थितेन यथा नियुक्तोस्मि तथा करोमि"

की विवशता का कोई घायल हो, मानो वह कह रहा हो कि—

"जानामि धर्मं न च मे प्रवृत्तिः जानाम्यधर्मं न च मे निवृत्तिः"

किन्तु रक्त और आँसू की ईमानदारी के साथ जो कुछ वह कह चलता है जमाना है कि सुन चलता है, और यों एक नयी दुनिया बुन चलता है।

[रंगों की बोली]

'हिमतरंगिनी' की रचनाएँ

साहित्य विचार और जीवन के बीच में सुनहली कड़ी है। वह निर्माण की मधुर भाषा है। अन्त:करण की मनमोहिनी उथल-पुथल वह, कष्ट में पड़े हुओं, आवश्यकता से प्रताड़ितों और मन के जहर से जहरीले होने से घबड़ाए हुए लोगों को दौड़कर सहायक होने की कला है। जिस तरह प्यार और आनन्द के कोई बाहरी साज-सामान नहीं होते उसी तरह कविता के चढ़ने-उतरने की भी कोई सीढ़ियाँ नहीं बनी होतीं।

यह सब ठीक है किन्तु मेरा निवेदन है कि मेरी तुकबन्दियों में किसी ऊँचे आदर्श को आप न ढूँढ़िये। भारतीय संस्कृति में यह पग-पग पर गूँथा गया है कि मनुष्य अपने विषय में कुछ नहीं बोल पाता। संगीत की अनेक रागिनियों का निर्माता कौन है, कहीं भी आपको लिखा हुआ नहीं मिलेगा। कला का वह श्रम जहाँ जीवन के माधुर्य को उकसाता है वहाँ वह उस परिश्रम की कीर्ति को दफनाता भी जाता है। इसीलिए कविता मेरा न उद्रेक है, न उत्साह। वह तो मेरे जीवन की लाचारी रही है।

'हिमतरंगिनी' जिन गीतों का संग्रह है उनकी खोजबीन और देखभाल श्रीयुत (डाक्टर) कमलाकान्त पाठक, श्रीयुत वृन्दावन नामदेव और कितने ही साथी तरुणों ने की। उसे व्यवस्था प्रदान की है श्रीयुत (अब डाक्टर) धर्मवीर भारती ने। अगर 'हिमकिरीटिनी' में देश सम्बन्धी रचनाएँ हैं, हिमालय के शिखर की तरह ऊँचे उठने के संभावित प्रयास हैं तो 'हिमतरंगिनी' में गंगा की तरह नीचे उतरने की, फिसल पड़ने की और अपनी फिसलन पर अनन्त प्यार किये जाने की अदम्य इच्छा है।

सच तो यह है कि चढ़ाव पर चढ़ने के बाद जब भी ऊँचाई को पीठ दिखा दी जाए वह नीचाई हो जाती है सो 'हिमकिरीटिनी' यदि राष्ट्र के नगाधिराज पर ऊँचे की ओर चढ़ने का प्रयास भर है तो 'हिमतरंगिनी' नीचा और सदैव नीचा ढूंढ़ते जाने वाला तारल्य है।

इस संग्रह के गीतों को भी अपने घूमते-फिरते जीवन में जहाँ-तहाँ लिखा है। जिस समय मैं हाथ जोड़कर परिस्थितियों से कहता था कि मुझे कभी-कभी अपना भी रहने दो, 'हिमतरंगिनी' मानो ऐसे ही क्षणों के गीतों का संग्रह है। यों जब भी किसी नाले पर, किसी नदी पर या किसी स्थान पर मैं होता तब जीवन से, बीहड़ और आदर्शवादी जीवन से भी, जब घबराहट होती थी मैं ऐसे गीतों को लिखा करता था। कभी-कभी मुझे ऐसा भी लगता था कि विधाता ने मानो कुछ देकर मुझसे छीन लिया है। उस समय मेरी नोट बुक में मैं यह लिख लेता था—

जो न बन पायी, तुम्हारे
गीत की कोमल कड़ी
तो मधुर मधुमास का वरदान क्या है,
तो अमर अस्तित्व का अभिमान क्या है,
तो प्रणय में प्रार्थना का मोह क्यों है,
तो प्रलय में पतन से विद्रोह क्यों है,
आय या जाये कहीं—
असहाय दर्शन की घड़ी
जो न बन पायी तुम्हारे गीत की कोमल कड़ी ॥
सूझ ने ब्रह्माण्ड में फेरी लगायी
और यादों ने सजग घेरी लगायी
अर्चना की सोलहों साधे सधी—हाँ
सोलहों शृंगार न सोंहै बदी—हाँ
मगन होकर गमन पर
बिखरी व्यथा, बन फुलझड़ी
जब न बन पायी—तुम्हारे
गीत की कोमल कड़ी ॥
और जब सावन सुहावन बरस धाया
उन्हें निज उच्चत्व पर जब तरस आया
भूमि का शत-शत कलेजा ऊग आया
निर्झरों ने विवश मेघ-मल्हार गाया
बोल उट्ठे लो चलो, विषपान की आयी घड़ी
उठो, बन जाओ, हमारे गीत की कोमल कड़ी ॥

लगता है सामर्थ्य, सीमा, महत्वाकांक्षा, निराशा और आवश्यकता, इनको भावों की अंजली में सँजोकर जब भी अभिमत के चरणों रखना चाहा और उसमें जिस तरह कँपकँपी आयी उसी को लिख डालने का यह प्रयास मात्र है।

कितने पागल हैं हम लोग जो स्वतंत्रता, न्याय, नीति और मनुष्य के अधिकारों के सपने देखते हैं। अर्थशास्त्र, राजनीति और शिक्षण की चिन्ता करते हैं और क्या है तथा क्या होना चाहिए के प्रयत्नों में जिन्दगी बिता देते हैं किन्तु अपने प्रयत्नों के जोड़ में सदैव मानो हाथ का लगाना भूल जाते हैं। हम कारण और परिणाम के गुलाम जो हैं; इसीलिए अपने भावों और मनोविकारों के प्रति ईमानदार कैसे हों···? या तो हम अपनी खुशी और नाराजी का बचपन व्यक्त कर सकते हैं अथवा प्राचीनों के मीठे बोलों के पीछे छुपकर बड़े बनने का उपहासपूर्ण प्रयत्न किया करते हैं। सीमा के जिस घर से हम निकले उस घर की सीमा

के प्रति मानो अत्यन्त उदासीन। उस समय दौड़, दौड़, सोद्देश्य या निरुद्देश्य दौड़ ही हमारा वृत्त बन जाता है। उस समय हम किन्हीं बड़े या छोटे पदों पर रहकर भी उस रमणी की तरह होते हैं जो पथ पर पद-संचालन करना नहीं जानती। यह हम कभी देखते ही नहीं कि हमारे प्रयत्नों और हमारी प्रार्थनाओं के बावजूद जब हम बम्बई की गाड़ी में बैठ गये हैं तो कलकत्ता पहुँच ही कैसे सकते हैं? उस समय दौड़ती हुई साधों की रमणी से, जो मर्यादा लाँघकर चलती है, यह कहने की तबीयत होती है :

> तुम मन्द चलो।
> ध्वनि के खतरों, बिखरे मग में
> तुम मन्द चलो।
> सूझों का पहिन कलेवा-सा
> विकलाई का कल-जेवर-सा
> घुल-घुल आँखों के पानी में
> फिर छलक-छलक बन छन्द चलो
> पर मन्द चलो।

और जब चलना ही है तब यह भी देख लेना है कि सुन्दरता के पथ में कहीं असौन्दर्य तो नहीं आ छुपा है। प्रातःकाल बहुत सुहावना होता है किन्तु—

> ऊषा? यह तारों की समाधि
> यह बिछुड़न की जगमगी व्याधि
> तुम भी चाहों को दफनाती
> छबि ढोती मत्त गयन्द चलो
> पर मन्द चलो।

सौन्दर्य मानो कभी कुछ देता है तो कुछ छीन भी लेता है। प्रातःकाल अगर पृथ्वी से आकाश तक सुन्दरता भर देता है तो सुन्दर स्वप्न-लोक का त्याग भी उसके लिए आवश्यक है। उसी समय मन से यह पूछने की इच्छा होती है कि क्या खो दिया, किसे खो दिया?

> खोने को पाने आये हो?
> रूठा यौवन-पथिक दूर तक
> उसे मनाने आये हो?
> आशा ने जब अँगड़ाई ली
> विश्वास निगोड़ा जाग उठा
> मानो पा प्रात पपीहे का—
> जोड़ा, प्रिय-बन्धन त्याग उठा!
> मानो यमुना के दोनों तट

ले-लेकर लहरों की बाँहें
मिलने में असफल, कल-कल में
रोये, ले मधुर मिलन आहें !
क्या मिलन-मुग्ध को बिछुड़न की
वाणी समझाने आये हो ?

आकांक्षा उस समय उठने की इच्छा में गिरती भी है और गिर पड़ने के बावजूद उठती भी है। उस समय कोई भी लाट साहब आँसुओं, उसाँसों और अपनेपन के आनन्दों की इस प्रक्रिया में दखल नहीं दे सकता मानो—

जब वीणा की खूँटी खींची
बेबस कराह झंकार उठी
मानो कल्याणी वाणी, उठ
गिर पड़ने को लाचार उठी !
तारों में तारे डाल-डाल
मनमानी जब मिजराब हुई
बन्धन की सूली के झूलों की
जब थिरकन बेताब हुई
तुम उसको गोदी में लेकर
जी भर बहलाने आये हो ?

यदि उसी समय भूगोल और इतिहास क़ानाफूसी करते नजर आये कि जिस स्थान के लिए ऋषि व्यास ने लिख दिया कि देवता जिसकी ओर देखकर गीत गाते हैं, उस समय अपने सनेह-मन्दिर में किसी से यों बोलने को मन होता है—

वह चरण, चरण, संतरण राग
मनभावन के मनहरण गीत
बन, भावी के आँचल से जिस दिन
झाँक-झाँक उट्ठा अतीत
तब युग के कपड़े बदल-बदल
कहता था माधव का निदेश
इस ओर चलो, इस ओर बढ़ो
यह है मोहन का प्रलय देश।

लोग मुझसे 'हिमतरंगिनी' के गीतों के बारे में जब पूछते हैं तो उनसे मैं क्या कहूँ ? मेरी असहाय अवस्था मानो उनसे कहना चाहती है, "भाई ! मनुष्य अपनी ही जिन्दगी नहीं जीता, उसे अपने जमाने की जिन्दगी भी जीनी होती है, चाहे वह हँसकर जिये या रोकर ! यात्रा चाहे गंगा की की जाय किन्तु मूर्तियाँ तो पत्थर की ही बनेंगी। गंगा और जमुना की न चुकने वाली अथक और अनिवार्य दौड़ के

बावजूद हम यह कैसे भूल जाएँ कि टेम्स, मिसीसिपी, वोल्गा, याँगटीसी-क्यांग, और देश-देश की भिन्न-भिन्न जलधाराओं में मस्ती है, रवानी है, दौड़ है, बेकाबू गति है और उनका किसी महान जलकोष में विलीनीकरण है। किन्तु जलधाराओं की अस्थिरता के पास देवमन्दिरों की मूर्तियों की स्थिरता मानो एक-दूसरे को कभी कोस रहे हैं और कभी सराह रहे हैं। कभी हमारा जागरण होता है, कभी जब हम अपनी सूझों समेत सो जाते हैं तो सपने जाग उठते हैं। उस समय मानो प्रेरणा और पुरुषार्थ मशवरा से करते नजर आते हैं। लगता है जागरण मन का काम है तो सोना मन का निर्माण। इसलिए प्रातःकाल जब आँखें खुलती हैं, हमारी ही आँखें नहीं खुलतीं हमारे विचारों की, हमारे आनन्दों की, हमारे निर्माणों की, हमारे हृदय की कसमसाहट की, हमारी प्रज्ञा और उपयोगिता की भी आँखें खुल उठती हैं। मनस्वी राधाकृष्णन् का यह कहना बिलकुल ठीक लगता है कि इस समय 'नैतिक दुर्भिक्ष' विश्व पर छाया हुआ है। लगता है काल के घर अकाल पड़ गया है। यही समय है जब बड़प्पन का बोझ उतार कर फेंकने की तबीयत होती है। सूरज की ओर देखने की इच्छा नहीं होती और घने अंधकार में यह कहने को तबीयत चाहती है कि वह मोमदीप धन्य है जिसका प्रकाश चाहे सीमित हो, किन्तु जो न तो तारों की तरह दूर पड़ती है, न तारों ही की तरह उसका प्रकाश मटियाला होता है कि जिसमें कुछ पढ़ा न जा सके—

मोमदीप मेरा
कितना बेबस है यह
जीवन का रस है यह
क्षण-क्षण, पल-पल, बल-बल
छू रहा सबेरा।
अपना अस्तित्व भूल
सूरज को टेरा
मोमदीप मेरा ।।
कितना बेबस दीखा
इसने मिटना सीखा
रक्त-रक्त, बिन्दु-बिन्दु
झर रहा प्रकाश-सिन्धु
कोटि-कोटि बना व्याप्त
छोटा-सा घेरा।
मोम-दीप मेरा ।।
जी से लग, जेब बैठ
तम-बल पर जमा पैठ

जब चाहूँ जाग उठे
जब चाहूँ सो जाये
पीड़ा में साथ रहे
लीला में खो जाये
नभ की तम-गोद भरे
नखत कोटि, परन झरे
पढ़ न सका उनके बल
जीवन के अक्षर ये
आ न सके उतर-उतर
भूल न मेरे घर ये
इन पर गर्वित न हुआ
प्रणय-गर्व मेरा।
मेरे बस साथ मधुर
मोम-दीप मेरा ॥
जब चाहूँ मिल जाये
जब चाहूँ मिट जाये
तम से जब तुमुल युद्ध
ठने दौड़ जुट जाये
सूझों के रथ-पथ का
ज्वलित लघु चितेरा।
मोम-दीप मेरा ॥
यह गरीब, यह लघु-लघ
प्राणों तक यह उदार
बिन्दु-बिन्दु आग-आग
प्राण-प्राण यज्ञ-ज्वार
पीढ़ियाँ प्रकाश-पथिक
जग-रथ-गति चेरा।
मोम-दीप मेरा ॥

इस गीत की एक छोटी-सी कहानी है। एक बार मैं काशी में स्वर्गीय पराड़कर जी के यहाँ कुछ लोगों की कविताएँ सुन रहा था। हिन्दी साहित्य सम्मेलन का अधिवेशन भी वहीं हो रहा था। मुझे अधिवेशन की स्थायी समिति के एक सदस्य सज्जन से बुलावा आया—"तुम्हारी आवश्यकता है, तुरन्त आओ।" जब बुलाने वाला व्यक्ति लौटकर खाली हाथ गया तो जिन सज्जन ने बुलाया था उनके पास खड़े एक सज्जन ने एक चिट लिख दी जिसमें लिखा था—"उन्हें

नगण्यों से अवकाश ही नहीं है जो गण्यमान्यों की बात मानकर अधिवेशन में आ सकें।" जब मैं सन्ध्या को अधिवेशन में गया तब उस चिट को देखकर मुझे बहुत दु:ख हुआ। मुझे गण्यमान्य और नगण्य का यह बँटवारा स्वीकार न था। उस मर्माहत क्षण को मैं सह न सका, अतः यह तुकबन्दी। यह दूसरी बात है कि वे 'नगण्य' इस समय हिन्दी गगन में अपने अस्तित्व की स्वर्ण-रेखा खींचे हुए हैं।

1929 की स्वर्गीया पत्नी की श्राद्ध-तिथि को अर्थात् स्वर्गवास के 15 वर्ष पश्चात् एक दिन ये पंक्तियाँ लिखी गयीं। मुझे खूब याद है कि इन पंक्तियों को लिखते समय मन की जीभ का स्वाद कुछ कड़वा-कड़वा था और जीना इतना बोझिल मालूम हो रहा था कि सूझ नहीं पड़ता था कि साँसों की यह यात्रा और कितनी दूर तक जायेगी। उस समय अन्धकार, प्रकाश से कहीं अधिक प्यारा मालूम हो रहा था। जाड़े के दिन ओढ़ी हुई रजाई में भी पसीना आ रहा था, मानो कोई साँस प्रत्यक्ष होकर कह रही थी, 'चुप ही रहोगे, बोलोगे नहीं ?' जागने के उस सपने में सोने के सपने जैसी स्थिरता न हो, आनन्द तो था ही। जीभ का कड़ुआपन और सपने का आनन्द एक-दूसरे के जाने क्यों विपरीत नहीं पड़ रहे थे। लगता था, उम्र के कितने ही वर्ष पीछे खिसल गये हैं। लगता था, बैलगाड़ियों और रेलगाड़ियों से परे किसी अनन्त लोक में दो यात्रियों की मुलाकात हो रही है। मैंने नोटबुक उठाई और लिखा—

वे तुम्हारे बोल
वह तुम्हारे प्यार, चुम्बन
वह तुम्हारा स्नेह-सिहरण
वे तुम्हारे बोल
वे अनमोल मोती,
वे रजत-क्षण
वह तुम्हारे आँसुओं के बिन्दु
वे लोने सरोवर
बिन्दुओं में प्रेम के भगवान का
संगीत भर-भर
बोलते थे तुम
अमर-रस घोलते थे तुम हठीले
पर हृदय-पट तार
हो पाये कभी मेरे न गीले
ना, अजी मैंने सुने तक भी नहीं,
प्यारे तुम्हारे बोल
बोल से बढ़कर, बजा

मेरे हृदय में सुख-क्षणों का ढोल।
आज मैंने बीन खोई
बीन वादक का अमर स्वर-भार
आज तुम होते कि
यह वर माँगता हूँ
इस उजड़ती हाट में
घर माँगता हूँ
लौटकर समझा रहे
जी भा रहे तव बोल
बोल पर जी दूखता है
रहे शत शिर डोल
कल्पना पर चढ़
उतर जी पर
कसक में घोल
एक बिरिया
एक बिरिया
फिर कहो वे बोल।

उसी समय स्वर्गवास की ये पंक्तियाँ याद आ गयीं—

भाई ! छेड़ो नहीं मुझे
खुलकर रोने दो
यह पत्थर का हृदय
आँसुओं से धोने दो
रहो प्रेम से तुम्हीं प्रेम के—
मंजु-महल में
मुझे दुखों की इसी झोंपड़ी
में सोने दो।।

क्षण जब कण बनकर जलने-सा लगता है तब गीतों को जी पर ढकेलने वाले के प्रति गुस्सा आये बिना नहीं रहता। उस समय यह निकल ही पड़ता है :

उस प्रभात तू बात न माने
तोड़ कुंद कलियाँ ले आयी
फिर उनकी पंखुड़ियाँ तोड़ीं
पर न वहाँ तेरी छवि पायी।
कलियों का यम मुझमें छाया
तब साजन क्यों दौड़ न आया ?

उसी समय कठोर मानो कोमल से यह कह उठता है :

पंकज की क्या ताब कि तुम पर
मेरे जी से बढ़कर फूले
मैं सूली पर झूल उठूँ तब
यह बेबस पानी पर झूले ।

धारा का वेग यहीं नहीं ठहरता। ऐसे वेगों को ठहरने की आदत नहीं है। बेइख्तियार कहने वाला कह चलता है :

तुम रीझो तो रीझो साजन
लखकर पंकज का खिल जाना
युग-धन ! सीखे कौन नेह में
डूब चुके तब ऊपर आना ।।

[1956-57]

बन्दी जीवन और साहित्य-सृजन

कविता हो या अन्य कोई कला, युद्ध हो या अन्य कोई पुरुषार्थ, अन्न की उपज हो या अन्य कोई व्यवसाय, कारीगरी हो या अन्य कोई चातुर्य, अभिनन्दन हो या किसी अन्य प्रकार का समर्पण, चाहे वह मस्तक उठाकर किया जाय, झुका कर किया जाय या मस्तक उतार कर किया जाय, जिससे भी ऊपर चढ़ते नहीं बनता, जो ऊपर चढ़ जाता है, अथवा जो अपने को चढ़ा देता है, उसे चाहे योद्धा कहिए, चाहे सिपहसालार कहिए, चाहे भक्त कहिए, चाहे योगी कहिए, मैं तो उसे अपनी दिशा का कवि ही कहता हूँ। जो प्राणों से जीवन की उमेठन को अपने आराध्य पर चढ़ा देते हैं, वे किसी भी श्रेणी के हों, किसी भी तरह खड़े होते हों, किसी भी तरह जिन्दगी बिता रहे हों, मेरे निकट उनका बहुत सम्मान है ।

प्राचीन काव्य में, अधिकांश में, अपने को समर्पित कर देने के तत्त्व के साथ जब मैं जीवन को जुड़ा नहीं पाता, मुझे न जाने कैसी ऊब होने लगती है। मैं उसे घृणा तो नहीं कहता चूंकि मैं बार-बार उन रचनाओं को पढ़ने के लिए ललचता हूँ किन्तु जिस प्रकार बद्रीनाथ का यात्री अपना गंगाजल रामेश्वर को चढ़ाने जाता है, मेरी इच्छा होती है कि भौंरे की तरह, फूलों से जो रस ग्रहण किया है, उसके आनन्द में जो गूंज होती है, वह बाग और वन के अनन्त पौधों के पास पहुँचायी जा सके। गुनाह करने की लाचारी की तरह जब-जब ऐसी बात मुझे सूझती है मैं कभी-कभी अकेले में उसका उपक्रम साधा करता हूँ। किन्तु

किसी कारण से जब मुझे जेल भेज दिया जाता था, तब मानो मुझे अवकाश मिल जाता, कि बाहर के कभी अप्रिय और कभी सुप्रिय वातावरण में, कभी दौड़-धूप और कभी श्रम के वातावरण में, कभी छुपने और कभी मजदूरी करने के वातावरण में जो मैं नहीं लिख पाता था उसे जेल में लिखने की चेष्टा करूँ।

एक बार स्वर्गीया सुभद्राकुमारी चौहान के पति स्वर्गीय ठाकुर लक्ष्मणसिंह जब मुझसे मिलने बिलासपूर जेल आये तब उन्होंने यह संदेशा दिया कि जिस दिन जेल से निकलूँ उसी दिन भाई गणेशशंकरजी विद्यार्थी चाहते हैं कि मैं 'प्रताप' के लिए अपना संदेसा भिजवाऊँ। प्रताप सदैव मेरे स्नेह, प्यार और अभिमान की वस्तु रहा है। 14 फरवरी 1922 को मैंने लिखा—

चाह नहीं मैं सुरबाला के गहनों में गूँथा जाऊँ
चाह नहीं प्रेमी की माला बिंध प्यारी को ललचाऊँ,
चाह नहीं सम्राटों के शव पर, हे हरि, डाला जाऊँ,
चाह नहीं देवों के सिर पर चढ़ूँ, भाग्य पर इठलाऊँ,
मुझे तोड़ लेना वनमाली
उस पथ में देना तुम फेंक
मातृभूमि पर शीश चढ़ाने
जिस पथ जावें वीर अनेक।

मैं अपने 'मन' से बहुत घबड़ाया हुआ हूँ। वह मन्दभागी जब जेल में भी विरोध में जाग उठता तब मेरा सोना, बैठना कठिन कर देता। यह संयम और बैराग्य दोनों के रास्ते को वह तोड़ने पर तुल पड़ता। उन्हीं दिनों सुना बिलासपुर जेल में कुछ क्रान्तिकारियों की हड़ताल इस तरह व्यर्थ की गयी कि जेल के वार्डरों को आज्ञा दी गयी कि वे चुपचाप जाकर क्रान्तिकारियों को बाजार से सूखा मेवा लाकर खिला दिया करें। इस तरह उनकी हड़ताल असफल कर दी गयी। मेरे अपराधों पर (अर्थात् जेल में कष्ट भोगने वालों के प्रति सहानुभूति दिखलाने पर) मुझे काल-कोठरी में बन्द कर दिया गया। 'मन' जाने कैसा-सा होने लगा। इसी बीच पिताजी के स्वर्गवास की खबर मिल गयी। मेरी रट लगाते हुए उनका स्वर्गवास हुआ। उसके 1-2 दिन बाद ही एक नायब जेलर ने छुपाकर गांधीजी के संपादकत्व में निकलने वाले 'नवजीवन' की एक प्रति मुझे दे दी। उसमें महात्मा गांधी ने अपने एक लेख में कदाचित्, लिखा था कि 'मैं (गांधीजी) झूठा, निष्ठुर और संयमहीन होकर अपने वातावरण के किसी काम का नहीं हो सकता।' किन्तु मन उचाट खा गया था, उसे कैसे समझाऊँ? उस दिन 'बलि-पन्थी से' शीर्षक के अन्तर्गत ये पंक्तियाँ लिखी गयीं—

मत व्यर्थ पुकारे शूल - शूल
कह फूल-फूल, सह फूल-फूल

हरि कोही तल में बन्द किये,
केहरि से कह नख हूल-हूल।
कागों का सुन कर्त्तव्य - राग
कोकिल-काकलि को भूल-भूल
सुरपुर ठुकरा आराध्य कहे
तो चल रौरव के कूल - कूल
भूखण्ड बिछा, आकाश ओढ़
नयनोदक ले, मोदक प्रहार
ब्रह्माण्ड हथेली पर उछाल
अपने जीवन-धन को निहार।

सागर के देशभक्त भाई अब्दुलगनी मेरे साथ बिलासपुर जेल में थे। जब उनके जिले में उन दिनों दफा 144 लगा दी गयी और कदाचित् यह घोषणा कर दी गयी कि किसी मकान या सड़क का किसी राजनीतिक भाषण के लिए उपयोग न किया जाय तब गनीभाई झाड़ पर चढ़कर ढोलक बजाते और लोगों को इकट्ठा करके भाषण देते। तरुण, मस्ताना गनी जब मुझे जेल में हथकड़ियाँ पहने मिला, मुझसे बोला, 'दद्दाजी, स्वराज्य के काम को तो मैं खुदा का काम समझता हूँ।' गनी को जेल के वार्डर किसी बैरक में मजदूरी पर ले जा रहे थे। उन दिनों यह तुकबन्दी मैंने लिखी—

जहाँ से जो खुद को जुदा देखते हैं,
खुदी को मिटाकर खुदा देखते हैं,
फटी चिन्धियाँ पहने भूखे भिखारी,
फकत जानते हैं तेरी इन्तजारी,
बिलखते हुए भी अलख जग रहा है,
चिदानन्द का ध्यान-सा लग रहा है।

उन दिनों मेरे मित्र स्वर्गीय मनोहर कृष्ण गोलवरकर ने पढ़ने के लिए जो पुस्तकें मुझे दीं उनमें मेरी एक प्यारी पुस्तक 'ज्ञानेश्वरी' भी थी। उसे पढ़ते समय अनेक तुकबन्दियाँ लिखी गयीं। उनमें से एक यह भी है—

दूर न रह, धुन बनने दे, मेरे अन्तर की तान
मन के कान, अरे प्राणों के अनुपम भोले भान,
रे कहने, सुनने, गुनने वाले मतवाले यार;
भाषा, वाक्य, विराम, बिन्दु सब कुछ तेरा व्यापार,
किन्तु प्रश्न मत बन सुलझेगा क्योंकर सुलझाने से,
जीवन का कागज कोरा मत रख, तू लिख जाने दे।

जब बड़प्पन बहुत बढ़ाया जाने लगा, लोग इतना चाहने लगे मानो समय

ने सिर पर ले लिया हो, तो ये पंक्तियाँ जबलपुर जेल में लिखी गयीं—

मत दबा समय की चट्टानों के नीचे,
दोनों हाथों तेरी मूरत को खींचे,
चरणों को धोते, आधे दृग मीचे
मैं पड़ा रहूँगा तरु-छाया के नीचे।
स्वागत, जग चाहे कितना कीच उलीचे,
मत दबा, समय की चट्टानों के नीचे।

जब मुझसे चक्की पीसने का काम, मोट खींचने का काम और गिट्टियाँ फोड़ने का काम टाँच भर नहीं बना अर्थात् मैं मेहनत करके भी उतना काम नहीं कर पाता था जितना मेरे जैसों के लिए सुनिश्चित किया जाता था, उस परिस्थिति से लाभ उठाकर एक उच्च सरकारी अधिकारी मेरे पास आये। उस समय मुझे ढेरा दिया गया था जिस पर मैं केतकी के सन से सुतली बना रहा था। वह बोले, "किस धन्धे में पड़ गये हैं, आप भी आखिर ढेरा लिया तब माने।" पिताजी की मृत्यु की बात चलाकर वह मेरी बाहर जाने की ललक उमड़ाते हुए बोले, "जेल की इस जिन्दगी से किसी तरह छुट्टी पाइए।" उस 'किसी तरह के' के संकेत को मैं समझ गया। मैंने मुस्कराते हुए उससे कहा, "इस प्रदेश के जितने आदमी जेल में आये हैं उनसे और भी अधिक अभी तो जेल में आने को हैं। उन लोगों के भी तो माँ-बाप हैं।" मेरे कहने की उपेक्षा करते हुए वे बोले, "तब मजे से ढेरा चलाइए।" यह कहकर वे सक्रोध लौट गये। मुझे उनकी लौटती हुई अदा बहुत प्यारी लगी। उन दिनों न तो कागज दिया जाता था और न ही कलम। तब जेल का ठीकरा मलने के लिए जो राख दी गयी थी उसमें मुझे एक कोयला मिल गया और जेल के गुनहखाने (सालीटरी सेल) की स्वच्छ सफेद दीवार पर दिसम्बर 1921 के अन्त में मैंने यह पंक्तियाँ लिखीं—

ढेरा मत बोलो, यह मेरा व्रत पूजन है
सन नहीं तन भारतीयों के मिलाता हूँ,
चक्कर लगाते हुए अलख जगाता हूँ
यों विश्व बाँधने को प्रेम-बन्धन बनाता हूँ।
नाम ही को पाता हूँ बिलासपुरवासियों में
मैं तो तीर्थराज इन सीखचों में पाता हूँ
स्वेद की कलिन्दजा में, मस्ती की सरस्वती ले
नयनों की गंगा बहा त्रिवेणी नहाता हूँ।

प्रकृति मानो साँस की तरह मेरे पास रहती आयी है और मेरी इच्छा रहती है कि वह सदैव मेरे पास रहे। वृक्ष जिस अदा के साथ उठता है, पानी जिस

शोभा के साथ बरस उठता है, झरनों से जिस तरह पानी बहने लगता है मुझे बहुत प्यार आता है । जेल ही में सतपुड़ा शैल के एक झरने की स्मृति में, जो रेलवे के मुल्ताई स्टेशन से 14-15 मील दूर पट्टन के निकट है, मैंने यह तुकबन्दी लिखी थी—

> कितने निर्जन में दीखा, रे मुक्त-हार वाणी के
> कवि मंजुल, वीणाधारी, माँ जननी कल्याणी के।
> किस निर्झरिणी के धन हो ? पथ भूले हो किस घर का ?
> है कौन वेदना ? बोलो, कारण क्या करुणा-स्वर का ?
> मेरी वीणा की कटुता धो डाल तरल तारों से
> मैं तुझ-सा पागल होके बह उठूँ नयन-द्वारों से।
> पढ़कर गिरकर फिर उठकर कहता तू अमर कहानी
> गिरि के अंचल में करता कूजित कल्याणी वाणी।

और भी—

> वनमाली वन-तरुओं में तुझसे खिलवाड़ मचाते
> गिरि-शिखर गोद लेने में तुझ पर हैं होड़ लगाते।
> क्या जाने तरु-पखेरू तुझको लख क्यों जीते हैं
> तेरा कल-कल पीते हैं या तेरा जल पीते हैं ?
> जब श्यामल घन आ जाते तुझ पर जीवन ढुलकाते
> हँस-हँस कर इन्द्रधनुष का वे मुकुट तुझे पहनाते।
> ये छोटे-छोटे तरुवर रह-रह तालें देते हैं
> तुझसे प्रसाद में प्यारे ठण्डे मोती लेते हैं।

इसी तरह जबलपुर जेल में एक दिन एक अर्द्ध रात्रि को सहसा ही एक सुरीली आवाज सुनी। जेल के बाहर एक आम्र-वृक्ष से कोयल कुहुक उठी थी। कितने ही मित्रों ने मेरी वह तुकबन्दी पढ़ी है जिसका शीर्षक दिया गया था, 'कैदी और कोकिला'। उसके कुछ छन्द ये हैं—

> क्या देख न सकती जंजीरों को पहना
> हथकड़ियाँ क्यों ? यह ब्रिटिश राज का गहना
> कोल्हू की चर्रक-चूँ—जीवन की तान
> गिट्टी पर अँगुलियों ने लिक्खे गान
> हूँ मोट खींचता लगा पेट पर जूआ
> खाली करता हूँ ब्रिटिश अकड़ का कूआ
> दिन में करुणा क्यों जगे रुलाने वाली
> इसलिए रात में गजब ढा रहा आली
> इस शान्त समय में

अंधकार को बेध,
रो रही क्यों हो ?
कोकिल बोलो तो
चुपचाप, मधुर विद्रोह-बीज इस भाँति
बो रही क्यों हो
कोकिल बोलो तो ?

तुझे मिली हरियाली डाली,
मुझे नसीब कोठरी काली
तेरा नभ भर में संचार
मेरा दस फुट का संसार
तेरे गीत कहावें वाह
रोना भी है मुझे गुनाह।
देख विषमता तेरी-मेरी
बजा रही तिस पर रणभेरी
इस हुंकृति पर अपनी कृति से
और कहो क्या कर दूँ
कोकिल बोलो तो ?
मोहन के व्रत पर प्राणों का आसव
किसमें भर दूँ
कोकिल बोलो तो ?

कथनी, कला और काव्य इन तीनों के सामने एक ही लाचारी होती है। ये अपने को व्यक्त करते समय इतना बोझ अनुभव करें कि उनकी आँखें और हृदय झुके-झुके दिखें। 'ऊँचा मस्तक और नीची आँखें', वीरता का मेरी समझ में यही रूप बनता है। सुनने वाला जमीन में रहे या आसमान में, चाहे अकेला रहे या अग-जग में व्याप्त रहे, वह अदेखा हो तो भी दिख-दिख जाता है। पहाड़ों की चढ़ाइयाँ, गंगा और जमना जैसी नदियों की घुमावट और उनकी दौड़ें नर्मदा और ताप्ती की समुद्र की तरफ जाती हुई झिलमिलाती लहरें और उनके घाट और रामेश्वर पर चरण धुलाती हुई शिव के सम्मुख नत-मस्तक-सी रुद्राणी, यदि हरा प्यार इन पर नहीं उठेगा तो नीले आसमान के वरदान अपने आँचल में कौन सँभालेगा ? कौन सँवारेगा ?

जेल में जाकर पद्य ही नहीं गद्य भी मैंने लिखा। जेल मानो आराधना का एकान्त मन्दिर है। स्नेह के पथ-संचार का अनोखा स्थान है। यहाँ यह कहने वाला तो कोई होता ही नहीं कि 'दरवाजा खोलिए मैं आया हूँ।' वहाँ के लोगों

को गद्य और पद्य से भी क्या लेना-देना, वहाँ तो इतना ही लोग गद्य जानते हैं कि दिन में अपनी कमान के कैदियों से बातें कर लें या रात में, रात-भर, नम्बरदार की यह चिल्लाट सुनते रहें—छठवाँ बैरक, 49 कैदी सलामत। सुन्दरता यह कि वहाँ सुन्दरता का नाम नहीं। मालिक भी कोई नहीं, सब नौकर ही नौकर। जिस तरह रात के तारों के डूबने पर मानो उनकी समाधियों पर बैठकर फूलों के खिलने और सुगन्ध के दौड़ने का स्वभाव है कुछ इस तरह मैं भी जेल में गद्य-पद्य लिखने लगा। कविताएँ, कहानियाँ, गद्यगीत, स्वयं 'साहित्य-देवता' पुस्तक के कुछ खण्ड मैंने जेल में ही पूरे किये हैं। वहाँ मेरी मनोदशा और मनोभावना में कोई विघ्न डालने वाला ही न था। अत: उल्लास और मसोस जब भी पधारते तब जैसे वे मुझे हाजिर मिलते, मैं भी उन्हें खाली मिलता।

यों जेल को मैं अपने आराध्य का जन्म-स्थान मानता रहा हूँ। दूसरे जेल में, याने मेरे उन देशवासियों में, जिनकी जीभ बोलना नहीं जानती, भुजा उठना नहीं जानती, कहते हैं उनने अपराध किये हैं किन्तु उनकी कथनी में अपराध नहीं दीखते, और इसलिए जब भी मैं लिखता, लगता उन्हीं के लिए लिख रहा हूँ, मानो समस्त दौड़-धूप, समस्त यात्राएँ, इसी दिन के लिए की गयी थीं। इधर से आता-सा और उधर से हँसकर जाता-सा प्यारा कृष्ण और समूचा भारतवर्ष वहाँ दीख पड़ता।

बाहर मानो हलचल और कृतियाँ जीवन का नियंत्रण करती हैं, जेल में हलचल और कृतियों से बची हुई सारी शक्ति, सारी शक्तियाँ सूझ और कलम पर उतरकर खेलने-सी लगती हैं। संकटों में आनेवाले इस उल्लास-को और उन उसाँसों को कौन-सा नाम दूँ? सूझों की राजकुमारी राधिका अराधिका मनोवृत्ति को ढूँढ़ती-सी वहीं आती है, क्योंकि क्षीर सागर में पैर दबवाते विष्णु उस समय मुझे न जाने कैसे आरामतलब लगते? उस समय तो वही दैवत याद आ जाता जो स्फूर्ति के हिमालय-सा ऊँचा उठ सके और साँसों की गंगा-जमना की धारा जैसा नीचे उतर सके और उनके किनारे अपनी गैये चरा सके—बंसुरी बजा सके, क्योंकि—

जिस दिन कलियों से उसकी
आन्तरिक प्यार आता है
उस दिन उनके शिर, माँ के चरणों,
उतार आता है।

[1956-1957]

साहित्य के प्रति मेरा दृष्टिकोण

मैं प्रारम्भ में ही निवेदन कर दूँ कि जिस जगह से, जिस धरातल से, जिस बेचैनी से, जिस परिस्थिति से, जिस लाचारी से अथवा राष्ट्र और मानव के जिस अहं से, आनन्द से और मरण से मेरी तुकबन्दियाँ आती हैं, उसी द्रव्य से मेरी कहानियाँ, निबन्ध, अन्य गद्य तथा 'कर्मवीर' में अथवा अन्यत्र लिखे लेख भी आते हैं। जैसे दीवार पर तस्वीर टाँगने के लिए कील की और पाँव में गड़नेवाले जूते की कील ठोकने के लिए हथौड़ी की आवश्यकता होती है, उसी तरह भिन्न-भिन्न रूपों में मुझे भी अपनी बात उपस्थित करनी होती है। खयाल जब उठता है, तब जननी की तरह मैं भी उसे अन्तःकरण में छुपाये जाने की पद्धति से भाषा में छुपाने का यत्न करता हूँ, किन्तु भाषा सरल रखना चाहता हूँ। मेरी भाषा पर भी कठिन होने का आरोप कहीं-कहीं है, किन्तु मेरी लाचारी यह है कि उन विचारों को मेरे लेखे उससे सरल भाषा में नहीं लिखा जा सकता था। मेरे एक अत्यन्त सन्निकट साहित्यिक मित्र ने एक बार मुझे लिखा था कि आपके 'गद्य-काव्य' तो 'लिखे मूसा पढ़े खुदा' की हालत के होते हैं, उन्हें कोई पढ़े तो कैसे पढ़े? उन्हें मैंने विनोद में उत्तर दिया था, "जी, आपके लिए मैं अपने 'कर्मवीर' के अग्रलेख और टिप्पणियाँ लिखता हूँ, कृपया आप उन्हें पढ़ा करें।" एक दूसरे पत्र में उन्हीं मित्र ने यह शिकायत की थी कि सभी गद्य-काव्य-लेखक तो ऊलजलूल भाषा लिखते हैं, किस-किसका रोना रोइए? उन्हें मैंने फिर उत्तर दिया था, जिसमें एक वाक्य यह भी था, 'आपने यदि गद्य-काव्य कुछ पुस्तकों में पढ़े हैं, तब तो बहुत लाचार हूँ, किन्तु यदि किसी नियतकालिक में पढ़े हैं, तो उनमें गद्य-काव्य के सिवाय और भी बहुत कुछ पढ़ने को रहा होगा, क्यों न आप उसे आनन्दपूर्वक पढ़ें?' यह तो विनोद हुआ; किन्तु विचारों को पढ़नेवाले लोगों से यही निवेदन है कि अध्ययन के, आनन्द के अथवा अनुभूति के अभ्यास में यदि वे खयाल ही ढूँढ़ते हैं, तो विश्व के पढ़ने-लिखने के क्षेत्र में उन्हें कुछ गहरी डुबकी लगानी ही होगी; किन्तु मैं इसे कठिन भाषा का समर्थन नहीं मानता। जो ऐसी भाषा का लगातार उपयोग करते हैं, जिसे लिखते ही कठिन होने के कारण जन-जीवन में पहुँचने के पंख तोड़ दिए जाते हों, ऐसी रचनाएँ चाहे जितनी श्रेष्ठ हों, वे जन-जीवन से दूर और कभी-कभी निरुपयोगी सांस्कृतिक बस्तों में बाँधकर रख देने की चीज बन जाती हैं। मैं इस प्रवृत्ति से डरता हूँ। मैं इस प्रवृत्ति से भी डरता हूँ कि साहित्य के महान् क्षेत्र में सबसे विलग रहने की प्रवृत्ति जागृत की जाय। मुझे भय है कि इस प्रवृत्ति से समाज के घटक समाज के दगाबाज बनते हैं। इसी प्रवृत्ति में व्यक्ति अपनी महत्ता के 'अहं' के कारण केवल अपने में व्यस्त, अपने में मस्त और अपना ही अभ्यस्त होकर बैठ

जाता है।

जीवन में जो जूझते हैं, बलि हो उठते हैं अथवा साधनशीलता में सर्वोच्च हो उठते हैं, वे जीवन को लिख नहीं पाते। उधर वे हैं, जिनका साहित्य कभी जीवन की झड़ नहीं झेलता। ऐसा व्यक्ति बलिदान के गीत गाता है, जिसका बलिदान से कभी कोई रिश्ता ही नहीं रहा। मेरा नम्र प्रयास रहता है कि मैं बलि और जीवन को सर्वोच्च पूजा-भावना के साथ, भूलों पर व्यंग्यों, और भोगे हुए शूलों पर रंग तथा श्रद्धा से साहित्य में उतारने का प्रयास करूँ, भले ही वह मुझसे सधे या न सधे। वैदिक वाणी में ईश्वर को 'स्वयंभू' कहा है—अपने आप उत्पन्न होने वाला। उसे कवि भी कहा है। गणित के हिसाब से, जी हाँ, गणित के हिसाब से भी, मेरी मान्यता यही रहती है कि मैं कवि को 'स्वयंभू' मानूँ। भले ही मुझसे कविता लिखते समय कुछ न बनता हो, किन्तु मैं जिन कवियों को पढ़ता हूँ, उनके प्रति रहनेवाली 'स्वयंभू'-भावना का सम्मान करता रहता हूँ। जब वे अपनी किसी कलाकृति का रूप अपनी यादों में सजाया, बनाया या बिगाड़ा करते हैं, तब वे अपने ही 'कला-पिता' होते हैं, कला-पिता होने के दृढ़ भाव से बोझीले होते हैं। जब उनकी कला का रूप बन चुकता है, तब वे कला-माता के गुण-गौरव से गोद भरे होते हैं, किन्तु जब उनकी कला रूप ग्रहण करके कागज पर उतर आती है, तब मानो वे 'कलापुत्र' होकर विश्व की नजर और समझ की गोद में खेलने के लिए जगत् में चल देते हैं। अपनी इस धारणा का मैंने ही कई बार मजाक उड़ाया है, किन्तु इस धारणा के प्रति मेरी श्रद्धा है, क्योंकि 'स्वयंभू' शब्द का अर्थ मैं अपने सामने स्पष्ट कर पाता हूँ।

मैं वहाँ लड़ने की प्रवृत्ति रखना चाहता हूँ, जहाँ साहित्य की चौमुखी प्रतिभा के व्यक्तित्व को, भले ही वह परिस्थितियों की कैसी ही कठोर भट्ठियों में तपा हो, न हम निखरने देते हैं न उभरने देते हैं। जन-जीवन की ओर से तो मुझे यह कहना है कि सूर, तुलसी, मीरा और कबीर को तथा अन्य सन्त-कवियों को गाँव-गँवैयों के लोग उतना नहीं समझते, जितना शहराती लोग 'समझते' होंगे, किन्तु गाँव की चौपालों पर और समारोहों में इन कवियों और सन्तों के गीत किस भाव-भक्ति से गाये जाते हैं, यह कौन नहीं जानते। अत: विचारों की निगूढ़ता की उपेक्षा करनेवाला हमारा समाज तो नहीं है, भले ही वह आज भी छियासी फी सदी बे-पढ़ा हो। यह तो हमीं हैं, हमीं शहराती हैं, कि साहित्य को जन-जीवन के पास पहुँचाते भय खाते हैं। ऐसा कैसा दुर्गन्धित और दूषित द्रव्य हमारे पास है, जिसे हम जन-जीवन के पास पहुँचाते डरते हैं, उस जीवन के पास जिसका स्थान गांधीजी के शब्दों में 'जनता-जगदीश्वर' कहा जाता है। आत्म-संकीर्तन के स्वर को यदि हम थोड़ा कम कर लें, तो युग की कला को दूर-दूर तक पहुँचाने की हमारी इच्छा होगी। इस दिशा का साहित्य बने, फले-फूले, यह

मेरी हिमायत होती है। पौने चार दिमागी···ऐयाशों की वाह पर युग की वाणी के पैरों में बड़े-बड़े पथरीले गहने डाल देना, जिससे वह जीवन में संचार न कर सके, मुझे अभीष्ट नहीं है।

गद्य में मैं लेखकों और कलाकारों के लिए चाहे जितना लड़ूँ, किन्तु कला में मैं भीख की भाषा पसन्द नहीं करता। मैं निवेदन करूँ कि कला में वादों पर मेरा कभी विश्वास नहीं रहा। किसी रचना को कोई छायावादी कहे, रहस्यवादी कहे, प्रगतिवादी कहे या प्रतीकवादी कहे, इन बातों से मुझे कभी कुछ नहीं लेना-देना। मैं यह भी नहीं मानता कि बारीक-खयाली केवल पद्य में लिखी जा सकती है, गद्य में नहीं। केवल मैं इतना साहस चाहता हूँ कि हम गद्य को गद्य, और पद्य को पद्य कह सकें। कला का, समर्थ कला का, चाहे जो रूप सँवारे, वह गा उठेगा, तो जगत् भी उसके साथ गा उठेगा, वह अर्द्ध-गद्य अर्द्ध-पद्य में लिखेगा, तो लोग उसे पढ़ने लगेंगे, किन्तु इस दिशा में हमें इस धारा के दोनों तटों का संयत ज्ञान रहना चाहिए। यदि मैं सामर्थ्यहीन हूँ, तो यह क्यों न सोचूँ कि मेरी जिद से कोई गद्य को पद्य नहीं कहने लगेगा और पद्य को गद्य नहीं कहेगा, हाँ कला वे दोनों ओर रहेंगी। सिर्फ इतना ही स्मरण रहे कि भाषा का कुतुबमीनार कड़ा करके उस उतने बड़े आडम्बर में हम तिल-भर बात न कह दें। हमारे समालोचक से हमारा चाहे जो रिश्ता बन जाय और वह हमारी प्रशंसा एक पलड़े पर रख ले, और कम-से-कम पिछले सौ वर्षों से कला और कविता पर लगाये जानेवाले सन्देह-चिह्नों को एकत्र कर ले, तो हमारे इस कथन से मिलते-जुलते कथन हमें पीढ़ी-दर-पीढ़ी मिलते चले जायेंगे। यों वैदिक युग में भी हम सदा छन्द ही नहीं लिखते थे। गायत्री, उष्णक, त्रिष्टुप, अनुष्टुप आदि छन्दों से भिन्न हमारे पूर्वज सूत्र लिखा करते थे। हम आज तक उन्हें मानते हैं। काव्य और कलाओं के नाम पर जो हाट में आ जाय या बाट में पड़ जाय, वह सब तो काव्य और कला नहीं हो सकता, नहीं कहा जा सकता; किन्तु नवीन और प्राचीन के पथ-संचालन का अन्तर न कभी मिटाया जा सका है, न मिटाया जा सकेगा। फिर यह शिकायत अकेले हिन्दी के कवियों के खिलाफ नहीं है, अकेले भारतवर्ष में ही नहीं है। कला के पथ-संचालन और साँस लेने की यह विश्व-व्याप्त बीमारी है। अतः हम छन्दों में कला और कला में छन्द खोजने का प्रयास कभी-कभी रोक सकें और कला के समय कला और छन्द के समय छन्द देखें, तो न हम ही अपशब्द कहने में स्वच्छन्द हो जाएँगे और न कला के नवीन पथ-संचालन को ही उद्दंड कहने लगेंगे। वादों में बिलकुल आस्था न रखते हुए भी मेरी यह भावना है।

मेरे विचार से नीति के वचनों का प्रभाव संयम को जागृत करता है, संयम प्रकारान्तर से अतृप्ति को बल देता है। इसी अमर अतृप्ति से विश्व के सृजनात्मक

प्रेरणाओं, सूझों, आविष्कारों, समर्पणों और बलिदानों का जन्म होता है। यों तो प्रतिभा सदा भली लड़की की तरह संसार में नहीं आयी। चोरी, शरारत, गुनाह पर गुनाह! गलत है, कि स्वाध्याय ने जब बनाया, व्यक्ति बड़ा ही बनाया। हाँ, पूजा-भावना ने गिरते हुए मानव को सँभाला, सुलझाया, ऊँचे पर उठाया, उसने जिन्दगी के घंटे, दिन, महीने और बरस भारी नहीं पड़ने दिये। उसी की कृपा है कि आनन्दों और भयंकरताओं में से समान रस की प्राप्ति होती है। व्यक्ति से परे समूह और समूह से परे ब्रह्माण्ड के प्रति चौकन्ना केवल समर्पण-शील व्यक्ति ही रह सकता है। अध्ययन से कभी आत्मा-रहित शरीर लिए घूम लीजिए, "कभी शरीर-रहित आत्मा लिए, किन्तु जो खुली पाँखों जगत के जड़-जंगम को देखता, उसकी गति को परखता और फिर ग्रन्थों के अध्ययन से, स्वाध्याय से जाने हुए को तोलता है, उसका उपयोग तो आस्थावान ही कर सकता है, और आस्था अस्तित्व का दूसरा नाम ही तो है। आस्था के बिना अस्तित्व जरायमपेशा की जिन्दगी है। जानकारी, चुहल, उपेक्षा, ऊँघ, स्वाँग, आवश्यकता आदि के लिए जिन्हें पुस्तक प्राप्त हुई, वे क्या जानें कि पुस्तक के विश्वास छनकर भी अन्तरात्मा में उतर जाने के लिए आये हैं। मेरी आस्था में तो अध्ययन समझ को भोजन हो। आस्था-रहित ज्ञान सूझ ही को सूझ के खिलाफ उभाड़ता है, ज्ञान के हाथों ही ज्ञान के डेरे-डंडे उखाड़ फेंकना है। वह भी क्या सम्मति जो हमारी समझदारी को बेसमझी में बदलने का रोजगार करे! कदाचित् इन्हीं क्षणों के लिए सन्तवर विनोबा ने एक बार कहा कि फायदे से क्या फायदा, लाभ से क्या लाभ? कुछ चीज शक्ति की जबरदस्ती से छीनी जाती है, कुछ अधिकार से हड़पी जाती है, कुछ रुपयों से खरीदी जा सकती है, कुछ रिश्वत देकर ली जा सकती है, किन्तु इन मूल्यों पर आस्था नहीं बिकती। चबा-चबाकर थूकिए तो अध्ययन बन जायगा। और चबा-चबाकर खाइए तो भोजन बन जायगा।

मूलतः मैं तो किसी के लिए लिखा करता हूँ। मेरे एक समीक्षक ने इधर लिखा कि देश-भक्ति न लिखता तो मैं, शृंगार लिखता। मेरे विचार से यह उनका सम्पूर्ण सत्य नहीं है। शृंगार की परम सुकोमलता और आकर्षणशीलता जब मेरी आस्थाओं को गुदगुदा उठती है तब मैं उसे कभी देश पर और कभी देव पर और कभी मानव पर और कभी प्रभु पर चढ़ाने का मोह संवरण नहीं कर सकता, किन्तु जिस तरह गुलाम अपने लिए आजादी नहीं चाहता, उसी तरह अपने प्रभु के सम्मुख खड़ा होकर शब्दों पर अनेक प्रकार के आरोप करके भी मैं समर्पण के क्षेत्र में शब्दों, ग्रन्थों, प्रेरणाओं और काव्यों में भाषा अथवा कृति के साथ किसी प्रकार की दुर्गन्ध न पैदा करना चाहता हूँ, न उसे सह ही सकता हूँ। यह मेरी कमजोरी है। नये युग की प्रतिभाएँ दो युगों में केवल अन्तर ही

व्यक्त करती हैं, अपने विद्रोह से वे घात नहीं करतीं। आकार भले बदल रही हों, प्रकार बदलना उनके बूते का रोग नहीं। जब तक साहित्य का निर्माण होगा, मानव विकारों का मूलधन ऊर्ध्वमुखी शक्तियों का जागरण कर विश्व को, अणु-युग और आगे आनेवाले युगों के विश्व को भी, सर्जन और समर्पण देता चला जायगा। दृष्टि लगातार सजग रह सके, इस तरह प्रयत्न करके देखता रहूँ, ऐसी मेरी चाह रही है; और निर्णय को लोगों पर छोड़े बिना मैं ईमानदारी से कह सकता हूँ कि सफल साधक के कोई लक्षण मुझमें नहीं हैं। मेरे इन्हीं प्रयत्नों और इन्हीं असफलताओं का नाम कोरी लिखावट है, जिसे आप साहित्य कहें, कहें, न कहें, न कहें।

[मार्च 1957, वसुधा; 28 जनवरी 1957 को नागपुर रेडियो से प्रसारित, पाँव-पाँव]

साहित्यिक की मूर्तिपूजा

खड़ी बोली द्विवेदी-युग में हमारी भाषा के उस रूप का नाम रहा, जिसे हम आज गद्य और पद्य के लिए उपयोग में लाते हैं, किन्तु खड़ी बोली नाम मुझे अच्छा नहीं लगता। मेरे विचार से तो खड़ी बोली उस प्रश्नवाचक स्वरूप का नाम होना चाहिए, जिसे हम प्रखर रूप में पूछ रहे हों। सो आज ऐसी ही खड़ी बोली में कुछ बातें रख सकूँ, तो मुझे प्रसन्नता होगी, परन्तु बहुत सन्देह है कि मेरे-जैसा अति-सुख और अतिदु:ख दोनों से भयभीत रहनेवाला आदमी अपने आदमियों से ऐसे प्रश्न पूछ भी सकेगा?

साहित्य को स्वैर-संचार करने की इजाजत न किसी युग में रही होगी, न वर्तमान युग में मिल सकती है। क्या साहित्य ऐसी अवस्था बन ही नहीं सकता, जिसे मिलकर रहने की कला कहा जा सके? क्या आज वह समय की तान में अपनी तान मिलाकर अनुभव प्रकट करनेवाला उपकरण बनने के अयोग्य है? तब तो लोगों के सम्मिलित स्वार्थों का विश्वास उस पर रखा ही न जा सकेगा और एक दूसरे के लाभ के लिए सामाजिक नियंत्रण की किसी व्यवस्था को स्वीकार करने की क्षमता भी उसमें रखी न जा सकेगी। वस्तुओं का विश्व में निर्माण बढ़ रहा है। उनका आवागमन सीमा-रहित होना चाहता है। हवाई-जहाजों के उड़ने तक मानव-जीवन में यात्रा अवश्यम्भावी हो गई है। एक देश का नागरिक दूसरे देश की नागरिकता ग्रहण करने के लिए उतावला हो रहा है। भाईचारा, शिष्टाचार व लाचारी अथवा तीनों से मिलकर सुदूर देशों तक मानव अपने रिश्ते कायम कर रहा है। और हृदय और मस्तिष्क को सम्मिलित कर आपस

में एक-दूसरे को विश्वास दिलाया जा रहा है कि मानव को और विश्व की ईमानदारी को जीने के लिए अभी जगह है। इस आधार के फैलने के लिए विस्तार-मात्र फैल गया है और बढ़ता जा रहा है। क्या इस अवस्था तक फैलने के लिए साहित्य आज अपाहिज हो गया है? लोग यह कहते सुने जाते हैं कि प्रजासत्तात्मक शासन-प्रणाली भी कहीं अमीरों का नखरा बनकर न रह जाये। जरा साहित्य भी अपनी तरफ देखे कि वह कुछ अमीरों का नखरा तो नहीं है। जिस तरह प्रेम पर विश्व की राग-पराजित कामिनी से लेकर नारद के भक्ति-सूत्र में वर्णित शास्त्र तक सबका अधिकार है, क्या साहित्य उतना ही लाचार हो गया है? उसका अपना कोई बल नहीं? फिर वह बलवान पत्र-कला कैसे बनेगी, जो शासन का नियंत्रण कर सके, वह कोमल सूझ कैसे बनेगी, जिसमें पृथ्वी के देशों की सीमाओं का अन्तर मिटता-सा नजर आयेगा याने वह समझ का पुल बनकर विश्व-भर में फैल सके? वह मानव-जीवन की आवश्यकता कैसे बन सकेगी कि जिसे पद-पद पर शिशु-मानवता रक्षाकारिणी माँ की तरह पुकार सके? साहित्य के घेरे में अजायबघर की तरह हमारे पास पालतू चीजें बहुत हो गईं। अब स्वतंत्र-चेता खयाल को स्वागत के साथ नहीं, हमसे लड़कर ही हमारे बीच आना पड़ता है, बहुत डरते-डरते। तब विश्व से, विश्व की पराजितता से, विश्व की अनुदार प्रतिक्रियात्मकता से लोहा लेने वाली पीढ़ी हम कैसे पैदा कर सकेंगे?

जगत् के साधु अगर यह कहते आये हैं कि मनुष्य जन्मतः अच्छा है, तो वे यह भी कहते आये हैं कि उसकी प्रारम्भिक प्रवृत्तियां पशु-प्रवृत्तियाँ हैं, इसलिए चाहे व्यक्ति हो, चाहे समाज हो, चाहे साहित्य हो, चाहे राष्ट्र हो, हम अच्छा करते हैं जो उस पर आँख मूँदकर विश्वास नहीं करते। संघर्ष ही में प्रतिभा को बल मिलता है, मनुष्य श्रेष्ठ से श्रेष्ठतर होता जाता है, किन्तु साथ ही हम उच्चतर सामाजिक व्यवस्था की चाह में शासन की संस्थाओं को न्याय की संस्थाओं से अलग करते चले आ रहे हैं। कभी साहित्य में भी हमें इस अलगाव का स्मरण रहता है? लेखक और आलोचक मानो दो श्रेणियाँ-सी बनाकर हम बैठ गये हैं। मत-प्रकटीकरण, मत-निश्चय, मत-प्रकाशन, और मतानुकूल वर्तन, ये सब की सब श्रेणियाँ मानो हम छोड़कर बैठ गये हैं। साधुओं के इन अखाड़ों पर तथा सन्तों की उन वेदियों के पास, जिन्हें हम असाहित्यिक कहते हैं, सबल साहित्य की ये चारों लाक्षणिकताएँ मिलती हैं, क्योंकि धर्म में किसी के नाम का सतत स्मरण करके भी तथा अपने धर्म की रचनाओं को 'शबद' कहकर भी प्राचीन वाणियों में लिखे 'शब्दब्रह्म' को वे ब्रह्म की भाँति नहीं मानते। जिस तरह शासन और न्याय को अलग किया गया है, उसी तरह हमें साहित्यिक की क्षमता और उसके साहित्य को अलग करके देखना पड़ेगा। जिसे हम यथार्थवाद कहने लगे हैं, वह न काल्प-

निकता के प्रति हमारी ईमान-रहितता है, न अक्षमता। यथार्थवाद का यह दावा नहीं होना चाहिए कि आज तक के विकसित साहित्य में से सम्पूर्ण लेकर ऐसा कृतघ्न हो कि प्राप्ति के मूलधन के अस्तित्व से ही इनकार करे। चाहे प्रजासत्ता हो, चाहे देवालय। बहुतों के लिए वे उससे कुछ कम हैं, जिस बात के लिए उनका निर्माण हुआ है, और कुछ के लिए वे उससे अधिक हैं, जितना वे धार्मिक या वैधानिक अर्थ देते हैं, क्योंकि बुरे-भले कहने की पशुवृत्ति जहाँ समाप्त होती है, वहीं से भावात्मक संकल्पों का उदय-विकास, विस्तार, आरोप और उनकी पूजा-भावना प्रारम्भ होती है। साहित्यिक इस बात को कभी न भूलें कि एक खयाल ही क्रिया का स्वामी है। उसे बढ़ाने, चटाने या ठहरा देनेवाला, और उस खयाल का आजीवन संगोपन, देश, काल और पात्र से परे किसी भी साहित्यिक की मूर्तिपूजा होनी चाहिए। शासन, समाज या धनिक वर्ग जो महत्ता प्रदान कर दे, उसमें उपयोगित का थोड़ा-सा अंश भले ही आ जाय, उसमें श्रेष्ठता के अंश की धारणा बनाना भूतकाल की पीढ़ियों का अपमान करने और भविष्य की पीढ़ियों को गुमराह करने-जैसा है। पाँच मत उधर और पाँच इधर से श्रेष्ठता नहीं आती। रेल अपने जाने के लिए जमीन चाहती है, मोटर और बैलगाड़ी अपने जाने के लिए, किन्तु हम यह कभी भी न भूलें कि खयाल भी अपने आवागमन के लिए जमीन चाहता है। वह नरमुण्डों से होकर भले ही गुजरे, उसके विस्तार का क्षेत्र जब तक भूतल, अतल-तल और लोक-लोक है, तभी तक ग्रह, मानव का भविष्य और लोक-लोक का संबंध सुरक्षित है। अणु और हाइड्रोजन बम के आविष्कार खयाल को पीछे नहीं छोड़ सकते। चिन्तक का खयाल आगे होता है, आविष्कार पीछे-पीछे। इसलिए पीढ़ी की, पीढ़ियों की उद्दण्ड आशाओं पर चढ़कर खयाल आते हैं और आविष्कारों को जन्म देकर मानव कहीं बिलम-से जाते हैं, जैसा कि किसी ने कहा है, "आज का साहित्य कल का आविष्कार है।" चिरंतन मानव को भी कभी-कभी विनोद सूझता है। सदैव आपस में गाली-गलौज करनेवाले पचास आदमियों को वह छाँट देता है, जो अपनी सीमाओं की सुरक्षा के लिए सदा झगड़ते हैं, और एक-दूसरे पर विश्वास नहीं करते, किन्तु इकट्ठे होकर वे विश्व-बन्धुत्व का स्वाँग भरने लगते हैं। प्रजासत्ता का धनी चाहे जो कहता रहे, खयालों का धनी इसे जीवन का बचपन मानता है और मानता रहेगा।

कैसे भोले हैं हम! अभी परसों भारतीय स्वतन्त्रता के लिए जेलों में थे। उस समय हाथ से रस्सी बटते थे, तो लोगों को छाले दिखाते फिरते थे कि हमें कितना कष्ट है। फिर महायुद्ध आया और अभी कल-परसों मिस्र और हंगरी में भी चढ़ाइयाँ हुईं। जिनका अपने हाथ में छाला दुखता था, वे टुकुर-टुकुर देखा किये कि इन्सान को इन्सान ने मार डाला। इन्सान के बनाये चित्र सुरक्षित हैं;

साहित्य के संग्रहालय हैं, मूर्तियों पर शोध हो रहा है, खँडहर पूजे जा रहे हैं और कराहने और मरनेवाली मानवता मानो समय के झाड़ू से अनन्त के गर्भ में फेंक देने की चीज है। कथा-साहित्य मनुष्य से इतनी ही दूर रहना चाहता है? कृषि-युग में वह राजा-राज्य से इतनी दूर नहीं रहता था, भविष्य के युग में भी नहीं रह सकेगा। तृतीयत्व को प्राप्त आज ही के साहित्य में यह संभव है।

[पाँव-पाँव]

यथार्थ का अयथार्थ

हम ऐसे हैं ही कहाँ, जो 'यथार्थ' के अयथार्थ से, साहित्य में पिण्ड छुड़ा सकें? 'स्वगत' से ओझल कोई चीज हुई नहीं और जगत् में ओझल हमने मानी नहीं। अब वह दिन दूर नहीं, जब हमारी सूझहीनता को हम अपनी सबसे बड़ी मौलिकता कहने लगेंगे।

युग से डरने का, उससे भयभीत होने का हमारा कैसा स्वभाव? आज के आलोचक को जब मैं अपरिपक्व आवेग-प्रियता की प्रशंसा करते और प्राचीन तथा नवीन साधनापूर्ण मौलिकता पर कीचड़ उछालते या कम-से-कम उसकी उपेक्षा करते देखता हूँ, तब मुझे अपनी पीढ़ी से यह कहने की इच्छा होती है कि तुमने साहित्य-पारखियों के नाम ये ही 'जापानी' खिलौने अपने बुद्धित्व से जने हैं? उनसे लल्लूजी लाल से लगाकर आज तक के युग पर मत क्यों माँगते हो? उनका पेशा है, अपने जमाने के 'कवियशः पार्थिवों' में से कुछ को बहला ले जाना, कुछ को ठुकरा देना। और भावों के 'अत्यन्ताभाव' में भावों की अंग्रेजी जूठन की ये नकलें, जिन्हें हम आलोचनाएँ कहते हैं, क्या बुरी? जब चना नहीं मिलता, तब गधे-घोड़ों को घास ही खिलाना पड़ता है। जगत् की धात्री गाय जब घास खाकर दूध दे लेती है, तब गति के गर्व 'घोड़े', खच्चर या उनके भाई-बन्द घास खाकर क्यों नहीं रह सकते।

व्यास हों, वाल्मीकि हों; होमर हों, अरस्तू हो; शेक्सपियर हों, बर्नार्ड शॉ हों—किसी ने इतिहास नहीं लिखा, कोई इतिहासकार नहीं था। हम उनके पात्रों को पूजने भले ही लगें, किन्तु उन्होंने निर्माण के दोनों अमर तन्तुओं से काम लिया है। उन्होंने 'व्यक्ति ऐसा है' को भी लिखा और उसमें 'व्यक्ति ऐसा होना चाहिए' और 'व्यक्ति ऐसा हो सकता है' को भी मिला दिया। सच तो यह है कि अपने स्वप्न के मानव को मिलाये बिना किसी कलाकार की मानव-प्रतिभा, चाहे वह नायक की हो या खलनायक की, परिपूर्ण नहीं होती। हमारे निन्दा और

स्तुति के आरोप तो सूर्य पर चढ़ाई अंजुलियाँ अथवा फेंकी हुई धूल की तरह हैं—वे जो अपना प्रसाद अपने ही लिए बनकर लौट आती हैं।

[पाँव-पाँव]

क्रिया अभागिन तो कटुता की मोहताज है

मुझे लगता है, जिसमें युग की विशेषताएँ और युग का विद्रोह साथ-साथ न उगे, वह युग की उपज ही नहीं। समय के अर्थ, समय का व्याकरण अथवा समय की परिभाषा बन जाना नहीं है। समय की यह कमजोरी होती ही है कि एक भला काम करने का संकल्प किया···काम तो दूर है···तो उसे प्रशंसक चाहिए। कितनी ही बार तो यह स्पष्ट दीखने लगता है कि युग को संकटों से युग-निर्माता बचा रहा है, और निर्माता की रक्षा सहृदय विद्रोही कर रहा है, क्योंकि वह झपकियाँ आने पर आलपीन गड़ाता है और किसी आईने के सामने खड़े होकर अपना मुँह निहारकर खुश होने वाले युग के गालों पर एक बहुत शानदार चाँटा रसीद करता है। प्रतिभा और विधायकता चाहे तो कहती रहें, क्रिया अभागिन तो कटुता की मोहताज है। विद्रोही दो श्रेणी के होते हैं। कुछ कही हुई बातों का विद्रोह करते हैं, कुछ बरते हुए जीवन का। 'कहन' क्रिया कभी भी नहीं थी, उसकी प्रतिक्रिया से क्रिया भले ही बनी हो। वह भी कौन साहित्य और वह भी कौन जीवन, जो जाने ही नहीं, बे-जाने भी अपने प्रचार की दूकान खोलकर बैठ जाय। ज्ञान की भी लोगों ने तिड़ीबाजियाँ बना लीं। लोग तो रस्सी कूदकर 'हाई जम्प' करते हैं और अपनी पहलवानी दिखाते हैं। ऐसे लोग क्षम्य भी हैं, भले भी हैं। हम समझें कि कुछ लोग खयालों की कूद भी किया करते हैं। ज्ञान से जानकारी ऐसे लड़ती है कि मुद्दई-मुद्दाअलेह क्या लड़ेंगे। यहीं आकर समस्याएँ 'वर्तमान' होकर रह जाती हैं। उस विद्वत्ता से बढ़कर शोक की कौन-सी बात होगी, जो अपने सम्पूर्ण प्रयासों में पीढ़ियों की ओर से आने वाले कल, परसों और उस परम्परा के लिए नहीं सोच सकी।

कैसे भोले हैं हम! केवल कम्युनिस्ट को अनीश्वरवादी समझते हैं, यद्यपि ऐसा कहते समय हमें भी कुछ ईश्वर से लेना-देना नहीं होता। कुछ खयाल हमने पीढ़ियों से पड़े और सड़े हुए उठा लिए हैं, और मौलिक बताकर अणु के नवीन आविष्कारों की तरह उन पर बहस करते हैं। अभी उस दिन एक मित्र बता रहे थे कि 'एक सज्जन' रक्त-क्रांति की बात सोच रहे थे और एक महाराजा के कहने से ठीक क्रांति के विपरीत उद्योग करने लगे। लोग कहते हैं कि विवेचक का विवेक खो गया है। जिनके हाथ-पाँव और किताबें दुरुस्त हैं, सोचने की अक्ल भी

है, किन्तु बेचारा ईमान गायब है। सब विषयों पर अपना मत, किन्तु स्थिर कहीं नहीं। उठाये हुए इरादों का चमत्कार तो दिखा सकते हैं, किन्तु अपना कहने या अपना बनाने अथवा वैसी ही वस्तु-निर्माण की योग्यता कहाँ है? निर्माण की निपुणता और सहृदयता तो है ही नहीं, परोसने की कला भी नहीं जानते और इसी मौलिकता का 'तू मेरी-सी कह, मैं तेरी-सी कहूँ' का समझौता पीठ पर लादे हम बढ़े चले जा रहे हैं कि विश्व का उद्धार कर छोड़ेंगे। उपकार की बाढ़ इतने जोर से दिमाग में आती है कि वस्तु के प्रकार से रहित वस्तु का आकार ही हमारी आज की मौलिकता है।

हमारे कुछ सिक्के हैं—भौतिकवाद, नैतिकवाद, रूढ़िवाद, प्रगतिवाद और आकर्षणवाद···। ये शब्द हमने भी उपजाये हैं, और ये अपनी अन्धी सूझ के पाँव रखने के लिए बड़ी अच्छी ईंटों का काम देते हैं। अभी उस दिन कोई कह रहा था कि अणु के इन्जीनियर के सामने साहित्यिक को मात खानी पड़ेगी। हम यदि अपनी शताब्दियों से संचित कायरता को कला कहकर सिंगारते बैठे रहेंगे, तो अवश्य मात खानी पड़ेगी।

हम नाराज न हों। जो कुछ हमने आज की शताब्दी तक कहा है, वह पीढ़ियों के लिए पालतू धन बन गया है। वह युग की नित नई आध्यात्मिक आवश्यकताओं का ही सामना नहीं कर सकता, वह अणु का क्या मुकाबला करेगा? हमारे भाव और तर्क, कर्तव्य और इच्छा, सामंजस्य कहाँ बैठा पाते हैं? लड़कों के स्कूलों और कालेजों में जाइए और बेहिसाब ऊधम देखिए। बस, सिर्फ वहाँ ऊधम नहीं होते, जहाँ ट्रेनिंग (प्रशिक्षण) पानेवाले क्षेत्रों में मासिक वेतन मिलते हैं। जहाँ चरित्र का नियंत्रण 'रोटी' करती हो, वहाँ किसी को साहित्यिक की आवश्यकता ही कहाँ है? जो जमाने को चुनौती देने की भाषा बोलते हैं, वे श्रीमान्, वाद की किसी-न-किसी फेहरत में अपना नाम पहले ही लिखा चुके हैं। और वह वाद क्या है? श्री अज्ञेय ने लन्दन के विद्यार्थियों से, विगत वर्ष ठीक कहा कि 'वाद' बूढ़े हो गये हैं और वे साहित्य में अब अधिक नहीं ठहरेंगे। हे भगवान्! वाद अगर चले जायँगे, तो हमारी प्रतिभा की कुलवधू अपनी मूर्खता को ढाँकने के लिए कौन-सी ओढ़नी ओढ़कर बाहर आयेगी? हम गणित से यह तो लेखा लगायें कि पृथ्वी के परिवर्तनों के बीच हमारी विचारशीलता का अनुपात क्या बैठता है? यही कारण है कि इस या इस-जैसे देशों में जब जेल, कालेपानी और फाँसी का युग रहा, तब सब विचार-प्रदाता उस संकट से गायब हो गये, केवल कुछ को छोड़कर, और जब संकट दूर तक दिखाई नहीं देता, तब ऐसे जोर से बोल रहे हैं, मानो शत्रु की दीवार की ईंट से ईंट बजाकर छोड़ेंगे। फिर यह शान्ति और अहिंसा का त्याग भूलकर किया हुआ गुणगान! लोगों के चबाये हुए को फिर से अपने मुँह में चबाने की प्रतिक्रिया। क्या कहने हैं इस विचारकता

के ? कश्मीर में यदि इनकी सेना बनाकर भेजी जाय या नेपाल की सीमा पर इन्हें याद किया जाय, तो इनके स्वर की अपेक्षा इनकी चूड़ियाँ ही अधिक आवाज करेंगी। हर नये लड़के को देखिए, उतावला है कि एक नयी बात कहेगा। कुछ नया, फिर कुछ नया, यह जगत् की अत्यन्त बूढ़ी इच्छा है। इससे बच्चे ही बहलाये जा सकते हैं। विचारकता पथ-भ्रष्ट नहीं हो सकती। जगत् में यह होता भी नहीं है। हम इस बात पर हँसते हैं कि आकाश के नक्षत्रों से भला पृथ्वी के लोगों का भाग्य-नियमन कैसे होता है, किन्तु सिद्धांत रूप से, प्रकृत रूप से तो आकाश की दूरी तक गये बिना ही जाने कौन-कौन व्यक्ति और वृत्तियाँ हमारे जीवन की बूझ और अनबूझ पहेलियों का नियमन किया करती हैं। कहते हैं, एक मित्र ने महात्मा गांधी के सामने शपथ ली कि वे ब्रह्मचर्य का पालन करेंगे। बहुत बड़े मित्र हैं वे, और परिणाम यह हुआ कि ठीक दस महीने बाद उनके यहाँ सन्तान पैदा हुई। मैं इस बात से नाराज नहीं हूँ; क्योंकि यह तो मनुष्य-सुलभ है, मैं प्रतिज्ञा की प्रतिभाहीनता से दुखी हूँ। जीवन अपनी कमजोरी और कठिनाइयों को लेकर धीरे-धीरे चलता है। हमें चाहे जितनी जल्दी पड़ी हो, उम्र, मौसम, फसल और जीवन को जल्दी नहीं पड़ी होती। हम अपनी कठिनाई पर कानून बनाते हैं। कानून, कानून की पुस्तकों में लिखे-पढ़े रहते हैं। अधिकार मिला है, दौड़कर कानून बना डालते हैं। इसलिए नहीं कि कानूनों से समस्या सुलझ जायगी, किन्तु इसलिए कि आध्यात्मिकता की ओर लौटने में झेंप जो लगती है। कहाँ बूढ़ी आध्यात्मिकता और कहाँ तरोताजा हम ! गणित में, विज्ञान में, इतिहास में, सब जगह प्राचीनता से नवीनता तक देखेंगे, केवल दर्शन और साहित्य में हमें झेंप लगती है। नतीजा यह होता है कि जैसे हम लिखते हैं, वैसे आदमी ही नहीं पैदा होते, और जैसे आदमी होते हैं, वैसे हम लिखते भयभीत होते हैं।

प्राचीन या अर्वाचीन साहित्यिकों द्वारा लिखा हुआ कोई-कोई कथा-चरित्र ऐसा बलवान होता है कि वैसा चरित्र-नायक भविष्य में जब भी पैदा हो जावे, परिस्थितियों को सुलझा या उलझा सकता है। हम ऐसे कथापात्रों का बल नहीं बढ़ाते। हम बलवान चरित्र-पात्रों को जन्म देने के बजाय खिलौने की प्रजनन-क्रिया में लगे हुए हैं, कार्टून पैदा होते हैं, और चाहते हैं कि जमाना इन्हें इतिहास के पात्र कहे। हमारे आज के कपिल और कणाद क्या यही सब नहीं कर रहे हैं ?

[18 अगस्त 1957, पाँव-पाँव]

सूझ और समस्या

मुझे लगता है, हमारा तरुण बहुत रुचिवादी होता जा रहा है, रुचिवादी याने रुचि का गुलाम। कभी वह किसी से कुछ सुनकर लिखता है, कभी देश का उद्धार या किसी का भला करने का स्वाँग भरता है। कभी सोचता है कि इससे अच्छा मौका नहीं मिलेगा, इसलिए इस मौके से लाभ उठा लो। कभी समालोचकों और सम्पादकों का पक्षपात अपने प्रलोभन द्वारा उन्हें अनावश्यक रूप से उकसाता है और इस प्रकारान्तर से उसकी प्रतिभा और श्रमशीलता का तेजोभंग करता है। आज तो उससे यह कहने वाला चाहिए कि हमारी यदि समस्याओं को सुलझाने की दिशा में तुममें श्रम की शक्ति नहीं है, अथवा अध्ययन करने का मानसिक केन्द्रीकरण नहीं है, अथवा समाज में अपने को निबाह ले जाने की सहिष्णुता नहीं है, तो तुम उस समाचारपत्र की तरह हो, जिसके अग्रलेखों में प्रेम और विश्व-बन्धुत्व पर लेख लिखे जाते हों, और अन्य पृष्ठों में भाइयों-भाइयों को लड़ाने की बातें और एक रात में नौ खून के विज्ञापन छापे जावें।

हमारे जीवन के 'ब्लैकबोर्ड' को यदि कोई देखे, तो समाज की रूढ़ियों, प्रथाओं, आवश्यकताओं, अनुभूतियों और उथल-पुथलों से हमारा शायद ही कोई रिश्ता रहा हो। हम बहुत ऊँचे से बोलें या बहुत नीचे झुककर, जो हमारे सामने पड़ गया, वही तो समाज नहीं है।

देश की सीमा पर पंचनद स्थान[1] पाँचों नदियों के जल और स्थल की सीमा के झगड़े में है, पर हमारी समाज-रचना को कोई बात इसलिए नहीं मालूम कि इन झगड़ों के राजनीतिक सुलझाव का उत्तरदायित्व हमने शासन पर छोड़ दिया। अचम्भा इस बात में है कि पंचनद की समस्त सीमा-समस्याओं में इस देश की लेखनी गैरहाजिर है। द्वारका से कामरूप और कश्मीर से रामेश्वरम् हमारी भौगोलिक सीमाएँ हैं। विनोबा-जैसे साधु, देशव्यापी तीर्थ-यात्रा भी कर रहे हैं, किन्तु हमारी लेखनी मानो कहीं उलझ गयी है।

अब स्वतंत्रता-प्राप्ति के बाद हम एक-दूसरे के निकट तो आना चाहते हैं, किन्तु यह निकट कौन लाना चाहता है?—धन का लालच, प्रसिद्धि की इच्छा, संकल्पों पर मर मिटने की साध, नया युग निर्माण करने का अहम् या कुछ और?

और इरादों को छुपाकर, क्रिया को आगे कर-करके विश्व को विकासोन्मुख बनाये रखने के लिए, लगातार उद्योग किये जाते हैं, तथा मानव-विकारों के मूल-धन को कभी उत्तेजित और कभी पराजित कर-करके, विश्वगति के अग्रगामी पड़ावों के प्रत्येक घुमाव को पूरा करने का प्रयत्न किया जाता है, उसे राजनीति

---

1. पंजाब

कहते हैं, जब शब्दों में अर्थों को छुपाकर, मानव-विकारों को सूझों के आविष्कारों में गूँथ-गूँथ कर मानव-चेतना को ऊर्ध्वमुखी, सौन्दर्यप्रिय और ललक-भरा बनाया जाता है तथा प्रत्येक क्षण आने वाले युग की आवश्यकताओं की पूर्ति की तैयारी की जाती है, वह कलापूर्ण साहित्य कहलाता है। जीवन की दिशा में दोनों दिशाओं में कोई भेद नहीं है। जब हम भेद अनुभव करते हैं, तभी हम कहीं-न-कहीं, किसी-न-किसी से मिल-जुलकर बलिदान अथवा सूझ का सर्वनाश कर बैठते हैं।

सच बात तो यह है कि हममें से अधिकांश का किसी विषय पर कोई मत नहीं है, किसी विषय पर कोई मत हो भी नहीं सकता। मत-प्रकाशन और मतानुकूल वर्तन एक-दूसरे से इतने जुड़े हुए हैं कि एक को दूसरे से बचाया नहीं जा सकता।

मजदूर तो बड़े-बड़े खनिज या ऐतिहासिक क्षेत्रों में शोधों के रूप में अपने श्रम की सफलता के पथ पर पहुँचा हुआ दिखता रहता है; क्योंकि वह शोधक और दृष्टिदान करनेवाले की देख-रेख में काम करता है, किन्तु लेखन के मैदान में "उड़द के दानों में कौन छोटा और कौन बड़ा ? परिणामतः कहीं बिना दृष्टि की सृष्टि की भरमार है, और कहीं बिना सृष्टि के केवल दृष्टि ही दृष्टि का आडम्बर है। कहीं-कहीं तो सूझ मूर्खता की हिमायत का ही नाम है। इस क्षेत्र का अहम् इतना बीभत्स है कि यदि तेली के बैल की तरह हम इसी अहम् के आसपास चक्कर काटते रहें, तो जीवन और कला उत्तरोत्तर परस्पर शत्रु होते जायेंगे और सूझों की, अहम् की प्रतिक्रिया, यदि क्रिया की, राजनीति के अहम् में भी जाग्रत होती गई, तो जिन शक्तियों के सम्मिलन से जगत् का संचालन होता है, उनमें 'हाडबैर' बढ़ाने के लिए ही हम अधिक काम आयेंगे।

हम भाषा और भाव, परिभाषा और शब्द, रोटी और राग का झगड़ा ही करते रहे और अणु-युग आ गया। कहते हैं, किसी समय एक कथावाचक का वृद्धावस्था में एक तरुणी से विवाह हो गया। तरुणी का मातृत्व अपने सुहाग से मातृत्व की भीख माँग रहा था और कथावाचक, अपनी तरुण पत्नी का मनोरंजन करने के लिए पैरों में घुँघरू बाँधकर अपने संगीत और नृत्य से उसे मगन रखने का जतन करते थे। कहीं कुछ ऐसी ही अवस्था, युग की आवश्यकताओं के सामने हमारी पराजित सूझों की तो नहीं हो रही है ?

कोई तीन सप्ताह पहले एक सज्जन ने अपने एक मासिक पत्र की चर्चा की। मैंने निवेदन किया कि यदि मासिक पत्र इसी देश के लिए प्रकाशित करें, तो सबसे पहले तो आप उसे 'लेखन के चमत्कार' की पहली बलि न होने दें। बिना चमत्कार के शब्दों में चरम सौन्दर्य और पुरुषार्थ, चमत्कार के शब्दों के मूर्खत्व से कहीं अच्छे लगेंगे। जब किसी आग्रह, विवाद और अहम् और हाँ अनुभूति के

आप कायल हो जावें, तो ईश्वर के लिए ध्यान रखें कि रचना के बीचो-बीच टूट जाना अच्छा नहीं है, न टूट पड़ना।

वाणिज्य-व्यापार, तीर्थ-यात्रा, भरण-पोषण, और न जाने किन-किन कार्यों से हमें जहाँ-तहाँ घूमना होता है। हम देखें कि कहीं इन स्थानों पर संकुचितता के दूषित माल ढोने की बारबरदारी तो नहीं कर रहे हैं?

इंग्लिश, अमेरिकन, रशियन और फ्रेंच साहित्य के ग्रन्थों के बिना हमारा काम नहीं चलता। ऐसा तो न हो कि ऊपर लिखे गये सब इल्जाम हमारे साहित्य या साहित्यिक पत्रकार, लेखक, कवि और कलाकार को उसी के वरदान हों, और देश को उसका परिणाम भोगना पड़ रहा हो?

अतः आवश्यक है कि हम सूझों के अहम् से पराजित न होकर अथवा देशसेवा के घमण्ड से अधमरे न होकर अपने अन्तःकरण, अपने विशाल देश, अखंड विश्व और ब्रह्माण्ड की ओर लौटें तथा सावधानी लें कि दीमक की तरह अपनी कीर्ति के टीले बनाकर हम कहीं 'अपनी सुन्दरता' में लपेटकर दी जानेवाली मूर्खताओं से विश्व में आकलन के अभाव के बीज तो नहीं बो रहे हैं?

[पाँव-पाँव]

काव्य-सृष्टि : काव्य-दृष्टि

यदि वसूल करने ही निकलो, तो बेचारे कवि की कविता में से ऐतिहासिक जानकारी, सामाजिक स्थिति, धर्म और नीति के कुछ आदर्श तथा कुछ सिद्धान्त आदि बातों के टुकड़े हाथ लग ही जावेंगे; किन्तु काव्य-सृष्टि के विहरणशील के पास तो काव्य-दृष्टि का होना ही अधिक जीवनदायिनी बात है। त्रिवेणी के तट पर, संगम के निकट प्रयाग स्टेशन वाले पुल पर खड़े होकर, सूर्योदय के समय जो सुषमा बिखरती है, उसका आनन्द इस बात की याद-दिहानी से कैसे मिलेगा कि "किले की सड़क पर कुछ मूँगफली बेचनेवाले भी मिलते हैं।"

काव्य-दृष्टि और काव्य-सृष्टि देखने जानेवाला ऐसा लगता है, मानो नन्दन निहारने जानेवाला अपनी आँखें घर छोड़ आया हो।

किसी अभिनेता या अभिनेत्री का अभिनय-चातुर्य देखकर मुग्ध होनेवाले कुछ चतुर अभिनेता के 'बैंक बैलेन्स' और अभिनेत्री की उमर का उल्लेख करते पाये जायें, तो उन्हें नाट्य-नरक की उपाधि निःसंकोच दे दीजिए।

कविता के लिखने में कवि की कुछ नीयत होती है। कभी-कभी, बहुत थोड़ी। प्रायः तो कवि स्वान्तःसुखाय लिखता है। वह जब सूझों के बाग में उतर चुकता है और सूझती हुई बारीकियों में, रंगीनियों में, डूब चुकता है, तब दीखते दृश्य,

उन पर उगते चमत्कार और मानव के कोमलतर या प्रखरतम स्वभाव-चित्र उसी की कलम से उतरते हैं, किन्तु अपने होश की मधुरतम बेहोशी में ही। नियति और नीयत दोनों के नृत्य या कृत्य का उसे ज्ञान नहीं रहता।

यदि आकाश की कादम्बिनी की छहर-लहर में बिजली किस ओर से किस आकार में चमक उठेगी, इसका किसी को ज्ञान हो सके, तो सूझ भी किस दृश्य, कृत्य या स्वभाव को देखकर उतर पड़ेगी, इसकी किसी को पहचान हो सके।

चुल्लू में रंग भरकर सफेद दीवाल पर मैंने दे मारा, और यह लो एक आकृति-सी बन गयी। कुछ तो बनना ही था, सो बन गया। किन्तु यदि कोई कहे कि ठीक ऐसी ही सौ आकृतियाँ एक रुपये फी आकृति बनाकर दो, तो चुल्लू मारने वाला क्या एक भी आकृति ज्यों-की-त्यों बनाकर दे सकेगा ?

कवि की प्रतिभा में हिरन की-सी छलाँगें नहीं हैं। 'चरन धरत काँपत हियो' है। उसमें शेर की-सी दायें-बायें सर्वत्र सर्वकाल संचारिणी गति नहीं है, क्योंकि वह शेर-जैसा 'इनहि न भावत शोर' जैसा तो है, किन्तु पथ छोड़-छोड़ देने वाला नहीं है। उसकी गति तो भगवान् वराह-जैसी है, गति के समय राह में कौन पड़ गया, कब पड़ गया, इसका भान नहीं रहता।

हाँ, कविता में कुछ ऐसे दीखते हैं, मानो ध्येय हों; कुछ ऐसे मालूम पड़ते हैं, मानो समाज के चित्र हों; कुछ ऐसे प्रतीत होते हैं, मानो इतिहास बोल रहा है; किन्तु वह सोचे हुए ज्ञान की इच्छित गति नहीं है, सूझों के सपनों के संस्कृतिमय प्रतिबिम्ब-मात्र है।

यह बात नहीं कि कवि कभी सहेतुक लिख ही नहीं सकता। वह लिखता है··· कुछ नाटक, कुछ उपन्यास, कुछ काव्य, किन्तु उनमें मार्गक्रमण की थकावट होती है, क्रिया के काव्य बनकर करों या चरणों पर उतरने का आनन्दमय नृत्य नहीं होता। पहिले में पाठक को जरूरत का जायज माल मिल जाता है, माना, किन्तु प्राण नहीं मिलता। बाजार का सौदा मिल जाता है, उन्मेष, समर्पण, स्नेह, बलिदान और अमर आनन्द नहीं मिलता।

अपने युग की जो जानकारी कवि की लेखनी में आ गयी, वह इसलिए कि वह उसे टाल न सका, वह उसे टाल नहीं सकता था।

युग के बाजारू पदचिह्नों को छोड़ने का परिणाम देखिए—अनेक शताब्दियों पूर्व शकुन्तला हुई, छठी शताब्दी में कालिदास हुए, और बीसवीं शताब्दी में हम रहते हैं, यह भविष्य में शताब्दियों अमर हैं। क्या सामाजिक धारणा, ऐतिहासिक जानकारी, धर्म, तत्व, आदर्श, उद्देश्य आदि का ऊँट का टांडा अपने बोझ के बाद, किसी रचना या रचनाकार को इतना अमर रहने देगा ?

द्रौपदी के पाँच पति सुनकर और तिब्बत में बहुपति-प्रथा को धर्म-सम्मत देखकर यदि कोई इतिहासकार पाण्डवों को तिब्बती बतावे, तो शोध में डाक्टरेट

पानेवाला शायद प्रसन्न हो कि उसने कितना बड़ा शोध किया; किन्तु भगवान् वेदव्यास जरूर रो देगा। महर्षि व्यास को इस प्रथा का पता हो, संभव है, किन्तु महाभारत की रचना में तो, द्रौपदी, मात्र प्रतिमा के रंगों के महान् उत्थान में, तिब्बत में नहीं है, भारतीय जमीन से बिना बुलाये आ गया दीखता है। इस प्रथा के पते से संभव है, भगवान् व्यास ने द्रौपदी के निर्माण का, समाज की कठोरता के बीच भी साहस पा लिया हो।

[1957, पाँव-पाँव]

अभाव-अभियोग

अभी चालीस-पचास बरस पहिले तक हिन्दी-काव्य में कहीं बृजवासिन कहीं बुन्देलखंडिन, कहीं बैसवाड़िन, कहीं भोजपुरिन, कहीं निमाड़िन, कहीं मारवाड़िन, कहीं मालव-बाला साफ उतरती थी किन्तु इधर 50 वर्षों से नारियाँ तो वे ही हैं, किन्तु कविता में मानो उनका अकाल पड़ गया, मानो हम एकीकरण की भावना में अनेक अंकों की एक संख्या बनाने जा रहे थे और बन गई बड़ी-सी शून्य की आकृति।

अब 'रास पंचाध्यायी' कहाँ? अब 'रामकलेवा' कौन गावे? अब 'सुदामा-चरित' किसके पास रहा? अब 'रुक्मिणी-मंगल' कौन सुने? अब बरवै और कवित्तरामायण घर-घर में कौन सुने? अब 'काहू बिरछ तर भीगत हुई हैं, राम लखन दोउ भाई', अवध में आज भी वृक्षों-तले नर-नारी भीजते हैं, किन्तु अब उन पर काव्य कौन लिखेगा? अब हरदौल की कहानी किसके जबानी सुनें? अब दुर्गावती की वीर-गाथा गीतों में कहाँ सुनाई दे? देहात की नारी को, उसके जीवन को, उसके हरे-हरे निर्माणों और सुपल्लवित और सुफलित वरदानों को, जाने कहाँ भूल गये हम? जो रामायण, भागवत, और अवतार-कथाएँ हमारी माँ-बहिन-बेटियों के मुँह पर थीं, वे कहाँ विलीन हो गयीं? बदले में हमने कुछ वीरता, कुछ रसीलापन, और कुछ बेशर्मी भी पाई, किन्तु मूर्तियाँ बेचकर मानो सिनेमा की तस्वीरें खरीद लाये। अनाज बेच दिया और बरफ बनाने की हिकमत ले आये और यदि गाँवों तथा अपनी कहानियों, अपने मुहावरों, व्यंग्य और विनोद की ओर लौटने को कहिये, तो शून्य का प्रजनन कर सुखी होनेवाले हम अंकों के अर्जन के अभाव में भी कितने धनवान? रूस की, चीन की, इंग्लैण्ड की, अमरीका की बात करते नहीं अघाते। अपने घर की सीढ़ियों की संख्या और बनावट का अपरिमित अज्ञान है और नियाग्रा की गहराई पर बहस हो रही है, मानो चलता-फिरता सर्जनशील युग सभ्यता नामक सूझ-हीनता की चौखट की चढ़ी हुई

तस्वीर हो गया है। हम ही थे, जो पिंगल लेकर बैठनेवाले को पागल कहते थे और हम ही हैं जो कुछ भी न जानने, कुछ भी रस न रखनेवाले को 'काव्य' का स्वामी कहने लगे। तुक जोड़े तो मरजी, तोड़े तो मरजी और मरोड़े तो मरजी, आधा इंच की पंक्ति हो, डेढ़ इंच की पंक्ति हो और फिर पूरी तेरह इंचों की पंक्ति—'पांचों सवार दिल्ली जा रहे हैं।' हमारी सूझ-बूझ और हमारी आराधना आदि की हमारी संस्कृति थी और हमारा पश्चिम का अपनाया हुआ अत्युच्च वैभव 'कुपच' बनकर हमारी संस्कृति में समा गया।

'लार्ड कर्जन वुड हैव बीन ए ग्रेट मैन इफ ही कुड हैव फारगाटन लार्ड कर्जन।' कर्जन के आलोचक द्वारा वर्णित इस स्वभाव से हिन्दी में हमारी गति मिलती-जुलती है। कच्ची उम्र में आनेवाले अपरिपक्व आवेगों को काव्य या निर्माण कहने का हमारा मोह और अत्यन्त नगण्य निर्माण अथवा निर्माण के अभाव में भी इस बात की परम सजगता कि हम निर्माता हैं, हमारे द्वारा निर्माण कला, तत्त्वचिंतन और इतिहास में हमारी सबल पीढ़ी के निर्माण में सबसे बड़ी बाधा बन जाते हैं।

(2)

'कवि-जीवधारी' और 'कवि-मनुष्य' जब मिलकर एक होने लगते हैं, तब उस अर्धनारी-नटेश्वर में 'एक्सेप्शनल आफेन्स टू इमोशनल इम्प्रेशन्स' आये बिना नहीं रहती। इसीलिए 'वेदना' कवि-मनुष्य और 'कला-प्राणी', दोनों की आवश्यक शर्त नहीं, यह उनकी लाचारी है। वह दिन धन्य, वह लहर धन्य, वह क्षण धन्य, जब देखा-देखी, चोरा-चोरी, और जोरा-जोरी के वर्णन से 'कवि-प्राणी, या 'कला-प्राणी' 'वेदना' की ओर प्रयाण करता है। वह दिन धन्य, जिस दिन वह प्रसव-पीड़ा-सी अनुभव करता है और निर्माता शब्द अपना उपसर्ग छोड़कर अपने विशुद्ध रूप में, पृथ्वी पर स्वर्ग-निर्माण करने लगता है।

'युग-बाला' अपने अमरत्व के पथ में कला के दोनों रूप देखती चलती है, प्रकटीकरण की कला पर वैभव बरस रहा है—उपहार, सत्कार, पुरस्कार, जय-जयकार और सब से परे सुवर्ण की अनमाँगी बौछार, और निर्माण की कला पेट भर रोटियाँ ला सकने में भी असफल। पुत्र-जन्म पर दरवाजे बाजे और मकान के एक कोने में निर्मात्री की कराहें और कठोर यंत्रणा, मानो अस्तित्व की साँसें और उसाँसें-सी हैं, और हम कि 'कुछ कहे जा रहे हैं, कुछ सहे जा रहे हैं।' भूखे पेट कराह के कहते हैं 'नकदवादी अभियान', युग की निर्माण-लहरों पर अँगुली उठाकर पुकारते हैं 'बचपन-जैसा बलिदान'; किन्तु जिनके मस्तक अपमानित हुए, जिन्हें सूलियों पर झुलाया गया, उन्हीं की चरण-धूलि, उन्हीं की चिता की धूल पीढ़ियाँ सिर पर चढ़ाती देखी गयीं। रामायण के मार्ग में चाहे जितने

गौरव बरस रहे हों, तुलसी के भाग्य से—

"तीन टूक कौपीन के
अरु भाजी बिन लोन···"

कोई मिटा न सका। ईश्वर ने तो भरे हाथों अभाव को वरदान दिया था, किन्तु ईर्ष्या ने निर्माता को तरसा-तरसाकर मार डाला, और फिर शेष बचे निर्माण के इस तरह नवाह्न-पारायण करने लगा कि लोग अधमता भूल गये और आराधक को ईश्वर का अवतार समझने लगे। जहाँ निर्माता इस तरह तिल-तिल कर मर रहा हो, वहाँ धन की बरसात और गौरव की खैरात से कौन कहे कि राजमहलों और राजमार्गों के निर्माताओं, जमीन पर यों न छा जाओ, बीजों और अंकुरों के उगने के लिए और इस तरह जमीन और भू-मण्डल को जीवित रखने के लिए भी जमीन चाहिए। यह जमीन अंकुरों की; फलों की, बेलों की, वृक्षों की और दानों की है—तुम्हें तो इस पर छाने का नहीं, इस तक आने ही का अधिकार है।

[6 अक्टूबर 1957, साप्ताहिक हिन्दुस्तान, पाँव-पाँव]

जब गद्य व्यक्तित्व ग्रहण करता है

साहित्य का इतिहास ढूँढ़ रहे हो? वह क्या उठा लाए? साहित्य-तत्त्व चर्चा के ग्रन्थ? इन बेचारों में साहित्य कहाँ मिलेगा?

ये तो बता देंगे कि साहित्य यों पढ़ो, यों जानो। ये चिन्त्य, धारण-भूषित विधानों की गहरी चर्चा कर देंगे कि ग्रन्थ में रस यों हो अथवा यों है। हाँ, ये कभी-कभी रसात्मक वाक्यों का बेजोड़ चयन भी उपस्थित कर देंगे। किन्तु रस का परिपाक! वह तो सामूहिक पदार्थ ही नहीं, रस यानी व्यक्ति की जागीर। वह रचना कैसी, जो पाठक को वेदना-पटु न बना सके, उसकी रुचि को जाग्रत और संवेदना-भरी न बना सके?

एक क्षण ऐसा भी आता है, जब जैसे कवि अन्तरतम की स्फूर्तियों से अपनी-अपनी कला का निर्माण करता है, उसी तरह आलोचक या विवेचक भी मनो-निर्माण में प्रजननशील-सा होता चलता है। अन्तर के सौन्दर्य का परिचय ज्यों-ज्यों गाढ़ा होता जाता है, त्यों-त्यों विवेचनकर्ता की कलम, प्राणों के रस को अपने में पाकर निहाल हो उठती है। यहीं आकर आलोचना स्वयं निर्माण बनने लगती है। यहीं आकर वह पाठक से उसी तरह अपना सीधा रिश्ता कायम कर लेती है, जिस तरह एक कहानी, कविता, नृत्य, गीत या चित्र किया करता है। ऐसा लगता है, मानो कोई अनहोने ढंग से मन-मोहिनी कहानी बिना पात्रों की जीभों

का सहारा लिए कहता चला जा रहा है और पाठक है कि निहाल होता जा रहा है। विवेचनमयी रचना में एक अच्छाई होती है। श्रेय और प्रेय की सावधानी लेने के लिए पाठक को चौकन्ना नहीं रहना पड़ता। यहीं आकर मानो गद्य व्यक्तित्व ग्रहण करता है।

[पाँव-पाँव]

साहित्य में प्राण-तन्तु चाहिए

देश की जरायमपेशा जातियों को, औद्योगिक क्षेत्रों में काम देकर तथा उनके लिए नवीन उद्योगों की योजना करके, उन्हें सम्पूर्ण मानव बनाया जा रहा है, किन्तु राजनीतिक हथकण्डों के, नेतृत्व के, धन के तथा साहित्य के जरायम-पेशा लोगों के लिए तो दृढ़ता की जमीन साहित्य को ही निर्माण करनी होगी। इस उत्तरदायित्व को क्या पूरा नहीं किया जा सकता ?

राजनीति से दूर भी, क्या कोई साहित्य कहीं बना ? क्या बन सकता है ? दुनिया में तो ऐसे साहित्यिक नहीं देखे-सुने गये। क्या कौमफरोशों की यह कौम हम नये सिरे से निर्माण करेंगे। क्या नपुंसकी की इस नाचती-गाती और अँगुलियाँ मटकाती जमाअत से हम राष्ट्र मे प्रेम, पुरुषार्थ और प्रलय-निर्माण के लौहपुरुषों को मानव-मन के प्राण-तन्तु देने का काम लेंगे ? घास खाकर दूध देने और दूब खाकर दौड़ने वाला पशु तो हम ढूंढ़ सकते हैं किन्तु आँखें मटकाकर और अस्मत गाकर, आवेश उत्पन्न करने वाला ढूंढ़ना, मानो कलकत्ता जाने के लिए बम्बई की गाड़ी में बैठना है। मीठे-मीठे पथ्य के शब्द, मीठी लगने वाली मुद्राएं, सखीवाद का लहजा, क्या कहने हैं इस साहित्य के ! कहते हैं मीरा इसी पन्थ की थी। जी हाँ, पिता का, पति का और श्रद्धा करने वालों का घर छोड़कर अपने आदर्शों पर मरने की अद्‌भुत क्षमता दिखाने वाली नारी, हम गत तीन सौ वर्षों में एक और तो पैदा कर लेते ! हमारा बस चलता और आज वह पैदा होती तो उसे यदि सिनेमा में नौकर न कराते तो Radio (आकाशवाणी) में तो अवश्य नौकरी दिलवा देते। अत्युच्च हम जरायमपेशा न भी हों तो क्या यह भी सच नहीं है कि हमारे उत्साह-दान से युग के जरायमपेशा पैदा होते ही प्रोत्साहन पाते हैं और आलोचना-ग्रन्थों के ऐयाश, तारीफ के पुल बाँधकर हमारी लचक और ठुमकन पर जब पुरुषार्थ, पुण्य और युग-नेतृत्व का आरोप करते हैं तब तो ऐसा मालूम होता है मानो सृष्टि का उद्धार अब केवल नाजुक बदन नाजुक अकल नाजदारों से ही होने वाला है।

हमारे 'हाँ' या 'ना' में हमें बेईमान होने की कैसी आदत पड़ गयी है, मानो

हमारे मत चाहे जब बदलने के हों और वे मत किसी के चलने के न हों। 'बे-ईमान' भी कैसे कहें ? जब हमारे 'ईमान' में हरारत ही नहीं होती। हम विश्वास को, मत बनाते समय न्यौतते ही नहीं ! हम न 'हाँ' कहने का उत्तरदायित्व समझते हैं न 'ना' कहने का चरित्र ही अपने में पाते हैं। हम अपने विश्वासों को बनाते और बिगाड़ते समय या तो विनोद की मनोदशा में होते हैं। जब हम सोचते ही नहीं कि हमारे मत या निश्चय से किसका क्या सर्वनाश हो जाय; या फिर अपने ही पर बीती हो तो तौल खोये हुए क्रोधी हो जाते हैं। ऐसे व्यक्ति को सम्मान की वेदी पर बैठने के बजाय, किसी कैकेयी के क्रोध-भवन में बैठना चाहिए। ऐसे साहित्यिक जीवों पर यदि कोई यह आरोप करे कि उनके कथन पर समाज के नवीन विश्वासों का उदय होगा अथवा इतिहास और वर्तमान के बीच नवीन कृतियों की स्वर्ण-रेखा खिच सकेगी, तो इसे क्या कहिए ! वर्डस्वर्थ की एक पंक्ति में कहा गया है कि कवि की किसी क्षण की मनोदशा समस्त युगों को समस्त ऋषियों की वाणी से अधिक कस जाती है। नीति का झगड़ा नहीं चाहिए, प्रेम का झगड़ा नहीं चाहिए, समर्पण का झगड़ा नहीं चाहिए। इन नकारात्मकताओं से जाने कौन-सी स्वीकारात्मकताओं का निर्माण हम करना चाहते हैं ? हम बूढ़ों से डरते हैं, कहीं वे हमें साहित्य के इतिहास-कक्ष से बाहर न निकालें। हम तरुणों से डरते हैं कि कहीं वे हमारी चीज को प्रतिगामी न कह दें। ऐयाशों से डरते हैं—कहीं हमारी चीज कोई पढ़े ही नहीं। हम समाज से डरते हैं—कहीं मारकाट और समाज के उत्थान की बातें उसमें न हों। ये सब चिन्ताएँ उसी को हो सकती हैं जिसकी रचना पर आरोप बाहर से करने होते हैं। नहीं तो प्रेम का गायक तो पथ न बदलकर भी इतना कह जायगा कि आज के अपरिपक्व कहे जानेवाले आवेग, कल और आते कलों के स्नेह-भरे आविष्कार तथा समाज के आर्ष वचन कहला सकें। 'चोरजार शिखामणि' कृष्ण और योगेश्वर कृष्ण दो न थे—एक ही व्यक्ति के दो नाम थे।

[अमीर इरादे : गरीब इरादे]

इस निर्माण में रस कहाँ ?

मैं साहित्य के मुँहफट से डरता हूँ। सूझ का अभाव, निर्माण की पुरुषार्थ-हीनता, माता के-से वात्सल्य का दिवाला और विवेक के किसी बिन्दु का मस्तिष्क में ढीला हो जाना व्यक्ति को, लेखक व्यक्ति को भी मुँहफट बनाये बिना नहीं छोड़ता।

कुछ लोग हैं, जो बहुत ऊँची भाषा बड़े मीठे शब्दों में लिखते हैं; किन्तु

उनका पेशा-सा हो गया है कि वे प्रत्येक साहित्यिक को देवता बताकर या देवता सिद्ध कर छोड़ें। इस प्रवृत्ति से प्रत्येक लेखक अपने दानवत्व को छुपाने और मानवत्व से लज्जित होने और अपने देवत्व का स्वाँग भरने के लिए विवश हो गया है, वह विवश कर भी दिया गया है। क्या इसे श्रद्धा कहते हैं? श्रद्धा विवेक नहीं छीनती। वह विवेक नहीं छीन सकती। जुड़े हुए हाथों और झुके हुए मस्तकों पर धूल की तरह चढ़ी हुई झूठ, मानो सत्य से अधिक उज्ज्वल साबित होना चाहती है। कैसा भला-सा होता है रूठना, रीझना और रागात्मक आवेगों का मानव के सृजन-क्षणों में परिवर्तन होने पर किसी रचना में लग जाना। किन्तु देवता की, क्या देवता की आराधना की जायेगी? दोषों को लिये हुए ईमानदार मानव 'चोरजार शिखामणि' कृष्ण होकर भी प्यार की वस्तु नहीं है क्या? वैष्णवत्व इसे स्वीकार नहीं करता। मेरा जी तो कह उठता है कि—

"बृज की रज को परसि कें
पुनि लीजैं सिर धारि।
जाकों बृजबाला वधू
डारैं नित्य बुहारि॥"

देखो, श्रद्धा की रिश्वत पर भी मुझसे प्रेम न छीनो, मैं उसे छोड़ नहीं सकूँगा। मैं देवत्व का उपासक नहीं। भक्ति का मार्ग ही यह नहीं। मैं विशुद्ध अपने-जैसे मानव का और चटखती कलियों, चहकते परिन्दों और चुम्बनरत समर्पणशीलता का उपासक हूँ, इसलिए कि स्नेह का मूलधन पा लेने पर, सिर चढ़ा आने या सिर उतार आने में पुरुषार्थ को कँपकँपी न आवे।

मैं दूसरी खाई से भी बेखबर रहना नहीं चाहता। यह प्यार के नाम पर शिर-दान बढ़ने के बजाय सखी-भाव क्यों बढ़ता जा रहा है? यह पहले भी बड़ा था और हम साहित्यिकों ने मानव की दुर्गन्धि को न जाने किन-किन सुगन्धित विशेषणों सजाया था। आज भी हम मानो 'सखी-भाव' के साहित्य-सृजन में गौरव अनुभव करते हैं। यही सखी-भाव उतरकर हमारे साहित्य में और जीवन में पीढ़ी की पीढ़ी को, पुरुषार्थहीन बनाए है। हमारी लचक, हमारी नजाकत, हमारी बारीक-खयाली, हमारे आँसू, हमारी अपने पर अपनों को आशिक कर-कर लेने की जादूगरी, मानो व्यास और कृष्ण, अर्जुन और भीष्म—सबको अपने सखी-भाव से हमने झूठा साबित कर दिया। दृढ़ता-भरे निश्चय के नेत्र और कष्ट की ओर बढ़ाये हुए चरण, मानो स्नेह और बलिदान के क्षेत्र में पूजा के हकदार नहीं रह गये। देवत्व और सखी-भाव की इन आडम्बर और किन्नरत्व से भरी प्रवृत्तियों के पश्चात् हमारा दावा है, कहीं हमारे नाम और निर्माण के साथ मानव-मनोभाव और मानव-जीवन का रस बरसे। जिस पर मक्खियाँ भिनकें, जो प्राण छुपाकर या प्राण बचाकर साधा जाय, उस निर्माण में रस?

[23 नवम्बर 1957, मध्यप्रदेश संदेश, पाँव-पाँव]

निशान का लक्ष्य

वह दिन धन्य जिस दिन भावना प्रधानत्व वाली कविता, विचारकता को साथ लेकर चलने लगे, फिर वह समय के पद-निक्षेपों से बचकर नहीं चलेगी। वह युग का, वस्तु-स्थिति का, सामना करेगी और उसें अमरता प्रदान करने की अवस्था तक ऊँचा उठा देगी। कलम, एक बार पन्ने पलटकर, अपनी कालिमा में यह तो देख ले कि व्यक्तित्व और स्वाधीनता से भी तू कभी प्रभाविता हुई है ? नहीं हुई तो तेरे जीवन-मरण का मूल्य ही कितना-सा ? लोक-जीवनी की उथल-पुथल और राग-रोष को अगर समय की बैलगाड़ी में से कवि नहीं उठा सका तो केवल महासागरों पर लिखकर, और गिरि-शिखरों के गुण गाकर क्या होगा ? जो भाव विचारों के पास जाते डरते हैं, वे मोहक हों, वे अमर हरगिज नहीं हो सकते। चीजें गहने पहिनाने से, अथवा चटक-मटक से अधिक दिनों नहीं टिकतीं अधिक दिनों तो विचार ही टिकते हैं !

कवि की साध यह होनी चाहिए कि कवि के नाते भले ही उसकी रचना पुरानी पड़ जाय, और नयी पीड़ी के नये जौहर युगों-युगों चमकने लगें; किन्तु विचारक के नाते उसकी कृतियों की अनन्त राशि मानव-स्मृति के लिए बची रह जानी चाहिए। यह हम यहाँ न भूलें कि जो पीढ़ियों से भूलते आये हैं कि, विचारों के मानी उपदेश के नहीं। विचार प्रेरक-शक्ति है; उपदेश, प्रेरणा की अयथार्थता और जीवन के दम्भ जैसा असहाय है। कविता, जो कवि के नाम पर पड़ी रह जाय, जिसमें आगे आने वाली पीढ़ियों के तन्तु न विद्यमान रहें, तो फिर वह कविता काल के स्थानीयत्व के बोझ ही से क्या न दब जायगी ? कवि के अर्थ, नयी पीढ़ी से निकटता का रिश्ता क्यों न हो ? नया युग, नयी पीढ़ी, नयी कविता इन शब्दों में नवीनता का आरोप कर हम उन्हें विशेष वृतका गुलाम और विशेष काल की बन्दिनी बना देते हैं। फिर विचार, संयम, माधुर्य और सौन्दर्य का देश, काल, और पात्र से परे होने का दावा हम धूल में मिला देते हैं। यहीं आकर हम विचारक कवि से उसका स्वयं प्रभ-रूप, उनका स्वयं भूत्व छीन लेते हैं। तब क्या सम किसी को नवीन कहकर उसे गाली देतेहैं ? उसके माधुर्य और प्रेरकत्व को काल के चरणों में बाँधकर उसे समय सोचकर मर जाने की सूचना देने लगते हैं ? क्या ऐसा करने का हमें कोई अधिकार है ?

मजा तो तब आवे जब प्राचीन 'कहन' को नवीन कविता का जनक कहकर शोधक अपने को निहाल करें, और अपने खयाल की छोटी पाँतों की रेलगाड़ी के छोटे डब्बों-जैसे दायरे बनाकर, उसे युग 'मेरा' युग', 'तेरा युग' कहने की अक्ल-मन्दी न दिखावें। काल को मेरे-तेरे में बँटने की इच्छा न कभी थी, न कभी होगी। समय को मुर्गियाँ कोंड़ने का दड़बा-सा तो हमीं बना लिया करते हैं; इसलिए कि

समय को अल्प सीमा में बाँधकर देखने का आग्रह न करें, तो हमारी रचना समय का भूषण नहीं कहला सकती; न माधुर्य के मार्केट में कीर्ति के सिक्कों में उसके दाम ही खड़े हो सकते हैं।

हमारी आदत देखिए। किसी की कल्पकता प्यारी है, तो वह नवीन कवि है। किन्तु कल्पकता तो मूर्ख से मूर्ख व्यक्ति की भी नवीन रहेगी और कविता भले ही न लिखते हों, ऐसे कल्पक व्यक्तियों का न पागलखाने में टोटा पड़ता है न जेल-खाने में। यहाँ अपने आस-पास भी ऐसे जीवों को आप मँडराते देख सकते हैं। तुक बढ़ाते, तुक तोड़ते, तुक मरोड़ते, तुक घटाते, तुकी कहते, बेतुकी कहते, हर समय आप दृष्टि रखें कि सपना, मानवता, सूझ, दिव्य दृष्टि, प्यार और कविता की कसम, खा-खाकर आप अपनी 'कहन' के बैलों को तो नहीं हाँक रहे हैं ? रोमेन्टि-सीज्म (रमणीयतावाद) के बनते और उससे बिगड़ते कहीं हम वादों से हटते-हटते मानव की यादों से तो नहीं घिर रहे हैं। कहीं-कहीं हमारा नवीन कथन जब नहीं सधता तो वह चोचों के मुरब्बों-जैसा अचम्भा बनकर रह जाता है। उस समय 'तू मेरी', 'मैं तेरी' की परस्पर प्रशंसन्ति की तालियाँ हमारी लाचारियाँ बनकर भले आ जाएँ किन्तु लोक-रंजन के नाम पर यह झूठ को गहने पहनाकर सच दिखाने का प्रयास मात्र है। कभी-कभी यह होता है कि युग में ऐसे भारी कवि हो गये प्राचीनों में भी और नवीनों में भी कि उनके सामने हमारी सिपड़ी बँधना कठिन है। तब जिस तर्कहीनता की पूर्ति, पराजित मनुष्य क्रोध से करता आया है, उसी प्रकार हमारा नवीनता का स्वाँग हमारी पराजय-भरी विषमताओं का बण्डल तो हमारी रचनाओं के सिर पर नहीं लाद रहा ? जो कथन नवीन है, वह बेदाग है। अलंकार-रहित भी उसके मौन घुंघरुओं की आवाज नियति के कानों पर कभी मन्द और कभी तीक्ष्ण पड़ ही रही है। वह नवीन कथन विधायक है, क्रियात्मक है, वह परिस्थितियों के बीच निर्भीक है। ऐसे कथन को उसी प्रकार अपनी कीर्ति के लिए विज्ञापन की आवश्यकता नहीं होती जिस तरह भारत के समस्त देवनदों में, परि-क्रमा के योग्य साबित होने के लिए नर्मदा को कहीं विज्ञापन नहीं छपवाने पड़ते। किन्तु यह बिरादरी (brotherhood) सदा बहुत छोटी होती आई है। जरा वर्त-मानत्व का अहं तो देखिए; यह इतना उद्दंड और बेखबर है कि इसे पता ही नहीं कि इसके पहले भी कोई लिखता था। जब अपनों के सामने के लोगों को जीवित गाड़ देने के लिए यह घूमता है तब काल में विलीन हुई महान् प्रेरक व्यंजनाओं की खोज-खबर यह लेगा ? इसीलिए मजे की गिनती होती है कि मैं और मेरा चाँद भाई और उसके पहले तीन सौ वर्षों के पीछे कबीर, सूर, मीरा, तुलसी। यह हमने मैदान मारा है या मैदान मार डाला है ? सच तो यह है कि पिछले तीस-पैंतीस वर्षों से यह भूल हम कर रहे हैं और हमारी नई पीढ़ी हमारे जीते-जी उस विभ्रम का मूल्य हमें चुकाने लगी है। कहन नगण्य भले कहलाये किन्तु उसे युगों-

युगों पीछे तनकर देखना ही होगा। हर निशाने के भाग्य में ही लिखा है कि वह पीछे तनने में झिझका कि आगे का लक्ष्य खंडित हुआ। अतः वर्तमानत्व मे मर जाने वाले कीड़े-मकोड़े बनने के बजाय क्यों न हम युगों-युगों के महान् ग्रन्थ के पृष्ठ-खण्ड कहलायें और काल की सम्पूर्ण पुस्तिका की विरासत के अधिकारी कहे जायँ; जो कि यथार्थ है; हमारी उदासीनता और नकारात्मकता के बावजूद भी।

यों क्लास-रूमों में अथवा छोटे-मोटे मंचों पर हम कभी-कभी प्राचीनों की भी कसम खा लिया करते हैं; किन्तु वह हमारा उत्साह, हमारी प्रेरणा, हमारे जीवन-मरण की जिम्मेवारी नहीं होती। वह हमारी प्रसिद्धि की, हमारे ज्ञान की चुनौती की, हमारी कीर्ति की रखवाली किये रहने की अथवा हमारे रोटी-कपड़े की लाचारी हुआ करती है। अतः यदि ज्ञान हमारे सिर पर बोझ की तरह पड़ा है तो हमारे युग को भी हमारे अस्तित्व का बोझ क्यों न लगने लगेगा? हमने ज्ञान, सूझ, विचार और मौलिकता के प्रति श्रद्धा बोई ही कहाँ? हमने तो मेरे और तेरे लिए श्रद्धा बोई है। अतः इस 'तू' और 'मैं' के मरने के बाद विश्वास और श्रम कही ढूँढ़ें क्यों मिलें? पिछले तीस-पैंतीस वर्षों में पीढ़ियों में हमने जो कुछ बोया है वही तो उगा है। राजा रवि वर्मा ने एक चित्र बनाया है कि विश्वामित्र के तपो-भंग के परिणामस्वरूप जब स्वर्ग की उर्वशी मेनका को लड़की पैदा हो गई और जब वह विश्वामित्र के सामने लायी गयी तो अपनी ही कृति को सामने देखकर ऋषिवर विश्वामित्र ने मुँह फेर लिया। क्या वर्तमान पीढ़ी को देखकर अपनी उपज के इस चातुर्य पर हमारे विश्वामित्र मुँह नहीं फेर रहे हैं? अतः जिनकी मूँछें छोटी हैं उन्हीं को युग के विवेक की ओर नहीं लौटना है किन्तु जिनके बाल सफेद हो गये हैं या होने लगे हैं या जिन्हें अपने काव्य और विवेक की विशेषता का दावा है उन्हें भी अपनी भूलों का प्रक्षालन करने के लिए युगों-युगों की ओर लौटकर देखना पड़ेगा; और उपहासपूर्वक जिनकी उपेक्षा की थी, आयासपूर्वक उन युगों की खोज करनी होगी। माना कि देरी से किये जाने वाले इस कर्त्तव्य-पालन में पीढ़ियाँ उन्हें गौरव के हारों से सम्मानित नहीं करेंगी किन्तु यह सन्तोष तो बुढ़ापे में होगा ही कि हमने अपनी भयंकर भूल का परिमार्जन किया। फिर हम यह भी जाकर देखें कि उम्र के उतार से जो तारुण्य या जो बचपन प्यार, प्रेरणा और त्याग पाता है वह लौटाकर नहीं देता। जिस तरह हमने आगे आने वाली पीढ़ी को दिया था वह पीढ़ी भी आगे आने वाली पीढ़ियों को ही देगी अतः हम सेवा से सन्तोष मानें। प्यार और प्रशंसा तो ही मिलते रहे हैं और उन्हीं को मिलते रहेंगे। हाँ, यदि हम में दूब-जैसे नन्हे बने रहने का बल हो तो हम आज भी ललक की वस्तु बने रह सकते हैं—

नानक नन्हे ह्वै रहो, जैसे नन्ही दूब,
घास-फूस जल जायगा, दूब खूब की खूब।

किन्तु हमारे बड़प्पन का अहम् छोटेपन की यह साधना हमें करने देगा? फिर हमारी कीर्ति, हमारे सम्मान, हमारे अभिनन्दन, हमारी ऊपर-नीचे होने वाली पूछ, और हमारी जय-जयकार तथा हमारे भक्तों का क्या होगा? किन्तु भाई मेरे! गुणों और आवश्यकताओं की इस भीड़ में से कोई भी कला नहीं है। कृतज्ञता ढूँढ़ने के प्रयास में भी युगों-युगों अमर रहने के लिए तो कृतज्ञता को भी कला बन-कर आना पड़ेगा। तब उसका जन्म होगा, वह गोद में बैठेगी, वह दुलराई जायगी, उसके जन्म पर बाजे बजेंगे और उसके लिए युग-प्रभु इस विश्व-शिशु को मिठाई खिलाकर धन्य होता रहेगा।

[27 दिसम्बर 1957, साप्ताहिक हिन्दुस्तान में 'कवि का दायित्व' शीर्षक से प्रकाशित; अमीर इरादे : गरीब इरादे]

कायापलट ?—कैसे ?

गर्व तो यह है कि हम कविता का कायापलट कर रहे हैं। कर तो रहे हैं, किन्तु कविता के कायापलट के अर्थ क्या केवल वृत्तों में या थोड़ी-सी उपमाओं में अन्तर कर देने भर के हैं? हमारी लिखावटों में भावनाओं के जो चित्र हम खींचते हैं वे यथार्थ भावनाओं से कितने दूर पड़ते हैं, कभी हमने सोचा है? ऐसी भी भावकृति हमारे सम्मुख कभी-कभी आ खड़ी होती है, जब उसमें भाववृत्ति का ही अत्यन्ताभाव होता है। आज जिन्हें हम मधुर गीतों की श्रेणी में गाये जाते सुनते हैं, उनका आगमन, आविर्भाव अथवा अवतार, हमारी सनक में से कदाचित् ही हुआ हो, किन्तु प्राचीन रचनाओं के प्राण-प्रेरक कथन से अधिक हुआ है। अपने जीवन के गिने-चुने वर्षों का अहं कितना हास्यास्पद है, जब हम कला, सूझ और इसके समस्त वायु-मंडल को अपने और अपनों के अस्तित्व के आस-पास मँडराते देखते हैं। प्रेम-गीतों की पहुँच और अनुभूतियों, अथवा प्रलय-गान की युद्धोन्मुखी अथवा परिवर्तनजयी प्रवृत्तियाँ क्या हमने, इस युग की कविता ने जाग्रत कीं?

हमारे प्रयत्नों के तीन नाम हैं? हमें याद रहे तो भला, न याद रहे तो मर्जी—

1. जब अहिन्दी उन्मेष-भरे ने हिन्दी में कविता लिखी तब उसने देखा, हिन्दी का मैदान खाली है; उसने जो चाहा लिखा, और उसके रस के परिपाक के लिए नहीं; काव्य-रहित सूझों और विवेक लेकर स्वयं काव्य के विनाश-पथ में भी हमारी तालियाँ उसे मिल गयीं।

2. काव्य ने, विश्व में तथा एशिया में भी किंचित् कहीं रंग बदला और

जिसके हाथ कल्पना पर जमने न पाये थे और सूझ जिन्हें बेचैन किये हुए थी उन्होंने सूझों को जमा-जमाकर मनमाने तरीके से कभी निकट और कभी दूर की तुकों में जोड़ दिया और कहा, यह लो कविता ! लोग दौड़े और कविता 'मार्के-टिंग कमोडिटी' बन गई।

3. कविता का माधुर्य जिनके बूते का रोग नहीं था, उन्हें इस पर्वकाल में लाभ उठाने का स्वप्न पड़ना अत्यन्त स्वाभाविक था। उन्हें स्वप्न पड़ा; फी-जमाना ऐसे लोगों को ऐसे स्वप्न पड़ते आये हैं ![1]

नतीजा यह हुआ कि कविता ने पहिले युग से जी चुराया; फिर व्यक्तित्वों से जी चुराने लगी, माधुर्य से भी जी चुराते उसे संकोच नहीं हुआ, और अचम्भा तब हुआ, जब कविता कविता से ही जी चुराने लगी और उस प्रकार की मौलिकता कहा जाने लगा।

और यह सब हुआ इसलिए प्राचीन रचना, प्रतिभा-हीनता की प्रभुता प्रस्थापित कर कह उठी, 'मैं युग-निर्माणकारी हूँ। यहाँ एकछत्र मेरा राज्य है।' गरज यह कि मराठी कवि स्वर्गीय गोविन्दाग्रज के शब्दों में कविता की धर्मशाला इतनी भर गयी कि युग-निर्माणकारियों से सिवा नवीन प्रतिभा का उसमें प्रवेश निषेध हो गया।

इधर हमारी रचनाओं में यदि रीतिकालीनता का तिरस्कार हुआ तो प्रतिभा, और सूझ तथा माधुर्य को प्रायः तिलांजलि देकर; अथवा माधुर्य लौटा तो फिर ऐसा कि हमारे प्रणय-गीतों से रीतिकालीन कविता शरमा उठी। लोग पूछने और सोचने लगे कि यदि ये ही प्रणय-प्रलाप होने थे, तो रीति कालीन कविता का, वृत्तों की बनावट के सिवा और दोष कहाँ है ?

उधर कविता, कला और साहित्य, शताब्दियों से इस देश में अपनी एक वेदी से उतर चुके थे, वह वेदी थी प्रेरणा-दान की। जन-जीवन के आगे बढ़ने अथवा कसमसा उठने पर; कवि और लेखक दौड़कर उस कसमसाहट का अपनी कला और कलम से समर्थन करते थे और प्रसिद्धि, प्रशंसा और पुरस्कार पाते थे। किन्तु शताब्दियों से मार्ग-दर्शन का काम साहित्य छोड़ चुका था। इसका मार्ग-दर्शन का अधिकार तो उसी दिन नष्ट हो गया, जब इसने सन्तों और प्राणों पर खेलकर सपनों को ऊँचा उठाने वालों को एक तरफ कर दिया। उस समय शुद्ध साहित्य के किन्नरों की टोली यदि माधुर्य के खिलौने जनने मे, या मनोरंजन के घरौंदे बनाने में लग गयी तो इसमें आश्चर्य कहाँ ? कविता, न जाने क्या करने बैठ गयी है ? किन्तु समूचे साहित्य में जो नवीन चाहिए, उसकी ओर ध्यान नहीं है। यदि दिल्ली या दक्खन कुछ उठे, कुछ करे, कुछ भड़के, कुछ लड़े, कुछ बलि-

1. उपर्युक्त नकारात्मकताओं से बचकर जो कविता है वह श्रेय है और प्रेय भी।

दान हो, कुछ विधायक करें, तो हम भी उसका समर्थन करने दौड़ें।

हम तो मानो राजनीति के अथवा समाज-रचना के चलते हुए इंजिन से लगी हुई रेलगाड़ी के कृतिमान या बेकार यात्रियों के बोझा उठाने वाले और यात्री के रंजन अथवा उसकी इच्छा के स्थान पर पहुंचा देने वाले कुली मात्र हैं, जो युग के रेलवे स्टेशन के वेटिंग-रूम के आसपास अड्डा जमाये बैठे हैं, हममें से कुछ हवाई अड्डों पर टैक्सी लिये खड़े हैं, अग्रगामी हैं, किन्तु हैं सबके सब युग-यात्री के मातहत कुली, हम अपने समर्थन द्वारा समर्थन करते हैं और विरोध द्वारा भी समर्थन ही करते हैं। इसीलिए गिरि-शिखरों, युद्ध-क्षेत्रों, आविष्कारों, भूतकाल से भविष्यकाल तक की सूझ का लेखा-जोखा लेने वालों, अस्तित्व से दो टूक बात कहने वालों और प्राण देकर भी मानव की दिशा बदलने वालों में हमारा टोटा पड़ गया है। वही हमारे पालतू शब्द हैं, पालतू भाव भी और पराजय की खीझ से पैदा हुए हमारी उलटी-सुलटी उपमाए हैं, और अनगढ़ अलंकार। इसीलिए जिस तरह नाचने-गाने वालों की एक श्रेणी बना दी गयी है, हँसाने और मनोरंजन करने वालों की एक श्रेणी बना दी गई है, उसी तरह हम अपनी एक श्रेणी बना कर बैठ गये हैं और इसी श्रेणी में आपस में दुलत्तियाँ करके हम महान् युग का महान् निर्माण किया करते हैं। हमारा काबू चलता तो हम एक बार कबीर, तुलसी, मीरां, सूरदास और हाँ, भारतेन्दु को भी गिरा कर या भुला कर देखते, किन्तु इसी बीच देश स्वतन्त्र हो गया है, और अपने बौने प्रयासों को लेकर समस्त देश के साहित्यिकों को एक दूसरी भाषा का उसके माधुर्य, मौलिकत्व और रस का उसकी सूझों की खिलवाड़ों का सामना करने का दिन आ गया। यहीं क्यों, समस्त एशिया जाग उठा है और इन देशों का साहित्य हमारे देश के साहित्य की ओर उन्मुख हो उठा है, और समस्त एशिया इस समय पूर्व और पश्चिम के ज्ञान, उसकी सूझों और परिवर्तनों का सामना करने के लिए, या तो उसकी सूझों जैसी सूझें देने अथवा उसकी श्रेष्ठता के सामने नगण्यत्व से बचने के लिए बाध्य हो गया है। समाज का यथार्थ प्रतिनिधित्व उलट-पुलट उपमाओं अथवा तुके और बेतुके प्रयासों से नहीं किया जा सकता। असल में होड़ तो हममें और आविष्कारों में होनी चाहिए। देश की समस्त भाषाओं के कुछ क्षेत्रों ने इस दिशा में कुछ काम प्रारम्भ किया है। लोग देख रहे हैं कि हिन्दी का कला-वैभव इस सृष्टि के बीच किस अदा से खड़ा होना चाहता है। आवश्यकता है कि साहित्य का और केवल साहित्य का दृष्टिकोण लेकर हमारे कुछ तरुण एशियायी देशों की ओर उन्मुख हों, कुछ हमारे देश की भिन्न-भिन्न भाषाओं में उतर जायें और कुछ विश्व के पूर्व और पश्चिम के देशों में सामंजस्य, स्फूर्ति और निर्माण ढूंढ़ने के लिए निकल पड़ें। वे किसी भी दिशा में न दास बनाने की मूर्ख कल्पना लेकर निकलें, न दास बनने की। अपना भूतकाल यदि उनके नेत्रों में सजग है तो उनके भविष्य काल के

निर्माण की क्षमता भी उनके हाथों में सुरक्षित रहेगी। वे देखेंगे कि विश्व-भर में वही रस विद्यमान है जिसका हमारे घर में हम आलोड़न और उपक्रम साधा करते हैं। वे देखेंगे कि हमारी उनकी ओर दौड़ने की इच्छा से, उनकी हमारी ओर दौड़ने की इच्छा कम बलवती नहीं। वे हमारी ओर तो दौड़ते ही रहे हैं। किन्तु यहाँ आकर वे हमारे खँडहरों से बोलते थे और भोजपत्रों से कानाफूसी करते थे। हमें उन्होंने इस लायक समझा ही नहीं कि उनके निर्णयों और सूझों का अनुवाद करने के सिवा, अथवा उनके एकत्रित पत्थर, धातुओं और वस्तुओं को उनके निर्दिष्ट स्थान पर पहुँचने के सिवा हमारे वर्तमानत्व का भी उनके पास कोई उपयोग है। हम सजग रहें कि हम केवल हमारी ओर दौड़नेवालोंकी कहानियों और कविताओं के मसाले देने भर के काम न आवें। किन्तु आविष्कारों से उलझने की प्रवृत्तियों से, उलझने की हमारी वृत्ति से तथा व्यक्ति, वस्तु, परिस्थिति और माधुर्य को उपस्थित करने की हमारी कला से विश्व की सूझ प्रभावित हो सके।

विश्व-जीवन के सामने जाकर हम आकार और प्रकार बदलने का स्वाँग न भरें। आवश्यकता पर अनुभूतिऔर सृजन दोनों निर्माणकारी रूप में दे सकें। हम विश्व के साहित्यिकों से ही नहीं सन्तों और सामन्तों, दार्शनिकों, इतिहास निर्माण करते हुए कार्यशीलों की गतिविधियों से प्रेरणा लें और वह हमारी अपनी चीज हो। हम अपने घर में भी यही करें। हमसे तो सन्त, गायक और कलाविद, कार्यशील, बलिपन्थी और ज्ञाता सबके सब एक साथ ही छूट चले, मानो उनसे हमारा कोई रिश्ता ही न हो। हम अपने प्रशंसक और निन्दक की दृष्टि से देखना छोड़ें और इस बात का अनुभव करें कि हमारे भी नेत्र हैं जिसमें प्रज्ञा का एक तीसरा नेत्र भी सम्मिलित है। हमारे नृत्य और संगीत, मूर्ति और चित्र से लेकर निर्माण के नित नव प्रयत्नों में एक लय है जो सर्वांगीण है। हम जो स्वप्न देखते हैं, जो गा उठते हैं, सूझों के जो कौशल हम निर्माण कर उठते हैं, वैसे ही मनोरम खेल, वन, नदियाँ, गिरि-गह्वर और खदानें सूझों से होड़ लेते-से काम कर रहे हैं। जरा हम देखें तो। हम सावधान रहें कि सूझें, जहाँ लड़कियों की तरह एक माँ से जन्म लेती हैं, वहाँ वे पुनः माँ बनकर ही बैठ जाती हैं। अतः उनके निर्माण में हम बाजे ही बजावें, उनकी ओर दुर्लक्ष न करें, और परिस्थितियों, व्यक्तियों और जगत् को हम खुली आँखों अथवा मुँदी आँखों निर्माणकारिणी कलम लेकर देखें। क्योंकि सूझ का क्षण तो लड़ाकू लड़कियों की तरह होता है। वह निर्माण में गफलत करने पर गुस्सा होकर चला जाता है और फिर लौटकर नहीं आता।

[23 फरवरी 1858, साप्ताहिक हिन्दुस्तान;
अमीर इरादे : गरीब इरादे]

कला मिलन का महोत्सव

कला बहुत फैलती है, युगों-युगों फैलती है और देश-देशान्तर पर छा जाती है। किन्तु वह अपने प्रचार का कोई साधन अपने पास नहीं रखती। उसी तरह जिस तरह गंगा को अपने पानी की श्रेष्ठता के लिए अथवा सूरज और चाँद को अपने प्रकाश के लिए संसार की किसी एडवरटाइजिंग एजेन्सी की जरूरत नहीं होती। कला जहाँ एक तरफ भगवान् की रचना का भावानुवाद है वहीं दूसरी तरफ सृष्टि के मौन आनन्द-कणों की मानो वह साँस है। इसीलिए कला को स्वच्छन्द विचरण करने में मनोवैज्ञानिक या सामाजिक, भौगोलिक या ऐतिहासिक किसी प्रकार की रुकावट नहीं होती किन्तु प्रचार की आदत कला से ठीक विपरीत होने की है। जो नहीं है उसे व्यक्त करने और जो है उसे छुपा जाने की चतुरता प्रकाशन की कमजोरी है, प्रचार की लाचारी है। आयरलैंड के अमर शहीद हेरेन्स मेक्स्विनी ने एक बार जेल से भूख हड़ताल करते हुए, आयरलैंड की स्वतन्त्रता के लिए लड़ने वाले अपने सिनफीन दल के मित्रों से कहा था। आयर की स्वतन्त्रता-शक्ति की सफलता के लिए 'मैं प्रचारक से बहुत डरता हूँ, वह बेजाने भी बेईमान हो जाता है। जिस दल में रहता है अथवा जिस बात के समर्थन में रहता है उसके लिए दलील देते समय वह अपने हृदय और ईमान से कभी नहीं पूछता।" सच पूछिए तो विश्व के देशों के अनेक भेद और उनकी अनेक खराबियाँ इसीलिए पैदा हो सकीं कि उन खराबियों के लिए प्रचार किया गया।

कला जनजीवन से अपमानित होकर भी ऐसा कुछ करने के लिए प्रस्तुत नहीं होती जो उसके श्रम और आनन्द के अतिरेक से निर्मित योग को, प्रकृति की पुकार, जीवन की आवश्यकता और भगवान् की वाणी की उल्लास और उसाँस-वृत्तियों को व्यक्त न कर सके। इसलिए जब किसी देश की मूर्ति, उसके चित्र, उसका नृत्य, उसका संगीत, उसका साहित्य और उसका काव्य किसी दूसरे देश में पहुँचता है तब वहाँ उसका स्वागत किया जाता है। राजनीति में मानव-मानव के बीच कितने झगड़े किन्तु लखनऊ का गायक हो और त्रिवेन्द्रम् का मृदंगम् का वादक, बंगाल का बाँसुरीवादक हो, और काठियावाड़ का सारंगी बजाने वाला तब उनके बीच जाति-पाँति का कोई भेद नहीं रहता। वे भेद मिटाने का उपदेश नहीं करते, भेद मिटाने की डींगें नहीं हाँकते किन्तु उनकी गति से देश की समझ के दरवाजे खुल जाते हैं, उनकी कला से भेद अपने आप मिट जाते हैं।

यह बात नहीं है कि कला आपस में झगड़ती न हो, वह भी झगड़ती है। किन्तु मधुर को अति मधुर, स्नेह को अति स्नेहिल कर देने के लिए। साहित्य को लीजिए वह अर्थ को आगे करके चलेगा रस को पीछे, संगीत ठीक इससे विपरीत रस और ध्वनि को आगे करके चलेगा; उसे पता ही नहीं रहेगा कि अर्थ को वह

कहाँ छोड़ आया। चित्र की अँगुलियाँ अथवा मूर्ति के प्रहार यह जानते ही नहीं कि मानव के कोमल से कोमल हाव-भावों को रंगों में छुपाते या पत्थरों पर उतारते हुए उन्हें कभी किसी प्रकार की झिझक होती है, तब किसी देश और किसी काल का पात्र कितना शत्रु होगा कि चित्रों के रंगों से अधिक रंग बदल-बदलकर मिले और कितना कठोर होगा कि प्रतिमा के पाषाण से बढ़ जाय। जब इन पर रंग चढ़ जाता है और कुरेदन उतर आती है, तब साँस लेते हुए मानव की क्या बिसात है कि कला से प्रभावित न हो उठे।

कला के मानी मानव के अन्तरंग के अस्तित्व की वह साँस है जिसे मृत्यु कभी पराजित नहीं कर सकी। उस दिन एक गाय के कद में बने हुए गाय के चित्र को सड़क से जाती हुई एक गाय ही चाटने आई तब यद्यपि उस चित्र का रखवाला चाटने आयी हुई गाय को लाठी से दूर हाँक आया किन्तु मुझे तो चित्रकार की अँगुलियों की उस सफलता पर आनन्द हो आया कि पशु के चित्र से उन अँगुलियों ने पशु को भी प्रभावित कर दिया।

कला बोलने का रोजगार नहीं करती और प्रचार की बुरा आदत है कि वह सिर्फ बोलने का रोजगार करता है। कला अपनी दशा, अपने देश और अपने काल की प्रतिनिधि बनकर अपना प्रतिनिधित्व आप किया करती है। वह एक अन्तःकरण की मसोस को दूसरे अन्तःकरण में पहुँचाने की क्षमता रखती है। यह माना कि कला को नाम धरने वालों की, उसे तिरस्कृत करने वालों की भी एक पीढ़ी होती है किन्तु युगों-युगों को भेदती हुई कला आज भी जीवित है और नाम धरने वालों का नामलेवा और पानीदेवा दिखाई नहीं देता।

कला श्रम को माधुर्य से मिलाने और इस तरह अस्तित्व को अमर बनाने का साधन है। मेरे पड़ोस ही में नई रेलवे लाइन बन रही थी। एक मजदूर सिर पर गेंती-फावड़े लादे चला जा रहा था। साथ में और भी स्त्री-पुरुष मजदूर बोझा लादे चले जा रहे थे। किन्तु गेंती-फावड़े लादे हुए उस मजदूर के गले में एक ढोलकी टँगी हुई थी। मुझे लगा, मजदूर के श्रम की दूख क्यों न पुरानी पड़ जाती होगी जब यह ढोलकी और अलगोझे पर रात को कोई तान छेड़ बैठता होगा।

हम मानव, हमारे कामों में हमारी दुर्गन्धित नीयत छुपी होती है, जिससे संसार का मानव हमसे डरता है, परस्पर एक दूसरे से सन्देह करता है। किन्तु कला के विश्व-विचरण के लिए उसे पास-पोर्ट नहीं लेने पड़ते। पिछले महायुद्ध के समय लोगों ने विचित्र बातें देखीं। शताब्दियों के बनाये हुए चित्रों को बम-गोलों से नष्ट न होने देने के लिए छुपा-छुपाकर सुरक्षित स्थानों में रखा गया था, फ्रांस में, रूस में, इंगलैंड में, सब जगह। किन्तु मानव की लाशें सड़कों पर पड़ी हुई गाड़ने वालों का टोटा अनुभव कर रही थीं।

कला पर इतिहास की बेलिखी शताब्दियाँ लिखी होती हैं। इसलिए उसे नष्ट करना मानव द्वारा अपने सम्पूर्ण विकास की अमर स्मृतियों को नष्ट कर देने के समान है। अंग्रेजों से भारतवर्ष का झगड़ा बहुत कठोर था। किन्तु कला के आदान-प्रदान का असर अंग्रेज और हिन्दुस्तानी के भेद को भुलाकर किसे सहज भाव से कला में उतर आता है ? इसलिए जब शासन और प्रचार के रथचक्र ठहर जाते हैं और युग का प्रचार जूआ डाल देता है तब कला मानो ऊँचे पर उठकर विश्व-बन्धुत्व की स्थापना करती है, सीमाओं के बन्धन तोड़ती है, मानव और मानवी के विकारों को आकार प्रदान करती है, उल्लासों की खैरात बाँटती है, आँसुओं के मोती बना-बनाकर ढालती है कि जरूरतमन्द दुनिया उसे लूट ले ! शासन, सिंहासन और मुकुट बदल जाते हैं किन्तु कला के बृहस्पति की मृगछाला को चुनौती देने वाला पैदा ही नहीं हो पाता। कहते हैं सम्राट् औरंगजेब संगीत के बड़े खिलाफ थे, उनके सामने से एक जनाजा निकाला गया। सम्राट् ने अपने महल में बैठे-बैठे पूछा, यह किसका जनाजा है। आस-पास के मुसाहिबों ने डरते-डरते कहा, जहाँपनाह ले जाने वाले कहते हैं कि यह संगीत का जनाजा है। किन्तु जमाना देखे कि आज बादशाह नहीं है, बादशाहतें उजड़कर उखड़ गयी हैं किन्तु संगीत जिन्दा है और वह फूल-फल कर, फैल-फैलकर युगों-युगों के पराजित प्रचार को जीवित कर रहा है कि जिस जाति की कला जीवित है वह जाति अमर है और कला के रूप से और बनाव-सिंगार से देशों और युगों की पहिचानें पूछी जाती और पूजी जाती हैं। कोरा प्रचार परिस्थिति का मुहताज होता है। परिस्थिति से ऊपर उठने के प्रयत्नों में उसे कला का ही मुखापेक्षी होना पड़ता है। अपनी क्षरता, अपनी अपूर्णता और अपनी अस्थिरता को अक्षरता, पूर्णता और स्थिरता में परिणत करने के लिए प्रचार को कला का ही आश्रित होना पड़ता है।

अभी इसी वर्ष भारत में हमने बुद्ध-जयन्ती मनाई थी देश-व्यापी पैमाने पर ! भारत से सुदूर जापान तक आये एशिया में पूजा भावना की एकता कौन स्थापित कर गया ? वे कला के मन्दिरों में स्थापित भगवान् बुद्ध की पाषाण मूर्तियाँ हैं जो मूर्ति-पूजा की परम्परा तक से ऊँचे उठकर पश्चिम एशिया की स्नेह-भावना को बाँधे हुए हैं। इसी तरह धर्म-गुरुओं को केवल एशिया ने जन्म दिया क्योंकि युगों-युगों कुस्तुन्तुनिया से लगाकर जापान के 'क्याओ चाऊ' शहर तक पूजा भावना की एक-सी जोति जगाने में, मानव को एक-सा प्रेरित करने में, जंगलों, पर्वतों और नदियों को एक-सा सम्मान देने में हमारी कला ने अद्भुत प्रतिनिधित्व किया है।

कला में अमीर-गरीब का भेद नहीं है, पूजा-भावना में द्वेष नहीं है। अतः कला द्वारा किया गया प्रचार शाश्वत होता है, बेरोक-टोक होता है, स्थायी होता है।

[अमीर इरादे : गरीब इरादे]

साहित्य : मरने की प्रतीक्षा

क्या साहित्य में भी आपने कोई सम्प्रदाय बना लिया है ?

अभी उस दिन, चौधरी मुन्ने खाँ और पण्डित मुन्ने भैया कह रहे थे कि ध्रुपद के सिवा गायकी नाम की चीज़ ही कहाँ है ? भला ख्याल की भी कोई गायकी है, छोकड़ों का खेल, और अड़ाना ? अजी खुदा का नाम लीजिए।

दाँत के डाक्टर बोले, शेष डाक्टरी में बचता ही क्या है ? दाँत अच्छा तो आँत अच्छी, आँत अच्छी तो दिल-दिमाग अच्छे ।

यदि इन सयानों की सीख पर चलिए तो, अपने विकास, विद्रोह और आनन्द ही को न छोड़ दीजिए, भविष्य को भी खतरे में डाल दीजिए।

लगभग 30-35 वर्ष से हिन्दी का कलापक्ष भी जाने कैसे साम्प्रदायिकता से पीड़ित-सा हो गया है । क्या उसे वैसा ही रहने दिया जाय ? छाया, प्रगति, प्रयोग,···अब शायद प्रमाद का नम्बर है।

सत्य काव्य में आकर अनुकूल वातावरणों से अलंकृत होता है।

भावना कला में आकर हृदय से वस्तु तक स्नेह की सीधी खड़ी रेखा खींच पाती है।

कल्पना, काल में भी, मानव और मानवी को ऊँचे पर गहरे में, विस्तृत पर बैठकर अल्प का उचित आकलन करने, अल्प में जन्म लेकर विस्तृत और गहरे तक पहुँचने या पहुँचा देने का वह बल है, माँ की भाषा में बोलें तो प्रज्ञा के नन्हे शिशु को आगे बढ़ा ले जाने वाली कल्पना माता की वह अँगुली है, जिसके सहारे मानवता जीवित है ।

ये सम्पूर्ण, एक की महान् पूर्णता के अनेक साधन हैं। किन्तु हमने इन्हीं में आपस में कुश्तियाँ लड़ा दीं और सम्प्रदाय खोलकर बैठने लगे।

इस बीच यदि कला रूपरंगी के हाथ पड़ जाय तो उसे गृह-कलह दीख उठे, यहाँ-वहाँ, जहाँ-तहाँ, कहाँ नहीं ?

और यह प्रतिभा नहीं, विशुद्ध प्रतिभाहीनता ही इसे कहना चाहिए। यह जूठन है, जो हम उठाने लगे हैं। हमसे पहिले, यह भेद-भाव पश्चिमी देशों के काव्य में आया, वहाँ की कला में आया । उनका समष्टिवाद व्यष्टि की उपेक्षा करके विकसित हुआ किन्तु हमारे घर तो हम अणु को ही महान् रूप में देखते आ रहे थे ।

'अणोरणीयान् महतो महीयान्'

हमारा लेखक और विचारक बाध्य है, कि वह किसी भी दशा में साहित्यिक नही रह पाता । उसे रोटी-रोजी का कोई रोजगार ढूँढ़ना पड़ेगा, और मिले हुए समय में साहित्य सेवा करनी होगी । स्कूलों और कालेजों में जो कुछ होता है, उसके प्रभाव को बचा ले जाना, विचारक के लिए कठिन होता है। वह दुनिया को

भी एक क्लासरूम समझने लगता है, और उसकी रचनाओं पर इस परिस्थिति का बचकाना प्रभाव पड़ने लगता है। जीवन के क्षेत्रों में, एक रहा पत्रकारिता का क्षेत्र। एक तो इसमें अधिक श्रम करके भी थोड़ा-सा देने की सामर्थ्य है, दूसरे शासन स्वयं इस व्यवसाय का ईमानदार सहायक नहीं रहना चाहता। अतः पेट सँभालकर साहित्यसेवा करना, ईमान बेचकर रोटियाँ खरीदने का व्यवसाय हो जाता है। और वे रोटियाँ भी पेट भर न मिलें तब क्या हो?

किन्तु पत्रकार होने में साहित्यकार को इतनी ही कठिनाई नहीं है, वह अपने काम का चौबीसों घंटे का गुलाम होता है। कभी लिखता है, और शेष समय में सूझों से उलझा सोचता रहता है, दूसरे दिन उसे लिखना जो है।

फिर भारतवर्ष में अधिकतर पत्र कानून पूंजीपतियों को देखकर बनते हैं। परिणामतः पत्रकार-साहित्यकार अत्यन्त सन्देह की दृष्टि से देखा जाता है। इस 'ससर्पगृहवास' में कोई क्या खाक साहित्य लिखे।

अतः भिन्न व्यवसाय, व्यक्ति को लेने होंगे। और अन्य व्यवसायों को साहित्य से क्या लेना-देना? अतः कोई-कोई ही, अन्य व्यवसायों में जाकर साहित्यिक के नाते पनप पाते हैं।

जिस पर, इस देश के साहित्य में एक बड़ा संकट और आ गया। केन्द्रीय और अधिकांश प्रान्तीय सरकारें बनीं। उनमें साहित्य से सम्बन्ध ही गायब। केन्द्र में अंग्रेजी जमाने के चले जाने के पश्चात् भी अंग्रेजी बोलने, अंग्रेजी की प्रशंसा करने का बहुत ही विचित्र वातावरण है। 'जियो और जीने दो' का लक्ष्य राष्ट्र के लिए मान्य है, किन्तु भारतवर्ष की भाषाओं के लिए मानो मान्य नहीं है। यदि भारतीय भाषाओं की प्रशंसा किसी लाट बहादुर ने की तो ऐसी भाषा की प्रशंसा हाँकेंगे जिस भाषा में, 'वक्ताजी' कुछ भी नहीं जानते। रेडियो पर कुछ उत्सव हो लेते, कुछ गीत भी होते हैं, कुछ साहित्य भी पढ़ा जाता है और ब्रिटिश जमाने से कुछ अधिक संख्या में। किन्तु देशी भाषाओं का मानो कोई इतिहास नहीं है। जिसकी बन आई, उसका ठाठ आ गया है। जो मर गया, वह अच्छा, जो जीवित रह गया, वह यदि ऊँचे पर बाँध नहीं दिया गया है, तो बुरा। सब भाषाओं के वरद सरस्वती-पुत्रों को अपने अस्तित्व के फल भोगने पड़ रहे हैं। और जो सरकारी नाच-गान और मौज-मजे चल रहे हैं, वे सब भाषा और कला के उद्धार के नाम पर। मानो पिछले पचास वर्षों में जिन्होंने इन देश के साहित्य के लिए सहा, उन्हें यदि राष्ट्र का बल चाहिए, तो पहिले वे मरें, तब उन्हें सरकार यानी सरकार की एजेन्सियाँ पूछने लगेंगी। हाँ उन्हें नाच-गान के शीन-काफ से दुरुस्त होना पड़ेगा।

[अमीर इरादे : गरीब इरादे]

गांधीजी पत्रकार के रूप में

जब-जब मैंने महात्मा गांधी के पत्रकारत्व के विषय में सोचा है, मुझे स्मरण रहा है कि देश और काल की कसौटी पर, ईश्वरीय विश्वास और श्रम में अटूट श्रद्धा के साथ, बिना किसी को सताये अपने प्रयत्न को शोध बनाते जाना गांधीजी के पत्रकारत्व की विशेषता थी। विश्व में ऐसे कितने ही ग्रन्थकार हैं जिन्होंने यद्यपि किसी पत्र का सम्पादन नहीं किया है किन्तु लोग उन्हें पत्रकार मान सकते हैं। समाज को समय की कसौटी पर कसने वाला कोई भी हो, वह पत्रकार कहलाने के उत्तरदायित्व से मुक्त नहीं हो सकता। किन्तु महात्मा गांधी तो स्वयं 'यंग इंडिया', 'नवजीवन', 'हरिजन' और 'हरिजन-सेवक' का सम्पादन और प्रकाशन भी करते रहे। यही क्यों, इन पत्रों से पहले वे दक्षिण अफ्रीका में 'इंडियन ओपीनियन' नामक एक पत्र का संपादन करते रहे। संवाद, पत्र, लेखन-चर्चा, भेंट, मत-निश्चय मत-प्रकाशन और मतानुकूल वर्तन आदि क्षेत्रों में गांधीजी से महान् संपादक कदाचित् इस देश में पैदा नहीं हुआ। वे महज सुलझा देने की दृष्टि से किसी समस्या को नहीं पकड़ते थे। समस्याएँ ढूंढ़ना और सुलझाना, व्यावहारिक सतह पर सुलझाना उनकी जनसेवा की परम्परा का एक महान् अंग बन गया था। इसीलिए उनके 'यंग-इंडिया', 'हरिजन' तथा 'हरिजन सेवक' में प्रकाशित होने वाले लेखों को लोग प्रकाशित होते न होते अपने पत्रों में छाप दिया करते थे। यों इस देश में जन-जीवन का उद्धार करने की दृष्टि से अथवा उसमें घुल-मिल जाने के विचार से स्वर्गीय लोकमान्य तिलक ने भी इसी पथ को अपनाया था। समस्या अथवा घटना चाहे उड़ीसा की हो, चाहे दिल्ली की, चाहे बंगाल की हो, चाहे तमिल, तेलगू और मलय देश की, उत्तर प्रदेश की हो, चाहे मध्य-प्रदेश की, गांधीजी उन समस्याओं अथवा घटनाओं का अपने छोटे से साप्ताहिक में केवल उल्लेख मात्र ही नहीं करते थे किन्तु उन पर अपना मत भी दिया करते थे। और कितनी ही बार वह मत लोकजीवन के परम्परागत मत से मेल नहीं खाता था, किन्तु वे उक्त मत के व्यक्त करने का खतरा उठाया करते थे।

समाचार-पत्र न केवल समय की आवश्यकता है, न केवल देश की रक्षापंक्ति का बहुत बड़ा बल है, न केवल शान्त अथवा अशान्त काल में लोकजीवन के लाचार विचारों का नियंत्रण करने वाला क्रांति-दूत है वरन् धारणाओं और विश्वासों को सजग, श्रेष्ठ और समर्पणशील बनाये रखने के लिए वह एक महान् दर्शन भी है, जो गांधीजी की पंक्ति-पंक्ति में व्यक्त होता था। एक ओर जहाँ वे वाइसराय को चुनौती का पत्र लिखते थे, तो दूसरी ओर लोक-जीवन के साथ विवाह, धर्म, अधर्म, हिंसा-अहिंसा, हरिजनोद्धार, खादी ग्रामोद्योग शिक्षा, चर्खा, भाषा और गौ रक्षा आदि प्रसंगों की चर्चा भी करते थे और जिन चर्चाओं का

समाचार-पत्र में अथवा उनके समाचार-पत्र में आना सम्भव न होता था उनको अपनी व्यक्तिगत भेंटों तथा चिट्ठी-पत्री के द्वारा व्यक्त करते थे।

पश्चिमी राष्ट्र इस बात पर विश्वास करते हैं और हममें से कुछ लोग भी कदाचित् इस बात पर विश्वास करने लगे हैं कि जन-जीवन के सामने जीवन की गुत्थियों को पूर्ण रूप से प्रकट नहीं किया जा सकता। किन्तु गांधीजी इसके विपरीत यह धारणा रखते थे कि जीवन की गुत्थियों को जन-जीवन से छुपाकर रखना व्यक्ति के लिए, समाज के लिए और समस्त विश्व के लिए भी एक भयंकर जोखिम आमंत्रित करता है।

गांधीजी की पत्रकारिता इस बात में बहुत बड़ी है कि वे लोक-जीवन के रंग में घुल-मिल जाते थे। उस समय उन्हें अपनी इकाई की गुरुता बिलकुल याद नहीं रहती थी, केवल उत्तरदायित्व और सोचे हुए कार्य का ही उन्हें भान रहता था। जिस दिन हमने गांधीजी को खोया उस दिन सारी पत्रकारिता देश-भक्ति के धर्म से हटकर पुनः राजनीति का जकड़-व्याल हो गयी।

मुझे ऐसा लगता है कि गांधी-दर्शन की दृष्टि से देखें तो भगवान् बुद्ध तथा संसार के समस्त धर्म-प्रचारक अपने ज़माने के महान् नायक के साथ-साथ महान पत्रकार भी थे। कवियों में भी यदि टिप्पणी करने वाले फक्कड़ लोगों को देखें तो कबीर और तुलसीदास अपने युग के महान पत्रकार कहे जा सकते हैं। पत्रकार वह है जो समय के प्रवाह में अपने पैरों को डालकर अपनी पीढ़ी को थाह ले-लेकर बताता है कि "चले जाओ, इस धारा के पार जाया जा सकता है और तुम्हें जाना होगा।"

समस्याओं के साथ महात्मा गांधी का जाने कौन-सा रिश्ता था कि वे अपने सारे वातावरण की समस्याएँ उठाते और उन्हें सुलझाने बैठ जाते। आश्रम में हों या पहाड़ पर स्थिर हों; या यात्रा में; प्रार्थना में हों या परिचय के क्षेत्र में; गांधीजी का नाम गांधीजी है ही (था ही) नहीं, यदि वे प्रत्येक क्षण, जीवन के प्रत्येक क्षण, समस्याओं को सुलझाने में नहीं लगे हों। अपने विरोधी के सामने जाते समय वे चरित्र की वह दृढ़ता व्यक्त करते थे जो विरोधी को पहले और सम्पूर्ण अवसर देती है। उस समय पत्रकार गांधी का सेवक होना तो प्रशंसा की बात थी ही, उनका विरोधी होना भी गौरव की बात थी।

जिस तरह वृक्ष अपने जीवन का रस कीचड़ में से खींचता है, उसी प्रकार गांधीजी का पत्रकार, जन-जीवन की समस्याओं में से, और प्रार्थना तथा चिंतन में से रस ग्रहण करता था और घटनाओं को विश्वास बनाकर जन-जीवन के पास लौटते समय उन्हें हर्ष होता था।

यदि सम्पादक गांधी का परिचय दिया जाय तो गांधीजी के 'इंडियन ओपीनियन' के विषय में लिखे गये इन शब्दों को सुनिए, "जब तक वह मेरे अधी-

था उसमें किये गये परिवर्तन मेरे जीवन में हुए परिवर्तनों के द्योतक थे। जिस तरह आज 'यंग इंडिया' और 'नवजीवन' मेरे जीवन के कुछ अंशों के निचोड़ हैं उसी तरह 'इंडियन ओपीनियन' था। उसमें मैं प्रति सप्ताह अपनी आत्मा उँडेलता था और जिसे मैं सत्याग्रह के रूप में पहचानता था उसे समझाने का प्रयत्न करता था। जेल के समयों को छोड़कर दस वर्षों के अर्थात् सन् 1914 तक के 'इंडियन ओपीनियन' के शायद ही कोई अंक ऐसे होंगे जिनमें मैंने कुछ न लिखा हो।"

यही नहीं, सच्चे सम्पादक के नाते, गांधीजी जो उत्तरदायित्व अनुभव करते थे उसका उदाहरण लीजिए। 'इंडियन ओपीनियन' ही के विषय में वे लिखते हैं, "इसमें मैंने एक भी शब्द बिना विचारे, बिना तोले लिखा हो, किसी को केवल खुश करने के लिए लिखा हो अथवा जान-बूझकर अतिशयोक्ति की हो, ऐसा मुझे याद नहीं पड़ता।" गांधीजी तो यहाँ तक कहते हैं कि मेरे लिए यह अखबार संयम और तालीम सिद्ध हुआ था, मित्रों के लिए यह मेरे विचारों को जानने का माध्यम बन गया था।

देश के कोने-कोने में घूमकर संवाददाता एक-दो खबरें ही लाता है किन्तु महात्मा गांधी समस्त राष्ट्र का बल अपनी मुट्ठी में ले आये थे। सच्चे पत्रकार के नाते, वह लिखते थे जिसकी जन-जीवन को आवश्यकता होती थी, वह बोलते थे जिसे बोलते समय जन-जीवन काँपता था, वहाँ भुजा उठाते थे जहाँ मुकुटों और सिंहासनों के द्वारा गरीबों को भुजा उठाने से मना किया जाता था।

महात्मा गांधी की समस्त पत्रकारिता में उनकी समस्त अभिव्यक्ति में एक महान् दर्शन है। वे घटना के सत्य की जितनी रक्षा करते थे उतना ही उसके दार्शनिक पहलू को भी सँभाला करते थे। इसीलिए सिर का सौदा करने वाले क्रान्तिवादी, सिर ऊँचा उठाये रखने वाले राष्ट्रवादी और झुके सिर का जन-जीवन सब महात्मा गांधी के पास आकर प्राण पाते थे, त्राण पाते थे। सच तो यह है कि क्रान्तिवादी की अपेक्षा क्रान्तिवादी पत्रकार और भी अधिक जोखिम को न्यौतता है। वह खतरों का खुला सामना करता है, चुनौती देता है, किन्तु दार्शनिक दृष्टि-बिन्दु से अपनी समस्त पुरुषार्थमयी प्राप्ति को, उस चिंतन के चरणों पर अर्पित कर दिया करता है जहाँ से वह यह अनुभव करता है कि उसके प्रयत्नों को और संसार के सारे प्रयत्नों को बल मिलता है।

[दिसम्बर 1958, सरस्वती]

अभिव्यक्ति—'आत्मा का अमृत स्वरूप'

संस्कृत के महाकवि भवभूति ने कहीं कहा है कि "कला आत्मा का अमृत स्वरूप है, अमर है।" कहा जाता है कि कविता लिखने की सिद्धि प्राप्त होना ईश्वर का वरदान है। यही क्यों, कितने ही तो यह भी कहते हैं कि मनुष्य के जन्म काल में आकाश में गृहों की जो स्थिति होती है, उनके संग्रहीत होने से जो परिस्थितियाँ निर्माण होती हैं, उन्हीं से कवि बनता है। मेरे जैसा इन बातों को न मानने वाला व्यक्ति भी यदि थोड़ी देर को मान ले कि ऐसा ही होता है तो भी गुजराती कबि खबरदार के शब्दों में, "कवि प्रतिभा मात्र कोई न ऊँची प्रतिनो कवि करी शकली नथी।" अर्थात् निरी कवि-प्रतिभा किसी को ऊँचे दरजे का कवि नहीं बना सकती। यहीं क्यों, चित्र, स्थापत्य, संगीत आदि कलाओं में निष्णात व्यक्ति भी ऐसी प्रतिभा से कदाचित् जन्म नहीं ले सकते। चूँकि कविता वाणी ही में उतरती है इसलिए डास्टायवस्की के शब्दों में Instrument of Persuation[1] के बन्धनों का ध्यान रखना अत्यन्त आवश्यक है। शब्दों की ताकत के साथ भाषा का अभ्यास करते समय 'कहन' में रस झरने लगता है। वह रस आता कहाँ से है? वह प्रसाद कहाँ से बिखरने लगता है? अभिव्यक्ति तो मानो कला की ससुराल है जहाँ यदि कला न जाये तो वह गोद-भरी या मोद-भरी नहीं हो सकती। जो दोहन क्रिया नहीं जानता वह दूध, दही और घी से उत्पन्न संगोपन क्रिया को कैसे जान सकेगा?

उधर कल्पना और सूझ दोनों मिलकर उपमा अलंकार और वर्ण्य-विषय में अपनी करतूत भले ही गूँथा करें, किन्तु यदि अनुभूति गैरहाजिर है, भावों का कोष उमड़कर नहीं आ रहा है किसी घटना-विशेष ने ऐसी ठोकर नहीं मारी है कि वह बरस पड़े, किसी वस्तु, व्यक्ति वा परिस्थिति ने जी को डाँवाडोल नहीं कर दिया है, तो कला की कुलाँटें रस का स्रोत नहीं बहा सकतीं।

मराठी के 'बालकवि' ठोमरे पर लिखते हुए उनके कविता-संग्रह के भूमिका-लेखक श्री गोपाल गोविन्द अधिकारी ने लिखा है, "सूर्या ने आपला हात लावून थोड़ी ऊब उत्पन्न केली कि ती उमलतात व सूर्याशी संवादी बनतात।" अर्थात् सूर्य ने अपना हाथ लगाकर थोड़ी-सी ऊब उत्पन्न की कि वे (कलियाँ) कुम्हलाने लगती हैं और सूर्य के साथ संवादी बनती हैं। मतलब यह कि जिन कलियों में प्राण नहीं माने जाते (उन्हें जड़ कहा जाता है), हवा और सूर्य की किरणों में जब उनकी 'अभिव्यक्ति' व्यक्त होने लगती है तब जिसके प्राण हैं (जो चेतन है) उस कवि की अभिव्यक्ति के सम्बन्ध में दो मत कैसे हो सकते हैं?

---

1. प्रत्यायन (विश्वास उत्पन्न करने का) साधन

'स्वामी रामतीर्थ की कहानी' लिखते हुए सरदार पूर्णसिंह ने—उनकी अभिव्यक्ति का जिक्र करते हुए लिखा है, उनका बार-बार का मंत्रों का उच्चारण करना ऐसा गूंजता था मानो उनमें से गीत की सरिता बह उठी हो। उनका यह 'सुमरण' निश्चय ही उनकी अन्तःप्रेरणा का चिह्न था। वह मानो प्रभु का उनके साथ पक्षपात था। वे ही यह भी कहते हैं कि "वे (स्वामीराम) अपनी विहगवाणी से अपने आसपास के वातावरण पर टोना-सा कर देते थे जो कि सम्पूर्ण काव्य और सम्पूर्ण संगीत बन-बन जाता था।···भक्ति की मस्ती का नशा उन पर ऐसा चढ़ जाता था कि वे अपने आपका सहस्र-सहस्र प्रकार से प्रतिवाद किया करते थे। यही उनका मजहब था, यही उनकी धारणाओं का केन्द्र-बिन्दु था, यही पंथ था।"

स्वामी रामतीर्थ पंजाब विश्वविद्यालय में गणित के प्राध्यापक थे और उनके विषय में स्वर्गीय पं० माधवप्रसादजी मिश्र ने उनके संन्यास लेने पर लिखा था—

चिर सहचरी रियाजी छोड़ी
रम्य तटी रावी छोड़ी,
शिखा-सूत्र के साथ आज
उस बोली पंजाबी छोड़ी।

उस दिन उनकी (स्वामी रामतीर्थ की) नोट बुक में ये वाक्य लिखे हुए थे—

"आँखों के अंधे वे, मुझे देखें और अपना इलाज करें,
सपनों में मौन की चुपचाप लहर चलने दो,
जागृति में वह लहर बढ़े बढ़ती चली जाय,
कुछ ऐसे क्षण भी आते हैं जब वह लहर
समूह-बूझ के और सांसारिकता के किनारों का
अतिक्रमण कर देती है,
उसे जगत में फैलते देर कहाँ लगती है ?
समस्त बीहड़ को वह डुबा-डुबा डालती है,
लगता है इन्हीं लहरों को देखने और
देखते रहने के लिए सूरज उगा करता है,
इन्हें ही देखने के लिए पृथ्वी चक्कर काट रही है,
जो मरण है, यह है।
जो जीवन है, यह है।
उसी समय अचम्भा आता है।
कितना खेलता-सा,
कितना घूमता-सा,

यही तो आनन्द है,
मौन, अपरिमित आनन्द ।

मौन और खिलखिलाहट—दोनों—इसी दरवाजे आकर धन्य होते हैं।"

स्वामी रामतीर्थ के इन शब्दों को पढ़कर किसे नहीं सूझ जाता कि अभिव्यक्ति का राजकुमार व्यक्ति की जबान या कलम की जमीन पर किस शान से उतरा करता है। माना, वह रचनाओं के मोड़ों को बहुत जल्दी-जल्दी बदलता है, किन्तु जिस तरह नदी के अनेक मोड़ लेने पर भी उसके पानी के स्वाद में अन्तर नहीं आता उसी तरह रचना के परिवर्तनों से रस में शैथिल्य नहीं आ पाता।

अभिव्यक्ति ही है जिसके निकट हर्ष और उन्माद ही नहीं किन्तु संघर्ष भी मिठास की सीढ़ी बन जाता है और शोक तक की अभिव्यक्ति में सिंहासनासीन आनन्द-सा झरता रहता है। यदि अभिव्यक्ति जैसी कोमल वस्तु अपने प्रखरतम रूप में मानव-मानवी को न मिले तो जीवन के संघर्षों की 'लगातारता' (Continuity) आपस के झगड़ों के सिवा और क्या दे सकेगी ?

यह जरूरी नहीं है कि अपनी अभिव्यक्ति को कवि फिर से न पढ़े, न सुने। किन्तु यह भी जरूरी नहीं है कि वह उसे पढ़े ही और सुने ही। संभव है कि अभिव्यक्ति का वह देवता आँखों से अंधा हो, कानों से बहरा हो, किन्तु उसकी व्यक्त करने या व्यक्त होने की कोमलता या प्रखरता अन्धी और बहरी नहीं होती। ऐसा ही अभिव्यक्तिशील व्यक्त कर सकता है कि वह विश्व के अव्यक्त का गुणगान कर रहा है। उसी के मुँह से निकल सकता है कि—

पड़ोसिन माँगे क़न्त हमारा
बाउरी ! पिऊ न मिलत उधारा ।

यह किसी शृंगारी कवि की नहीं, वैराग्य के महाकवि कबीर की वाणी है।

यह सच है कि अभिव्यक्ति पढ़ने और जानने वाले को आनन्द दे, आनन्द के क्षणों में वह व्यक्ति के जीवन से उतरे, किन्तु निर्माता को वह आनन्द ही दे सके, ऐसा भरोसा नहीं होता। वह ऐसी चीज होती ही नहीं जिसे जरा दूर रखकर भोगा जा सके। वह तो मन के सौन्दर्य का गहना-सा होती है, और जीवन के असाधारण ताजे तत्त्वों से साधारण से साधारण कहन का निर्माण किया करती है। शायद अभिव्यक्ति ही ऐसी चीज है जो जमाने में जीतकर उतना नहीं जितना पीढ़ियों से हराये जाने में सुख मानती है। आप अचम्भा करेंगे कि अभिव्यक्ति का नायक और गायक कवि कभी-कभी अपने को कवि के नाते व्यक्त ही नहीं करता। असुन्दर से परम सुन्दर तक, जीवन से जीवनाधिपति तक साँसों से विश्वासों तक, नृत्य से नटवर तक और भावों से अभिव्यक्ति तक कभी झीनी और कभी तेज रेखा खींचते ही उसकी जिन्दगी जाती है। जिन रेखाओं का

लोगों के लिए कोई मूल्य नहीं होता, उन रेखाओं में उसे विश्व के नये सत्यों का ज्ञान मिला करता है, और आप अनुभव करें कि विश्व के नये सत्यों का ज्ञान देशों की नयी सीमाओं की प्राप्ति से कहीं अधिक खतरनाक और जोखिम-भरा हुआ करता है।

कदाचित् अभिव्यक्ति अपने में इतनी मौलिक होती है कि एक-सी भावना, एक-सी धारणा और एक-सी ऊँचाई के साथ एक-सी बात व्यक्त किये जाना किसी के लिए सम्भव नहीं है। अभिव्यक्ति के कवि (या कलाकार) के पास कुछ क्षण बहुत ऊँचे होते हैं, कुछ बहुत साधारण। आशाओं और अभिव्यक्तियों के घोड़ों को जोड़कर विश्व-प्रतिभा का कोई रथ शायद अधिक देर तक नहीं चलाया जा सकता। कभी-कभी तो एक वहन को दुलराते, सँवारते और सुधारते हुए कई महीने लग जाते हैं।

यदि किसी चिड़िया से पूछें कि वह चहकती क्यों है तो उसकी निरुत्तरता में कवि की अभिव्यक्ति के कारण प्रकट हो सकेंगे। भले ही उसकी अभिव्यक्ति बिना ठहरे हो रही हो किन्तु यह कैसे जाने कि जाँच के सूर्यप्रकाश में उसका मूल्य कितना होगा?

अभिव्यक्ति तो वहाँ पराजित-सी होने लगती है और समस्त आकर्षण को कवि भूलने के लिए बाध्य होने लगता है जब (जहाँ) सराहना उसके आस-पास घिर आती है। उसकी सरस्वती की माँग का सिन्दूर धुलकर धूल में मिल जाता है जब उसके प्रशंसक माँग पर माँग किये जाते हैं। कभी-कभी वह माँग की वस्तुएँ भी बनाने लगता है जैसे माँग पर चमार जूते बनाता है। यही तो कवि के जीवन का रस-भंग है जिसका फल अभिव्यक्ति को भुगतना पड़ता है। यह तो किसी कुग्रह का विग्रह उपस्थित होना है जो कवि के माथे उस दिन उतरा होता है।

लोगों ने यह कहा है कि कवि की अभिव्यक्ति वाणी का विलास है। आज ही के नहीं, पहले के भी लोग ऐसा कहते रहे हैं—"काव्यशास्त्र विनोदेन कालो गच्छति धीमताम्।" किन्तु अभिनव गुप्त के शब्दों में 'निर्माण-श्रम प्रज्ञा' कविता को भी आज काव्य-शास्त्र विनोद करने का अवकाश नहीं है। न उसका उत्तर-दायित्व ही ऐसा रह गया है कि वह अपने जीवन को अथवा अपने कौशल को 'काव्यशास्त्र विनोद' भर बना रह जाने दे। विवेचन की शास्त्रीय परिभाषा को काव्यशास्त्र की चाहे जैसी आवश्यकता हो किन्तु केवल कवि-प्रतिभा के नाते कोई अपनी आत्मा को बेचने के लिए तैयार नहीं होगा।

प्रतिभा और परिभाषा चाहे जितना लड़ें अभिव्यक्ति को परिभाषा से क्या लेना-देना? कवि तो अपनी अनुभूति की सहज और निर्बाध अभिव्यक्ति की ओर ही जायेगा। अपने भावों के प्रकटीकरण के लिए वह भाषा भी चुन

लेगा किन्तु भाषा आकर उसमें भाव नहीं उपजा सकती। और यदि भावों की सुन्दरता पर कोई मुग्ध नहीं हो तो कविता की सुन्दरता को कहीं अन्यत्र ढूंढ़ने की क्या जरूरत है ? सुन्दरता तो संयम का दूसरा नाम है। एक अदा से वृक्ष उठता है, छोटे से गोल बीजे में से कितनी विशाल डालियाँ कितनी मोटी पींड़ ! मानो अभिव्यक्ति के आनन्द से जंगल लहलहा उठे ! इस विशालता की लघुता कितनी सुन्दर है ? पत्तों की आकृतियाँ, फूलों की आकृतियाँ, फलों की आकृतियाँ···मानो विशालता वृक्ष का शरीर है और लघुता उसकी अभिव्यक्ति। उसकी सुगन्ध, रस उसके अस्तित्व के कारण विशेष हैं।

कविता विचार-दर्शन का प्रायः नहीं, भाव-दर्शन का क्षेत्र है। यह कभी-कभी जो विचारकता उसमें से निकल पड़ती है या भूले-भटके को इतिहास-सा निखर पड़ता है अथवा भूगोल-सा, विज्ञान-सा या ज्योतिष-सा बिखर पड़ता है, वह भावों की अभिव्यक्ति की विशेषता नहीं है, वह मानो अभिव्यक्ति की वर्ण्य-विषय में प्रवेश करने के बाद की लाचारियाँ हैं। इसके सिवा जो भाव-दर्शन कवि को—'छू जाना-सा' लगता है, उसे अपने विषय-प्रवेश में जो कँपकँपी-सी आती है, अभिव्यक्ति तो उसी का रूपान्तर है। उस समय भाषा और विचार चाहे जितने कवि के सामने हाथ बाँधकर खड़े रहें किन्तु जब कोई घटना परम सत्य को प्रगट करती है, परम शिव को व्यक्त करती है, परम सौन्दर्य से उतरती है, तब वह [illegible]गी को रसदान किया करता है। क्रिया चाहे जितनी भौंडी हो अभिव्यक्ति की प्रतिक्रिया तो भावपूर्ण ही रहेगी जो सुन्दरता अभिव्यक्ति में से निकलती होती है वह अशक्त शरीर के घिनौनेपन की नहीं है, वह विषाक्त धारणा का ऊहापोह नहीं है—उस समय का विष भी अभिव्यक्ति के रूप में सशक्त है और रसदान करने आया है।

जिस तरह दूध का विश्लेषण करने में उसके गुणों में गाय बिल्कुल जानकारी नहीं रख सकती; उसी तरह अभिव्यक्ति में उतरता हुआ कवि भी अपने विषय में अज्ञात रह सकता है। कभी-कभी हम कह उठते हैं—बाण और रवीन्द्र समझ में नहीं आते। अपनी ऊँचाई को स्पष्ट करते हुए वे जितना कह सके, कह गये। यदि मानव-समझ वहाँ तक नहीं पहुँच पाती तो इसमें कवियों का अपराध नहीं है। अभिव्यक्तिशील सूझ के डोरों में अपना सन्देश दिया करता है—भले ही वह डालियों, फूलों, फलों, पाषाणों और प्रतापों, दूबों और ओसकणों में दे, किन्तु यदि हम पकड़ सकें तो वहाँ पूरी बात कह दी गयी है। अपने अभिमत के चरणों में बैठकर अथवा अपने प्रेम में प्रवेश करके कवि उस स्वतन्त्रता से अपनी बात कह गया है कि जिस स्वतन्त्रता को वातावरण में उतारने के लिए शास्त्र और नीति, मानव तथा मानवी समय के और अपने जन्म के साथ प्रयत्न करते चले आ रहे हैं।

चरम असुन्दर को परम सुन्दर कहला ले जाना कवि की अभिव्यक्ति ही की खूबी है। सूझों के सलौने उपकरणों में कभी-कभी गलत भाषा भी उपद्रव नहीं कर पाती। कवि की कृतियाँ कसरतें नहीं हुआ करतीं। वे गति हों, प्रगति हों, दुर्गति हों, किन्तु उनके सत्य, सौन्दर्य और रस से इन्कार नहीं किया जा सकता।

कविता अपने अभिमत के चरणों पर चढ़कर भी दर्शनशास्त्र नहीं बन पाती, न चर्चा में, न वर्णन में। यह जरूरी नहीं है कि कला, कविता की कला भी, अपनी अभिव्यक्ति में उल्लास की गुलाम बनकर रहे। यदि अभिव्यक्ति के उतार और चढ़ाव में मानव की पहुँच की दूरी नहीं नापी जा सकती तो केवल उल्लास और विलास किसी कवि की अभिव्यक्ति नहीं हो सकते, किन्तु इस बात से इन्कार नहीं किया जा सकता कि ज्ञान और अर्थदान की लाचारियों के बावजूद सीढ़ियाँ नहीं बन पातीं, कि कवि की अभिव्यक्ति को समझने के लिए समूहगत ऊँचा चढ़ा सके।

किसी लड़के या लड़की के स्वर्गवासी होने पर कौन माँ ऐसी है जिसे दुःख न हो? किन्तु दुःख तो धन की तरह है जो बाँटे से बँट जाता है, कम हो जाता है। सुख विद्या की तरह है, जो बाँटे से बँटकर भी कम नहीं होता। जब किसी कवि की कलम पर वह अभागिनी माँ उतरती है, जिसने अपना बच्चा खोया है, तो उसकी अभिव्यक्ति से समय इतना पराजित और अभिभूत हो जाता है कि जिस माँ का बच्चा खोने पर पड़ोसी ने भी शायद आहें भरी थीं, उसी पर कवि की शोभाभिव्यक्ति को लोक-जीवन का जन-जन दुहराने को बाध्य हो जाता है। कवि की अभिव्यक्ति में अमरता की शक्ति होती है। वह उसके रस के साथ कहाँ से बह आती है, पता नहीं चलता। एक विनोदपूर्ण झूठे व्यक्ति की विधाता के निर्माण में उम्र बँधी हुई है, किंतु कवि की रचना में आ जाने के बाद वह व्यक्ति, वह स्वभाव कवि की अभिव्यक्ति की उम्र पा जाता है। वह तब तक अमर है, जब तक कवि की कहन अमर है।

सौन्दर्य कविता-संग्रहों के संस्करणों के साथ भले न जाये, वह उस अभिव्यक्ति के साथ रहता है जहाँ व्यक्ति अपने को इतना चढ़ा देता है कि उसमें से रस झरने लगे। रस उसके हर्ष में से, रस उसके शोक में से, रस उसके वरदान में से, रस उसके अभिशाप में से, रस उसकी कला में से, रस उसकी विजय में से, रस उसकी पराजय में से, रस उसके वर्ण्य वृत्तों की श्रेष्ठता में से भी और उसके मात्रिक वृत्तों की लक्षणा में से भी। उसकी ललित मधुर पंक्तियों में से उसकी मंजुल पदावली में से आशय की अशक्यता और परिणाम का अज्ञान भले ही झाँक-झाँक उठें किन्तु रस की ओतप्रोतता में कहीं अन्तर नहीं आता। प्रकटीकरण की इस भूख में कवि को जाने कौन-सा आनन्द आया करता है?

मैं तो हिमालय पर अपने देश का किरीट मुकुट बनते हुए या हिमालय से

उतरकर अपने अभिमत के गले में गंगा-जमुना के रत्नमाल बनते हुए जब देखता हूँ, जब नर्मदा और ताप्ती को अभिमत की करधनी बनता हुआ पाता हूँ, जब राधिका की साड़ी की किनार पर कृष्णा और कावेरी को देखता हूँ, और देखता हूँ कि हिन्द महासागर उसके चरणों को धो रहा है तब मेरे पास अभिव्यक्ति का अर्थ आकर्षण और घर्षण नहीं रह जाता, तब कविता की अभिव्यक्ति का अर्थ मेरे निकट समर्पण हो-हो जाया करता है। वह गर्व सूरज को छूता-सा और चाँद पर घिरता-सा, अथवा वृष्टि में गिरता-सा और दृष्टि में चढ़ता-सा, ऊपर के पानी में और नीचे के आँसुओं में बड़ा भला मालूम देता है, बहुत हरिया उठता है, बहुत फूल-फूल उठता है, बहुत रस-भरा हो-हो आता है।

[13-10-1959 आकाशवाणी इन्दौर से प्रसारित]

'उस पार न जाने क्या होगा ?'

न केवल किसी प्रदेश का या भारत का व्यक्ति ही इस समस्या से बेचैन है किन्तु यह तो समस्त धर्मों की विश्व-भर की समस्या है। यद्यपि मेरे मित्र स्वर्गीय श्री सैयद अमीर अली मीर ने एक बार कहा था—

बुद्धि का घोड़ा जहाँ तक जा सका दी है खबर।
मीर सच पूछो तो यह सब हाल ही है बेखबर॥

परन्तु इतने से लोगों को सन्तोष हो तब न। पृथ्वी के आदि से हम यह बात बूझते चले आये हैं (और कदाचित् यह समस्या ही रहेगी) कि 'उस पार न जाने क्या होगा ?' फिटज्गेराल्ड द्वारा अनुवाद की गयी खय्याम की कविताओं में यही बात कही गयी है—यही क्यों, इस युग के हिन्दी के एक विशिष्ट[1] कवि ने कहीं लिखा है—

'इस पार प्रिये तुम हो, मधु है, उस पार न जाने क्या होगा ?'

किन्तु दर्शन और तत्त्वचिन्तन ऐसे विषयों पर मौन कैसे रह सकते हैं, वे तो मौन के विषय पर भी बोले बिना नहीं रह सकते।

दर्शन कहता है हम वह सोचें जो कर सकें—वह करें जो सोच सकें और करना और सोचना मिलकर जीवन को जितना ऊँचा उठायेंगे उतना ही वह उस पार पहुँच जायगा। स्कूल के छोटे बच्चे की तरह उसे तो सीखना ही सीखना है कि इस पार की देखी-भाली दुनिया की तरह उस पार भी एक जगत् है जिसकी ओर ध्यान देना जरूरी है। लोग अक्सर प्रश्न करते देखे जाते हैं कि यह कोई

1. डा० हरिवंशराय बच्चन

आवश्यक है कि दूसरी पार दुनिया बसी ही हो, किन्तु एक तो इस शून्यवाद को लोकमत नहीं मानता और दूसरे यह सबूत किसके पास है कि इस पार दुनिया है ही नहीं। जिस तरह यह सबूत किसी के पास नहीं है कि इस पार दुनिया है ही, उसी तरह यह सिद्ध करने के लिए किसी के पास आधार नहीं है कि पृथ्वी से जाने के बाद फिर किसी दुनिया में जाना ही नहीं। पृथ्वी से जाने के बाद या पहले हमें कहीं जाना पड़े या न जाना पड़े यह सोचना तो हमारे बस की बात है कि 'उस पार न जाने क्या होगा ?' इसलिए हम क्यों न यह सोचें कि उस पार कुछ होगा। कुछ ऐसा होगा जिसके विषय में हम सोच सकते हैं कि उस पार यदि हो तो यह हो और यह न हो क्योंकि हमें बचपन से सिखाया गया है कि— 'यादृशी भावना यस्य सिद्धिर्भवति तादृशी'। यह भावना नाम का प्राणी कौन है और इसका कल्पना से क्या रिश्ता है। विभाव और अनुभावों की गद्दी पर बैठने वाला यह भाव नाम का जीव क्यों नहीं कह दे कि उस तरफ क्या है ?

छोटे-से अणु से जनजीवन कितना भयभीत है ! हिरोशिमा और नागासाकी की घटना किसे याद नहीं आती ? हम पृथ्वी में उसे मार डालने का व्यवसाय करते हैं, जिसे हम दे नहीं सकते। नाशक तन्तुओं के इस पार रहने के बाद क्या उस पार के विषय में सोचना मानव-चिन्तन की चतुस्सीमा के इतना पार है कि उस पर सोचा ही न जा सके। माना कि वहाँ ईंट न होंगे, पत्थर न होंगे, मकान न होंगे, महल न होंगे, क्योंकि बीमारी और मृत्यु के नियम से कोई बचता नहीं देखा जाता, चाहे वह राजा हो, चाहे रंक हो। उसको जिन विशेषताओं के साथ सोचना है वह यह कि सौन्दर्य शिव के साथ निवास करता है। डाक्टर ताराचन्द जैसे विद्वान् का कथन है कि संस्कृत भाषा के ग्रन्थों में जिसे वेदान्त कहते हैं वह तो रहस्य-वाद ही है। शायद इसीलिए किसी मुसलमान कवि के मुख से यह निकल गया कि—

गोरे मुख पर तिल बन्यो ताय करौं परनाम।
मानो चन्द बिछाय के पौढ़े सालिगराम॥

वह कवि जो शृंगार की रचना करते समय कहता था कि—

चिबुक कूप, रसरी अलक, तिल सुचरस, दृग बैल।
बारी बार सिंगार की सींचत मनमथ छैल॥

वही यह कहने लगे कि—

लट छूटी त्रिय सीस पै सोभा ते लटकन्त।
मानो भुजा सिकन्दरी पन्थी मने करन्त॥

अथवा किसी कवि के मुँह से यह निकल जाय

सतगुरु मारी प्रेम से गई कटारी टूट।
वैसी अनी न सालई जैसी सालै मूठ॥

अथवा पानी के छोटे-से डबरे के पास नर और मादा दो हिरनों को मरे हुए पाकर मेवाड़ की एक सखी कह उठती है कि—

लग्यो न दीखे पारधी लग्यो न दीखे बान।
मूंतन पूछूँ ऐ सखी किस विध छोड्या प्रान।।

उस पर दूसरी पनिहारी का जवाब है—वह कहती है कि ऐसा दीखता है कि—

जल थोड़ो, नेह्यों घणों, लग्या प्रीत का बाण।
तू पी, तू पी, कर मर्‌या इस विध छोड्या प्राण।।

ऐसा लगता है एक वस्तु ऐसी है जिसे इस पार से उस पार और उस पार से इस पार आते देर नहीं लगती। वह है, आनन्द। अगर वह ऊपर की कविताओं में विद्यमान हो तो उसे उस पार जाते कितनी देर लगेगी। शायद इसीलिए बंगाली लेखक स्वर्गीय बंकिम बाबू के कथनानुसार आनन्द के 'आ' उपसर्ग का लोप करके और सन्तवर विनोबा तो कहते हैं कि 'कर्षण' कृष्ण का ही दूसरा नाम है। इसीलिए कदाचित् विश्व में आनन्द खोजियों की अधिकता है चाहे वह आनन्द उन्हें मिल पाये या न मिल पाये किन्तु उसकी खोज जारी है। चिन्तन में, चिन्ताधारा में, सुनने में, कहने में, याद करने में, किसी के पैर छूने में, किसी का चुम्बन लेने में, किसी की पूजा करने में, किसी की प्रार्थना करने में, किसी के प्रति समर्पित होने में, किसी को दोस्त मानकर उसके साथ घुल-मिल जाने में जो आनन्द आता है—कौन कह सकता है कि वह स्वर्गीय नहीं। कौन कह सकता है कि वह पृथ्वी का ही आनन्द है? किसी को प्रिया और मधु प्रिय है, तो किसी को और कुछ भी तो प्रिय हो सकता है। हम आँखों को नहीं देखते। उसमें भर आये आँसुओं को भी नहीं देखते। आँसुओं के पीछे जो मनोभाव हैं उसे देखकर हम आनन्दित होते हैं किन्तु हमारा यह आनन्द झूठा है या सच्चा है कौन कह सकता है? शब्द-कोश की नदी में कोई बहेगा कैसे? शब्द-कोश की नाव में पतवारें लगेंगी नहीं और वह किसी को पार कर सकेगी नहीं। इसलिए हमारा सोचना शब्द-कोशों जैसा न रह जाय। यदि आनन्द उस पार पहुँच सकता है तो मन भी उस पार क्यों न पहुँचे? इस पार का आनन्द मनाते समय किसी को यह सूझता ही क्यों है कि 'उस पार न जाने क्या होगा?' मालूम होता है कि इस पार की चर्चा में उस पार का प्रश्न हम भूल नहीं पाते। चाहे हम राजा हों, नवाब हों, सेनापति हों, कवि हों, सन्त हों, हमारी समस्त शक्ति मानो इस पार की अपेक्षा उस पार के आनन्द में अधिक व्यस्त है। लगता है प्रकट जगत की सुविधाएँ भले ही इस पार की वस्तुएँ हों किन्तु उन सुविधाओं से मिलने वाला प्रश्न-चिह्न उस पार की गति देखने के लिए नहीं रह सकता। दुर्योधन के नाम से हम जाने कितने बेचैन हैं—उससे कहा गया था कि "लाला सब कुछ इस पार नहीं है कुछ उस पार की चिन्ता करो।" उस समय उसने कहा था कि—

जानामि धर्मं न च मे प्रवृत्तिः,
जनाम्यधर्मं न च मे निवृत्तिः।
केनापि देवेन हृदि स्थितेन,
यथा नियुक्तोस्मि तथा करोमि ।।

इस बेबसी को क्या कहें जो युगों-युगों मानव और मानवी के साथ चली आ रही है। जानकारी मानो यहीं आकर बेजानकारी बने बिना नहीं रहती। इसी समय तुलसीदास की यह चौपाई याद आती है जिसमें उन्होंने कहा है कि :

मुनिमित ठाढ़ि तीर अबला-सी

रवीन्द्र बाबू के शब्दों में मानव का यही अधूरापन उसकी जागीर है। पूर्णता से घबड़ाना उसका स्वभाव है। पूर्णत्व को प्राप्त करने से क्या होगा ? क्या हम उस पार की खबर लाने में समर्थ होंगे ? पूर्णत्व मानो हमारी क्रियाओं की परिसमाप्ति का दूसरा नाम है और वह भी कोई जीवन है जिसमें कोई क्रिया न हो। शायद इसी अवसर के लिए महाराष्ट्र के महान सन्त कवि श्री तुकाराम ने लिखा था कि "भला किया देव, जो तुमने मुझे कुनबी बनाया—यदि तुमने मुझे ब्राह्मण बना दिया होता तो मैं गर्व से फूलकर मर गया होता, किन्तु हम चाहे ब्राह्मण हों चाहे कुनबी, यह मसोस तो जी में रहती ही है कि उस पार का पता लगा पाते। यह बेटा आनन्द ही उस पार क्यों जा पाता है। हम उस पार क्यों नहीं जा पाते ? लगता है कि आनन्द अकेला नहीं जाता। वह पीढ़ियों को लेकर आता-जाता रहता है। तब हम क्यों न मानें कि यहीं इसी जगत में हममें से कुछ लोग ऐसे हैं जो इस पार रहते हैं और कुछ लोग ऐसे हैं जो उस पार रहते हैं। सीमा-रेखा की दीवार तो हमारी 'देखन-भूली' का ही दूसरा नाम है। जो आनन्द को सह जाते हैं वे कह जाते हैं। जो आनन्द का भोग लेते हैं, उसका संयोग लेते हैं, वे रोग लेते हैं, आनन्द की नदी के दोनों किनारों पर गंगा, बोल्गा और मिसीसिपी के तट के समान हमारी बस्ती है क्योंकि जिसे हम 'चोरजार शिखामणि' कहते हैं उसी की प्रार्थना और पूजा भी करते हैं। जो गोपियों की चुटकियों पर नाचता है वही महाभारत का नायक भी है और गीता का गायक भी है। अयोध्या और मथुरा, लुंबिनी और गुजरात किसी समय आराधना के केन्द्र भले रहे हों किन्तु वहाँ से जो प्रेरणा हमें मिलती रहती है उस प्रेरणा का मूल्य चुकाते हमारी विश्व-भर की पीढ़ियाँ असफल होती आयी हैं। वे हमें क्रास पर तो लटका सकते हैं किन्तु लटकते समय उनका कानून और उनका अर्थ-वैभव शूलियों के आड़े आता है। हमारी यह बुरी आदत है कि मनुष्य के घिनौने से घिनौने मत को हम लोकमत मानते हैं और इस तरह इस पार से उस पार को सस्ता छूट जाने दिया करते हैं। वे सन्तजन जो पीढ़ियों हमारे बीच होते चले आये हैं और आज भी हमारे बीच हैं उन्हें कभी थकावट नहीं होती कि वे 'इस

पार रहें या उस पार' मानो दोनों पार उनकी मुट्ठियों में बन्द हैं। जब चाहें, जिस पार चाहें, रह लेते हैं और उनकी जीवन की साँसें जो सड़क बनाती हैं वह जितनी इस पार जाती है उतनी ही उस पार भी जाती है। ऐसे ही लोग कह उठते हैं कि—

आँदिल के खम न बूदे अज खूबरुह्र जवाना।
देरीना साल पीरे ब्रुर्दश बयक निगाहे।।

जिस मेरे मन में तरुण से तरुण सौन्दर्य टेढ़ पैदा कर सका मेरे उसी मन को एक बूढ़ा भिखारी अपनी एक निगाह से चुराकर ले गया है।

इसी प्रकार मानो कबीरदास कह उठते हैं कि—

कबिरा खड़ा बजार में लिए लुकाठी हाथ।
जो घर फूँके आपना चले हमारे साथ।।

इतने गर्व से अपने साथ ले चलनेवाला सन्त कैसा होगा कि उसने मानो विश्व के गर्व को ही चुनौती दी है और शृंगार का पथ हो या सूली का वह अपने साथ लेकर जाना चाहता है। वह तो हम हैं—हमारी पिंडलियाँ ही काँप-काँप उठती हैं कि हम इस पार का इतना मोह करते हैं कि उस पार के आनन्द का अनुभव नहीं कर पाते। जो उस पार के आनन्द का अनुभव करे उस कष्ट-भोगी सन्त को, उस महान् सेनानायक को, प्रसिद्धि और प्रभुता से व्याकुल उस श्रम-शील साधक को मेरे वन्दन ! मेरे अभिनन्दन !! वह इस पार भी रहता है उस पार भी जाता है। उसे मार्ग में रोकने वाला कभी कोई न मिलेगा। जिन्हें जीवन ही उस पार नहीं ले जा सकता उन्हें मृत्यु उस पार कैसे ले जायगा। क्योंकि मृत्यु तो जीवन का ही सुन्दरतर नाम है। आनेवाली पीढ़ियाँ भयंकरता की गोद में जीना चाहती है जिससे उन्हें इस पार, उस पार दोनों ओर का 'पास पोर्ट' प्राप्त रहे। किन्तु इस पार का यात्री चाहे चरण-चरण चल ले उस पार के पन्थी को तो सुनते हैं कि सिर के बल ही जाना होता है। × × × वे धन्य हैं जिनके सिर पैर बन गये हैं। उन्हीं के बूते की बात है कि संसार के पैरों का बोझ, वे अपने सिर पर लें। प्रार्थना यदि जिसके गुणानुवाद गाते हैं उससे मिलनेवाली सीधी खड़ी रेखा का नाम हो तो समर्पण उस रेखा से कै दिन दूर रहेगा। वह सीधी खड़ी रेखा तो समर्पण की ससुराल है जहाँ उसे आज या कल जाना ही पड़ेगा। समर्पण से भिन्न उस पार के मूलधन को शूलियों वाला क्यों मानने चला ? वह तो कबीर के शब्दों में ही अपनी बात दुहराने लगेगा।

[11. 8. 1961 को डा० श्रीनारायण अग्निहोत्री (कानपुर) को इसका डिक्टेशन दिया गया—आकाशवाणी संग्रहालय में सुरक्षित]

भविष्य का भारतीय साहित्य : अनुमान और अपेक्षा

जीवन-रहित बुद्धिवाद (?) : साहित्य का प्रेमी असाहित्यिक मस्तिष्कवादी होकर अपनी चिन्ताएँ भले बढ़ा ले किन्तु जीवन की प्रतिक्रियाओं से वह मुक्ति नहीं पा सकता। बुद्धिवाद से एक सौ बार गुजरकर भी मनोभावों की सतह को तो मनोभावों की ही सतह रहना है। वे चाहे जितने कोमल या प्रखर हों, क्षणजीवी या अमर हों, स्थिर या गतिशील हों, ऊपर पर चढ़ते-से या नीचे पर उतरते-से हों, भावना के वन में उन्हें जड़ से कीचड़ खींचकर भी समय के सूर्य-प्रकाश से रस लेना ही है, जिससे पत्ते बढ़ें और हरे रहें, वस्तु ऊँची रहे, कलियाँ बढ़कर आएँ, फूल बहार लेकर अगणित होकर खिलें, फलों में आकार ही नहीं प्रकार भी प्रवेश करे। उस पर प्रकृति का बस ही नहा चले, वह सुस्वादु लगने वाले रस से भी ओत-प्रोत हो।

काव्य : प्रकार अथवा आकार : काव्य में, भारी काव्य और हल्के काव्य का भेद अब चल न सकेगा। आकारों में हमने परिवर्तन बहुत किए। लगता है, प्रकारों में व्यक्त की जानेवाली प्रतिभा की कमी को हम आकार बदल-बदलकर छुपाने लगे हैं और सोचने लगे कि हम सफल हो गये। भविष्य के पाठक से साहित्य की यह नजरबन्दी शायद ही चल सके। समय ने हवाई जहाजों व स्पुत-निकों में लादकर अन्तर्राष्ट्रीयता या अन्तग्रहों को हमारे घर, हमारे दरवाजे ला दिया है। अब हम जो लिखेंगे विश्व की अपने-आप में किसी बृहत्तर जीवन की भूमिका नहीं है, केवल व्यक्ति की आत्म-शुद्धि की शर्त है। इसी प्रकार सवा, त्याग, प्रेम, अहिंसा, सत्य आदि भी किसी व्यापक सामाजिक जीवन की पूर्णता के साधन के रूप न होकर व्यक्ति के आत्मिक विकास के सोपान मात्र हैं।

मैं नहीं कहता कि आध्यात्मिक जीवन व्यक्ति का लक्ष्य नहीं हो सकता या होना चाहिए और न इस बहस में पड़ना चाहूँगा कि व्यक्ति के विकास की दिशा सदा आत्मिक है, अतः वैयक्तिक है। मेरा सन्दर्भ अपना आज का भारतीय समाज है और सारी चिन्ता इससे सम्बन्धित समस्याओं और प्रश्नों से हैं। इस स्तर पर मेरी दृष्टि में वे कुछ लोग नहीं हैं जो सचमुच आध्यात्मिक जीवन में अग्रसर हो सके हैं, ऐसा नहीं कि सामाजिक दायित्व के आधार पर उन पर प्रश्न उठाया नहीं जा सकता, पर अपनी चर्चा को सीमित रखना चाहता हूँ। समाज के विकास और निर्माण के लिए यह भारतीय दृष्टिकोण कहाँ तक साधक या बाधक होगा, हमारे सामने यह सवाल है। वस्तुतः यही दृष्टि रखकर हम अपने आधुनिक समाज पर विचार कर सकते हैं और सही नतीजे पर पहुँच सकते हैं। हमारे समाज का ऊपर से पश्चिमी लगनेवाला वर्ग भी अपने संस्कारों से मुक्त नहीं है, वरन् अनेक बार उससे मुक्त होने के फैशन में पश्चिमी मूल्यों का इस्तेमाल

अपनी संस्कारगत दृष्टि से करता है। और हमारे समाज की विडम्बना भी यही है कि हमारा आधुनिक शिक्षित, संस्कृत, बौद्धिक वर्ग एक ओर पश्चिम की आधुनिक और विकसित ऐसी जीवन-दृष्टियों और पद्धतियों को अपना रहा है जिनका सारा सन्दर्भ और सारी भूमिका भौतिक उन्नति और सामाजिक न्याय है, पर दूसरी ओर वह अपने संस्कार के कारण पश्चिम के सामाजिक दायित्व के भाव को विकसित करने में असमर्थ हो जाता है, और उसका भौतिक और सामाजिक उन्नति का दृष्टिकोण नितान्त व्यक्तिगत और व्यक्ति-केन्द्रित हो गया है।

देश का आध्यात्मिक संस्कार आज हमारे जीवन को सामाजिक तथा व्यक्तिगत जीवन के किसी बृहत्तर तथा उच्चतर स्तर पर प्रतिष्ठित करने में असमर्थ है; शायद व्यापक सामाजिक जीवन को आध्यात्मिक स्तर की ओर उन्मुख कर देना कभी सम्भव न रहा हो। यह माना जा सकता है कि हमारे देश की लम्बी आध्यात्मिक परम्परा ने हमारे मानस को संस्कार के स्तर पर उस जीवन की ओर उन्मुख किया है, इसके प्रमाण हमारे व्यापक राष्ट्रीय तथा सामाजिक जीवन में मिल जाते हैं। परन्तु उसका संस्कार के स्तर पर यह परिणाम अधिक गहरा देखा जा सकता है कि व्यक्ति भौतिक तथा सामाजिक विकास तथा उन्नति के क्षेत्र में अत्यधिक आत्म-केन्द्रित है, वह अपने, अपने परिवार, अपने सम्बन्धियों, अपनी जाति-विरादरी को इसी क्रम से महत्त्व देता है, उसके मन में, सामाजिक, राष्ट्रीय, मानवीय दायित्व-बोध नहीं है अथवा केवल मौखिक चर्चा के स्तर का है। आन्तरिक भाव उसके प्रति विकसित हुआ ही नहीं; आध्यत्मिक जीवन के समान यहाँ भी व्यक्ति अपने विकास को सहज ही सर्वोपरि मान लेता है। अपने इस विकास के लिए वह उसी प्रकार नैतिकता-विहीन हो जाता है जैसे आध्यात्मिक जीवन के उच्च स्तर पर हमारा सारा दृष्टिकोण नैतिकता-विहीन है।

इस भूमिका पर मैंने जो सवाल उठाया था, उसका जवाब उभरने लगता है। निश्चय ही आज के आधुनिक ज़ीवन में सबसे बड़ी उप-रचनाओं की तोड़ में जमा कर देखा जाएगा, भले ही वह हमा़रा पतन हो, भले ही वह हमारा उत्थान हो। अब अर्चन मात्र से काम नहीं चलेगा। ऋषियों की भाषा में बोलने का साहस करें तो सिद्धि के बूते का रोग है।

प्रेमचन्द्र + जैनेन्द्र = आधुनिक उपन्यास : इधर के उपन्यास भी पुनः विशाल आकार ग्रहण करने लगे हैं। अब से हम नहीं कह सकेंगे कि मेरे साहित्य को वे ही पढ़ें जिनके पास खूब फुरसत है। प्रेमचन्द की सरलता और जैनेन्द्र की मिठास को मिलाकर समाज के प्रति सजग रहने का दृष्टिकोण बनना चाहिए, जहाँ जीवन और साहित्य काँधे से काँधा मिलाकर बैठने का यत्न करेंगे। जीवन के प्रति

दगाबाज रहकर साहित्य कितने दिन जियेगा।

आंचलिक भूमि वरेण्य है : लगता है भूमि के अंचल बिना चंचल हुए, कलाकार से अपनी जो प्रतिभा माँगने लगे हैं, यह क्रम या व्यतिक्रम उत्तरोत्तर बढ़ता जायेगा। 'परती परिकथा' पढ़ते समय मुझे ऐसा ही लगा। सच भी है, यदि पात्र संदेशवाहक बन सकता है तो कलम का धनी देश के और काल के संदेश को भी क्यों न सुनाये। मेरे मत से उपन्यासों के नायक और नायिकाओं का अंचलीकरण एक नवीन दिशा-दृष्टि के साथ महत्त्वपूर्ण उपलब्धि भी है।

नाट्य-मंच : एक प्रतीक्षा : इसी समय नाटकों का भी ध्यान आता है। दुनिया के रंगमंचों को चलते हुए शताब्दियाँ बीत गयीं किन्तु हिन्दी रंगमंच अवतार धारण न कर सका सो न कर सका। केवल तेरहवीं शताब्दी की रामलीला और जाने कब की रामलीला का रूप लेकर हम रह गये। सुनने के और खेलने के नाटकों में तिस पर भी हमने प्रगति की, गनीमत है। एक-दो समर्थ प्रयत्न भी इस दिशा में हुए हैं। यों अभिनय का यह साहित्य, रूप बनाकर बोलने की यह शैली और संगोपन, उठान और समर्पण का यह स्वभाव यदि किसी साहित्य से छूट जाये तो उस साहित्य को बहुत बड़ी हानि उठानी पड़ेगी। रेडियो और टेलीविजन के साहित्यिक आकार-प्रकार को यदि हम स्थिरता की चुनौती न मानें तो हमें बनकर बैठना पड़ेगा और सुनकर सुनाना पड़ेगा कि हम क्या कहना चाहते हैं? इनका अवलम्ब लेकर एक नये और अधिक प्रभावशाली रूप में नाट्य साहित्य और उसके अभिनय के क्षेत्र में एक अभिनव उत्थान की आशा की जा सकती है।

शब्द की घटती हुई बाजार-दर : आज जब जीवन-दृष्टि के प्रति हम अनुकूल होना चाहते हैं तो लगता है शब्द का बल घट गया है, शब्द में स्वाद नहीं रह गया। काव्य में चमत्कार लाने के लिए साहित्य अर्थ छुपाने गया था और मनुष्य अर्थ इतने जोर से छुपाने लगा कि वह उसकी नियत बनने लगा। सिक्के का मूल्य घटा हो या न घटा हो, शब्द की बाजार-दर निरंतर घटती जा रही है। महाभारत काल में हमने कहा था—

सर्वे त्यागा राज धर्मेषु दृष्टा
सर्वा:दीक्षा राज धर्मेषु युक्ता:
सर्वा विद्या राजधर्मेषु चोक्ता:
सर्वे लोका राजधर्मे प्रविष्टा: ।।

"राजनीति में समस्त त्यागों को देखा जा सकता है, समस्त कथोपकथनों को राजनीति में मिलाया जा सकता है। विश्व के समस्त ज्ञान और उसकी जानकारी को राजनीति में संगठित किया जा सकता है, समस्त जगत् को राजनीति से बाँधा जा सकता है।"

राजनीति, जनजीवन का अन्तर्विरोध : किन्तु वस्तुस्थिति यह हो गयी है कि जो राजनीति कहे उसे जनजीवन नहीं मानता और जनजीवन की पुकारों को राजनीति नहीं सुन पाती। जगत् में किसी ने स्वप्न नहीं देखा था कि शब्द अपना अर्थ इतनी दूरी तक खो देंगे। आज तो जीवन और साहित्य इसी तरह असहाय खड़े हैं और ईमान की इसी गैरहाजिरी में आ जाता है विज्ञान। हम मानो अनुभूतियों के अपमान का विज्ञान खरीदते हैं या, यों कहो, अन्तर-बाह्य को व्यक्त करने वाली अनुभूतियों से जब हमने पिण्ड छुड़ाया तब मानो विज्ञान हमारे सामने आकर कहने लगा कि इस तरह बरतो, नहीं तो मैं तुम्हें नष्ट कर डालूँगा। कहानी की बिल्ली के गले में घण्टी बाँधे जाने की तरह विज्ञान की नाक में नकेल कौन पहनाए कि वह नियंत्रित रह सके। जीवन अक्षरशः हमारे कहने के अनुसार चल रहा था किन्तु हम कसाईखाने के पशु की तरह उसे विज्ञान के हाथों सौंपने के लिए तैयार हैं। प्रज्ञा मानो विश्वनियंता की शक्ति का जन-नियंत्रण करने वाला प्रकार न होकर जन्मांध तर्क के सामने हाथ टेककर विज्ञान के हाथों समर्पित होने की वस्तु हो गयी है। इस समय साहित्यकार को इन परिस्थितियों का मनुपुत्र के नाते सामना करना चाहिए। यह तभी संभव है जब साहित्य के पास साधन मात्र न हो, साधना भी हो। इस दिशा में संतवर विनोबा साहित्य की ही सेवा कर रहा है। मृत्यु और अमरता दोनों कहती हैं कि उस और उस जैसे ऋषियों को विश्व का साहित्य अकेला न छोड़े।

साहित्य दिमागी ऐयाशी न हो : ज्ञान का आडम्बर हमें क्या देता है यह मुझे नहीं मालूम। किन्तु वह हमसे बहुत-सी वस्तुएँ छीन अवश्य लेता है। संतों की एक महान् श्रेणी उसने हमसे छीन ली है। विद्यापीठ, औषधालय, और सेवा की त्रिवेणी बनकर ये ही संत उत्तर से दक्षिण और पूर्व से पश्चिम की ओर लौट-लौटकर जहाँ-तहाँ आते-जाते रहे। वे अपनी प्रीतों में भगवान का गुणगान करते, रीतों में त्याग की स्वर्ण-रेखा खींचते और गीतों में संस्कृतियों को जिन्दा करके मानव-मानवी को ऊँचा उठने का बल पहुँचाते। 15वीं-16वीं शताब्दी तक साहित्य उन लोगों के साथ रहा और फिर उन्हें ऐसा छोड़ा मानो सब कुछ उसने अपनी दिमागी ऐयाशी में पा लिया। उपमाओं का उतावला वह मीठे और कड़वे शब्दों से आगे कुछ सोच न सका।

इधर सुधार इतने जोर से हुए हैं कि छोटी-छोटी कहानियाँ, छोटे-मोटे अवतरण, मुहावरे, व्यंग्य और ताने जाने कहाँ रह गये। आज का नवीन पीढ़ी का साहित्यिक इस कमी को अनुभव कर गया है, भले ही उसके कथन पर हम चाहे जितना नाक-भौं सिकोड़ें।

विज्ञान : एक चुनौती : कभी आपने प्रयाग में त्रिवेणी के तट पर नौकाओं को बँधा देखा है ? गोशाला में बँधे पशुओं की तरह वे बँधी रहती हैं। वे तो

लहरों कों तब चीरती हैं जब कोई तीर्थयात्री आए और मल्लाह अपनी नौका लेकर चल पड़े। संतों का साहित्य, कलाकारों का साहित्य, गायकों और वादकों का साहित्य और विज्ञान का साहित्य भी हमें जाने कब से पुकार रहा है। हमारे साहित्यिक को भूतकाल के अध्ययन का एक सिरा लेकर सूर्य-किरणों की उपस्थिति और अनुपस्थिति से बनने वाले जमाने की बड़ी-सी पोट बाँधकर अपने सिर पर रखनी होगी। समय के आर-पार झाँकने की उसे शक्ति प्राप्त करनी होगी। तभी विज्ञान का घोड़ा जीवन के सवार के हाथों काबू का रह सकेगा।

पौराणिक पात्र प्रतीक बनें : आने वाले युगों में पौराणिक आदर्शवाद और धर्म अपने में संग्रह की वस्तु हों, वे संग्रह की वस्तु बने भी रहने दिए जाएँ किन्तु उनकी दुहराहट और तिहराहट को तो प्रतीक बनकर ही उतरना है। इस दिशा में कुछ प्रयत्न होने भी लगे हैं, बल्कि 'कामायनी' से ही इन प्रयत्नों का प्रारम्भ माना जा सकता है। इस प्रयत्न में रचनाओं की शैलियों का स्वरूप भी बदलेगा और स्वभाव भी। सूत्रों को बड़े रूपों में व्यक्त होना होगा और बड़ी बातों को सूत्र में। प्रबन्ध काव्यों को निबन्ध प्रकारों से अलग रहके चलना पड़ेगा।

नैतिकता और साहित्य : वे लोग बहुत भोले हैं जो सोचते हैं कि नैतिकता छोड़कर भी साहित्य नाम की वस्तु जिन्दा रह जायगी। इरादे अपने वस्त्र भले ही बदल लें, मानवता को खतरे में डालकर अपना मार्ग नहीं बदल सकते। जिस दिन जीवन उनके लिए कोई वस्तु नहीं रह जाएगा और वे अपने को स्वतंत्र अनुभव करने लगेंगे, उस दिन वे अनगढ़ साहित्य का निर्माण करने लगेंगे। मगर साहित्य का निर्माण कठिन हो जाएगा, साहित्य तो विभु की तरह विशाल रहेगा तभी जिएगा। इसके पश्चात् भी उसे काल और कला दोनों रहना है। वह रहेगा भी। कला का रूप-शृंगार करके भी वह काल की वाणी में बोलता रहेगा। नीरो जैसी बाँसुरी बजाकर वह अपनी सनक पूरी नहीं कर सकता। उसे तो कृष्ण की तरह 'चोरजार शिखामणि' कहलाकर भी गीता का गायक रहना ही है।

[अक्टूबर 1967, कल्पना]

●●